순경공채·경력채용·경위공채 시험대비

김규대
폴리
경찰학

경단기   (주)K&P Traders   김규대 지음

Preface

안녕하세요. 경찰학을 바라보는 새로운 시선,
폴리 경찰학 김규대입니다.

"여러분도 경찰학을 정복하실 수 있습니다."
처음 경찰학을 접하시는 분들께서는 방대한 양을 암기하는 것에 대해 가장 걱정하십니다. 그리고 경찰학이라는 과목 자체가 실생활에서 쉽게 접하는 부분이 아니고, 처음 배워보시다 보니 더 낯선 감정을 가지시는 것 같습니다. 하지만 충분히 정복하실 수 있습니다.
저는 해당 내용이 눈앞에 잘 그려질 수 있어야 좋은 설명이라고 생각합니다. 그래서 항상 이 부분을 어떻게 설명해드리면 더 쉽게 이해 하실까 끊임없이 고민하여 도식화로 행정학을 표현하고, 경찰학 개념을 설명할 때 실생활에서 쉽게 접하실 수 있는 부분과 연계해서 설명을 해드리려고 노력하고 있습니다. 이렇게 추상적인 이론이 현실적으로 피부에 와닿으시도록 시각화, 도식화 하는 과정을 저의 폴리 경찰학 커리큘럼에 담았고, 커리큘럼을 따라 폴리 경찰학만의 복습프로그램까지 진행하시다 보면 어느새 자연스럽게 경찰학을 정복하실거라 확신합니다.

"기본서 한 권이면 완벽하게 경찰학을 정리하실 수 있습니다."
기본서를 준비하면서, 어떻게 하면 처음에 경찰학을 접하시는 분들께 조금이나마 더 친절한 교재가 될 수 있을까 고민했습니다. 그래서 약 반년의 시간 동안 수 차례 교재 구성을 두고 고민하였고 기본서만으로도 경찰학을 정복할 수 있도록 꼼꼼하게 구성하였습니다. 가장 짧은 시간 내에 효율적으로 경찰학을 공부하실 수 있는 교재를 완성했고, 이 기본서가 여러분을 만점의 길로 안내할 것임을 확신합니다.

"저는 여러분의 컨버스가 되겠습니다."
숲속에 있는 나무는 잘 보이지 않습니다. 하지만 나무 뒤에 하얀색 컨버스를 세워두는 순간 그 한 그루의 나무는 주인공이 될 수 있습니다. 제가 바로 그 최고의 컨버스가 되겠습니다. 항상 여러분의 합격을 최우선으로 생각하고, 여러분이 합격의 주인공이 되시는 순간을 기대하며 최선을 다하겠습니다. 부디 우리 수험생 여러분들께서 기쁨의 눈물을 흘리시는 그때까지 제가 조금이나마 시간을 단축해 드릴 수 있기를 간절히 바랍니다.

"감사하고, 또 감사드립니다."
이 교재가 출간되기까지 애써주신 연구실 가족 여러분들께 진심으로 감사의 말씀 전합니다. 좋은 교재와 강의를 만들고 싶어하는 저의 바람을 항상 이해해주시고 늘 같은 마음으로 지지해주셔서 감사합니다. 그리고 항상 부족한 저에게 힘이 되어주는 저의 가족들에게도 진심으로 감사하다는 말씀 전합니다.

마지막으로, 절 믿어주시고, 선택해주신 많은 분들께 합격이라는 행복만 드릴 수 있도록 최선을 다하는 김규대가 되겠습니다. 감사합니다.

노량진 연구실에서
김규대 드림

책의 구성 및 특징

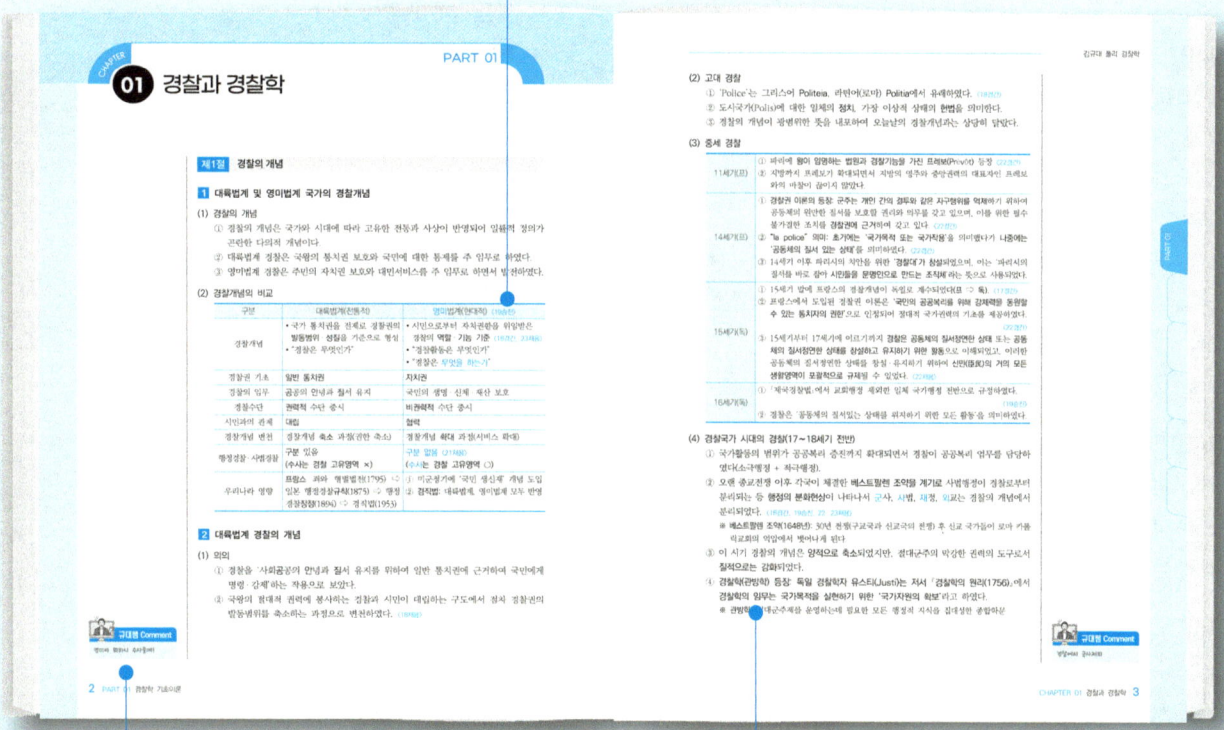

● 경찰학 최신 기출처 정리
각 소주제마다 어떤 기출이 출제되었는지를 표시하여, 학습의 편의성을 높였습니다. 전체적으로 얼마나 자주 출제되었는지를 확인하면서 각 단원의 중요도를 파악할 수 있습니다.

● 행복한 암기팁 & comment
수업을 들으실 때에 편리하게 공부하실 수 있도록 김규대 선생님만의 암기팁과 코멘트를 보조단에 정리해두었습니다. 글만 읽어도 마치 과외를 받는 것처럼 선생님의 암기팁이 음성지원되는 느낌을 받으실 것입니다.

● 주요 개념 강조
각 문장에서 중요한 개념을 굵게 표시하여, 중요한 포인트를 나타냈습니다. 이 교재를 처음 접하시더라도, 강조된 글씨를 중점적으로 보시면 쉽게 이해하실 수 있습니다.

Contents

PART 01 경찰학 기초이론

CHAPTER 01 경찰과 경찰학 — 2
제1절 경찰의 개념 — 2
제2절 경찰의 임무 — 10

CHAPTER 02 경찰과 인권 — 15
제1절 경찰의 기본이념 — 15
제2절 인권 보호 — 16

CHAPTER 03 경찰의 윤리 — 21
제1절 바람직한 경찰의 역할모델과 전문직업화 — 21
제2절 경찰의 일탈 — 23
제3절 경찰의 문화 — 26
제4절 경찰인의 윤리적 표준과 경찰윤리강령 — 28
제5절 부패방지 및 국민권익위원회의 설치와 운영에 관한 법률 — 30
제6절 부정청탁 및 금품 등 수수의 금지에 관한 법률(청탁금지법) — 31
제7절 공직자의 이해충돌방지법 — 35
제8절 경찰청공무원 행동강령(훈령) — 45

CHAPTER 04 범죄학 기초이론 — 48
제1절 범죄의 개념 — 48
제2절 범죄원인론 — 49
제3절 범죄 통제론 — 52

CHAPTER 05 지역사회 경찰활동 — 59
제1절 순찰 — 59
제2절 지역사회 경찰활동 — 60

PART 02 경찰행정학

CHAPTER 01 경찰관리 — 68
제1절 경찰관리 일반론 — 68
제2절 경찰정책과정 — 69
제3절 경찰조직관리 — 70
제4절 경찰인사관리 — 76
제5절 경찰예산관리 — 79
제6절 물품·장비 관리 — 85
제7절 보안관리 — 88
제8절 문서관리(행정효율과 협업촉진에 관한 규정) — 94
제9절 경찰홍보 — 96

CHAPTER 02 경찰통제 — 100
제1절 경찰통제 — 100
제2절 공공기관의 정보공개에 관한 법률 — 101
제3절 개인정보 보호법 — 105
제4절 경찰 감찰 규칙 — 107
제5절 경찰청 감사 규칙 — 109

CHAPTER 03 적극행정 — 111
제1절 적극행정의 의의 — 111
제2절 적극행정 운영규정(대통령령) — 112
제3절 경찰청 적극행정 면책제도 운영규정(경찰청훈령) — 114

PART 03 경찰행정법

CHAPTER 01 경찰조직법 116
- 제1절 법치행정과 경찰법의 법원 116
- 제2절 국가경찰과 자치경찰의 조직 및 운영에 관한 법률 122
- 제3절 경찰관청의 상호관계 136

CHAPTER 02 경찰공무원과 법 140
- 제1절 경찰공무원의 분류 140
- 제2절 경찰공무원 관계 일반 142
- 제3절 경찰공무원 관계 발생 145
- 제4절 경찰공무원 관계의 변경 150
- 제5절 경찰공무원 관계의 소멸 155
- 제6절 경찰공무원의 권리와 의무 156
- 제7절 경찰공무원의 책임 163
- 제8절 경찰공무원의 권익보장제도 172

CHAPTER 03 행정기본법 179
- 제1절 총칙 179
- 제2절 행정의 법 원칙 183
- 제3절 행정작용 188

CHAPTER 04 경찰작용법 일반 203
- 제1절 경찰권 발동의 근거와 한계 203
- 제2절 경찰상 행정행위 207
- 제3절 경찰상 의무이행확보 수단 211

CHAPTER 05 경찰관 직무집행법 223
- 제1절 서설 223
- 제2절 조문별 내용 224

CHAPTER 06 행정구제 252
- 제1절 행정절차법 252
- 제2절 행정심판법 257
- 제3절 행정소송법 261
- 제4절 국가배상법 263

PART 04 한국경찰사와 비교경찰

CHAPTER 01 한국경찰사 270
- 제1절 갑오개혁 이전의 경찰 270
- 제2절 갑오개혁 및 일제강점기의 경찰 271
- 제3절 대한민국 임시정부경찰 273
- 제4절 미군정하의 경찰 274
- 제5절 대한민국 정부 수립 이후 경찰 274
- 제6절 경찰의 표상 276
- 제7절 연도별 주요내용 277

CHAPTER 02 비교경찰 279
- 제1절 영국의 경찰 279
- 제2절 미국의 경찰 283
- 제3절 독일의 경찰 285
- 제4절 프랑스의 경찰 287
- 제5절 일본의 경찰 289
- 제6절 국가별 제도 비교 292

Contents

PART 05 분야별 경찰활동

CHAPTER 01 생활안전 경찰   294
제1절 경찰청 범죄예방대응국 및 생활안전교통국의 사무분장 및 112 신고처리   294
제2절 지역경찰 활동   298
제3절 경비업법   301
제4절 생활질서 업무   302
제5절 여성·청소년 보호   309
제6절 가정폭력·아동학대·스토킹   319

CHAPTER 02 수사 경찰   329
제1절 국가수사본부의 조직 및 업무   328
제2절 사법경찰관과 검사의 협력 절차   330
제3절 수사의 기본 개념 및 주요 절차   331
제4절 현장 수사 활동   339
제5절 피의자 유치 및 호송 규칙(경찰청 훈령)   341
제6절 과학수사   343
제7절 마약류 사범 수사   347

CHAPTER 03 경비경찰   349
제1절 경비경찰 일반   349
제2절 경비경찰의 근거와 한계   349
제3절 경비경찰의 조직 및 수단   351
제4절 경비경찰의 주요대상   352

CHAPTER 04 교통 경찰   370
제1절 교통지도단속   370
제2절 운전면허   380
제3절 주취운전   388
제4절 교통사고   392

CHAPTER 05 정보 경찰   399
제1절 경찰정보의 이해   399
제2절 경찰정보활동의 실제   407
제3절 집회 및 시위(집회 및 시위에 관한 법률)   409
제4절 대화경찰과 채증   419

CHAPTER 06 안보경찰   420
제1절 안보경찰의 의의와 특색   420
제2절 방첩활동   421
제3절 안보 수사   424
제4절 보안관찰   429
제5절 남북교류협력(남북교류협력에 관한 법률)   433
제6절 북한이탈주민 보호(북한이탈주민의 보호 및 정착지원에 관한 법률)   435

CHAPTER 07 외사경찰   439
제1절 외사일반   439
제2절 외국인의 입·출국   444
제3절 출국금지 및 출국정지   449
제4절 주한미군지위협정(SOFA)   451
제5절 외교사절   452
제6절 국제경찰공조   454
제7절 국제형사사법공조   456
제8절 범죄인 인도법   457

부록

CHAPTER 01 위원회 종합   462
CHAPTER 02 경찰청과 그 소속기관 직제   472
CHAPTER 03 유사개념   475
CHAPTER 04 처벌규정   477
CHAPTER 05 '할 수 있다', '해야 한다' 종합   479
CHAPTER 06 숫자 종합   485

PART 01

경찰학 기초이론

CHAPTER 01 경찰과 경찰학
CHAPTER 02 경찰과 인권
CHAPTER 03 경찰의 윤리
CHAPTER 04 범죄학 기초이론
CHAPTER 05 지역사회 경찰활동

CHAPTER 01 경찰과 경찰학

제1절 경찰의 개념

1 대륙법계 및 영미법계 국가의 경찰개념

(1) 경찰의 개념
① 경찰의 개념은 국가와 시대에 따라 고유한 전통과 사상이 반영되어 일률적 정의가 곤란한 다의적 개념이다.
② 대륙법계 경찰은 국왕의 통치권 보호와 국민에 대한 통제를 주 임무로 하였다.
③ 영미법계 경찰은 주민의 자치권 보호와 대민서비스를 주 임무로 하면서 발전하였다.

(2) 경찰개념의 비교

구분	대륙법계(전통적)	영미법계(현대적) 〈19승진〉
경찰개념	• 국가 통치권을 전제로 경찰권의 발동범위 · 성질을 기준으로 형성 • "경찰은 무엇인가"	• 시민으로부터 자치권한을 위임받은 경찰의 역할 · 기능 기준 〈18경간, 23채용〉 • "경찰활동은 무엇인가" • "경찰은 무엇을 하는가"
경찰권 기초	일반 통치권	자치권
경찰의 임무	공공의 안녕과 질서 유지	국민의 생명 · 신체 · 재산 보호
경찰수단	권력적 수단 중시	비권력적 수단 중시
시민과의 관계	대립	협력
경찰개념 변천	경찰개념 축소 과정(권한 축소)	경찰개념 확대 과정(서비스 확대)
행정경찰 · 사법경찰	구분 있음 (수사는 경찰 고유영역 ×)	구분 없음 〈21채용〉 (수사는 경찰 고유영역 ○)
우리나라 영향	프랑스 죄와 형벌법전(1795) ⇨ 일본 행정경찰규칙(1875) ⇨ 행정경찰장정(1894) ⇨ 경직법(1953)	① 미군정기에 '국민 생신재' 개념 도입 ② **경직법**: 대륙법계, 영미법계 모두 반영

2 대륙법계 경찰의 개념

(1) 의의
① 경찰을 '사회공공의 안녕과 질서 유지를 위하여 일반 통치권에 근거하여 국민에게 명령 · 강제'하는 작용으로 보았다.
② 국왕의 절대적 권력에 봉사하는 경찰과 시민이 대립하는 구도에서 점차 경찰권의 발동범위를 축소하는 과정으로 변천하였다. 〈18채용〉

영미야 뭐하니 수사줄께!

(2) 고대 경찰
① 'Police'는 그리스어 Politeia, 라틴어(로마) Politia에서 유래하였다. 〈18경간〉
② 도시국가(Polis)에 대한 일체의 **정치**, 가장 이상적 상태의 **헌법**을 의미한다.
③ 경찰의 개념이 광범위한 뜻을 내포하여 오늘날의 경찰개념과는 상당히 달랐다.

(3) 중세 경찰

11세기(프)	① 파리에 왕이 임명하는 법원과 경찰기능을 가진 프레보(Prévôt) 등장 〈22경간〉 ② 지방까지 프레보가 확대되면서 지방의 영주와 중앙권력의 대표자인 프레보와의 마찰이 끊이지 않았다.
14세기(프)	① 경찰권 이론의 등장: 군주는 개인 간의 결투와 같은 자구행위를 억제하기 위하여 공동체의 원만한 질서를 보호할 권리와 의무를 갖고 있으며, 이를 위한 필수 불가결한 조치를 경찰권에 근거하여 갖고 있다. 〈22경간〉 ② "la police" 의미: 초기에는 '국가목적 또는 국가작용'을 의미했다가 나중에는 '공동체의 질서 있는 상태'를 의미하였다. 〈22경간〉 ③ 14세기 이후 파리시의 치안을 위한 '경찰대'가 창설되었으며, 이는 '파리시의 질서를 바로 잡아 시민들을 문명인으로 만드는 조직체'라는 뜻으로 사용되었다.
15세기(독)	① 15세기 말에 프랑스의 경찰개념이 독일로 계수되었다(프 ⇨ 독). 〈17경간〉 ② 프랑스에서 도입된 경찰권 이론은 '국민의 공공복리를 위해 강제력을 동원할 수 있는 통치자의 권한'으로 인정되어 절대적 국가권력의 기초를 제공하였다. 〈22경간〉 ③ 15세기부터 17세기에 이르기까지 경찰은 공동체의 질서정연한 상태 또는 공동체의 질서정연한 상태를 창설하고 유지하기 위한 활동으로 이해되었고, 이러한 공동체의 질서정연한 상태를 창설·유지하기 위하여 **신민(臣民)**의 거의 모든 생활영역이 포괄적으로 규제될 수 있었다. 〈22채용〉
16세기(독)	①「제국경찰법」에서 교회행정 제외한 일체 국가행정 전반으로 규정하였다. 〈19승진〉 ② 경찰은 '공동체의 질서있는 상태를 위지하기 위한 모든 활동'을 의미하였다.

(4) 경찰국가 시대의 경찰(17~18세기 전반)
① 국가활동의 범위가 공공복리 증진까지 확대되면서 경찰이 공공복리 업무를 담당하였다(소극행정 + 적극행정).
② 오랜 종교전쟁 이후 각국이 체결한 베스트팔렌 조약을 계기로 사법행정이 경찰로부터 분리되는 등 행정의 분화현상이 나타나서 **군**사, **사**법, **재**정, **외**교는 경찰의 개념에서 분리되었다. 〈18경간, 19승진, 22·23채용〉
※ 베스트팔렌 조약(1648년): 30년 전쟁(구교국과 신교국의 전쟁) 후 신교 국가들이 로마 카톨릭교회의 억압에서 벗어나게 된다.
③ 이 시기 경찰의 개념은 **양적으로 축소**되었지만, 절대군주의 막강한 권력의 도구로서 **질적으로는 강화**되었다.
④ **경찰학(관방학) 등장**: 독일 경찰학자 유스티(Justi)는 저서『경찰학의 원리(1756)』에서 경찰학의 임무는 국가목적을 실현하기 위한 '국가자원의 확보'라고 하였다.
※ 관방학: 절대군주제를 운영하는데 필요한 모든 행정적 지식을 집대성한 종합학문

규대쌤 Comment

경찰에서 군사제외

(5) 법치국가 시대의 경찰(18세기 후반~19세기)
① 계몽주의, 자연법 사상, 권력분립, 자유주의 사상의 등장과 **프랑스 혁명(1789)** 발생
② 강력하였던 군주의 경찰권은 제한되고, 경찰은 내무행정 중 소극적 질서 유지에 한정
③ 1776년 독일의 요한 쉬테판 퓌터는 저서 『**독일공법제도**』에서 "경찰의 직무는 임박한 위험을 방지하는 것이다. 복리증진은 경찰의 본래 직무가 아니다."라고 주장하여 경찰국가 시대를 거치면서 확장된 경찰의 개념을 제한하려 하였다. 〈22채용〉

(6) 2차 대전 이후(20세기)
독일은 제2차 세계대전 이후 보안경찰 이외의 행정경찰사무, 즉 영업·건축·보건경찰 등의 경찰사무를 다른 행정관청의 분장사무로 이관하는 비경찰화 과정을 거쳤다. 〈22채용〉
① **비경찰화**: 건축, 영업, 위생 등 협의의 행정경찰 제외 〈15채용, 17경간〉
② **보안경찰**(교통, 생활안전, 풍속, 경비)에 한정
   ※ 광의의 행정경찰 = 보안경찰 + 협의의 행정경찰

> ● **정리하기**
>
> **대륙법계 경찰의 권한 축소 과정**
> • 중세시대(16C) – 전반적 국가행정(교회 제외)
> • 경찰국가 – 내무행정(군사재외 – 제외)
> • 법치국가 – 소극적 질서 유지(적극행정 제외)
> • 2차대전 후 – 비경찰화(협의의 행정경찰 제외), 보안경찰에 국한

3 법치국가 시대의 주요 법령과 판례

프로이센(독) 일반란트법 (1794)	경찰은 공공의 평온, 안녕과 질서를 유지하고, 공중 및 그 구성원에 대한 **절박한 위험**을 방지하기 위해 필요한 기관 〈19·20승진, 21경간〉 ※ 퓌터(1776): 경찰은 "임박한 위험"을 방지하는 기관
프랑스 죄와 형벌법전 (1795)	① 경찰은 개인의 자유와 재산, 안전을 위한 기관이다. 〈19승진, 20·21경간〉 ② 경찰을 행정경찰과 사법경찰로 구분
프로이센(독) 크로이츠베르크 판결(1882)	① 베를린의 크로이츠베르크 지역에 설치된 전승기념탑이 가려지지 않도록 주변 건축물 높이를 제한하는 경찰청장의 명령은 위법하다는 판결 ② 경찰청장이 프로이센 일반란트법의 **일반적 수권조항**에 근거하여 법규명령을 발할 수 있는 분야는 소극적 위험방지에 한정된다. 〈18승진, 20·21경간, 22·23채용〉
프랑스 지방자치법전 (1884)	① 자치경찰은 공공의 질서·안전 및 위생 확보를 목적으로 한다. 〈20·21경간〉 ② 협의의 행정경찰 사무(위생 사무)는 여전히 경찰사무에 속하였다. 〈20경간〉
프로이센(독) 경찰행정법 (1931)	① '경찰행정청은 공공의 안녕과 질서를 위협하는 위험을 방지하기 위하여 의무에 합당한 재량으로 조치해야 한다'고 규정하여 크로이츠베르크 판결에 의해 발전된 실질적 의미의 경찰개념을 성문화하였다. 〈18경간, 22채용〉 ② 협의의 행정경찰 사무는 여전히 경찰사무에 속하였다.

규대쌤 Comment

독프독프독! 일치크지행~~ 일플 란트 절박한, 죄 와, 큰 소, 자 위생

4 기타 중요 판례 〈18승진〉

블랑코 판결(프) (Blanco, 1873)	블랑코라는 소년이 국영담배공장 운반차에 사고를 당한 사안에서 국가배상책임을 최초로 인정, 관할은 행정재판소라는 판결 〈23경간〉
맵 판결(미) (Mapp, 1961)	맵의 집을 수색하여 폭파사건 혐의를 찾지 못하자 음란물 소지로 체포한 사건에서 음란물은 별건수사로 취득한 위법한 증거로서 배제하였다. 〈23경간〉
에스코베도(미) (Escobedo, 1964)	피고인 에스코베도와 변호인의 접견교통권을 침해하여 얻은 자백의 증거능력 부정 〈23경간〉
미란다(미) (Miranda, 1966)	변호인 선임권, 진술거부권 등 권리 고지 없이 얻은 자백의 증거능력 부정
띠톱 판결(독) (1960)	띠톱에서 발생하는 먼지와 소음에 대해 조치를 취해달라는 민원에 대하여, 행정청의 재량권이 0으로 수축되어 행정개입청구권이 인정된다는 판결 〈23경간〉
김신조 판결	1968년 1월 21일, 김신조 등 무장공비와 격투를 벌인 청년의 가족이 경찰에 구원 요청하였음에도 즉시 출동하지 않아 청년이 사망한 사건에서, 행정개입청구권을 인정하고 국가배상 인정

5 한국의 경찰개념 형성

유길준	① 영국 등 유럽을 견문한 후 저술한 『서유견문(1895)』 제10편 '순찰의 규제'에서 영국의 로버트 필을 소개하며 영국의 근대경찰을 높이 평가하고 우리나라의 경찰제도 개혁을 주장 〈22경간〉 ※ 순찰의 규제: "순찰하는 규제를 세워 행하니 십년이 되지 않아 사람들이 과연 매우 편하다고 하였다. 이에 서양 각국이 다투어 이 법을 본받으려 한다."고 소개 ② 근대적 경찰제도를 치안유지 및 개명한 진보를 위한 중요한 수단으로 보면서 그 목적이 '민생의 복지와 안강'에 있다고 인식 ③ 행정경찰과 사법경찰의 분리를 주장 〈22경간〉
김옥균 박영효	① 일본 경찰제도에 영향을 받음 〈22경간〉 ② 근대적 경찰제도로서 '순검제' 강조
공통점	경찰의 기본 업무로 치안과 위생 업무를 강조 〈22경간〉

규대쌤 Comment

불량코배상, 에스코트 변호인 접견, 미~~란다 알려줘

6 형식적 의미의 경찰과 실질적 의미의 경찰 〈20·23승진, 20·23채용, 20경간〉

구분		형식적 의미의 경찰	실질적 의미의 경찰
개념		보통경찰기관의 실정법에 의한 행위	사회 공공의 안녕과 질서 유지를 목적으로 일반 통치권에 의하여 명령·강제하는 행위
성질		실정법(경찰법 제3조), 실무상 개념 (형식적 – 실정법 – 실무상)	독일(프랑스 ×)의 학문적(행정법), 이론적 개념 (실질적 – 학문적 – 이론상)
		국가적 또는 사회적 목적	사회적 목적 한정 (국가목적인 정보·외사·안보 ×)
			일반 통치권에 기초 (내부질서 유지 목적의 의원경찰 ×, 법정경찰 ×)
		조직중심: 보통경찰기관의 작용	작용중심(조직 ×)
		비권력적 활동(서비스) + 권력적	명령·강제(권력적) 활동에 한정 (비권력적·서비스 활동 ×)
		적극적 + 소극적 목적	소극적(질서 유지) 목적에 한정(수사 ×)
		제도적·유동적, 국가별 상이	국가와 무관
		경찰기관 한정	① 경찰기관 + 다른 행정기관 ② 보안경찰 + 협의의 행정경찰(건영위 등)
		과거 + 장래	현재·장래 한정 (과거 범죄를 수사하는 사법경찰 ×)
양자 관계		형식적 의미의 경찰과 실질적 의미의 경찰은 서로 포함관계가 아니다. 〈23승진, 23채용〉	

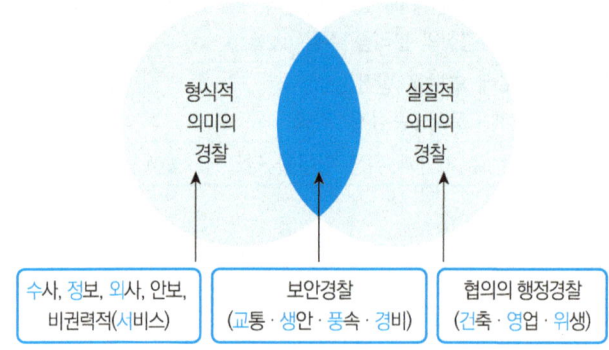

형식·실질적 모두 불해당: 의원경찰, 법정경찰

7 경찰의 분류 〈16·19승진, 18채용, 20·22·23경간, 21·23채용·경채〉

기준	분류	주요내용
목적 (3권 분립)	사법경찰	① 범죄수사(사후), 형식적 의미의 경찰, 형사소송법 근거 ② 3권 분립 사상이 투철한 프랑스의「죄와 형벌법전」에서 최초로 확립 ③ 우리나라는 보통경찰기관이 행정경찰과 사법경찰 모두 담당 〈23경간〉 (국가수사본부의 설치로 한국의 사법경찰은 보통경찰기관에서 독립 ×)
	(광의의) 행정경찰	① 질서 유지(현재 및 장래), 실질적 의미의 경찰, 경찰행정법규 근거 ② 사법경찰에 대비되는 광의의 행정경찰을 의미
(광의의) 행정경찰 업무 독자성	보안경찰	① 다른 행정과 무관한 독자적 경찰작용 ② 교통, 생활안전, 풍속, 경비 등
	협의의 행정경찰	① 건축, 영업, 위생, 철도 경찰 등 다른 행정에 결합한 경찰작용 【다른 행정과 협의(協議)하는 경찰】 ② 조직상 보통경찰기관이 아닌 일반행정기관이 담당 ③ 광의의 행정경찰 = 보안경찰 + 협의의 행정경찰 ④ 실질적 의미의 경찰 = 보안경찰 + 협의의 행정경찰 ※ 비경찰화: 협의의 행정경찰 사무를 다른 행정관청으로 이관하는 것 　비범죄화: 처벌하지 않는 행위로 하는 것(간통죄 폐지)
경찰권 발동시점	예방경찰	① 위해·범죄 예방 ② 순찰, 총포·화약류 취급제한, 위해 우려 정신착란자를 보호
	진압경찰	① 발생한 위해·범죄 제지 및 수사 ② 수사, 위해 입힌 정신착란자 보호, 사람 공격 멧돼지 사살 등 (진압경찰은 수사를 위한 권력적 작용을 의미 ○)
위해정도	비상경찰	비상시 군대(경찰 ×)가 계엄법에 의하여 경찰사무 관장하는 활동
	평시경찰	평시 보통경찰기관이 경찰법규로 활동
경찰활동 질·내용	질서경찰	① 권력적(명령·강제) 수단에 의한 활동 ② 수사, 즉시강제, 교통법규 위반자 처분 등
	봉사경찰	① 비권력적(서비스) 수단에 의한 활동 ② 생활안전지도, 청소년 선도, 교통·지리정보 제공 등
보호법익	보통경찰	① 프랑스에서 보통경찰과 고등경찰 구별한 것에서 유래 〈22경간〉 ② 일반사회의 안녕과 질서 유지 목적 ③ 교통, 풍속, 범죄 예방 및 진압 등
	고등경찰	① 국가의 존립과 유지를 보장하기 위한 활동 ② 사상, 종교, 집회, 결사, 언론자유에 대한 정보수집 단속 등 ③ 우리나라는 보통경찰과 고등경찰의 업무를 경찰이 함께 관장
권한과 책임 소재	국가경찰	권한과 책임이 국가에 있음
	자치경찰	권한과 책임이 지자체에 있음

규대쌤 Comment

목사행, 독보협, 예진씨, 널위해
비평, 질질봉, 보보고

8 국가경찰과 자치경찰의 비교 〈16·23채용, 22법학, 23경간〉

구분	국가경찰	자치경찰
장점	① 조직의 통일적 운영, 능률성, 기동성 발휘 ② 다른 행정과 협조 원활 ③ 전국적, 광역적, 비상시 활동 유리 ④ 전국적 통계자료 정확성	① 지역실정에 맞는 경찰조직 운영 ② 주민에 대한 경찰의 책임감 높음 ③ 조직운영 개혁 용이
단점	① 지역 특성, 창의성 저해 ② 정부 특정 정책수행으로 본연의 임무 소홀 ③ 조직 비대화, 관료화	① 전국적 기동성, 위기 시 신속대응 곤란 ② 다른 시·도경찰, 국가기관과 협조 곤란 ③ 조직·광역·국제범죄 대응 곤란 ④ 지방세력 간섭으로 정실주의 우려 ⑤ 정확, 유용한 통계자료 확보 곤란

9 경찰학의 발전

(1) 경찰학의 기원
① 경찰학은 17~18C 절대군주의 무단통치를 위한 이론 체계였던 관방학에서 기원한다.
② 독일 경찰학자 유스티(Justi)의 저서 『경찰학의 원리(1756)』에서는 당시 경찰학은 국가 통치에 필요한 행정기술과 지식을 제공하는 관방학적 성격으로 절대주의적 국가권력의 확보를 목적으로 하였기에, 오늘날 경찰학과는 그 성격이 다르다고 하였다.

(2) 경찰학의 개념
① 근대국가 형성에 가장 큰 역할을 수행한 **경찰의 기능과 역할에 대하여 학문적으로 연구하는 것이 경찰학이다.** 경찰학이 이론적·체계적 구조를 가지고 있느냐 하는 문제는 학문의 정체성과 관련해서 중요한 문제이다.
② 경찰학은 응용학문으로서 다양한 학문적 방법론 및 이론 체계를 활용하여 공공질서 유지와 제반 경찰체계 그리고 경찰활동에 관련된 문제를 해결하기 위한 과학적 학문이다(유럽경찰연합의 보고서 「유럽 경찰학의 전망」, 2007).
③ 경찰학은 경찰실무와 동떨어진 공리공론이 아니며 **실무를 학문적으로 이론화한 것**이다. 경찰학은 국가제도 또는 공권력 행사와 관련된 제반 관념이나 현상 혹은 원리들을 체계적으로 규명한 지식의 총체로서, **경찰관들의 의식세계와 일탈까지도 연구영역에 포함된다.**
④ 경찰학은 **과학성과 기술성의 양면성을 지니고 있으며**, 행정학과 달리 과학적 특성보다는 **기술적 특성이 강조된다.** 기술적 특성은 현실적 문제를 해결할 수 있다는 것을 의미한다. 즉 경찰학은 **응용과학적이고, 목적 지향적이며, 실용적 측면이 강조된다.**
⑤ 경찰학의 독자성
  ㉠ 학문은 '다학문성 ⇨ 간학문성 ⇨ 단일과학' 순으로 발전한다.
  ㉡ 독자적 학문으로서 정체성을 갖기 위해서는 연구영역을 체계적으로 정리·해석할 수 있는 이론을 갖추어야 하고, 인접학문과의 개념적 경계를 명백하게 하여야 한다.
  ㉢ 경찰학이 독자적 학문으로서 위치를 확보하고 있는지에 대하여 **견해가 불일치하다.**

(3) 경찰학의 선구자
   ① **로버트 필**: 19세기 초
   「영국 수도경찰의 조직과 운영에 관한 획기적인 개혁방안(The Metropolitan Police Ace of 1829)」을 제시한 이후부터 오늘날의 경찰학은 중립적 학문으로 자리 잡기 시작하였다.
   ② **어거스트 볼머**: 1차 세계 대전(1914~1918) 직후 미국 캘리포니아 대학, 미시간 대학 등에 경찰관련 학과가 설치되도록 노력하였다. (미국 경찰학의 아버지)
   ③ **윌슨(O. W. Wilson) 등**: 윌슨, 후버, 스미스, 파커 등에 의하여 경찰학을 학문으로서 뿌리내리게 하였다.
      ※ 1887년 윌슨(Woodrow Wilson)의 「행정 연구(The Study of Adminstration)」는 행정학(경찰학 ×)에 대한 최초의 논문으로 인정된다.

(4) 한국의 경찰학
   ① 유길준의 『서유견문』
   ② 일본 경찰학 요론을 번역한 조성구의 『경찰학(1909)』
   ③ 유문환의 『경찰학(1909)』(1945년 해방 이전에는 경찰 관련 교재가 없었다 ×)

(5) 경찰학의 학문적 성격
   ① 일반성을 기준으로 철학과 특수학문으로 나눌 때 **특수학문**이다.
   ② 주제를 기준으로 형식과학(논리학, 수학 등)과 경험과학으로 나눌 때 **경험과학**이다.
   ③ 탐구주제를 기준으로 인문과학, 자연과학, 사회과학으로 나눌 때 **사회과학**이다.
   ④ 연구자의 동기나 목적을 기준으로 순수학문과 실용학문으로 나눌 때 **실용학문**이다.
   ⑤ 논리적 순서에 따라 기초학문과 응용학문으로 나눌 때 **응용학문**이다.

참고 | 경찰학의 접근방법

역사적 접근	과거·현재·미래라는 시간적 연속성을 전제로 경찰현상을 연구
비교론적	2개 이상의 국가·사회의 경찰제도를 비교
법·제도적	경찰활동에 미치는 법이나 제도를 중심으로 서술적·정태적으로 연구
행태론적	① 경찰활동을 과학화하기 위하여 인간 행동에 대한 실증적 연구 ② **가치판단적 요소(인간의 주관이나 의식 등)는 배제**하고 사실판단적 요소(논리실증주의)만으로 경찰행태를 규명 ③ 사회가 지니고 있는 문제점을 개선하기 위한 **정책적 처방이 약함**
체제론적	거시적 관점에서 부분간의 상호기능적 방법을 연구
공공선택론적	정치학에 경제학을 응용하는 것으로서 **정부의 의사결정 방법**을 연구하는 경제이론

제2절 경찰의 임무

1 실정법상 경찰의 임무(사물관할)

※ 국가경찰과 자치경찰의 조직 및 운영에 관한 법률(약칭 경찰법)

경찰법 제3조, 경직법 제2조

1. 국민의 생명·신체 및 재산의 보호
2. 범죄의 예방·진압 및 수사
3. 범죄피해자 보호
4. 경비·요인경호 및 대간첩·대테러 작전 수행
5. 공공안녕에 대한 위험의 예방과 대응을 위한 정보의 수집·작성 및 배포(치안정보 ×)
6. 교통의 단속과 위해의 방지
7. 외국 정부기관 및 국제기구와의 국제협력
8. 그 밖의 공공의 안녕과 질서 유지

2 경찰의 기본적 임무

(1) '경찰임무'의 개념
① 공공의 안녕과 질서 유지는 국민의 생명·신체·재산을 포함하는 상위개념이다. 상위개념은 하위개념을 포함하는 더 넓은 개념을 의미한다.
② 현대경찰의 새로운 경향은 '재량권 0으로의 수축'과 '반사적 이익의 보호화' 등의 이론으로 공익뿐만 아니라 사익까지 넓혀지고 있다(경찰의 규제 권한 발동은 오로지 공익을 위한 것이다 ×).

(2) 공공의 안녕

법질서의 불가침성 (공공안녕의 제1요소) 〈20승진, 21채용〉	공법위반	공공안녕에 대한 위험으로 취급
	사법위반	경찰 없이는 법이 무효화되거나 사실상 어려워질 경우에만 개입(보충성의 원칙)
	경찰권 발동을 요구하는 경찰개입청구권(재량권의 0으로의 수축) 인정	
국가의 존립과 기능성 불가침성	존립 불가침	• 경찰은 국가의 존립을 보호할 의무 있음 • 형법적 가벌성 수사개시 단계의 범위 내에 이르지 않더라도 국민의 자유와 권리를 침해하지 않는 범위 내에서 수사·정보·외사·안보 경찰의 첩보수집활동은 가능
	기능성 불가침	• 경찰은 국회, 정부, 법원 등 국가기관의 기능성을 보호함 • 위반시 공무집행방해죄에 해당하지만, 국가에 대한 비판이 폭력 등을 동반하지 않으면 경찰개입 불가
개인의 권리와 법익의 보호		• 사유 재산적 가치와 무형의 권리(지적재산권)도 보호대상임 〈22경위〉 • 사적 문제는 시기를 놓쳐 권리가 무효화될 우려가 있을 때만 경찰이 원조하며, 이때에도 잠정적 보호에 한정(최종적 보호는 법원) • 공공의 안녕은 국가 등 집단과 관련되는 것과 개인과 관련되는 것을 포함한 이중적 개념임(공공의 안녕은 집단적 요소에만 관련 ×)

 규대쌤 Comment

생신재, 예진수피, 경경교외,
공안질 / 안녕! 법국개

(3) 공공질서 〈20승진, 17·21·23채용, 15경간〉

① 개인 행동에 대한 **불문규범의 총체**
   ※ 공공질서: 불문법, 공공 안녕: 성문법
② 시대에 따라 변하는 **상대적·유동적 개념**
③ 경찰개입의 근거로 사용할 경우 **재량**이 인정되지만, 헌법의 기본권 보장을 위해 **엄격한 합헌성** 요구되며, 이때 재량은 의무에 합당한 재량
④ 오늘날 모든 생활관계에 대한 규범화 추세로 **축소(증가 ×) 경향**

(4) 위험의 개념

의의	① 위험: 위험은 가까운 장래에 공공의 안녕이나 질서에 손해 가능성이 존재하는 상태이다. 〈21·22채용〉 　㉠ 손해 가능성에 대한 판단은 경찰공무원의 현재적 인식상황에 따라서 판단하는 **사전적(사후적 ×) 관점**에서 행해져야 한다. 법원이 사후에 진행된 경과에 근거하여 사후적 관점에서 판단하여서는 안된다. 　㉡ 위험의 예측(인식)과 관련한 비례의 원칙: 예상되는 손해가 중대하면 그 개연성의 정도가 낮아도 위험을 긍정할 수 있고, 손해의 정도가 경미하면 그 개연성이 클 경우에만 위험을 존재한다고 판단할 수 있다는 것으로 손해의 **정도와 손해발생 개연성은 반비례한다.** ② 손해는 보호법익의 **객관적 감소로 현저한 침해**가 있어야 한다. 단순한 성가심이나 불편함 등은 경찰개입 대상이 아니다. 〈20·21·22승진〉 ③ 경찰개입의 전제 요건으로 위험이 반드시 존재할 필요는 없다. 보행자 없을 때 신호위반한 운전자도 경찰책임자(법질서 불가침성 침해)가 된다. ④ 위험이 현실화된 때를 **경찰위반의 상태**라고 한다. ※ 유사 개념 <table><tr><td>장해</td><td>• 위험이 이미 실현된 경우로서 법익에 대한 침해가 계속되고 있는 상태를 말한다. • 위험발생 시 경찰개입은 예방적 성격인데 반하여 장해발생 시 경찰개입은 진압적 성격이다.</td></tr><tr><td>위해</td><td>위험(발생가능성)과 장해(이미 발생)를 포괄하는 개념이다.</td></tr></table>
구체적 위험	① 구체적인 경우(개개의 사안)에 있어서, 가까운 장래에 보호법익에 대한 손해가 발생할 충분한 가능성이 존재하는 경우이다. ② 구체적 위험을 방지하기 위한 수단에는 특정한 위험상황에서 행해지는 경찰의 구체적인 조치들이 있다.
추상적 위험	① 구체적 위험에 대한 **예상 가능성**이 존재하는 경우이다. ② 개개의 구체적인 경우와 관련되는 것이 아니라 전형적인 사실관계를 전제로 한다. ③ 추상적 위험을 방지하기 위한 수단은 경찰법상 법규명령이다. 구체적인 경우를 전제로 위험유무를 판단하는 것이 아니라, **경찰상 법규명령을 위반하는 것 자체**가 위험하다고 인정된다. ④ 경찰권 발동시 경찰관은 추상적 위험에 대한 **사실적 관점에서 예측**이 필요하다. 단순히 안전하지 못하다는 정도의 인식만으로는 충분하지 않다. ⑤ 경찰개입은 구체적 위험 또는 최소한 **추상적(추정적 ×) 위험** 있을 때 가능 〈21채용〉 도로교통법 위반(음주운전)죄는 운전자가 혈중 알코올농도의 최저기준치를 초과한 주취상태에서 자동차 등을 운전한 경우에는 구체적으로 정상적인 운전이 곤란한지 여부와 상관없이 **추상적으로 도로교통상의 위험**이 발생한 것으로 본다.

반면, 음주로 인한 특정범죄가중처벌 등에 관한 법률 위반(위험운전치사상)죄는 도로교통법 위반(음주운전)죄의 경우와는 달리 형식적으로 혈중 알코올농도의 법정최저기준치를 초과하였는지 여부와는 상관없이 운전자가 음주의 영향으로 실제 정상적인 운전이 곤란한 상태에 있어야만 한다(대판 2008도7143).

> 도교법 제44조(술에 취한 상태에서의 운전 금지) ① 누구든지 술에 취한 상태에서 자동차등, 노면전차 또는 자전거를 운전하여서는 아니 된다.
> ④ 제1항에 따라 운전이 금지되는 술에 취한 상태의 기준은 운전자의 혈중 알코올농도가 0.03퍼센트 이상인 경우로 한다.
> 특가법 제5조의11(위험운전 등 치사상) ① 음주 또는 약물의 영향으로 정상적인 운전이 곤란한 상태에서 자동차(원동기장치자전거를 포함한다)를 운전하여 사람을 상해에 이르게 한 사람은 ~

준비행위

① 경찰개입을 위해서는 구체적 위험이 존재해야 하는 것이 원칙이지만 범죄예방 및 위험방지 행위의 준비는 추상적 위험에서도 가능하다.
② 범죄예방을 위한 준비행위는 무작위적인 신원확인과 비디오 감시 등이 문제된다.
③ 위험방지를 위한 준비행위는 정보의 수집 및 보유와 관련되어 문제된다.
④ 일반적인 위험 예방 조치는 조직법적 임무범위 내에서 작용법적 근거 없이도 항상 수행 가능하다.
⑤ 현대적 상황에서 위험방지를 효과적으로 수행하기 위한 경찰의 '위험의 사전배려' 활동이 강조되는 추세이다.

(5) 위험 인식 〈20·21·22승진, 16·19경간〉

외관적 위험
① 사려 깊은 판단을 하였으나, 실제는 위험이 없는 경우(외관적으로만 위험)
② 적법하므로 경찰관의 민·형사상 책임과 국가손해배상책임은 없지만, 손실보상 책임은 있음
③ 구체적 위험 또는 추상적(추정적 ×) 위험 존재
④ '살려 달라'는 소리에 출입문을 부수고 들어갔는데, 실제는 TV 소리였던 경우

위험 혐의
① 사려 깊은 판단을 할 때, 위험 가능성은 예측되나 실현이 불확실한 경우
② 위험조사 차원의 개입이 가능하고, 위험이 명백할 때까지 예비적 조치만 가능 〈22채용〉
③ 적법하므로 경찰관의 민·형사상 책임 없지만, 국가의 손실보상책임 가능
④ 익명의 폭파 위협 있음을 이유로 모든 사람을 대피시킨 경우

오상 위험
① 위험의 외관이나 혐의가 정당화되지 아니함에도 위험의 존재를 잘못 추정한 경우
② 오상위험은 경찰상 위험이 아니며 경찰의 개입은 위법
③ 국가 손해배상책임 및 경찰관의 민·형사책임 발생 〈22채용〉
④ 추정적 위험(추상적 위험 ×)은 오상위험과 같은 의미

● 정리하기

위험 인식의 비교

	인식	위법성, 보상	경찰관 민·형사 책임
외관적 위험	사려 깊은 판단	적법, 손실보상	×
위험 혐의	사려 깊은 판단	적법, 손실보상	×
오상 위험	위험 존재를 잘못 추정	위법, 손해배상	○

외관형오

(6) 범죄수사
   ① 수사는 형식적 의미의 경찰
   ② 수사법정주의: 형사소송법 등 수사에 관한 규정들은 대부분 범죄가 있으면 수사 의무가 발생하는 것으로 규정(재량행위 ×)
      ※ 위험에 대한 경찰의 개입은 편의주의
   ③ 경찰수사는 위험방지와 상호 연관된다.

(7) 치안서비스
   ① 현대행정은 적극적인 치안서비스 활동 요구
   ② 위험방지, 범죄수사는 넓은 의미의 치안서비스를 위한 것

3 경찰권의 기초

(1) 광의의 경찰권 = 협의의 경찰권 + 수사권 + 비권력적(서비스) 활동
   ※ 경찰의 수단: 권력적 수단 + 수사권 + 비권력적 수단

(2) 협의의 경찰권 = 실질적 의미의 경찰 = 광의의 행정경찰 = 협의의 행정경찰 + 보안경찰
   ① 사회공공의 안녕과 질서 유지를 위하여 일반 통치권에 근거하여 국민에게 명령·강제하는 권한(국회의장 경호권 ×, 재판장의 법정경찰권 ×)
   ② 경찰책임자에만 발동하는 것이 원칙이나, 법령상 근거 있고 긴급한 경우 경찰책임자가 아닌 자에게도 발동 가능
   ③ 경찰권의 상대방은 통치권에 복종하는 모든 자로서 법인과 외국인을 포함
   ④ 다른 행정기관이 경찰 의무에 위반하는 경우 경찰권 발동 가능성
      ㉠ 부정설: 해당 행정기관 스스로 위험을 극복해야 한다.
      ㉡ 긍정설: 경찰목적은 우월하므로 개입 가능하다.
      ㉢ 절충설(다수설): 다른 행정기관의 적법한 임무수행을 방해하지 않는 범위에서 허용한다.

(3) 수사권
   ① 형사소송법에서 경찰에 부여된 권한
   ② 자연인(내국인·외국인) 및 법인에게 발동 가능
   ③ 형사소송법에 규정된 관계자(피의자, 참고인 등) 이외에는 발동 불가
   ④ 수사권 제한: 외교사절(면책특권), 공무집행 중의 미군범죄(SOFA), 대통령(불소추특권), 국회의원(불체포특권)

(4) 비권력적(서비스)
   ① 비권력적 수단은 조직법적 직무범위 내에서 근거규정(수권규정)이 없어도 행사 가능
   ② 오늘날, 적극적인 치안서비스(교통정보, 인명구조, 순찰을 통한 범죄예방 등) 강조

협수비

4 경찰권의 관할

사물관할	① 사물관할이란 경찰 사무 내용의 범위로서 **경찰권 발동범위를 설정** 〈22채용〉 ② 사물관할(경찰의 임무)은 원칙적으로 조직법(경찰법)적 사항이지만 우리나라는 작용법인 경직법에도 규정되어 있음(일본은 조직법에만 규정) ③ 수사는 **영미법계**(대륙법계 ×) 영향으로 법률에 규정 〈23채용〉 ④ 경찰 서비스 영역도 '공공의 안녕과 질서 유지'에 포함된다.	
인적관할	① 수사권을 포함하는 **광의의**(협의 ×) 경찰권이 발동될 수 있는 인적범위 〈16채용, 17경간〉 ② 대통령 · 국회의원 · 외교관 · 미군에 일정한 제한(국무총리 ×) ③ 대통령은 내란 또는 외환의 죄를 범한 경우를 제외하고는 재직 중 형사상의 소추를 받지 아니한다(헌법 제84조). ④ 국회의원은 현행범인인 경우를 제외하고는 회기 중 국회의 동의없이 체포 또는 구금되지 아니한다(헌법 제44조①).	
지역관할 한계	국회 (국회법)	① 국회의장은 국회 경호를 위하여 **국회운영위원회**(국가경찰위원회 ×)의 동의를 얻어 일정 기간을 정하여 **정부**(경찰청장 ×)에 경찰공무원의 파견을 요구할 수 있다. 〈17승진, 19경간〉 ② 경호업무는 의장의 지휘를 받아 수행하되, 국회 경위는 건물 안에서, 경찰은 건물 밖에서 경호한다. ③ 국회 경위나 경찰공무원은 국회 안에 현행범인이 있을 때에는 체포한 후 의장의 지시를 받아야 한다. 다만, 회의장 안에서는 의장의 명령 없이 의원을 체포할 수 없다 (현행범인은 의장에게 보고 후 지시받아 체포 ×). 〈16 · 22채용, 17 · 19 · 23경간〉 ④ 의원이 본회의 또는 위원회의 회의장에서 회의장의 질서를 어지럽혔을 때에는 의장이나 위원장은 경고나 제지를 할 수 있다(제145조).
	법정 (법원 조직법)	① 재판장은 개정 전후에 상관없이 관할 **경찰서장**(청장 ×)에게 경찰공무원의 파견을 요구할 수 있다. 〈22채용〉 ② 파견된 경찰공무원은 법정내외의 질서 유지에 관하여 **재판장**(법원장 ×, 경찰서장 ×)의 지휘를 받는다. 〈17승진, 22채용〉
	치외 법권	① 외교공관, 외교관 사택, 외교관 승용차 · 보트 · 비행기 등 불가침. 외교사절의 요구나 동의 없이 출입 불가 〈14채용, 15 · 19경간〉 ② 화재, 감염병 발생 등 긴급한 경우는 동의 없이 들어갈 수 있다는 것이 **국제관례**(국제법 ×)이다. 〈14채용〉
	미군 영내	① 미군이 동의한 경우와 중대한 범죄를 범하고 도주하는 현행범인을 추적하는 경우에는 미군 시설 내에서 체포할 수 있다(SOFA 합의의사록 제22조 제10호). 〈15경간, 20채용〉 ② SOFA 대상 아닌 자가 미군 구역 내에 있는 경우 한국 경찰의 요청으로 미군은 그를 체포하여 인도하여야 한다(SOFA 합의의사록 제22조 제10호). ③ 미군의 동의 없이 미군 구역 내에서 사람이나 재산에 대하여, 미군 구역 내외를 불문하고 미국재산에 대하여 압수 · 수색 · 검증 불가(미군 구역 외에서는 미군 동의 없이 미국 재산 압수 · 수색 가능하다. ×)(SOFA 합의의사록 제22조 제10호).

CHAPTER 02 경찰과 인권

제1절 경찰의 기본이념

민주주의	① 헌법 제1조: 모든 권력은 국민으로부터 나온다. ⇨ 경찰권은 국민의 위임에 근거 〈22채용〉 ② 경찰법 제1조: 경찰의 **민주적인** 관리·운영과 **효율**적인 임무수행을 위하여 경찰의 기본조직 및 직무 범위와 그 밖에 필요한 사항을 규정함을 목적으로 한다. 〈18채용〉 ③ 민주성 확보방안: 자치경찰제도 도입, 조직 내부의 적절한 권한분배, 경찰위원회 제도, 국민감사청구제도, 경찰활동 공개, 절차참여 보장(행정절차법) 등
법치주의	① 헌법 제37조 제2항: 국민의 모든 자유와 권리는 국가안전보장·질서 유지 또는 공공복리를 위하여 필요한 경우에 한하여 **법률**(법령 ×)로써 제한할 수 있으며, 제한하는 경우에도 자유와 권리의 본질적인 내용을 침해할 수 없다. 〈21경간〉 ② 행정기본법 제8조(법치행정의 원칙) ③ 임의적(비권력적) 활동은 개별적 수권규정 없이도 가능하다. 단, 이 경우에도 조직법적 근거는 있어야 하므로 직무 범위 내에서 행해져야 한다.
인권존중	① 헌법 제10조, 제37조 ② 경찰법 제5조(권한남용의 금지): 경찰은 그 직무를 수행할 때 헌법과 법률에 따라 국민의 자유와 권리 및 모든 개인이 가지는 **불가침의 기본적 인권**을 보호하고 ~ ③ 경직법 제1조(목적): 이 법은 국민의 자유와 권리 및 모든 개인이 가지는 **불가침의 기본적 인권**을 **보호**하고 ~ ④ 수사경찰이 피의자 대면하는 과정에서 가장 요구되는 이념이 **인권존중**이다.
정치중립	① 헌법 제7조 ② 국가공무원법 제65조(정치 운동의 금지) 〈22채용〉 ③ 경찰공무원법 제23조(정치 관여 금지) ④ 경찰법 제5조(권한남용의 금지): ~국민 전체에 대한 봉사자로서 공정·중립을 지켜야 하며~ ⑤ 1960. 3. 15. 부정선거개입을 계기로 경찰의 정치적 중립화가 강력히 요구됨
경영주의	① 경찰법 제1조(목적): 이 법은 경찰의 **민주적인** 관리·운영과 **효율**적인 임무수행을 ~ ② 서비스 경찰의 중요성이 강조된다. ③ 성과급 제도의 확대, 경제성 있는 경찰력 동원(가용인력 최대 동원 ×)

● 정리하기

근거 법률
- 경찰법(경직법 ×, 경찰공무원법 ×): 민주·효율(제1조), 인권·정치중립(제5조), 수사 이의제기(제6조 ②)
- 경직법 제1조(목적): 인권보호(제1항), 비례원칙(제2항)

규대쌤 Comment

경찰법 민효린 인정! 이의제기 / 경직인비

제2절 인권 보호

1 인권 개관

의의	① 인권은 인간으로서 가지는 당연한 권리로서 천부적 권리, 자연권을 의미 ② 기본권은 헌법에서 보장하는 국민의 기본적 권리를 의미 ③ 국가인권위원회법: 인권의 정의를 헌법과 **법률**에서 보장하거나 **국제인권조약**, 국제관습법에서 인정하는 인간으로서의 존엄·가치·자유·권리를 의미
특성	① 정당성 판단의 기준(국가권력을 제한) ② 보편성('특권'의 반대로 누구나 가지는 권리) ③ 상호의존성(개인이나 집단의 권리는 다른 사람의 권리를 위하여 제한) ④ 불가분성(권리의 일부 구현으로는 보장되지 않고 전체가 실현될 때 완전히 보장)
유형	① 시민적·정치적 권리: 양심/언론/집회·결사의 자유, 참정권 보장 등 ② 경제적·사회적·문화적 권리: 의식주/노동/교육/사회 보장 등 ③ 법적 권리: 법 앞의 평등, 무죄추정, 공정한 재판, 소급입법 금지 등 ④ 차별 받지 않을 권리: 국적, 인종, 성, 종교, 사상 등으로 차별받지 않을 권리
경찰의 인권 시책	① 1970년대 이전: 인권보다 검거율 제고 우선 ② 1970년대: 인권구호는 등장하나, 구체적인 인권시책 미흡 ③ 1980년대: 인권보다 사회안정 우선(1980년 광주 민주화, 1987년 민주화 운동 등) ④ 1990년대: 국민의 인권의식 향상에 비해 인권경찰 만족도 미흡 ⑤ 2000년대: 인권중심으로 직무 패러다임 전환 시급 ⑥ 2010~2011년: 경찰청 인권보호센터를 수사국에서 감사관실로 이관
국가인권 위원회	① 국가인권위원회는 **구금(유치장)**, **보호시설(아동복지시설)**을 방문·조사 가능 ② 개인 사생활 침해, 계속 중인 재판, 수사 중인 사건의 소추에 부당하게 관여할 목적으로 조사를 하여서는 아니 된다. ③ 국가인권위원회법은 외국인에게도 적용된다.

2 경찰 인권보호 규칙

(1) 정의

경찰관등	경찰관, 일반직, 무기계약근로자, 기간제근로자, 의무경찰을 말한다. 〈22경간, 23채용〉
인권침해	경찰관등이 직무를 수행하는 과정에서 모든 사람에게 보장된 인권을 침해하는 것 〈22경간, 22채용〉
조사담당자	인권침해를 내용으로 하는 진정을 조사하고 이에 따른 구제 업무 등을 수행하는 경찰청과 그 소속기관에 근무하는 공무원 〈22경간〉

(2) 계획 수립

내용	수립·시행	주기 〈21승진, 19·22·23채용, 23경위〉
인권정책 기본계획	경찰청장	5년
인권교육종합계획	경찰청장	3년
인권교육계획	각 관서장	매년

(3) 인권영향평가
① 경찰청장은 다음 사항에 대하여 **인권영향평가를 실시**하여야 한다. ⟨21경간⟩
   ㉠ 제·개정하려는 **법령 및 행정규칙을 경찰위원회에 상정하기 60일 이전**
   ㉡ 국민의 인권에 영향을 미치는 **정책 및 계획 확정되기 이전**
   ㉢ 참가인원, 동원 경력, 배치 장비 등을 고려하여 인권침해 가능성이 높은 **집회 및 시위 종료일로부터 30일 이전** ⟨22승진⟩
② 인권보호담당관은 반기 1회 이상 인권영향평가 이행 여부를 점검하고 이를 경찰청 인권위원회에 제출 ⟨21·22승진, 23경위⟩

(4) 인권진단

진단사항 (제25조)	인권보호담당관은 인권침해를 예방하고 제도를 개선하기 위해 **연 1회 이상** 다음 각 호의 사항을 진단하여야 한다. ⟨22·23채용⟩ 1. 인권 관련 정책 이행 실태 2. 인권교육 추진 현황 3. 경찰청과 소속기관의 청사 및 부속 시설 전반의 인권침해적 요소의 존재 여부
방법 (제26조)	진단은 **대상 경찰관서를 방문**하여 관찰, 서류 점검, 면담, 설문 등의 방법으로 실시하되, 방문 진단이 곤란하다고 인정하는 경우에는 **서면으로 할 수 있다.**

(5) 인권침해 사건의 조사·처리

조사 개시 (제28조)	① 인권침해 진정은 문서, 전화, 구두로 접수하며, 담당 부서는 **경찰청 인권보호담당관실**로 한다. ② 경찰청 인권보호담당관실은 **진정이 제기되지 아니하였더라도** 경찰청장이 직접 조사를 명하거나 중대하고 긴급한 조치가 필요하다고 판단한 사안 또는 인권침해의 단서가 되는 사실을 알게 되었을 경우에는 **직접 조사할 수 있다.**
물건 등 보관 (제32조) ⟨21·22·23승진⟩	① 조사담당자는 사건 조사 과정에서 진정인·피진정인 또는 참고인 등이 임의로 제출한 물건 중 사건 조사에 필요한 물건은 **보관할 수 있다.** ② 조사담당자는 제출받은 물건의 목록을 작성하여 제출자에게 내주고 사건기록에 그 물건 등의 번호·명칭 및 내용, 제출자 및 소유자의 성명과 주소를 적고 서명 또는 기명날인하게 하여야 한다. ③ 조사담당자는 제출받은 물건에 사건번호와 표제, 제출자 성명, 물건 번호, 보관자 성명 등을 적은 표지를 붙인 후 봉투에 넣거나 포장하여 안전하게 보관하여야 한다. ④ 조사담당자는 제출자가 보관중인 물건의 반환을 요구하는 경우 반환하여야 한다. ⑤ 제출자가 요구하지 않더라도 **진정인이 취소한 사건**에서 진정인이 제출한 물건, **사건이 종결된 경우**, 기타 물건을 계속 보관하는 것이 적절치 않은 경우에는 물건을 **반환할 수 있다.**
조사중지 (제35조)	조사담당자는 다음의 경우에 사건 조사를 중지할 수 있다. 다만, 확인된 인권침해 사실에 대한 구제 절차는 계속하여 이행할 수 있다. ⟨21·23승진⟩ ① 진정인이나 피해자의 **소재를 알 수 없는 경우** ② 중요 참고인의 소재를 알 수 없는 경우 ⟨21채용⟩ ③ 그 밖에 위 ①, ②와 유사한 사정으로 더 이상 조사를 진행할 수 없는 경우 ④ 감사원의 조사, 경찰·검찰 등 수사기관에서 **조사 또는 수사가 개시된 경우**

(6) 진정사건의 처리

진정각하 (제29조)	① 인권침해에 해당하지 아니한 것이 **명백한** 경우 ② **명백히** 사실이 아니거나 이유가 없다고 인정되는 경우 ③ 피해자 아닌 사람이 한 진정으로서 피해자가 원치 않는 것이 **명백한** 경우 ④ 시효(공소/징계/민사) 완성, 수사·재판·구제절차 진행 중이거나 **종결된** 경우 ⑤ 진정이 익명·가명으로 제출되거나 진정을 취소한 경우 ⑥ 각하·기각된 진정을 다시 진정, 근거 없는 비방으로 업무방해 의도로 진정 ⑦ 법원의 확정판결이나 헌재결정에 반대되는 경우 ⑧ 국가인권위에서 동일 내용으로 조사 중이거나 조사한 사실이 확인된 경우
진정기각 (제37조)	① 진정 내용이 사실이 아니거나 사실 여부를 확인 불가한 경우 ② 진정 내용이 사실이지만 인권침해가 없는 경우 ③ 이미 피해회복이 되어 구제조치가 필요 없는 경우 〈21채용〉 | 각하	기각
명백히 사실이 아닌 경우	사실이 아닌 경우
인권침해 아닌 것이 **명백**	사실이지만 인권침해 없는 경우	
인용·구제 (제38조)	① 고발 또는 수사의뢰 ② 인권침해 행위 중지 및 기타 적절한 조치 ③ 국가배상이나 법률구조 등 안내 ④ 징계의결 요구 ⑤ 인권침해 사실과 관련된 제도 개선

(7) 경찰청 인권위원회

소속/성격	자문기구(심의기구 ×)로서 경찰청, 시·도경찰청에 설치 (경찰서 ×) 〈22·23경간, 22채용〉
구성	7~13인 (특정 성별은 6/10 초과 금지) 〈18·19채용〉
위원장	위원장 호선(부록 제1장 '위원회 종합' 참조)

위원	① 당연직으로 경찰청은 감사관, 시·도경찰청은 청문감사인권담당관
	② 다음 각 경력자는 반드시 1명 이상 포함되어야 한다(총 4명 이상).
	   ⊙ 판사·검사·변호사 3년 이상 경력자
	   ⓒ 교원 또는 교직원으로 3년 이상 경력자
	   ⓒ 「비영리민간단체지원법」에 따른 단체에서 인권 분야에 3년 이상 활동한 경력이 있거나 그러한 단체로부터 인권위원으로 위촉되기에 적합하다고 추천을 받은 자
	   ② 그 밖에 사회적 약자 등 다양한 사회 구성원의 목소리를 반영할 수 있는 자

임기	① 위원장 2년(호선, 연임 불가), 위원 2년(2회 연임 가능) 〈18·19채용〉 ※ 중앙행정심판위원회 비상임위원 2년(2회 연임 가능) ② 결원으로 새로 위촉하는 위원의 임기는 위촉된 날부터 기산한다. 〈18채용〉
회의	① 정기회의는 경찰청은 월 1회, 시·도경찰청은 분기 1회 개최 〈18채용〉 ② 임시회의는 위원장이 필요하다고 인정하거나 청장 또는 재적위원 1/3 이상이 소집을 요구하는 경우 위원장이 소집 ③ 재적 위원 과반수 출석, 출석 위원 과반수 찬성으로 의결

규대쌤 Comment

싸인구 아니면 기각

업무	위원회는 다음 각 호의 사항에 대한 **권고 또는 의견표명**을 할 수 있다. 1. 인권과 관련된 **경찰의 제도·정책·관행의 개선** 2. 경찰의 **인권침해 행위의 시정** 3. **국가인권위원회**·국제인권규약 감독 기구·국가별 정례인권검토의 권고안 및 국가인권정책기본계획의 이행 4. 인권영향평가 및 인권침해 사건 진상조사단에 관한 사항

(8) 진상조사단

진상조사단 구성	① 경찰청장은 경찰의 법 집행 과정에서 사람의 **사망 또는 중상해** 그 밖에 사유로 인하여 중대한 인권침해의 의심이 있는 **경우** 이를 조사하기 위하여 진상조사단을 구성할 수 있다. ② 경찰청 인권위원회는 진상조사단 구성에 대하여 **권고 또는 의견표명**을 할 수 있다. ③ 진상조사단은 **경찰청 차장 직속**으로 두고 진상조사팀, 실무지원팀, 민간조사자문단으로 구성하여 운영한다. ④ 단장은 경찰청 소속 경무관급 공무원 중에서 **경찰위원회의 추천**을 받아 경찰청장이 임명한다.
진상조사팀	① 팀장: 경찰청 소속 총경급 중에서 단장 의견을 들어 경찰청장이 임명한다. ② 팀원: 인권·감찰·감사·수사 등의 분야에서 조사경험이 있는 **경찰관과 국민권익위원회** 등에서 파견 받은 조사관으로 구성한다.
실무지원팀	① 팀장: 경찰청 인권보호담당관 ② 팀원: 경찰청 인권보호담당관실 소속 직원

민간조사 자문단	① '인권분야 전문가 인력풀'에 포함된 사람 중에서 경찰청 인권위원회의 심의를 거쳐 경찰청장이 위촉한다.
	② 인권분야 전문가 인력풀
	  ㉠ 사회학·법학 등 인권분야에 관한 박사학위를 가진 사람
	  ㉡ 판사·검사 또는 변호사로 3년 이상의 경력이 있는 사람
	  ㉢ 그 밖에 조사대상 사건에 대해 전문성이 있다고 인정되는 사람
	③ 민간조사자문단은 **조사팀의 조사 현장에 참여**할 수 있으며, 조사 과정을 모니터링하고 조사팀의 조사 활동 및 그 결과에 대하여 **의견을 제시**할 수 있다.

운영	① 진상조사단은 원칙적으로 **2개월 내에 조사 완료**하여야 하며, 경찰청장의 승인을 받은 후 기간을 연장할 수 있다. ② 단장은 진상조사 결과 발표 전 조사 결과에 대해 경찰위원회와 경찰청 인권위원회에 보고하고 그 의견을 들어야 한다.

● 정리하기

인권 관련 규정

경찰법	제5조(권한남용의 금지) 경찰은 그 직무를 수행할 때 헌법과 법률에 따라 국민의 자유와 권리 및 모든 개인이 가지는 불가침의 기본적 인권을 보호하고, 국민 전체에 대한 봉사자로서 공정·중립을 지켜야 하며, 부여된 권한을 남용하여서는 아니 된다. 제10조(국가경찰위원회의 심의·의결 사항 등) ① 2. 국가경찰사무에 관한 인권보호와 관련되는 경찰의 운영·개선에 관한 사항은 국가경찰위원회의 심의·의결을 거쳐야 한다.

경찰법	제19조(시·도자치경찰위원회의 구성) ③ 위원 중 1명은 인권문제에 관하여 전문적인 지식과 경험이 있는 사람이 임명될 수 있도록 노력하여야 한다. 제24조(시·도자치경찰위원회의 소관 사무) ① 4. 자치경찰사무 담당 공무원의 부패 방지와 청렴도 향상에 관한 주요 정책 및 인권침해 또는 권한남용 소지가 있는 규칙, 제도, 정책, 관행 등의 개선
경직법	제1조(목적) ① 이 법은 국민의 자유와 권리 및 모든 개인이 가지는 불가침의 기본적 인권을 보호하고 사회공공의 질서를 유지하기 위한 경찰관(경찰공무원만 해당한다. 이하 같다)의 직무 수행에 필요한 사항을 규정함을 목적으로 한다.

3 경찰관 인권행동강령(경찰청훈령 2020. 6. 10., 제정)

제1조(인권보호 원칙) 경찰관은 국민이 국가의 주인임을 명심하고 모든 사람의 인권과 인간으로서의 존엄과 가치를 존중하고 보호할 책임이 있다.

제2조(적법절차 준수) 경찰관은 헌법과 법령에 의하여 적법절차에 따라 공정하고 객관적으로 직무를 수행하여야 하며, 권한을 남용하거나 그 권한의 범위를 넘어서는 아니 된다.

제3조(비례 원칙) 경찰권 행사는 그 목적을 달성하는 데 필요한 한도에 그쳐야 하며 이로 인한 사익의 침해가 경찰권 행사가 추구하는 공익보다 크지 아니하여야 한다. 특히 물리력 행사는 법령에 정하여진 엄격한 요건을 충족하는 경우에 한하여 필요 최소한의 범위 내에서 이루어져야 한다.

제4조(무죄추정 원칙 및 가혹행위 금지) 경찰관은 누구든지 유죄가 확정되기 전에는 유죄로 간주하는 언행이나 취급을 하여서는 아니 되고, 직무를 수행하는 과정에서 고문을 비롯한 비인도적인 신체적·정신적 가혹 행위를 하여서도 아니 되며, 이러한 행위들을 용인하여서도 아니 된다.

제5조(부당 지시 거부 및 불이익 금지) 경찰관은 인권을 침해하는 행위를 하도록 지시받거나 강요받았을 경우 이를 거부해야 하고, 법령에 정한 절차에 따라 이의를 제기할 수 있으며, 이를 이유로 불이익한 처우를 받지 아니한다.

제6조(차별 금지 및 약자·소수자 보호) 경찰관은 직무를 수행하는 과정에서 합리적인 이유 없이 성별, 종교, 장애, 병력(病歷), 나이, 사회적 신분, 국적, 민족, 인종, 정치적 견해(성적지향×) 등을 이유로 누구도 차별하여서는 아니 되고, 신체적·정신적·경제적·문화적인 차이 등으로 특별한 보호가 필요한 사람의 인권을 보호하여야 한다. 〈22승진〉

제7조(개인 정보 및 사생활 보호) 경찰관은 직무를 수행하는 과정에서 취득한 개인 정보와 사생활의 비밀을 보호하고, 명예와 신용이 훼손되지 않도록 유의하여야 한다.

제8조(범죄피해자 보호) 경찰관은 범죄피해자의 명예와 사생활의 평온을 보호하고, 추가적인 피해 방지와 신체적·정신적·경제적 피해의 조속한 회복 및 권익증진을 위하여 노력하여야 한다.

제9조(위험 발생의 방지 및 조치) 경찰관은 사람의 생명·신체에 위해를 끼치거나 재산에 중대한 손해를 끼칠 우려가 있는 때에는 이를 방지하기 위한 필요한 조치를 하여야 한다. 특히 자신의 책임 및 보호하에 있는 사람의 건강 보호를 위해 노력하여야 하며, 필요한 경우 지체 없이 응급조치, 진료의뢰 등 보호받는 사람의 생명권 및 건강권을 보장하기 위한 조치를 하여야 한다.

제10조(인권교육) 경찰관은 인권 의식을 함양하고 인권 친화적인 경찰 활동을 할 수 있도록 인권교육을 이수하여야 하며, 경찰관서의 장은 정례적으로 소속 직원에게 인권교육을 하여야 한다.

CHAPTER 03 경찰의 윤리

제1절 바람직한 경찰의 역할모델과 전문직업화

1 바람직한 경찰의 역할모델

(1) 치안활동의 주체와 시민들의 참여
   ① 경찰활동의 민주화와 경쟁력 강화 요청에 따라 치안서비스라는 용어가 전면에 부각되고 있다.
   ② 오늘날 경찰이 주된 치안활동을 하고 시민이 보조적으로 치안활동에 참여한다.
   ③ 시민들이 신고, 고소, 현행범체포 하는 것은 자발적 참여형태이다.
   ④ 경범죄 처벌법의 공무원원조불응죄와 같이 시민들에게 **치안활동 참여를 강제하는 경우**도 있다.

(2) 치안의 유형
   ① 사적 조직 + 사적 비용: 효율성⇧, 형평성⇩
   ② 공적 조직 + 공적 비용: 효율성⇩, 형평성⇧
   ③ 가장 이상적인 형태: 공적 조직을 원칙으로 하면서 사적 치안을 가미하는 것

(3) 사회이념에 따른 경찰의 역할

보수주의	① 범죄를 개인의 선택으로 보고 엄격한 법집행 주장 ② 일반예방과 특별예방을 강조
진보주의	① 범죄를 가정파괴, 교육결핍, 사회적 무관심 등 사회적 요인으로 보고 사회적 책임과 범죄인에 대한 재활과 교정 강조 ② 다이버전(diversion): 청소년 범죄에 대하여 처벌보다 기소 전에 지역사회에서 일정한 처우를 받도록 함으로써 범죄인 낙인을 줄이는 것 　예 선도조건부 기소유예 ③ 회복적 사법: 가해자 처벌보다 대화를 통한 갈등 해결과 손해 회복·개선에 더 중점을 두는 제도로 학교폭력 등 청소년 범죄에서 강조
바람직한 방향	진보주의와 보수주의 조화

(4) 경찰의 역할모델

범죄와 싸우는 경찰	개념	① 범인제압 측면의 강조로 시민들은 범인제압을 경찰의 주된 임무로 인식 ② 대중매체의 부각, 경찰의 실적 홍보 영향으로 발생
	장점	경찰 역할을 뚜렷이 인식시켜 '전문직화'에 기여 〈21경채〉
	단점	① 전체 경찰 업무를 포괄하지 못함 ② 법집행의 흑백논리에 의한 이분법적 오류로 인권침해 우려 〈21경채〉 ③ 수사업무를 주된 것으로, 다른 업무를 부수적으로 보게 하여 경찰 인력과 자원을 수사에만 편중시키고, 수사부서 외 경찰관들의 사기 저하, 다른 분야 발전을 등한시할 우려
치안서비스 제공자로서 경찰	개념	① 치안서비스란 경찰활동의 전 부분을 포괄하는 용어로, 범죄와의 싸움도 치안서비스의 한 부분으로 인식 ② 시민에 대한 서비스 활동과 사회봉사 활동이 강조되어 지역사회 경찰활동(Community Policing)과 일맥상통 〈21경채〉
	활동	① 대역적(代役的) 권위에 의한 활동 　㉠ 명백한 근거 없이도 비공식·관행적으로 사회봉사활동에 관여하는 것 　㉡ 경찰의 24시간 근무체제와 지역적 분담체제로 사건 현장에 제일 먼저 접근하는 특성 때문임 　㉢ 대역적 권위는 일시적이고 임시방편적이어야 하며, 법적 근거를 가진 사회봉사 활동기관의 활동 내에서 이뤄져야 하고 이 범위를 넘어서는 안 됨. ② 비권력적 치안서비스의 적극제공: 순찰, 계도, 교통정보, 지리안내 등 ③ 사회적 갈등 해결 및 갈등발생의 개연성 최소화: 이미 일어난 문제뿐 아니라 일어날 개연성 있는 문제를 사전 발견하여 해결을 시도하는 것
	바람직한 모델	치안서비스 제공자로서의 경찰 모델이 바람직

2 경찰의 전문직업화

(1) 전문직의 의의
　① 경찰의 사회적 지위를 높이기 위한 경찰개혁 운동으로서 직업 전문화는 미국의 오거스트 볼머 등에 의하여 추진되었다. 〈22경간〉
　② 전문직업화는 경찰위상·사기의 제고와 긍지 함양, 경찰에 대한 공중의 존경 증대, 효율성 증대, 부정부패 척결, 훌륭한 인적자원의 확보로 서비스 질 향상 등의 이점이 있다. 〈22경간〉

(2) 고전적 전문직의 특징(클라이니히)

공공서비스 제공	전통적인 법, 의학 등 전문직업인은 사회에 가치 있는 공공서비스를 제공
윤리강령 제정	윤리강령을 제정하여 스스로 통제하고 서비스를 개선시키려고 노력
전문지식과 기술	긴 학습과정을 통하여 특수한 전문지식과 기술을 가짐.
고등교육 이수	전문직은 대학이나 대학원의 이수를 요구함
자율적 자기통제	제공하는 서비스 품질을 보장하기 위하여 스스로 기준을 만들어 통제

(3) 전문직업화의 윤리적 문제점

부권주의	아버지가 자식의 의사를 무시하고 문제를 결정하듯, 전문가가 상대방 입장을 고려하지 않고 일방적으로 결정 〈22경간〉
차별	전문직이 되는 데 장기간의 교육과 비용이 들면, 가난한 사람은 전문가가 될 기회 상실(진입 차단) 〈16승진, 22경간〉 예 순경 채용조건을 대졸이상으로 제한하는 경우
사적 이용	전문직이 소유한 사회적 힘을 공익보다는 사익을 위해서 이용
소외	① 나무는 보고 숲은 보지 못하듯, 전문가가 자신의 분야(부서)만 보고 전체 맥락을 보지 못하는 것 〈19승진〉 ② 경비과 소속 경찰관이 집회·시위 현장에서 시위대가 질서유지선을 침범해 경찰관을 폭행하자 교통, 정보, 생활안전 등 다른 분야에 대한 고려없이 경비 분야만 생각하고 검거 결정을 한 사례 〈22채용〉

제2절 경찰의 일탈

1 경찰윤리교육의 목적(클라이니히) 〈21경채〉

도덕적 결의의 강화	① 압력과 유혹에 굴복하지 않고 소신과 직업의식에 따라 일을 처리하는 것 ② 사건관련자가 주는 금품을 받는 경우는 도덕적 결의가 약화된 것
도덕적 감수성 배양	① 다양한 계층의 사람들에게 차별 없이 인간으로서 존중하고 공평하게 봉사하는 것 ② 지구대를 방문한 노숙자에 대하여 편견을 갖는 것은 감수성 부족
도덕적 전문능력 함양	① 비판적 사고방식을 배양하여 조직 내 관행을 비판적으로 수용하는 것 ② 경찰윤리교육에서 가장 중요한 목적(최종 목적)

2 시민들의 호의에 대한 논의

(1) 작은 호의와 뇌물

작은 호의는 감사와 애정의 표시로 경찰권 행사에 대한 자발적인 것이고, 뇌물은 직무와 관련하여 정당한 의무를 그르치거나 의무 불이행을 감행하게 하는 정도의 이익을 말하는 것으로서 양자 간에 개념적 구별은 되지만 **현실적으로 그 경계가 불분명하며 구별이 명확하지 않다.**

(2) 작은 호의 논의

허용론	① 형성재 이론: 경찰은 작은 호의로 시민과 **친밀감을 형성함** ② 이성과 지능: 경찰관은 호의와 뇌물을 구분할 수 있으며, 작은 호의 때문에 편파적으로 업무를 처리하지 않음 ③ 관행성: 공짜 커피 같은 것은 뿌리 깊은 관행으로 완전히 없애는 것이 불가능함 ④ 자발성: 강제가 아닌 자발적임 ⑤ 당연성: 비록 해야 할 일을 하지만 고마움을 표시하는 것은 당연히 할 수 있음

규대쌤 Comment

아버지를 가난하다고 차별하냐 사적으로 소외시키냐 / 성차별 없이 / 당연히 형이 관자 허용 해야지

금지론	① 작은 호의도 정례화되면 신세를 졌다는 생각으로 불공정하게 처리할 우려가 있음 ② 작은 호의를 받아들이는 사람은 미끄러지기 쉬운 경사로 위에 있는 것임 ③ 일부 경찰관은 작은 호의와 뇌물을 구별하지 못하고 특권의식이 싹틈 ④ 공짜 커피 등 호의를 전하는 사람은 대개 불순한 의도가 있음

3 경찰의 부패

(1) 하이덴하이머의 부정부패 개념

개념	관직중심적	부패는 뇌물수수 행위와 특히 결부되어 있지만, 반드시 금전적인 형태일 필요가 없는 사적 이익을 고려한 결과로 권위를 남용하는 경우를 포괄한다. 〈22법학〉
	시장중심적	고객들은 잘 알려진 위험을 감수하고라도 원하는 이익을 받는 것을 확실히 하기 위하여 높은 가격(뇌물)을 지불하는 결과로 부패가 발생한다. 〈22법학〉
	공익중심적	공직자가 법적으로 규정되어 있지 않은 금전적인 또는 다른 형태의 보수에 의하여 그 보수를 제공한 사람들에게 이로운 행위를 함으로써 공중의 이익에 손해를 끼칠 때 부패가 발생한다. 〈22법학〉
유형	백색 부패	이론상 일탈행위로서 구성원 다수가 용인하는 선의의 부패, 관례화된 부패 ※ 경기가 밑바닥인데도 경기가 살아나고 있다고 공직자가 거짓말을 한 경우
	흑색 부패	사회 전체에 심각한 해를 끼치는 것으로 구성원 모두가 처벌을 원하는 부패 ※ 업무와 관련된 대가성 있는 뇌물수수
	회색 부패	① 백색과 흑색의 중간으로 흑색 부패로 발전할 수 있는 잠재성을 지닌 것 ② 일부 집단은 처벌을 원하지만 다른 집단은 원하지 않는 경우의 부패 ※ 정치인에 대한 후원금, 떡값, 적은 액수의 호의, 선물, 음료수, 과일 등

> **참고** — 심리전의 수단(안보경찰)
> - 백색 선전: 출처 공개
> - 흑색 선전: 출처 위장
> - 회색 선전: 출처 비공개

(2) 경찰부패의 현실적 특징
① 단속, 규제, 조사 등을 하는 경찰로부터 유리한 결정을 이끌기 위해 뇌물을 제공한다.
② 경찰조직의 위계구조와 충성문화 강조는 부패의 토양
③ 경찰인 자신을 권력집단으로 인식하고 뇌물을 당연한 관행으로 받아들인다.
④ 경찰이 서로의 부정을 나눔으로써 공범관계가 성립하고 부정행위를 덮어주는 것이 만연된다.

(3) 경찰직업에 대한 회의로 시작되는 부패과정: 봉사 수단 ⇨ 좌절 ⇨ 체념 ⇨ 부패
경찰직을 사회 봉사의 수단으로 생각(1단계) ⇨ 낮은 봉급, 경찰에 대한 낮은 사회 인식, 승진좌절 등 현실의 벽을 실감하고 좌절(2단계) ⇨ 경찰 역할이 무의미해져 냉소적

규대쌤 Comment
해머로 관시공, 혹위 회색비

으로 되면서 체념(3단계) ⇨ 경찰직을 사익과 안락을 추구하는 수단으로 이용하면서 부패(4단계)

(4) 경찰의 조직 내 사회화 과정

공식적 과정	경찰업무 절차, 교육프로그램, 상사의 지침 등에 의한 사회화 과정
비공식적 과정	고참이나 동료 등을 통한 관례 등으로서 현실적으로 경찰관들은 공식적 사회화 과정보다는 비공식적 사회화 과정의 영향이 더 크다.

(5) 예기적 사회화 과정
① 경찰이 되고자 하는 사람이 자기 또는 주변인의 경험이나 언론매체를 통하여 **경찰에 대한 사회화를 미리하는 것**을 의미 〈22경간〉
② 경찰 준비생이 경찰의 음주운전 기사를 보고 자신은 저렇게 하지 않겠다는 생각을 가지는 경우

(6) 경찰 일탈 이론 〈17·18·20·22승진, 18·20·22·23채용, 16·18·22경간〉

이론		내용	학자
미끄러지기 쉬운 경사로 이론	긍정	사소한 **호의(부패 ×)**가 부패로 연결된다.	셔먼
		사소한 호의도 거절해야 한다.	델라트르
	비판	대부분 경찰은 작은 호의와 뇌물을 구별할 수 있어서 작은 호의 때문에 반드시 부패를 범하는 것은 아니다.	펠드버그
전체 사회 가설		① **시민사회(시카고)**가 경찰부패를 묵인하여 경찰을 부패하게 만들었다고 주장 ② 주민들과 도박을 일삼았으나 주민들 아무도 문제화하지 않는 경우 ③ 미끄러지기 쉬운 경사로 이론과 유사	윌슨 (O.W.Wilson)
구조 원인 가설 (조직 부패)		① 신참은 고참에 의해 부패에 물든다. ② 대상업소에서 월정금을 받아 동료들과 분배 ③ 서로의 부패를 눈감아주는 '**침묵의 규범**' 발생 ④ '**법규와 현실의 괴리**'로 발생(혼자 출장 가면서 2명의 출장비 청구, 퇴근 후 시간외근무 조작) ⑤ 부패는 개인적 결함이 아닌 조직적 문제	니더호퍼 로벅, 바커
썩은 사과 가설 (개인 부패)		① **자질 없는 경찰관**이 모집단계에서 배제되지 못하고 유입되어 전체가 부패 ② 부패는 조직의 문제가 아닌 **개인적 결함**	
비지바디니스 (Busybodiness)		남의 비행에 일일이 참견하여 도덕적 충고를 하는 것(내부고발과 구별)	
도덕적 해이 (Moral Hazard)		① 법과 제도적 허점을 이용하여 자기 책임을 소홀히 하거나 집단적인 이기주의를 보이는 상태 ② 도덕적 가치관이 붕괴되어 **동료의 부패를 부패로 인식하지 못함**(동료의 부패를 모르는 척하는 침묵의 규범과 구별).	

규대쌤 Comment

셔면미끄러진다, 받아먹으면 멜라, 버그냐 그것도 구분 못하게, 조직적으로 니도박어, 로 킥~~,

윤리적 냉소주의 가설	① 경찰조직 내부적으로 경찰고위직의 공정성을 위장한 연고주의와 파벌주의, 정치권에는 아부하면서도 부하들에게는 권위적인 태도, 자신들의 보신을 위해 부하들에게 책임전가 등의 **이중성**에서 비롯된다. ② 경찰은 사회에 대해서도 냉소적인 태도를 보이는데, 부와 권력을 가진 자 또는 일반시민들의 **이중성**이 원인이 된다. 경찰에 대한 외부통제기능을 수행하는 정치권력, 대중매체, 시민단체의 부패는 경찰의 냉소주의를 부채질하고 부패의 전염효과를 가져온다. 〈22경간〉
Dirty Harry 문제	① 크로카스(Carl Klockars, 1983)는 당시 미국의 유명한 유괴영화인 'Dirty Harry'를 인용하여 '고결한 명분의 부패형태'를 제시하였다. 영화에서 경찰관 Harry는 유괴된 소녀를 찾기 위해 유괴범 Scorpio의 다리에 총을 쏘며 고문을 하였다. 크로카스는 선한 결과를 위하여 부정한 수단을 사용하는 경찰관은 처벌되어야 한다고 주장하였다. ② 도덕적으로 선한 목적을 위해 윤리적, 정치적, 혹은 법적으로 더러운 수단을 동원하는 것이 적절한가와 관련된 **딜레마적 상황**이다. 〈22채용〉

(7) 경찰부패에 대한 내부고발(Whistleblowing)
   ① 내부고발의 의의
      ㉠ 동료의 부패를 감찰이나 외부의 언론매체에 공표하는 것
      ㉡ '침묵의 규범'과 반대되는 개념
      ㉢ 남의 비행에 참견하여 도덕적 충고를 하는 '비지바디니스(busybodiness)'와 구별
      ㉣ 내부고발에서 가장 고려해야 것: 조직에 대한 충성과 공공의 이익
   ② 내부고발의 정당화 요건(클라이니히) 〈21경간〉
      ㉠ 적절한 도덕적 동기에 의해 이루어질 것
      ㉡ 외부공표 전 모든 내부채널 사용하여야 함
      ㉢ 내부고발자의 신념이 **합리적 증거**에 근거할 것
      ㉣ 도덕적 위반의 중대성, 급박성에 대한 세심한 고려 필요
      ㉤ 어느 정도 성공가능성이 있어야 함

제3절 경찰의 문화

(1) 한국 경찰문화의 부정적 특징

유교문화	• 농경사회를 기반으로 형성된 친분관계 • 위계질서를 중시
군사문화	획일적 사고와 흑백논리
권위주의	토론문화 저해, 상사의 독단적 결정
의식(형식)주의	실제 일하는 것보다 서류 작성을 더 중요시함
가족주의	혈연, 지연, 출신학교 등 **자연발생적** 귀속집단에서 발생하는 인간적 유대 강조
정적 인간주의	자연발생적 경계를 넘어 의식적으로 다른 사람과 긴밀한 관계를 유지하고 이런 정(情)을 바탕으로 사무를 처리하는 것 예 친하니까 잘 봐줄게.

(2) 경찰문화의 대외적 특징
① 법 집행 시 국민과 대치하는 경향
② 법 집행 시 공중의 적극적인 지원을 받지 못할 때가 많음
③ 지나친 조직내부 연대성으로 폐쇄성을 보이며 '우리-저들 의식'이 생겨나서 동료에 대한 의리가 강조되고 비리에 침묵하게 됨. '저들'은 대외를 의식한 개념으로서 대내적 특징이 아님

(3) 경찰문화의 대내적 특징
① 경찰문화는 다른 행정관료의 문화와 다른 점이 있음
② 경찰내부에서도 정복과 사복 부서의 문화가 다름
③ 경찰은 자신과 관련된 정보의 공개를 꺼려함
④ 사복 경찰은 상대적으로 정복 경찰에 비해 엘리트 의식을 가짐

(4) 대응성과 수용성
① **대응성**: 국민의 요구를 행정기관(경찰)이 받아들이는 것이다.
   ※ 경찰청 고객만족모니터센터의 치안정책 여론조사를 치안정책에 반영하는 것
② **수용성**: 어떤 정책이나 법 집행에 대하여 국민들이 받아들이는 것이다.

(5) 냉소주의 회의주의

구분	냉소주의(cynicism)	회의주의(skepticism)
공통점	불신을 바탕으로 불평과 불만 상태	
태도	모든 일을 차갑게 부정하며, 구경꾼의 자세로 비웃기만 하는 사람	'회의(會議)'하는 것처럼 근거를 갖고 비판하며, 의심하고 주의하는 사람
차이점	① 합리적 근거 없다. ② 대상의 불특정 ③ 개선 의지 없다. ④ 경찰조직에 대한 **신념 결여** 〈16승진〉	① 합리적 근거 있다. ② 대상의 특정 ③ 개선 의지나 신념이 있다.
냉소주의 폐해	① 공중이 도덕적으로 타락했다거나 상부 지시가 **부당하다는 회의**가 들 때 나타남 ② 경찰청의 새로운 제도 발표에 전시행정이라고 **비웃는 것**은 조직에 대한 신념 결여가 원인임 ③ 냉소주의는 경찰의 전문직업화를 저해할 수 있음 ④ 미국의 **니더호퍼**: 냉소주의는 자신의 신념체계가 붕괴되었지만 새로운 것에 의해 대체되지 않을 때 나타나는 **도덕적 아노미 현상(혼란상태)**으로 봄.	
냉소주의 극복방안	① 맥그리그의 Y이론에 입각한 조직관리 〈18승진〉 ※ Y이론은 인간이 책임감 있고 정직하여 민주적인 관리를 해야 한다는 이론이고, X이론은 인간을 게으르고 부정직한 것으로 보아 권위적으로 관리해야 한다는 이론 ② 의사결정 과정에 참여시키고 부하의 의견을 청취(상의하달 ×)	

규대쌤 Comment

니도호프 먹어라 신념체제 붕괴 아노미상태로~~

제4절 경찰인의 윤리적 표준과 경찰윤리강령

(1) 사회계약설(사상적 토대)

구분	홉스(영)	로크(영)	루소(프)
자연 상태	'만인에 대한 만인의 투쟁'	자연상태에서 개인은 자연법으로 자기보호의 권리를 갖지만 본질적으로 안전이 결여되어 있다.	처음에는 자유, 평등 보장되는 목가적 상태에서, 강자와 약자의 구별이 생기며 불평등이 발생
사회 계약	① 개인의 자연권을 국왕에게 전면적으로 양도(전면양도) ② 국왕에 절대 복종	① 자연권의 일부만 국왕에게 위임(일부양도) ② 시민은 신탁을 배반한 정부에 저항권 보유	① 시민의 일반의지에 입각한 정치공동체 구성 주장 ② 일반의지에 반하는 정부에 대한 저항권 인정(프랑스혁명의 사상적 무기)

(2) 윤리적 표준의 구체적 내용(코헨 & 펠드버그) 〈21채용, 21·17경간, 22승진〉

공정한 접근 보장	① 경찰서비스는 누구에게나 차별없이 제공되어야 한다(평등원칙). ② 친척이 산다는 이유로 A지역 순찰을 늘리거나, 동료의 위법을 눈감아 주는 편들기, 가난한 동네의 순찰을 결략하는 해태·무시 등이 위반사례이다. ③ 경찰의 출동요구는 원칙적으로 재량행위이나 긴급·중대한 사안에서 재량권이 0으로 수축될 수 있다.
생명과 재산의 안전보호	① 사회계약의 궁극적 목적은 시민의 생명과 재산의 안전보호이고, 법집행은 수단에 불과하다. ② 인질범을 추격할 경우 교통법규의 준수(잠재위험)보다 인질을 구하는 것(현재위험)이 우선한다. ③ 과도한 추격으로 폭주족이 사망한 경우는 위반사례이다.
팀웍과 역할한계	① 조직 내·외부와 팀워크로 협력하고, 경찰의 사회적 역할 범위 내에서 행동한다. ② 공명심에 단독으로 검거하려다 실패한 경우(팀워크), 형사가 범인에게 면박을 주거나 몽둥이로 처벌까지 한 경우(역할한계) 등이 위반사례이다.
공공의 신뢰	① 시민들이 공공의 안녕과 질서를 맡긴 것에 부응하는 것이다. ② 시민이 자력구제하지 않고 신고하는 것, 신고를 하면 최소한의 강제력을 사용(비례의 원칙)하여, 반드시 집행하고, 뇌물이나 접대 등 사적 이익을 추구하지 않는 것이다. ③ 칼 든 강도를 추격하는 척하다가 내버려 둔 경우, 도주하는 범인의 등을 쏘아 사망케 한 경우, 과도한 진압, 사건 축소 은폐 등이 위반사례이다. ※ 가난한 동네 순찰 결략(공정한 접근 위반)과 구별
냉정하고 객관적인 자세	① 사회의 일부분이 아닌 전체 이익 추구를 위해 개인적인 감정을 배제하고 냉정하고 객관적인 자세 필요하다. ② 과도한 개입(개인적 선호, 편견)이나 무관심(냉소주의)을 경계한다. ③ 경찰관이 도둑 맞은 경험 때문에 절도범에 가혹하거나, 아버지로부터의 가정폭력 경험으로 문제의 원인이 남편에게 있다고 생각하는 경우 등이 위반사례이다.

규대쌤 Comment

공자편해^^ 안궁혐동안할래옹둥
이로 패버릴까~~ 신비반사
냉경형상

(3) 경찰 윤리강령의 기능과 문제점

의의		윤리표준에 부합하는 추상적 행동규범을 문서화한 것으로 그 형식(명칭)은 강령, 윤리강령, 헌장 등 다양하며 훈령이나 예규로 규정되기도 한다.	
기능	대외적	① 서비스 수준에 대한 확신 부여 ② 국민과의 공공관계 개선 ③ 과도한 요구에 대한 책임 제한 ④ 경찰에 대한 국민의 평가기준 ⑤ 경찰의 **전문직업화에 기여**(쿠큰, 설리반)	클라이니히 강조
	대내적	① 조직 구성원의 자질통제 기준 ② 경찰조직의 기준 제시 ③ 경찰조직에 대한 소속감 고취 ④ 경찰조직 구성원에 대한 교육자료 제공	데이비스 강조
문제점 〈19·21승진〉	냉소주의	제정과정에의 **참여 부족**, 일방적 하달로 냉소주의 야기	
	비진정성	자발적인 행동이 아닌 **타율성**으로 진정한 봉사 불가	
	우선순위 미결정	여러 상황에서의 우선순위 미제시	
	최소주의	강령의 내용을 울타리로 삼아 강령의 수준 이상으로 근무하지 않으려는 근무수준의 **최저화**를 유발하며 자기희생을 않으려 함	
	실행가능성	강제력 없어서 제재 미흡	
	행위중심적	**행위** 중심으로 의도나 **동기** 소홀	

(4) 경찰윤리강령

① 제정 과정
 ㉠ **봉사와 질서**: 1945년 경찰 탄생 당시 경찰의 이념(미군정의 영미법 영향) 〈21승진〉
 ㉡ **최초의 윤리규정**: 조병옥 초대 경무국장의 지시문(1945.10.21.)이다.
 ㉢ 경찰**윤**리헌장(1966), **새**경찰신조(1980), 경찰**헌**장(1991), 경찰**서**비스헌장(1998), 경찰관 **인**권행동강령(2020) 〈21채용, 23경위〉
 ※ 1991년 8월 1일 경찰청 출범에 맞추어 경찰헌장이 제정·선포되었다(○). 〈15승진〉
 ※ 1998년 9월 30일 경찰서비스 헌장이 제정되었다(○).

② 경찰 헌장 〈15·16·23 승진〉

> 1. 우리는 모든 사람의 인격을 존중하고 누구에게나 따뜻하게 **봉사**하는 **친절**한 경찰이다(친절봉사).
> 2. 우리는 정의의 이름으로 진실을 추구하며 어떠한 불의나 불법과도 타협하지 않는 의로운 경찰이다.
> 3. 우리는 국민의 신뢰를 바탕으로 오직 **양심**에 따라 법을 집행하는 **공정**한 경찰이다(양심공정).
> 4. 우리는 건전한 상식 위에 전문지식을 갈고 닦아 맡은 바 일을 **성실**하게 수행하는 **근면**한 경찰이다(성실근면).
> 5. 우리는 화합과 단결 속에 항상 규율을 지키며 **검소**하게 생활하는 깨끗한 경찰이다.
> 〈21승진〉

규대쌤 Comment

윤리 강령: 냉소주비우소실행~~,
소주 참여 / 윤리적으로 새겨줘야
지헌 서비스 주면 되냐!! 인강아

③ 서비스 헌장

> 1. 모든 민원은 친절하고 신속·공정하게 처리하겠습니다.
> 1. 인권을 존중하고 권한을 남용하는 일이 없도록 하겠습니다.
> 1. 범죄와 사고를 철저히 예방하고 법을 어긴 행위는 단호하고 엄정하게 처리하겠습니다.
> 1. 국민의 안전과 편의를 제일 먼저 생각하고 성실히 직무를 수행하겠습니다.
> 1. 국민이 필요로 하면 어디든지 바로 달려가 도와 드리겠습니다.
> 1. 잘못된 업무처리는 즉시 확인하여 바로 잡겠습니다.

제5절 부패방지 및 국민권익위원회의 설치와 운영에 관한 법률

공공기관	국가·지자체 기관 등, 공직유관단체, 사립학교(언론사 ×)
부패행위	① 공직자가 직무와 관련하여 직위·권한을 남용하거나 법령을 위반하여 자기 또는 제3자의 이익을 도모하는 행위 ② 법령에 위반하여 공공기관에 대하여 재산상 손해를 가하는 행위 ③ 위 ①, ②에 따른 행위나 그 은폐를 강요, 권고하는 등의 행위(간접적 부패행위까지 포함)
국민권익위 설치	고충민원의 처리와 부패발생의 예방을 위하여 국무총리 소속으로 국민권익위원회를 둔다.
신고방법	① 누구든지 부패행위를 알게 된 때에는 위원회에 신고할 수 있고, 공직자는 다른 공직자의 부패행위를 알게 되었거나 부패행위를 강요·제의받은 경우는 수사기관·감사원 또는 위원회에 신고하여야 한다. ② 신고자가 신고 내용이 허위라는 사실을 알았거나 알 수 있었음에도 불구하고 신고한 경우에는 이 법의 보호를 받지 못한다. ③ 신고자의 인적사항, 신고취지 등을 기재한 기명의 문서로 증거와 함께 제출(구두 ×) 〈22채용〉 ④ 변호사를 선임하여 위원회에 신고하는 경우 변호사 이름으로 대리신고 가능(실제 신고자의 인적사항 등은 봉인해서 보관하고 신고자의 동의 없이 열람 불가)

신고처리	① 조사가 필요한 경우 감사원, 수사기관, 해당 공공기관의 감독기관에 이첩해야 한다.
	② 아래 부패행위자에 대하여는 위원회 명의로 검찰, 수사처, 경찰 등 관할 수사기관에 고발을 하여야 한다.
	    ㉠ 차관급 이상, 광역시장 및 도지사
	    ㉡ 경무관 이상, 장성급 장교
	    ㉢ 법관, 검사, 국회의원
	③ 위 ②에 따라 고발한 경우, 위원회가 사법경찰관으로부터 해당 사건을 검사에게 송치하지 아니한다는 통지를 받았을 때에는 위원회는 「형사소송법」 제245조의7(고소인 등의 이의신청)에 따라 해당 사법경찰관의 소속 관서의 장에게 이의를 신청할 수 있다.

조사결과	① 조사기관은 신고 이첩 받은 날부터 60일 이내 조사 종결해야 하며, 정당한 사유로 연장할 경우에는 위원회에 통보 〈20경간〉 ② 조사기관은 조사 종료 후 10일 내 위원회 통보. 위원회는 즉시 신고자에 요지 통지 ③ 위원회는 조사결과를 통보받은 날부터 30일 이내에 재조사 요구 가능 ④ 재조사를 종료한 경우 종료한 날부터 7일 이내에 결과를 위원회에 통보
감사청구권 (제72조)	18세 이상의 국민은 공공기관의 사무처리가 법령위반 또는 부패행위로 인하여 공익을 현저히 해하는 경우 대통령령으로 정하는 일정한 수(300인) 이상의 국민의 연서로 감사원에 감사를 청구할 수 있다. 〈20승진, 22채용〉

규대쌤 Comment

공인이 엄정하에게제일 먼저 달려가면 잘못된 것!!

제6절 부정청탁 및 금품 등 수수의 금지에 관한 법률(청탁금지법)

1 정의(제2조)

공공기관	국회, 법원, 헌재, 선관위, 감사원, 국가인권위, 중앙행정기관, 자치단체, **사립학교, 언론사** 등 〈21채용〉
공직자등	공무원, 공공기관·학교법인·언론사 임직원 등
금품등	① 금전, 유가증권, 부동산, 물품 등 일체의 **재산적 이익** ② 음식물, 골프 접대, 향응, 교통, 숙박 등 **편의 제공** ③ 채무면제, 취업제공, 이권 부여 등 유·무형의 **경제적 이익**
선물	금전, 유가증권, 음식물 및 경조사비를 제외한 일체의 물품(시행령 별표1)

2 부정청탁 금지

(1) 부정청탁의 대상: 모든 청탁이 아니고 제5조 제1항에 규정된 15개 사항에 대한 것임

(2) 부정청탁의 제외(제5조②) ※ 15개 청탁사항에 대한 예외사항 7개
① 법령·기준에서 정한 절차에 따라 권리침해 구제·해결 등을 요구
② 공개적으로 특정 행위 요구하는 행위
③ **선출직**(임명직 ×) 공직자, 정당, 시민단체 등이 공익목적으로 제3자 민원을 전달하거나 법령 제안
④ 법정기한 내 처리 요구, 진행상황 문의
⑤ 확인·증명 신청·요구
⑥ 질의·상담 형식으로 직무에 대한 설명 요구
⑦ 그 밖의 사회상규에 위배되지 아니하는 것

3 금품 등 수수금지

(1) 금품수수 금지(제8조)
① 직무나 명목에 관련없이 1회 100만원, 1년(매 회계연도) 300만원 초과 금품등 수수·요구·약속 금지 〈21채용, 22승진, 23경위〉 ⇨ 위반 시 3년 이하의 징역 또는 3천만원 이하의 벌금(제22조①)
② 직무와 관련하여 대가성 여부를 불문하고 위 금액 이하 금품등 수수·요구·약속 금지
  ⇨ 위반 시 금품등 가액의 2배 이상 5배 이하에 상당하는 금액의 과태료를 부과(제23조⑤)
③ 공직자등의 배우자는 공직자등의 직무와 관련하여 금품등 수수·요구·약속 금지
  ⇨ 배우자는 **법률상 배우자**(사실혼 ×)에 한하며, 배우자에 대한 **처벌규정은 없다.** 배우자의 금품수수 등을 알고도 신고하지 아니한 **공직자**에 대하여 공직자가 직접 수수 등을 한 것과 동일하게 처벌한다.

구분	1회 100만원, 연 300만원 이하	금액 초과
직무 관련	수수액의 2~5배 과태료 (징계부가금·형사처벌 시 미부과)	3년 이하 징역 또는 3천만원 이하의 벌금
직무 무관	×	
직무 관련 + 대가성	특가법(뇌물죄 가중처벌), 형법상 뇌물죄(5년 이하 징역) 적용	

(2) 금품수수 금지의 예외(제8조)
① 상급자가 하급자에게 위로·포상 등 목적으로 제공하는 금품등
   ※ 경찰서장이 격려 목적으로 회식비 제공하는 경우 〈21·22승진〉
② 원활한 직무수행, 사교·의례·부조 목적으로 제공
   ㉠ 3만원: 음식물(제공자와 공직자등이 함께 하는 식사 등) 〈22승진〉
   ㉡ 5만원: 경조사비(결혼·장례), 선물(금전, 유가증권(물품·용역 상품권 제외), 음식물, 경조사비를 제외한 물품)
      ※ 금액 상품권(백화점 상품권 등): 불가
        물품·용역 상품권(모바일 상품권 포함): 가능
   ㉢ 10만원: 조화·화환(축·조의금을 대신하는 조화·화환)
   ㉣ 15만원: 농수산물, 농수산가공품(물품·용역 상품권 포함)
   ※ 농수산물 및 농수산가공품은 대통령령으로 정하는 설날·추석을 포함한 기간(설날·추석 전 24일부터 설날·추석 후 5일까지)에 한정하여 그 가액 범위를 두 배(30만원)로 한다.
   ㉤ 함께 받으면 높은 금액의 품목 상한 기준으로 하되 각 품목의 상한 초과 불가
      예 경조사비(5만원) + 화환(10만원): 위법(총 합계가 높은 품목의 10만원 초과)
        경조사비(6만원) + 화환(4만원): 위법(경조사비 상한 5만원 초과)
   ㉥ 사례 연습

   - 식사(3만원) 후 옆의 카페에서 커피(6천원): 시간·장소적으로 근접하여 합산하므로 위법
   - 5만원 골프접대 선물: 선물은 '금전, 유가증권, 음식물, 경조사비를 제외한 물품'이므로 골프접대는 선물이 아니고 향응에 해당하여 위법
   - 직무관련자가 결제하고 동석 없이 공직자만 식사(3만원)한 경우: 사교·의례 목적이어야 하므로 동석하지 않은 경우는 위법
   - 돌잔치에서 5만원 경조사비: 경조사는 결혼이나 장례에 한정되므로 생일, 돌, 집들이, 승진, 퇴직, 출판기념회 등은 해당하지 않아서 현금 수수 불가. 다만, 5만원 상당 선물은 가능

③ 사적거래(증여 제외)로 인한 채무 이행 등 정당한 권원에 의하여 제공되는 금품등 〈15·18·20승진, 23경위〉
④ 공직자등의 친족(민법 777조 - 8촌혈족, 4촌인척, 배우자)이 제공하는 금품 〈21·22승진〉
   ※ 경찰관 결혼식에서 5촌 당숙이 축의금으로 200만원을 주는 경우
⑤ 단체(직원상조회·동호회·동창회·향우회·친목회·종교단체·사회단체) 기준에 따라 구성원에 제공하는 금품이나 장기·지속적 친분관계 있는 질병·재난 당한 공직자에게 제공
⑥ 공식행사에서 통상적 범위로 일률 제공하는 교통·숙박·음식물 등
⑦ 불특정 다수인에게 배포하는 기념품·홍보품, 경연·추첨으로 받는 상품
   ※ 대형마트 추첨에서 외제차가 당첨된 경우 〈21·22승진〉
⑧ 그 밖에 법령·기준 또는 사회상규에 따라 허용되는 금품등

4 공직자등의 신고 및 처리

(1) 신고방법

부정청탁 (제7조)	① 부정청탁한 자에게 부정청탁임을 알리고 거절 의사를 명확히 표시 〈22승진, 23경위〉 ② 반복청탁은 소속기관장(행동강령책임관 ×)에 서면 신고하여야 한다. 〈22채용〉 ※ 행동강령책임관은 「경찰공무원 행동강령」에 나오는 개념임
금품수수 (제9조)	① 공직자등 또는 그 배우자가 자신이 수수 금지 금품등을 받거나 그 제공의 약속 또는 의사표시를 받은 경우에는 소속기관장에게 지체없이 서면으로 신고하고, 금품등은 반환하거나 거부의사를 밝혀야 한다. 〈21채용〉 ※ 단순한 부정청탁의 경우와 달리 이 경우는 지체없이 서면으로 신고 ② 받은 금품등이 멸실·부패 우려가 있거나 해당 금품등의 제공자를 알 수 없는 경우, 그 밖의 제공자에게 반환하기 어려운 사정이 있는 경우에는 소속기관장에게 인도하여야 한다.

(2) 소속기관장의 조치

> 제7조(부정청탁의 신고 및 처리) ④ 소속기관장은 부정청탁이 있었던 사실을 알게 된 경우 또는 제2항 및 제3항의 부정청탁에 관한 신고·확인 과정에서 해당 직무의 수행에 지장이 있다고 인정하는 경우에는 부정청탁을 받은 공직자등에 대하여 다음 각 호의 **조치를 할 수 있다(해야 한다 ×).**
> 1. 직무 참여 일시중지
> 2. 직무 대리자의 지정
> 3. 전보
> 4. 그 밖에 국회규칙, 대법원규칙, 헌법재판소규칙, 중앙선거관리위원회규칙 또는 대통령령으로 정하는 조치
> ⑤ 소속기관장은 공직자등이 다음 각 호의 어느 하나에 해당하는 경우에는 제4항에도 불구하고 그 공직자등에게 직무를 수행하게 할 수 있다. 이 경우 제20조에 따른 소속기관의 담당관 또는 다른 공직자등으로 하여금 그 공직자등의 공정한 직무수행 여부를 주기적으로 확인·점검하도록 하여야 한다.
> 1. 직무를 수행하는 공직자등을 대체하기 지극히 어려운 경우
> 2. 공직자등의 직무수행에 미치는 영향이 크지 아니한 경우
> 3. 국가의 안전보장 및 경제발전 등 공익증진을 이유로 직무수행의 필요성이 더 큰 경우

5 외부강의 사례금 수수 제한(제10조) 〈18승진, 20경간〉

신고대상	① 사례금 받는(무료 ×), 외부(국가·지자체 ×) 강의만, 사후(사전 ×) 10일 내 신고 〈21채용, 23경위〉 ② 신고할 때 일부 내용을 알 수 없는 경우, 그 부분을 제외하고 신고한 후 추후 안 날부터 5일 이내에 보완(시행령 제26조②) ③ 사례금 받는 외부강의는 월 3회 이내 〈23경위〉 ※ 무료이거나 국가·지자체 요청 또는 겸직허가 받은 경우는 횟수에 포함되지 않으며, **월 3회를 초과하여 대가를 받고 외부강의 등을 하려는 경우에는 미리 소속 기관장의 승인을 받아야 한다**(경찰청공무원 행동강령)

상한기준 (시행령)	① 국가·지방공무원, 공직유관단체 임직원 등: 40만원 〈22승진〉 ② 강의등은 1시간당, 기고는 1건당으로 상한액 계산 ③ 공무원등은 1시간을 초과하는 경우 총액은 강의시간에 관계없이 1시간 상한액의 100분의 150에 해당하는 금액을 초과하지 못한다. 따라서 공무원등의 총액 상한은 60만원이다. ④ 상한액에는 강의료, 원고료, 출연료 등 명목에 관계없이 공직자등에게 제공하는 일체의 사례금을 포함한다. ⑤ 공직자등이 소속기관에서 교통비, 숙박비, 식비 등 여비를 지급받지 못한 경우에는 여비 규정의 기준 내에서 실비수준으로 제공되는 교통비, 숙박비 및 식비는 제외 〈22채용〉
초과사례금 처리과정	초과사례금 받은 것을 안 날부터 2일 내 기관장에 신고하고 지체없이 제공자(기관장 x)에 반환 ⇨ 기관장은 7일 내 반환해야 할 초과사례금을 산정하여 통지 ⇨ 공직자등은 반환 후 기관장에 신고 ⇨ 미신고, 미반환 시 500만 이하 과태료

6 위반행위 신고

(1) 신고기관: 누구든지 다음 기관에 신고할 수 있다. 〈22승진〉
   ① 이 법의 위반행위가 발생한 공공기관 또는 그 감독기관
   ② 감사원 또는 수사기관
   ③ 국민권익위원회

(2) 신고방법
   ① 신고자는 자신의 인적사항, 신고내용 등을 적은 문서와 증거 등을 제출하는 것이 원칙
   ② 변호사를 선임하여 국민권익위원회에 신고하는 경우 변호사 이름으로 대리신고 가능 (실제 신고자의 인적사항 등은 봉인해서 보관하고 신고자의 동의 없이 열람 불가) (2022.6.8.시행).
      ※ 「부패방지 및 국민권익위원회의 설치와 운영에 관한 법률」에도 동일한 내용으로 규정

(3) 신고보상(제15조)

포상금	국민권익위는 신고로 인하여 공공기관에 재산상 이익을 가져오거나 손실을 방지한 경우 또는 공익의 증진을 가져온 경우에는 그 신고자에게 포상금을 지급할 수 있다.
보상금	국민권익위는 신고로 인하여 공공기관에 직접적인 수입의 회복·증대 또는 비용의 절감을 가져온 경우에는 그 신고자의 신청에 의하여 보상금을 지급하여야 한다.
구조금	국민권익위는 신고자 또는 신고와 관련하여 조력한 자가 입은 육체적·정신적 치료비, 전직·파견 등에 소요된 이사비, 쟁송에 소요된 소송비, 불이익조치 기간의 임금 손실액 등 경제적 손해에 대한 구조금을 지급할 수 있다

(4) 신고 처리 과정(제14조)

> 조사기관은 국민권익위원회로부터 이첩 받은 날부터 60일 이내 조사 종결해야 하고, 연장 시 권익위에 통보(부패방지 및 국민권익위원회의 설치와 운영에 관한 법률 제60조) ⟨20경간⟩ ⇨ 조사기관은 조사·감사·수사 종료 시 10일 이내 신고자와 권익위에 통보(권익위로부터 이첩받은 경우) ⇨ 권익위가 통보받은 경우에는 권익위가 신고자에 결과 통지 ⇨ 신고자는 조사기관 또는 권익위에 이의신청 가능하고, 권익위는 30일 내 재조사 요구 가능 ⇨ 재조사 종결 시에는 7일 내 권익위에 통보

7 벌칙(제22조)

벌칙		내용
형벌	신고방해·취소강요	1년⇩ 징역, 1천만원⇩ 벌금
	부정청탁 수행	2년⇩ 징역, 2천만원⇩ 벌금 ⟨19·20승진⟩
	금품 수수·요구·약속	3년⇩ 징역, 3천만원⇩ 벌금
과태료	① 초과 사례금 미신고, 미반환: 500만원⇩ 과태료 ② 부정청탁은 과태료 사안 　㉠ 누구든지, 제3자 통하여, 부정청탁: 1천만원⇩ 과태료 　㉡ 공직자 이외(일반인)가, 제3자 위하여, 부정청탁: 2천만원⇩ 과태료 　㉢ 공직자가, 제3자 위하여, 부정청탁: 3천만원⇩ 과태료 ③ 자신을 위하여 직접 부정청탁한 경우는 처벌규정이 없음. 다만, 금지행위이므로 징계 사유가 될 수 있음	

● 정리하기

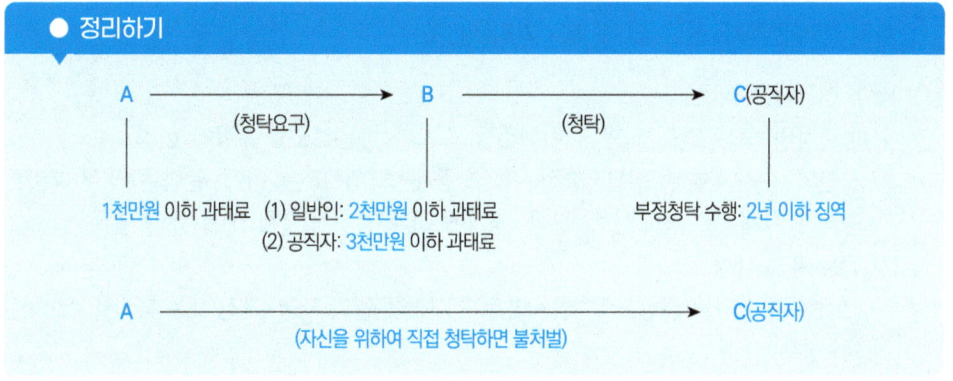

제7절 공직자의 이해충돌방지법

1 정의

공공기관	국회, 법원 등 국가기관, 지방자치단체 기관, 공직유관단체, 공공기관, 국·공립학교 (사립학교 ×, 언론사 ×) ※ 부패방지 및 국민권익위원회의 설치와 운영에 관한 법률: 언론사 × 　부정청탁 및 금품 등 수수의 금지에 관한 법률: 사립학교 ○, 언론사 ○

신부금 1, 2, 3

고위공직자	• 대통령, 국무총리, 국무위원, 국회의원, 자치단체장·지방의원 등 정무직 공무원 • 치안감 이상의 경찰공무원 및 시·도경찰청장(재산공개대상자 범위)
이해충돌	공직자가 직무를 수행할 때에 자신의 사적 이해관계가 관련되어 공정하고 청렴한 직무수행이 저해되거나 저해될 우려가 있는 상황을 말한다. 〈22법학〉
직무관련자	• 공직자의 직무수행과 관련하여 이익 또는 불이익을 직접적(간접적 ×)으로 받는 개인이나 법인 또는 단체 • 공직자의 직무수행과 관련하여 이익 또는 불이익을 직접적으로 받는 다른 공직자. 다만, 공공기관이 이익 또는 불이익을 직접적으로 받는 경우에는 그 공공기관에 소속되어 해당 이익 또는 불이익과 관련된 업무를 담당하는 공직자를 말한다. • 공직자가 소속된 공공기관과 계약을 체결하거나 체결하려는 것이 명백한 개인이나 법인 또는 단체 • 공직자의 직무수행과 관련하여 일정한 행위나 조치를 요구하는 개인이나 법인 또는 단체

2 이해충돌 방지를 위한 10개 행위 기준

신고·제출의무	제한·금지행위
• 사적 이해관계자 신고 및 회피·기피 신청 • 공공기관 직무 관련 부동산 보유·매수 신고 • 고위공직자 민간부문 업무활동 내역 제출 • 직무관련자인 소속기관 퇴직자 사적 접촉 신고 • 현재 직무관련자와의 거래 신고	• 직무 관련 외부활동 제한 • 가족 채용 제한 • 수의계약 체결 제한 • 직무상 비밀 등 이용 금지 • 공공기관 물품 등의 사적 사용·수익금지

3 사적 이해관계자 신고 및 회피·기피(제5조)

(1) 16개 신고대상 직무

① 공직자의 모든 업무가 아닌 이해충돌 소지가 높은 16개 유형에 한정
② 사건의 수사·재판·심판·결정·조정·중재·화해 또는 이에 준하는 직무(제8호), 공직자의 채용·승진·전보·상벌·평가에 관계되는 직무(제10호) 등의 업무 〈22법학〉
③ 적용 제외 대상
  ㉠ 불특정다수를 대상으로 하는 법률이나 대통령령의 제정·개정 또는 폐지를 수반하는 경우
  ㉡ 특정한 사실 또는 법률관계에 관한 확인·증명을 신청하는 민원에 따라 해당 서류를 발급하는 경우

(2) 사적 이해(2년) 관계자의 범위 【재대일 퇴상금】 〈21경위〉

> 1. 공직자 자신 또는 그 가족(민법 제779조) (친족 ×) 〈23승진〉
> 2. 공직자 자신 또는 그 가족: 재직(임원, 대표자 등), 대리, 고문, 자문
> 3. 공직자 자신: 공직자로 채용·임용되기 전 2년 이내 재직, 대리, 고문, 자문
> 4. 공직자 자신 또는 그 가족이 대통령령으로 정하는 일정 비율 소유
>   ※ 대통령령으로 정하는 비율: 자본금 총액의 50%, 주식 총수의 30%, 지분 총수의 30%, 제9조의 특수관계사업자와 동일

가수의 비밀과 물품을 외부에 알리는건안돼

5. 2년 이내에 퇴직한 공직자로서 퇴직일 전 2년 이내에 같이 근무했던 사람
6. 법령·기준에 따라 공직자를 지휘·감독하는 상급자
7. 금전 거래 상대방: 최근 2년간 1회에 100만원, 매 회계연도에 300만원 초과
8. 그 밖에 공공기관의 장이 훈령 등 행정규칙이나 기준으로 정하는 자

※ 참조 법령

제2조 제6호 "사적 이해관계자"란 다음 각 목의 어느 하나에 해당하는 자를 말한다.
　가. 공직자 자신 또는 그 가족(「민법」 제779조에 따른 가족을 말한다. 이하 같다)
　나. 공직자 자신 또는 그 가족이 임원·대표자·관리자 또는 사외이사로 재직하고 있는 법인 또는 단체(일반직원 ×)
　다. 공직자 자신이나 그 가족이 대리하거나 고문·자문 등을 제공하는 개인이나 법인 또는 단체
　라. 공직자로 채용·임용되기 전 2년 이내에 공직자 자신이 재직하였던 법인 또는 단체
　마. 공직자로 채용·임용되기 전 2년 이내에 공직자 자신이 대리하거나 고문·자문 등을 제공하였던 개인이나 법인 또는 단체
　바. 공직자 자신 또는 그 가족이 대통령령으로 정하는 일정 비율 이상의 주식·지분 또는 자본금 등을 소유하고 있는 법인 또는 단체
　　※ 대통령령으로 정하는 비율: 자본금 총액의 50%, 주식 총수의 30%, 지분 총수의 30%, 제9조의 특수관계사업자와 동일
　사. 최근 2년 이내에 퇴직한 공직자로서 퇴직일 전 2년 이내에 제5조 제1항 각 호(인·허가등 업무)의 어느 하나에 해당하는 직무를 수행하는 공직자와 국회규칙, 대법원규칙, 헌법재판소규칙, 중앙선거관리위원회규칙 또는 대통령령으로 정하는 범위의 부서에서 같이 근무하였던 사람
　　※ 대통령령으로 정하는 범위의 부서: 퇴직한 공직자가 지휘·감독하였던 실·국·과
　아. 그 밖에 공직자의 사적 이해관계와 관련되는 자로서 국회규칙, 대법원규칙, 헌법재판소규칙, 중앙선거관리위원회규칙 또는 대통령령으로 정하는 자

> **대통령령으로 정하는 자**
> • 법령·기준에 따라 공직자를 지휘·감독하는 상급자
> • 다음 어느 하나에 해당하는 행위(금융기관 대출 제외)를 한 공직자의 거래 상대방(「민법」 제777조의 친족 제외) 〈21경간〉
> 　가. 최근 2년간 1회에 100만원을 초과하는 금전을 빌리거나 빌려주는 행위
> 　나. 최근 2년간 매 회계연도에 300만원을 초과하는 금전을 빌리거나 빌려주는 행위
> 　　　　　　　　　　　　　　　　　　　　　　〈22채용〉
> • 그 밖에 공공기관의 장이 훈령 등 행정규칙이나 기준으로 정하는 자

① 「민법」 제779조에 따른 가족의 범위 〈15승진〉
　㉠ 배우자, 직계혈족 및 형제자매
　㉡ 생계를 같이 하는 직계혈족의 배우자
　㉢ 생계를 같이 하는 배우자의 직계혈족
　㉣ 생계를 같이 하는 배우자의 형제자매
　　※ '생계를 같이 한다'는 것은 생활자금이나 주거 장소 등을 함께하는 가까운 친족으로, 반드시 **주민등록표상 세대를 같이 함**을 요하지 않고 '동일한 생활자금에서 생활하는 단위'를 말함(대법원 1989.5.23., 선고 88누3826).

② 공직자와 그 가족의 요건 비교 〈21경간〉

공직자 자신	• 채용·임용되기 전 2년 이내에 재직하였던 법인 또는 단체 • 채용·임용되기 전 2년 이내에 대리·고문·자문 등을 제공하였던 개인이나 법인 또는 단체 • 최근 2년 이내에 퇴직한 공직자로서 퇴직일 전 2년 이내에 대통령령으로 정하는 범위의 부서에서 같이 근무하였던 사람 • 그 밖에 대통령령으로 정하는 자
공직자 자신 그 가족	• 임원·대표자·관리자 또는 사외이사로 재직하고 있는 법인 또는 단체 • 대리·고문·자문 등을 제공하는 개인이나 법인 또는 단체 • 대통령령으로 정하는 일정 비율 이상의 주식·지분 또는 자본금 등을 소유하고 있는 법인 또는 단체

③ 신고 및 회피·기피

신고·회피	① 공직자는 직무관련자(직무관련자의 대리인을 포함)가 사적 이해관계자임을 안 날부터 14일 이내에 소속기관장에게 그 사실을 서면(전자문서를 포함)으로 신고하고 회피를 신청하여야 한다. 〈22법학〉 ② '안 날'에 대한 입증책임은 소속기관(수사기관)에 있다(대판 1971.4.6. 선고 70다269).
기피	직무관련자 또는 공직자의 직무수행과 관련하여 **직접적인 이해관계가 있는** 자는 해당 공직자에게 신고 및 회피 의무가 있거나 그 밖에 공정한 직무수행을 저해할 우려가 있는 사적 이해관계가 있다고 판단하는 경우에는 그 공직자의 소속기관장에게 기피를 신청할 수 있다.

④ 사례 연습

> 시·도경찰청장의 아들이 소관 시·도경찰청내에서 피고소인 신분으로 수사를 받고 있는 경우, 시·도경찰청장은 모든 수사업무에서 배제되는 것인지?
> • 아들에 대한 수사는 시·도경찰청장의 직무범위에 포함되므로 아들은 직무관련자이며, 동시에 사적 이해관계자(공직자의 가족)에 해당된다.
> • 시·도경찰청장은 사적 이해관계를 신고하고 관련 수사를 회피하여야 한다. 다만, 시·도경찰청장은 아들 수사와 관련된 사건에서만 배제되고, 다른 사건에 대한 수사지휘는 수행할 수 있다.

4 공공기관 직무 관련 부동산 보유·매수 신고(제6조)

신고의무자	부동산을 직접(간접×)적으로 취급하는 대통령령으로 정하는 공공기관의 공직자 〈22채용〉 ※ 부동산을 직접적으로 취급하는 한국토지주택공사(LH), 새만금 개발공사, 각 지방자치단체의 개발공사 및 도시공사 등의 소속 공직자
신고대상	공직자 자신, 배우자, 공직자와 생계를 같이하는 직계존속·비속(배우자의 직계존속·비속으로 생계를 같이하는 경우를 포함한다)이 소속 공공기관의 업무와 관련된 부동산을 보유하고 있거나 매수한 내역
신고	부동산을 보유한 사실을 안 날부터 14일 이내, 매수 후 등기를 완료한 날부터 14일 이내에 소속기관장에게 그 사실을 서면(구두×)으로 신고하여야 한다. 〈22채용〉

5 고위공직자 민간 부문 업무활동 내역 제출 및 공개(제8조)

제출의무자	① 그 직위에 임용되거나 임기를 개시하기 전 3년 이내에 민간 부문에서 업무활동을 한 고위공직자(「공직자윤리법」상 등록재산 공개 대상자) ② 경찰공무원: 치안감 이상의 경찰공무원 및 시·도경찰청장
제출내용	① 재직하였던 법인·단체 등과 그 업무내용 ② 대리, 고문·자문 등을 한 경우 그 업무내용 ③ 관리·운영하였던 사업 또는 영리행위(비영리×)의 내용 ※ 정부, 지자체, 국공립학교, 공공기관, 공직유관단체에서의 활동은 민간 분야 업무활동 내역에 해당하지 않음 ※ '단체'는 법인, 비영리민간단체, 사업자등록번호 또는 고유번호를 발급받은 단체 의미
제출	임용되거나 임기 개시한 날부터 30일 이내에 소속기관장에게 제출

6 직무관련자와의 거래 신고(제9조)

신고의무자	① 공무원 자신, 배우자, 직계존·비속(배우자의 직계존·비속으로 생계를 같이하는 경우 포함), 특수관계사업자가 자신의 직무관련자와 금전, 부동산 등 사적 거래를 한 공직자 〈23승진〉 ② 특수관계사업자(시행령 제12조) 　㉠ 공직자 자신, 배우자나 직계존속·비속(배우자의 직계존속·비속으로 생계를 같이하는 경우를 포함)이 단독으로 또는 합산하여 발행주식 총수의 100분의 30 이상을 소유하고 있는 법인 또는 단체 　㉡ 같은 방법으로 출자지분 총수의 100분의 30 이상을 소유하고 있는 법인 또는 단체 　㉢ 같은 방법으로 자본금 총액의 100분의 50 이상을 소유하고 있는 법인 또는 단체 ③ 과거의 직무관련자와의 거래행위는 신고대상에서 제외된다. ④ 직무관련자가 민법 제777조에 따른 친족(8촌 이내 혈족, 4촌 이내 인척, 배우자)에 해당하는 경우에는 신고대상에서 제외된다.
신고대상	① 금전을 빌리거나 빌려주는 행위 및 유가증권을 거래하는 행위(단, 금융회사 등이나 대부업자 등으로부터 통상적인 조건으로 금전을 빌리는 행위 및 유가증권을 거래하는 행위는 제외) 〈22승진〉 ② 토지, 건축물 등 부동산을 거래하는 행위(단, 공개모집에 의한 분양, 공매·경매·입찰에 의한 거래 행위는 제외) ③ 물품·용역·공사 등의 계약을 체결하는 행위(단, 공매·경매·입찰을 통한 계약, 거래관행상 불특정다수를 대상으로 반복적으로 행하여지는 계약 등은 제외)
신고	① 거래행위를 한다는 것을 사전 또는 사후에 안 날부터 14일 이내에 소속 기관장에게 서면으로 신고하여야 한다. 〈23승진〉 ② 거래 자체를 금지하는 것은 아니며, 직무관련자와의 정상적인 거래라도 신고해야 한다.

7 퇴직자 사적 접촉 신고(제15조)

신고의무자	① 직무관련자인 소속 기관의 퇴직자(공직자가 아니게 된 날부터 2년이 지나지 아니한 사람만 해당)와 사적 접촉(골프, 여행, 사행성 오락을 같이 하는 행위)을 하는 공직자 〈23승진〉 ② 사적 접촉은 골프, 여행, 사행성 오락에 한정된다. 사회상규에 따라 허용되는 경우에는 그러하지 아니하다. 〈23승진〉
신고	① 사전에 인적사항 등을 적은 서면을 소속기관장에게 제출해야 한다. 다만, 불가피한 사유가 있는 경우에는 사적 접촉을 한 날부터 14일 이내에 제출해야 한다(시행령 제15조). ② 공직자와 퇴직공직자와 사이에서 발생할 수 있는 신고의무는 '사적 이해관계자 신고', '직무관련자 거래 신고', '퇴직공직자 사적 접촉 신고' 등 3개이며, 퇴직자 사적 접촉 신고를 하더라도 다른 신고와는 목적과 취지가 다르므로 별도로 신고하여야 한다.

8 직무 관련 외부 활동 제한(제10조)

제한대상자	모든 공직자
제한행위	① 직무관련자에게 사적으로(공식적×) 노무 또는 조언·자문 등을 제공하고 대가를 받는 행위(무료 조언·자문 ×) 〈23승진〉 ② 소속 공공기관의 소관 직무와 관련된 지식이나 정보를 타인에게 제공하고 대가를 받는 행위. 다만, 「부정청탁 및 금품등 수수의 금지에 관한 법률」 제10조에 따른 외부강의등의 대가로서 사례금 수수가 허용되는 경우와 소속기관장이 허가한 경우는 제외한다(개인적인 강사 활동제한). ③ 공직자가 소속된 공공기관이 당사자이거나 직접적인 이해관계를 가지는 사안에서 자신이 소속된 공공기관의 상대방을 대리·조언·자문·정보를 제공하는 행위(공공기관의 이익 또는 공익과 상충) ④ 외국의 기관·법인·단체 등을 대리하는 행위. 다만, 소속기관장이 허가한 경우는 제외한다(외국을 대리하는 경우 국익과 상충 우려). ⑤ 직무와 관련된 다른 직위에 취임하는 행위. 다만, 소속기관장이 허가한 경우는 제외한다.

9 가족 채용 제한(제11조)

제한대상자	① 공공기관(산하기관, 자회사 포함) 소속 고위공직자, 채용 업무 담당자, 산하 공공기관의 감독기관 고위공직자, 모회사인 공공기관 고위공직자는 공직자의 가족을 채용할 수 없다. 〈22승진〉 ② 가족의 범위는 「민법」 제779조의 가족으로서, 사적 이해관계자 신고 의무가 있는 가족의 범위와 동일하다.
제한행위	① 공개경쟁채용시험 또는 다수인 대상 경력경쟁채용시험 등 경쟁절차를 거치지 않고는 해당 공공기관에 채용될 수 없다. ② 가족 채용을 제한받는 고위공직자 등은 소속 공공기관(산하기관, 자회사 포함)에 자신의 가족이 경쟁절차 없이 채용되도록 지시 유도하거나 묵인하는 행위가 금지된다. ③ 다른 법률에서 이해충돌방지법의 적용을 받는 기관이 가족을 채용할 수 있도록 허용한 경우 그 법률의 규정에 따르도록 한다.

적용제외	공개경쟁시험, 경력경쟁채용 시험 등 다수인을 대상으로 하는 채용 시험을 실시하는 것이 적당하지 아니한 경우로 다음의 경우 ① 공무원으로 재직하였다가 퇴직한 사람을 퇴직 시에 재직한 직급(고위공무원단에 속하는 공무원은 퇴직 시에 재직한 직위와 곤란성과 책임도가 유사한 직위를 말한다. 이하 이 호에서 같다)으로 재임용하는 경우 ② 임용예정 직급·직위와 같은 직급·직위에서의 근무경력이 해당 법령에서 정하는 기간 이상인 사람을 임용하는 경우 ③ 국가공무원을 그 직급·직위에 해당하는 지방공무원으로 임용하거나, 지방공무원을 그 직급·직위에 해당하는 국가공무원으로 임용하는 경우 ④ 자격 요건 충족 여부만이 요구되거나 자격 요건에 해당하는 다른 대상자가 없어 다수인을 대상으로 할 수 없는 경우

10 수의계약 체결 제한(제12조)

제한대상자	공공기관(산하기관, 자회사 포함) 소속 고위공직자, 계약 업무 담당자, 감독기관·모회사의 고위공직자, 소관 상임위원회 **국회의원**, 감사·조사권 있는 **지방의회의원** 등과 그 가족 등
제한행위	① 공공기관은 위 제한대상자와 수의계약을 체결할 수 없다. 〈22승진〉 ② 제한대상자는 수의계약을 체결하도록 지시·유도 또는 묵인을 하여서는 아니 된다.
적용제외	해당 물품의 생산자가 1명뿐인 경우 등 대통령령으로 정하는 불가피한 사유가 있는 경우에는 그러하지 아니하다.

11 공공기관 물품 등의 사적 사용·수익 금지(제13조)

제한대상자	모든 공직자
제한행위	공공기관이 소유하거나 임차한 물품·차량·선박·항공기·건물·토지·시설 등을 사적으로 사용·수익하거나 제3자로 하여금 사용·수익하게 하는 행위 금지
적용제외	다른 법령·기준 또는 사회상규에 따라 허용되는 경우
환수	의무 위반으로 공직자 또는 제3자가 얻은 재산상 이익은 환수하여야 한다.

12 직무상 비밀 등 이용 금지(제14조)

공직자	① 공직자(공직자가 아니게 된 날부터 3년이 경과하지 아니한 사람 포함)는 직무수행 중 알게 된 비밀 또는 미공개정보(재물 또는 재산상 이익의 취득 여부의 판단에 중대한 영향을 미칠 수 있는 정보로서 불특정 다수인이 알 수 있도록 공개되기 전의 것)를 이용하여 **재물 또는 재산상의 이익을 취득**하거나 제3자로 하여금 재물 또는 재산상의 이익을 취득하게 하여서는 아니 된다. ② 공직자는 직무수행 중 알게 된 비밀 또는 소속 공공기관의 미공개정보를 사적 이익을 위하여 이용하거나 제3자로 하여금 이용하게 하여서는 아니 된다. ③ '직무상 비밀'이란 법령에 의해 비밀로 규정된 것뿐만 아니라, 실질적으로 비밀로서 보호할 가치가 있는 일체의 정보를 의미한다(대판 1996.5.10., 95도780).
제3자	공직자로부터 직무상 비밀 또는 소속 공공기관의 미공개정보임을 알면서도 제공받거나 부정한 방법으로 취득한 자는 이를 이용하여 재물 또는 재산상의 이익을 취득하여서는 아니 된다.

13 신고에 대한 조치(제7조)

구분	내용
조치	① 사적 이해관계자의 신고·회피·기피신청(제5조), 부동산 보유·매수 신고(제6조), 직무관련자와의 거래 신고(제9조)를 받은 소속기관장은 해당 공직자의 직무수행에 지장이 있다고 인정하는 경우 공동수행자 지정, 직무수행 일시 중지 명령, 전보, 직무 재배정, 대리자 지정 등의 조치를 하여야 한다. ※ 부정청탁금지법: 부정청탁을 신고한 자에 대하여 직무 참여 일시중지, 직무 대리자의 지정, 전보 조치를 할 수 있다. ② 소속기관장은 위 ①항에도 불구하고 공직자를 대체하기가 지극히 어렵거나, 국가의 안전보장 및 경제발전 등 공익 증진을 위하여 직무수행의 필요성이 더 큰 경우에는 해당 공직자가 계속 그 직무를 수행하도록 할 수 있다. 이 경우 **이해충돌방지담당관 또는 다른 공직자로 하여금 공정한 직무수행 여부를 확인·점검**하게 하여야 한다. ③ 사적 이해관계자의 신고·회피·기피신청(제5조), 부동산 보유·매수 신고(제6조)에 대한 조치는 신고를 받은 날부터 **7일 이내**에 해야 한다(시행령 제10조①). ④ 소속기관장은 직무관련자(직무관련자의 대리인을 포함한다)가 사적 이해관계자가 **아닌 경우에도** 공정한 직무 수행을 저해할 우려가 있다고 **공직자 스스로 판단하여 신청**하는 경우에는 그 신청에 따라 위 ①항의 **조치를 할 수 있다**(시행령 제10조③).
통보	직무수행 일시중지 명령 등의 조치를 하거나 해당 공직자로 하여금 계속 그 직무를 수행하도록 할 경우 소속기관장은 그 처리결과를 공직자와 기피신청자에게 **통보하여야** 한다.
고발	부동산 보유 또는 매수 신고를 받은 소속기관장은 해당 부동산 보유·매수가 이 법 또는 다른 법률에 위반되는 것으로 의심될 경우 **지체 없이** 수사기관·감사원·감독기관 또는 국민권익위원회에 신고하거나 **고발하여야** 한다.

14 제도 운영

(1) 공공기관의 이해충돌방지제도 운영
  ① 이해충돌방지담당관 지정(제25조)
  ② 위법한 직무처리에 대한 조치(제21조): 소속기관장은 위반한 사실을 발견한 경우에는 해당 공직자에게 위반사실을 즉시 시정할 것을 명하고 계속 불이행할 경우 해당 공직자의 직무를 중지하거나 취소하는 등 **필요한 조치를 하여야** 한다.
  ③ 부당이익의 환수(제22조): 제5조의 사적 이해관계 신고 및 회피의무 또는 제6조의 부동산 보유·매수 신고 의무를 위반하여 수행한 직무가 위법한 것으로 확정된 경우, 공직자가 제13조의 공공기관 물품 등의 사적 사용·수익 금지 의무를 위반한 경우에는 재산상 이익을 환수하여야 한다.
  ④ 비밀 누설 금지(제23조)
  ⑤ 소속 공직자 대상 이해충돌방지 매년 1회 이상 정기 교육 의무(제24조)

(2) 국민권익위원회의 이해충돌방지법 제도 운영

① 국민권익위원회는 공직자의 이해충돌방지 업무 총괄(제17조)
② 위반행위 신고 접수 및 사건 처리(제18조, 제19조)

신고 접수	누구든지 다음 어느 하나에 해당하는 기관에 신고할 수 있다. • 이 법의 위반행위가 발생한 공공기관 또는 그 감독기관 • 감사원 또는 수사기관 • 국민권익위원회
사건 처리	• 국민권익위원회는 그 내용에 관하여 신고자를 상대로 사실관계를 확인한 후 대통령령으로 정하는 바에 따라 조사기관에 이첩하고, 그 사실을 신고자에게 통보하여야 한다. • 조사기관은 송부받은 날부터 60일 이내에 필요한 조사 등을 마쳐야 한다. 정당한 사유가 있는 경우에는 그 기간을 연장할 수 있으며 국민권익위원회에 그 연장사유 및 연장기간을 통보해야 한다(시행령 제23조). • 조사기관은 조사·감사 또는 수사를 마친 날부터 10일 이내에 그 결과를 신고자와 국민권익위원회에 **통보**(국민권익위원회로부터 이첩받은 경우만 해당한다)하고, 필요한 조치를 하여야 한다. • 국민권익위원회는 조사기관으로부터 결과를 통보받은 경우에는 지체 없이 신고자에게 조사·감사 또는 수사 결과를 통보하여야 한다. • 결과를 통보받은 신고자는 대통령령으로 정하는 바에 따라 조사기관에 이의신청을 할 수 있으며, 국민권익위원회에도 이의신청을 할 수 있다. • 국민권익위원회는 결과를 통보받은 날부터 30일 이내에 새로운 증거자료의 제출 등 합리적인 이유를 들어 조사기관에 **재조사를 요구**할 수 있다. • 조사기관은 재조사를 종료한 날부터 7일 이내에 그 결과를 국민권익위원회에 **통보**하여야 한다.

15 가족의 범위

사적이해관계자 신고	• 배우자, 직계혈족, 형제자매
가족채용 제한	• 생계를 같이하는 직계혈족의 배우자 • 생계를 같이하는 배우자의 직계혈족 • 생계를 같이하는 배우자의 형제자매
수의계약 체결	• 공직자 본인, 배우자
직무관련자 거래신고	• 직계존·비속 • 생계를 같이하는 배우자의 직계존·비속
부동산 보유·매수 신고	• 공직자 본인, 배우자 • 생계를 같이하는 직계존·비속 • 생계를 같이하는 배우자의 직계존·비속

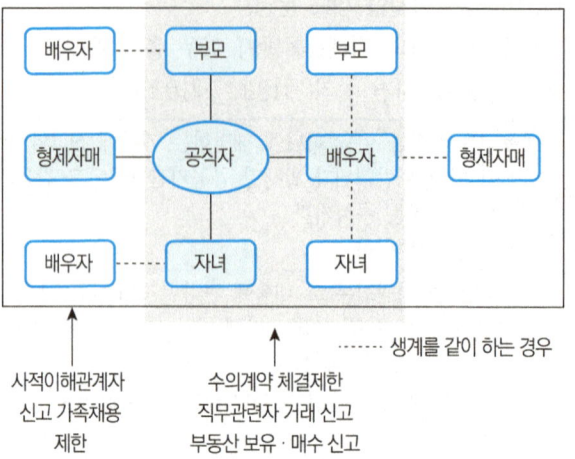

16 처벌 규정

구분	위반행위	제재내용
형벌	비밀·미공개 정보 이용, 재물 또는 재산상 이득 취한 공직자	7년↓ 또는 7천만↓
형벌	비밀·미공개 정보 이용, 재물 또는 재산상 이득 취한 자 〈22법학〉	5년↓ 또는 5천만↓
형벌	비밀·미공개 정보를 이용하거나 제3자가 이용하도록 한 공직자	3년↓ 또는 천만↓
과태료	가족 채용 지시·유도·묵인한 공직자	3천만↓
과태료	수의계약 체결 지시·유도·묵인한 공직자	3천만↓
과태료	사적이해관계 미신고 공직자	2천만↓
과태료	부동산 보유·매수 미신고 공직자	2천만↓
과태료	직무관련자 거래 미신고 공직자	2천만↓
과태료	직무관련 외부활동을 한 공직자	2천만↓
과태료	공공기관 물품 사적 이용 공직자	2천만↓
과태료	민간활동 미제출 공직자	1천만↓
과태료	직무관련자인 소속기관 퇴직자 사적접촉 미신고 공직자	1천만↓

● 정리하기

※ 신고는 14일 이내, 제출은 30일 이내

14일이내 신고	• 사적이해관계자 신고 및 회피·기피 신청 • 공공기관 직무 관련 부동산 보유·매수 신고 • 직무관련자인 소속기관 퇴직자와 사적 접촉 신고 • 직무관련자와의 거래 신고
30일이내 제출	• 고위공직자 민간부문 업무활동 내역 제출

※ 기간이 3년인 것은 2개, 나머지는 모두 2년 이내

> 고위공직자는 임용 전 3년 이내의 민간부문 활동내역을
> 임용한 날부터 30일 이내 제출

공직자(공직자가 아니게 된 날부터 3년이 경과하지 아니한 사람 포함)는 비밀·미공개 정보를 이용하여 재물·재산상 이익을 취득하여서는 아니된다.

※ 고위공직자
  ① 고위공직자 민간부문 3년간 업무활동 내역 신고
  ② 가족 채용 제한
  ③ 수의 계약 제한

※ '직접'은 있고 '간접'은 없다.

제2조	5. "직무관련자"란 공직자의 직무수행과 관련하여 이익 또는 불이익을 직접적으로 받는 개인이나 법인 또는 단체
제5조	② 직무관련자 또는 공직자의 직무수행과 관련하여 직접적인 이해관계가 ~
제6조	① 부동산을 직접적으로 취급하는 ~
제10조	3. 공직자가 소속된 공공기관이 당사자이거나 직접적인 이해관계를 ~
제20조	⑥ 국민권익위원회는 제18조제1항에 따른 신고로 인하여 공공기관에 직접적인 수입의 회복 ~

제8절 경찰청공무원 행동강령(훈령)

※ 공무원 행동강령: 대통령령
※ 「공직자 이해충돌방지법」과 동일·유사한 부분은 다루지 않았음

1 부당한 지시·요구 처리

(1) 상급자의 공정한 직무를 해하는 지시는 그 사유를 상급자에 소명하고 따르지 아니하거나, 행동강령책임관과 상담할 수 있다.

(2) 부당한 지시가 반복될 때에는 행동강령책임관과 상담하여야 한다. ⇨ 행동강령책임관은 지시를 취소·변경할 필요가 있다고 인정되면 기관장에게 보고하여야 한다. 단, 그 상급자가 부당한 지시를 스스로 취소·변경한 경우는 소속 기관장에게 보고하지 않을 수 있다. ⇨ 소속 기관장은 필요하다고 인정되면 적절한 조치를 하여야 한다. 이 경우 지시를 반복한 상급자를 징계조치 할 수 있다. 〈20승진〉

(3) 수사지휘의 적법성·정당성에 이견이 있는 경우 소속상관에 이의제기(범죄수사규칙) 하는 것과 별도로 행동강령책임관에게 상담 요청할 수 있다. ⇨ 행동강령책임관은 필요하다고 인정되면 기관장에게 보고하여야 한다.

(4) 정치인, 정당 등으로부터 부당한 강요·청탁을 받은 경우에는 기관장에게 보고하거나 행동강령책임관에게 상담하여야 한다(제8조). 〈17·18승진, 17·18채용, 19경간〉
  ※ 상급자의 부당한 지시와 달리 처음부터 보고하거나 상담하여야 한다.

> - 최초 부당한 지시: ~상담할 수 있다.
> - 반복되는 부당한 지시: ~상담해야 한다.
> - ~ 할 필요가 있다고 인정을 했다면: ~보고해야 한다.
> - 상급자 스스로 취소·변경하였다면: ~보고 아니할 수 있다.
> - 징계 조치는: ~할 수 있다.
> - 이의 제기는: ~할 수 있다.
> - 정치인·정당 등으로부터의 부당한 강요·청탁: ~상담해야 한다.

● 정리하기

수사 지휘·감독에 대한 이의제기 규정 【모두~할 수 있다】
- 국가경찰과 자치경찰의 조직 및 운영에 관한 법률(경찰법 제6조): ~이견이 있을 때에는 이의를 제기할 수 있다(경직법 ×, 경찰공무원법 ×).
- 범죄수사규칙(제30조): ~수사지휘에 대한 이의제기서를 작성하여 이의를 제기할 수 있다.
- 경찰청 공무원 행동강령(제4조의2): ~이의제기와 관련하여 행동강령책임관에게 상담 요청할 수 있다. 〈22채용〉
- 경찰관 인권행동강령(제5조): ~인권침해 행위를 하도록 지시·강요받은 경우 이의제기할 수 있다.

2 갑질 행위 금지

제13조의3(직무권한 등을 행사한 부당 행위의 금지) 공무원은 자신의 직무권한을 행사하거나 지위·직책 등에서 유래되는 사실상 영향력을 행사하여 다음 각 호의 어느 하나에 해당하는 부당한 행위를 해서는 안 된다.
1. 인가·허가 등을 담당하는 공무원이 그 신청인에게 불이익(이익 ×)을 주거나 제3자에게 이익 또는 불이익을 주기 위하여 부당하게 그 신청의 접수를 지연하거나 거부하는 행위
2. 직무관련공무원에게 직무와 관련이 없거나 직무의 범위를 벗어나 부당한 지시·요구를 하는 행위
3. 공무원 자신이 소속된 기관이 체결하는 물품·용역·공사 등 계약에 관하여 직무관련자에게 자신이 소속된 기관의 의무 또는 부담의 이행을 부당하게 전가하거나 자신이 소속된 기관이 집행해야 할 업무를 부당하게 지연하는 행위
4. 공무원 자신이 소속된 기관의 소속 기관 또는 산하기관에 자신이 소속된 기관의 업무를 부당하게 전가하거나 그 업무에 관한 비용·인력을 부담하도록 부당하게 전가하는 행위
5. 그 밖에 직무관련자, 직무관련공무원, 공무원 자신이 소속된 기관의 소속 기관 또는 산하기관의 권리·권한을 부당하게 제한하거나 의무가 없는 일을 부당하게 요구하는 행위

제14조의2(감독기관의 부당한 요구 금지) ① 감독·감사·조사·평가를 하는 기관(이하 이 조에서 "감독기관"이라 한다)에 소속된 공무원은 자신이 소속된 기관의 출장·행사·연수 등과 관련하여 감독·감사·조사·평가를 받는 기관(이하 이 조에서 "피감기관"이라 한다)에 다음 각 호의 어느 하나에 해당하는 부당한 요구를 해서는 안 된다.
1. 법령에 근거가 없거나 예산의 목적·용도에 부합하지 않는 금품등의 제공 요구
2. 감독기관 소속 공무원에 대하여 정상적인 관행을 벗어난 예우·의전의 요구

② 제1항에 따른 부당한 요구를 받은 피감기관 소속 공직자는 그 이행을 거부해야 하며(할 수 있다 ×), 거부했음에도 불구하고 감독기관 소속 공무원으로부터 같은 요구를 다시 받은 때에는 그 사실을 별지 제11호의 서식에 따라 피감기관의 행동강령책임관(피감기관이 「공직자윤리법」 제3조의2제1항에 따른 공직유관단체인 경우에는 행동강령에 관한 업무를 담당하는 직

원을 말한다. 이하 이 조에서 같다)에게 알려야 한다. 이 경우 행동강령책임관은 그 요구가 제1항 각 호의 어느 하나에 해당하는 경우에는 지체 없이 피감기관의 장에게 보고해야 한다.
③ 제2항 후단에 따른 보고를 받은 피감기관의 장은 제1항 각 호의 어느 하나에 해당하는 경우에는 그 사실을 해당 감독기관의 장에게 알려야 하며, 그 사실을 통지받은 감독기관의 장은 해당 요구를 한 소속 공무원에 대하여 징계 등 필요한 조치를 해야 한다.

3 경조사 통지 제한(제17조)

직무관련자나 직무관련공무원에게 경조사를 알릴 수 없으나 아래의 경우는 가능 〈17승진〉

- 민법 제767조의 친족(배우자, 혈족, 인척) ※ 가장 넓은 범위의 친족
- 현재 또는 과거 부서 직원
- 신문, 방송 또는 내부통신망 등을 통하여 알리는 경우
- 공무원 자신이 소속된 종교단체 · 친목단체 〈22채용〉

4 기타 금지 행위

제5조의2(수사 · 단속 업무의 공정성 강화) ① 공무원은 수사 · 단속의 대상이 되는 업소 중 경찰청장이 지정하는 유형의 업소 관계자와 부적절한 사적 접촉을 하여서는 아니 되며, 공적 또는 사적으로 접촉한 경우 경찰청장이 정하는 방법에 따라 신고하여야 한다. 〈23채용〉
② 공무원은 수사 중인 사건의 관계자(해당 사건의 처리와 법률적 · 경제적 이해관계가 있는 자로서 경찰청장이 지정하는 자를 말한다)와 부적절한 사적접촉을 해서는 아니 되며, 소속 경찰관서 내에서만 접촉하여야 한다. 다만, 현장 조사 등 공무상 필요한 경우 외부에서 접촉할 수 있으며, 이 경우에는 수사서류 등 공문서에 기록하여야 한다.

제6조(특혜의 배제) 공무원은 직무를 수행함에 있어 지연 · 혈연 · 학연 · 종교 등을 이유로 특정인에게 특혜를 주어서는 아니 된다.

제7조(예산의 목적 외 사용 금지) 공무원은 여비, 업무추진비 등 공무 활동을 위한 예산을 목적 외의 용도로 사용하여 소속 기관에 재산상 손해를 입혀서는 아니 된다.

제9조(인사 청탁 등의 금지) ① 공무원은 자신의 임용 · 승진 · 전보 등 인사에 부당한 영향을 미치기 위하여 타인으로 하여금 인사업무 담당자에게 청탁을 하도록 해서는 아니 된다.
② 공무원은 직위를 이용하여 다른 공무원의 임용 · 승진 · 전보 등 인사에 부당하게 개입해서는 아니 된다.

제10조(이권 개입 등의 금지) 공무원은 자신의 직위를 직접 이용하여 부당한 이익을 얻거나 타인이 부당한 이익을 얻도록 해서는 아니 된다.

제10조의2(직위의 사적이용 금지) 공무원은 직무의 범위를 벗어나 사적 이익을 위하여 소속기관의 명칭이나 직위를 공표 · 게시하는 등의 방법으로 이용하거나 이용하게 하여서는 아니 된다.
※ 경찰관이 지인의 룸살롱 개업에 자신의 직책을 기재하여 화환을 보낸 경우

제11조(알선 · 청탁 등의 금지) ② 공무원은 직무수행과 관련하여 자기 또는 타인의 부당한 이익을 위하여 직무관련자를 다른 직무관련자나 공직자에게 소개해서는 아니 된다.

제12조(직무 관련 정보를 이용한 거래 등의 제한) 공무원은 직무수행 중 알게 된 정보를 이용하여 유가증권, 부동산 등과 관련된 재산상 거래 또는 투자를 하거나 타인에게 그러한 정보를 제공하여 재산상 거래 또는 투자를 돕는 행위를 해서는 아니 된다. 〈23채용〉

CHAPTER 04 범죄학 기초이론

PART 01

제1절 범죄의 개념

1 법률적 개념과 비법률적 개념

법률적 개념		① Martin R. Haskell & Lewis Yablonsky 주장 ② 범죄는 법을 위반하는 것이라고 정의하여 범죄 개념이 명확하고, 객관적, 예측 가능성 있다. ③ 법이 사회 변화를 적시에 반영하기 어렵다는 비판
	법제정 과정상	① 사회적 환경변화에 따라 범죄의 개념이 성립 ② 법규가 형성되는 과정을 중심으로 개념 정리
	법집행 과정상	① 시대와 국가, 법집행기관의 방침에 따라 범죄 개념이 다르고 법집행 과정이 법규의 활성화 역할 ② 기존에 적용하지 않았던 법으로 단속하는 경우 ③ 사법기관(경찰, 검찰 포함)이 주로 범죄의 개념을 규정
낙인이론적 개념 (정치적 시각)		① Howard Becker 주장 ② 범죄는 처음부터 존재하는 것이 아니라 권한 있는 자들이 어떤 행위를 범죄로 규정할 때 범죄가 성립된다는 견해
해악기준의 개념	화이트칼라 범죄	① Suthurland 주장 ② 화이트칼라 범죄의 해악이 크지만 약하게 처벌되거나 민사사건화 되는 것에 대처방안이 필요하다고 주장 ③ 사회 – 법률적 접근이라고도 함 ④ 상위계층의 경제 범죄에 대한 사회적 심각성 연구
	인권침해 범죄	① Herman & Schwendinger 주장 ② 인권 침해 행위를 범죄로 규정
	사회적 해악 범죄	① Raymond Michalowski 주장 ② 법에서 규정한 불법 외에 법에서 개념화되지 않은(법이 용인하는) 사회적 해악도 범죄에 포함된다고 주장

※ Sykes: 범죄는 사회규범에 대한 위반행위로 역사적, 문화적 환경에 따라 다른 상대적 개념이다.

2 범죄화 경향

비범죄화	간통죄의 폐지 등 처벌되지 않는 행위로 되는 것을 말한다.	경찰의 수사 범위 축소
과범죄화	경범죄처벌법 위반 등 종래 가정이나 사회의 자율영역이던 분야에 국가가 적극적으로 개입하여 처벌하게 되는 경향이다.	경찰의 수사 범위 확대
신범죄화	환경범죄, 경제범죄, 보이스피싱 등 사회의 변화에 따라 새로운 범죄로 규정되는 경향이다.	

규대쌤 Comment

화이트칼라 거멓난다. 허~~맨 인권침해야, 사회적으로 미친새끼, 상대적으로 사이코다

제2절 범죄원인론

1 범죄원인의 기본요소

학자	내용
Sheley(쉴리) 〈18채용, 21경간〉	범죄자 입장에서 4개 조건의 상호작용으로 범죄 발생 ① 사회적 제재로부터의 자유 ② 범행 동기 ③ 범행 기회 ④ 범행 기술

Luxemburger
(룩셈버거)
〈18승진〉
	① 범인성 소질: 선천적 요소(유전적 결함 등)와 후천적 요소(체질, 성격이상, 지능)에 의하여 형성
	② 범인성 환경: 인간의 행동에 영향을 미치는 것으로서 알코올중독, 가정해체, 교육부재 등
	③ 소질과 환경의 관계
	   ㉠ 내인성 범죄: 소질적 요인에 의한 범죄
	   ㉡ 외인성 범죄: 환경적 요인에 의한 범죄
	   ㉢ 범죄는 소질과 환경 모두 영향을 받음

2 개인적 수준의 범죄원인론

(1) 고전주의(18C)

의의	① 계몽주의, 자유주의, 공리주의 사상을 바탕으로 출발 ② 의사비결정론: 인간은 자유의지를 가진 합리적인 인간으로 본다(외적 요소 ×). ③ 범죄를 통제하는 가장 효과적인 방법은 강력하고 신속한 형벌이다. 〈19승진〉
특징	① 일반예방주의: 강력한 형벌을 통해서 일반인에 대한 범죄예방 강조 ② 범죄에 대한 책임은 개인이며 사회가 아니다.
학자	배까리아 (Beccaria)	『범죄와 형벌』에서 형벌은 범죄와 균형을 이루고, 비례하여 부과
	벤담 (Bentham)	① 형벌을 통한 범죄 통제 주장, 판옵티콘(원형감옥) 제안 ② 공리주의(사회전체의 행복 추구)

(2) 실증주의(19C)

의의	의사결정론: 인간의 행위는 자유의지보다 외적요소(생물적·심리학적·사회적 성질)에 의해 결정된다.
특징	① 범죄학에 대한 과학적 연구방법을 추구 ② 범죄인에 대한 교정과 처우강조 ③ 형벌뿐만 아니라 보안처분 등 형사처분의 다양화를 강조
이탈리아 실증학파	롬브로조 (Lombroso)	생래적 범죄인론: 범죄자는 격세유전된다.
	가로팔로 (Garofalo)	자연범과 법정범 구분: 범죄를 자연범과 법정범으로 구분
	페리 (Ferri)	범죄 포화의 법칙: 항상 일정한 정도의 범죄가 발생한다.
프랑스 환경학파	① 통계적 방법을 활용하여 범죄원인이 사회적 환경에 있음을 강조 ② 뒤르켕(아노미 이론), 따르드(모방 이론), 라까사뉴

규대쌤 Comment

자동기기에서 쉴리, 잼버거를 먹다니 내외하자. / 균형, 비례 까라하네~~ /
람보르기니 태어날 때 금수저, 페리 집중포화, 가로세로 구분, 따르리 모방

(3) 고전주의와 실증주의 비교

	고전주의	실증주의
범죄의 원인	인간의 자유의지	외재적 요인(생물·심리·사회적)
인간관	비결정론	결정론
형벌론	일반예방주의	특별예방주의
범죄대응	형벌의 위협	치료·갱생

3 사회적 수준의 범죄 원인론

(1) 개념
① 사회 구조 원인론은 사회 구조 속에서 소외된 사람들(주로 하류계층)이 범죄를 일으킨다고 본다.
② 사회 과정 원인론은 사회 구조 원인론이 같은 조건에서도 범죄를 저지르지 않는 사람이 있다는 것을 설명하지 못하기 때문에 사회화 과정(가정, 학교 등)에 범죄 원인이 있다고 주장한다. 한 개인이 범죄자가 되는 과정을 설명한다.

(2) 사회 구조 원인론(거시적 관점)

사회 해체론	Burgess & Park	① 시카고를 5개 동심원으로 나누고 2지대에서 범죄가 집중된다. ② 범죄는 빈곤, 인구유입, 실업과 관련 있다고 주장
	Shaw & Mckay	① 도심과 인접하면서 주거지역에서 상업지역으로 바뀐 전이지역(2지대)에서 범죄가 많은 것은 주민들의 인종이나 국적이 바뀌어도 그 지역의 특성과 범죄가 연관된다는 것이다(인구유입보다 그 지역의 문제). ② 빈민(slum) 지역에서 범죄율이 높은 것은 도시의 산업화·공업화로 지역 사회의 제도나 규범 등이 해체되기 때문으로 이 지역의 구성원이 바뀌더라도 비행발생률은 감소하지 않는다. 〈21채용〉 ③ 문화전파론: 범죄에 대한 자기통제의 상실이 범죄 원인이며, 문화처럼 부모로부터 아이에게 전해진다. 〈18승진〉
아노미 이론 (사회적 긴장 이론)	뒤르껭 (Durkheim)	아노미(규범 붕괴) 상태에서 범죄 발생 〈20승진, 21경간〉
	머튼	긴장유발이론(아노미 이론): 목표(부, 출세)에 대한 좌절로 발생하는 긴장이 범죄 유발 〈21채용〉
하위 문화론 〈20·21승진〉 〈19·21경간〉	Cohen	하위계층 청소년들이 목표와 수단의 괴리로 범죄 발생 (반항문화) 〈21승진〉
	Miller	① 범죄는 하위문화 가치와 규범이 정상적으로 반영된 것 (고유문화) ② 코헨은 범죄가 하류문화의 상류문화에 대한 저항적 성격을 가지는 것으로 설명하지만, 밀러는 범죄가 하류문화 고유의 특성이 반영된 것으로 보았다.
갈등론		문화갈등이론(셀린) 등

규대쌤 Comment

버거 똥, 소맥 해체 / 코헹~하위계층아이들, 옛날 밀에 애들이 밀러마셔, 셸린느살까 심리갈등

(3) 사회 과정 원인론(미시적 관점)

학습이론	차별적 접촉	서덜랜드 (Sutherland) 〈18·21승진〉	① Shaw & Mckay의 '사회해체'에 대비한 '사회적 분화' 개념을 주장하며 개인의 학습을 '사회적 학습'으로 규정 ② 사회조직에서 분화적(차별적)으로 범죄문화에 접촉, 참가, 동조하여 범죄행동이 정상적으로 학습된 행위(친밀한 집단에서 학습) ③ 범죄의 학습 과정은 일반적인 학습과 다르지 않다. 범죄인과의 접촉빈도, 기간, 강도 등 학습 정도에 차이가 있을 뿐이다.
	차별적 동일시	Glaser 〈19승진〉	영화 주인공 모방, 동일시(영화로 학습)
	차별적 강화	Burgess & Akers	비행행위에 처벌이 없거나 칭찬하면 강화된다(칭찬으로 학습). 〈21채용〉
통제이론	사회 유대	Hirschi 〈21승진〉	① 사회적 유대 약화로 비행 발생 ② 사회결속 요소 | 애착 | 부모, 선생, 친구 등 중요한 사람과 애정적 결속 | | 참여 | 취미, 여가활동 등 다양한 활동에 참여 | | 전념 | 자신의 미래를 위해서 공부 등에 전념 | | 신념 | 도덕적 가치에 대한 믿음 |
	동조 전념	Briar & Piliavin	단기유혹에 노출되더라도 조직의 관습적 목표에 전념(동조)하여 범행 잠재력을 통제
	중화 기술	Matza, Sykes 〈21승진, 21경간〉	| 책임 부정 | 자신이 아닌 다른 것에 책임 전가 예 "그건 내 잘못이 아니야, 어쩔 수 없었어." | | 피해 부정 (가해 부정) | 누구에게도 피해를 주지 않았다. 예 • "부자는 가진 게 많아서 괜찮다." • 자전거 절도가 발각되자 "잠시 타고 돌려주면 되지 않느냐." | | 피해자 부정 | 피해자가 더 나쁜 놈이다. 예 "피해자가 맞을 짓을 했다." | | 비난자 비난 | 사회통제기관을 비난 예 "경찰이 더 나쁜 놈" | | 충성심 호소 | 조직에 대한 충성심 예 "친구들과 우정을 지키기 위해서였다." |
	견제 이론	Reckless	나쁜 것을 견제하는 좋은 자아관념 결여로 범죄 〈20승진, 19경간, 21채용〉
낙인 이론		Lemert& Howard Becker& Tannenbaum	① 공식적 낙인이 그 행위자를 사회와 기회로부터 소외시켜 지속적인 범죄행위를 야기한다는 것으로 1차적 일탈보다 2차적 일탈에 초점을 둠. ② 폭행으로 입건된 청소년을 형사입건하는 대신 선도프로그램을 제공하여 스스로 잘못을 뉘우치고 장차 지역사회로 다시 통합할 기회를 제공하는 것은 낙인이론을 적용한 것이다. 〈22채용〉

규대쌤 Comment

썰을농만나면 나쁜농, 굴레이데이터, 아까 뽀겠어잘했어 / 허쉬초울릿견애창신했네, 뽕필유혹이 와도 안해, 나쁜 것에 렉걸렸네 / 책피피!! 비난하지마충을 마치사이코같이 중화했잖아 / 니목을훌딱 배껴탄나나도록 낙인찍는다.

제3절 범죄 통제론

1 범죄 이론과 통제 이론

범죄 이론	통제 이론	내용
고전학파 〈19승진〉	억제 이론 (통제 이론 ×)	① (범죄)의사 비결정론: 개인의 자유의사에 의한 행동 ② 범죄의 책임은 전적으로 개인에게 있음 ③ 처벌의 확실성(반드시 형벌 집행), 엄격성(형벌의 중대성), 신속성(신속한 집행)에 의하여 범죄를 억제한다. ※ 형벌 억제효과: 확실성 〉 엄격성 〉 신속성 ④ 비판: 폭력과 같은 충동적 범죄의 적용에는 한계
실증주의 〈19승진〉	치료·갱생	① (범죄)의사 결정론: 생물학적·심리학적 원인 주장 ② 범죄는 개인책임이 아닌 사회책임으로 인식 ③ 범죄자의 치료·갱생을 통한 특별예방에 중점 ④ 비판: 많은 비용, 일반예방에는 한계
사회학적 〈18승진〉	사회발전	① 사회적 환경이 범죄자 성향보다 중요 ② 사회발전으로 범죄의 근본적 원인 제거 ③ 비판: 막대한 비용으로 개인수행 곤란 비판
현대적 예방 (생태적 이론) 〈18승진〉	환경범죄학 상황적 예방 깨진 유리창 집합효율성	① 생태학적 관점은 범죄원인을 인간과 환경과의 상호작용에 있는 것으로 본다. ② 범죄를 용이하게 하는 환경요소를 주택이나 도시 설계단계부터 최소화 하는 등 범죄예방을 강조

① 응보·복수(근세 이전) ⇨ 형벌·제재(고전주의) ⇨ 교정·치료(실증주의) ⇨ 범죄 예방(현대)
② 범죄자의 행위(고전주의) ⇨ 범죄자(실증주의) ⇨ 사회적 환경(사회학적) ⇨ 인간과 환경과의 상호작용(현대적, 생태적)

2 현대적 범죄예방 이론(생태학적 이론)

(1) 환경 범죄학

환경설계 (CPTED) (1971) 〈18·20승진, 19·20·23채용, 20경간〉	의의	① 환경 설계로 범죄기회 차단 ② Jeffery가 주장 ③ 재퍼리의 3가지 범죄예방모델 〈20경찰특공대〉 　㉠ 범죄억제모델: 형벌로 범죄억제(고전주의) 　㉡ 사회복귀모델: 범죄자의 치료·갱생으로 사회복귀(실증주의) 　㉢ 범죄예방(통제)모델: 사회 환경 개선을 통한 범죄예방(CPTED) ④ 서울 마포구 염리동에서 적용한 사례가 있으며, 「서울 마포구 범죄예방을 위한 도시환경디자인 조례」가 2018년 제정되었다. 〈22경간〉
	자연적 감시	① 건축 설계 시 가시권 확대로 외부침입이나 범죄발견 가능성 증대 ② 사례: 조명, 조경, 가시권 확대를 위한 건물의 배치
	유지관리	① 처음 설계된 대로 기능을 지속 유지 ② 사례: 파손 즉시 보수, 청결유지, 조명·조경 관리

규대쌤 Comment

현대 집 환상깨!!

활동성 강화	① 주민들이 모여서 의견을 교환하고 유대감을 증대시킬 수 있는 공공시설을 설치하여 '거리의 눈'을 활용한 자연적 감시와 접근통제를 확대 〈22경간〉 ② 사례: 놀이터·공원 설치, 체육시설 이용 증대, 벤치·정자 위치 및 활용성에 대한 설계	
자연적 접근통제	① 일정한 지역에 접근하는 사람들을 정해진 공간으로 유도하거나 외부인의 출입을 통제하도록 설계하여, 접근에 대한 심리적 부담을 증대 ② 사례: 차단기, 방범창, 잠금장치, 통행로 설계, 출입구의 최소화 〈22채용〉	
영역성 강화	① 사적 공간에 대한 **경계표시**로 주민들의 책임의식과 소유의식을 높이고, 사적 공간에 대한 관리권과 권리를 강화시키고, 외부들에게는 침입에 대한 불법사실을 인식시켜 범죄기회를 차단 〈22채용〉 ② 사례: 사적·공적 공간 구분, 울타리·펜스 설치(접근통제 ×)	
방어공간 이론 (1972)	① 건축가 오스카 뉴먼(Newman)이 주장한 이후 CPTED 이론의 배경이 되었다. ② 방어공간(Defensible Space)에 대한 4가지 관점 〈22경간, 22채용〉	
	자연적 감시	자연적 가시권의 확대
	이미지와 환경(milieu)	① 이미지: '깨진 유리창 이론'처럼 주변 시설을 정리하거나 유지 보수하여 주민들에 의하여 보호되고 있으며 쉬운 범행 대상으로 느껴지지 않는 이미지 형성 ② 환경: 통행로, 마당, 놀이터, 주변거리 등을 방범환경으로 조성해야 한다.
	영역성	사적 공간에 대한 경계표시 및 주민의 소유의식 확대로 주민들이 자신의 영역에 대한 감시를 강화한다. 〈21경채〉
	안전지대 (지리적 병치)	① 주거환경은 주변이 우범지역인지 안전지역인지에 의하여 영향을 받는다. ② 주거지역은 상업지역과 분리되어야 한다.
	③ 비판: 물리적 환경 변화에 범죄인도 적응하므로 결국 주민의 참여가 중요하다는 점을 간과 ※ 주민참여 강조: 집합 효율성 이론, 깨진 유리창 이론 　　주민참여 소홀: 방어공간 이론	

(2) 상황적 범죄예방 이론

　① 의의

　　㉠ 범죄행위에 대한 위험과 어려움을 높여 **범죄기회(상황)를** 제거하고 범죄행위의 이익을 감소시킴으로써 범죄를 예방하려는 이론이다.

　　㉡ 자전거에 일련번호를 각인하여 도난당하더라도 확인이 가능하고 범인이 되팔기 어렵게 하는 것이 예시가 될 수 있다. 〈19채용〉

　　㉢ 상황적 범죄이론에 환경범죄학 및 깨진유리창 이론을 포함시키기도 한다. 환경범죄학과 상황적 범죄예방이론은 환경 개선을 통한 범죄예방이라는 측면에서 유사하다.

규대쌤 Comment

자유 활동은 접영 / 새로운 (뉴먼) 자이 환영 안전하니까

② 유형

합리적 선택 (1987) ⟨17경간⟩	• 클락, 코니쉬 • 인간의 자유의지를 전제(비결정론)로 범죄자는 비용과 이익을 계산 ⟨21경간⟩ • 체포의 위험성과 처벌의 확실성을 높이는 것이 효과적 범죄예방 • 일반예방 효과에 중점을 둔다(신고전주의). ⟨21채용·경채⟩
일상 활동 (1979)	• 코헨과 펠슨 ⟨22경간⟩ • 범죄율의 변화를 지역사회의 구조적 특성이 아닌 개인들의 일상생활에서 찾는 이론으로 범죄 기회가 있으면 누구나 범죄 가능성이 있다. ⟨19승진, 21채용⟩ • 그 간의 범죄이론들과 달리 범죄자가 아닌 범죄 그 자체에 집중하고, '범행 동기'보다는 장소를 중심으로 한 '기회적 요인'에 초점을 둔다. • 어떤 생활 패턴을 가진 사람이 범죄 피해를 당하는지에 관심이 있다. • 시간·공간 변동에 따른 구체적·미시적 분석으로 범죄예방 주장 • 범죄발생 3요소: 대상, 감시(보호자) 부재, 동기가 부여된 잠재적 범죄자 ※ 동기는 이미 결정된 것으로 보고, "대상"과 "감시부재"를 강조 ※ Sheley(쉬리): 제재로부터의 자유, 동기, 기회, 기술 • 보호자(Guardian)는 경찰이나 경비원보다 가족, 친구, 모르는 사람 등의 역할을 강조한다. • 범죄자가 범행을 결정하는 데 고려하는 4가지(VIVA 모델): 접근성(Access), 가시성(Visibility 범죄자에게 잘 보이는 것), 이동 용이성(Inertia), 가치(Value) ⟨22경간⟩
범죄 패턴 (1993)	• 브랜팅햄 주장 ⟨22경간⟩ • 범죄인은 일상활동과정에서 대상을 찾고 그들이 잘 아는 지역에서 잘 아는 이동경로나 수단을 이용하여 적당한 기회가 있을 때 범행(범죄장소의 패턴은 범죄자의 일상행동 패턴과 유사) • 범죄의 장소(시간 ×)적 패턴을 연구, 지리적 프로파일링의 토대 ⟨21경채, 22경간⟩
비판	• 범죄기회를 줄여도 다른 지역으로 범죄가 전이될 뿐 전체범죄는 줄지 않는다 (풍선효과)는 비판이 있다. ⟨22경간⟩ 이에 대하여 상황적 범죄예방주의자는 범죄의 전이는 거의 없으며 오히려 범죄예방 효과가 확산된다고 반론한다. | 범죄의 전이 | 범행의 기회가 차단되었을 때 범죄자들이 다른 지역으로 이동하는 것 | |---|---| | 이익의 확산 | 범죄 예방을 강화하는 장소 이외의 지역으로 개입의 효과가 퍼져나가는 것 | • 국가통제사회 가능성: 요새화된 사회, 과도한 국가의 개입으로 Big brother에 의해 통제되는 국가 통제사회가 될 가능성이 높다.

(3) 깨진 유리창 이론(1982) ⟨21채용⟩

① 켈링, 윌슨
② 경미한 무질서에 무관용 정책과 집합효율성 강화가 범죄예방에 중요
③ 1990년대 뉴욕에서 효과 입증
④ 무관용 원칙: 직접적 피해가 없는 경미한 무질서에 강경한 대응으로 더 큰 범죄예방
⑤ 지역주민들의 상호협력: 무질서한 환경의 신속한 회복을 위한 주민들의 상호협력 강조
⑥ 비판: 경미한 비행자에 대한 무관용 개입은 낙인효과를 유발할 수 있다.

규대쌤 Comment

클락은 합리적, 일상적으로 코펠에 대강자, 접시가용. 브랜드 행은 패턴이 있다.

(4) 집합 효율성 이론(1997) ⟨19승진, 18·21채용⟩
① **로버트** 샘슨이 주장
② 범죄 문제 해결에 지역 주민들의 **적극참여** 강조
③ 주민 간 상호신뢰, 유대강화, 공동노력 강조
④ 공식적 사회통제, 즉 **경찰 등 법집행기관**의 중요성을 간과하고 있다는 비판을 받음
⟨18경채⟩

3 범죄 피해자학

(1) 의의
① 범죄자와 피해자 사이의 개인적 상호관계를 연구한다.
② 기존 범죄학은 범죄자에 집중하지만 피해자학은 피해자의 특징을 분석하여 개인이 범죄를 예방할 수 있는 방법, 피해자에 대한 지원, 범죄다발지역에 대한 대응 방안 등을 모색한다.

(2) 멘델스존(Mendelshon)의 피해자 분류 5단계

피해자 유형	내용
전혀 책임 없는 경우	① 순수한 피해자(무자각) ② 영아살해에 있어서 **영아**, 약취·유인된 유아
조금 책임 있는 경우	① 무지한 피해자, 무심코한 부주의에 의한 피해자 ② 무지에 의한 낙태여성, 인공유산 중 사망한 **임산부**, 술집에서 폭행범을 째려 본 경우
가해자와 같은 책임	① **자발적인** 피해자 ② 촉탁살인·자살미수·동반자살 피해자, 부도덕한 사기성 범죄에 가담하다가 피해를 입은 사람, 말다툼을 하다가 상호 폭행
가해자보다 더 책임	① 가해를 **유발한** 피해자 ② 자신의 **부주의**로 인한 피해자, 부모에게 살해된 패륜아, 상대방에게 욕설을 하다가 폭행을 당한 사람
가장 책임이 많은 경우	① 타인을 **공격**하다가 반격을 당한 피해자 ② 피해자가 공격을 유발하여 **정당방위의 상대자**가 되는 공격적 피해자, 무고죄의 범인같은 기만적 피해자, 주거침입강도범이 집주인에게 폭행을 당한 경우

4 범죄피해자 보호법

(1) 정의 규정

범죄피해자	① 타인의 범죄행위로 피해를 당한 사람과 그 배우자(사실상의 혼인관계를 포함한다), 직계친족 및 형제자매를 말한다. ⟨22채용⟩ ② 위 ①의 경우 외에 **범죄피해 방지 및 범죄피해자 구조 활동**으로 피해를 당한 사람도 범죄피해자로 본다.
범죄피해자 보호·지원	범죄피해자의 손실 복구, 정당한 권리 행사 및 복지 증진에 기여하는 행위를 말한다. 다만, 수사·변호 또는 재판에 부당한 영향을 미치는 행위는 포함되지 아니한다. ⟨22법학⟩

구조대상 범죄피해	① 대한민국의 영역 안에서 또는 대한민국의 영역 밖에 있는 대한민국의 선박이나 항공기 안에서 발생한 경우 ② 사람의 생명 또는 신체(재산 ×)를 해치는 죄에 해당하는 행위로 인하여 사망하거나 장해 또는 중상해를 입은 것을 말한다. ③ 「형법」제9조(형사미성년자), 제10조 제1항(심신장애인), 제12조(강요된 행위), 제22조 제1항(긴급피난)에 따라 처벌되지 아니하는 행위를 포함한다. ④ 다만, 정당행위, 정당방위, 과실에 의한 행위는 제외한다.

(2) 범죄피해자 보호·지원의 기본 정책

손실 복구 지원 등 (제7조)	① 국가 및 지방자치단체는 범죄피해자의 피해정도 및 보호·지원의 필요성 등에 따라 상담, 의료제공(치료비 지원을 포함한다), 구조금 지급, 법률구조, 취업 관련 지원, 주거지원, 그 밖에 범죄피해자의 보호에 필요한 대책을 마련하여야 한다. ② 국가는 범죄피해자와 그 가족에게 신체적·정신적 안정을 제공하고 사회복귀를 돕기 위하여 일시적 보호시설(이하 "보호시설"이라 한다)을 설치·운영하여야 한다.
형사절차 참여 보장 등 (제8조)	① 국가는 범죄피해자가 해당 사건과 관련하여 수사담당자와 상담하거나 재판절차에 참여하여 진술하는 등 형사절차상의 권리를 행사할 수 있도록 보장하여야 한다. 〈22채용〉 ② 국가는 범죄피해자가 요청하면 가해자에 대한 수사 결과, 공판기일, 재판 결과, 형 집행 및 보호관찰 집행 상황 등 형사절차 관련 정보를 대통령령으로 정하는 바에 따라 제공할 수 있다. 〈22채용〉
범죄피해자에 대한 정보 제공 등 (제8조의2)	① 국가는 수사 및 재판 과정에서 다음 각 호의 정보를 범죄피해자에게 제공하여야 한다. • 범죄피해자의 해당 재판절차 참여 진술권 등 형사절차상 범죄피해자의 권리에 관한 정보 • 범죄피해 구조금 지급 및 범죄피해자 보호·지원 단체 현황 등 범죄피해자의 지원에 관한 정보 • 그 밖에 범죄피해자의 권리보호 및 복지증진을 위하여 필요하다고 인정되는 정보
사생활의 평온과 신변의 보호 (제9조)	① 국가 및 지방자치단체는 범죄피해자의 명예와 사생활의 평온을 보호하기 위하여 필요한 조치를 하여야 한다. ② 국가 및 지방자치단체는 범죄피해자가 형사소송절차에서 한 진술이나 증언과 관련하여 보복을 당할 우려가 있는 등 범죄피해자를 보호할 필요가 있을 경우에는 적절한 조치를 마련하여야 한다. 〈22채용〉

(3) 구조금 지급

지급요건 (제16조)	① 구조피해자가 피해의 전부 또는 일부를 배상받지 못하는 경우 ② 자기 또는 타인의 형사사건의 수사 또는 재판에서 고소·고발 등 수사단서를 제공하거나 진술, 증언 또는 자료제출을 하다가 구조피해자가 된 경우
구조금 종류 (제17조)	구조금은 유족구조금·장해구조금 및 중상해구조금으로 구분하며, 일시금으로 지급한다.
다른 법령과 관계 (제20조)	구조피해자나 유족이 해당 구조대상 범죄피해를 원인으로 하여 「국가배상법」이나 그 밖의 법령에 따른 급여 등을 받을 수 있는 경우에는 대통령령으로 정하는 바에 따라 구조금을 지급하지 아니한다.

손해배상과 관계 (제21조)	① 국가는 구조피해자나 유족이 해당 구조대상 범죄피해를 원인으로 하여 손해배상을 받았으면 그 범위에서 구조금을 지급하지 아니한다. 〈22법학〉 ② 국가는 지급한 구조금의 범위에서 해당 구조금을 받은 사람이 구조대상 범죄피해를 원인으로 하여 가지고 있는 손해배상청구권을 대위한다. ③ 국가는 제2항에 따라 손해배상청구권을 대위할 때 대통령령으로 정하는 바에 따라 가해자인 수형자나 보호감호대상자의 작업장려금 또는 근로보상금에서 손해배상금을 받을 수 있다.
외국인 구조 (제23조)	외국인이 구조피해자이거나 유족인 경우에는 해당 국가의 상호보증이 있는 경우에만 적용한다. 〈22법학〉
범죄피해구조심의회 등 (제24조)	구조금 지급에 관한 사항을 심의·결정하기 위하여 각 지방검찰청에 범죄피해구조심의회를 두고 법무부에 범죄피해구조본부심의회를 둔다.
구조금 지급신청 (제25조)	① 구조금을 받으려는 사람은 법무부령으로 정하는 바에 따라 그 주소지, 거주지 또는 범죄 발생지를 관할하는 지구심의회에 신청하여야 한다. 〈22법학〉 ② 신청은 범죄피해 발생을 안 날부터 3년, 발생한 날부터 10년이 지나면 할 수 없다.
긴급구조금 (28조)	지구심의회는 구조금의 지급 신청을 받았을 때 구조피해자의 장해 또는 중상해 정도가 명확하지 아니하거나 그 밖의 사유로 인하여 신속하게 결정을 할 수 없는 사정이 있으면 신청 또는 직권으로 대통령령으로 정하는 금액의 범위에서 긴급구조금을 지급하는 결정을 할 수 있다.

(4) 형사조정(회복적 사법)

형사조정 회부
(제41조)
	① 검사는 범죄피해자가 입은 피해를 실질적으로 회복하는 데 필요하다고 인정하면 수사 중인 형사사건을 형사조정에 회부할 수 있다.
	② 형사조정에 회부할 수 있는 형사사건의 구체적인 범위는 대통령령으로 정한다. 다만, 다음 각 호의 어느 하나에 해당하는 경우에는 형사조정에 회부하여서는 아니 된다.
	  1. 피의자가 도주하거나 증거를 인멸할 염려가 있는 경우
	  2. 공소시효의 완성이 임박한 경우
	  3. 불기소처분의 사유에 해당함이 명백한 경우(다만, 기소유예처분의 사유에 해당하는 경우는 제외한다)

형사조정 절차 (제42·43조)	① 각급 지방검찰청 및 지청에 형사조정위원회를 두며, 형사조정위원회는 2명 이상의 형사조정위원으로 구성한다. ② 형사조정위원회는 형사조정의 결과에 이해관계가 있는 사람의 신청 또는 직권으로 이해관계인을 형사조정에 참여하게 할 수 있다.
형사조정절차 종료 (제45조)	검사는 형사사건을 수사하고 처리할 때 형사조정 결과를 고려할 수 있다. 다만, 형사조정이 성립되지 아니하였다는 사정을 피의자에게 불리하게 고려하여서는 아니 된다.

> **판례**
>
> 범죄피해자구조청구권의 대상이 되는 범죄피해에 해외에서 발생한 범죄피해의 경우를 포함하고 있지 아니한 것이 현저하게 불합리한 자의적인 차별이라고 볼 수 없어 평등원칙에 위배되지 아니한다. (2009헌마354)

> **경찰수사규칙**
>
> 제82조(회복적 대화) ① 사법경찰관리는 피해자가 입은 피해의 실질적인 회복 등을 위하여 필요하다고 인정하면 피해자 또는 가해자의 신청과 그 상대방의 동의에 따라 서로 대화할 수 있는 기회를 제공할 수 있다.
> ② 제1항에 따라 대화 기회를 제공하는 경우 사법경찰관리는 피해자와 가해자 간 대화가 원활하게 진행될 수 있도록 전문가에게 회복적 대화 진행을 의뢰할 수 있다.

5 화이트칼라 범죄

의의	① 서덜랜드가 처음 사용한 용어로 경제적 상류계층과 사회 권력층 범죄를 말한다. 〈23채용〉 ② 화이트칼라범죄는 직업활동과 관련하여 높은 지위를 가지고 있는 사람에 의해 저질러지는 범죄이다. 〈23채용〉 ③ 오늘날에는 모든 사회계층의 사람이 자신의 직업적 과정에서 저지르는 직업과 관련된 범죄를 말한다.
특징	① 피해가 광범위하다. ② 직업상 전문적인 지식이나 조직을 이용한다. ③ 불특정 다수인을 대상으로 하거나 은폐되어 인지되지 않는 경우가 많다. ④ 소수만 실형을 받고 대부분 집행유예 등 엄하게 처벌되지 않는다.

PART 01
CHAPTER 05 지역사회 경찰활동

제1절 순찰

1 순찰의 종류

순찰노선	정선순찰	미리 정해 둔 순찰노선을 따라 순찰하는 방식
	난선순찰	정해 둔 순찰노선 없이 불규칙적으로 순찰하는 방식
	요점순찰	① 취약장소를 지정하여 그 지역을 중심으로 순찰하는 방식 ② 각 요점을 반드시 통과하며 지정된 요점과 요점 사이에서는 난선순찰 방식에 따라 순찰
	자율순찰	지정된 개인별 담당구역을 요점순찰하는 방식
순찰인원		단독순찰, 복수순찰, 합동순찰(경찰관 + 지원경력 또는 민간협력단체)
순찰수단		도보순찰, 자동차순찰, 오토바이순찰, 자전거순찰 등

2 순찰 실험

(1) 미국의 순찰 실험

뉴욕경찰의 작전 25 순찰 실험 (차량순찰)	① 뉴욕시 25구역에 경찰관의 수를 두 배로 늘려 순찰의 효과를 과학적으로 측정하고자 했던 **최초의 순찰 실험**이었으나, 과학적 연구 조건을 갖추지 못한 불완전한 실험으로 평가된다. ② 효과: 순찰이 증가된 기간 동안 전년도에 비하여 범죄가 전체적으로 감소하였으며 특히 노상강도 및 자동차절도의 범죄가 감소한 것으로 나타났다.
캔자스(Kansas) 예방순찰 실험 (차량순찰) (1972~1973)	① 차량(자동차)순찰과 범죄발생의 영향을 경험적으로 확인한 실험으로서, 3개 지역으로 구분하여 1지역은 순찰을 실시하지 않고 2지역은 순찰을 늘리되 3지역은 평소와 비슷한 수준으로 순찰하였다. ② **차량순찰을 증가해도 범죄는 감소하지 않았고, 일상적인 순찰을 생략해도 범죄는 증가하지 않았다.** ③ 시민들은 순찰수준의 변화를 감지하지 못하였고 시민의 안전감에 영향을 미치지 못했다. ④ 사무엘 워커는 순찰의 기능 중 하나로 주민의 심리적 안전감을 제고할 수 있다는 것을 주장하였으나 이러한 주장은 캔자스시의 차량 예방순찰 실험에서는 지지를 받지 못하였다. 〈20경채〉 ⑤ 경찰의 순찰활동 전략을 재고하게 만든 최초의 과학적 연구였다.

뉴왁(Newwark) 도보순찰 실험 (1978~1979)	① 두 실험에서 공통적으로 도보순찰을 증가하여도 범죄발생이 감소되지 않았지만, 시민들은 경찰의 순찰활동을 지각하고 더 안전하다고 느꼈다. 〈20경채, 21채용〉
플린트(Flint) 도보순찰 실험 (1979)	② 플린트 도보순찰 실험에서는 실험기간 중 일부 지역에서 오히려 범죄발생 건수가 증가했음에도 시민들은 더 안전하다고 느꼈다.

(2) 미국의 순찰 실험 정리

구분	순찰수단	범죄율 영향	시민 안전감 영향
캔자스 예방순찰 실험	자동차	없음	없음
뉴왁 도보순찰 실험	도보	없음	더 안전하다고 느낌
플린트 도보순찰 실험	도보	없음	더 안전하다고 느낌

3 순찰의 목적과 기능

Charles D. Hale의 순찰의 5가지 목적	Samuel Walker의 순찰의 3가지 기능
① 범죄예방, 범인검거 ② 법집행 ③ 질서 유지 ④ 교통지도 단속 〈21채용〉 ⑤ 대민서비스 제공	① 범죄의 억제 ② 공공 안전감의 증진 〈21채용〉 ③ 대민 서비스 제공

제2절 지역사회 경찰활동

1 지역사회 경찰활동 개념(Community Policing, Community Oriented Policing; COP)

(1) 의의
① 지역사회 경찰활동은 뉴저지주 Newark시와 미시간주의 Flint시 도보순찰 실험으로부터 발전되었다.
② 경찰이 업무의 효율성과 전문성을 추구하고 엄격한 법집행을 통한 범죄통제에 집중함에 따라 지역사회와 경찰 간의 갈등이 증대한 것에 대한 반성으로 새로이 등장한 경찰 패러다임이다.
③ 지역사회 공동체의 모든 분야와 협력하여 범죄를 예방하고 피해를 줄이는 것을 목표로, 경찰-주민 간 파트너십의 강화, 지역사회 문제에 대한 근본적 해결, 경찰조직 내 권한의 이양 등을 강조한다. 〈20·21경채, 22승진〉
④ 활동의 프로그램으로 이웃지향적 경찰활동, 전략지향적 경찰활동, 문제지향적 경찰활동 등이 있다. 〈20채용, 22경간〉

규대쌤 Comment

범법질 교대로 할래, 일해(워커)범죄 안돼~~~

(2) 지역사회 경찰활동의 구성요소
① **지역사회에 기초를 둔 범죄예방**: 지역사회에 기초를 둔 범죄예방(Community-Based Crime Prevention)은 지역사회 지향적 경찰활동의 궁극적 목표이며 핵심내용이 된다. 그 가운데 이웃감시(Neighborhood Watch)는 지역사회에 기초를 둔 범죄예방의 중심이 된다.
② **순찰활동의 개선**: 순찰활동은 비상사태에 대응하는 앰블런스와 같이 배치되기보다는 일상적인 자신의 업무수행과정에서 항상 사람들과 대화를 함으로써 지역사회를 이해하고 非비상사태의 요청에도 대응하며, 지역사회의 모든 장소에서 나타날 수 있도록 가시적이어야 한다는 것이다.
③ **경찰의 책임증대**: 경찰은 점차적으로 시민의 지원과 협력을 이끌어 내기 위해서는 시민이 무엇을 원하는 지를 받아들일 자세가 갖추어져야 함을 의미한다.
④ **명령의 분권화**: 명령의 분권화(Decentralization of Command)는 지역사회 내에서 경찰활동을 극대화하고 이를 피드백할 수 있도록 하는 특별한 관련지식을 최대한으로 활용하기 위해서 필요한 것이다.

(3) 지역사회 경찰활동의 주요내용

철학		① 주민참여, ② 기능확대, ③ 맞춤형 서비스
전략	근무방식개선	도보순찰 강화, 순찰수단 다양화(자전거순찰, 스쿠터순찰 등), 혼합순찰, 지정순찰, 신고사건 차별화(사건코드별 대응), 선별적 사건처리
	예방노력 확대	맞춤식 예방활동, 환경설계를 통한 범죄예방활동(CPTED), 민경합동 예방활동, 청소년범죄 예방활동, 상점가 예방활동
	구역책임 강조	① 근무시간 및 담당기능과 상관없이 담당구역을 책임지는 것 ② 담당구역에서 발생한 모든 문제에 대하여 책임지는 것 ③ 순찰구역 고정, 지도경찰관, 건물중심 순찰배치, 구역경찰관, 지역지휘자, 간이경찰서, 지역전문가
전술	민경제휴	주민과 협력하는 방식으로 주민순찰, 이웃친목회, 시민경찰학교, 자원봉사자, 이웃정화운동 등의 활동
	민경협력	민간단체와 협력하는 방식으로 교육기관, 의료기관, 금융기관, 보호소, 민간경비업체 등과의 협력관계 강조
	문제해결	SARA 모델을 적용하여 해결방안 모색
조직 관리	조직개편	① 일선경찰관에 재량권부여 ② 세분화된 계급구조를 축소하여 의사소통을 촉진 ③ 전문부서나 전문요원의 비율을 축소하여 많은 인원이 일반대중을 위한 봉사에 전념 ④ 팀체제로 일반근무, 문제해결, 양질의 봉사를 공동으로 모색 ⑤ 내근직책은 되도록 일반 직원에게 맡겨서 경찰관들의 활용도 높일 것
	지침정비	경찰활동과 관련된 처리기준과 방법을 가능한 한 자세하게 성문화하여 그릇된 의사결정이나 불합리한 조치 예방
	질적평가	① 범인검거·범칙금통고 건수·신고 반응시간보다 신고사항이 얼마나 확실하게 처리되었는지를 평가 ② 수행평가, 주민만족도 조사, 범죄피해 조사, 범죄불안감 조사, 심사 분석

(4) 비판
① '지역사회'의 개념이 모호하다.
② 경찰의 책임을 지역주민들에게 전가시킬 수 있다.
③ 민경유착, 정치권과의 결탁 등으로 자칫 부정부패로 이어질 수도 있다.
④ 주민의 애로사항을 파악하는 것이 부당하게 주민의 사생활을 침해할 수 있다.
⑤ 지역사회 경찰활동을 수행하면서 종전의 기본적 역할을 소홀히 하면 주민불신을 가중시킬 수 있다.
⑥ 경찰관의 폭넓은 재량권과 문제해결사의 역할 수행으로 경찰이 정치집단으로 변모할 수 있다.

(5) 전통적 경찰활동과 지역사회 경찰활동의 비교

구분	전통적 경찰활동	지역사회 경찰활동
정의	경찰은 법집행 책임이 있는 유일한 기관	경찰과 시민 모두 범죄 대응 의무 있음 〈23채용〉
주민 역할	치안서비스 수혜자	치안서비스 공동생산자
경찰 역할	**범죄해결**	보다 포괄적인 지역사회 문제해결 〈22경간〉
업무평가	범인 검거율(사후진압)	범죄와 무질서 **감소율(사전예방)** 〈23채용, 22경간〉
우선순위	범죄와 폭력의 퇴치	범죄와 폭력퇴치 및 지역사회 문제해결
효율성	신고에 대한 경찰의 **반응시간** 〈23채용〉	주민의 경찰업무에 대한 **협조도** 〈20승진〉
대상	범죄사건	지역주민의 애로사항 및 관심사항
치안 서비스	부수적 기능으로 취급	중요한 기능으로 취급
중요한 정보	범죄정보	범죄자 정보
타기관 관계	갈등	원활한 협조
조직구조	집권화	분권화
강조점	집중화된 조직구조, 엄격한 법집행을 통한 범죄통제 〈21경채〉	① 지역사회와의 협력을 통한 범죄예방 강조 ② 지역사회 요구에 부응하는 **분권화된** 경찰관 개개인의 능력 강조 ② 일선경찰의 **재량권 강화**(Skolnick)
이론적 기반	고전적 조직이론	거버넌스 이론

※ 거버넌스(governance): 과거 정부의 일방적 정책추진 방식이 아닌 공공부문, 민간부문, 비정부기구 등 다양한 주체들이 대등한 위상을 가지고 공동으로 정책을 결정하고 집행하는 '협치'와 유사한 의미이다.

(6) 전통적 경찰활동과 지역사회 경찰활동의 비교(Sparrow, 1988)

질문	전통적 경찰활동	지역사회 경찰활동
경찰은 누구인가? 〈22채용〉	주로 법집행을 책임지는 **정부 기관**이다.	경찰이 시민이고 시민이 경찰이다. 경찰은 모든 시민들의 의무에 항상 관심을 기울이도록 고용된 공무원이다.
경찰과 다른 공공서비스 기관과의 관계는?	업무의 우선순위를 놓고 종종 갈등한다.	경찰은 삶의 질을 향상시킬 책임 있는 공공서비스 기관들 중 하나이다.
경찰의 역할은?	범죄의 해결	광범위한 지역문제 해결
경찰의 업무효율성은 어떻게 측정되나?	적발건수와 검거율	범죄와 무질서 제거
최우선 순위는 무엇?	범죄와 폭력	지역사회를 어지럽히는 모든 문제
경찰이 특별히 취급하는 대상은?	사건	시민의 문제와 걱정거리
경찰의 효과성은 무엇이 결정하는가? 〈22채용〉	대응시간	시민의 협조
시민의 서비스 요청에 대한 경찰의 시각은?	'진짜' 경찰업무가 없는 경우에만 대응한다.	경찰의 중요한 역할이자 대단한 기회이다.
경찰에게 **프로페셔널리즘**은 어떤 의미인가?	심각한 범죄에 신속하고 효과적으로 대응하는 것	지역사회와의 밀접한 상호작용을 유지하는 것
가장 중요한 정보란 무엇인가? 〈22채용〉	**범죄정보**(특정 범죄 또는 일련의 범죄 관련 정보)	**범죄자 정보**(개인 또는 집단의 활동사항 관련 정보)
경찰 책임성의 가장 핵심적 내용은?	중앙집권, 규칙과 규정 준수, 법치행정	지역공동체의 필요에 대한 책임성 강조
중앙부서 역할은?	요구되는 규칙과 지시를 제공하는 것	조직적 가치를 전파하는 것
언론 접촉 부서의 역할은 무엇인가? 〈22채용〉	현장경찰관들에 대한 비판적 여론을 차단하는 것	지역사회와의 원활한 소통창구
경찰은 위반행위에 대한 소추를 어떻게 생각하는가?	경찰활동의 중요한 목표이다.	경찰활동의 여러 도구 중 하나이다.

※ 출처: 『노성훈 교수의 경찰학』(노성훈, 도서출판 푸블리우스, 2020)

2 지역사회 경찰활동의 프로그램

(1) 전략 지향적 경찰활동(Strategic Oriented Policing; SOP)
① 전통적인 관행과 절차를 이용하여 확인된 문제 지역에 경찰 자원을 재분배하는 것이다.
② 치안수요가 많은 시간대나 장소에 **경찰력을 더 배치**하는 방식으로 최소한의 자원을 투입하여 최대한의 범죄나 무질서를 예방하는 효과를 거두는 활동을 강조한다.
〈22법학〉
③ 목적: 범죄의 요소나 사회 무질서의 원인을 제거하고 **지역사회에 스스로 교정할 기회**를 제공한다.

④ 경찰의 전문적 범죄 진압능력 향상을 포함한다. 직업 범죄자들과 조직범죄에 대응하기 위해서 여러 관할을 담당하는 특별수사대(Task Force)와 전문 수사반을 이용한다.
⑤ 범죄와의 싸움에 있어서 지역사회 참여의 중요성을 인식하고 각종 자문을 한다.
〈22법학〉

(2) 이웃 지향적 경찰활동(Neighborhood Oriented Policing; NOP)
① 경찰과 이웃과의 의사소통 통로를 개방하여 지역사회의 비공식적 통제능력을 향상시키고 경찰과의 친밀한 협조관계를 수립하는 일체의 경찰활동을 의미한다. 〈22법학〉
② 경찰 - 청소년 체육대회, 작은 경찰서 운영, 경찰관의 관할구역으로 이주 등이 포함된다.
③ 범인 체포 등 반응적 기능(Reactive Function)과 확인된 범죄에 대한 조직적 순찰 전략을 개발하는 사전적(선제적) 기능(Proactive Function)을 연결하는 노력을 한다.
④ 거주자들에게 지역에 관한 정보를 제공하며, 주민들은 민간순찰을 실시한다.
〈20채용, 22법학〉

> **참고**
>
> ※ 이웃 감시(Neighborhood Crime Prevention) 프로그램
> • 지역주민들이 서로 친밀한 관계를 유지하여 서로에 대하여 잘 알게 함으로써 지역 내에서 의심스러운 사람이나 행동을 쉽게 발견하는 방법으로 범죄를 예방하려는 프로그램이다.
> • 이웃 지켜주기(Neighborhood Watch), 구역 지켜주기(Block Watch), 가정 지켜주기(Home Watch), 지역사회 지켜주기(Community Watch) 등 다양한 이름으로 불린다.
> • 환경설계를 통한 범죄예방(CPTED)이 지역주민들에게 범죄에 대항할 동기부여를 하지 못한 것에 비하여 이웃 감시 프로그램은 동기를 부여하고 범죄에 대한 두려움을 감소시키는 효과가 있다.

(3) 문제 지향적 경찰활동(Problem Oriented Policing; POP)

의의	① 범죄진압을 강조하는 전통적인 사건지향적 경찰활동에 대비하여, 경찰활동이 단순한 법집행자의 역할에서 지역사회 범죄문제의 근원적 원인을 해결하는 역할로 전환할 것을 추구한다. 〈21경간, 22법학〉 ② 경찰과 지역사회가 협력할 수 있는 대응 전략들에 보다 높은 가치를 부여한다. 〈22승진〉 ③ 1979년 미국 경찰학자 골드스타인(Herman Goldstein)이 제안하여 1987년 에크와 스펠만(Eck & Spelman)에 의한 'SARA'모델에 의하여 구체화되었다. ④ 일선 경찰관에게 문제해결 권한과 범죄 분석자료를 제공한다. 〈20채용2차〉	
SARA 모델	문제해결과정	조사 ⇨ 분석 ⇨ 대응 ⇨ 평가 〈20채용·22경채, 21경간〉
	조사(Scanning)	지역사회에서 반복적으로 발생하는 문제를 파악
	분석(Analysis)	문제의 원인을 파악하기 위한 자료 수집·분석, 가장 중요한 단계
	대응(Response)	지역사회의 다른 기관들과 협력을 통한 대응방안 도출
	평가(Assessment)	대응결과를 평가하여 지속적인 순환과정이 될 수 있도록 함

황금똥S 싸라 조석응가

문제지향 경찰활동의 전제 (Goldstein)	① 경찰활동은 범죄뿐만 아니라 폭넓은 다른 문제를 다룬다. ② 문제들은 상호 연관되어 있으며 우선순위는 재평가되어야 한다. ③ 각각의 문제에 따른 대응은 각각의 형태를 요구한다(맞춤형 해결책 추구). ④ 형법의 적용은 문제에 대응하기 위한 한 가지 수단에 불과하다. 〈20채용2차〉 ⑤ 발생한 사건의 해결보다는 문제예방 대응으로 더 많은 것을 얻을 수 있다. ⑥ 문제에 대한 효과적인 대응을 위해서는 사전분석이 필요하다. ⑦ 경찰의 능력은 극히 제한되어 있다. ⑧ 경찰은 종합적인 책임을 지는 것이 아니라 촉진자의 역할을 해야 한다. (『노성훈 교수의 경찰학』, 도서출판 푸블리우스, 2020)
지역사회 경찰활동과 관계	① 문제지향 경찰활동은 종종 지역사회 경찰활동과 병행되어 실시될 때 효과성이 제고된다. 〈21경간, 22승진〉 ② 지역사회 경찰활동은 경찰과 지역사회 간의 협력적 관계를 구축하는 것이 1차적 목표이지만, 문제지향 경찰활동은 지역사회 문제 해결이 궁극적인 목표이고 지역사회와의 협력은 문제해결을 위한 하나의 요소일 뿐이다.

3 새로운 경찰활동전략

(1) 무관용 경찰활동(Zero Tolerance Policing)

의의	① 지역사회 경찰활동은 경찰과 시민이 공동주체가 되어 지역사회의 범죄와 무질서를 예방하려는 것이었으나, 범죄가 줄어들지 않고 오히려 증가하는 문제가 발생하자 이에 반발하여 1990년대에 뉴욕에서 본격적으로 시행되었다. 〈23채용〉 ※ 70년대(순찰실험) → 80년대(지역사회 경찰활동) → 90년대(새로운 경찰활동) ② 켈링(Kelling)과 윌슨(Wilson)의 깨진 유리창 이론(1982년)에 기초한다. 〈23채용〉 ③ 무관용 경찰활동은 범죄에 대한 엄격한 대응, 비재량적인 법집행, 무질서 또는 경미한 범죄에의 관심 등 다양한 개념으로 사용된다. ④ 무관용 경찰활동은 전통적 경찰활동의 전략을 계승한 것이 아니다. 〈22법학, 23채용〉 ※ 전통적 경찰활동: 직접적인 피해가 없는 무질서 행위를 용인하고 범죄해결에 집중한다.
내용	① 경미한 범죄자를 강력하게 처벌하여 더 중대한 범죄로 발전하는 것을 방지하려는 목적이다. ② 건물의 깨진 유리창을 방치하게 되면 다른 유리창도 깨지게 되고 결국 그 건물은 황폐화되어 범죄의 소굴이 된다는 이론이다. ③ 경찰의 재량을 최소화하여 사소한 법질서 위반도 강력하게 처벌하므로 일선 경찰관들의 재량권 수준이 낮아진다. 〈22법학〉
비판	① 사소한 무질서도 처벌하므로 낙인효과를 유발할 수 있다. 〈22법학〉 ② 법집행 과정에서 시민과의 갈등상황을 야기하여 지역사회 경찰활동이 소극적으로 운영된다. ③ 경찰재량과 경찰권발동의 한계 등에 관한 기존 경찰법 논의들과 충돌된다.

(2) 핫스팟(hot spots) 경찰활동

의의	① 범죄는 무작위적 분산이 아니라 특정 지점에서 집중적으로 발생하는 경향을 보인다. ② 핫스팟은 범죄가 자주 발생하는 **범죄다발지역 또는 범죄취약지역**을 의미하는 것으로, 핫스팟에 한정된 경찰력을 집중하여 범죄예방효과를 극대화하는 활동을 의미한다. ③ 1995년 미국 미니애폴리스에서 실시한 '**범죄 핫스팟에서의 순찰**' 실험에서 핫스팟에서의 순찰 활동이 범죄감소에 효과 있는 것이 확인되면서 기존의 캔자스 실험이나 뉴왁 도보순찰 실험에 이의를 제기하였다. ④ 핫스팟에 경찰력을 집중할 경우 범죄가 다른 지역으로 옮겨 갈 것이라는 '**범죄의 전이효과(풍선 효과)**'에 대한 우려가 있었으나, 많은 연구에서 범죄의 전이보다는 오히려 범죄 억제효과가 주변까지 확산되는 '**범죄 억제효과의 확산**'이 확인되었다.
평가	① 순찰활동이 무조건 범죄예방효과가 없다고 단정할 수 없다. 순찰방식을 바꾸면 범죄예방효과가 나타난다. ② 특정 지역에서만 이루어지는 순찰은 지역사회와 경찰 간의 유대감이나 협력관계를 약화시키거나 자칫 특정지역에 대한 경찰의 과도한 법집행, 차별적 법집행 문제를 야기할 수 있다. ③ 핫스팟 선정 단계에서 지역사회의 참여와 의견이 반영되고, 정보의 투명성과 접근성이 보장될 때 경찰활동의 정당성이 확보될 수 있다.

(3) 정보 주도형 경찰활동(Intelligence-Led Policing)
① 치안유지를 위한 각 기관들의 정보를 취합하는 처리방식의 활동을 의미한다.
② 2001년 9·11 테러 이후 미국 내에 국가안전보장과 관련된 정보의 중요성이 부각되어, 경찰기관들이 보다 효과적으로 범죄정보를 수집할 수 있는 방법으로써 정보 주도형 경찰활동이 등장하였다.

PART 02

경찰행정학

CHAPTER 01 경찰관리
CHAPTER 02 경찰통제
CHAPTER 03 적극행정

CHAPTER 01 경찰관리

PART 02

제1절 경찰관리 일반론

1 경찰관리의 의의

(1) 경찰관리는 경찰목적 달성을 위하여 조직과 인적, 물적 자원을 확보하고 조직화하여 직무수행을 원활하게 하는 작용이다.
(2) 경찰목적을 달성하기 위한 **경찰관리**는 **경영주의**와 관련된다.

2 경찰관리자

구분	고위관리자	중간관리자
역할	① 조직의 목표 및 정책 설정 ② 환경에 신축적으로 대응하기 위한 조직의 최적화 ③ 직원 사기관리 및 지도·육성 ④ 조정과 통합	① 상사보좌 ② 상하 간 원활한 의사소통 ③ 업무 실시와 평가 단계에서 감독업무 추진

3 행정과 환경

(1) 폐쇄체계
 ① 폐쇄체계란 환경에 관계없이 경찰활동이 이루어지는 관리상의 철학을 말한다.
 ② 1950년대 경찰활동의 전문화 모델은 정치적 영향과 부패로부터 경찰조직을 유지하기 위하여 폐쇄체계 관점을 지지하였지만, 1960년대~1970년대 미국에서 경찰과 시민과의 갈등상황을 형성하는 데 중요한 원인을 제공하였다.

(2) 개방체계
 ① 개방체계는 조직이 환경과 역동적인 상호작용을 하는 것으로 본다.
 ② 개방체계의 특성
  ㉠ 환경의 인식 및 에너지·자원의 중요성
  ㉡ 에너지를 서비스로 전환
  ㉢ 서비스의 산출
  ㉣ 과정의 순환적 특성
  ㉤ **부정적 엔트로피 추구**: 개방체제는 부정적 **엔트로피**(무질서)를 추구한다. 부정적 엔트로피는 조직이 에너지 및 자원을 보충하거나 저장하는 과정이다. 엔트로피는 조직이 해체되는 방향으로 움직일 때 자연스럽게 발생하는 것으로서, 조직의 리더에게는 부정적 엔트로피가 필요하다. 개방적 조직일수록 부정적 엔트로피가 활발하다.
  ㉥ 피드백

- ⓗ **기능상 지속상태 또는 역동적 동질성**: 조직들이 일정한 행동범위 내에서 기능한다는 것을 의미한다. 조직은 일반적으로 검증된 접근법을 사용하고, 업무 사이클을 약간 변경하며 새로운 사이클을 추가한다.
- ⓘ 성장 및 확산으로의 이동
- ⓙ **등종국성**: 등종국성(동일종국성)은 다양한 경로를 통해서 최종상태에 도달하는 능력이다. 등종국성은 같은 일을 하는 다양한 방법이 있으며, 조직은 활동을 계획할 때 최선의 경로를 찾아야 한다는 것이다.

제2절 경찰정책과정

1 정책과정의 개념

(1) 정책(Policy)이란 공공문제를 해결하거나 목표를 달성하기 위하여 정부에 의해 결정된 행동방침이다.
(2) '정책과정'이란 정책이 산출되고 실행되기 위해 거치는 일정한 단계적 절차이다.
(3) **정책과정 단계**: 정책의제 설정 ⇨ 정책결정 ⇨ 정책집행 ⇨ 정책평가 ⇨ 정책종결
(4) '정책결정'은 어떻게 하면 좋은 결정을 이끌어 낼 수 있는가에 대한 지침을 제공하고, 정책결정의 실제를 이해하고 설명하는 데 유용한 기준을 제공한다.

2 정책결정모델

(1) 개인적 차원의 정책결정모델

합리모델	① 합리모델의 합리성은 '**경제적 합리성**'을 의미한다. ② 정책결정자는 완전한 정보를 가진 전지전능함을 전제한다. ③ 모든 대안의 비용과 편익을 비교하여 목표달성을 극대화하는 '**최선책**'을 선택한다.
만족모델	① 사이먼(Simon)과 마치(March)에 의해 주장 ② 모든 대안을 탐색하지 않고 몇 개의 대안들만 탐색하다가 만족할만한 대안이 나타나면 정책결정을 종료하는 '**제한된 합리성**'을 추구한다. ③ **최선의 합리성보다는**, 시간적·공간적·재정적 측면에서 여러 요인을 고려하여 만족할 만한 수준에서 결정한다. 〈22경간〉
점증모델	① 린드블룸, 윌다브스키 등에 의해 제시 ② 정책결정을 타협과 조정의 산물로 보는 '**정치적 합리성**'을 추구한다. ③ 기존 정책을 토대로 그보다 약간 수정된 내용의 정책을 추구한다.
혼합탐사모델 (혼합주사)	① 에치오니(Etzioni)가 **점증모델과 합리모델을 통합**한 것이다. 〈22경간〉 ② 정책결정을 근본적 결정과 세부적 결정으로 나누고, 합리적 결정과 점증적 결정을 적절하게 혼합하여 의사결정을 한다. 〈22경간〉
최적모델	① 드로어(Y. dror)가 제시한 최적모형은 경제적 합리성과 직관·판단력·창의력 같은 **초합리성**을 고려한다. ② **합리모델의 비현실성과 점증모델의 보수성을 극복**하기 위하여 이상주의와 현실주의의 통합을 시도한 것이다. 〈22경간〉 ③ 기존 정책을 바탕으로 하는 점증주의를 비판하면서, 새로운 결정을 내릴 때마다 정책방향도 다시 검토할 것을 주장한다. 〈22경간〉

(2) 집단적 차원의 정책결정모델

사이버네틱스모델	① '자동온도조절장치'처럼 미리 설정된 온도의 한계를 벗어나면 표준적 절차에 따라 온도조절을 결정하는 것과 유사하다. ② 설정된 목표를 달성하기 위해 **정보분석과 환류과정**을 통해 자신의 행동을 스스로 조정해 나간다고 가정하는 모델이다. 〈22경간〉
쓰레기통모델	① 불확실성과 심한 혼란상태로 정상적인 권위구조와 결정규칙이 작동하지 않는 경우에 이루어지는 정책결정이다. ② 의사결정에 필요한 4가지 요소(<u>문</u>제, 해결책(<u>답</u>), <u>참</u>가자, <u>선</u>택기회)가 독자적으로 표류하다가 어느 시점에 우연히 모두 만날 때 결정이 이루어진다. 〈22경간〉
회사모델 (연합모델)	① 회사의 관리자처럼 최선의 해결책을 찾는 것이 아닌 **당장 직면한 문제에 초점을 맞춰** 확인된 하나의 대안을 놓고 검토한 후 문제점이 발견되면 다음 대안을 검토한다. ② 관련 집단들의 요구가 모두 성취되기보다는 서로 나쁘지 않을 정도의 수준에서 타결점을 찾는다. 어느 쪽도 완전히 만족스러운 것은 아니므로 갈등은 '준해결' 상태에 머물게 된다. ③ 경험이 축적되어 감에 따라 가장 효율적이라고 생각되는 **표준운영절차(SOP)**를 마련해 두고 이를 활용하여 결정하게 된다.
엘리슨모델	집단적 의사결정을 유형화하여 3가지 모델이 존재한다고 본다. ① <u>합</u>리모델(모델Ⅰ) – <u>합</u>리모델: 정부가 합리적이고 단일체적인 결정자로서 일관된 목표와 기준으로 정책결정을 한다. ② 조직과정모델(모델Ⅱ) – <u>회</u>사모델: 느슨하게 연결된 하위조직들이 자신의 전문성에 근거하여 **표준운영절차(SOP)**에 따라 독립적으로 결정한다. ③ 정치모델(모델Ⅲ) – <u>쓰</u>레기통모델: 참여자들 간의 갈등과 타협·흥정에 의해 결정한다.

제3절 경찰조직관리

1 의의

경찰법 제1조(목적)는 "경찰의 민주적인 관리·운영과 **효율적**인 임무수행을 위하여 경찰의 기본조직 및 직무 범위와 그 밖에 필요한 사항을 규정함을 목적으로 한다."고 규정하고 있다.
※ 경찰법의 주요이념 등: 민주성, 효율성, 인권주의, 정치적중립, 수사 이의제기

2 일반행정과 다른 경찰업무의 특수성

위험성	경찰관은 사람의 생명·신체·재산에 대한 공격에 대한 대처로 위험에 노출되어 있다.
돌발성	예측하지 못한 돌발적인 상황에 처하는 경우가 많다.
기동성	시급히 해결하지 아니하면 그 피해회복의 기회를 상실할 수 있다.
권력성	경찰작용은 사회공공의 안녕과 질서 유지를 위하여 국민에게 명령·강제하는 작용이다.

규대쌤 Comment
문해창선

조직성	돌발적인 위험에 신속히 대응하기 위해 조직은 안정적이고 능률적인 군대식으로 조직되어 제복을 착용하고 계급이 있다.
정치성	경찰조직이 전국적이고 24시간 근무체제이며 집행력이 강력하기 때문에 정치적 중립이 지켜지지 않을 경우 정치적으로 악용될 소지가 많다.
고립성	일반국민들의 경찰에 대한 존경심 결여, 법집행에 대한 협력의 결여, 경찰업무에 대한 이해부족 등으로 경찰관은 종종 소외된다.
보수성	경찰업무가 사회공공의 안녕과 질서를 유지하는 것이므로 본질적으로 변화를 추구하기보다는 현상유지적인 보수적인 색채가 강하다.

3 전통적 조직관리모형: 관료제모형

(1) 이상적 관료제모형의 특성(M. Weber) 〈20승진〉

계층제 조직	직무조직은 계층제적 구조로 구성(베버가 가장 강조한 특징)
법규 중시	권한과 직무의 범위는 법규에 의해 규정(관례 ×)
문서주의	직무수행은 서류에 의해 이루어지며 기록은 장기보존 됨.
몰인정성	구성원 간 또는 직무수행상 감정의 배제(비정의성)
분업과 전문화	효율적 업무처리를 위해 필요

(2) 관료제의 역기능(Merton 등 비판론자 주장)

동조과잉 (목표의 전환)	행정의 본래 목표보다는 수단(엄격한 규칙·절차)에 집착, 법규만능사상
할거주의	자신의 소속에만 충실하여 다른 조직과 협조 곤란 〈22·23채용〉
국지주의	할거주의와 유사한 개념으로서 직접적인 고객의 특수이익에 묶여 전체 이익을 망각하는 경향을 의미
번문욕례	양식과 절차에 따른 문서에 집착하는 형식주의(red-tape)
변화에 대한 저항	신분유지를 위해 신기술, 신지식을 거부하고 보수주의화
전문가적 무능	전문 관료의 편협한 시각으로 조정 저해, 지나친 분업으로 발생
훈련된 무능	한 가지 지식이나 기술을 훈련 받고 기존 규칙을 준수하도록 길들여진 사람이 다른 대안을 생각하지 못하는 것
무사안일주의	상급자 권위에 지나치게 의존하는 소극적 일처리, 책임회피
인간성 상실	엄격한 법규주의로 몰인정성, 과도한 공사 구별로 인간성 상실
전문화 저해	관료제 조직의 획일적 명령체계는 비판을 요구하는 전문화 저해 (관료제 조직은 명령통일에 의해 직업전문화를 촉진시킨다. ×)
권력구조 이원화	상관의 계서적(계층과 서열) 권한과 부하의 전문적 권력이 이원화되어 갈등
권위주의 행태	권한과 능력의 괴리, 상위직일수록 모호한 업적평가기준, 규범 준수의 압박감 등으로 권위주의적 행태가 나타남.
피터의 원리	① 승진 후의 직책을 잘 할 것 같은 사람을 승진시키는 것이 아니라, 승진 전(현재) 일을 잘 하는 사람을 승진시킨다. ② 조직구성원들은 자신의 무능력의 한계까지 승진하여 조직은 무능한 사람들로 구성된다.
파킨슨 법칙	관료조직의 인력과 예산 등은 업무량과 무관하게 늘어난다.

규대쌤 Comment

피터지게 승진에 목맨다.

4 조직편성의 원리

(1) 계층제의 원리

① 의의
  ㉠ 조직목적 수행을 위한 구성원의 임무를 **책임과 난이도**에 따라 직무를 **상하로 등급**화하고, 상위로 갈수록 권한과 책임이 무거운 임무를 수행하도록 편성하는 것이다. 〈16·18·20승진, 18·22채용〉
  ㉡ 수직적인 **상하명령 복종과 지휘·감독체계**를 특징으로 한다.

② 장·단점

장점	• 계층제의 필요성: 조직의 일체감과 통일성 유지 • 행정의 **능률성**, 책임성, 명확성을 보장 • 명령과 지시를 일사분란하게 수행 • 권한과 책임의 배분으로 업무에 신중(신속한 결정 ×) 〈20승진〉 • 조직 내 갈등이 계층구조 속에서 용해됨. • 목표를 명확히 설정하고 업무를 분담하는 통로 • 조직의 안정성 확보
단점	• 조직의 경직화로 환경변화에 비신축적이고, 신지식·기술 도입이 곤란 〈23채용〉 • 계층이 많아지면 업무처리 과정 지연, 관리비용 증가, 계층간 갈등 증가 • 계층제의 무리한 적용은 행정의 능률성과 **종적 조정(횡적 조정 ×)** 저해 〈20·21채용〉

(2) 통솔범위의 원리

① 의의 〈20승진, 18경간, 21경채, 22채용〉
  ㉠ 1인의 상관이 직접 통솔 가능한 부하의 수를 정하는 원리이다.
  ㉡ 통솔범위의 조정으로 **직급조정, 인력재배치, 구조조정** 발생한다.

② **통솔범위 결정요인** 〈22법학〉
  ㉠ 기존부서·장소적으로 근접부서·단순 업무는 통솔범위를 확대한다(청사규모 ×).
  ㉡ 부하 또는 감독자의 능력이 높을수록 통솔범위는 넓어진다. 〈22법학〉
  ㉢ 조직의 규모가 클수록 관리자가 많아지므로 통솔범위를 축소한다. 〈22법학〉
  ㉣ **계층제 원리와 상반관계**에 있다. 즉, 통솔 범위를 좁게 하면 계층이 늘어나고, 계층 수가 적으면 통솔범위가 늘어난다. 〈21경채〉
  ㉤ 전통적으로 통솔범위가 좁을수록 이상적으로 보았으나, 통솔범위가 좁으면 계층이 늘어나서 상위직 증가, 행정비용 과다, 의사소통 왜곡, 하위직 사기저하, 할거주의 등의 문제가 발생한다.

(3) 분업의 원리
  ① 업무를 담당자별로 구분하여 조직의 능률을 향상시킨다.
  ② 지나치면 업무의 예측가능성 저하로 불확실한 환경 조성, 구성원의 부품화로 인한 소외감 발생, 흥미 저하, 전체적인 통찰력 약화, 부처 간 할거주의 만연 등의 문제가 발생한다.

(4) 명령통일의 원리 〈16·20승진, 15·22·23채용, 23경위〉

① 조직의 구성원은 한 사람의 직속 상관으로부터 명령을 받고, 그 사람에게만 보고한다는 원칙으로 경비경찰의 조직운영 원칙 중 지휘관 단일의 원칙(체계통일성 원칙 ×)과 일맥상통하는 원리이다.

② 경찰업무는 신속한 결단과 집행이 필요한 경우가 많아서 지시가 한 사람에게 통합되어야 한다. 지시가 분산되면 범인을 놓치거나 사고처리가 지연된다. 〈18승진, 22경간〉

③ 명령통일의 원리를 엄격하게 적용하면 관리자의 부재시 오히려 혼란을 가져오게 된다. 따라서 관리자 공백에 대비하여 대리, 위임, 유고관리자 사전지정, 통솔범위 조정 등이 필요하다. 〈18·20·23승진〉

(5) 조정·통합의 원리 〈12·19·23승진〉

① 조직과 구성원의 개별적인 활동을 전체적인 관점에서 통일하는 원리(명령 통일 ×)

② Mooney는 조정의 원리를 제1의 원리라고 하였다. 〈18경간, 23승진〉

③ 조정은 목표를 달성하기 위한 최종적인 원리로서, 다른 원리들은 조정을 위한 수단적 원리이다.

④ 갈등 문제해결 방법 〈13·17승진, 17경간〉
  ㉠ 세분화된 업무처리로 갈등: 처리과정을 통합·연결하는 장치나 대화채널 필요
  ㉡ 부서 간의 갈등: 더 높은 상위목표 제시, 상호 간 이해와 양보 유도
  ㉢ 한정된 인력과 예산 갈등: 업무추진 우선순위 지정 〈21승진〉

⑤ 문제해결이 어려운 경우: 갈등완화·타협도출·관리자가 갈등을 초래할 수 있는 결정을 보류·회피할 수 있다.

⑥ 갈등해결의 장기적 방안: 조직 구조 개선(지나친 분업구조 조정), 보상체계 개선, 조직원 행태 개선, 인사제도 개선 〈17·19승진, 18채용〉

⑦ 전문화와 분업화의 정도가 높아질수록 조정과 통합의 필요성도 높아지므로 양자는 정비례관계이다. 〈21경채〉

> ● **정리하기**
>
> **개념 정리**
> - 구조 조정(통솔범위의 원리) ↔ 조직구조 개선(조정)
> - 인력재배치(통솔범위의 원리) ↔ 인사제도 개선(조정)
> - 조직의 통일성 유지(계층제) ↔ 구성원의 행동 통일(조정)

5 동기부여이론

(1) 개관

내용이론	① 인간의 욕구가 동기부여를 일으킨다는 이론 ② 매슬로우의 욕구이론, 샤인의 복잡인모형, 허즈버그의 동기위생요인이론, 맥그리거의 X, Y이론, 알더퍼의 ERG이론, 아지리스의 성숙·미성숙이론
과정이론	① 인간의 욕구가 직접적으로 동기부여하는 것이 아니고 **다양한 요인들이 동기부여 과정에 작용한다는 이론** ② 아담스의 공정성(형평성)이론, 브룸의 기대이론, 포터&롤러의 「업적-만족 이론 〈22법학, 23경위〉

(2) 매슬로우(Maslow) 욕구계층이론
  ① 내용
    ㉠ 인간은 5가지 욕구를 가지고 있으며 욕구충족을 위하여 노력을 하게 된다.
    ㉡ 인간의 욕구는 낮은 단계의 욕구를 충족하면 다음 단계의 욕구 충족을 위해 노력하며, 이미 충족된 욕구는 더 이상 동기부여 요인으로서의 의미가 없어진다.
    ㉢ 생리적 욕구 ⇨ 안전 욕구 ⇨ 사회적 욕구 ⇨ 존경 욕구 ⇨ 자기실현 욕구순으로 단계가 높아진다.
  ② 충족방법 〈17·19승진, 15·17·22채용〉

단계	내용	충족방안
5단계 자기실현 욕구	자기발전, 성취감	승진, 공무원 단체
4단계 존경 욕구	인정	참여, 제안, 포상, 위임
3단계 사회적(애정) 욕구	친근, 귀속감	고충, 인사, 인간관계
2단계 안전 욕구	신분, 불안 해소	연금, 신분보장
1단계 생리적 욕구	의식주	보수(월급), 휴양(월차)
구별개념	• 보수(생리적 욕구) ↔ 연금(안전 욕구) • 포상 휴가(생리적 욕구) ↔ 포상(존경 욕구) 〈19승진〉	

  ③ 비판: 매슬로우의 이론은 낮은 단계의 욕구가 충족되어야 다음 단계의 욕구로 이동한다고 보았기 때문에 충분한 휴식을 취하지 못하여 생리적 욕구가 강함에도 존경의 욕구 충족을 위하여 열심히 일하는 경우를 설명할 수 없다.

(3) 알더퍼(Alderfer)의 ERG이론
  ① 매슬로우의 욕구 5단계를 발전시켜 3단계 이론을 주장하였다.
  ② 욕구를 Existence(생존, 1~2단계), Relatedness(관계, 3단계), Growth(성장, 4~5단계)로 구분한다.
  ③ 매슬로우와 달리 '좌절 – 퇴행' 요소를 추가하여 상위 욕구가 좌절되면 하위 욕구로 내려갈 수 있다.
  ④ 한 가지 이상의 욕구가 동시에 작용할 수 있다

(4) 허즈버그(Herzberg)의 욕구충족이원론

동기(만족) 요인	① 적성에 맞는 직무배정, 책임감, 성취감, 보람감, 존경과 자아실현 욕구 등 ② 매슬로우의 4~5단계와 유사
위생(불만족) 요인	① 경찰조직의 정책과 관리, 개인상호 간의 관계·보수·작업조건·지위·안전 등 개인의 환경과 관련된 불만요인 ② 매슬로우의 1~3단계와 유사
양자 관계	① 동기(만족) 요인과 위생(불만족) 요인은 상호 독립(연계 ×)되어 있어서, 사기진작을 위해서는 직무관련 동기 요인을 강화해야 하며, 환경적인 위생 요인을 만족시키더라도(불만족 해소) 생산성 향상과 무관하다. 〈20채용〉 ② 위생요인을 제거해주는 것은 불만을 줄여주는 소극적 효과일 뿐이기 때문에, 근무태도 변화에 단기적 영향을 주어 사기는 높여줄 수 있으나 생산성을 높여주지는 못한다. 만족요인이 충족되면 자기실현욕구를 자극하여, 적극적 만족을 유발하고 동기유발에 장기적 영향을 준다. 〈22채용〉

규대쌤 Comment

생안사존자, 남편에게 욕구충족 안돼

● 정리하기

단계	매슬로우	알더퍼	허즈버그
5	자아실현 욕구	성장 욕구(G)	동기(만족) 요인
4	존경의 욕구		
3	사회적 욕구	관계 욕구(R)	위생(불만족) 요인
2	안전 욕구	생존 욕구(E)	
1	생리적 욕구		

※ 알더퍼의 관계 욕구는 매슬로우의 사회적 욕구보다 다소 넓지만 대체로 일치한다.

(5) 맥그리거(McGregor)의 XY이론

구분	X이론	Y이론
인간관	• 인간은 업무 의욕이 없고 무책임하다. • 변화보다 안정을 원한다. • 금전·안전의 욕구(하위욕구) 등 외재적 유인(보상, 제재)에 반응한다.	• 인간은 부지런하고 창의적, 자율적 존재이다. 〈22채용〉 • 존경의 욕구, 자기실현의 욕구(상위 욕구) 등이 직무동기가 된다.
관리 전략	• 금전적 보상과 포상제도 강화 〈20채용〉 • 권위주의적 리더십 활용 • 엄격한 감독과 통제 확립	• 민주적 리더십을 활용한다. 〈22채용〉 • 상급자의 일방적 지시보다는 하급자의 참여를 확대한다.

(6) Z이론
① XY이론 외의 다양한 이론에 대한 포괄적인 명칭이다.
② 룬드스테드의 Z이론(자유방임형), 로리스의 Z이론(구체적 상황에 따른 상황에 따른 전략수립) 등이 있다.

(7) 샤인(Schein)의 복잡인모형
① 인간은 다양한 욕구와 잠재력을 가진 복잡한 존재이다.
② 구성원들의 개별적 차이를 존중하고, 서로 다른 전략에 의한 융통성 있는 관리를 주장한다.

(8) 아지리스(Argyris)의 미성숙 – 성숙이론
① 공식조직이 구성원의 **미성숙**을 조장한다고 비판한다.
② 구성원들이 성장할 수 있는 **새로운 관리 전략(Y형)** 주장한다.

(9) 과정이론

아담스	① 공정하게 취급받으려는 욕망이 동기부여 ② 조직의 구성원은 다른 사람(준거인물)과 비교하여 공정하다고 느끼면 아무런 동기유발이 되지 않지만, 불공정(공정 ×)하다고 인식할 때 투입감소·투입증대·조직이탈 등의 행동을 유발하게 된다.
브룸(Vroom)	결과에 대한 기대가 동기부여
포터 & 롤러	① 업적(성과) – 만족이론 ② 개인은 업적에 따라 보상을 받게 되는데 그 보상은 자기가 받아야 한다고 기대하는 정당한 수준에 도달해야만 만족감을 충족시키고 동기를 강화시킨다. 이때의 보상은 공평한 것으로 지각되어야 한다.

 규대쌤 Comment

막그려 X Y, 애기야 미성숙에서 성숙으로, 브룸브룸 기대해, 포터는 성과에 만족한다.

제4절 경찰인사관리

1 개관

(1) 인사는 모집·채용, 배치전환, 교육훈련, 동기부여, 행동통제 등을 포함한다.
(2) 인사의 목적에는 '환경변화에 대한 적응성', '조직의 효과성 제고'도 포함된다. 그러나, **통솔범위의 적정화는 포함되지 않는다. 통솔범위는 조직편성의 원리이다.** 조직관리는 한 부서에 의자를 몇 개 둘 것인가의 문제이고 인사관리는 그 의자에 누구를 앉힐 것인가의 문제이다.

2 인사관리(인사행정)의 2대 원리

(1) 엽관주의
 ① 19세기(1828년) **잭슨 미국 대통령**은 공직집단이 부패하고 변화를 거부하는 보수엘리트화된 것에 대한 해결책으로 선거에 승리한 정당이 공직을 정당원들에게 개방하는 엽관주의를 발달시켰다. '엽관제도'의 '엽(獵)'은 수렵(狩獵)을 의미하는 것으로 관직을 사냥한다는 의미다.
 ② 행정을 누구든지 할 수 있는 것이라고 가정하며 행정의 전문성을 간과했다.

(2) 실적주의
 ① 부패하고 무능한 엽관주의 공직제도를 극복하고자 영국에서는 제2차 추밀원령 제정, **미국에서는 펜들턴법 제정(1883년)**하여 실적주의로 전면 수정하였다.
 ② 공직임용 기준을 개인의 능력, 자격, 업적에 두는 인사제도로서 공직에의 기회균등, 공개경쟁 채용시험, 정치적 중립성, 신분보장, 독립적인 중앙인사위원회 설치 등으로 발전하였다.

(3) 엽관주의와 실적주의 비교

구분	엽관주의	실적주의
장점	① 정당정치 발전과 책임행정 구현 ② 의회와 행정부의 조정이 원활하여 정책 추진이 용이 ③ 공직에 대한 민주적 통제 강화(국민요구를 행정에 반영) ④ 관료의 특권화 및 공직침체 방지	① 공무원의 정치적 중립 확보, 공직이 국민(정당 ×)에 개방되어 **기회균등** 실현 ② 신분보장으로 능률성, 전문성, 안정성, 계속성 확보 ③ 공무원 부패 방지
단점	① 인사기준의 비객관성에 기인한 부정부패 만연(인사행정의 정실화 우려) ② 공무원이 국민이 아닌 정당에 충성(행정의 공정성 확보 곤란) ③ 행정의 비능률성, 비전문성, 계속성, 안정성 저해 ④ 신분보장 미흡으로 사기저하 ⑤ 불필요한 관직을 증설한다는 위인설관 또는 파킨슨의 법칙과 관련	① 정책의 효율적 집행이나 정당이념의 행정에 반영 곤란 ② 인사행정의 소극화, 형식화, 집권화 ③ 인사관리의 경직성 ④ 공무원의 보수화, 특권주의 형성 ⑤ 공무원에 대한 민주적 통제 약화(국민 요구에 대한 반응성 저하)

(4) 양자의 조화
　① 서로 배타적인 관계가 아닌 보완적인 제도로 이해하고 조화를 이루는 것이 바람직하다.
　② 실적주의가 엽관주의보다 우월한 제도라고 단정적으로 말할 수는 없다.
　③ 우리나라를 포함하여 대부분의 현대국가는 실적주의를 바탕으로 엽관주의를 가미한다.

3 직업공무원제도

(1) 의의
　① 직업공무원제도는 젊고 유능한 인재들이 공직을 보람있는 **평생의 직업**으로 여기고 성실히 근무할 수 있도록 운영되는 인사제도를 의미한다.
　② 미국의 경우 1883년 펜들턴법 제정으로 실적주의가 확립되고 50여 년 후에 직업공무원제도가 정립되었다.
　③ 실적주의는 직업공무원제로 발전되어 가는 기반이 되고 직업공무원제도를 위한 기초가 되지만, **실적주의가 바로 직업공무원제도를 의미하는 것은 아니다.** 〈20채용〉
　④ 실적주의는 연령제한을 두지 않지만, 직업공무원제도는 반드시 젊고 유능한 인재에게 공직을 개방한다는 측면에서 **공직 임용의 기회 균등을 저해한다는 측면이 있다.** 〈20채용〉
　　(기회균등: 직업공무원제도 < 실적제도)
　⑤ 실적주의와 직업공무원제도는 정치적 중립성을 유지하고, 능력에 따른 공개경쟁시험에 의하여 임용하며, **신분보장(직업공무원제도 > 실적제도)** 등에 있어서 공통점이 있다.

(2) 직업공무원제도 확립요건
　① 공직을 보람 있는 평생의 직업을 삼을 수 있도록 공직에 대한 사회적 평가가 높아야 한다.
　② 적정한 보수, 안정적인 연금제도, 능력개발의 기회가 주어져야 한다.
　③ 안정적으로 근무할 수 있도록 장기적인 인력수급계획이 따라야 한다.

(3) 직업공무원제도의 장·단점 〈20채용〉

장점	단점
① 공무원의 신분보장, 유능한 인재의 확보 ② 행정의 안정성, 계속성, 독립성, 중립성 확보	① **연령제한으로 공직에 기회균등 저해** ② 강력한 신분보장으로 공무원에 대한 민주적 통제 약화, 공무원의 무책임성이 발생하여 **행정통제·행정책임 확보 곤란**

4 계급제와 직위분류제 〈19승진〉

(1) 계급제
　① 계급제는 공무원의 자격, 능력 등을 기준으로 일정한 신분을 보장하는 공직분류방식이다.
　② 인간중심의 분류방식으로 일반적인 교양과 능력을 갖춘 사람을 채용하여 장기간에 걸쳐 능력을 키우므로 공무원이 보다 종합적·신축적인 능력을 가질 수 있다.

③ 계급제는 보통 외부충원이 아닌 폐쇄형 충원방식으로 모집한다.
④ 계층제는 조직의 원리이고, 계급제는 인사의 원리이다.

(2) 직위분류제
① 직위분류제는 직무의 특성에 따라 직무의 종류와 책임, 난이도를 기준으로 공직을 분류한다.
② 임용, 보수, 인사행정의 합리화를 위한 수단으로 직무분석과 직무평가가 중요하다.
③ 직위분류제는 전직이 제한되고 동일한 직무에 장기간 종사하여 행정 전문화에 기여한다.

(3) 계급제와 직위분류제의 비교 〈23채용〉

구분	계급제	직위분류제
의의	① 인간 중심(창의적 행정인 강조) ② 관료제 전통이 강한 **독일 · 프랑스 · 일본**	① 직무 중심(직무분석 · 평가) ② 1909년 **미국** 시카고에서 처음 실시
경력 발전	일반행정가 중심(전문성 낮음)	전문행정가 중심
내부 인사	**신축적**(다른 부서로 이동 용이)	**비신축적**(다른 부서로 이동 곤란)
외부 환경	**비신축적**(적응력 낮음)	**신축적**(적응력 높음)
충원	폐쇄형(내부에서 충원)	개방형(외부에서 충원)
인력계획	장기 발전가능성 중시	단기 직무수행능력 중시
신분보장	강함(직업공무원제 확립 용이)	약함(직업공무원제 확립 곤란).
사기	높음	낮음
보수	생활급(연공서열 중심)	직무급(동일직무 동일보수 원칙)
합리성	낮음(정실 개입 가능성 높음)	높음(정실 개입 가능성 낮음)
협조	기관 간 **횡적 협조가 용이**	횡적 협조 곤란

(4) 양자 관계 〈18경채, 23채용〉
① 양자는 상호 보완적인 제도로서 우리나라는 계급제 원칙, 직위분류제 가미
② 계급제는 내부 인사이동(배치전환)은 신축적이지만 외부 환경변화에 신축적으로 대응하지 못하고, 반대로 직위분류제는 내부 인사이동은 비신축적이지만 환경변화에 신축 대응 가능하다.
③ 계급제는 보통 계급의 수가 적고 계급 간의 차별이 심하다. 직위분류제는 직무에 따라 보수를 주기 때문에 계급제에 비하여 등급이 더 세분화되어 있다.
④ 직위분류제는 시험 · 채용 · 전직의 기준을 제공하여 인사행정의 합리화를 기하고, 권한과 책임한계가 명확하나, 전직이 제한된다. 〈19승진〉
⑤ 직위분류제는 계급제에 비해서 보수결정의 합리적인 기준을 제시한다. 〈23채용〉

5 다면평가제

(1) 개념

① 다면평가제는 어느 개인을 평가할 때 직속 상사 한 사람이 평가하는 것이 아니라, 상급자·동료·부하·민원인 등 여러 사람이 동시에 평가하는 인사평정방식으로 '360°평정법', '집단평정법' 또는 '복수평정법'이라고도 한다.

② 「경찰공무원 승진임용 규정」

> 제22조의2(동료·민원인 등의 평가 반영) ① 임용권자(「경찰공무원 임용령」 제4조제1항부터 제6항까지의 규정에 따라 임용권을 위임받은 자를 포함한다. 이하 같다)나 임용제청권자(법 제7조제1항에 따른 추천이 필요한 경우에는 경찰청장을 포함한다. 이하 같다)는 승진심사를 거쳐 소속 경찰공무원을 승진임용하거나 승진임용을 제청할 때 승진심사대상자에 대한 동료 평가 및 민원 평가를 실시하여 그 결과를 반영할 수 있다. 이 경우 동료 평가는 승진심사대상자의 **상위·동일·하위 계급**의 경찰공무원이 하고, 민원 평가는 승진심사대상자의 업무와 관련된 민원인 등이 한다.
> ② 제1항에 따른 평가 결과는 특별승급, 성과상여금 지급, 교육훈련, 보직 관리 등 각종 인사관리에 반영할 수 있다.
> ③ 제1항 및 제2항에 따른 평가의 실시와 평가 결과의 반영 등에 관한 사항은 경찰청장이 정한다.

(2) 다면평가제의 장·단점

장점	① 기존 상사에 의한 일방적 평정은 개인적 편견 등에 의한 왜곡 소지가 있지만, 다면평가제는 수평, 상향, 하향평정으로 다양한 면모의 평가가 가능하다. ② 인사평정의 객관성 제고, 조직원의 능력향상 및 자기발전 촉진, 조직에서의 의사교환을 통한 조직활성화 도모 등이 가능하다. ③ 외부업체에 위탁할 경우 객관성과 신뢰성 향상을 기대할 수 있다.
단점	① 하급자의 상급자 평가에 대한 상급자의 반발심리와 상호평가로 인해 조직내 갈등을 유발할 수 있다. ② 상급자의 보복 우려 때문에 익명성(평가자료의 비공개)을 원칙으로 한다. ③ 전통적 평가방식은 직관과 경험을 바탕으로 평가가 빠르게 진행되지만, 다면평가제는 평가자의 선발, 평가의 시행, 다양한 정보의 분석 등에 시간과 비용의 소모가 크다.

제5절 경찰예산관리

1 예산의 분류

특징상 분류	일반회계	경찰예산 대부분은 일반회계
	특별회계	① 특정 목적 사업을 운영할 때, 특정 세입을 특정 세출에 충당한다. ② 기재부의 직접적인 통제를 받지 않으며 설치 소관부서가 관리한다. ③ 경찰은 **경찰병원의 책임운영기관 특별회계**가 있다. ④ 최근 경영합리화를 위해 **특별회계의 적용이 점차 늘어가는 경향**이다.

성립 과정상 분류 〈18승진〉	본예산	① 정상적인 절차를 거쳐 최초로 확정된 예산 ② 법률상 용어가 아니며, "추가경정예산"에 대한 대응개념으로 사용된다.
	준예산 〈18승진〉	① 회계연도 개시 때까지 예산 불성립 시, 전년도 예산에 준하는 예산 ② **지출가능 기간**: 당해연도 예산이 국회 의결될 때까지 ③ 지출용도는 ㉠ 시설 유지 운영(공무원 보수 등 기본경비), ㉡ 법률상 지출의무 이행, ㉢ 이미 예산으로 승인된 사업의 계속(새로운 사업 ×)
	추가경정	국회에서 예산이 성립된 **후**에, 사정 변경으로 수정하는 예산
	수정예산	국회 제출 후 예산이 성립 **전**에, 사정 변경으로 수정하는 예산

2 예산제도

(1) 예산제도의 역사

품목별 예산제도는 영국에서 국왕(행정부)에 대한 의회의 통제에 중점을 둔 제도이며, 1930년대 세계대공황 이후 미국의 뉴딜정책 실시로 예산의 관리적 측면이 강조되었고, 1960년대 미국에서 계획(정책)과 예산의 관련성이 강조된 계획예산이 등장하게 되었다.

(2) 품목별 예산제도(통제기능)

의의	① 인건비, 운영비, 시설비 등 품목별로 예산을 배정하는 제도, 경찰 예산제도 ② 계획, 사업, 활동은 보여주지 않고 구매품목(지출항목)으로만 예산 편성 ③ 통제지향적 예산으로서 예산 담당자가 필요한 것은 회계 기술 ④ 인건비(경찰관, 일반직), 장비 구입비(차량, 오토바이) 등으로 표시
장점	① 운영이 용이, 회계검사 용이, 회계책임 명확 ② 행정의 재량범위 축소로 예산 유용이나 재량권 남용 방지 ③ 인건비 자료 등 인사행정에 유용한 정보 제공(인건비 대비 실적 파악 등)
단점	① 정부활동(사업)에 대한 정보 부족으로 기능 중복(동일 기능을 하는 물품의 중복) ※ 어떤 물건을 구입하는지는 알 수 있으나 왜 구입하는지는 알 수 없음 ② 상황변화에 따른 예산집행의 신축성 저해 ③ 사업과 지출에 대한 성과나 효과측정 곤란 ④ 세부항목에 집중하여(미시적 관리), 의사결정을 위한 자료제시 부족 ⑤ 계획과 지출의 불일치, 지출목적 불분명 〈18·19승진〉 ※ 계획과 지출의 일치는 계획예산의 장점

(3) 성과주의 예산(관리기능)

의의	① 품목별 예산제도의 문제점인 '예산으로 무엇을 하는지'에 대한 정보에 중점을 둔다. ② 물품보다 업무에 중점을 두는 관리지향적 예산제도 ③ 예산을 각 세부 사업별로 구분하여 '단위원가 × 업무량 = 예산액'으로 표시 예 112 신고 처리비(112 신고 1건 처리에 필요한 단위 원가 × 전체 신고건수)
장점	① 국민의 입장에서 경찰활동 이해 용이 ② 예산집행의 신축성 ③ 기능 중복 회피(예산편성 시 단위원가와 업무량을 계산하여 자원배분 합리화) ④ 의사결정을 위한 충분한 자료제시
단점	① 기본 요소인 단위원가 및 업무측정단위 산정이 곤란 ② 품목별 예산에 비하여 입법통제 곤란, 회계책임 불분명 ③ 인건비 등 경직성 경비 또는 기본경비에 적용이 곤란 〈19승진〉

(4) 계획예산(PPBS)
　① 장기적인 계획을 세우고(Planning), 계획 달성을 위한 사업을 구조화한 뒤(Programming), 이에 따라 예산을 편성하는(Budgeting) 시스템적인(System) 예산제도이다. 장기 기본계획과 단기 예산편성을 유기적으로 연결한 제도로 **프로그램 예산제도**라고 한다.
　　※ 도로포장: 매년 보도블럭 교체 하는 폐단 방지 등
　② 경찰활동을 순찰·수사·청소년·교통 등의 프로그램으로 구분하여, 각 프로그램에 대한 지출에 근거하여 예산을 책정한다.
　③ 자원배분에 관한 의사결정의 일관성과 합리성을 도모할 수 있다.
　④ 국민의 입장에서 이해하기 어려운 측면이 있다.

(5) 영기준예산(Zero – Base Budget System)

의의	① 전년도 예산을 기준으로 예산액을 책정하는 폐단 시정하려는 목적 〈19승진〉 ② 매년 사업의 우선 순위에 영기준을 적용하여 효과성 등을 원점에서 재검토
장점	① 사업의 전면적 평가를 통한 자원배분의 합리화 ② 예산 운영의 효율성과 조세부담증가 방지
단점	① 업무부담의 과중 ② 장기 계획의 위축, 소규모 조직의 불이익 가능성 ③ 정부사업의 폐지·축소 곤란

(6) 자본예산
　① 경상지출과 자본지출로 구분하여 **경상지출은 경상수입으로 충당시켜 균형을 이루도록** 하고, 자본지출은 적자재정과 공채발행으로 수입에 충당케 하여 **불균형 예산(적자예산)**을 편성한다.
　② 고속도로 건설처럼 투자의 효과가 수년에 걸쳐 나타난다.

(7) 일몰법
　① 일정 기간이 지나면 사업이 자동 폐기되도록 **법률로 정하는 제도**이다. 〈19승진〉
　② 일몰법은 법률이므로 행정부가 아니라 **국회에서 제정**한다.

3 예산과정

(1) 예산의 과정
　① 편성(정부) ⇨ 심의(국회) ⇨ 집행(정부) ⇨ 결산(국회)
　② 예산의 과정에서 "심의"는 행정부의 심의가 아닌 국회의 심의를 의미한다.

(2) 예산안의 편성 〈17·20·23승진, 22·23채용〉

중기사업계획서 (신규·계속) 제출	경찰청장은 **5년** 이상 기간 동안, 신규사업 및 **기재부**(행안부 ×) 장관이 정하는 주요 계속사업에 대한 중기사업계획서를 기재부장관에 제출	**1월** 말까지
예산안 편성지침	① 기재부장관이 대통령 승인받아 경찰청장에 통보 ② 기재부장관은 중앙관서장에 통보한 **편성지침을 국회 예결위에 보고**	**3월** 말까지

예산요구서 제출	경찰청장이 편성지침에 따라 세입세출예산·계속비·명시이월비 및 국고채무부담행위 요구서("예산요구서")를 기재부장관에 제출	5월 말까지
정부안 국회제출	기재부장관은 예산안을 편성하여 국무회의(국회 ×) 심의를 거쳐 대통령의 승인을 얻고, 정부는 예산안을 국회에 제출	120일 전

❖ 「국가재정법」

제26조(성인지 예산서의 작성) ①정부는 예산이 여성과 남성에게 미칠 영향(인권에 미칠 영향 ×)을 미리 분석한 보고서[이하 "성인지(性認知)예산서"라 한다]를 작성하여야 한다.
〈21경위〉

② 성인지 예산서에는 성평등 기대효과, 성과목표, 성별 수혜분석 등을 포함하여야 한다.

제28조(중기사업계획서의 제출) 각 중앙관서의 장은 매년 1월 31일까지 해당 회계연도부터 5회계연도 이상의 기간 동안의 신규사업 및 기획재정부장관이 정하는 주요 계속사업에 대한 중기사업계획서를 기획재정부장관에게 제출하여야 한다.

제29조(예산안편성지침의 통보) ① 기획재정부장관은 국무회의의 심의를 거쳐 대통령의 승인을 얻은 다음 연도의 예산안편성지침을 매년 3월 31일까지 각 중앙관서의 장에게 통보하여야 한다.

제30조(예산안편성지침의 국회보고) 기획재정부장관은 제29조제1항의 규정에 따라 각 중앙관서의 장에게 통보한 예산안편성지침을 국회 예산결산특별위원회에 보고하여야 한다.
〈23승진〉

제31조(예산요구서의 제출) ① 각 중앙관서의 장은 제29조의 규정에 따른 예산안편성지침에 따라 그 소관에 속하는 다음 연도의 세입세출예산·계속비·명시이월비 및 국고채무부담행위 요구서(이하 "예산요구서"라 한다)를 작성하여 매년 5월 31일까지 기획재정부장관에게 제출하여야 한다. 〈23승진,23채용〉

제32조(예산안의 편성) 기획재정부장관은 예산요구서에 따라 예산안을 편성하여 국무회의의 심의를 거친 후 대통령의 승인을 얻어야 한다.

제33조(예산안의 국회제출) 정부는 제32조의 규정에 따라 대통령의 승인을 얻은 예산안을 회계연도 개시 120일 전까지 국회에 제출하여야 한다.

❖ 흐름도

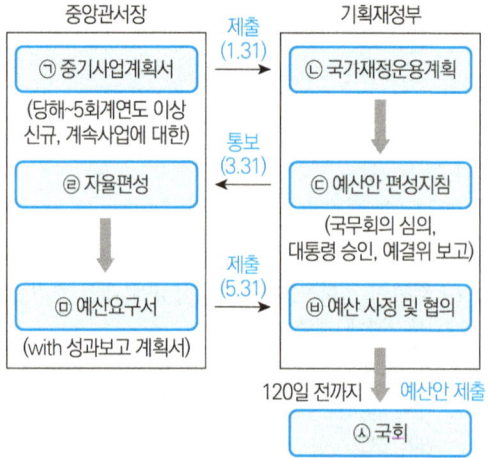

(3) 국회의 심의·의결
  ① 대통령 시정연설 ⇨ 기재부장관 제안설명 ⇨ 상임위원회 예비심사 ⇨ 예산결산특별위원회 종합심사 ⇨ 본회의 의결
  ② 예산결산특별위원회 종합심사: 종합정책질의 ⇨ 부처별심의 ⇨ 계수조정(예결위 소위원회) ⇨ 승인(예결위 전체회의) 〈18승진, 21경간〉
  ③ 국회의 심의·의결은 회계연도 개시 30일 전까지 〈21경간〉

(4) 예산의 집행

  ┌───┐
  │ 예산배정요구서 제출 ⇨ 분기별 배정·감사원 통지 ⇨ 사용 │
  └───┘

  ① 예산배정요구서 제출: 경찰청장이 예산배정요구서를 기재부장관에게 제출
  〈13채용, 23경위〉
  ② 예산의 배정 〈20승진〉
    ㉠ 예산의 집행은 배정으로부터 시작된다. 예산이 확정되어도 배정되지 않으면 지출원인행위(계약)이 불가하다.
    ㉡ 기재부장관은 예산배정요구서에 따라 분기별 예산배정계획을 대통령 승인을 얻어 배정하며, 배정한 것을 감사원에 통지한다.
  ③ 예산집행지침 통보: 기재부장관이 경찰청장에게 통보
  ④ 목적 외 사용금지: 경찰청장은 세출예산이 정한 목적 외에 경비를 사용할 수 없다.
  〈23경위〉
  ⑤ 예산의 탄력적 집행제도: 전용, 이용

전용	① 세출예산이 정한 목적 범위 안에서 경찰청장은 기재부장관의 승인을 얻어 세항, 목의 금액을 전용할 수 있다. ② 경찰청장은 기재부장관의 위임 범위 내에서 자체 전용할 수 있다.
이용 〈20승진〉	① 경찰청장은 각 기관 간 또는 장, 관, 항 간에 이용할 수 없다. ② 다만, 필수경비 부족, 환율·유가변동, 재해대책 재원 등의 경우 미리 예산으로 국회의결 얻은 때에는 기재부장관 승인으로 가능하다. ③ 법률 개정으로 정부조직 개폐 등의 경우 예산을 상호 이용하거나 이체 가능하다.

❖ 국가재정법

제42조(예산배정요구서의 제출) 각 중앙관서의 장은 예산이 확정된 후 사업운영계획 및 이에 따른 세입세출예산·계속비와 국고채무부담행위를 포함한 예산배정요구서를 기획재정부장관에게 제출하여야 한다. 〈23경위,23채용〉

제43조(예산의 배정) ①기획재정부장관은 제42조의 규정에 따른 예산배정요구서에 따라 분기별 예산배정계획을 작성하여 국무회의의 심의를 거친 후 대통령의 승인을 얻어야 한다.
  ② 기획재정부장관은 각 중앙관서의 장에게 예산을 배정한 때에는 감사원에 통지하여야 한다. 〈23채용〉
  ③ 기획재정부장관은 필요한 때에는 대통령령으로 정하는 바에 따라 회계연도 개시 전에 예산을 배정할 수 있다.

제44조(예산집행지침의 통보) 기획재정부장관은 예산집행의 효율성을 높이기 위하여 매년 예산집행에 관한 지침을 작성하여 각 중앙관서의 장에게 통보하여야 한다.

(5) 예산의 결산

중앙관서결산보고서 제출	경찰청장이 기재부장관에 제출	2월 말까지
국가결산보고서 제출	기재부장관이 감사원에 제출	4월 10일까지
결산 검사	감사원이 기재부장관에 송부	5월 20일까지
국가결산보고서 국회 제출	정부에서 국회에 제출	5월 31일까지

❖ 국가재정법

> 제57조(성인지 결산서의 작성) ① 정부는 여성과 남성이 동등하게 예산의 수혜를 받고 예산이 성차별을 개선하는 방향으로 집행되었는지를 평가하는 보고서(이하 "성인지 결산서"라 한다)를 작성하여야 한다.
>
> 제58조(중앙관서결산보고서의 작성 및 제출) ① 각 중앙관서의 장은 「국가회계법」에서 정하는 바에 따라 회계연도마다 작성한 결산보고서(이하 "중앙관서결산보고서"라 한다)를 다음 연도 2월 말일까지 기획재정부장관에게 제출하여야 한다.
>
> 제59조(국가결산보고서의 작성 및 제출) 기획재정부장관은 「국가회계법」에서 정하는 바에 따라 회계연도마다 작성하여 대통령의 승인을 받은 국가결산보고서를 다음 연도 4월 10일까지 감사원에 제출하여야 한다.
>
> 제60조(결산검사) 감사원은 제59조에 따라 제출된 국가결산보고서를 검사하고 그 보고서를 다음 연도 5월 20일까지 기획재정부장관에게 송부하여야 한다.
>
> 제61조(국가결산보고서의 국회제출) 정부는 제60조에 따라 감사원의 검사를 거친 국가결산보고서를 다음 연도 5월 31일까지 국회에 제출하여야 한다. 〈20채용, 21경위〉

❖ 흐름도

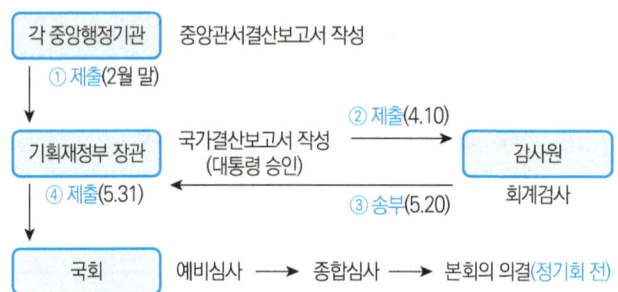

4 관서운영경비(국고금 관리법 제24조)

(1) 의의: 중앙관서의 장 또는 그 위임을 받은 공무원은 관서를 운영하는 데 드는 경비로서 그 성질상 통상의 지출절차에 따라 지출할 경우 업무수행에 지장을 가져올 우려가 있는 관서운영경비는 출납공무원으로 하여금 지출관으로부터 교부받아 지급하게 할 수 있다.

> ※ 관서운영경비 출납공무원: 지구대장, 관리반
> • 지출관: 경리계장
> • 재무관: 경무과장

(2) 취급
   ① 관서운영경비는 관서운영경비출납공무원이 아니면 지급할 수 없다.
   ② 관서운영경비출납공무원은 관서운영경비를 금융회사 등에 예치하여 관리하여야 한다.

(3) 지급
   ① **정부구매카드**를 사용하여야 한다.
   ② 성질상 정부구매카드를 사용할 수 없는 경우에는 **현금지급** 등의 방법으로 지급할 수 있다.

(4) 범위(국고금 관리법 시행령 제31조)
   ① 운영비(복리후생비·학교운영비·일반용역비 및 관리용역비는 제외한다)·특수활동비·안보비 및 업무추진비 중 건당 500만원 이하

   > ※ 건당 500만원 초과 지급 가능한 경우
   > • 기업특별회계상 당해 사업에 직접 소요되는 경비
   > • 운영비 중 공과금 및 위원회 참석비
   > • 특수활동비 중 **수사활동**에 소요되는 경비
   > • 안보비 중 **정보활동**에 소요되는 경비
   > • 그 밖에 기획재정부장관이 정하는 경비

   ② 외국에 있는 채권자에게 지급하는 경비
   ③ 여비

(5) 반납
   관서운영경비 잔액은 다음 회계연도 1월 20일까지 지출관에게 반납하여야 한다(시행령 제37조).

제6절 물품·장비 관리

1 물품관리(물품관리법)

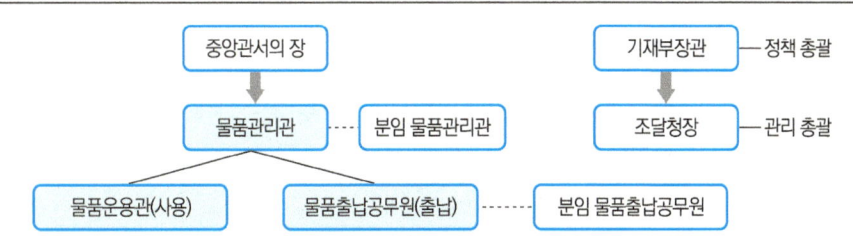

- 물품관리관은 중앙관서 소속 공무원에게 위임하거나 다른 중앙관서 소속 공무원에게 위임할 수 있으며, 물품운용관·물품출납공무원을 필수적으로 두어야 한다.
- 물품사용은 물품운용관, 물품출납과 보관(출납명령 제외)은 물품출납공무원에 위임해야 한다.
- 분임관은 반드시 설치하지 않아도 되는 임의적 공무원이다.
  ※ **경찰청**: 총괄 물품관리관(장비담당관)
   • **시·도청**: 물품관리관(정보화장비과장)
   • **경찰서**: 분임 물품관리관(경무과장)

제7조(총괄기관) ① 기획재정부장관은 물품관리의 제도와 정책에 관한 사항을 관장하며, 물품관리에 관한 정책의 결정을 위하여 필요하면 조달청장이나 각 중앙관서의 장으로 하여금 물품관리 상황에 관한 보고를 하게 하거나 필요한 조치를 할 수 있다.
② 조달청장은 각 중앙관서의 장이 수행하는 물품관리에 관한 업무를 총괄·조정한다. 〈18채용〉

제9조(물품관리관) ① 각 중앙관서의 장은 대통령령으로 정하는 바에 따라 그 소관 물품관리에 관한 사무를 소속 공무원에게 위임할 수 있고, 필요하면 다른 중앙관서의 소속 공무원에게 위임할 수 있다.
② 제1항에 따라 각 중앙관서의 장으로부터 물품관리에 관한 사무를 위임받은 공무원을 물품관리관(物品管理官)이라 한다.

제10조(물품출납공무원) ① 물품관리관[제12조 제1항에 따라 그의 사무의 일부를 분장(分掌)하는 공무원을 포함한다. 이하 같다]은 대통령령으로 정하는 바에 따라 그가 소속된 관서의 공무원에게 그 관리하는 물품의 출납(出納)과 보관에 관한 사무(출납명령에 관한 사무는 제외한다)를 위임하여야 한다.
② 제1항에 따라 물품의 출납과 보관에 관한 사무를 위임받은 공무원을 물품출납공무원이라 한다.

제11조(물품운용관) ① 물품관리관은 대통령령으로 정하는 바에 따라 그가 소속된 관서의 공무원에게 국가의 사무 또는 사업의 목적과 용도에 따라서 물품을 사용하게 하거나 사용 중인 물품의 관리에 관한 사무(이하 "물품의 사용에 관한 사무"라 한다)를 위임하여야 한다.
② 제1항에 따라 물품의 사용에 관한 사무를 위임받은 공무원을 물품운용관이라 한다.

제12조(관리기관의 분임 및 대리) ① 각 중앙관서의 장은 물품관리관의 사무의 일부를 분장하는 공무원(분임물품관리관)을, 물품관리관은 물품출납공무원의 사무의 일부를 분장하는 공무원(분임물품출납공무원)을 대통령령으로 정하는 바에 따라 각각 둘 수 있다. 〈18채용〉

2 무기 및 탄약 관리(경찰장비관리규칙)

(1) 의의

집중 무기고	경찰인력 및 경찰기관별 무기책정기준에 따라 배정된 개인화기와 공용화기를 집중보관·관리하기 위하여 각 경찰기관에 설치된 시설 〈17채용〉
간이 무기고	① 각 기능별 운용부서에서 효율적 사용을 위해 집중무기고로부터 무기·탄약의 일부를 대여 받아 별도로 보관·관리하는 시설 〈13채용〉 ② 24시간 상주하는 지구대, 상황실, 112타격대 등에 설치 〈16·17승진〉
탄약고	① 탄약고는 무기고와 분리(통합 ×)되어야 하고 가능한 본 건물과 격리된 독립 건물에 설치 〈16·17승진, 22채용〉 ② 탄약고 내 전기시설 금지(방폭설비 갖춘 경우 가능), 조명은 건전지 등으로 하고 방화시설 완비해야 한다. 〈22채용〉

(2) 무기고 및 탄약고

① 손이 들어가지 않는 쇠창살 시설, 출입문은 2중으로 각 자물쇠 설치 〈22채용〉
② 비상벨은 상황실·숙직실 등에 연결, 외곽에는 철조망·조명등·순찰함 설치 〈17승진, 22채용〉
③ 열쇠 보관

집중 무기·탄약고	일과시간	무기 관리부서의 장(정보화장비과장, 운영지원과장, 총무과장, 경찰서 경무과장 등)
	일과시간 후/휴일	당직 업무(청사방호) 책임자(상황관리관 등 당직근무자)
간이 무기고	상황실 간이무기고는 112종합상황실(팀)장	
	지구대 등 간이무기고는 지역경찰관리자	
	그 밖의 간이무기고는 일과시간의 경우 설치부서 책임자, 일과시간 후 또는 토요일·공휴일의 경우 당직 업무(청사방호) 책임자	

(3) 무기·탄약 회수 및 보관 〈20승진, 17채용, 18경간〉

즉시 회수	• 직무상 비위 등으로 중징계의결 요구된 자 • 사의 표명자 ※ 다만, 대상자가 이의신청을 하거나 소속 부서장이 무기 소지 적격 여부에 대해 심의를 요청하는 경우에는 무기 소지 적격 심의위원회의 심의를 거쳐 회수 여부를 결정한다.
무기소지 적격 심의위원회 심의 후 회수	• 형사사건의 수사 대상이 된 자 • 감찰조사의 대상이 되거나 경징계의결 요구 또는 경징계 처분 중인 자 • 정서 불안자로 소속 부서장의 요청이 있는 자 • 직무 적성검사 고위험군에 해당되는 자 • 정신 건강상 문제가 우려되어 치료가 필요한 자 • 기타 기관장이 무기 소지 적격여부 심의 요청자 ※ 다만, 심의위원회를 개최할 시간적 여유가 없거나 사고 방지 등을 위해 신속한 회수가 필요하다고 인정되는 경우에는 대여한 무기·탄약을 즉시 회수할 수 있으며, 회수한 날부터 7일 이내에 심의위원회를 개최하여 회수의 타당성을 심의하고 계속 회수 여부를 결정하여야 한다.
회수 해제	경찰기관의 장은 위 즉시 회수 또는 심의 후 회수 사유들이 소멸되면 직권 또는 당사자 신청에 따라 무기 소지 적격 심의위원회의 심의를 거쳐 무기 회수의 해제 조치를 할 수 있다.
무기고 보관	• 술자리 또는 연회장소에 출입할 경우 • 상사의 사무실을 출입할 경우 • 기타 정황을 판단하여 필요하다고 인정되는 경우

※ 무기 소지 적격 심의위원회
① 무기·탄약 회수 대상자 여부 및 회수 해제 여부를 심의
② 구성: 위원장 1명 포함 5~7명으로 구성하되 민간위원 1명 이상 참여하여야 한다.

(4) 권총사용 시 안전수칙(규칙 제123조)
① 총구는 공중 또는 지면(안전지역)을 향한다(전방 ×). 〈17채용〉
② 실탄장전 시 반드시 안전장치(방아쇠울에 설치 사용)를 장착한다.
③ 1탄은 공포탄, 2탄 이하는 실탄을 장전한다. 다만, 대간첩작전, 살인 강도 등 중요범인이나 무기·흉기 등을 사용하는 범인의 체포 및 위해 방호를 위해 불가피한 경우 1탄부터 실탄을 장전 가능하다.
④ 조준 시는 대퇴부(허리 ×) 이하

(5) 보관 및 관리책임
① 수갑: 개인이 관리 운용
② 포승, 호송용 포승: 운용부서장의 책임하에 관리
③ 전자충격기, 경찰봉, 호신용경봉: 물품관리관의 책임하에 집중관리 원칙이나, 운영부서장의 책임하에 관리 운용하게 할 수 있다. 〈18경간〉
④ 방패, 전자방패: 각급 경찰기관의 보관시설에 집중관리가 원칙이나 신속한 출동을 위해 출동버스에 보관할 수 있다.

⑤ **특별관리**: 경찰봉, 호신용경봉, 방패, 전자방패는 종류별로 구분하여 별도의 보관창고에 보관하여야 한다. 별도의 보관창고가 없는 경우 표찰을 부착하여 다른 장비와 함께 보관 가능하다.

3 차량관리

구분	① 차종은 승용·승합·화물·특수용으로 구분 ② 차형은 차종별로 대형·중형·소형·경형·다목적형으로 구분 〈18경간〉 ③ 용도별로 전용, 지휘용, 업무용, 순찰용, 특수용 〈16·18승진〉 (수사 ×), (행정 ×)
관리	① 매년 3월 말까지 다음 년도 소요계획을 경찰청장에게 제출 〈17승진〉 ② 매년 11월 말까지 다음 년도 교체대상 경찰청장에게 제출 〈17·18승진〉 ③ 차량교체는 사용기간(연식)을 최우선 고려 〈16·18승진〉 ④ 불용처분은 공개매각 원칙이며 공개매각 불가 시 폐차, 매각 시는 경찰표시 도색 등 제거 ⑤ 업무용 차량은 운전요원 부족 등 불가피한 사정이 없는 한 집중관리 원칙(지휘용 차량은 지정 활용 가능) 〈16승진, 17채용, 18경간〉 ⑥ 차량열쇠는 열쇠함에 집중보관하고, 휴가 비번 등의 경우 별도 관리책임자 지정 ⑦ 운행 시 책임은 1차 운전자, 2차 선임탑승자(사용자), 3차 기관장 〈16·17·18승진〉 ⑧ 의경은 4주 이상 운전교육 실시 후 운행하도록 함

제7절 보안관리

1 의의

협의의 보안 (소극적 예방)	① 비밀이나 문서, 자재, 인원, 지역, 시설 등을 보호 ② '보안관리'는 협의의 보안업무를 의미 ③ 근거는 국가정보원법, 정보및보안업무기획·조정규정, 보안업무규정	
광의의 보안 (적극적 예방)	① 협의 + 국가안전보장을 해하는 간첩이나 불순분자를 탐지, 조사, 체포 ② 근거에 국가보안법 추가	
보안의 주체	국가(보안의 객체 ×)	
보안의 객체 (대상)	문서·자재	문서·자재는 Ⅰ·Ⅱ·Ⅲ급 비밀에 해당하지 않아도 국가기밀에 해당하면 보안의 대상이 된다.
	인원	① 국가안전보장에 한정된 국가기밀을 취급하는 인원 ② 외국인도 포함된다. ③ 인원보안의 수단으로 신원조사, 보안교육 등이 있다.
	지역	특별히 보호를 요하는 지역
	시설	중요산업시설로서 소유관계 불문

규대쌤 Comment

문재인 지시를 보안

2 보안업무의 원칙

한정의 원칙	① 보안에서 가장 기본적인 원칙, 알 사람만 알아야 한다는 원칙 ② 보안에서 가장 기본이 되는 중요한 원칙 ※ 정보의 '정보배포의 원칙'에서 알 필요가 있는 사람에게만 알려야 한다는 '필요성의 원칙'과 함께 암기
부분화 원칙	한 번에 다량의 비밀이나 정보가 유출되지 않도록 하는 원칙
보안과 효율의 조화	보안과 업무효율은 반비례 관계이므로 양자의 조화 유지 필요

3 문서 및 자재 보안

(1) 근거 규정
  ① 보안업무규정(대통령령)
  ② 보안업무규정 시행규칙(대통령 훈령)
  ③ 보안업무규정 시행 세부규칙(경찰청 훈령)

(2) 의의

비밀	① 「국가정보원법」에 따른 국가기밀로서 보안업무규정에 따라 비밀로 분류된 것 (국가안전보장에 해를 끼칠 우려가 있는 국가기밀 ×) ※ 국가기밀(국가정보원법 제4조 제1항 제2호): 국가의 안전에 대한 중대한 불이익을 피하기 위하여 한정된 인원만이 알 수 있도록 허용되고 다른 국가 또는 집단에 대하여 비밀로 할 사실·물건 또는 지식으로서 **국가기밀로 분류된 사항**만을 말한다. ② 비밀은 중요성과 가치의 정도에 따라 Ⅰ·Ⅱ·Ⅲ급 비밀로 구분한다.
대외비	Ⅰ·Ⅱ·Ⅲ급 비밀 외에 직무상 특별히 보호가 필요한 사항
암호자재	비밀의 보호 및 정보통신 보안을 위하여 암호기술이 적용된 장치나 수단으로서 Ⅰ·Ⅱ·Ⅲ급 비밀 소통용 암호자재로 구분된다. ※ 음어: 경찰무전 사용시 일반인이 이해할 수 없도록 사용하는 용어

(3) 비밀 구분 〈14·16·22승진, 16·19경간, 22·23채용〉

Ⅰ급 비밀	누설 시 외교관계 단절, 전쟁 유발
Ⅱ급 비밀	누설 시 국가안전보장에 막대한 지장 초래
Ⅲ급 비밀	누설 시 국가안전보장에 해를 끼칠 우려

(4) 암호자재(보안업무규정)
  ① 국정원장(경찰청장 ×)이 제작·공급
  ② 암호자재 사용 기관은 국정원장이 인가하는 범위에서 **암호자재를 제작할 수 있다.**
  〈19경간〉

  ※ 각급기관에서 사용하는 Ⅲ급비밀 소통용 암호자재는 국가정보원장이 인가하는 암호체계에 따라 그 기관의 장이 개발·제작·변경·배부할 수 있다(시행규칙 제3조②).

  ③ 사용기간이 끝난 암호자재는 제작기관의 장(국정원장 ×)에게 반납하여야 한다.
  〈19승진, 19경간〉

  ④ 암호자재는 해당 등급의 비밀 소통용 암호자재취급 인가를 받은 사람만 취급할 수 있다. 〈16채용〉

규대쌤 Comment
왜 막해

⑤ 암호자재취급 인가권자는 비밀취급 인가를 받은 사람 중에서 비밀 소통용 암호자재 취급을 인가한다. 암호자재취급 인가 등급은 비밀취급 인가 등급보다 높을 수 없다(제10조④).

⑥ 비밀취급 및 암호자재취급 인가 변경사항은 직원 인사기록에 포함되어야 한다.

(5) 비밀분류 원칙

독립분류 원칙	그 자체의 내용과 가치에 따라 분류하여야 하며 다른 비밀과 관련하여 분류해서는 안 된다. 〈16승진, 16채용〉 ① 지시문서가 Ⅱ급이라고 해서 보고문서까지 Ⅱ급으로 분류 ⇨ 독립분류 위반 ② 상급부서가 하급부서에게 획일적으로 보고문서 비밀등급을 지시 ⇨ 독립분류 위반
과도 · 과소 분류금지 원칙	적절히 보호할 수 있는 최저(최고 ×)등급으로 분류해야 한다는 원칙으로, 3급 비밀로도 보호할 수 있다면 더 높은 2급 비밀로 분류해서는 안 된다는 의미이다. 〈16승진, 16채용, 14 · 19경간, 22채용〉
외국(국제기구) 비밀 존중 원칙	외국으로부터 접수한 비밀은 생산기관(접수기관 ×)이 필요로 하는 정도로 보호할 수 있도록 분류하여야 한다. 〈17승진, 19경간〉

(6) 비밀취급 인가권자

Ⅰ급 비밀 및 Ⅰ · Ⅱ급 비밀 소통용 암호자재	① 대통령, 국무총리, 각 부 · 처의 장 등 ② 경찰청장(×), 검찰총장(○), 고위공직자범죄수사처장 〈21경채, 23채용〉
Ⅱ · Ⅲ급 비밀 및 Ⅲ급 비밀 소통용 암호자재	① 중앙행정기관등인 청의 장, 지방자치단체의 장 ② 경찰청장, 시 · 도청장 등 기관장 (~국장 ×)
인가권의 위임 (보안업무규정시행세부규칙)	① 시 · 도청장은 경찰서장, 기동대장에게 2 · 3급 비밀취급 인가권을 위임한다. 경정 이상을 장으로 하는 기관장에게 2 · 3급 비밀취급인가권을 위임할 수 있다. ② 비밀취급인가권을 위임받은 기관의 장은 재위임이 불가하다.

(7) 비밀취급 인가의 제한 및 특례(시행규칙)

① 비밀취급 인가권자는 소속 직원의 인사기록 카드에 기록된 비밀취급의 인가 및 인가해제 사유와 임용 시의 신원조사회보서에 따라 새로 신원조사를 하지 아니하고 비밀취급을 인가할 수 있다. 다만, Ⅰ급비밀 취급을 인가할 때에는 새로 신원조사를 하여야 한다(제12조②). 〈18경간〉

② 비밀취급 인가권자는 업무상 조정 · 감독을 받는 기업체나 단체에 소속된 사람에 대하여 소관 비밀을 계속적으로 취급하게 하여야 할 필요가 있을 때에는 미리 국가정보원장(경찰청장 ×)과의 협의를 거쳐 해당하는 사람에게 Ⅱ급 이하(Ⅲ급이하 ×)의 비밀취급을 인가할 수 있다(제13조①). 〈18 · 23경간〉

(8) 특별인가

① 경찰공무원은 비밀취급인가증을 별도로 발급받지 않는 특별인가의 대상이다.
② 모든 경찰공무원(전투경찰순경 포함)은 임용과 동시에 3급 비밀취급권을 가진다.
〈15 · 22승진〉

비밀 독과외, 112

③ 아래 부서는 보직발령과 동시에 2급 비밀취급권을 가진다.
  ㉠ 경비, 경호, 작전, 항공, 정보통신(기동대는 행정부서에 한한다)
  ㉡ **정보, 안보, 외사** 〈22승진〉
  ㉢ 감찰, 감사
  ㉣ 치안상황실, 발간실, 문서수발실
  ㉤ 경찰청, 시·도청, 경찰서 각 과의 서무담당자 및 비밀관리 보안업무 담당자
④ 기관장은 위 부서 근무자 중 **신원특이자**에 대하여는 **보안심사위원회(기관장 ×)** 또는 자체 심의기구에서 2급 인가여부를 심의하게 하고, 비밀취급이 불가하다고 의결된 자에 대하여는 즉시 인사 조치한다.

(9) 비밀의 보관(보안업무규정 시행규칙 – 대통령훈령)
  ① 비밀은 일반문서나 암호자재와 혼합 불가
  ② Ⅰ급 비밀은 반드시 금고 보관, 다른 비밀과 **혼합 불가** 〈20승진, 21경채〉
  ③ Ⅱ·Ⅲ급 비밀은 금고 또는 이중 철제 캐비닛 등 잠금장치가 있는 용기에 보관
  〈21경채〉
  ④ 보관책임자가 Ⅱ급 비밀 취급인가를 받은 때에는 Ⅱ·Ⅲ급 혼합 가능
  ⑤ 보관용기에 넣을 수 없는 비밀은 제한구역 또는 통제구역에 보관
  ⑥ 보관 용기 외부에는 비밀의 보관을 알리는 **표시 금지** 〈15·20승진, 21경채〉
    ※ 비밀문서에는 맨 앞면과 맨 뒷면의 표지와 각 면 위·아래의 중앙에 비밀등급표를 등급에 따라 붉은색으로 표시한다(제23조①).
  ⑦ 비밀을 휴대하고 출장 중인 사람은 비밀을 안전하게 보호하기 위하여 국내 경찰기관 또는 재외공관에 보관을 위탁할 수 있으며, 위탁받은 기관은 그 비밀을 보관하여야 한다(보안업무규정 제19조). 〈22채용〉

(10) 비밀 관리방법
  ① 「보안업무규정」

> 제22조(비밀관리기록부) ① 각급기관의 장은 비밀의 작성·분류·접수·발송 및 취급 등에 필요한 모든 관리사항을 기록하기 위하여 비밀관리기록부를 작성하여 갖추어 두어야 한다. 다만, 1급비밀관리기록부는 따로 작성하여(2·3급은 동일 관리기록부 사용 가능) 갖추어 두어야 하며, 암호자재는 암호자재 관리기록부로 관리한다. 〈20경간〉
>   ※ 음어자재는 비밀관리기록부에 등재하지 아니하며, 음어자재기록부에만 기록 정리한다(보안업무규정 시행 세부규칙 제57조).
>   ② 비밀관리기록부와 암호자재 관리기록부에는 모든 비밀과 암호자재에 대한 보안책임 및 보안관리 사항이 정확히 기록·보존되어야 한다. 〈20경간〉

  ② 「보안업무규정 시행규칙(대통령훈령)」

> 제45조(비밀의 대출 및 열람) ① 비밀보관책임자는 보관비밀을 대출하는 때에는 별지 제15호서식의 비밀대출부에 관련 사항을 기록·유지한다. 〈20경간〉
>   ② 개별 비밀에 대한 열람자 범위를 파악하기 위하여 각각의 비밀문서 끝 부분에 별지 제16호서식의 비밀열람기록전을 첨부한다. 이 경우 문서 형태 외의 비밀에 대한 열람기록은 따로 비밀열람기록전(철)을 비치하고 기록·유지한다.

③ 제2항에 따른 비밀열람기록전은 그 비밀의 생산기관이 첨부하며, 비밀을 파기하는 때에는 비밀에서 분리하여 따로 철하여 보관하여야 한다. 〈17·20·23경간〉
④ 비밀열람자는 비밀을 열람하기에 앞서 비밀열람기록전에 정해진 사항을 기재하고 서명 또는 날인한 후 비밀을 열람하여야 한다.
⑤ 비밀의 발간업무(타자·필경 ×)에 종사하는 사람은 작업일지에 작업에 관한 사항을 기록·보관해야 한다. 이 경우 작업일지는 비밀열람기록전을 갈음하는 것으로 본다.
〈20경간〉

제70조(비밀 및 암호자재 관련 자료의 보관)
① 다음 각 호의 자료는 비밀과 함께 철하여 보관·활용하고, 비밀의 보호기간이 만료되면 비밀에서 분리한 후 각각 편철하여 5년간 보관해야 한다. 〈23경간〉
  1. 비밀접수증
  2. 비밀열람기록전
  3. 배부처
② 다음 각 호의 자료는 새로운 관리부철로 옮겨서 관리할 경우 기존 관리부철을 5년간 보관해야 한다.
  1. 비밀관리기록부
  2. 비밀 접수 및 발송대장
  3. 비밀대출부
  4. 암호자재 관리기록부
③ 서약서는 서약서를 작성한 비밀취급인가자의 인사기록카드와 함께 철하여 인가 해제 시까지 보관하되, 인사기록카드와 함께 철할 수 없는 경우에는 별도로 편철하여 보관해야 한다(서약서는 5년간 보존 ×).
④ 암호자재 증명서는 해당 암호자재를 반납하거나 파기한 후 5년간 보관해야 한다.
⑤ 암호자재 점검기록부는 최근 5년간의 점검기록을 보관해야 한다.
⑥ 제1항부터 제5항까지의 규정에 따른 보관기간이 지나면 해당 자료는 「공공기록물 관리에 관한 법률」에 따른 기록물관리기관으로 이관해야 한다.

(11) 비밀의 복제·복사 제한(규정 제23조)
① 비밀의 일부 또는 전부나 암호자재에 대해서는 모사(模寫)·타자(打字)·인쇄·조각·녹음·촬영·인화(印畵)·확대 등 그 원형을 재현(再現)하는 행위를 할 수 없으나 다음의 경우는 가능하다.
  ㉠ Ⅰ급 비밀: 그 생산자(국정원장 ×)의 허가를 받은 경우 〈19승진, 18채용〉
  ㉡ Ⅱ·Ⅲ급 비밀: 그 생산자가 특정한 제한을 하지 아니한 것으로서 해당 등급의 비밀취급 인가를 받은 사람이 공용(共用)으로 사용하는 경우 〈18채용〉
  ㉢ 전자적 방법으로 관리되는 비밀: 해당 비밀을 보관하기 위한 용도인 경우
② 각급기관의 장(국정원장 ×)은 보안 업무의 효율적인 수행을 위하여 필요하다고 인정되는 경우에는 해당 비밀의 보존기간 내에서 위 ①항에 따라 그 사본을 제작하여 보관할 수 있다. 〈18채용〉
③ 비밀을 복제·복사한 경우에는 그 원본과 동일한 비밀등급과 예고문을 기재하고, 사본번호를 매겨야 한다.

(12) 비밀의 열람 등

열람	① 인가자 중 업무상 **직접**(간접 ×) 관계있는 사람만 열람 가능 〈19승진〉 ② 1급 비밀의 비인가자 열람 시 미리 **국정원장과 협의**해야 하고, 2·3급 비밀의 비인가자 열람은 소속기관장이 자체 보안조치 마련해야 한다. 〈18채용〉
공개	① 중앙행정기관의 장은 국가안전보장을 위하여 국민에게 긴급히 알려야 할 필요가 있거나 공개함으로써 국가안전보장 또는 국가이익에 현저한 도움이 된다고 판단될 때 그가 생산한 비밀을 보안심사위원회 심의를 거쳐 비밀을 공개할 수 있다. ② 1급 비밀의 공개는 미리 국정원장과 협의해야 한다. ③ 공무원은 소속기관장의 승인 없이 공개할 수 없다(공무원이었던 사람은 소속되었던 기관장의 승인).
반출	시설 밖으로 반출할 수 없으나 공무상 반출이 필요할 때에는 소속 기관장(경찰청장 ×)의 승인을 받아 반출 가능하다. 〈19승진〉

● **정리하기**

비밀의 보호 요건

비밀 복제	Ⅰ급	생산자의 허가
	Ⅱ·Ⅲ급	생산자의 제한 없고 공용(共用)으로 사용하는 경우
비인가자 열람	Ⅰ급	국가정보원장과 미리 협의
	Ⅱ·Ⅲ급	소속 기관의 장이 보안대책 마련
공개	Ⅰ급	국가정보원장과 미리 협의
	Ⅱ·Ⅲ급	중앙행정기관장은 공개할 수 있고, 공무원은 소속 기관장 승인을 받아 공개
반출 (제27조)	Ⅰ급	소속 기관의 장의 승인
	Ⅱ·Ⅲ급	

(13) 보안심사위원회

① 중앙행정기관등에서 **신원특이자 심의, 비밀의 공개** 등 중요 사항을 심의한다.
② 보안심사위원회의 구성·운영 등 세부사항은 **국가정보원장**이 정한다.

4 시설보안

구분		내용
보호지역 (시행규칙 제54조) 〈17·20·22승진〉	의의	각급기관의 장과 관리기관등의 장은 인원, 문서, 자재, 시설의 보호를 위하여 보호지역을 설정할 수 있다. 〈21경채〉
	제한지역	울타리, 방호·경비인력에 의하여 비인가자 접근·출입에 감시가 필요한 지역
	제한구역	비인가자가 비밀, 주요시설, Ⅲ급 비밀 소통용 암호자재에 접근 방지를 위하여 출입에 안내가 필요한 구역 〈21법학, 23경위〉
	통제구역	비인가자 출입금지(통제지역 ×)

설정장소 (세부규칙 제60조) 〈20승진, 21채용〉	제한구역	전자교환기(통합장비)실, 정보통신실, **발간실**(경찰기관), 송신 및 중계소, 정보통신관제센터, 경찰청 및 시·도경찰청 항공대, 작전·경호·정보·보안업무 담당 부서 전역, 과학수사센터
	통제구역	• 정보상황실, 종합상황실(치안상황실), 정보보안기록실 • 비밀발간실, 암호취급소, 암호장비관리실 • 무기창·무기고·탄약고, 종합조회처리실

제8절 문서관리(행정효율과 협업촉진에 관한 규정)

1 규정상 용어의 정의(제3조)

공문서	① 행정기관이 공무상 작성하거나 시행하는 문서 ② 문서에는 도면, 사진, 디스크, 테이프, 필름, 슬라이드, 전자문서 등 특수매체기록을 포함한다. ③ 행정기관이 **접수한 모든 문서** 〈14승진〉	
서명	전자문서를 제외한 공문서에 자필로 성명을 다른 사람이 알아볼 수 있도록 한글로 표시하는 것으로 서명날짜를 함께 표시	구별
전자이미지서명	전자문서에 이미지 형태로 자기의 성명을 표시하는 것	
업무관리시스템	행정기관이 업무처리의 모든 과정을 과제관리카드 및 문서관리카드 등을 이용하여 전자적으로 관리하는 시스템	구별 〈13승진〉
행정정보시스템	행정기관이 **행정정보**를 활용할 수 있도록 하드웨어·소프트웨어·데이터베이스 등을 통합한 시스템	

2 공문서 종류(제4조)

민원문서	허가, 인가, 처분 등 특정행위를 요구하는 문서 및 그 처리문서 〈13승진, 22채용〉	구별
비치문서	행정기관 내부에 비치하면서 업무에 활용하는 대장, 카드 등 〈14승진〉	
공고문서	고시, 공고 등 알리는 문서 〈22채용〉	
법규문서	헌법, 법률 등에 관한 문서	
일반문서	다른 문서에 속하지 않는 모든 문서 〈22채용〉	
지시문서	훈령, 지시, 예규, 일일명령 등 행정기관이 그 하급기관이나 소속 공무원에 지시하는 문서 〈22채용〉	

민비 공법일지

3 문서의 성립과 효력 발생(제6조)

성립	결재권자가 결재할 때 성립	
효력	학설	표백주의: 작성완료한 때 효력발생
		발신주의: 상대방에 발송한 때 효력발생
		도달주의: 상대방에 도달한 때 효력발생
		요지주의: 상대방에 전달되어 그 내용을 알았을 때 효력 발생
	시기	① 도달주의 원칙: 수신자에게 도달(전자문서는 수신자가 관리하거나 지정한 전자적 시스템 등에 입력되는 것)됨으로써 효력발생 ② 공고문서는 효력발생 시기를 구체적으로 밝히지 않을 경우 고시나 공고가 있은 날부터 5일 경과한 때 효력발생 〈13·14승진〉 ※ 공시송달: 공고일부터 14일 후 효력 　 징계 출석요구 관보게재: 게재일로부터 10일 후 효력

4 공문서 작성 일반원칙

(1) 문서는 한글로 작성하되, 괄호 안에 한자나 외국어를 함께 적을 수 있다.
(2) 문서는 간결하고 명확하게 표현하고, 약어와 전문용어의 사용을 피한다.
(3) 문서에는 음성이나 영상정보 등이 수록되거나 연계된 바코드 등을 표기할 수 있다.
〈13승진〉
(4) 숫자는 오름차순(내림차순 ×)으로 표시하며, 상위항목부터 1, 가, 1), 가), (1), (가), ①, ㉮의 형태로 표시한다.
(5) 문서는 특별한 사유가 없으면 가로 210mm, 세로 297mm의 국배판형 용지(A4)로 한다.
(6) 본문 마지막 글자에서 한 글자 띄우고 "끝" 표시를 한다.
(7) 기안문에서 발의자는 ★표시를, 보고자는 ◉표시를 한다.
(8) 계산·통계·도표 등 첨부물에도 작성자를 표시 가능
(9) 검토자나 협조자가 다른 의견을 표시하는 경우, 직위나 직급 다음에 '의견있음'으로 표시
(10) 결재권자의 서명란에는 서명날짜를 함께 표시한다.
(11) 전결하는 사람은 전결자의 서명란에 '전결' 표시를 한 후 서명하고, 대결하는 사람은 대결자의 서명란에 '대결'이라고 표시한 후 서명한다.
(12) 서명 또는 "전결" 표시를 하지 아니하는 사람의 서명란은 만들지 아니한다.

계장	과장	서장
홍길동	전결	김규대

(×)

계장	과장
홍길동	전결 4/10 김규대

(○)

계장	과장
대결 4/10 홍길동	전결

(○)

5 관인의 종류(제33조)

청인 (廳印)	① 행정기관의 명의로 문서에 사용 〈16경간〉 ② 합의제기관은 청인을 가진다. 단, 자문을 위한 합의제기관은 필요한 경우에만 청인을 가진다.

직인 (職印)	① 행정기관의 장이나 보조기관의 명의로 문서에 사용 〈16경간〉 ② 청인을 사용하는 합의제기관 외의 기관은 직인을 가진다. ③ 「정부조직법」 제6조 제2항에 따라 보조기관이 위임받은 사무를 행정기관으로서 처리하는 경우 ④ 합의제기관의 장으로서 사무를 처리하는 경우

제9절 경찰홍보

1 경찰홍보 유형

협의의 홍보 (Public Relations)	조직의 좋은 점을 일방적으로 알리는 활동, 선전 〈15경간〉	
언론 관계 (Press Relations)	기자들의 질의에 대응하는 소극적인 활동	
지역공동체 관계 (Community Relations)	지역사회 문제해결을 위해 공동 노력하는 종합적인 활동 〈16승진, 22경간〉	종합적 활동
대중매체 관계 (Media Relations)	① 대중매체의 요구에 부응하는 종합적이고 적극적인 활동 ② 전직 언론인 등 전문가를 채용하여 활용	
기업 이미지식 경찰 홍보 〈15경간〉	① 사설 경비업체와 경쟁, 경찰만이 치안유지의 독점적 기구가 아니라는 인식에서 출발 ② 주민을 소비자로 보는 관점 ③ 영·미를 중심으로 발달한 적극적인 홍보 활동 ④ '포돌이' 같은 상징물로 이미지 개선하는 종합적인 활동	

2 경찰과 대중매체의 관계 〈18승진, 15경간〉

R. Mark	"행복하지 않아도 오래 지속되는 결혼생활"
G. Crandon	상호 필요성으로 공생관계
R. Ericson	서로 얽혀서(연합) 범죄를 규정하는 사회적 엘리트 집단을 구성

3 경찰의 홍보 전략

적극적 홍보 전략	대중매체 이용	대중매체를 이용하는 전략으로 전직 언론인 등 전문가를 적극 활용
	공개주의 비밀최소화 원칙	영국경찰의 '필요 최소한을 제외한 나머지를 모두 공개'하는 정책
	전 경찰의 홍보요원화	전 경찰관에게 언론 대응 교육을 실시하여 언론 대응 역량 향상
	총체적 홍보전략	홍보 기능과 다른 기능과의 연계로 신속하게 언론 홍보
소극적 홍보 전략	대변인실 이용, 비밀주의 및 공개최소화 원칙, 언론접촉 규제, 홍보기능 고립	

규대쌤 Comment

겨우 마크하는 결혼생활 그런 돈으로 공생하는건 애한테 얽혀서

4 경찰홍보 매뉴얼상 언론 모니터링

(1) 언론 모니터링은 언론에 비친 경찰의 모습을 돌아보는 태도이며, 공청(Public Hearing) 활동이다.
(2) 모니터링 대상은 **지방지를 포함한** 중앙지, 방송 등이다.
(3) 매 30분마다 언론 보도를 점검한다.
(4) 보도예상보고는 취재자, 일시, 장소, 질문 및 답변사항, 보도예상 일시 등 상세히 보고한다.
(5) 진상보고는 해당 기능과 감찰에서 홍보 기능에 통보한다.
(6) 진상보고와 관련하여 가장 중요한 것은 신속성이다. 진상이 파악되는 즉시 구두로 먼저 보고한다.

5 언론보도와 피해구제(언론중재 및 피해구제 등에 관한 법률) ⟨13·14·15·17·20승진⟩

(1) 의의

언론	방송, 신문, 잡지 등 정기간행물, 뉴스통신, 인터넷신문
언론사	방송사업자, 신문사업자, 잡지 등 정기간행물사업자, 뉴스통신사업자, 인터넷신문사업자
방송	「방송법」에 따른 텔레비전방송, 라디오방송, 데이터방송, 이동멀티미디어방송 ※ 「방송법」: 데이터방송은 방송사업자의 채널을 이용하여 데이터를 위주로 방송하는 것으로 **인터넷을 이용한 경우를 제외**하며, 이동멀티미디어방송은 이동 중 수신을 주목적으로 텔레비전·라디오·데이터방송을 복합적으로 송신하는 방송을 말한다.
정정보도	사실적 주장에 관한 언론보도 내용이 진실하지 않은 경우 이를 진실에 부합되게 고쳐서 보도할 것을 청구 ⟨22채용⟩
반론보도	① 사실적 주장에 관한 언론보도 내용의 **진실 여부에 관계없이** 반박적 주장을 보도할 것을 청구 ② 언론사 등의 고의·과실, 위법성 불요 ⟨21채용⟩
추후보도	① 범죄혐의가 있거나 형사상의 조치를 받았다고 보도·공표된 후 무죄 또는 이와 동등한 형태로(불기소등) 종결되었을 때에는 그 사실을 안 날부터 3개월 이내에 청구 ② 추후보도에는 청구인의 명예·권리 회복에 필요한 설명·해명이 포함되어야 한다. ③ 추후보도청구권은 정정보도청구권이나 반론보도청구권의 행사에 영향을 미치지 아니한다.

(2) 정정보도청구권

| 청구
요건 | ① 사실적 주장(의견표명 ×)에 관한 언론보도 등이 진실하지 아니하여 피해를 입은 자는 해당 보도를 **안** 날부터 **3**개월, **발생**한 지 **6**개월 이내에 청구 ⟨21채용, 23경위, 23승진⟩
② 피해자(언론사 ×)는 언론보도 등이 진실하지 아니하다는 **증명책임을 부담** (대판 2011.9.2., 2009다52649) ⟨21경간⟩
③ 언론사의 고의, 과실, 위법성 불요
④ 국가·지방자치단체, 기관 또는 단체의 장은 대표하여 정정보도를 청구 |

청구권 행사	① 청구는 언론사 등의 대표자에게 서면(구술 ×)으로 하여야 한다. ※ 분쟁 조정신청: 서면, **구술**, 전자문서 ② 언론보도 등의 내용, 정정을 청구하는 이유, 정정보도문을 명시하여야 한다. 다만, 인터넷 홈페이지는 그 내용의 정정을 함께 청구할 수 있다. ③ 언론사등의 대표자는 수용 여부 통지를 **3일** 이내에 발송 〈23경위〉 ④ 청구 수용하면 정정보도문을 청구받은 날부터 **7일** 내 게재
정정보도 거부사유	① 내용이 명백히 사실과 다른 경우(허위) ② 내용이 명백히 위법한 경우(위법) ③ 피해자가 정정보도청구권을 행사할 정당한 이익이 없는 경우(무익) 〈23경위, 23승진〉 ④ 국가·자치단체·공공단체의 공개회의와 법원의 공개재판절차에 관한 것 〈23경위〉 ⑤ 상업적 광고만을 목적(광고)으로 하는 경우
판례 (대판 2009다52649)	① 언론이 논쟁적인 주제에 관한 과학적 연구에 근거하여 과학적 사실로서 단정적으로 보도하였다면 그 언론보도는 진실하지 아니한 것이다. ② '피해자가 정정보도청구권의 행사에 정당한 이익이 없는 경우'라고 함은 이미 원보도와 같은 비중으로 이미 충분한 정정보도가 이루어져서 정정보도 청구의 목적이 달성된 경우, 또는 정정보도를 구하는 내용이 지엽말단적인 사소한 것에만 관련되어 있을 뿐인 경우 등을 포함한다. ③ 언론사가 자체적으로 정정보도를 했다고 하더라도 그 보도가 형식적인 측면에서 원보도의 그것과 균형을 이루지 못한 경우에는 여전히 정정보도청구에 정당한 이익이 있다 ④ '우리 정부가 독자적으로 어떤 조치를 취할 수 없고 미국 정부와 협의를 거쳐야 한다'는 취지의 보도는 의견을 표명한 것이다. ⑤ '우리 정부가 미국산 쇠고기 수입위생조건 협상 당시 미국의 도축시스템에 대한 실태를 파악하고 있는지 의문이다'는 취지의 보도는 의견표명으로 보아야 한다. ⑥ 사실적 주장과 의견표명이 혼재할 경우 양자를 구별할 때에는 해당 언론보도의 객관적인 내용과 아울러 해당 언론보도가 게재한 문맥의 보다 넓은 의미나 배경이 되는 사회적 흐름 및 시청자에게 주는 전체적인 인상도 함께 고려하여야 한다. 〈21경위〉 ⑦ 복잡한 사실관계를 알기 쉽게 단순하게 만드는 과정에서 다소의 수사적 과장이 있더라도 전체적인 맥락에서 보아 보도내용의 중요 부분이 진실에 합치한다면 그 보도의 진실성은 인정된다. 〈21경위〉

(3) 언론중재위원회

소속	독립적
성격	준사법적
구성	40~90인(중재 시 5인 이내 중재부 구성) 〈22채용, 23승진〉
위원장	위원장 1명, 부위원장 2명 이내, 감사 2명 이내, 각각 중재위원 중에서 호선 〈17·22·23승진〉
위원	① 법관/변호사 자격 ② 언론사 취재, 보도 업무 10년 이상 ③ 기타 언론에 학식, 경험 풍부 ④ 위원장·부위원장·감사·중재위원 모두 임기 3년(1차 연임만 가능) 〈22채용〉 ⑤ 문화체육관광부장관이 위촉
의결정족수	재과출, 출과찬
심의사항	보도 또는 매개로 인한 분쟁의 조정·중재, 침해사항 심의

(4) 언론중재위원회의 조정

신청	① 정정보도청구 관련 분쟁이 있는 경우 중재위원회에 조정을 신청할 수 있다. 〈21채용〉 ② 신청은 보도가 있음을 안 날부터 3개월, 발생한 지 6개월 내 구술, 서면, 전자문서로 한다. ③ 피해자가 먼저 언론사 등에 정정보도청구 등을 한 경우에는 협의가 불성립된 날(언론사등이 청구를 거부한다는 문서를 피해자가 받은 날)부터 14일 이내에 하여야 한다.
절차	① 조정은 관할 중재부에서 한다. ② 조정은 신청 접수일부터 14일 이내에 하여야 한다. ※ 협의 불성립일부터 14일 내 신청, 신청 접수일부터 14일 내 결정 ③ 신청인 2회(3회 ×) 불출석 시 취하간주, 언론사 2회(3회 ×) 불출석 시 합의간주 〈22채용〉 ④ 중재위원은 사실관계와 법률관계를 설명·조언하거나 절충안을 제시·합의 권유 가능 ⑤ 조정은 비공개 원칙 ⑥ 조정신청 접수일부터 21일 이내에 직권조정결정을 할 수 있다. 이에 불복하는 자는 7일 이내에 이의신청할 수 있으며 이 경우 그 결정은 효력을 상실한다. ⑦ 조정에 의한 합의는 재판상 화해와 동일한 효력

(5) 언론중재위원회의 중재

① 당사자 양쪽은 정정보도청구 등 또는 손해배상의 분쟁에 관하여 중재부의 종국적 결정에 따르기로 합의하고 중재를 신청할 수 있다. 〈21채용〉
② 중재결정은 확정판결과 동일한 효력이 있다. 〈21채용〉

규대쌤 Comment
인상발육 조정 14일이내

CHAPTER 02 경찰통제

제1절 경찰통제

1 통제의 필요성

(1) 국민의 인권과 충돌하는 경우가 많은 경찰업무 특성상 경찰통제가 필요하다.
(2) 경찰의 민주적 운용, 정치적 중립성 확보, 법치주의 도모, 국민의 인권보호, 조직 자체의 부패 방지 등을 위하여 필요하다.

2 경찰통제의 기본요소

권한의 분산	① 수사권 조정으로 강화된 경찰권을 자치경찰제 시행으로 분산 ② 중앙조직과 지방조직 간의 권한 분산, 상급자와 하급자 간의 권한 분산 등
공개	① 정보공개는 행정통제의 근본이다. ② 행정기관의 정보공개는 「공공기관의 정보공개에 관한 법률」에 근거
참여	① 종래 행정은 절차적 권리 보호에 소홀 ② 행정참여의 보장으로 행정의 공정성, 투명성, 신뢰성을 확보하고, **경찰위원회의 간접적 참여장치**가 있음 ③ 자치경찰제의 시행으로 주민참여의 폭이 더욱 넓어질 것임
책임	① Responsibility: 경찰관 개인의 위법행위나 비위에 대한 형사·민사·징계책임 ② Accountability: 경찰기관의 행정에 대해서 **조직으로서 지는 책임**(설명책임) ③ 조직의 과오에 대하여 **정책결정의 책임보다는 경찰공무원 개인의 책임으로 돌리는 경우가 많다.** 〈14경간〉
환류	경찰활동의 적정여부를 환류를 통하여 조직발전으로 연결시켜야 한다.

3 외국의 경찰통제

대륙법계	① 사법심사(행정소송, 국가배상) 시스템 구축, **사후통제** 발달 ② 행정소송에서 열기주의를 개괄주의로 전환하여 행정에 대한 **법원 통제 확대**
영미법계	① 민주성 확보를 위한 제도적 장치를 통해 시민의 참여와 감시를 하는 시스템 구축 ② 경찰위원회, 경찰책임자 선거, 자치경찰제도 시행 등 〈21경채〉 ※ **영국**: 지역치안위원장 선거, **미국**: County Sheriff 선거

4 우리나라 경찰통제 유형

민주적 통제	① **경찰위원회**: 국가경찰위원회 및 시·도자치경찰위원회 〈23승진〉 ② **국민감사청구**: 18세 이상, 300인 이상 연서로 감사원에 감사 청구 〈20승진, 22채용〉	구별
사법통제	행정소송, 국가배상(국가배상은 행정심판 불가하여 사법통제에 해당한다)	
사전통제	행정절차법(청문, 입법예고, 행정예고 등), 국회 입법권·예산심의권 〈22채용,23승진〉	구별
사후통제	사법심사, 국회의 예산결산권, 국정감사·조사권, 행정심판, 징계, 상급기관의 하급기관에 대한 감독권(감사권) 등 〈21·22법학,23승진〉	
내부통제	경찰내부의 통제로서 청문감사인권관제도, 훈령·직무명령권 〈22채용,23승진〉	
외부통제	행정통제	① 대통령, 행안부장관 〈21경채〉 ② 경찰위원회(내부통제 x)의 주요정책 심의·의결 ③ 국민권익위: 경무관 이상의 부패혐의 수사기관 고발 등 ④ 중앙행정심판위: 경찰관청의 위법·부당한 처분에 대한 행정심판 재결권 ⑤ 소청위, 감사원, 국가인권위(독립기관이므로 광의의 행정통제) ※ 감사원은 행정기관(국회·법원·헌재 x) 및 공무원의 직무를 감찰한다(감사원법 제20조). 〈22채용〉	구별
	입법통제	입법권, 예산 심의의결권, 예산결산권, 국정감사·조사권, **경찰청장·국가수사본부장**에 대한 탄핵소추의결	
	사법통제	행정소송, 국가배상소송, 민·형사책임 〈21경채, 22채용〉	
	민중통제	여론, 언론, 정당, 이익집단, NGO, 국민감사청구제도	

제2절 공공기관의 정보공개에 관한 법률

1 정의

공공기관	① 국가기관 • 국회, 법원, 헌법재판소, 중앙선거관리위원회 • 중앙행정기관(대통령 소속 기관과 국무총리 소속 기관을 포함한다) 및 그 소속 기관 • 「행정기관 소속 위원회의 설치·운영에 관한 법률」에 따른 위원회 ② 지방자치단체 ③ 「공공기관의 운영에 관한 법률」 제2조에 따른 공공기관 ④ 「지방공기업법」에 따른 **지방공사 및 지방공단** ⑤ 그 밖에 대통령령으로 정하는 기관(공개 기관은 국가, 지자체에 한정 x)
정보	공공기관이 직무상 작성 또는 취득하여 관리하고 있는 문서(전자문서를 포함) 및 전자매체를 비롯한 모든 형태의 매체 등에 기록된 사항
공개	공공기관이 정보를 열람하게 하거나 그 사본·복제물을 제공하는 것 또는 정보통신망을 통하여 정보를 제공하는 것

2 공개 원칙과 비공개 대상 정보

(1) 공개 원칙
① 공공기관 정보는 국민 알권리를 위하여 적극적으로 공개하여야 한다(할 수 있다 ×).
〈19승진〉

② 부분공개: 공개 청구한 정보가 비공개 대상 정보와 공개 가능한 부분이 혼합되어 있는 경우, 두 부분을 분리할 수 있는 경우에는 비공개 대상 정보를 제외하고 공개하여야 한다.

(2) 비공개 대상 정보
① 다음 정보는 공개하지 아니할 수 있다(공개하여도 된다). (법 제9조)
  ㉠ 다른 법령에서 비밀이나 비공개 사항으로 규정
  ㉡ 국가안전보장·국방·통일·외교에 관한 사항
  ㉢ 국민의 생명·신체·재산(생신재)의 보호에 관한 사항 〈19승진〉
  ㉣ 진행 중인 재판과 관련, 범죄의 예방·수사, 공소 제기·유지, 형의 집행·교정, 보안처분에 관한 사항으로 공개될 경우 직무수행 곤란, 공정한 재판 침해 우려 있는 정보
    ※ '폭력단체 현황'은 범죄 예방·수사에 관한 사항으로 비공개 대상 〈21승진〉
  ㉤ 감사, 감독, 기술개발, 인사관리 등에 관하여 의사결정이나 검토 과정에 있는 사항. 이 경우 의사결정 과정 또는 내부검토 과정의 단계 및 종료 예정일을 안내하여야 하며, 의사결정 과정 및 내부검토 과정이 종료되면 청구인에게 이를 통지하여야 한다.
  ㉥ 성명, 주민번호 등 개인정보 사항. 다만, 다음 사항은 제외(공개 대상)
    ⓐ 법령에서 정하는 바에 따라 열람할 수 있는 정보
    ⓑ 공공기관이 공표를 목적으로 작성하거나 취득한 정보로서 사생활의 비밀 또는 자유를 부당하게 침해하지 아니하는 정보
    ⓒ 공공기관이 작성하거나 취득한 정보로서 공개하는 것이 공익이나 개인의 권리 구제를 위하여 필요하다고 인정되는 정보
    ⓓ 직무를 수행한 공무원의 성명·직위
    ⓔ 공개하는 것이 공익을 위하여 필요한 경우로서 법령에 따라 국가 또는 지방자치단체가 업무의 일부를 위탁 또는 위촉한 개인의 성명·직업
  ㉦ 경영·영업상 비밀에 관한 사항
  ㉧ 부동산 투기, 매점매석 등이 우려되는 사항
② 공공기관은 비공개 대상 정보가 기간의 경과 등으로 인하여 비공개의 필요성이 없어진 경우에는 그 정보를 공개 대상으로 하여야 한다. 〈21·23승진〉
③ 공공기관은 해당 공공기관의 업무 성격을 고려하여 비공개 세부 기준을 수립하고 이를 정보통신망을 활용한 정보공개시스템 등을 통하여 공개하여야 한다.
④ 공공기관(국회·법원·헌법재판소 및 중앙선거관리위원회는 제외한다)은 비공개 세부 기준이 비공개 정보 대상 각 호의 비공개 요건에 부합하는지 3년마다 점검하고 필요한 경우 비공개 세부 기준을 개선하여 그 점검 및 개선 결과를 행정안전부장관에게 제출하여야 한다.

3 공개절차 〈18·19·20승진, 15·17채용, 17·19경간〉

청구권자	모든 국민(이해관계 없는 국민도 가능), 대통령령으로 정하는 외국인
청구방법	① 문서 또는 말 〈22채용, 23승진〉 ② 말로 청구한 경우 담당공무원이 정보공개 청구조서를 작성하여 서명(날인)
정보공개 결정 및 불복절차	① 청구를 받은 날부터 10일 이내에 공개 여부를 결정하여야 한다. 부득이한 경우 10일의 범위에서 연장할 수 있다. 이 경우 청구인에게 지체 없이 문서로 통지하여야 한다. 〈21·23승진, 22·23채용〉 ② 공공기관은 전자적 형태로 보유·관리하는 정보에 대하여 청구인이 전자적 형태로 공개하여 줄 것을 요청하는 경우에는 그 정보의 성질상 현저히 곤란한 경우를 제외하고는 청구인의 요청에 따라야 한다. (제15조) 〈22·23채용〉 ③ 공공기관으로부터 정보공개 여부의 결정 통지를 받은 날 또는 정보공개 청구 후 20일이 경과한 날부터 30일 이내에 해당 공공기관에 문서로 이의신청을 할 수 있다(구두 ×). ④ 이의신청이 있는 경우에는 심의회를 개최하여야 한다. 다만, 다음 각 호의 경우에는 심의회를 개최하지 아니할 수 있다. 그 사유를 청구인에게 통지해야 한다. • 심의회의 심의를 이미 거친 사항 • 단순·반복적인 청구 • 법령에 따라 비밀로 규정된 정보에 대한 청구 ⑤ 공공기관은 이의신청을 받은 날부터 7일 이내에 그 이의신청에 대하여 결정하여야 하고, 부득이한 경우 7일의 범위에서 연장할 수 있다. ⑥ 공공기관은 이의신청을 각하 또는 기각하는 결정을 한 경우, 행정심판 또는 행정소송을 제기할 수 있다는 사실을 결과 통지와 함께 알려야 한다. ⑦ 결정에 대하여 불복이 있거나 정보공개 청구 후 20일이 경과하도록 정보공개 결정이 없는 때에는 이의신청 절차를 거치지 아니하고 행정심판을 청구할 수 있다. 〈23채용〉 정보공개 신청 → 10 + 10일(연장, 총 20일) → 30일 내 이의신청 → 7 + 7일 결정 ↘ 「행정심판 / 행정소송」 ↙
제3자의 비공개 요청 및 불복절차	① 공공기관은 공개 청구된 정보가 제3자와 관련이 있다고 인정할 때에는 그 사실을 제3자에게 지체없이 통지하여야 하며, 그의 의견을 들을 수 있다(들어야 한다 ×). ② 통지를 받은 제3자는 통지를 받은 날부터 3일 이내에 자신과 관련된 정보를 공개하지 아니할 것을 요청할 수 있다. 〈21승진〉 ③ 제3자의 비공개 요청에도 불구하고 공공기관이 공개 결정한 경우, 제3자는 통지를 받은 날부터 7일 이내에 해당 공공기관에 문서로 이의신청을 하거나 행정심판 또는 행정소송을 제기할 수 있다. ④ 공공기관은 제3자의 비공개 요청에도 불구하고 공공기관이 공개 결정할 경우에는 공개 결정일과 공개 실시일 사이에 최소한 30일의 간격을 두어야 한다. 제3자의 비공개 신청: 3일 내 신청 → 공개 결정 → 7일 내 이의신청 ↘ 「행정심판 / 행정소송」
비용	① 청구인은 정보 공개 및 우송에 드는 실비를 부담 〈22채용〉 ② 정보의 사용목적이 공공복리(질서 유지 ×)의 유지 증진인 경우 감면 가능

판례	① 정보공개청구자는 공개를 요구하는 정보를 공공기관이 보유하고 있을 상당한 개연성이 있다는 점에 대하여 입증책임이 있으며, 공공기관은 그 정보를 보유하고 있지 않다는 점에 대한 증명책임이 있다(대판 2010두18918). ② 국가정보원의 조직·소재지 및 정원에 관한 정보는 비공개 사항에 해당한다(대판 2010두18918). ③ 보안관찰법 소정의 보안관찰 관련 통계자료는 대남공작활동이 유리한 지역으로 보안관찰처분대상자가 많은 지역을 선택하는 등으로 악용될 우려가 있으므로 비공개대상 정보에 해당한다(대판 2001두8254). ④ 공무원이 직무와 관련 없이 개인적인 자격으로 시장이 주최한 간담회·연찬회 등 행사에 참석하고 금품을 수령한 정보는 비공개대상 정보에 해당한다(대판 2003두8050). ⑤ 공공기관은 정보공개청구자가 선택한 공개방법에 따라 정보를 공개하여야 하므로 그 공개방법을 선택할 재량권이 없다(대판 2003두8050). ⑥ 청구인이 신청한 공개방법 이외의 방법으로 공개하기로 하는 결정을 하였다면, 이는 정보공개방법에 관한 부분에 대하여 일부 거부처분을 한 것으로 보아야 하고, 청구인은 그에 대하여 항고소송으로 다툴 수 있다(대판 2016두44674) ⑦ 피의자신문조서 등에 기재된 피의자 등의 인적사항 이외의 진술내용 역시 개인의 사생활의 비밀 또는 자유를 침해할 우려가 인정되는 경우 비공개대상에 해당한다(대판 2011두2361).

4 민원 처리 및 종결 처리

민원 처리	다음의 경우는 「민원 처리에 관한 법률」에 따른 민원으로 처리할 수 있다. ① 공개 청구된 정보가 공공기관이 보유·관리하지 아니하는 정보인 경우 ② 공개 청구의 내용이 진정·질의 등으로 정보공개 청구로 보기 어려운 경우
종결 처리	① 다음의 경우는 종결 처리할 수 있다. 종결 처리 사실을 청구인에게 알려야 한다. • 정보공개 결정 통지를 받은 자가 정당한 사유 없이 다시 청구하는 경우 • 정보공개 청구가 민원으로 처리되었으나 다시 청구를 하는 경우 ② 다음의 경우는 각 호의 구분에 따라 안내하고, 종결 처리할 수 있다. • 이미 공개된 정보를 청구하는 경우: 해당 정보의 소재를 안내 • 다른 법령이나 사회통념상 청구인의 여건 등에 비추어 수령할 수 없는 방법으로 정보공개 청구를 하는 경우: 수령이 가능한 방법으로 청구하도록 안내

5 정보공개위원회 및 정보공개심의회

구분	정보공개위원회(정공위)	정보공개심의회(정공심)
소속/성격	행정안전부장관	각 국가기관, 지자체
구성	11명	5~7명
위원장	공무원 아닌 사람(민간위원)	① 경찰청(시·도청) – 차장 ② 경찰서 – 경무과장 ※ 경찰청 정보공개심의회 운영규칙 제3조

민간위원	① 정보공개에 학식 경험 풍부한 사람으로 행정안전부장관이 위촉한 사람 ② 시민단체가 추천한 사람으로 행정안전부장관이 위촉한 사람 ③ 7명(위원장 포함) ④ 임기 2년, 연임	① 위원의 2/3 ② 다만, 범죄의 예방, 수사, 공소의 제기 및 유지, 형의 집행, 교정, 보안처분 등의 업무를 주로 하는 국가기관은 1/3 이상
의결	① 정보공개 정책, 제도, 기준 수립 ② 공공기관(국회, 법원, 헌재, 선관위 제외)의 정보공개 운영실태 평가	정보공개 이의신청 사안 심의

제3절 개인정보 보호법

1 용어의 정의

개인정보	살아 있는(사망자 ×) 개인(법인 ×)에 관한 정보로서 다음에 해당하는 정보 〈22채용〉 가. 성명, 주민등록번호 및 영상 등을 통하여 개인을 알아볼 수 있는 정보 　※ '지문'도 개인정보에 해당(헌재 99헌마513) 나. 해당 정보만으로는 특정 개인을 알아볼 수 없더라도 다른 정보와 쉽게 결합하여 알아볼 수 있는 정보. 이 경우 쉽게 결합할 수 있는지 여부는 다른 정보의 입수 가능성 등 개인을 알아보는 데 소요되는 시간, 비용, 기술 등을 합리적으로 고려하여야 한다. 다. 가목 또는 나목을 제1호의2에 따라 가명처리함으로써 원래의 상태로 복원하기 위한 추가 정보의 사용·결합 없이는 특정 개인을 알아볼 수 없는 정보(이하 "가명정보"라 한다) 　※ 가명정보도 개인정보에 해당한다.
가명처리	개인정보의 일부를 삭제하거나 일부 또는 전부를 대체하는 등의 방법으로 추가 정보가 없이는 특정 개인을 알아볼 수 없도록 처리하는 것을 말한다. 〈21경채〉
정보주체	처리되는 정보에 의하여 알아볼 수 있는 사람으로서 그 정보의 주체가 되는 사람 〈21경채〉
개인정보 처리자	업무를 목적으로(사생활 침해목적 ×) 개인정보파일을 운용하기 위하여 스스로 또는 다른 사람을 통하여 개인정보를 처리하는 공공기관, 법인, 단체 및 개인 등을 말한다. ※ 개인도 CCTV 설치하면 개인정보처리자가 된다.
영상정보 처리기기	일정한 공간에 지속적으로 설치되어 사람 또는 사물의 영상 등을 촬영하거나 이를 유·무선망을 통하여 전송하는 장치로서 대통령령으로 정하는 장치(폐쇄회로 텔레비전, 네트워크 카메라)를 말한다. 〈22채용〉

2 입증책임

(1) 개인정보처리자는 제15조 제1항 각 호의 어느 하나에 해당하여 개인정보를 수집하는 경우에는 그 목적에 필요한 최소한의 개인정보를 수집하여야 한다. 이 경우 최소한의 개인정보 수집이라는 입증책임은 개인정보처리자가 부담한다(제16조①).

(2) 개인정보처리자는 개인정보의 처리에 대하여 정보주체의 동의를 받을 때에는 정보주체와의 계약 체결 등을 위하여 정보주체의 동의 없이 처리할 수 있는 개인정보와 정보

주체의 동의가 필요한 개인정보를 구분하여야 한다. 이 경우 동의 없이 처리할 수 있는 개인정보라는 입증책임은 개인정보처리자가 부담한다(제22조③).

(3) 정보주체는 개인정보처리자가 이 법을 위반한 행위로 손해를 입으면 개인정보처리자에게 손해배상을 청구할 수 있다. 이 경우 그 개인정보처리자는 고의 또는 과실이 없음을 입증하지 아니하면 책임을 면할 수 없다(제39조①).

(4) 정보주체는 개인정보처리자의 고의 또는 과실로 인하여 개인정보가 분실·도난·유출·위조·변조 또는 훼손된 경우에는 300만원 이하의 범위에서 상당한 금액을 손해액으로 하여 배상을 청구할 수 있다. 이 경우 해당 개인정보처리자는 고의 또는 과실이 없음을 입증하지 아니하면 책임을 면할 수 없다(제39조의2①).

> 입증책임은 모두 개인정보처리자가 부담한다.

3 개인정보의 이용 등

(1) 개인정보처리자는 정보주체의 동의를 받은 경우 개인정보를 제3자에게 제공(공유를 포함한다)할 수 있다(제17조①). 〈18경간〉

(2) 개인정보처리자는 만 14세 미만 아동의 개인정보를 처리하기 위하여 이 법에 따른 동의를 받아야 할 때에는 그 법정대리인의 동의를 받아야 하며, 법정대리인이 동의하였는지를 확인하여야 한다. 다만, 법정대리인의 동의를 받기 위하여 필요한 최소한의 정보로서 대통령령으로 정하는 정보는 법정대리인의 동의 없이 해당 아동으로부터 직접 수집할 수 있다(제22조의2).

(3) 개인정보처리자는 정보주체가 동의하거나 법령에 근거하여 민감정보와 고유식별정보를 처리할 수 있다(제23조, 제24조).
   ※ 민감정보: 사상·신념, 노동조합·정당의 가입·탈퇴, 정치적 견해, 건강, 성생활 등에 관한 정보, 그 밖에 정보주체의 사생활을 현저히 침해할 우려가 있는 개인정보로서 대통령령으로 정하는 정보(제23조①)
   ※ 고유식별정보: 개인을 고유하게 구별하기 위하여 부여된 식별정보로서 대통령령으로 정하는 정보

4 영상정보처리기기 설치·운영

> 제25조(영상정보처리기기의 설치·운영 제한) ① 누구든지 다음 각 호의 경우를 제외하고는 공개된 장소에 영상정보처리기기를 설치·운영하여서는 아니 된다.
>   1. 법령에서 구체적으로 허용하고 있는 경우
>   2. 범죄의 예방 및 수사를 위하여 필요한 경우
>   3. 시설안전 및 화재 예방을 위하여 필요한 경우
>   4. 교통단속을 위하여 필요한 경우
>   5. 교통정보의 수집·분석 및 제공을 위하여 필요한 경우
> ② 누구든지 불특정 다수가 이용하는 목욕실, 화장실, 발한실(發汗室), 탈의실 등 개인의 사생활을 현저히 침해할 우려가 있는 장소의 내부를 볼 수 있도록 영상정보처리기기를 설치·운영하여서는 아니 된다. 다만, 교도소, 정신보건 시설 등 법령에 근거하여 사람을 구금하거나 보호하는 시설로서 대통령령으로 정하는 시설에 대하여는 그러하지 아니하다.

③ 제1항 각 호에 따라 영상정보처리기기를 설치·운영하려는 공공기관의 장과 제2항 단서에 따라 영상정보처리기기를 설치·운영하려는 자는 공청회·설명회의 개최 등 대통령으로 정하는 절차를 거쳐 관계 전문가 및 이해관계인의 의견을 수렴하여야 한다.
④ 제1항 각 호에 따라 영상정보처리기기를 설치·운영하는 자(이하 "영상정보처리기기운영자"라 한다)는 정보주체가 쉽게 인식할 수 있도록 다음 각 호의 사항이 포함된 안내판을 설치하는 등 필요한 조치를 하여야 한다. 다만, 「군사기지 및 군사시설 보호법」 제2조 제2호에 따른 군사시설, 「통합방위법」 제2조 제13호에 따른 국가중요시설, 그 밖에 대통령령으로 정하는 시설에 대하여는 그러하지 아니하다.
 1. 설치 목적 및 장소
 2. 촬영 범위 및 시간
 3. 관리책임자 성명 및 연락처
 4. 그 밖에 대통령령으로 정하는 사항
⑤ 영상정보처리기기운영자는 영상정보처리기기의 설치 목적과 다른 목적으로 영상정보처리기기를 임의로 조작하거나 다른 곳을 비춰서는 아니 되며, 녹음기능은 사용할 수 없다. ⇨ 위반 시 3년 이하의 징역 또는 3천만원 이하의 벌금

5 개인정보 관리 및 권리보장

(1) 개인정보처리자는 개인정보가 유출되었음을 알게 되었을 때에는 지체 없이 해당 정보주체에게 사실을 알려야 한다(제34조).
(2) 정보주체는 자신의 개인정보에 대한 열람을 해당 개인정보처리자에게 요구할 수 있으며, 공공기관에 요구하고자 할 때에는 공공기관에 직접 열람을 요구하거나 대통령령으로 정하는 바에 따라 국무총리 소속의 개인정보보호위원회(분쟁위원회)를 통하여 열람을 요구할 수 있다(제35조①②).
(3) 제35조에 따라 자신의 개인정보를 열람한 정보주체는 개인정보처리자에게 그 개인정보의 정정 또는 삭제를 요구할 수 있다. 다만, 다른 법령에서 그 개인정보가 수집 대상으로 명시되어 있는 경우에는 그 삭제를 요구할 수 없다.

제4절 경찰 감찰 규칙

1 감찰관

결격사유	① 금품, 성 관련 징계 받은 자 〈16승진〉 ② 금품, 성 관련 이외 사유로 징계 말소기간 미경과자 ③ 질병 등으로 업무수행 어려운 자 ④ 기타 감찰관으로서 적합하지 아니하다고 판단되는 자
신분보장	① 2년 내(3년 ×) 본인 의사 반한 전보 금지 〈21승진〉 ② 다만, 1년 이상 근무자의 희망 시 희망부서 고려하여 전보 〈16승진, 19경간〉
징계조치	감찰관의 의무위반 행위는 「경찰공무원 징계령 세부시행규칙」의 징계양정에 정한 기준보다 가중 징계한다. 〈18승진〉
선발	감찰관 보직공모에 응모한 지원자 및 3인 이상의 동료로부터 추천 받은 자를 대상으로 적격심사를 거쳐 감찰관을 선발한다.

2 감찰활동

관할	소속 경찰기관의 관할구역 안에서 활동하되, 상급기관장의 지시가 있는 경우에는 관할구역 밖에서도 활동 가능 〈17·21승진, 17채용, 16경간〉
특별감찰	경찰기관의 장은 일정기간 동안 전반적인 조직관리 및 업무추진 실태 등을 집중 점검할 수 있다(상급기관장 지시 ×). 〈22경간〉
교류감찰	경찰기관의 장은 상급 경찰기관장의 지시에 따라 소속 감찰관으로 하여금 일정기간 동안 다른 경찰기관 소속 직원의 복무실태, 업무추진 실태 등을 점검하게 할 수 있다. 〈14·17승진, 16·22경간〉
감찰활동	① 의무위반 단서 수집 시 ⇨ 감찰부서장(소속 기관장 ×)에 보고해야 한다. 〈21승진, 22경간〉 ② 감찰활동에 착수 시 ⇨ 감찰계획을 감찰부서장의 승인받아야 한다. ③ 감찰활동 결과 의무위반행위 등 발견 시 ⇨ 소속 기관장에게 보고해야 한다. ④ 감찰관은 직무상 아래의 요구를 할 수 있으며, 요구할 경우 감찰관 증명서 또는 경찰공무원증을 제시하여 신분을 밝히고 감찰활동의 목적을 설명하여야 한다. 〈22경간〉 • 조사를 위한 출석 • 질문에 대한 답변 및 진술서 제출 • 증거품 등 자료 제출 • 현지조사의 협조 ⑤ 소속공무원은 감찰관으로부터 위 ④항의 요구를 받은 때에는 정당한 사유가 없는 한 그 요구에 응하여야 한다. 〈20승진〉
감찰기간	감찰기간은 6개월 범위 내에서 감찰부서장이 정하며, 감찰부서장의 승인을 받아 6개월의 범위 내에서 연장할 수 있다.

3 감찰조사

출석요구	① 조사기일 3일 전까지(2일 ×) 출석요구서 or 구두 〈16·18승진〉 ※ 징계위원회 출석통지: 5일 전 도달(경찰공무원 징계령) ② 사안이 급박하거나 대상자의 요청이 있는 경우에는 즉시 조사 가능 ③ 조사일시 등을 정할 때에는 조사대상자의 의사를 존중하여야 한다.
대상자 권리	① 변호인 선임권/진술거부권 명문 규정 ② 조사 전 고지의무 사항 • 진술거부권 • 참여(다른 감찰관·변호인), 동석(동료·가족) 신청권 • 의무위반 요지 ③ 조사대상자가 참여나 동석을 신청할 경우 반드시 참여나 동석을 하도록 해야 한다.
조사 시 유의사항	① 성폭력·성희롱 피해 여성은 피해자 의사에 반하지 않는 한 여경이 조사 ② 심야조사(자정~6시) 금지 〈16·20승진, 16·17채용〉. 다만, 조사대상자 또는 변호인의 요청이 있는 경우에는 예외적으로 가능 ③ 조사대상자의 조사과정 영상녹화 요청 시 영상녹화하여야 한다.

민원사건 처리	① 소속공무원의 의무위반 민원 접수일부터 2개월 내 처리 원칙 〈16·18승진〉 ② 불친절 또는 경미한 위반에 관한 민원사건은 민원인에게 정식 조사절차 또는 조정절차를 선택할 수 있음을 고지하고, 민원인이 조정절차를 선택한 때에는 해당 소속공무원의 사과, 해명 등의 조정절차를 진행하여야 한다. ③ 다만, 조정 불가 시에는 지체없이 조사절차 진행
기관 통보사건	① 다른 경찰기관, 검찰, 감사원 등 다른 기관으로부터 통보받은 소속공무원의 의무위반행위는 통보받은 날로부터 1개월 내 처리 〈14·20승진〉 ② 수사개시 통보가 있으면 징계의결요구권자의 결재를 받아 수사결과 통보 시까지 감찰조사, 징계의결요구를 진행하지 않을 수 있다. 〈19승진, 19경간〉

4 사후조치

이의신청	① 조사대상자는 감찰조사 결과를 통지받은 날부터 10일 이내에 감찰을 주관한 경찰기관장에게 이의신청 ② 다만, 감찰결과 징계요구된 사건에 대해서는 징계위원회에서의 의견진술 등의 절차로 이의신청을 갈음할 수 있다.
징계조치	조사 대상자가 정당한 이유 없이 출석거부, 현지조사 불응, 협박 등으로 감찰조사를 방해하는 경우 징계요구 조치 가능
감찰결과 공개	① 감찰결과는 원칙적으로 공개하지 아니한다. 다만, 유사 비위 재발 방지를 위하여 요지를 공개할 수는 있다. ② 공개 여부는 경찰기관장이 처분심의회의 의견을 들어 결정한다.

> ● 정리하기
>
> **징계 의결 요구(경찰공무원 징계령)**
> - 소속 경찰공무원에 징계사유 있을 시에는 지체없이 징계의결 요구(제9조)
> - 소속이 아닌 경찰공무원에게 징계 사유가 있을 시에는 해당 경찰기관장에게 그 사실을 증명할 만한 충분한 사유를 명확히 밝혀 통지
> - 징계 사유를 통지받은 경찰기관장은 통지를 받은 날부터 30일 이내에 징계 의결 요구 또는 상급 경찰기관장에게 징계 의결 요구 신청
>
> **심야시간 규정**
> - 경찰 감찰 규칙: 00:00~06:00
> - 형사소송법: 21:00~06:00
> - 확성기 등 소음기준: 00:00~07:00

제5절 경찰청 감사 규칙

1 감사의 종류와 주기

(1) 감사의 종류는 종합감사, 일상감사, 재무감사, 복무감사, 특정감사, 성과감사로 구분한다. (교류감사 ×)

규대쌤 Comment
감찰결과 10받아서 이의신청

(2) 종합감사의 주기
　① 1년에서 3년까지 하되 치안수요 등을 고려하여 조정 실시한다.
　② 다만, 직전 또는 당해연도에 감사원 등 다른 감사기관이 감사를 실시한(실시 예정인 경우를 포함한다) 감사대상기관에 대해서는 감사의 일부 또는 전부를 실시하지 아니할 수 있다.

(3) 감사계획의 수립
　① 경찰청 감사관은 감사계획 수립에 필요한 경우 시·도자치경찰위원회 및 시·도경찰청장과 감사일정을 협의하여야 한다.
　② 감사관은 매년 2월말까지 연간 감사계획을 수립하여 감사대상기관에 통보한다.

2 감사결과 처리기준 〈18·20승진, 22채용〉

감사관은 감사결과를 다음 기준에 따라 **처리하여야 한다**(할 수 있다 ×). 〈18 채용〉

구분	내용
징계·문책요구	징계·문책사유 해당 또는 자체감사 거부, 자료제출을 게을리 한 경우
시정요구	위법·부당하여 추징·회수·환급·추급·원상복구 등이 필요한 경우(**변상명령 ×**)
개선요구	법령·제도·행정상 모순이나 개선사항 있을 때
권고	문제점이 인정되는 사실에 대안 제시, 개선사항 마련
경고·주의	위법·부당하지만 경미하거나, 감사대상기관이나 부서에 제재가 필요한 경우
통보	위법·부당하지만 위 5개 사항을 요구하기에 부적절하여 자율적으로 처리
변상명령	「회계관계직원등의 책임에 관한 법률」에 의해 **변상** 책임이 있는 경우
고발	범죄혐의가 있다고 인정되는 경우
현지조치	경미한 지적사항으로서 현지에서 즉시 시정·개선조치가 필요한 경우

3 감사결과의 처리

(1) 감사관은 감사가 종료된 후 감사결과보고서를 작성하여 경찰청장에게 보고하여야 한다.
(2) 경찰청장은 보고 받은 감사결과를 감사대상기관의 장에게 통보하여야한다.
(3) 감사결과를 통보 받은 감사대상기관의 장은 감사결과의 조치사항을 이행하고 30일 이내에 그 이행결과를 경찰청장에게 통보하여야 한다.

CHAPTER 03 적극행정

제1절 적극행정의 의의

1 적극행정 개념의 등장

(1) 행정에 대한 엄격한 감독과 통제는 공무원들의 복지부동을 초래하여 행정의 비효율과 국민들에게 공공서비스를 적절하게 제공하지 못하는 행정무능 현상을 초래할 수 있다.
(2) 경찰이 국민의 요구에 부응해야 하는 대응성과 행정의 합법성이 충돌하는 상황에서 적극행정은 논의된다. 기존의 절차와 법규가 경직적이어서 현안을 제대로 해결하지 못할 때 적극행정이 필요하지만, 적극행정으로 법률을 위반하게 될 우려가 있는 경우 합법성이라는 가치와 대립하게 된다.

2 근거 규정

국가공무원법	제50조의2(적극행정의 장려) ① 각 기관의 장은 소속 공무원의 **적극행정**(공무원이 불합리한 규제의 개선 등 공공의 이익을 위해 업무를 적극적으로 처리하는 행위를 말한다)을 장려하기 위하여 대통령령등으로 정하는 바에 따라 인사상 우대 및 교육의 실시 등에 관한 계획을 수립·시행할 수 있다. ② 적극행정 추진에 관한 사항을 심의하기 위하여 각 기관에 **적극행정위원회**를 설치·운영할 수 있다. ③ 공무원이 적극행정을 추진한 결과에 대하여 해당 공무원의 행위에 고의 또는 중대한 과실이 없다고 인정되는 경우에는 대통령령등으로 정하는 바에 따라 이 법 또는 다른 공무원 인사 관계 법령에 따른 징계 또는 징계부가금 부과 의결을 하지 아니한다.
행정기본법	제4조(행정의 적극적 추진) ① 행정은 공공의 이익을 위하여 적극적으로 추진되어야 한다. ② 국가와 지방자치단체는 소속 공무원이 공공의 이익을 위하여 적극적으로 직무를 수행할 수 있도록 제반 여건을 조성하고, 이와 관련된 시책 및 조치를 추진하여야 한다.
공공감사에 관한 법률	제23조의2(적극행정에 대한 면책) ① 자체감사를 받는 사람이 불합리한 규제의 개선 등 공공의 이익을 위하여 업무를 적극적으로 처리한 결과에 대하여 그의 행위에 고의나 중대한 과실이 없는 경우에는 이 법에 따른 징계 요구 또는 문책 요구 등 책임을 묻지 아니한다. 〈23승진〉

제2절 적극행정 운영규정(대통령령)

1 용어의 정의

(1) **적극행정**: 공무원이 불합리한 규제를 개선하는 등 공공의 이익을 위해 창의성과 전문성을 바탕으로 적극적으로 업무를 처리하는 행위 <23승진>

(2) **소극행정**: 공무원이 부작위 또는 직무태만 등 소극적 업무행태로 국민의 권익을 침해하거나 국가 재정상 손실을 발생하게 하는 행위

2 중앙행정기관장의 적극행정 추진

(1) 적극행정 책임관과 전담부서를 지정해야 한다(할 수 있다 ×).
(2) 매년 적극행정 실행계획을 수립·시행해야 한다.
(3) 연 1회 이상 소속 공무원을 대상으로 적극행정 관련 교육을 실시해야 한다.
(4) 적극행정 관련 법령을 정비하고 법제처장은 필요한 지원을 해야 한다.

3 사전 컨설팅(의견 제시 요청) 제도(제5조)

(1) 자체감사 대상기관의 장은 소속 공무원이 인가·허가·등록·신고 등과 관련한 규제나 불명확한 법령 등으로 인해 업무를 적극적으로 추진하기 곤란한 경우에는 감사기구의 장에게 해당 업무의 처리 방향 등에 관한 의견의 제시를 요청할 수 있다.
(2) 위 의견 제시 요청을 받은 감사기구의 장이 사안이 중대하거나 둘 이상의 기관이 관련되어 있는 등의 사유로 의견을 제시하기 곤란한 경우에는 감사원에 업무의 처리 방향 등에 관한 의견의 제시를 요청할 수 있다.

4 적극행정위원회(제11조, 제12조)

소속	각 중앙행정기관에 둔다.
구성	① 위원장 1명 포함 9~45명 이하(1/2 이상 민간위원) ② 회의 시에는 위원장과 위원장이 지정하는 8명 이상, 성별 고려, 민간위원 2분의 1 이상
위원장	차관급 또는 부기관장급 또는 민간위원 중에서 중앙행정기관의 장이 정한다. ※ 경찰청: 차장과 민간위원이 공동위원장
위원	중앙행정기관의 장이 임명하거나 위촉하며, 감사기구의 장을 포함해야 한다.
심의사항	① 적극행정 우수공무원 선발 및 우수사례 선정에 관한 사항 ② 적극행정을 추진한 결과에 대해 감사원 감사를 받게 되는 경우, 해당 공무원의 면책 건의에 관한 사항 ③ 의견 제시를 요청한 내용이 국민생활에 미치는 영향이 크거나 여러 이해관계자와 관련되는 등 신중한 검토가 필요하여 감사기구의 장이 자문한 사항 ④ 그 밖에 적극행정 과제 발굴 등 적극행정 관련 정책의 수립·추진 사항
의견제시 요청	공무원은 적극행정 추진 곤란시 위원회에 직접 해당 업무의 처리 방향 등에 관한 의견의 제시를 요청할 수 있다.

5 징계요구 등 면책(제16조, 제17조)

징계요구 면책	공무원에 고의 또는 중대한 과실이 없는 경우에는 징계(문책)요구 면책
면책 추정	① 공무원이 사전컨설팅 또는 적극행정위원회가 제시한 의견대로 업무를 처리한 경우에는 면책 요건을 충족한 것으로 **추정한다**(간주한다 ×). 〈23승진〉 ② 다만, 공무원과 대상 업무 사이에 사적인 이해관계가 있거나, 사전컨설팅이나 적극행정위원회 심의에 필요한 정보를 충분히 제공하지 않은 경우에는 제외 〈23승진〉 ※ 추정은 반대의 증거(반증)로 뒤집을 수 있지만, 간주는 법원의 판결이 있어야 가능
감사원에 면책 건의	적극행정위원회는 적극행정 추진 결과로 감사원 감사를 받게 된 해당 공무원의 요청에 따라 감사원에 면책을 건의할 수 있다.
징계의결서에 심의결과 적시	징계위원회는 대상자가 적극행정임을 주장할 경우 심의 결과를 징계 및 징계부가금 의결서에 구체적으로 밝혀야 한다.

6 적극행정 장려 및 지원제도

(1) 중앙행정기관의 장은 **반기별로(매년 ×)** 적극행정위원회의 심의를 거쳐 **적극행정 우수공무원으로 선발해야 한다.**
(2) 적극행정 우수공무원으로 선발된 공무원 또는 유공공무원에게 다음 각 호의 인사상 우대 조치 중 하나 이상을 **부여해야 한다(할 수 있다 ×).**

> 1. 「공무원임용령」 제35조의2 제1항 제2호에 따른 **특별승진임용**
> 2. 「공무원임용령」 제35조의3 제1항에 따른 **대우공무원 선발을 위한 근무기간 단축**
> 3. 「공무원임용령」 제35조의4 제3항 제2호에 따른 **근속승진기간 단축**
> 4. 「공무원보수규정」 제16조 제1항 제2호에 따른 **특별승급**
> 5. 「공무원수당 등에 관한 규정」 제7조의2에 따른 **성과상여금 최고등급 부여**, 「공무원보수규정」 제39조에 따른 성과연봉 최고등급 부여 또는 「고위공무원단 인사규정」 제20조에 따른 성과계약등 평가 최상위 등급 부여. 이 경우 「공무원수당 등에 관한 규정」 제7조의2 제6항에 따라 특별성과가산금을 함께 지급할 수 있으며, 같은 항에도 불구하고 근무성적이나 업무실적 등이 우수한 상위 2퍼센트 이내에 해당하지 않는 공무원에 대해서도 지급할 수 있다.
> 6. 「공무원 성과평가 등에 관한 규정」 제27조에 따른 **가점 부여**
> 7. 「국가공무원 복무규정」 제20조 제13항에 따른 **포상휴가**
> 8. 그 밖에 희망 부서로의 전보, **교육훈련 우선 선발** 등 인사혁신처장이 정하는 인사상 우대 조치

(3) 중앙행정기관의 장은 적극행정을 추진한 공무원이 징계 또는 수사 단계에 있는 경우 변호사 등 법률전문가의 도움을 받을 수 있도록 필요한 지원을 할 수 있다.
(4) 적극행정을 추진한 공무원이 민사상 책임과 관련된 소송을 수행할 경우에는 소송대리인 선임 등 소송수행에 필요한 지원을 할 수 있다.

7 적극행정 국민신청(제18조의2)

(1) 법령이 없거나 법령이 명확하지 않다는 사유로 통지를 받은 사람은(누구든지 ×) 소관 중앙행정기관의 장에게 해당 업무를 적극적으로 처리해 줄 것을 신청('적극행정 국민신청'이라 한다)할 수 있다.
(2) 적극행정 국민신청은 「부패방지 및 국민권익위원회의 설치와 운영에 관한 법률」 제12조 제16호에 따른 온라인 국민참여포털을 통해 해야 한다.

8 소극행정 신고(제18조의3)

(1) 누구든지 공무원의 소극행정을 소속 중앙행정기관의 장이나 제3항에 따른 소극행정 신고센터에 신고할 수 있다.
(2) 국민권익위원회는 소극행정 신고센터를 운영하고, 중앙행정기관의 장에게 신고사항에 대해 적절한 조치를 하도록 권고할 수 있다.

제3절 경찰청 적극행정 면책제도 운영규정(경찰청훈령)

1 용어의 정의

(1) "적극행정"이란, 경찰청 및 그 소속기관의 공무원 또는 산하단체의 임·직원이 국가 또는 공공의 이익을 증진하기 위해 성실하고 능동적으로(창의·전문·적극 ×) 업무를 처리하는 행위를 말한다.〈23승진〉
(2) "사전컨설팅 감사"란 불합리한 제도 등으로 인해 적극적인 업무 수행이 어려운 경우, 해당 업무의 수행에 앞서 업무 처리 방향 등에 대하여 미리 감사의견을 듣고 이를 업무처리에 반영하여 적극행정을 추진하는 것을 말한다.

2 면책 대상 제외

(1) 금품을 수수한 경우
(2) 고의·중과실, 무사안일 및 업무태만의 경우
(3) 자의적인 법 해석 및 집행으로 법령의 본질적인 사항을 위반한 경우 〈23승진〉
(4) 위법·부당한 민원을 수용한 특혜성 업무처리를 한 경우
(5) 그 밖에 위 각 호에 준하는 위법·부당한 행위를 한 경우

경찰행정법

CHAPTER 01　경찰조직법
CHAPTER 02　경찰공무원과 법

CHAPTER 01 경찰조직법

PART 03

제1절 법치행정과 경찰법의 법원

1 법치행정의 원칙(전통적 견해) 〈22채용〉

법률의 법규창조력 (법률의 지배 ×)	① 의회만이 국민을 구속하는 법규를 제정할 수 있다. ② 행정기관은 원칙적으로 법규를 명령으로 규정할 수 없으나 법률의 위임이 있는 경우는 가능 ※ 법규: 국민의 권리·의무에 관한 사항에 관한 규범
법률우위의 원칙 (제약규범)	① 행정은 '법률에 위반해서는 안 된다'는 원칙 ② 법치주의의 소극적 측면(~ 안 된다) ③ 여기서 '법률'은 법규명령, 관습법, 행정법의 일반원칙까지 포함한 개념이다. ④ 비권력적 활동까지 포함한 모든 행정에 적용된다. ⑤ 법률이 다른 국가작용(행정, 사법)보다 우위 개념
법률유보의 원칙 (근거규범)	① 행정은 '법률에 근거하여 할 수 있다'는 원칙 ② 법치주의의 적극적 측면(~ 할 수 있다) ③ 여기서 '법률'은 법률과 법규명령만을 의미하며 관습법은 포함되지 않는다. ④ 모든 행정에 적용되는 것은 아니다. 권력적 활동은 법적 근거가 있어야 하지만 순수한 서비스 활동은 조직법적 직무범위 내에서 근거규정(수권규정)이 없어도 행사 가능하다. ⑤ 법률유보의 범위에 대하여 견해의 대립이 있으며 다수설과 판례는 중요하고 본질적인 사항은 반드시 법적 근거가 필요하다는 중요사항유보설이다. ⑥ 국민의 권리를 제한하거나 의무를 부과하는 경우와 그 밖에 국민생활에 중요한 영향을 미치는 경우에는 법률에 근거하여야 한다(행정기본법 제8조). ⑦ 법률유보의 원칙에서 요구되는 법적근거는 작용법적 근거를 의미한다. 조직법적 근거는 모든 행정권 행사에 있어서 당연히 요구되는 것이므로 법률유보가 문제되지 않는다.
관련판례	① 혼합살수방법은 법령에 열거되지 않은 새로운 위해성 경찰장비에 해당하므로 경찰청장의 '살수차 운용지침'(2014.4.3.)은 법률유보원칙에 위배되고 혼합살수행위 역시 법률유보원칙에 위배된다(헌재 2015헌마476). 〈22채용〉 ② 법률유보의 원칙은 '법률에 의한' 규율만을 뜻하는 것이 아니라 '법률에 근거한' 규율을 요청하는 것이므로 위임입법에 의하여도 기본권 제한을 할 수 있다(헌재 2003헌마289) ③ 오늘날 법률유보원칙은 국민의 기본권실현에 관련된 영역에 있어서는 행정에 맡길 것이 아니라 국민의 대표자인 입법자 스스로 그 본질적 사항에 대하여 결정하여야 한다는 요구까지 내포하는 것이다(의회유보원칙) (헌재 2006헌바70) ④ 예산은 일종의 법규범이고 법률과 마찬가지로 국회의 의결을 거쳐 제정되지만 법률과 달리 국가기관만을 구속할 뿐 일반국민을 구속하지 않는다(헌재 2006헌마409)

2 법의 3가지 측면

조직규범	① 경찰활동은 조직법(경찰법 제3조)에 정해진 범위 내에서 행해져야 한다. ② 경찰관이 조직법상의 직무 외의 행위를 하면 이는 직무행위로 볼 수 없고 그 효과는 국가에 귀속되지 않는다.
제약규범	경찰활동은 법률의 규정을 위반해서는 안된다.
근거규범	경찰기관은 **수권규정(작용법)**이 있어야 경찰권을 발동할 수 있다.

3 경찰법의 법원

(1) 의의
① 법원이란 경찰행정에 관한 **법의 존재형식**을 의미한다.
② 경찰행정은 **성문법주의**가 원칙이지만, 경찰행정의 영역이 다양하고 복잡하므로 불문법원이 보충적으로 적용된다.
③ 경찰법은 통일된 단일법전이 존재하지 않는다.
④ **법규**: 국민의 권리·의무에 관한 사항

(2) 성문법원
① **헌법**: 행정의 조직이나 작용을 정한 부분은 그 한도 내에서 경찰행정법의 법원이 된다.
② **법률**: 경찰권의 발동은 법률에 근거해야 하므로 가장 중심적인 법원이다.
③ **조약 및 국제법규**: 헌법에 의하여 체결·공포된 조약과 일반적으로 승인된 국제법규는 국내법과 동일한 효력을 가진다(별도의 국내법 제정 절차 불요).
④ **법규명령**

의의	• 국회의 의결 없이 행정기관에 의하여 제정된 법규로서 대통령령(시행령), 총리령·부령(시행규칙)으로 구분된다. • 일반·추상적 규정으로서, 국민과 행정청을 동시에 구속하는 **양면적 구속력**을 가지며 **재판규범**이다.
위임 명령	• 상위 법령의 구체적 위임이 필요하며, 새로운 법규사항 규정 가능 • "~ 에 관한 사항은 행정안전부령으로 정한다." 형식으로 규정 • 대통령령, 총리령·부령
집행 명령	• 상위법령의 구체적 위임 불필요하며, 새로운 법규사항 규정 불가능 〈21승진〉 • "~ 의 시행에 필요한 사항은 행정안전부령으로 정한다." 형식으로 규정 • 대통령령, 총리령·부령 (위임명령은 대통령령이고 집행명령은 총리령·부령이다. ×)
특징	• 국민과 행정청을 동시에 구속하는 **양면적 구속력**이 있어서 재판규범이 된다. • 국회에서 의결된 법률안은 정부에 이송되어 15일 이내에 대통령이 공포한다(헌법). 〈23승진〉 • **법령**(법률, 부령 등)은 특별한 규정이 없는 한 공포한 날부터 **20일 경과 시 효력발생** 〈19·23승진〉 • 국민의 권리제한 또는 의무부과와 직접 관련되는 **법령**(법률, 부령 등)은 공포 후 30일이 경과한 날부터 시행되도록 하여야 함(법령 등 공포에 관한 법률). 〈21·23승진, 21경간〉

한계	• 법률에 의한 일반적·포괄적 위임 금지 • 국회 전속적 법률사항 위임 금지 • 법률에서 위임한 사항을 전면적 재위임 금지 • 처벌규정 원칙적 금지, 예외적 위임(처벌규정 절대적 위임 금지 ×) 〈17승진〉 　− 구성요건: 법률이 구체적 기준을 정하여 위임 가능 　− 형벌: 법률이 형벌의 종류와 상한을 정하여 위임 가능

● 정리하기

법규명령

구분	위임명령	집행명령
법률의 구체적 위임	○	×
새로운 법규사항 규정	○	×
대통령령, 총리령, 부령	모두 해당	모두 해당

⑤ 자치법규

조례	• 법령의 범위 안에서 자치단체 의회가 정하는 자치법규 • 지방자치단체는 법령의 범위에서 그 사무에 관하여 조례를 제정할 수 있다. 다만, 주민의 권리 제한 또는 의무 부과에 관한 사항이나 벌칙을 정할 때에는 법률의 위임이 있어야 한다(지방자치법 제28조). 　※ 법률의 위임이 있는 경우 형벌(벌칙)도 규정 가능(다수설) • 법률의 구체적 위임이 없더라도 조례 위반에 대하여는 1천만원 이하의 과태료 부과 가능(지방자치법 제34조)
규칙	지방자치단체장은 법령 또는 조례의 범위에서 규칙을 제정할 수 있다. 〈23채용〉

(3) 불문법원

① 관습법

㉠ 장기간 반복되어 일반국민의 법적 확신을 얻어 법으로 여겨지는 것 〈23채용〉

㉡ 행정선례법이란 행정청의 관행이 국민 사이에 법으로 믿어지는 것

㉢ 법률로 행정선례법을 변경할 수는 있지만 법원으로 인정받으므로, 법규성이 없는 훈령으로 행정선례법을 변경할 수는 없다.

② 판례법

㉠ 동일한 판결의 반복으로 판결의 내용이 법으로 승인되기에 이른 경우

㉡ 대륙법계는 판례의 법원성을 부정하고, 영미법계는 판례의 법원성을 인정

㉢ 우리나라 판례에 대하여 다수설은 법원성을 인정하나, 판례는 부정

　※ '상급법원 재판에서의 판단은 해당 사건에 관하여 하급심을 기속한다.'는 법원조직법 제8조는 당해 사건에만 미치므로 일반적인 대외 규범을 갖는 법규성은 부정됨.

㉣ 헌법재판소 위헌결정: 헌재의 위헌결정은 법원과 국가기관 및 지방자치단체를 기속하므로(헌법재판소법 제47조), 법원성 인정된다.

③ 조리(행정법의 일반원칙)

㉠ 일반사회의 보편적 원리로 성문법과 관습법이 없을 경우 최후의 보충적 법원이 된다.

ⓒ 오늘날 법의 일반원칙은 성문화되어 가는 추세이다.
ⓒ 경찰의 행위가 형식상 적법하더라도 조리에 위반하면 위법하다. 〈23경위〉
ⓔ 행정기본법이 제정되기 전에는 신뢰보호의 원칙(금반언 법리), 부당결부금지의 원칙, 비례의 원칙, 평등의 원칙(자기구속의 원칙), 성실의무, 권한남용금지의 원칙 등이 불문법상 행정법의 일반원칙으로 논의되었으나 성문법(행정기본법) 상의 법 원칙이 되었다.
※ 「행정기본법」 참조

4 행정입법

(1) 의의 〈21경간〉

① 행정부가 제정하는 규정을 행정입법이라고 하며 **법규명령과 행정규칙으로 나눌 수** 있다.
② 법규명령은 국민을 구속하는 효력이 있고, 행정규칙은 내부 사무처리기준을 정한 것이다.

(2) 주요내용 비교

구분	법규명령	행정규칙
표현형식	시행령(대통령령), 시행규칙(총리령, 부령)	훈령, 지시, 예규, 일일명령 등
구속력	대내 ○, 내외 ○	대내 ○, 대외 ×
형식	요식행위(문서 ○, 구두 ×)	불요식행위(문서 ○, 구두 ○)
근거	필요	불요
공포	필요	불요
법규성	있음	없음
재판규범	인정	부정
위반효과	위법	위법 아님(징계 사유 ○).
한계	법률우위원칙과 법률유보원칙 적용	법률우위원칙 ○, **법률유보원칙 ×**

(3) 내용과 형식의 상이

법규명령 형식의 행정규칙	형식은 법규이지만 내용은 행정규칙인 경우, 대통령령(시행령)은 법규명령으로 보지만, 부령(시행규칙)은 행정규칙으로 본다.
행정규칙 형식의 법규명령 (법령보충규칙)	① 형식은 행정규칙이지만 상위법령의 구체적인 위임에 따라 제정되어 상위법령을 보충하고 있으면, **상위법령과 결합하여 법규성을 갖는다**(판례). 〈21경간〉 ② 법률·대통령령·총리령·부령 등의 위임을 받아 중앙행정기관의 장이 정한 훈령·예규·고시 등 행정규칙은 법령에 해당한다(행정기본법 제2조). ③ 「경찰관직무집행법 시행령」 제20조에 의하여 경찰청장이 고시로 정하도록 위임된 「범인검거등 공로자 보상에 관한 규정(경찰청훈령)」은 이른바 법률보충적 행정규칙으로서 법규명령으로서의 효력을 가진다(대판 2017두 66541).

(4) 재량준칙에 대한 법규성
① 재량준칙은 재량권 행사의 일반적인 기준을 제시하는 행정규칙을 의미
② 재량준칙에 따라 행정 관행의 반복으로 평등의 원칙이나 자기구속의 법리가 적용되는 경우 외부적 효력이 있다(대판 2013두18964). 다만, 이는 판례가 행정규칙 자체의 법규성을 인정한 것은 아니다.
③ 재량준칙이 공표된 것만으로는 행정의 자기구속의 원칙이 적용될 수 없고, 재량준칙이 되풀이 시행되어 행정관행이 성립한 경우에 행정의 자기구속의 원칙이 적용될 수 있고(대판 2009두7967). 대외적 구속력을 가진 공권력의 행사가 된다(헌재 2004헌마670). 다만, 위법한 행정처분에 대하여 자기구속력을 갖게 된다고 할 수 없다(대판 2008두13132).

5 훈령

(1) 의의
① 상급관청이 하급관청이나 보조기관의 권한행사를 일반적으로 지휘하는 명령
② 원칙적으로 일반적·추상적 사항에 대하여 발하지만, 개별적·구체적 사항에 대해서도 가능

(2) 요건 〈17·19·20승진〉

형식적 요건	① 훈령권 있는 상급관청이 발한 것일 것 ② 하급관청의 권한 내의 사항에 관한 것일 것 ③ 직무상 독립한 범위에 속하는 사항이 아닐 것
실질적 요건	① 내용이 실현 가능하고 명확할 것 ② 내용이 적법하고 타당할 것 ③ 내용이 공익에 반하지 않을 것

(3) 경합
① **주관상급관청** ↔ 비주관상급관청: 주관상급관청에 따른다.
② 주관상급관청이 상하관계이면 직근상급관청을 따른다.
   예 경찰청 훈령 ↔ 서울청 훈령: 서울청 훈령에 따른다.
③ 주관상급관청이 불명확한 때에는 주관쟁의의 방법으로 해결한다.

(4) 심사권 〈17승진〉

형식적 요건	① 하급 관청은 훈령의 형식적 요건을 심사할 권한 있음 ② 훈령이 형식적 요건을 갖추지 못한 경우 복종 거부 가능
실질적 요건	① 하급 관청은 실질적 요건을 심사할 권한 없음 ② 훈령이 실질적 요건을 갖추지 못한 경우에도 복종 ③ 예외적으로 훈령의 내용이 명백하게 중대하고 하자가 있는 경우에는 심사권이 있으며, 복종 거부할 수 있음

(5) 위반의 효과 〈18승진〉
① 대외적 효과: 상급관청의 훈령에 위반한 하급관청의 행위도 적법하며 유효
② 대내적 효과: 경찰공무원의 직무상 복종의무 위반으로 징계사유가 된다. 〈22법학〉

규대쌤 Comment

형식적으로 상하 독립, 실질 적용

6 훈령과 직무명령 〈16·18채용, 19승진, 20·21경간, 22법학〉

구분	훈령	직무명령
의의	상급관청이 하급관청에 명령	상관이 부하 공무원에게 명령
효력	경찰기관의 의사를 구속	경찰관 개인을 구속
구성원 변경	영향 없음	효력 상실
범위	직무사항에 한함	직무사항 + 공무원의 복무행위 ① 직무와 간접적으로 관련(복장, 두발) (○) ② 직무와 관련 없는 사생활 (×) ③ 부하의 권한행사 외의 사항 (×)
양자 관계	훈령은 직무명령의 성격을 가짐 (일반·추상적 + 개별·구체적)	직무명령은 훈령의 성격을 갖지 못함 (일반·추상적 ×)
법적 근거	필요 없음	
요건	훈령과 직무명령의 형식적 요건과 실질적 요건은 동일하다. 〈18경간〉	

7 관련 판례

(1) 구법에 위임의 근거가 없어 무효였더라도 사후에 법개정으로 위임의 근거가 부여되면 그때부터는 유효한 법규명령이 되고, 유효한 법규명령이 법개정으로 위임의 근거가 없어지게 되면 그때부터 무효인 법규명령이 된다(대판 93추83).

(2) 도로교통법시행규칙 [별표 16]의 운전면허행정처분기준은 부령의 형식으로 되어 있으나, 행정청 내부의 사무처리준칙을 규정한 것에 지나지 아니하므로 대외적으로 국민이나 법원을 기속하는 효력이 없다(대판 96누5773).

(3) 조례에 대한 법률의 위임은 포괄적인 것으로 족하다(헌재 92헌마264).

(4) 법령의 위임이 없음에도 법령에 규정된 처분 요건에 해당하는 사항을 부령에서 변경하여 규정한 경우에는 행정명령의 성격을 지닐 뿐 국민에 대한 대외적 구속력은 없다(대판 2011두10584).

(5) 행정부 공무원이 정당한 이유 없이 행정입법 의무를 게을리함으로써 원고들의 보수청구권을 침해하였다는 이유로 피고에 대하여 국가배상법에 따른 손해배상책임을 인정한 것은 정당하다(대판 2006다3561). ⇨ 입법부작위는 행정소송의 대상이 될 수는 없지만 불법행위로 인한 국가배상책임이 인정될 수는 있다.

(6) 상위법령의 시행에 관하여 필요한 절차 및 형식에 관한 사항을 규정하는 집행명령은 위임명령과 달리 헌법 제75조와 제95조에 근거하여 상위법률 등의 수권이 없이도 직권으로 발령될 수 있다.

> 제75조 대통령은 법률에서 구체적으로 범위를 정하여 위임받은 사항과 법률을 집행하기 위하여 필요한 사항에 관하여 대통령령을 발할 수 있다.
> 제95조 국무총리 또는 행정각부의 장은 소관사무에 관하여 법률이나 대통령령의 위임 또는 직권으로 총리령 또는 부령을 발할 수 있다.

(7) 관습법은 법령에 저촉되지 않는 한(성문법 개폐효력 ×) 법칙으로서의 효력이 있는 것이다(대판 80다3231).

제2절 국가경찰과 자치경찰의 조직 및 운영에 관한 법률

1 경찰조직의 근거

정부조직법	① 국가 행정조직에 관한 기본법 ② 경찰청 설치의 근거를 규정 제34조 ⑤ 치안에 관한 사무를 관장하기 위하여 행정안전부장관 소속으로 경찰청을 둔다. 제34조 ⑥ 경찰청의 조직·직무범위 그 밖에 필요한 사항은 따로 법률로 정한다. (정부조직법은 경찰청의 조직·직무범위에 대하여도 규정하고 있다. ×)
국가경찰과 자치경찰의 조직 및 운영에 관한 법률 (경찰법)	① 경찰 행정조직의 기본법(정부조직법 ×) ② 헌법재판소는 '경찰법은 경찰조직에 대한 법으로서 원칙적으로 일반국민을 수범자로 하고 있지 않다'고 결정(1994.6.30., 91헌마162) 제1조(목적) 이 법은 경찰의 민주적인 관리·운영과 효율적인 임무수행을 위하여 경찰(국가경찰 ×)의 기본조직 및 직무 범위와 그 밖에 필요한 사항을 규정함을 목적으로 한다.

2 경찰행정기관의 유형

행정관청	① 행정주체의 법률상 의사를 결정하고, 이를 외부에 표시하는 권한을 가진 기관 ② **보통경찰관청**: 경찰청장, 시·도경찰청장, 경찰서장, 시·도자치경찰위원회 ※ 관서는 경찰청, 시·도경찰청 등 부서를 의미하고 관청은 기관장을 의미 ※ **합의제 행정관청**: 시·도자치경찰위원회, 소청심사위원회 ③ **특별경찰관청**: 해양경찰청장, 지방해양경찰청장, 해양경찰서장 ※ 해양경찰 적용법규: 경찰법(×), 경직법(○), 경공법(○)
보조기관	행정관청의 직무를 보조하는 기관으로서 차장, **국가수사본부장**, 국장, 과장, 지구대장, 파출소장
자문기관	① 행정청으로부터 자문을 받아 의견을 제시하는 기관, 자문은 법적 구속력 없다. ② 고충심사위원회, 인사위원회, 경찰청 인권위원회
의결기관	① 의결의 권한을 가진 합의제 기관으로 의결을 외부에 표시할 권한은 없다. ② 행정관청이 의결을 거치지 않고 행한 행위는 무효 ③ 국가경찰위원회, 징계위원회 등 대부분의 위원회가 의결기관이다. ※ 의결기관 아닌 것: 시경위(관청), 소청위(관청), 고·인·인(자문기관)
집행기관	경찰공무원 개인(순경~치안총감)

3 경찰의 이념과 직무수행

제1조(목적) 이 법은 경찰의 민주적인 관리·운영과 **효율적인** 임무수행을 위하여 경찰의 기본조직 및 직무 범위와 그 밖에 필요한 사항을 규정함을 목적으로 한다.

제5조(권한남용의 금지) 경찰은 그 직무를 수행할 때 헌법과 법률에 따라 국민의 자유와 권리 및 모든 개인이 가지는 불가침의 **기본적 인권**을 보호하고, 국민 전체에 대한 봉사자로서 공정·중립을 지켜야 하며, 부여된 권한을 남용하여서는 아니 된다.

규대쌤 Comment

자문 고(GO) 인 인

제6조(직무수행) ① 경찰공무원은 상관의 지휘·감독을 받아 직무를 수행하고, 그 직무수행에 관하여 서로 협력하여야 한다.
　② 경찰공무원은 구체적 사건수사와 관련된 제1항의 지휘·감독의 적법성 또는 정당성에 대하여 이견이 있을 때에는 이의를 제기할 수 있다.

4 경찰의 임무(제3조) 〈23경위〉

경찰법 제3조, 경직법 제2조

① 국민의 생명·신체 및 재산의 보호
② 범죄의 예방·진압 및 수사
③ 범죄피해자 보호
④ 경비·요인경호 및 대간첩·대테러 작전 수행
⑤ 공공안녕에 대한 위험의 예방과 대응을 위한 정보의 수집·작성 및 배포 (치안정보 ×)
⑥ 교통의 단속과 위해의 방지
⑦ 외국 정부기관 및 국제기구와의 국제협력
⑧ 그 밖의 공공의 안녕과 질서 유지

5 국가경찰사무와 자치경찰사무

(1) 「경찰법」 전부 개정(2021.1.1. 시행)
　① 수사권 조정으로 비대해진 경찰권을 효율적으로 분산하고, 지역주민의 치안수요에 적합한 다양한 치안서비스를 제공하기 위하여 **2021.1.1.부터 자치경찰제를 도입**
　② 자치경찰제는 국가경찰과 자치경찰로 조직이 분리되는 이원화 방식이 아닌 경찰사무와 지휘권만 분리하여 조직의 변화와 소요비용 최소화하는 **일원화 방식을 채택**

(2) 국가경찰사무와 자치경찰사무의 구별
　① 국가경찰사무는 자치경찰사무를 제외한 경찰의 임무를 수행하는 사무
　② 자치경찰사무는 경찰법 제3조 경찰의 임무 범위 내에서 관할 지역의 생활안전·교통·경비·수사 등에 관한 사무 중 **생활안전(풍속 포함)·교통·경비 관련 사무는 대통령령으로 정하는 기준에 따라 시·도조례로 정한 것**을 말하고, **수사와 관련된 사무는 대통령령으로 정한 것**

> **참고**
>
> 조례의 기준(자치경찰사무와 시·도자치경찰위원회의 조직 및 운영 등에 관한 규정 제2조)
> • 법 제3조에 따른 경찰의 임무 범위와 별표에 따른 생활안전, 교통, 경비 관련 자치경찰사무의 범위를 준수할 것
> • 관할 지역의 인구, 범죄발생 빈도 등 치안 여건과 보유 인력·장비 등을 고려하여 자치경찰사무를 적정한 규모로 정할 것
> • 기관 간 협의체 구성, 상호협력·지원 및 중복감사 방지 등 자치경찰사무가 국가경찰사무와 유기적으로 연계되고 균형이 이루어지도록 하는 사항을 포함할 것
> • 자치경찰 사무의 내용은 국민의 생명·신체 및 재산을 보호하고 공공의 안녕과 질서를 유지하는 데 효율적인 것으로 정할 것

(3) 자치경찰사무에 대한 재정적 지원
① 국가는 지방자치단체가 이관받은 사무를 원활히 수행할 수 있도록 인력, 장비 등에 소요되는 비용에 대하여 **재정적 지원을 하여야 한다**(할 수 있다 ×). 〈23경위〉
② 자치경찰사무의 수행에 필요한 **예산**은 시·도자치경찰위원회의 심의·의결을 거쳐 시·도지사가 수립한다. 이 경우 시·도자치경찰위원회는 **경찰청장**(시·도경찰청장 ×)의 의견을 들어야 한다. 〈23경위〉
③ 시·도지사는 자치경찰사무 담당 공무원에게 조례에서 정하는 예산의 범위에서 **재정적 지원 등을 할 수 있다**(하여야 한다 ×). 〈23경위〉
④ 시·도의회는 관련 예산의 효율적인 관리를 위하여 의결로써 자치경찰사무에 대해 시·도자치경찰위원장의 출석 및 자료 제출을 요구할 수 있다. 〈23경위〉

6 자치경찰사무의 범위(제4조)

(1) 지역 내 주민의 생활안전 활동에 관한 사무
① 생활안전을 위한 순찰 및 시설의 운영
② 주민참여 방범활동의 지원 및 지도
③ 안전사고 및 재해·재난 시 **긴급구조지원**(긴급구조 ×)
④ 아동·청소년·노인·여성·장애인 등 사회적 보호가 필요한 사람에 대한 보호 업무 및 가정폭력·학교폭력·성폭력 등의 예방
⑤ 주민의 일상생활과 관련된 사회질서의 유지 및 그 위반행위의 지도·단속. 다만, 지방자치단체 등 다른 행정청의 사무는 제외한다.
⑥ 그 밖에 지역주민의 생활안전에 관한 사무(노숙인·주취자·행려병자 **보호조치** 보호 업무 ×)

(2) 지역 내 교통활동에 관한 사무
① 교통법규 위반에 대한 지도·단속
② 교통안전시설 및 무인 교통단속용 장비의 심의·설치·관리
③ 교통안전에 대한 교육 및 홍보
④ 주민참여 지역 교통활동의 지원 및 지도
⑤ 통행 허가, 어린이 통학버스의 신고, 긴급자동차의 지정 신청 등 각종 허가 및 신고에 관한 사무
⑥ 그 밖에 지역 내의 교통안전 및 소통에 관한 사무

(3) 지역 내 다중운집 행사(집회·시위 ×) 관련 혼잡 교통 및 안전 관리

(4) 수사사무 〈22채용〉
① 경범죄 및 기초질서 관련 범죄
② 아동학대, 가정폭력 범죄
③ 학교폭력 등 소년범죄(19세 미만 소년이 19세 이상인 사람과 공범인 경우는 제외)
④ 교통사고 및 교통 관련 범죄(고속도로에서 발생한 사건, 뺑소니 사건은 제외)
⑤ 가출인 및 「실종아동등의 보호 및 지원에 관한 법률」에 따른 **실종아동등 수색**(가출인·실종아동등 조속한 발견을 위한 수색) 및 **범죄**(개인위치정보 목적외 사용, 관계 공무원 출입·조사 방해 등)

④ 「형법」 제245조에 따른 공연음란 및 「성폭력범죄의 처벌 등에 관한 특례법」 제12조에 따른 성적 목적을 위한 다중이용장소 침입행위에 관한 범죄

7 국가경찰위원회

(1) 조직 및 구성

조직	① 국가경찰행정에 관하여 **심의·의결**하기 위하여 행정안전부에 국가경찰위원회를 둔다(행정관청 ×). ② 경찰에 대한 민주적 통제와 정치적 중립 확보 목적 ※ 행안부장관의 재의요구권과 의결사항 한정으로 민주적 통제에 한계(명실상부한 민주적 통제 ×)
구성	7명: 상임 1명(정무직, 차관급) + 비상임 6명(위원장, 5명의 위원) 〈21경채〉
위원장	① 위원장은 위원회를 대표하며, 위원회의 사무를 총괄한다. ② 위원장은 비상임 중에서 호선하며, 직무대리는 상임위원, 연장자순 ③ 위원장은 관계공무원 또는 관계전문가의 출석·발언이나 자료의 제출을 요구하거나, 관계 경찰공무원에게 필요한 사항의 보고를 요구할 수 있으며 그 관계 경찰공무원은 성실히 이에 응하여야 한다. ④ 「국가경찰위원회 규정」에 규정된 사항 외에 위원회의 운영을 위하여 필요한 사항은 위원회의 의결을 거쳐 위원장(행안부장관 ×)이 정한다. 〈21승진〉

위원
(제8조, 제9조)
〈20·21승진〉
	① 위원의 임명: 행정안전부 장관 제청 ⇨ (총리) ⇨ 대통령 임명
	② 행안부장관은 임명 제청 시 경찰의 정치적 중립이 보장되도록 하여야 한다.
	③ 위원 중 2명은 법관의 자격이 있는 사람이어야 한다(의무적). 〈21경채〉
	④ 특정 성별이 6/10 초과하지 않도록 노력 의무 〈21경채〉
	⑤ 결격사유 및 당연퇴직 사유
	  • 경찰/검사/국정원/군인/당적/선거직 퇴직 후 **3년** 미경과자 〈21승진〉
	  • 국가공무원 결격사유 및 당연퇴직 사유
	⑥ 국가공무원법상 비밀엄수 의무와 정치운동금지 의무가 요구된다.
	⑦ 임기는 3년, 연임 불가, 보궐위원의 임기는 전임자 임기의 남은 기간으로 한다.
	⑧ **신분보장**: 중대한 신체·정신적 장애 외에 의사에 반한 면직 금지 ⇨ 중대한 심신장애로 면직하는 경우, 위원회의 의결이 있어야 하며 의결 요구는 위원장 또는 행안부장관(경찰청장 ×) (국가경찰위원회규정 제3조)
	(중대한 심신장애로 면직하는 경우에는 당연퇴직한다 ×) 〈21경채〉
	※ 소청위: 금고 이상 형별 또는 장기 심신쇠약 외에는 면직 불가

(2) 회의

심의사항 (제10조)	다음 사항은 국가경찰위원회의 심의·의결을 거쳐야 한다. ① 국가경찰사무에 관한 주요정책(인사/예산/통신/장비 등) 〈23채용〉 ② 국가경찰사무에 관한 인권보호 개선 〈23채용〉 ③ 국가경찰사무 담당 공무원의 부패방지, 청렴도 향상 ④ 국가경찰사무 외에 다른 국가기관으로부터의 업무협조(국가경찰사무와 관련된 ×) ⑤ 제주특별자치도의 자치경찰 지원 등 정책사항 〈23채용〉 ⑥ 시·도자치경찰위원회 위원 추천, 자치경찰사무에 대한 주요 법령·정책 등에 관한 사항, 시·도자치경찰위원회 의결에 대한 재의 요구에 관한 사항 ⑦ 제2조(생·신·재 보호, 공·안·질 유지)에 따른 시책 수립에 관한 사항

	⑧ 비상사태 등 전국적 치안유지를 위한 경찰청장의 지휘·명령에 관한 사항 ⑨ 그 밖에 행정안전부장관 및 경찰청장이 회의에 부친 사항(위원장 ×)
동의권	경찰청장 임명 시 동의권 행사
회의	① 소속은 행정안전부, 사무는 경찰청에서 수행(제11조) 〈21경채〉 ② 정기회: 매월 2회 위원장(경찰청장 ×)이 소집 〈21경채〉 ③ 임시회: 행안부장관, 위원 3인 이상, 경찰청장이 위원장에 소집요구 〈20승진〉 ④ 재의요구: 행안부 장관은 의결한 날부터(다음날 ×) 10일 내 재의 요구 　⇨ 위원회는 7일 이내 재의결 〈21경채〉
의결정족수	재적 과반수 출석 ⇨ 출석 과반수 찬성

> **참고**
>
> 국가경찰위원회가 행정안전부장관을 상대로 제기한 '「행정안전부장관의 소속청장 지휘에 관한 규칙」의 제정행위가 국가경찰위원회의 권한을 침해한다'는 취지의 권한쟁의 심판청구에 대하여, **국가경찰위원회는 법률에 의하여 설치된 국가기관**으로서 **권한쟁의심판을 청구할 당사자능력이 없다는 이유로 심판청구를 각하한다**(2002헌라5).

8 시·도자치경찰위원회

(1) 조직 및 구성

설치	① 자치경찰사무를 관장하기 위하여 시·도지사 소속으로 둔다. 〈22채용〉 ② 2개의 시·도청을 두는 경우 2개의 시경위를 둘 수 있다
성질	합의제 행정기관으로서, 업무를 독립적으로 수행한다(합의제 행정관청). 〈22채용〉
구성	7명[상임 2명(위원장, 1명의 위원), 비상임 5명] 〈21채용, 22경간〉
사무기구	위원회에 사무기구를 두며, 경찰청 소속 경찰공무원을 반드시 둔다(제27조).

(2) 위원

위원장 및 상임위원	① 위원장: 시·도지사가 임명 〈21채용〉 ② 1명의 상임위원: 시경위 의결 ⇨ 위원장의 제청 ⇨ 시·도지사가 임명 〈22법학〉 ③ 위원장과 상임위원은 지방공무원(정무직)으로 함 〈21채용〉 　※ 지방자치단체의 행정기구와 정원기준 등에 관한 규정(대통령령) 별표2 ④ 위원장 직무대행은 상임위원, 연장자순(국경위와 동일)
위원	① 위원의 구성(시·도지사 임명) 〈21채용〉 　㉠ 시·도의회가 추천하는 2명 　㉡ 국가경찰위원회가 추천하는 1명 (경찰청장 ×) 〈22법학〉 　㉢ 해당 시·도 교육감이 추천하는 1명

ⓔ 시·도자치경찰위원회 위원추천위원회가 추천하는 2명

> ※ 시·도자치경찰위원회 위원추천위원회(대통령령 제5조)
> - 위원장 1명을 포함하여 5명으로 구성하며 위원장은 호선
> - 시·군·구의장단협의체 추천(1), 시장·군수·구청장협의체 추천(1), 경찰청장 추천(현직경찰관 제외)(1), 지방법원장 추천(1), 시·도 기획조정실장으로 구성
> - 세종·제주는 기초자치단체가 없어 시·군·구의장단협의체, 시장·군수·구청장협의체 대신, 시·도의회 및 시·도 교육감이 각각 1명씩 추천

ⓜ 시·도지사(지자체장)가 지명하는 1명
② 특정 성별이 6/10 초과하지 않도록 노력 의무
③ 위원 중 1명은 인권 전문가 임명 노력 의무 〈22경간, 22채용, 22법학〉
④ 임기: 3년, 연임 금지 〈22경간〉
⑤ 보궐위원: 전임자의 남은 기간으로 하되, 1년 미만인 경우에는 1회 연임 가능
⑥ 신분보장: 중대한 신체·정신상 장애를 제외하고는 면직 금지(형벌 ×)
⑦ 공무원이 아닌 위원에 대해서는 「지방공무원법」 제52조(비밀엄수 의무) 및 제57조(정치운동 금지)를 준용한다. 〈22채용〉

자격 및 결격사유	① 자격 요건 ㉠ 판·검·변·경찰 5년 이상 ㉡ 국가기관 등에서 법률에 관한 사무에 5년 이상 종사한 변호사 자격자 ㉢ 법률학·행정학·경찰학 분야 조교수 5년 이상 ㉣ 그 밖에 관할 지역주민 중에서 경험이 풍부하고 학식과 덕망을 갖춘 사람 ② 결격사유 ㉠ 경찰/검사/국정원/군인/당적/선거직/공무원 퇴직 후 3년 미경과자(공무원이 국·공립대 조교수 이상인 경우 제외) ㉡ 지방공무원 당연퇴직 사유 해당자
정치적 중립	① 위원은 정치적 중립 및 권한 남용 금지(제20조④) 〈22채용〉 ② 시·도지사는 정치적 목적·개인적 이익 위한 관여 금지(제24조②)

(3) 소관사무 및 회의

소관 사무	① 자치경찰사무에 관한 목표의 수립 및 평가 ② 자치경찰사무에 관한 인사, 예산, 장비, 통신 등에 관한 주요정책 및 그 운영지원 ③ 자치경찰사무 담당 공무원의 임용, 평가 및 인사위원회 운영 ④ 자치경찰사무 담당 공무원의 부패 방지와 청렴도 향상에 관한 주요 정책 및 인권침해 또는 권한남용 소지가 있는 규칙, 제도, 정책, 관행 등의 개선 ⑤ 제2조에 따른 시책 수립 ⑥ 제28조 제2항에 따른 시·도경찰청장의 임용과 관련한 경찰청장과의 협의, 제30조 제4항(경찰서장의 자치경찰사무 수행평가를 경찰청장에 통보)에 따른 평가 및 결과 통보 ⑦ 자치경찰사무 감사 및 감사의뢰 (직접 감사 ○) ⑧ 자치경찰사무 담당 공무원의 주요 비위사건에 대한 감찰요구 (직접 감찰 ×) ⑨ 자치경찰사무 담당 공무원에 대한 징계요구 〈22채용〉 ⑩ 자치경찰사무 담당 공무원의 고충심사 및 사기진작 〈23승진〉 ⑪ 자치경찰사무와 관련된 중요사건·사고 및 현안의 점검

	⑫ 자치경찰사무에 관한 규칙의 제정·개정 또는 폐지 ⑬ 지방행정과 치안행정의 업무조정과 그 밖에 필요한 협의·조정 〈22채용〉 ⑭ 제32조에 따른 비상사태 등 전국적 치안유지를 위한 경찰청장의 지휘·명령에 관한 사무 ⑮ 국가경찰사무·자치경찰사무의 협력·조정과 관련하여 **경찰청장**(시·도청장 ×)과 협의 〈23승진〉 ⑯ 국가경찰위원회에 대한 심의·조정 요청 〈23승진〉 ⑰ 그 밖에 시·도지사, 시·도경찰청장이 중요하다고 인정하여 시·도자치경찰위원회의 회의에 부친 사항에 대한 심의·의결(위원장 ×) 〈23승진〉

회의	① 의결: 재적위원 과반수 출석, 출석위원 과반수 찬성
	② 재의 요구권 및 결정
	   ㉠ 시·도지사: 의결이 적정하지 아니하다고 판단할 때
	   ㉡ **행안부장관**: 위원회의 의결이 법령에 위반되거나 공익을 현저히 해친다고 판단되면 미리 경찰청장의 의견을 들어 국가경찰위원회를 거쳐(경찰청장과 국가경찰위원회를 거쳐 ×) 거쳐 시·도지사에게 재의를 요구하게 할 수 있다. 〈22법학〉
	   ㉢ **경찰청장**: 국가경찰위원회와 행안부장관을 거쳐 시·도지사에게 재의를 요구하게 함
	   ㉣ 재의요구를 받은 날부터 7일 내 재의결해야 하며(10일 내 재의요구 ×), 재적위원 과반수 출석과 출석위원 2/3 이상의 찬성으로 전과 같은 의결을 하면 확정됨.
	③ 정기회의: 월 1회 이상 개최(시행령)
	④ 임시회의: 위원장이나 시·도지사가 필요하다고 인정하는 경우, 위원 2인 이상 요구 〈22법학〉

9 국가경찰위원회와 시·도자치경찰위원회 비교

구분	국가경찰위원회	시·도자치경찰위원회
소속	행정안전부	시·도지사
성질	의결기관	합의제 행정기관(관청)
구성	7인	7인 〈21채용〉
임기	① 3년, 연임불가 ② 보궐위원은 전임자의 잔여임기	① 3년, 연임불가 ② 보궐위원은 전임자의 잔여임기로 하되 1년 미만인 경우는 1회 연임 가능
위원장	호선	시·도지사 임명 〈21채용〉
직무대리	상임위원, 위원 중 연장자순	
위원	① 신분: 상임위원은 정무직 ② 2명은 법관 자격자(의무적) ③ 특정 성별 6/10 초과 금지 노력	① 신분: 위원장, 상임위원은 정무직(지방) ② 1명은 인권 전문가 임명되도록 노력 ③ 특정 성별 6/10 초과 금지 노력

자격	없음	① 판·검·변·경찰 5년 이상 ② 국가기관 등에서 법률에 관한 사무에 5년 이상 사한 변호사 자격자 ③ 법률학·행정학·경찰학 분야 조교수 5년 이상 ④ 그 밖에 관할 지역주민 중에서 경험이 풍부하고 학식과 덕망을 갖춘 사람
결격	경찰/검사/국정원/군인/당적/선거직 퇴직 후 3년 미경과자	경찰/검사/국정원/군인/당적/선거직/공무원 퇴직 후 3년 미경과자
회의 〈22채용〉	① 정기회: 월 2회 ② 임시회 　㉠ 소집: 위원장 　㉡ 요구: 행안부장관, 위원 3인 이상, 경찰청장 ③ 재과출/출과찬	① 정기회: 월 1회 이상 ② 임시회 　㉠ 소집: 위원장, 시도지사 　㉡ 요구: 위원 2인 이상(시·도청장 ×) ③ 재과출/출과찬
재의 요구	행안부 장관이 10일 내 요구 ⇨ 위원회는 7일 내 재의결	① 시·도지사가 요구(기간 제한 ×) ⇨ 위원회는 7일 내 재의결 　※ 행안부장관과 청장은 시·도지사에게 요구 ② 재적위원 과반수 출석, 출석위원 2/3 이상의 찬성으로 동일한 의결을 할 경우 확정됨.
신분 보장	중대한 신체상, 정신상 장애로 직무를 수행할 수 없게 된 경우를 제외하고는 그 의사에 반하여 면직되지 아니한다. ※ 소청심사위원회: '금고 이상의 형벌이나 장기의 심신 쇠약' 사유	

10 경찰청

(1) 설치근거

　행안부 장관 소속으로 경찰청을 둔다(정부조직법 34조, 경찰법 12조).

(2) 경찰청장 〈15·16·18승진, 15·18·20채용, 16경간〉

　① 경찰청장은 치안총감으로 보한다.
　② 국가경찰위원회 동의 ⇨ 행안부 장관 제청 ⇨ 국무총리 거쳐 대통령 임명, 국회의 인사청문
　③ 경찰청장은 국가경찰사무(국가경찰사무와 자치경찰사무 ×)를 총괄하고 경찰청 업무를 관장하며 소속 공무원 및 각급 경찰기관의 장을 지휘·감독한다. 〈21채용〉
　④ 임기는 2년, 중임 불가 (국경위·시경위: 3년, 연임 불가)
　⑤ 경찰청장이 직무 집행 시 헌법이나 법률(법령 ×)을 위배한 때에는 국회의 탄핵소추 의결할 수 있다(탄핵심판권 ×).
　　※ 경찰청장 및 국가수사본부장에 대한 국회 탄핵소추 의결권을 경찰법에 명문으로 규정

(3) 차장 〈16경간〉

　① 경찰청에 차장을 두며, 차장은 치안정감으로 한다.
　　※ 경찰청에는 반드시 차장을 두어야 하며, 시·도청에는 선택적으로 둘 수 있다.

규대쌤 Comment

국가는 경검국군당선 3년 / 시도는 경검국군당선공 3년

② 차장은 청장이 직무수행 불가 시 대행한다(협의의 법정대리).

(4) 경찰청장 부속기관
① 경찰청장 소속하에 경찰대학, 경찰인재개발원, 중앙경찰학교, 경찰수사연수원을 둔다.
② 책임운영기관으로 경찰병원을 둔다.
※ 국립과학수사연구원: 행정안전부 장관 소속

11 국가수사본부

(1) 국가수사본부
① 경찰청의 하부조직으로 국가수사본부를 두고(제17조①), 국가수사본부장은 치안정감으로 보하며, 필요시 경찰청 외부를 대상으로 모집(개방직)하여 임용할 수 있음
② 국가수사본부장은 「형사소송법」(경찰법 ×)에 따른 경찰의 수사에 관하여 각 시·도 경찰청장과 경찰서장 및 수사부서 소속 공무원을 지휘·감독 〈22승진〉
③ 국가수사본부장의 임기는 2년으로 중임(重任)할 수 없으며, 임기가 끝나면 당연히 퇴직한다. 〈21채용〉
④ 국가수사본부장에 대한 국회의 탄핵 소추 의결권(탄핵심판권 ×) 명문화
〈21채용, 22승진〉

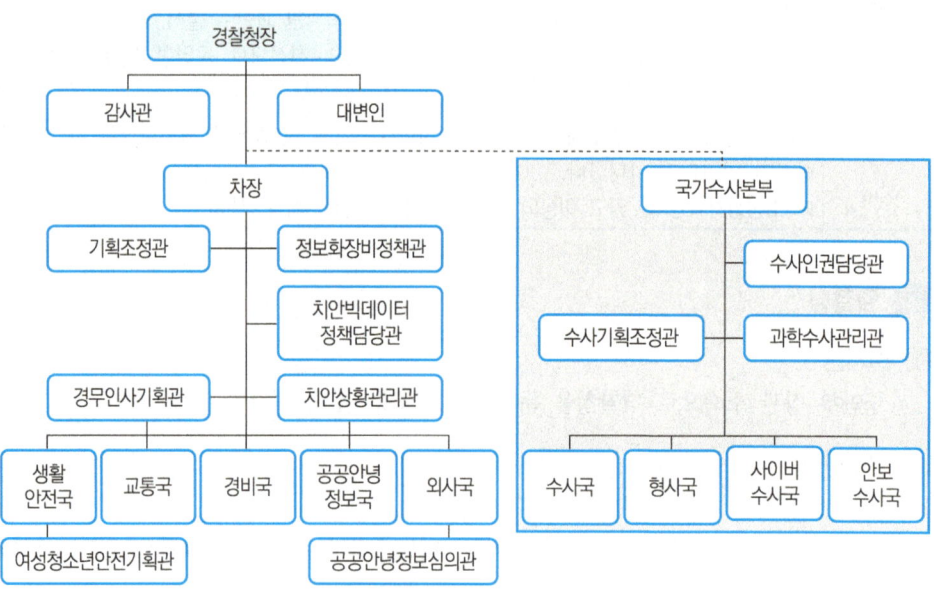

(2) 외부임용 시 국가수사본부장 자격(제16조⑥)

1. 10년 이상 수사업무에 종사한 사람 중에서 고위공무원단에 속하는 공무원, 3급 이상 공무원 또는 총경(경무관 ×) 이상 경찰공무원으로 재직한 경력이 있는 사람
2. 판사·검사 또는 변호사의 직에 10년 이상 있었던 사람
3. 변호사 자격이 있는 사람으로서 국가기관(지방자치단체, 공공기관 포함) 등에서 법률에 관한 사무에 10년 이상 종사한 경력이 있는 사람
4. 대학이나 공인된 연구기관에서 법률학·경찰학 분야에서 조교수 이상의 직이나 이에 상당하는 직에 10년 이상 있었던 사람
5. 제1호부터 제4호까지의 경력 기간의 합산이 15년 이상인 사람

(3) 외부임용 시 국가수사본부장 결격사유(제16조⑦)

1. 「경찰공무원법」 제8조 제2항 각 호의 결격사유에 해당하는 사람
2. 정당의 당원이거나 당적을 이탈한 날부터 3년이 지나지 아니한 사람
3. 선거에 의하여 취임하는 공직에 있거나 그 공직에서 퇴직한 날부터 3년이 지나지 아니한 사람
4. 제6항 제1호에 해당하는 공무원 또는 제6항 제2호의 판사·검사의 직에서 퇴직한 날로부터 1년이 지나지 아니한 사람
5. 제6항 제3호에 해당하는 사람으로서 국가기관 등에서 퇴직한 날로부터 1년이 지나지 아니한 사람

12 시 · 도경찰청

(1) 경찰법 제13조에서 '경찰(경찰청 ×)의 사무를 지역적으로 분담하여 수행하게 하기 위하여 특별시·광역시·특별자치시·도·특별자치도(이하 "시·도"라 한다)에 시·도경찰청을 둔다.'고 규정하여 장소적으로 시·도에 둘 뿐, 시·도지사 소속이 아니다.

(2) 경찰청장 소속으로 시·도경찰청을 둔다는 명문의 규정이 경찰법이나 대통령령(경찰청과 그 소속 기관 직제)에 없다. 경찰법에서 행정안전부장관 소속으로 경찰청을 두고(제12조), 경찰의 사무를 지역적으로 분담하기 위하여 시·도경찰청을 둔다(제13조)고 규정하므로 시·도경찰청은 행정안전부장관 소속으로 볼 수 있다. 시·도경찰청장은 국가경찰사무에 대해서는 경찰청장의 지휘·감독을 받는다(제28조③).

(3) 시·도에 2개의 시·도경찰청을 둘 수 있다. 예 경기남부청, 경기북부청

(4) 시·도경찰청장은 치안정감, 치안감, 경무관으로 보한다.

(5) 시·도경찰청에 차장을 둘 수 있다.

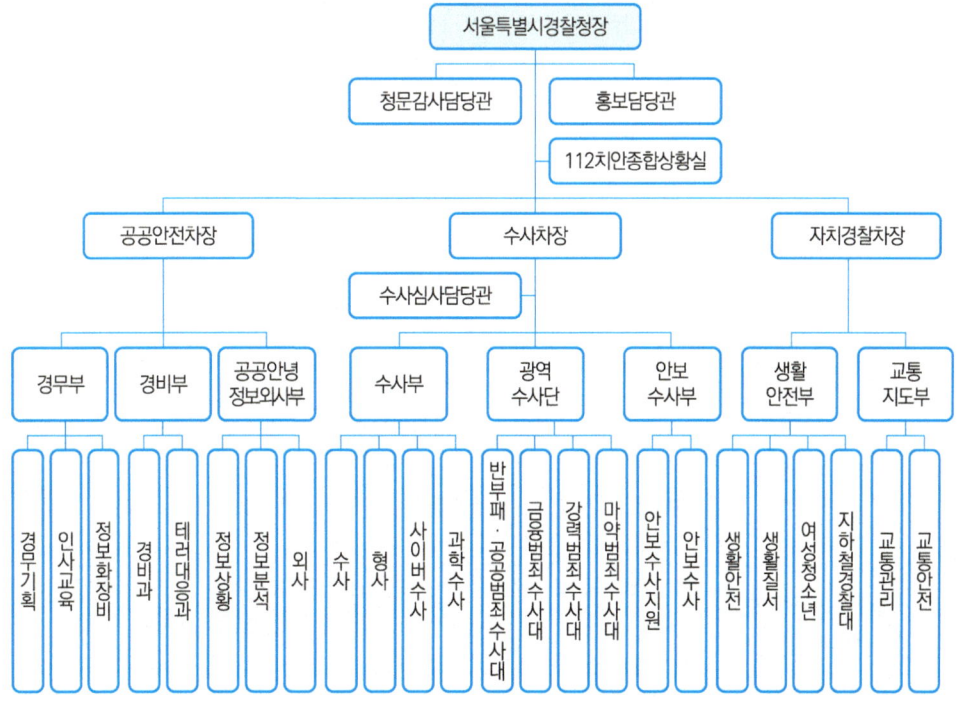

당선 3년, 국공판경 1년

13 경찰서

(1) 시·도경찰청장 소속으로 경찰서를 둔다(제13조).
(2) 경찰서에 경찰서장을 두며, 경찰서장은 경무관, 총경 또는 경정으로 보한다.
(3) 경찰서장은 시·도경찰청장의 지휘·감독을 받아 관할구역의 소관 사무를 관장하고 소속 공무원을 지휘·감독한다.

14 지역경찰

(1) 근거

경찰법	제30조 ③ 경찰서장 소속으로 지구대 또는 파출소를 두고, 그 설치기준은 치안수요·교통·지리 등 관할구역의 특성을 고려하여 **행정안전부령**(대통령령 x)으로 정한다. 다만, 필요한 경우에는 출장소를 둘 수 있다. ※ 행정안전부령은 「경찰청과 그 소속기관 직제 시행규칙」이다.
경찰청과 그 소속기관 직제 (대통령령) 〈20승진〉	제43조(지구대 등) ① 시·도경찰청장은 경찰서장의 소관사무를 분장하기 위하여 행정안전부령으로 정하는 바에 따라 **경찰청장의 승인을 받아** 지구대 또는 파출소를 둘 수 있다. ② 시·도경찰청장은 제1항에 따른 사무분장이 **임시로 필요한 경우**에는 출장소를 둘 수 있다. ③ 지구대·파출소 및 출장소의 명칭·위치 및 관할구역과 그 밖에 필요한 사항은 시·도경찰청장이 정한다.
경찰청과 그 소속기관 직제 시행규칙 (행정안전부령)	제76조(지구대 및 파출소의 설치기준) 경찰서장의 소관사무를 분장하기 위하여 경찰서장 소속으로 지구대를 두되, 다음 각 호의 어느 하나에 해당하는 경우에는 파출소를 둘 수 있다. 1. 도서, 산간 오지, 농어촌 벽지(僻地) 등 교통·지리적 원격지로 인접 경찰관서에서의 출동이 용이하지 않은 경우 2. 관할구역에 국가중요시설 등 특별한 경계가 요구되는 시설이 있는 경우 3. 휴전선 인근 등 보안상 취약지역을 관할하는 경우 4. 그 밖에 치안수요가 특수하여 지구대를 운영하는 것이 적당하지 않은 경우
경찰청과 그 소속기관 조직 및 정원관리 규칙 (경찰청훈령)	제10조 ② 지구대장은 경정 또는 경감, 파출소장은 경정, 경감 또는 경위로 한다. ③ 시·도청장은 임시로 필요한 때에는 출장소를 둘 수 있으며, 출장소를 설치한 때에는 경찰청장에게 보고하여야 한다(출장소 설치는 사후 보고). ④ 출장소장은 경위 또는 경사로 한다. ⑤ 시·도청장이 지구대 또는 파출소를 폐지하거나 명칭·위치 및 관할구역을 변경하였을 때에는 경찰청장에게 보고한다(폐지와 변경은 사후 보고). 제10조의 2 ① 시·도청장은 지역치안을 효율적으로 수행하기 위하여 치안센터를 둘 수 있다.
지역경찰의 조직 및 운영에 관한 규칙 (경찰청예규)	제10조(설치 및 폐지) ① 시·도경찰청장은 지역치안을 효율적으로 수행하기 위하여 지역경찰관서장 소속하에 치안센터를 설치할 수 있다. 제11조(소속 및 관할) ① 치안센터는 지역경찰관서장의 소속 하에 두며, 치안센터의 인원, 장비, 예산 등은 지역경찰관서에서 통합 관리한다.

(2) 지역경찰 비교

구분	지구대/파출소	출장소	치안센터	비고
행정관청 (경찰법)	×	×	×	지역경찰은 관청 불가 관서는 가능
경찰관서 (경직법)	○	○	×	
지역경찰관서 (경찰청 예규)	○	×	×	
설치권자	시·도청장 (경찰청장의 사전승인)	시·도청장 (경찰청장에 사후보고)	시·도청장	
폐지	시·도청장 (경찰청장에 사후보고)	시·도청장		
명칭·위치· 관할변경	시·도청장 (경찰청장에 사후보고)	시·도청장		
관서장 (정원관리규칙)	• 지: 경정, 경감 • 파: 경정, 경감, 경위	경위 또는 경사	특별히 정하지 않음	
순찰팀의 수	시·도청장			
순찰팀의 인원	경찰서장 (시·도청장 연2회 이상 점검)			서장의 인사권
근무시간	24시간		24시간 원칙, 탄력 조정 가능	
근무형태	교대근무		• 검문소형 • 출장소형 (직주일체 가능)	

15 지휘·감독 관계

(1) 경찰청장과 국가수사본부장의 관계

① 경찰청장은 경찰의 수사에 관한 사무의 경우에는 **개별 사건의 수사에 대하여 구체적으로 지휘·감독할 수 없다.** 다만, 국민의 생명·신체·재산 또는 공공의 안전 등에 중대한 위험을 초래하는 긴급하고 **중요한 사건의 수사에 있어서 경찰의 자원을 대규모로 동원하는 등 통합적으로 현장 대응할 필요가 있다고 판단할 만한 상당한 이유가 있는 때에는 제16조에 따른 국가수사본부장을 통하여**(직접 ×) 개별 사건의 수사에 대하여 **구체적으로 지휘·감독할 수 있다**(법 제14조⑥). 〈22법학〉

② 경찰청장은 제6항 단서에 따라 개별 사건의 수사에 대한 구체적 지휘·감독을 개시한 때에는 이를 **국가경찰위원회에 보고**하여야 한다(법 제14조⑦). 〈22법학〉

③ 경찰청장은 제6항 단서의 사유가 해소된 경우에는 개별 사건의 수사에 대한 구체적 지휘·감독을 **중단하여야** 한다(법 제14조⑧).

④ 경찰청장은 제16조에 따른 **국가수사본부장이** 제6항 단서의 사유가 해소되었다고 판단하여 개별 사건의 수사에 대한 **구체적 지휘·감독의 중단을 건의**하는 경우 특별한 이유가 없는 한 이를 **승인하여야** 한다(법 제14조⑨).

규대쌤 Comment
지파폐경은 사후보고

⑤ 제6항 단서에서 규정하는 긴급하고 중요한 사건의 범위 등 필요한 사항은 대통령령으로 정한다(법 제14조⑩).

> 국가경찰과 자치경찰의 조직 및 운영에 관한 법률 제14조 제10항에 따른 긴급하고 중요한 사건의 범위 등에 관한 규정(대통령령)
>
> 제2조(긴급하고 중요한 사건의 범위 등) ① 「국가경찰과 자치경찰의 조직 및 운영에 관한 법률」(이하 "법"이라 한다) 제14조 제6항 단서에 따른 긴급하고 중요한 사건은 다음 각 호의 어느 하나에 해당하는 사건 및 이와 직접적인 관련이 있는 사건으로 한다.
>   1. 전시·사변 또는 이에 준하는 국가 비상사태가 발생하거나 발생이 임박하여 전국적인 치안유지가 필요한 사건
>   2. 재난, 테러 등이 발생하여 공공의 안전에 대한 급박한 위해(危害)나 범죄로 인한 피해의 급속한 확산을 방지하기 위해 신속한 조치가 필요한 사건
>   3. 국가중요시설의 파괴·기능마비, 대규모 집단의 폭행·협박·손괴·방화 등에 대하여 경찰의 자원을 대규모로 동원할 필요가 있는 사건
>   4. 전국 또는 일부 지역에서 연쇄적·동시다발적으로 발생하거나 광역화된 범죄에 대하여 경찰력의 집중적인 배치, 경찰 각 기능의 종합적 대응 또는 국가기관·지방자치단체·공공기관과의 공조가 필요한 사건
> ② 경찰청장은 법 제14조 제6항 단서에 따라 개별 사건의 수사에 대해 구체적 지휘·감독을 하려는 경우에는 그 필요성 등을 신중하게 판단해야 한다.
>
> 제3조(수사지휘의 방식) ① 경찰청장은 법 제14조 제6항 단서에 따라 국가수사본부장에게 개별 사건의 수사에 대한 구체적 지휘를 하는 경우에는 서면으로 지휘해야 한다.
> ② 경찰청장은 제1항에도 불구하고 서면 지휘가 불가능하거나 현저히 곤란한 경우에는 구두나 전화 등 서면 외의 방식으로 지휘할 수 있다. 이 경우 사후에 신속하게 서면으로 지휘내용을 송부해야 한다.

(2) 경찰청장과 시·도경찰청장 및 시·도자치경찰위원회 관계
① 시·도경찰청장은 경찰청장이 시·도자치경찰위원회와 협의하여 추천한 사람 중에서 행정안전부장관의 제청으로 국무총리를 거쳐 대통령이 임용(법 제28조②) ⟨22승진⟩
② 시·도경찰청장은 국가경찰사무에 대해서는 경찰청장의 지휘·감독을, 자치경찰사무에 대해서는 시·도자치경찰위원회의 지휘·감독을, 수사에 관한 사무에 대해서는 국가수사본부장의 지휘·감독을 받는다(법 제28조③).
③ 시·도자치경찰위원회는 자치경찰사무에 대해 심의·의결을 통하여 시·도경찰청장을 지휘·감독하며, 심의·의결할 시간적 여유가 없거나 심의·의결이 곤란한 경우 "대통령령으로 정하는 바"에 따라 시·도자치경찰위원회의 지휘·감독권을 시·도경찰청장(경찰청장 ×)에게 위임한 것으로 본다(법 제28조④).

> 자치경찰사무와 시·도자치경찰위원회의 조직 및 운영 등에 관한 규정 제19조
> 시·도자치경찰위원회는 자치경찰사무에 대한 지휘·감독이 실시간으로 이루어질 수 있도록 미리 경찰청장(시·도청장 ×)과 협의하여 시·도경찰청장에게 위임되는 자치경찰사무 지휘·감독권의 범위 및 위임 절차 등을 시·도자치경찰위원회의 의결을 거쳐 정해야 한다.

④ 경찰서장은 시·도경찰청장의 지휘·감독을 받아 관할구역의 소관 사무를 관장하고 소속 공무원을 지휘·감독한다(법 제30조②).

⑤ 경찰서장 소속으로 지구대 또는 파출소를 둔다(법 제30조③).
⑥ 시·도자치경찰위원회는 정기적으로 경찰서장의 자치경찰사무 수행에 관한 평가결과를 경찰청장(시도청장 ×)에게 통보하여야 하며 경찰청장은 이를 반영하여야 한다(제30조④) (할 수 있다 ×).

16 경찰청장의 자치경찰(제주 자치경찰 포함)의 지휘·명령(제32조)

① 경찰청장은 다음 각 호의 경우에는 제2항에 따라 자치경찰사무를 수행하는 경찰공무원(제주특별자치도의 자치경찰공무원을 포함한다)을 직접 지휘·명령할 수 있다.
  1. 전시·사변, 천재지변, 그 밖에 이에 준하는 국가 **비상사태**, 대규모의 테러 또는 소요사태가 발생하였거나 발생할 우려가 있어 전국적인 치안유지를 위하여 긴급한 조치가 필요하다고 인정할 만한 충분한 사유가 있는 경우 〈22법학〉
  2. 국민안전에 중대한 영향을 미치는 사안에 대하여 다수의 시·도에 동일하게 **적용되는** 치안정책을 시행할 필요가 있다고 인정할 만한 충분한 사유가 있는 경우
  3. 자치경찰사무와 관련하여 해당 시·도의 경찰력으로는 국민의 생명·신체·재산의 보호 및 공공의 안녕과 질서 유지가 어려워 경찰청장의 **지원·조정**이 필요하다고 인정할 만한 충분한 사유가 있는 경우
② 경찰청장은 제1항에 따른 조치가 필요한 경우에는 시·도자치경찰위원회에 자치경찰사무를 담당하는 경찰공무원을 직접 지휘·명령하려는 사유 및 내용 등을 구체적으로 제시하여 통보하여야 한다. 〈22법학〉
③ 제2항에 따른 통보를 받은 시·도자치경찰위원회는 정당한 사유가 없으면 즉시 자치경찰사무를 담당하는 경찰공무원에게 경찰청장의 지휘·명령을 받을 것을 명하여야 하며, 제1항에 규정된 사유에 해당하지 아니한다고 인정하면 시·도자치경찰위원회의 의결을 거쳐 경찰청장에게 그 지휘·명령의 중단을 요청할 수 있다.
④ 경찰청장이 제1항에 따라 지휘·명령을 하는 경우에는 국가경찰위원회에 즉시 보고하여야 한다. 다만, 제1항 제3호의 경우에는 미리 국가경찰위원회의 의결을 거쳐야 하며 긴급한 경우에는 우선 조치 후 지체 없이 국가경찰위원회의 의결을 거쳐야 한다.
⑤ 제4항에 따라 보고를 받은 **국가경찰위원회**는 제1항에 규정된 사유에 해당하지 아니한다고 인정하면 그 지휘·명령을 중단할 것을 의결하여 경찰청장에게 통보할 수 있다.
⑥ 경찰청장은 제1항에 따라 지휘·명령할 수 있는 사유가 해소된 때에는 경찰공무원에 대한 지휘·명령을 즉시 중단하여야 한다.
⑦ 시·도자치경찰위원회는 제1항 제3호에 해당하는 경우 의결로 지원·조정의 범위·기간 등을 정하여 경찰청장에게 지원·조정을 요청할 수 있다.
⑧ 경찰청장은 제주특별자치도경찰청의 관할구역 내에서 제1항의 지휘·명령권을 제주특별자치도경찰청장에게 위임할 수 있다.

● 정리하기

경찰청장의 자치경찰(제주 자치경찰 포함) 지휘·명령 사유(제32조①)

제1호	전시·사변·전재지변 등 비상사태에서 전국적 치안유지	
제2호	시·도에 동일하게 적용되는 시책 시행	
제3호	해당 시·도의 경찰력으로 질서유지가 어려워 지원·조정이 필요한 경우	① 국가경찰위원회의 사전 의결 원칙이며 긴급한 경우 사후 의결을 거쳐야 한다. ② 시·도자치경찰위원회는 경찰청장에게 지원·조정을 요청할 수 있다.

시·도자치경찰위원회와 경찰청장간 협의(통보)사항

1. 시·도경찰청장의 임용과 관련한 경찰청장과의 협의(제24조①6.)
1. 시·도경찰청장의 임용과 관련한 경찰청장과의 협의(제24조①6.)
2. 경찰서장의 자치경찰사무 수행평가를 경찰청장에게 통보(제24조①6.)
3. 국가경찰사무·자치경찰사무의 협력·조정 관련 경찰청장과 협의(제24조①15.)
4. 자치경찰사무와 관련하여 경찰청장에게 경찰력 지원·조정 요청(제32조⑦)
5. 자치경찰 예산 수립시 시·도자치경찰위원회는 경찰청장의 의견을 들어야 한다(제35조①)
6. 자치경찰사무에 대한 지휘·감독이 실시간으로 이루어질 수 있도록 미리 경찰청장과 협의하여 시·도경찰청장에게 위임되는 자치경찰사무의 범위를 정함(자치경찰사무와 시·도자치경찰위원회의 조직 및 운영에 관한 규정 제19조)

제3절 경찰관청의 상호관계

1 경찰관청의 대리와 위임 〈15·19·20승진, 19채용〉

(1) 의의

① 권한의 대리는 피대리자 권한의 전부 또는 일부를 대리자가 피대리자를 위한 것임을 표시(현명주의)하고 자기의 명의로 대행하는 것으로 그 행위는 피대리자의 행위로서 효과가 발생한다. 〈20승진〉

② 위임은 자신의 권한을 행사하지 아니하고 법령에 근거하여 권한의 일부를 보조기관 또는 하급관청에게 이전하여 행사하게 하는 것이다. 〈18채용〉

③ 복대리는 대리권자가 다시 다른 사람으로 하여금 대리하게 하는 것으로서, 언제나 임의대리에 해당한다. 복대리인은 대리권자의 대리인이 아니라 피대리인의 대리인이다.

④ 임의대리는 본인의 승낙이 있거나, 부득이한 사유(소재불명 등) 있는 때가 아니면 복대리인을 선임하지 못한다(민법 제120조).

⑤ 대리는 주로 보조기관, 위임은 주로 하급관청이 상대방이 된다. 〈19승진〉

(2) 대리와 위임의 비교 〈21승진〉

구분	임의대리	법정대리	위임
사례	청장 대신 차장이 회의 참석	청장 사망 시 차장 대리	경찰청장이 시·도청장에 위임
법적 근거	×	○	○
권한의 이전	×	×	○
범위	일부	전부	일부
감독	○	×	○
복대리/재위임	×	○	○
효과(피고)	피대리(본인)	피대리(본인) 〈22채용〉	수임관청 (피위임)
명의	대리인	대리인	수임인

(3) 협의의 법정대리와 지정대리

협의의 법정대리	지정대리
① 법정사유가 발생하면 대리자에게 당연히 대리권이 발생하는 경우 ② 예시: 차장은 경찰청장을 보좌하며, 경찰청장이 부득이한 사유로 직무를 수행할 수 없을 때에는 그 직무를 대행한다(경찰법 제15조②). 〈20승진,22채용〉	① 법정사유 발생 시 지정권자가 대리자를 지정 ② 예시: 국무총리와 부총리가 모두 사고로 직무를 수행할 수 없는 경우에는 대통령의 지명을 받은 국무위원이 그 직무를 대행한다(정부조직법 제22조).

(4) 대결과 위임전결

대결	결재만 맡김. 결재권자가 휴가, 출장 등으로 일시 부재 시 하급자가 대신 결재 〈15승진〉	법령의 근거가 불요한 내부적 사실행위로서, 외부에는 본래 행정청의 이름으로 표시된다.
위임전결 (내부위임)	결재만 맡김. 위임전결 규칙에 의거하여 상시적으로 하급자에게 결재를 맡김.	

2 행정권한의 위임 및 위탁에 관한 규정

제2조(정의) 이 영에서 사용하는 용어의 뜻은 다음과 같다.
1. "위임"이란 법률에 규정된 행정기관의 장의 권한 중 일부를 그 보조기관 또는 하급행정기관의 장이나 지방자치단체의 장에게 맡겨 그의 권한과 책임 아래 행사하도록 하는 것을 말한다.
2. "위탁"이란 법률에 규정된 행정기관의 장의 권한 중 일부를 다른 행정기관의 장에게 맡겨 그의 권한과 책임 아래 행사하도록 하는 것을 말한다. 〈21승진〉

제3조(위임 및 위탁의 기준 등) ② 행정기관의 장은 행정권한을 위임 및 위탁할 때에는 위임 및 위탁하기 전에 수임기관의 수임능력 여부를 점검하고, 필요한 인력 및 예산을 이관하여야 한다(할 수 있다 ×). 〈15승진〉

③ 행정기관의 장은 행정권한을 위임 및 위탁할 때에는 위임 및 위탁하기 전에 단순한 사무인 경우를 제외하고는 수임 및 수탁기관에 대하여 수임 및 수탁사무 처리에 필요한 교육을 하여야 하며, 수임 및 수탁사무의 처리지침을 통보하여야 한다.

> 제6조(지휘·감독) 위임 및 위탁기관은 수임 및 수탁기관의 수임 및 수탁사무 처리에 대하여 지휘·감독하고, 그 처리가 위법하거나 부당하다고 인정될 때에는 이를 취소하거나 정지시킬 수 있다.
> ※ 위법한 경우에만 (×), 반드시 취소·정지시켜야 한다(×). 〈21채용〉
>
> 제7조(사전승인 등의 제한) 수임 및 수탁사무의 처리에 관하여 위임 및 위탁기관은 수임 및 수탁기관에 대하여 사전승인을 받거나 협의를 할 것을 요구할 수 없다. ⇨ 사전승인은 불가, 사후감독은 가능 〈21채용〉
> ※ 예외: 경찰청장으로부터 경감 이하 임용권을 위임받은 시·도청장 등은 경감, 경위를 신규채용 또는 경위, 경사를 승진시키려면 경찰청장의 사전승인 필요(경찰공무원 임용령 제4조)
>
> 제8조(책임의 소재 및 명의 표시) ① 수임 및 수탁사무의 처리에 관한 책임은 수임 및 수탁기관에 있으며, 위임 및 위탁기관의 장은 그에 대한 감독책임을 진다.
> ② 수임 및 수탁사무에 관한 권한을 행사할 때에는 수임 및 수탁기관의 명의로 하여야 한다.
> 〈21승진, 21채용〉
>
> 제9조(권한의 위임 및 위탁에 따른 감사) 위임 및 위탁기관은 위임 및 위탁사무 처리의 적정성을 확보하기 위하여 필요한 경우에는 수임 및 수탁기관의 수임 및 수탁사무 처리 상황을 수시로 감사할 수 있다.

3 직무대리에 관한 규정

(1) 직무대리규정(대통령령)

> 제2조(정의)
> 1. "직무대리"란 기관장, 부기관장이나 그 밖의 공무원에게 사고가 발생한 경우에 직무상 공백이 생기지 아니하도록 해당 공무원의 직무를 대신 수행하는 것을 말한다.
> 4. "사고"란 다음 각 목의 어느 하나에 해당하는 경우를 말한다.
>   가. 전보, 퇴직, 해임 또는 임기 만료 등으로 후임자가 임명될 때까지 해당 직위가 공석인 경우
>   나. 휴가, 출장 또는 결원 보충이 없는 휴직 등으로 일시적으로 직무를 수행할 수 없는 경우

(2) 경찰청 직무대리 운영 규칙(훈령)

> 제3조(정의)
> 1. "소속기관"이란 부속기관(경찰대학, 경찰인재개발원, 중앙경찰학교, 경찰수사연수원, 경찰병원) 및 시·도경찰청을 말한다.
> 2. "직무대리지정권자"란 사고가 발생한 공무원의 직근 상위 계급자를 말한다.
>
> 제4조(소속기관장 등의 직무대리) ① 차장을 두지 않은 시·도경찰청장에게 사고가 있을 경우에는 「경찰청과 그 소속기관 직제」(이하 "직제"라 한다)에 규정된 순서에 따른 부장이 대리한다.
>
> 제6조(경찰서장의 직무대리) 경찰서장에게 사고가 있을 때에는 직제 시행규칙에서 정한 순서에 따른 직근 하위 계급의 과장이 대리한다.
>
> 제8조(직무대리의 지정) 제4조부터 제7조까지에 규정한 사항 외의 공무원에게 사고가 발생하였거나 규정된 직무대리가 적절치 않다고 인정되는 경우에는 직무대리지정권자가 해당 공무원의 직근 하위 계급자 중에서 직무의 비중, 능력, 경력 또는 책임도 등을 고려하여 직무대리자를 지정한다.

제9조(직무대리의 특례) 제8조에도 불구하고 직무대리지정권자는 대리하게 할 업무가 특수하거나 그 밖의 부득이한 사유가 있는 경우, 사고가 발생한 공무원과 **동일한 계급자**를 직무대리자로 지정할 수 있다.

제10조(직무대리의 운영) ① 직무를 대리하는 경우 한 사람은 하나의 직위에 대해서만 직무대리를 할 수 있다.

② 제8조에 따라 직무대리를 지정할 때에는 별지 서식에 따른 **직무대리 명령서**를 직무대리자에게 발급하여야 한다.

③ 제2항에도 불구하고 사고 기간이 15일 이하인 경우에는 직무대리 명령서의 발급을 생략할 수 있다. 이 경우 직무대리지정권자는 직무대리자로 지정된 사실을 전자인사관리시스템이나 내부통신망 등을 통하여 직무대리자에게 명확하게 통지하여야 한다.

④ 직무대리자는 본래 담당한 직위의 업무를 수행하면서 직무대리 업무를 수행하는 것을 원칙으로 하되, 사고가 발생한 공무원의 직위에 보할 수 있는 승진후보자에게 그 사고가 발생한 공무원의 직무대리를 하게 하는 경우에는 본래 담당한 직위의 업무를 수행하지 아니하고 직무대리 업무만을 수행하게 할 수 있다.

⑤ 직무대리자는 직무대리하여야 할 업무를 다른 공무원에게 다시 직무대리하게 할 수 없다 (부득이한 경우 다시 직무대리 할 수 있다 ×).

제11조(직무대리권의 범위) 직무대리자는 사고가 발생한 공무원의 모든 권한을 가지며, 그 권한에 상응하는 책임을 진다.

CHAPTER 02 경찰공무원과 법

제1절 경찰공무원의 분류

1 개설

(1) 국가공무원법과 경찰공무원법의 관계
　① 국가공무원법과 경찰공무원법은 **일반법과 특별법**의 관계이다.
　② 경찰공무원에 대하여는 **경찰공무원법이 우선 적용**되지만, 경찰공무원법에 규정이 없거나 국가공무원법을 준용하고 있는 경우는 국가공무원법이 적용된다.

(2) 경찰공무원의 개념
　① 경찰공무원은 국가공무원법(일반법)과 경찰공무원법(특별법)의 적용을 받는 **특정직 공무원**이다.

경력직	일반직	기술·연구 또는 행정 일반에 대한 업무 담당
	특정직	법관, 검사, 외무, **경찰**, 소방, 교육, 군인, 국가정보원 직원 등
특수경력직	정무직	• 선거로 취임하거나 임명할 때 국회의 동의가 필요한 공무원 • 고도의 정책결정 업무를 담당하거나 이러한 업무를 보조하는 공무원으로서 법령에서 정무직으로 지정하는 공무원
	별정직	비서관·비서 등 보좌업무 수행하거나 별정직으로 지정된 공무원

　② 일반직 공무원과 의무경찰순경(의경)은 경찰공무원법상 경찰공무원에 해당하지 않는다. 다만, 의경은 형법상 공무집행방해죄에서는 공무원에 해당하며, 국가배상법상의 공무원 개념에도 포함된다.

2 경찰공무원의 분류

(1) 계급상 분류
　① 경찰공무원의 계급은 순경, 경장, 경사, 경위, 경감, 경정, 총경, 경무관, 치안감, 치안정감, 치안총감으로 한다.
　② 책임과 보수 등에 차이를 두기 위한 **수직적 분류**이다.

(2) 경과상 분류
　① 직무의 종류에 따라 구분하는 **수평적 분류**이다.
　② 경과의 구분: 대통령령(경찰공무원 임용령)으로 정한다.
　③ 경과별 직무의 종류 및 전과: 행안부령(경찰공무원 임용령 시행규칙)으로 정한다.
　④ 경찰공무원을 신규채용할 때에 경과를 부여하여야 한다. 〈22승진〉

3 경과(警科) 제도

(1) 경찰공무원 임용령(제3조)
① 경과는 총경이하에 부여하며, 수사경과와 보안경과는 총경에 부여하지 않는다.

⟨20경채⟩

총경	일반경과, 특수경과(항공·정보통신) (수사 ×, 보안 ×)
경정 이하	일반경과, 수사경과, 안보수사경과, 특수경과(항공경과, 정보통신경과)

③ 임용권자(임용권 위임받은 자 포함) 또는 임용제청권자(총경 이상 임용 시 이를 추천하는 경찰청장 포함)는 경찰공무원을 신규채용할 때에(1년 이내에 ×) 경과를 부여하여야 한다.
④ 경찰청장은 전시·사변 또는 이에 준하는 비상사태가 발생한 경우에는 경과의 일부를 폐지 또는 병합하거나 신설할 수 있다.

(2) 경찰공무원 임용령 시행규칙
① 신규채용된 경찰공무원에게는 일반경과를 부여한다. 다만, 수사, 안보수사, 항공, 정보통신분야로 채용된 경찰공무원에게는 임용예정 직위의 업무와 관련된 경과를 부여한다(제22조).
② 전과는 일반경과에서 수사경과·보안경과 또는 특수경과로의 전과만 인정한다. 다만, 정원감축 등 경찰청장이 정하는 사유가 있는 경우 안보수사경과·수사경과 또는 정보통신경과에서 일반경과로의 전과를 인정할 수 있다(제27조①).
③ 전과의 대상자에 해당하는 경우에도 다음에 해당하는 사람은 전과를 할 수 없다(제28조②).
   ㉠ 현재 경과를 부여받고 1년이 지나지 아니한 사람
   ㉡ 특정한 직무분야에 근무할 것을 조건으로 채용된 경찰공무원으로서 채용 후 5년(3년 ×)이 지나지 아니한 사람

(3) 수사경과(수사경찰 인사운영규칙)

적용부서 ⟨21경간⟩	① 경찰청 수사기획조정관·수사국장·형사국장·사이버수사국장·과학수사관리관·안보수사국장·생활안전국장(지하철범죄 및 생활질서사범)의 업무지휘를 받는 경찰관서의 수사부서 ※ 교통사고조사, 외국인 관련 수사는 형사국장 소관에 포함됨. ② 경찰교육기관의 수사직무 관련 학과 ③ 국립과학수사연구원 등 직제상 정원에 경찰공무원이 포함되어 있는 정부기관 내 수사 관련 부서 ④ 수사경찰 파견근무 부서 중 수사직무 관련 부서 ⑤ 기타 경찰청장이 특별한 필요에 따라 지정하는 부서
유효기간	유효기간은 수사경과 부여일 또는 갱신일로부터 5년 ⟨19승진⟩
갱신 ⟨19승진⟩	① 수사경과는 수사 직무교육(사이버교육 포함)을 이수하거나 수사경과 갱신을 위한 시험 합격의 방법으로 언제든지 갱신할 수 있다. ② 휴직 등 사유로 갱신할 수 없는 경우에는 연기를 받을 수 있다.

일수특보 항정살

	필요적 해제	① 직무 관련 청렴의무위반·인권침해·부정청탁으로 징계 받는 경우 ② 5년간 연속 비수사부서 근무 ③ 갱신이 되지 않은 경우
해제사유 〈19·20승진〉	임의적 해제	① 청렴의무위반·인권침해·부정청탁 외의 비위로 징계 ② 인권침해, 편파수사로 다수의 진정 ③ 수사업무 능력·의욕이 현저하게 부족한 경우 • 2년간 연속으로 정당한 사유없이 비수사부서 근무(파견, 휴직 기간 제외) • 수사부서 근무자로 선발되었음에도 정당한 사유 없이 수사부서 전입 기피 • 인사내신서 미제출 또는 부실기재 제출 ※ 수사부서 통합보직공모시 수사경과자는 의무적으로 인사내신서를 제출해야 함(제6조).

4 전문직위

전문직위에 임용된 경찰공무원은 3년의 범위에서 경찰청장이 정하는 기간이 지나야 다른 직위에 전보할 수 있다. 다만, 같은 직위 간의 전보는 기간에 관계없이 가능하다(경찰공무원임용령 제25조①).

제2절 경찰공무원 관계 일반

1 용어의 정의(경찰공무원법 제2조)

① **임용**: 신규채용·승진·전보·파견·휴직·직위해제·복직·면직, **중징계**(파면·해임·강등·정직) (감봉, 견책 ×)
② **전보**: 경찰공무원의 동일 직위 및 자격 내에서의 근무기관이나 부서를 달리하는 임용
③ **복직**: 휴직·직위해제 또는 정직(강등에 따른 정직 포함) 중에 있는 경찰공무원을 직위에 복귀

2 임용권자

임용권자		내용
대통령	원칙	총경 이상(청장추천 ⇨ 장관제청)
	예외	• 시·도경찰청장(경찰청장이 시·도자치경찰위원회와 협의하여 추천 ⇨ 장관제청) • 경정 신규채용, 승진임용, 면직(청장제청)
경찰청장	원칙	경정 이하
	예외	총경 강등, 정직, 전보, 복직, 휴직, 직위해제

경찰공무원법 제7조 ① 총경 이상 경찰공무원은 **경찰청장** 또는 해양경찰청장의 추천을 받아 **행정안전부장관** 또는 해양수산부장관의 제청으로 **국무총리를 거쳐 대통령**이 임용한다. 다만, **총경의 전보, 휴직, 직위해제, 강등, 정직 및 복직은 경찰청장** 또는 해양경찰청장이 한다.

⟨22승진, 18·19·20채용⟩

② 경정 이하의 경찰공무원은 경찰청장 또는 해양경찰청장이 임용한다. 다만, **경정으로의 신규채용, 승진임용 및 면직은 경찰청장** 또는 해양경찰청장의 제청으로 **국무총리를 거쳐 대통령**이 한다. ⟨17승진, 18·23채용, 15경간⟩

③ 경찰청장은 대통령령으로 정하는 바에 따라 경찰공무원의 임용에 관한 권한의 일부를 특별시장·광역시장·도지사·특별자치시장 또는 특별자치도지사(이하 "시·도지사"라 한다), 국가수사본부장, 소속 기관의 장, 시·도경찰청장에게 위임할 수 있다. 이 경우 시·도지사는 위임받은 권한의 일부를 대통령령으로 정하는 바에 따라 「국가경찰과 자치경찰의 조직 및 운영에 관한 법률」 제18조에 따른 시·도자치경찰위원회(이하 "시·도자치경찰위원회"라 한다), 시·도경찰청장에게 다시 위임할 수 있다. ⟨23채용⟩

※ 모두 대통령령으로 정하는 바에 따라 위임할 수 있다.

국가경찰과 자치경찰의 조직 및 운영에 관한 법률 제28조 ① 시·도경찰청에 시·도경찰청장을 두며, 시·도경찰청장은 **치안정감**(治安正監)·**치안감**(治安監) 또는 **경무관**(警務官)으로 보한다.

② 「경찰공무원법」 제7조에도 불구하고 시·도경찰청장은 **경찰청장**이 시·도자치경찰위원회와 협의하여 추천한 사람 중에서 **행정안전부장관**의 제청으로 **국무총리**를 거쳐 **대통령**이 임용한다.

3 임용권 위임(경찰공무원 임용령 제4조)

조항	위임자		위임 내용
①	경찰청장	⇨ 시·도지사	자치사무 담당 경찰공무원(지구대·파출소 제외) 중 • **경정**: 파견·전보·복직·휴직·직위해제 • **경감 이하**: 임용권(신규채용·면직 제외)을 위임한다.
②		⇨ 국수본부장	• 국가수사본부 내의 '**경정이하 전보권**'을 위임한다.
③		⇨ 소속기관등	• **경정**: 파견·전보·복직·휴직·직위해제 • **경감 이하**: 임용권을 위임한다.
④	시·도지사 ⇨ 시경위		임용권(경감·경위로 승진 제외)을 재위임한다. ⇨ 시·도지사는 경감·경위로의 승진임용권만 보유
⑤	시경위 ⇨ 시·도청장		시도지사와 시도청장의 의견을 들어 **위임할 수 있다.**
⑥	시·도청장 ⇨ 경찰서장		경찰서 내 '**경감이하 전보권**' 위임할 수 있다.
⑦	추천		경찰청장은 수사부서에서 총경을 보직하는 경우에는 국가수사본부장의 추천을 받아야 한다.
⑧			시경위는 임용권을 행사하는 경우 시·도청장 추천을 받아야 한다.
⑨	사전 의견 청취		시·도청장 및 경찰서장은 지구대장 및 파출소장을 보직하는 경우, 시경위 의견을 사전에 들어야 한다.
⑩	소속 기관 등의 장		경감·경위로 신규채용, 승진시 경찰청장 사전승인 필요
⑪	경찰청장		①항부터 ⑥항에도 불구하고 **정원조정, 승진임용, 인사교류 또는 파견**을 위하여 임용권을 **행사할 수 있다.**

경찰공무원 임용령 제4조(임용권의 위임 등) ① 경찰청장은 법 제7조 제3항 전단에 따라 특별시장·광역시장·특별자치시장·도지사 또는 특별자치도지사(이하 "시·도지사"라 한다)에게 해당 특별시·광역시·특별자치시·도 또는 특별자치도(이하 "시·도"라 한다)의 자치경찰사무를 담당하는 경찰공무원[「국가경찰과 자치경찰의 조직 및 운영에 관한 법률」 제18조 제1항에 따른 시·도자치경찰위원회(이하 "시·도자치경찰위원회"라 한다), 시·도경찰청 및 경찰서(지구대 및 파출소는 제외한다)에서 근무하는 경찰공무원을 말한다] 중 경정의 전보·파견·휴직·직위해제 및 복직에 관한 권한과 경감 이하의 임용권(신규채용 및 면직에 관한 권한은 제외한다)을 위임한다.
② 경찰청장은 법 제7조 제3항 전단에 따라 국가수사본부장에게 국가수사본부 안에서의 경정 이하에 대한 전보권을 위임한다. 〈22법학〉
③ 경찰청장은 법 제7조 제3항 전단에 따라 경찰대학·경찰인재개발원·중앙경찰학교·경찰수사연수원·경찰병원 및 시·도경찰청(이하 "소속기관등"이라 한다)의 장에게 그 소속 경찰공무원 중 경정의 전보·파견·휴직·직위해제 및 복직에 관한 권한과 경감 이하의 임용권을 위임한다.
④ 제1항에 따라 임용권을 위임받은 시·도지사는 법 제7조 제3항 후단에 따라 경감 또는 경위로의 승진임용에 관한 권한을 제외한 임용권을 시·도자치경찰위원회에 다시 위임한다. 〈22채용〉
⑤ 제4항에 따라 임용권을 위임받은 시·도자치경찰위원회는 시·도지사와 시·도경찰청장의 의견을 들어 그 권한의 일부를 시·도경찰청장에게 다시 위임할 수 있다(위임한다 ×).
⑥ 제3항 및 제5항에 따라 임용권을 위임받은 시·도경찰청장은 소속 경감 이하 경찰공무원에 대한 해당 경찰서 안에서의 전보권을 경찰서장에게 다시 위임할 수 있다(위임한다 ×).
⑦ 경찰청장은 수사부서에서 총경을 보직하는 경우에는 국가수사본부장의 추천을 받아야 한다.
⑧ 시·도자치경찰위원회는 임용권을 행사하는 경우에는 시·도경찰청장의 추천을 받아야 한다.
⑨ 시·도경찰청장 및 경찰서장은 지구대장 및 파출소장을 보직하는 경우에는 시·도자치경찰위원회의 의견을 사전에 들어야 한다. 〈22승진, 22법학〉
⑩ 소속기관 등의 장은 경감 또는 경위를 신규채용하거나 경위 또는 경사를 승진시키려면 미리 경찰청장의 승인을 받아야 한다.
⑪ 제1항부터 제6항까지의 규정에도 불구하고 경찰청장은 경찰공무원의 정원 조정, 승진임용, 인사교류 또는 파견을 위하여 필요한 경우에는 임용권을 행사할 수 있다.

● 정리하기

임용권

대통령	원칙	총경 이상(청장추천, 장관제청)
	예외	경정 신규채용, 승진, 면직 (청장제청)
경찰청장	원칙	경정 이하
	예외	• 총경 강등, 정직, 전보, 복직, 휴직, 직위해제 • 경감·경위로 신규채용 및 승진 사전승인 • 위임한 임용권을 정원조정, 승진임용, 인사교류, 파견을 위하여 행사할 수 있음
시·도지사		자치사무 담당 경찰공무원(지구대·파출소 제외) 중 경감·경위로의 승진임용권
시·도경찰위		자치사무 담당 경찰공무원(지구대·파출소 제외) 중 • 경정: 파견·전보·복직·휴직·직위해제 • 경감이하 임용권(신규채용, 면직, 경감·경위로 승진 제외)

소속기관 등	• 경정: 파견·전보·복직·휴직·직위해제 • 경감 이하 임용권(경감·경위로 신·승은 경찰청장 사전승인) • 자치사무 담당 경찰공무원 중 시경위 재위임 사항
국가수사본부장	국가수사본부 내 '경정이하 전보권'
경찰서장	경찰서 내 '경감이하 전보권'

추천과 의견청취

추천	① 총경 이상 임용시 경찰청장 추천 ⇨ 행안부장관 제청 ② 수사부서에서 총경을 보직시 국수본부장 추천 ③ 시경위 임용권 행사시 시·도청장 추천
의견청취	① 지·파 소장 보직시 시경위의 사전 의견 청취 ② 시경위는 시·도지사와 시·도청장의 의견을 들어 그 권한의 일부를 시·도청장에 위임

4 경찰공무원 인사위원회(경찰공무원법 제5조)

구분	내용
성격	① 인사에 관한 경찰청장 자문기관(경찰청 소속) ② 자문기관: 고충위, 인사위, 인권위
구성	5~7인(위원장 포함)
위원장	경찰청 인사담당국장(경무인사기획관)
위원	경찰청장(위원장 ×)이 경찰청 소속 총경 이상 중 임명
의결정족수	재적위원 과반수 찬성 〈19경간〉

제3절 경찰공무원 관계 발생

1 임용의 시기 및 법적성질

(1) 임용의 시기(경찰공무원 임용령)

> 제5조(임용시기) ① 경찰공무원은 임용장이나 임용통지서에 적힌 날짜에 임용된 것으로 보며, 임용일자를 소급해서는 아니 된다. 〈17·23승진, 22경위, 21법학〉
> ② 사망으로 인한 면직은 사망한 다음 날에 면직된 것으로 본다. 〈21법학, 23경위〉
>
> 제6조(임용시기의 특례) 제5조제1항에도 불구하고 다음 각 호의 어느 하나에 해당하는 경우에는 다음 각 호의 구분에 따른 일자에 임용된 것으로 본다.
> 1. 법 제19조제1항제2호에 따라 전사하거나 순직한 사람을 다음 각 목의 어느 하나에 해당하는 날을 임용일자로 하여 특별승진임용하는 경우
>   가. 재직 중 사망한 경우: 사망일의 전날 〈23경위〉
>   나. 퇴직 후 사망한 경우: 퇴직일의 전날
> 2. 형사사건으로 기소되어 직위해제하는 경우: 기소된 날 [23. 6. 7. 시행] 〈23경위〉

총수행 추천 지위 의견

3. 「국가공무원법」 제70조제1항제4호에 따라 직권으로 면직시키는 경우: 휴직기간의 만료일 또는 휴직사유의 소멸일
4. 법 제10조제2항에 따른 경찰간부후보생, 「경찰대학 설치법」에 따른 경찰대학의 학생 또는 시보임용예정자가 제21조제1항에 따른 경찰공무원의 직무수행과 관련된 **실무수습 중 사망한 경우: 사망일의 전날**
※ 사망한 날에 임용이 되는 경우는 없다.

(2) 임명의 성질

임명의 성질은 쌍방적 행정행위설이다(통·판). 상대방의 동의는 임명이 유효하게 성립하기 위한 절대적 유효조건으로서 동의가 없는 임명행위는 무효이다.

2 임용 결격 사유(경찰공무원법)

제8조(결격사유) ② 다음 각 호의 어느 하나에 해당하는 사람은 경찰공무원으로 임용될 수 없다.
1. 대한민국 국적을 가지지 아니한 사람(국공법: 국적 제한 없음)
2. 「국적법」 제11조의2 제1항에 따른 복수국적자(국공법: 복수국적자도 가능)
3. 피성년후견인 또는 피한정후견인(국공법: 피한정후견인도 가능) 〈21경간〉
4. 파산선고를 받고 복권되지 아니한 사람(당연퇴직 사유는 아님)
5. 자격정지 이상의 형(刑)을 선고받은 사람(국공법: 금고이상 종료 후 5년, 집유 2년 경과자 가능) 〈21경간〉
6. 자격정지 이상의 형의 선고유예를 선고받고 그 유예기간 중에 있는 사람(당연퇴직 사유는 아님)
7. 공무원으로 재직기간 중 직무와 관련하여 「형법」 제355조(횡령, 배임) 및 제356조(업무상 횡령, 배임)에 규정된 죄를 범한 사람으로서 300만원 이상의 벌금형을 선고받고 그 형이 확정된 후 2년이 지나지 아니한 사람 〈20채용〉
8. 「성폭력범죄의 처벌 등에 관한 특례법」 제2조에 규정된 죄를 범한 사람으로서 100만원 이상의 벌금형을 선고받고 그 형이 확정된 후 3년이 지나지 아니한 사람 〈21경간〉
9. 미성년자에 대한 다음 각 목의 어느 하나에 해당하는 죄를 저질러 형 또는 치료감호가 확정된 사람(집행유예를 선고받은 후 그 집행유예기간이 경과한 사람을 포함한다) 〈20채용〉
  가. 「성폭력범죄의 처벌 등에 관한 특례법」 제2조에 따른 성폭력범죄
  나. 「아동·청소년의 성보호에 관한 법률」 제2조 제2호에 따른 아동·청소년대상 성범죄
10. 징계에 의하여 파면 또는 해임처분을 받은 사람(국공법: 파면 5년, 해임 3년 경과 후 가능)

> **대법원 판례(1987.4.14., 86누459)**
> ① 공무원임용결격사유는 채용후보자 명부에 등록한 때가 아니라 임용 당시에 시행되던 법률을 기준으로 하여 판단하여야 한다.
> ② 임용 당시 공무원임용결격사유가 있었다면 비록 국가의 과실에 의하여 임용결격자임을 밝혀내지 못하였다 하더라도 그 임용행위는 당연무효로 보아야 한다. 〈22채용〉
> ③ 공무원으로 임용하였다가 사후에 결격사유가 있는 자임을 발견하고 공무원 임용행위를 취소하는 것은 당초부터 당연무효이었음을 통지하여 확인시켜 주는 행위에 지나지 아니하는 것이다(준법률적 행정행위의 통지에 해당하지 아니하며, 항고소송의 대상이 되는 처분이 아니다).
> ④ 임용결격자가 공무원으로 임용되어 사실상 근무하여 왔다고 하더라도 그러한 피임용자는 위 법률소정의 퇴직금청구를 할 수 없다(당연무효이므로).

3 당연퇴직 사유(경찰공무원법)

제27조(당연퇴직) 경찰공무원이 제8조 제2항(경찰공무원 결격사유) 각 호의 어느 하나에 해당하게 된 경우에는 당연히 퇴직한다. 다만, 제8조 제2항 제4호는 **파산선고를 받은 사람으로서**「채무자 회생 및 파산에 관한 법률」에 따라 신청기한 내에 면책신청을 하지 아니하였거나 면책불허가 결정 또는 면책 취소가 확정된 경우만 해당하고, 제8조 제2항 제6호는 「형법」 제129조부터 제132조까지(금품수수등),「성폭력범죄의 처벌 등에 관한 특례법」 제2조,「아동·청소년의 성보호에 관한 법률」 제2조 제2호 및 직무와 관련하여 「형법」 제355조 또는 제356조에 규정된 죄(횡령등)를 범한 사람으로서 **자격정지 이상의 형의 선고유예를 받은 경우만** 해당한다.

참고

국가공무원법 개정(2022.12.27. 시행)
제33조(결격사유)
6의3. 다음 각 목의 어느 하나에 해당하는 죄를 범한 사람으로서 100만원 이상의 벌금형을 선고받고 그 형이 확정된 후 3년이 지나지 아니한 사람
가. 「성폭력범죄의 처벌 등에 관한 특례법」 제2조에 따른 성폭력범죄
나. 「정보통신망 이용촉진 및 정보보호 등에 관한 법률」 제74조제1항제2호(음란물 배포 등) 및 제3호에 규정된 죄다.
다. 「스토킹범죄의 처벌 등에 관한 법률」 제2조제2호에 따른 스토킹범죄
 ※ 금고 이상의 형의 선고유예를 받아 당연퇴직하는 사유에 위 나. 다.의 사유를 추가함

국가공무원법상 '피성년후견인'에 대한 당연퇴직 조항 위헌(2020헌가8)
피성년후견인인 국가공무원은 당연퇴직한다고 정한 구 국가공무원법 제69조 제1호 중 '피성년후견인'에 관한 부분이 공무담임권을 침해하여 위헌 ⇨ 국가공무원이 피성년후견인이 되었다 하더라도 곧바로 당연퇴직되는 대신 휴직을 통한 회복의 기회를 부여받을 수 있고, 휴직 기간이 끝났음에도 직무에 복귀하지 못하거나 직무를 감당할 수 없게 된 때에 비로소 직권면직 절차를 통하여 직을 박탈할 수 있다는 취지.

4 신규채용

(1) 종류(경찰공무원법 제10조)

공개경쟁 채용		① 경정 및 순경의 신규채용은 공개경쟁채용시험으로 한다. ② 경위 신규채용: 경찰대학 졸업자, 경위공채 교육수료자
경력경쟁 채용	요건	① 3년(공무상 질병·부상·휴직은 5년) 이내 퇴직 경찰공무원을 퇴직 시 계급으로 재임용하는 경우 ② 직무 관련 자격증 소지자 임용 ③ 근무실적·연구실적·전문지식 가진 사람 임용 ④ 5급 공개경쟁채용시험이나 사법시험 합격자를 경정 이하 임용 ⑤ 섬, 외딴곳 등 특수지역 근무할 사람 임용 ⑥ 외국어에 능통한 사람 임용 ⑦ 자치경찰 공무원을 그 계급에 상응하게 임용 ⑧ 국가수사본부장을 외부 공모하여 임용
	제한	종전의 재직기관에서 **감봉 이상의 징계처분을 받은 사람** 또는 계급정년에 따라 정년퇴직한 사람은 경력경쟁채용등의 대상이 될 수 없다(경찰공무원임용령 제16조). 〈23승진〉

부정행위 제재	채용시험, 승진시험 등에서 부정행위한 자는 5년간 시험응시자격 정지(제11조) 제11조의2(채용비위 관련자의 합격 등 취소) ① 경찰청장 또는 해양경찰청장은 누구든지 경찰공무원의 채용과 관련하여 대통령령으로 정하는 비위를 저질러 유죄판결이 확정된 경우에는 그 비위 행위로 인하여 채용시험에 합격하거나 임용된 사람에 대하여 대통령령으로 정하는 바에 따라 합격 또는 임용을 취소할 수 있다.

(2) 채용 시험

경찰공무원법
제20조(시험실시기관과 응시자격 등) ① 경찰공무원의 신규채용시험 및 승진시험과 경찰간부후보생 선발시험은 **경찰청장 또는 해양경찰청장**이 실시한다. 다만, 경찰청장 또는 해양경찰청장이 필요하다고 인정할 때에는 대통령령으로 정하는 바에 따라 그 권한의 일부를 소속 기관의 장, 시·도경찰청장, 지방해양경찰관서의 장에게 위임할 수 있다.

경찰공무원 임용령
제33조(시험실시권의 위임) 경찰청장은 법 제20조 제1항 단서에 따라 다음 각 호의 구분에 따른 권한을 시·도경찰청장이나 경찰대학의 장에게 위임한다. 다만, 경찰청장은 시험출제 수준의 균형을 유지하기 위하여 특히 필요하다고 인정하는 경우에는 시험출제 업무를 직접 할 수 있다.
1. 순경 공개경쟁채용시험의 실시권: 시·도경찰청장
2. 경력경쟁채용시험등의 실시권(긴급하게 인원을 보충할 필요가 있거나 업무내용의 특수성 등을 고려하여 채용할 필요가 있는 경우는 제외한다): 시·도경찰청장
3. 경찰간부후보생 공개경쟁선발시험의 실시권: 경찰대학의 장

(3) 채용후보자명부

등록	시험에 합격하고 채용후보자 등록을 하지 아니하면 임용 의사 없는 것으로 간주
등재순위	성적순위에 따라 등재하되, 신임교육을 받은 경우 그 **교육성적순위**에 따름.
유효기간	① 기간: 2년(원칙) + 1년(연장) 〈22경간〉 ② 경찰청장은 채용후보자 명부의 유효기간을 연장할 경우 공고하여야 한다.

(4) 임용유예

① 채용후보자 명부의 유효기간의 범위에서 기간을 정하여 유예할 수 있으며(하여야 한다 ×), 유예기간 중이라도 그 사유가 소멸한 경우에는 임용 또는 임용제청을 할 수 있다. (하여야 한다 ×) 유예를 원하는 사람은 유예기간을 분명하게 적어서 신청해야 한다.
〈22채용, 23승진〉

② 임용유예 사유(경찰공무원 임용령 제18조의2)

> 1. 학업을 계속하는 경우 〈22경간, 23승진〉
> 2. 「병역법」에 따른 병역복무를 위하여 징집 또는 소집되는 경우(군복무)
>   ※ 병역 복무를 위한 기간(대학생 군사훈련 과정 이수자를 포함)은 채용후보자 명부의 유효기간에 넣어 계산하지 **않음**(경찰공무원법 제12조④). 〈22경간〉
> 3. 6개월 이상의 장기요양이 필요한 질병이 있는 경우
> 4. 임신하거나 출산한 경우
> 5. 그 밖에 임용 또는 임용제청의 유예가 부득이하다고 인정되는 경우

(5) 채용후보자 자격상실 사유 <18승진>
   ① 임용 또는 임용제청에 불응한 때 <22경간>
   ② 교육훈련에 불응한 때
   ③ 교육훈련성적이 수료점수에 미달되는 경우
   ④ 교육훈련을 받는 중에 퇴학처분을 받은 경우(단, 질병 등 불가피한 사정으로 퇴학한 경우는 제외)

5 시보임용

대상	경정 이하 신규채용 시	
기간	① 1년, 기간 만료 다음날에 정규 임용 ② 정직, 감봉, 휴직, 직위해제 처분을 받은 기간은 불포함 (견책 ×) <17승진>	
교육훈련	시보예정자는 교육훈련 중에 임용예정 계급의 1호봉 봉급의 80%를 지급받을 수 있다.	
신분보장	교육성적이나 근무성적 불량 시 면직할 수 있으므로 신분보장 받지 못한다.	
면제대상	① 경찰대학, 경위 공채 졸업생 ② 경찰공무원으로서 상위계급으로의 승진에 필요한 자격을 갖추고 임용예정계급에 상응한 공개경쟁채용시험에 합격한 사람 ③ 퇴직 공무원이 퇴직 전 계급으로 재임용하는 경우 ④ 자치경찰을 그 계급의 국가경찰로 임용하는 경우 <22승진>	
면직	사유	① 징계사유에 해당할 때 음주운전으로 정직 3개월 후 정규임용심사위원회의 의결을 거쳐 직권면직한 것은 재량권 일탈·남용 아니다(대구지법 2018구합 23352). ② 교육성적이 60% 미만이거나 생활기록이 극히 불량 ③ 제2평정요소에 대한 근무성적평정점이 50% 미만인 경우 ※ 제2평정요소: 근무실적, 직무수행능력, 직무수행태도
	절차	시보기간 중에 면직사유에 해당하는 경우 임용권자는 정규임용심사위원회의 심사를 거쳐 면직 또는 면직제청할 수 있다(해야 한다 ×). <16채용, 17승진>

6 정규임용심사위원회(경찰공무원 임용령 시행규칙 제9조)

소속/성격	임용권자 또는 임용제청권자 소속
구성	5~7인
위원장	가장 계급이 높은 경찰공무원
위원	경감 이상 중에서 위원회가 설치된 기관장이 임명 심사대상자보다 상위 계급자 ※ 징계위원회의 공무원 위원은 징계대상자보다 상위계급인 경위 이상 또는 6급 이상 공무원 중에서 임명
의결정족수	재적 2/3 출석, 출석 과반수 찬성(부록 제1장 '위원회 종합' 참조)
심의사항	① 시보임용경찰공무원을 정규 경찰공무원으로 임용시 적부심사 ② 시보임용경찰공무원의 면직 또는 면직제청에 따른 동의의 절차는 해당 징계위원회의 파면(해임 ×) 의결에 관한 절차를 준용한다.

제4절 경찰공무원 관계의 변경

1 승진 (경찰공무원 승진임용 규정)

(1) 의의

① 승진은 바로 하위계급에서 승진하는 것이나, 해양청장은 치안감에서도 가능
② 총경·경무관으로 승진: 심사 승진만 가능
③ 경정이하 계급으로 승진: 시험과 심사를 각각 50%씩 배정
　※ 특별승진 예정 인원을 뺀 인원의 50%씩 배정
④ 경찰공무원의 승진임용은 **심사승진임용·시험승진임용 및 특별승진임용**으로 구분한다 (경찰공무원 승진임용규정 제3조). 〈22채용〉

(2) 구분

특별승진	① 치안정감 이하까지 1계급 특진이 원칙 ② 경위 이하에서 공을 세우고 전사, 순직한 경우는 2계급 특진 가능
심사승진	① 경무관 이하까지 승진(총경 이하에 승진대상자 명부 작성) ② 승진대상자 명부의 선순위자순으로 승진 대상자 5배수 범위에 있는 사람 중에서 심사·선발(승진대상자 명부 ⇨ 선발 ⇨ 승진후보자 명부)
시험승진	경정 이하까지
근속승진	① 계급별 일정기간 경과 시 승진 ② 경감 근속 대상자의 40%만 승진(40% 초과 불가)하며, 연 2회 실시 ③ 근속승진기간에서 단축(승진임용규정 제26조) 　• 인사교류 경력: 인사교류 기간의 1/2 　• 국정과제 등 주요 업무 추진실적 우수, 적극행정: 1년

(3) 승진소요 최저근무연수(제5조)

① 연수 비교

승진 최저 연수	근속 승진	계급 정년
① 순경~경위: 1년 ② 경감, 경정: 2년 ③ 총경: 3년	① 순경 ⇨ 경장: 4년 ② 경장 ⇨ 경사: 5년 ③ 경사 ⇨ 경위: 6.5년 ④ 경위 ⇨ 경감: 8년	① 치안감: 4년 ② 경무관: 6년 ③ 총경: 11년 ④ 경정: 14년

② 휴직·직위해제·징계처분·승진임용 제한기간은 승진소요 최저근무연수에 포함하지 않지만, 다음의 기간은 포함한다.
　㉠ 공무상 질병·부상(이하 "공상"이라 한다), 병역 복무, 그 밖의 법률의 규정에 따른 의무를 수행하기 위하여 직권휴직한 기간
　㉡ 국외 유학 사유로 휴직한 기간의 50%
　㉢ 임신·출산·육아사유로 휴직한 경우, 자녀 1명에 대하여 최초 1년 〈22채용〉
　　※ 첫째 자녀에 대하여 부모 모두 인사혁신처장이 정하는 기간(6개월) 이상 휴직하는 경우 또는 둘째 자녀 이후에 대하여 휴직하는 경우는 그 기간 전부
　㉣ 직위해제처분을 받은 사람에 대하여 징계하지 아니하기로 되거나 그 사건이 형사법원에서 무죄로 확정된 경우

규대쌤 Comment
사육은 일일이 식사 주는 것

ⓟ 통상적인 근무시간보다 짧은 시간을 근무하는 경찰공무원("시간선택제전환경찰공무원")의 경우 해당 계급에서 1년 이하의 기간 〈22채용〉
ⓑ 강등된 경우 또는 강등되었던 사람이 강등되기 직전의 계급으로 승진한 경우에, 강등되기 직전의 계급에서 재직한 기간

(4) 승진제한 사유(제6조)
① 징계의결요구, 징계처분, 직위해제, **휴직**(공상으로 직권휴직한 사람을 특진하는 경우 제외), **시보임용기간 중에 있는 사람**, 특수부문 재직자로서 **계급정년이 연장된 사람**
② 징계처분이 끝난 날부터 강등·정직은 18개월, 감봉은 12개월, 견책은 6개월 미경과자 〈22채용〉
③ 금품·향응 수수, 공금의 횡령·유용, 성폭력·성희롱·성매매, 소극행정, 음주운전으로 징계 시 승진제한 기간을 6개월 추가 가산 〈22채용〉
④ 승진임용 제한기간 중에 있는 사람이 다시 징계처분을 받은 경우 승진임용 제한기간은 전(前) 처분에 대한 승진임용 제한기간이 끝난 날부터 계산하고, 징계처분으로 승진임용 제한기간 중에 있는 사람이 **휴직**하는 경우 징계처분에 따른 남은 승진임용 제한기간은 복직일부터 계산한다.
⑤ 징계처분을 받은 후 해당 계급에서 다음의 포상을 받은 경우에는 승진임용 제한기간의 2분의 1을 단축할 수 있다.
  ㉠ 훈장
  ㉡ 포장
  ㉢ 모범공무원 포상
  ㉣ 대통령표창 또는 국무총리표창
    ※ 단체표창은 제외한다(대판 2012두13245) 〈22채용〉
  ㉤ 제안이 채택·시행되어 받은 포상

(5) 승진후보자 명부
① 총경(경무관 ×) 이하에 대하여 계급별 승진후보자("승후") 명부 작성
  ※ 경무관까지 심사 승진하므로 총경 이하에 대하여 작성
② 심사·시험·특진 승진후보자 명부 등재 후, 승진 전에 **정직 이상(중징계)**을 받으면 명부에서 제외하여야 한다. 〈22승진·22채용〉

> 시험승진후보자 명부에서의 삭제행위는 행정청 내부의 준비과정에 불과하고, 그 자체가 별도의 행정처분이 된다고 할 수 없다(대판 97누7325). 〈22채용〉

(6) 경찰공무원의 근무성적평정(제7·8조)
① 전통적 근무성적평정제도는 생산성과 능률성에 중점을 두어 공무원의 직무수행능력을 측정하고 이를 인사행정의 표준화와 직무수행의 통제를 위한 수단으로 활용하였고, 현대에 이르러 조직발전의 기초로 작용하는 공무원의 능력개발과 행정제도 개선의 수단으로도 활용될 수 있다. 〈22채용〉
② 총경 이하에 대하여 매년 근무성적을 평정하여 승진 등 인사관리에 **반영하여야 한다**. 〈21경간〉

③ 근무성적평정요소(총경의 근무성적은 제2평정요소로만 평정) 〈22채용〉
  ㉠ 제1평정요소(객관요소): 경찰업무 발전기여도, 포상실적, 기타 행정안전부령으로 정한 평정요소(근무태도·교육훈련)
  ㉡ 제2평정요소(주관요소): 근무실적, 직무수행능력, 직무수행태도 〈22채용〉
④ 제2평정요소 분포비율: 수(20%), 우(40%), 양(30%), 가(10%) 〈21경간〉
  ㉠ "가"에 해당하는 사람이 없는 경우에는 "양"의 비율에 가산하여 적용한다.
  ㉡ 경찰서 수사과에서 고소·고발 등에 대한 조사업무를 직접 처리하는 경위 계급의 경찰공무원에 대하여 위 비율을 적용하지 아니할 수 있다. 〈22채용〉
⑤ 근무성적평정결과는 비공개 원칙, 경찰청장은 **평정완료 후** 대상자에 통보할 수 있다.
〈21경간〉
⑥ 휴직·직위해제 등의 사유로 6개월 이상 근무하지 아니한 자는 평정하지 아니한다.
〈22채용〉
⑦ 정기평정 이후에 신규채용 또는 승진임용된 경우 2개월이 지난 후부터 평정
〈21경간〉
  ※ 교육훈련 외의 사유로 다른 기관에 2개월 이상 파견 근무하게 될 경우 파견받은 기관의 의견을 고려하여 근무성적을 평정하여야 한다.
  ※ 평정기관을 달리하는 기관으로 전보된 후 2개월 이내에 정기평정을 할 때에는 전출기관에서 전출 전까지의 근무기간에 대한 근무성적을 평정하여 이관하여야 하며, 전입기관에서는 받은 평정 결과를 고려하여 평정하여야 한다.
⑧ 평정시기 및 방법(시행규칙)
  ㉠ 근무성적평정은 10월 31일 기준으로 연 1회 실시
  ㉡ 당해계급의 경력평정은 12월 31일 기준으로 하되, 총경과 경정은 10월 31일 기준
  ㉢ 근무성적평정자는 3명으로 하되, 평정자 특정 곤란 시 경찰청장이 지정 〈21경간〉

(7) 승진심사위원회(경찰공무원 승진임용 규정 제15조, 제16조)

관할	① 중앙승진심사위원회(경찰청): 경무관, 총경으로의 승진 심사 ② 보통승진심사위원회(경찰청, 소속기관등): 경정 이하로의 승진 심사
소속/성격	심의·의결 기구
구성	5~7명(위원장 포함)
위원장	최상위 계급 또는 선임
위원	① 승진대상자보다 상위계급인 경위 이상 중에서 소속 경찰기관장이 임명 ② 시·도경찰청 및 경찰서에 두는 보통승진심사위원회의 위원 중 2명은 시·도자치경찰위원회의 추천을 받아 임명한다(제16조④).
의결정족수	재적 과반수 찬성(부록 제1장 '위원회 종합' 참조)

(8) 대우공무원(경찰공무원 승진임용 규정 시행규칙) 〈16경간〉

선발대상	해당 계급에서 승진소요 최저근무연수 이상 근무하고 승진임용의 제한사유가 없으며 근무실적이 우수한 자를 바로 상위계급의 대우공무원으로 선발
선발을 위한 근무기간	① 총경·경정: 7년 이상 ② 경감 이하: 5년 이상
선발시기	① 매월 말 5일 전까지 대우공무원 발령일을 기준으로 대우공무원 선발요건을 충족하는 대상자를 결정 ② 그 다음 달 1일에 일괄하여 대우공무원으로 발령

수당지급	① 「공무원수당 등에 관한 규정」에 따라 **월봉급액의 4.1% 지급** ② 징계, 직위해제, 휴직할 경우 대우공무원수당을 줄여 지급
자격상실	① 상위계급으로 승진임용되는 경우 **승진임용일**에 당연 상실 ② 강등되는 경우 **강등일**에 당연 상실

2 전보

의의	① 동일 직위 및 자격 내에서 부서를 달리하는 임용 ② 특별한 사정이 없는 한 정기적으로 전보를 실시해야 **한다**(할 수 있다 ×).
전보 제한	1년 이내 전보 제한이 기본, 감사·감찰관은 2년, 전문직위는 3년 내 전보 제한 ※ 경찰공무원 임용령 제27조
전보 제한 예외	① 직제상 최저단위 내에서 전보하는 경우 ② 기관 간 상호교류/직제개편/승진/전문직위/형사사건으로 피조사/비위혐의로 피조사/경비부서 정기교체/교수요원/시보/신규채용 보직관리기준/부적격 감사담당 ③ 경정 이하의 자를 배우자·직계존속 거주지로 전보 ④ 임신 또는 출산 1년 이하 자의 모성보호·육아

3 휴직(국가공무원법)

사유	내용

직권 휴직 사유	임용권자는 본인의 의사에 불구하고 휴직을 **명해야 한다.**
	① 생사·소재 불명(천재지변, 전시등): 3개월 내 〈20승진〉
	  단, 경찰공무원은 법원의 실종선고 받는 날까지(경공법)
	② 노동조합 전임
	③ 병역 복무 〈16·19승진〉
	④ 장기요양(신체·정신 장애): 1년 + 1년(연장) 공무상 질병·부상은 3년 + 2년(연장)
	  단, 경찰공무원의 공무상 질병·부상은 5년 + 2년
	⑤ 법률 의무 수행

의원휴직 사유	임용권자는 공무원이 휴직을 원하면 휴직을 **명할 수 있다**. 단, ④의 경우는 휴직을 명하여야 한다. ① 돌봄(직계혈족, 조부모, 손자 등) 1년(재직 중 총3년) ② 자기개발, 연구 〈18·20승진〉 1년 ③ 연수(국내) 〈18·20·22승진, 19경간〉 2년 ④ 출산(8세, 초2이하 육아) 〈19승진〉 3년(1명당) ⑤ 채용(민간기업) 3년 ⑥ 유학(해외) 〈17·18·19·20승진, 19경간〉 3년 + 2년(연장) ⑦ 동반(해외 근무/유학 배우자) 3년 + 2년(연장) ※ 국제기구, 대학·연구기관 등 채용 시 채용기간 〈19경간〉

봉급감액	① 신체·정신적 장애(병)로 장기요양(직권휴직)
	  • 공무상 질병·부상: 전액 지급
	  • 공무상 질병·부상이 아닌 경우: 1년 이하 70%, 1년 초과~2년 이하 50% 지급
	② 외국유학 또는 1년 이상 국외연수(의원휴직): 50% 지급(교육공무원 제외하고 2년 초과 지급 불가)

복직	휴직기간 중 그 사유가 없어지면 **30일**(20일 ×) 이내에 임용권자 또는 임용제청권자(기관장 ×)에게 신고하고, 임용권자는 지체없이 복직을 명하여야 한다(복직 보장). 〈17·20승진〉

규대쌤 Comment

직권으로 생노병신법을 만들어라.

4 직위해제

직위해제 사유 〈15·16·17·20승진〉	임용권자는 다음에 해당하는 자에게 직위를 부여하지 아니할 수 있다(아니하여야 한다 ×). ① 금품비위, 성범죄 등 대통령령으로 정하는 비위로 조사 중인 자 〈22승진〉 ② 고공단 일반직 공무원으로서 적격심사를 요구받은 자 ③ 중징계(파·해·강·정) 의결 요구 중인 자 ④ 기소된 자(약식명령 제외) 〈21·23채용〉 ⑤ 능력부족/근무성적 불량자 - 3개월 내에서 대기를 명하고 교육, 특별연구과제 부여 등을 실시한다. 이후에도 개선 불가 시 **징계위원회 동의** 얻어 **직권면직** 시킬 수 있다. 〈21승진, 21·22·23채용〉
효력	① 보직의 해제로서 복직이 보장되지 않으며, 직위해제 사유가 소멸되면 지체없이 **직위를 부여하여야 한다**(할 수 있다 ×). 〈20승진, 21·23채용〉 ② 직위해제 후 징계하여도 일사부재리 원칙이나 이중처벌금지 원칙에 위배되지 않는다. ③ 직위해제 시 직무에 종사하지 못하고 출근 의무도 없다. 〈16승진〉 ④ 직위해제된 사람에게는 봉급을 감액하여 지급한다(공무원보수규정 제29조). | 사유 | 3개월 내 | 3개월 후 | |---|---|---| | 금·성·중·기 | 50% | 30% 〈20승진〉 | | 고공단 적격심사 요구 | 70% | 40% 〈21승진〉 | | 능력부족·성적불량 | 80% | 직권면직(징계위 동의) | ⑤ 직위해제 기간은 최저근무연수에 산입되지 않는다. 다만, 다음의 경우는 산입한다. • 징계위/소청위/법원에서 징계하지 않기로 하거나 무효·취소된 경우 〈21승진〉 • 직위해제된 사건이 불송치, 불기소, 법원에서 무죄로 확정된 경우
판례	① 직위해제되어 있던 중 임용결격사유가 발생하여 당연퇴직된 자에게 복직처분을 하였다고 하더라도 이 때문에 그 자가 공무원의 신분을 회복하는 것은 아니다(대판 96누4275). ② 직위해제와 징계는 그 성질을 달리하는 것이어서 어느 사유로 인하여 **징계를 받았다 하더라도 이를 이유로 새로이 직위해제를 할 수도 있다**(대판 91다30729) ③ '직무수행능력의 현저한 부족으로 근무성적이 극히 불량한 때'라 함은 정신적, 육체적으로 직무를 적절하게 처리할 수 있는 능력의 현저한 부족으로 근무성적이 극히 불량한 때를 의미하고, 징계사유에 해당하는 명령위반, 직무상의 의무위반 또는 직무태만의 행위 등은 이에 해당되지 아니한다(대판 85누663)

5 기타

강임	① 직제·정원 변경, 예산 감소 등의 이유로 등급을 내리는 것인데, 자기가 원하는 보직으로 이동하기 위하여 강임을 희망할 수 있음 ② 경찰공무원에게는 적용되지 않음(징계로 강등은 가능).
전직	직렬을 달리하는 임명이며, 경찰공무원에는 적용 안 됨.

제5절 경찰공무원 관계의 소멸

1 당연퇴직

(1) 일정한 법정사유가 발생한 경우 별도의 행위 없이 당연히 경찰공무원 관계가 소멸하는 것

(2) 경찰공무원이 재직 중 자격정지 이상의 형의 선고유예를 받음으로써 임용결격사유에 해당하게 되는 경우에 그 선고유예 판결의 확정일에 당연히 경찰공무원의 신분을 상실(당연퇴직)하게 되는 것이고, 나중에 선고유예기간(2년)이 경과하였다고 하더라도 경찰공무원의 신분이 회복되는 것은 아니다(대판 96누4275).

2 정년

연령정년	① 만 60세 ② 정년이 된 날이 1월에서 6월 사이에 있으면 6월 30일에, 7월에서 12월 사이에 있으면 12월 31일에 당연퇴직(퇴직일자는 1년에 2회) 〈20채용〉 ③ 당연무효인 임용결격자 또는 당연퇴직한 공무원이 사실상 공무원으로 근무했더라도 공무원 연금법상의 퇴직급여 청구는 불가(대판 1987.4.14., 86누459)
계급정년	① 치안감 4년, 경무관 6년, 총경 11년, 경정 14년 ② 징계로 강등된 경우 강등 전 계급 중 가장 높은 계급의 계급정년으로 하고, 기간 산정은 강등되기 전 계급의 근무연수와 강등 이후의 근무연수를 합산 ③ 수사·정보·외사·안보·자치경찰사무 등 특수부문 총경·경정은 4년 범위에서 연장 가능 ④ 전시·사변, 그 밖의 비상사태에서 위 기간을 2년 범위에서 연장 가능 • **경무관 이상**: 경찰청장이 **장관, 총리** 거쳐 대통령 승인받아 연장 〈20채용〉 • **총경·경정**: 경찰청장이 **총리** 거쳐 대통령 승인받아 연장 ⑤ 경력경쟁채용으로 재임용된 경찰공무원의 계급정년 연한은 재임용 전에 해당 계급의 경찰공무원으로 근무한 연수를 합하여 계산한다(경찰공무원임용령 제8조). 〈23승진〉

3 면직

(1) 면직의 구분

의원 면직		① 경찰공무원의 의사표시로 임용권자가 수리하여 경찰공무원관계 소멸 ② 사직서를 제출하였더라도 수리되기 전에 직장을 무단이탈하면 징계 책임이 있다 (대판 91누3666).
일방적 면직	징계면직	징계에 의한 면직으로 파면과 해임
	직권면직	법정사유 발생 시 임용권자가 직권으로 면직처분

(2) 유사개념과 비교

직권휴직	직위해제	직권면직 ⟨19·22승진, 22채용⟩	
생사, 소재불명: 3개월 내 노동조합 전임 병(장애)으로 장기요양 1년 공무상 질병·부상은 3년 사역(군복무) 법률 의무 수행	금품·성 비위 조사 중 고공단 적격심사 요구 중 중징계 요구 중 기소된 자 능력부족/근무성적 불량 (3개월 내 대기명령)	징계위 동의	• 직무수행 능력부족으로 직위해제 후 여전히 능력향상 곤란 • 직무능력 및 성실성 결여(교육점수 2회 미달, 지능/판단력/책임감/ 부족, 위험직무 기피) • 위험한 성격·도덕적 결함(인격장애, 약물중독, 도박, 재산 낭비, 불륜 등) (사람의 능력·인성·사생활 등 판단)
		동의 불요	• 직제 개편/예산 부족(정원조정) • 휴직 후 직무 미복귀(복귀거부) • 자격증/면허 취소(자격증 취소) (객관적 사실)

(3) 징계 사유와 구별
① 징계는 ㉠ 법/명령/의무 위반, ㉡ 직무 태만, ㉢ 위신 손상의 사유가 있을 때
② 직권휴직은 질병 등이 원인이고, 직위해제와 직권면직은 능력 등이 부족한 것이지만(의도성이 약함), 징계는 위반, 태만, 손상 등으로 의도적인 부분이 강하여 책임이 중하다.

제6절 경찰공무원의 권리와 의무

1 경찰공무원의 권리와 의무 정리 ⟨20승진, 15·19·20경간⟩

구분			내용
권리	신분상	공통	직무집행권, 신분/직위보유권, 쟁송제기권
		특수	제복착용권, 무기휴대/사용권, 장구사용권 ㉠ 경찰공무원법: 제복착용, 무기휴대권 ㉡ 경직법: 무기·장구 사용권
	재산상		보수청구, 보상청구, 연금청구, 실비변상, 실물대여
의무	국가 공무원법	기본	성실, 선서
		직무	종교중립, 친절공정, 복종, 직무전념(직장이탈금지, 영리업무금지, 겸직금지), 법령준수
		신분	청렴, 집단행동금지, 비밀엄수, 정치운동금지, 품위유지, 영예제한
	공직자 윤리법	신분	재산 등록·공개, 퇴직 후 3년간 취업제한, 외국 선물 신고
	경찰 공무원법	직무	제복착용, 거짓보고금지, 지휘권남용 금지, 직무유기금지 ⟨20승진, 22경간⟩
		신분	정치관여금지 ⟨22경간⟩

규대쌤 Comment

신분상 제복입고 무장할 권리, 경찰공무원으로서 제복입고 거지 직 금지의무

경찰 공무원 복무규정 (대통령령)	기본 강령	① 경찰사명, ② 경찰정신, ③ 규율, ④ 단결, ⑤ 책임, ⑥ 성실·청렴
	복무 등	민사개입금지, 지정장소 외 직무금지, 근무 중 음주금지, 여행제한, 상관신고, 포상휴가 등

2 경찰공무원의 권리

(1) 신분상 권리
① **직무수행권**: 경찰공무원은 자신의 직무를 수행할 권리가 있다.
② **신분 및 직위보유권**: 치안총감, 치안정감, 시보는 원칙적으로 신분보장 안된다.
  ※ 치안총감과 치안정감에 대해서는(모든 경찰공무원 ×) 「국가공무원법」 제68조 본문(공무원은 형의 선고, 징계처분 또는 이 법에서 정하는 사유에 따르지 아니하고는 본인의 의사에 반하여 휴직·강임 또는 면직을 당하지 아니한다)을 적용하지 아니한다(경공법 제36조).
  〈22승진〉
  ※ 시보임용기간 중에 있는 경찰공무원이 근무성적 또는 교육훈련성적이 불량할 때에는 「국가공무원법」 제68조 및 이 법 제28조에도 불구하고 면직시키거나 면직을 제청할 수 있다(경공법 제13조③).
③ **쟁송제기권**: 행정소송은 **경찰청장(기관장 ×)을 피고로** 하지만, 임용권 위임 시 위임받은 자가 피고가 된다.
  ※ 국가배상청구권의 피고는 국가 또는 지방자치단체
④ **무기휴대 및 사용권**: 휴대는 경찰공무원법(경찰법 ×), 사용은 경직법에 근거
  〈15·16승진〉
⑤ **제복착용권**: 권리이면서 의무에 해당

(2) 재산상 권리
① 보수 청구권
  ㉠ 경찰 보수는 공무원보수규정(대통령령)에서 통합(별도 보수규정 ×)
  ㉡ 보수는 봉급과 각종 수당을 합산한 금액이다.
  ㉢ 보수청구권은 포기·양도가 금지되고, 압류는 1/2로 제한된다.
  ㉣ 보수청구권을 공권으로 보아 국가재정법에 의하여 소멸시효가 5년이라는 견해와 사권으로 보아 민법에 의하여 3년이라는 견해 대립이 있으나 판례는 3년으로 본다.
  ㉤ 성과상여금은 경감 이하에게 지급하고, 경정 이상은 성과급적 연봉제에 의하여 지급한다.
  ㉥ 보수를 부정수령한 경우 수령금액의 5배 범위에서 징수할 수 있으며, 성과상여금을 부정수령한 경우 그 해당금액을 징수하고 1년의 범위에서 성과상여금을 지급하지 아니한다.
② 연금 청구권
  ㉠ 각종 급여는 **인사혁신처장(기재부장관 ×)**이 결정하고 공무원연금공단에서 지급
  ㉡ 급여 결정에 관한 인사혁신처장의 권한은 공무원연금공단에 위탁가능
  ㉢ 급여 이의로 공무원재해보상연금위원회에 청구할 때에는 그 결정 등이 있었던 날부터 180일, 그 사실을 안 날부터 90일 이내에 하여야 한다.

         ② 연금청구권의 소멸시효는 단기급여와 장기급여 모두 5년
            ※ 보수청구권은 3년 소멸시효, 연금청구권은 5년 소멸시효

> 「공무원재해보상법」
> 제51조(심사의 청구) ① 급여에 관한 결정, 그 밖에 이 법에 따른 급여 등에 관하여 이의가 있는 사람은 대통령령으로 정하는 바에 따라 제52조에 따른 공무원재해보상연금위원회에 심사를 청구할 수 있다.
> ② 제1항의 심사 청구는 그 결정 등이 있었던 날부터 180일, 그 사실을 안 날부터 90일 이내에 하여야 한다. 다만, 그 기간 내에 정당한 사유가 있어 심사 청구를 할 수 없었던 것을 증명한 경우는 예외로 한다.

③ 보상 청구권(공무원재해보상법)
   ㉠ 「공무원재해보상법」의 목적: 공무로 인한 부상, 질병, 상해, 사망에 대하여 적합한 보상, 공무원의 재활 및 직무복귀를 지원, 재해 예방 사업으로 공무원이 직무에 전념하도록 여건 조성
      ※ 「공무원연금법」의 목적: 공무원의 퇴직, 장해 또는 사망에 대하여 적절한 급여를 지급하고 후생복지를 지원함으로써, 공무원 또는 그 유족의 생활안정과 복지향상에 이바지 (양 법률 간 목적 구별)
   ㉡ 요양급여 등을 받으려는 사람은 인사혁신처장에게 급여를 청구하고, 인사혁신처장은 급여의 요건을 확인한 후 급여를 결정하고 지급한다(제9조①③). (공무원연금공단에 위탁 ×)
   ㉢ 소멸시효: 요양급여, 부조급여, 재활급여, 간병급여는 3년, 그 외는 5년 〈21승진〉
④ 보훈: 경찰공무원으로서 전투나 그 밖의 직무 수행 또는 교육훈련 중 사망한 사람(공무상 질병으로 사망한 사람을 포함한다) 및 부상(공무상의 질병을 포함한다)을 입고 퇴직한 사람과 그 유족 또는 가족은 「국가유공자 등 예우 및 지원에 관한 법률」 또는 「보훈보상대상자 지원에 관한 법률」에 따라 예우 또는 지원을 받는다(경찰공무원법 제21조).

3 경찰공무원의 의무

(1) 선서의무

공무원은 취임할 때에 소속 기관장 앞에서 대통령령 등으로 정하는 바에 따라 선서(宣誓)하여야 한다. 다만, 불가피한 사유가 있으면 취임 후에 선서하게 할 수 있다(국가공무원법 제55조).

(2) 성실의무
   ① 모든 공무원은 법령을 준수하며 성실히 직무를 수행하여야 한다(국가공무원법 제56조).
   ② 다른 의무의 원천이며, 법적인 의무이다.

(3) 국가공무원법상 직무상 의무
   ① 종교중립의 의무: 소속 상관이 종교중립 의무에 위배되는 명령을 한 경우에는 따르지 아니할 수 있다(의무사항 ×). 〈16·18·19승진〉
   ② 친절·공정의 의무: 법적인 의무로서, 국민 전체의 봉사자로서 친절하고 공정하게 직무를 수행하여야 한다.

요부재간은 3년

③ 복종의 의무
  ㉠ 공무원은 상관의 직무상 명령에 복종하여야 한다(국가공무원법).
  ㉡ 구체적 사건 수사와 관련된 지위·감독의 적법성 또는 정당성에 대하여 **이의를 제기할 수 있다(경찰법 제6조).** (국가공무원법·경찰공무원법 ×) 〈19승진〉
     민주성, 효율성, 인권주의, 정치적중립, 수사 이의제기

④ 직무전념의 의무 〈16·19승진, 17·18·21채용, 17경간〉
  ㉠ 직장이탈금지
    ⓐ 소속 **상관**(기관장 ×) 허가 또는 **정당한 사유** 없이 이탈금지
    ⓑ 공무원 구속 전 그 소속 기관장에 사전 통보(**현행범은 제외**)
    ⓒ 감사원, 검찰, 경찰 등은 수사·조사를 **개시** 또는 **종료 시 10**일 내에 소속 기관장에게 통보 의무
  ㉡ 영리업무 금지
  ㉢ 겸직금지 – 소속 **기관장**(상관 ×)의 허가 없이 다른 직무 겸직 금지

⑤ 법령준수의 의무: 모든 공무원은 **법령을** 준수하며 성실히 직무를 수행하여야 한다(제56조).

(4) 국가공무원법상 신분상 의무
① 청렴의무
  ㉠ 직무 관련 **직접적이든 간접적이든** 사례·증여·향응을 주고 받을 수 없다.
  ㉡ 직무상 관계가 있든 없든 소속 **상관**에게 **증여**하거나 받아서는 안 된다.
                                                    〈16·18승진〉

② 집단행동 금지
  ㉠ 공무원은 노동운동이나 그 밖에 공무 외의 일을 위한 집단 행위를 하여서는 아니 된다. 다만, 사실상 노무에 종사하는 공무원은 예외로 한다.

    > a. '공무 이외의 일을 위한 집단적 행위'는 "공익에 반하는 목적을 위하여 직무전념 의무를 해태하는 등의 영향을 가져오는 집단적 행위"라고 축소해석해야 한다 (대판 90도2310).
    > b. 장관 주재의 정례조회에서의 **집단퇴장행위**는 '공무 외의 집단적 행위'에 해당한다 (대판 91누9145).
    > c. '집단행위'에 해당하려면, 그 행위가 반드시 같은 시간, 장소에서 행하여져야 하는 것은 아니다. 발표문에 서명날인, 일제 휴가, 집단 조퇴, 초과근무 거부 등은 집단성이 인정된다(대판 2014두8469).
    > c. **릴레이 1인 시위, 릴레이 언론기고, 릴레이 내부 전산망 게시**는 집단성이 있다고 보기 어렵다(대판 2014두8469).

  ㉡ 공무원으로서 노동조합에 가입된 자가 조합업무에 전임하려는 경우에는 **장관**(소속 기관장 ×)의 허가를 받아야 한다.
  ㉢ 경찰공무원이 위반하는 경우 2년 이하 또는 200만원 이하 벌금(경찰공무원법 제37조④)

③ 비밀엄수의 의무
  ㉠ **퇴직 후에도** 준수해야 한다. 위반 시 재직 중에는 형사(피의사실공표죄, 공무상 비밀누설죄)·징계 책임, **퇴직 후에는** 형사책임을 진다. 〈15·18·20·23승진, 15채용〉

㉡ 직무상 비밀과 직무와 관련한 비밀도 포함된다.
㉢ 비밀은 실질적으로 보호할 가치가 있는 것만이 해당한다(실질설, 통설·판례).

> a. 수사경찰관이 고소인에게 수사방향을 미리 알려 **추가고소를 하도록 종용**한 것이 징계사유(직무상 비밀엄수의무 위반)에 해당한다(대판 85누250)
> b. 퇴폐행위특별단속계획을 사전에 전화로 알려 주는 행위는 징계사유(직무상 비밀엄수의무 위반)에 해당한다(대판 83누9)

④ 정치운동 및 정치 관여 금지

구분	정치운동 금지(국가공무원법 제65조)	정치 관여 금지(경찰공무원법 제23조)
행위	① 공무원은 정당이나 그 밖의 정치단체의 결성에 관여하거나 이에 가입할 수 없다. ② 공무원은 선거에서 특정 정당 또는 특정인을 지지 또는 반대하기 위한 다음의 행위를 하여서는 아니 된다. 　1. **투표**를 하거나 하지 아니하도록 권유 운동을 하는 것 　2. **서명 운동**을 기도(企圖)·주재(主宰)하거나 권유하는 것 　3. **문서나 도서**를 공공시설 등에 게시하거나 게시하게 하는 것 　4. **기부금을 모집 또는 모집하게 하거나**, 공공자금을 이용 또는 이용하게 하는 것 　5. 타인에게 정당이나 그 밖의 정치단체에 가입하게 하거나 가입하지 아니하도록 **권유 운동**을 하는 것	① 경찰공무원은 정당이나 정치단체에 **가입**하거나 정치활동에 관여하는 행위를 하여서는 아니 된다. ② 제1항에서 정치활동에 관여하는 행위란 다음 각 호의 어느 하나에 해당하는 행위를 말한다. 　1. 정당이나 정치단체의 결성 또는 가입을 지원하거나 **방해**하는 행위 　2. 그 직위를 이용하여 특정 정당이나 특정 정치인에 대하여 **지지 또는 반대 의견을 유포**하거나, 그러한 여론을 조성할 목적으로 특정 정당이나 특정 정치인에 대하여 찬양하거나 비방하는 내용의 의견 또는 사실을 **유포**하는 행위 　3. 특정 정당이나 특정 정치인을 위하여 **기부금 모집을 지원하거나 방해하는 행위** 또는 국가·지방자치단체 및 「공공기관의 운영에 관한 법률」에 따른 공공기관의 자금을 이용하거나 이용하게 하는 행위 　4. 특정 정당이나 특정인의 선거운동을 하거나 선거 관련 대책회의에 **관여**하는 행위 　5. 「정보통신망 이용촉진 및 정보보호 등에 관한 법률」에 따른 정보통신망을 이용한 제1호부터 제4호까지의 규정에 해당하는 행위
	③ 공무원은 다른 공무원에게 제1항과 제2항에 위배되는 행위를 하도록 요구하거나, 정치적 행위에 대한 **보상 또는 보복**으로서 이익 또는 불이익을 약속하여서는 아니 된다.	6. 소속 직원이나 다른 공무원에 대하여 제1호부터 제5호까지의 행위를 하도록 요구하거나 그 행위와 관련한 보상 또는 보복으로서 이익 또는 불이익을 주거나 이를 약속 또는 <u>고지(告知)</u>하는 행위

벌칙	① 3년 이하 징역과 3년 이하 자격정지 ② 공소시효는 10년	① 5년 이하 징역과(+) 5년 이하 자격 정지 ② 공소시효는 10년
참고	국가정보원법 제11조(정치 관여 금지) 5. 특정 정당·정치단체나 특정 정치인을 위하여 **집회를 주최·참석·지원**하도록 다른 사람을 사주·유도·권유·회유 또는 협박하는 행위 ※ 경찰공무원법에는 "집회" 관련 내용은 없음	

⑤ 품위유지 의무
  ㉠ 직무 내외를 불문하고 품위가 손상되는 행위를 하여서는 아니된다. 〈15·20승진, 17채용〉
  ㉡ 공무원의 음주운전은 품위유지 위반
⑥ 영예 등의 제한: 외국 정부로부터 영예나 증여를 받을 경우는 **대통령의 허가**를 받아야 한다. 〈23승진〉

(5) 공직자윤리법상 신분상 의무

재산등록	등록 의무자	법에서 총경 이상, 시행령에서 경사 이상으로 규정 〈18·22승진〉
	등록 대상	본인, 배우자(사실혼 포함), 직계 존·비속이 소유하는 재산(사실상 소유하는 재산, 비영리법인 출연재산, 외국에 있는 재산 포함)
	등록 시기	등록의무자가 된 날부터 2개월이 되는 날이 속하는 달의 말일까지 등록 의무자로 된 날 현재의 재산을 등록
	변동 신고	① 1.1.~12.31. 사이의 변동사항을 다음 해 2월 말까지 신고 ② 최초의 변동사항 신고의 경우에는 등록의무자가 된 날부터 그해 12월 31일까지의 재산 변동사항을 신고
	재산 공개	대상자는 치안감 이상 또는 시·도청장의 본인, 배우자, 직계존·비속이며 공직자윤리위원회는 신고기간 만료 후 1개월 내(2개월 ×) 관보·공보 게재 〈18승진〉
퇴직자 취업제한		취업심사대상자(경사 이상)는 퇴직일부터 3년간 일정규모 이상의 기관에 취업할 수 없다. 다만, 공직자윤리위원회로부터 퇴직 전 5년간 소속 부서(기관)의 업무와 밀접 관련성이 없다는 확인을 받거나 취업승인을 받은 때는 취업 가능 〈21승진〉
선물신고 의무		① 외국으로부터 받은 선물(현금은 제외)은 그 외국의 시가로 미화 100달러, 국내 시가로 10만원 이상이면 소속 기관장에게 신고하고 그 선물을 인도하여야 한다. 〈18·21승진〉 ※「경찰청 공무원의 공무국외출장 업무처리규칙(경찰청 훈령)」제13조 귀국 후 지체 없이 소속 감사부서에 신고하여야 한다. ② 신고된 선물은 신고 즉시 국가 또는 지자체에 귀속된다.

● 정리하기

사실혼 관련 규정

공직자윤리법	등록 대상이 되는 배우자는 **사실혼 포함**
청탁금지법	금품수수 등이 금지되는 배우자는 **법률상 배우자(사실혼 제외)**
가정폭력처벌법	가정구성원의 배우자는 **사실혼 포함**
출입국관리법	결혼이민비자(F-6) 발급대상 배우자는 **사실혼 포함**
범죄피해자 보호법	범죄로 피해를 당한 사람과 그 배우자(**사실혼 포함**) 〈22채용〉

(6) 경찰공무원법상 직무상 의무

제복착용의 의무	복제에 관한 사항은 **행안부령**(대통령령 ×)으로 정한다.
거짓보고 금지	직무에 관하여 거짓으로 보고나 통보를 하여서는 아니 된다.
지휘권남용 등 금지	① 전시·사변·비상사태 등에서 지휘·감독하는 사람은 정당한 사유 없이 그 직무 수행을 거부·유기하거나 경찰공무원을 지정된 근무지에서 진출·퇴각·이탈하게 하여서는 아니 된다. 〈22승진〉 ② 위반자는 3년 이상 징역이나 금고형
직무유기 금지	직무를 게을리하거나 유기해서는 아니 된다.

(7) 국가공무원 복무규정

제19조(공가) 행정기관의 장은 소속 공무원이 다음 각 호의 어느 하나에 해당하는 경우에는 이에 직접 필요한 기간 또는 시간을 공가로 승인해야 한다.
1. 「병역법」이나 그 밖의 다른 법령에 따른 병역판정검사·소집·검열점호 등에 응하거나 동원 또는 훈련에 참가할 때
2. 공무와 관련하여 국회, 법원, 검찰, 경찰 또는 그 밖의 국가기관에 소환되었을 때
3. 법률에 따라 투표에 참가할 때
4. 승진시험·전직시험에 응시할 때
5. **원격지**(遠隔地)로 **전보**(轉補) 발령을 받고 부임할 때 〈23승진〉
6. 「산업안전보건법」제129조부터 제131조까지의 규정에 따른 건강진단, 「국민건강보험법」제52조에 따른 건강검진 또는 「결핵예방법」제11조제1항에 따른 결핵검진등을 받을 때
7. 「혈액관리법」에 따라 헌혈에 참가할 때 〈23승진〉
8. 「공무원 인재개발법 시행령」제32조제5호에 따른 외국어능력에 관한 시험에 응시할 때
9. 올림픽, 전국체전 등 국가적인 행사에 참가할 때
10. **천재지변, 교통 차단** 또는 그 밖의 사유로 **출근이 불가능할 때** 〈23승진〉
11. 「공무원의 노동조합 설립 및 운영 등에 관한 법률」제9조에 따른 교섭위원으로 선임(選任)되어 단체교섭 및 단체협약 체결에 참석하거나 같은 법 제17조 및 「노동조합 및 노동관계조정법」제17조에 따른 대의원회(「공무원의 노동조합 설립 및 운영 등에 관한 법률」에 따라 설립된 공무원 노동조합의 대의원회를 말하며, 연 1회로 한정한다)에 참석할 때
12. 공무국외출장등을 위하여 「검역법」제5조제1항에 따른 검역관리지역 또는 중점검역관리지역으로 가기 전에 같은 법에 따른 **검역감염병의 예방접종**을 할 때
13. 「감염병의 예방 및 관리에 관한 법률」에 따른 제1급감염병에 대하여 같은 법 제24조 또는 제25조에 따라 필수예방접종 또는 임시예방접종을 받거나 같은 법 제42조제2항제3호에 따라 감염 여부 검사를 받을 때

(8) 경찰공무원 복무규정(대통령령)상 의무

① 기본 강령 〈18채용〉
  ㉠ **경찰사명**: 경찰공무원은 국가와 민족을 위하여 충성과 봉사를 다하며, 국민의 생명·신체 및 재산을 보호하고, 공공의 안녕과 질서를 유지함을 그 **사명**으로 한다.
  ㉡ **경찰정신**: 경찰공무원은 국민의 수임자로서 일상의 직무수행에 있어서 국민의 자유와 권리를 존중하는 호국·봉사·정의의 **정신**을 그 바탕으로 삼는다.
  ㉢ **규율**: 경찰공무원은 법령을 준수하고 직무상의 명령에 복종하며, 상사에 대한 존경과 부하에 대한 존중으로써 **규율**을 지켜야 한다.
  ㉣ **단결**: 경찰공무원은 주어진 **사명**을 다하기 위하여 긍지를 가지고 한마음 한뜻으로 굳게 **뭉쳐** 임무수행에 모든 역량을 기울여야 한다.

ⓤ 책임: 경찰공무원은 창의와 노력으로써 소임을 완수하여야 하며, 직무수행의 결과에 대하여 **책임**을 진다.
ⓥ 성실·청렴: 경찰공무원은 성실하고 청렴한 생활태도로써 국민의 모범이 되어야 한다.

② 복무 등
  ㉠ 민사분쟁 개입금지: 직권을 이용하여 부당한 타인의 민사분쟁 개입 금지 〈22승진〉
  ㉡ 지정장소 외에서의 직무수행 금지: 상사의 허가·**명령** 없이 직무 무관 장소에서 직무 금지
  ㉢ 근무시간 중 음주금지(술): 특별한 사정이 있는 경우는 예외로 하되, 주기가 있는 상태에서 직무를 수행하여서는 아니된다.
  ㉣ 여행의 제한: 휴무일 등에 2시간 내 직무 복귀 어려운 지역으로 여행시 소속 기관장에 신고하여야 하며, 치안상 특별한 사정이 있는 기간에는 소속 기관장의 허가
  ㉤ 상관에 대한 신고: 소속 상관에 신규채용, 승진, 전보, 파견, 출장, 연가, 교육훈련기관에의 입교, 기타 신분·근무관계 변동사항 신고

③ 사기진작 등
  ㉠ 포상휴가: 경찰기관장은 1회에 10일 이내 허가할 수 있으며 연가일수 불산입 〈17승진〉
  ㉡ 연일·휴일 근무자: 경찰기관장은 특별한 사정이 없는 한 그 다음날 1일의 휴무를 **허가하여야 한다**(할 수 있다 ×).
  ㉢ 당직·철야 근무자: 경찰기관장은 특별한 사정이 없는 한 다음날 오후 2시를 기준으로 오전 또는 오후 휴무 **허가해야 한다**(할 수 있다 ×). 〈17승진〉

❖ **상사(상관)와 기관장 구별** 〈21채용〉

구분	상사(상관) - 주요 3개	기관장
허가	• 직장 이탈 금지(국공법) • 지정장소 외 근무 금지(직무와 관계 없는 장소에서 직무수행 금지)(경찰공무원 복무규정)	• 겸직(국공법) • 연일·휴일(1일), 당직·철야(14시 기준) 휴무 허가하여야 한다(경찰공무원 복무규정). • 관외여행허가(치안상 특별한 기간) • 10일 내 포상휴가(경찰공무원 복무규정)
신고	신규채용·승진·전보·파견·출장·연가·교육기관 입교 신고(경찰공무원 복무규정)	관외여행신고(2시간 내 복귀 어려운 지역)

제7절 경찰공무원의 책임

1 징계의 의의

(1) 징계의 개념
  ① 징계는 공무원의 의무위반에 대하여 **특별권력관계**(일반 통치권 ×)에 의한 공무원 내부질서 유지를 목적으로 부과하는 행장성 제재이다.
  ② 징계도 권력적 의사표시로서 **경찰처분**에 해당한다.

(2) 징계벌과 형사벌

① 징계벌과 형사벌은 목적과 내용등을 달리하므로 **병과**할 수 있으며 일사부재리 원칙 위반이 아니다.
② 감사원·수사기관의 개시·종료 시에는 **10일 내** 소속 기관장에 통보
③ 감사원의 조사개시 통보시에는 반드시 징계절차를 중지하여야 하나, 수사기관의 수사개시 통보시에는 징계절차를 중지하거나 징계절차를 계속 진행할 수 있다.
　※ 수사기관으로부터 수사개시 통보를 받은 경우에는 징계의결요구권자의 결재를 받아 해당 기관으로부터 수사결과의 통보를 받을 때까지 감찰조사, 징계의결요구 등의 절차를 진행하지 아니 할 수 있다(경찰 감찰 규칙).
④ 같은 사건으로 형사재판에서 **무죄판결**을 받은 경우, 징계처분이 위법하다고 할 수는 있어도 **당연무효**가 되는 것은 아니다(대판 89누4963).

2 급여 제한

(1) 형벌 등에 따른 급여의 제한(공무원연금법)

> 제65조(형벌 등에 따른 급여의 제한) ① 공무원이거나 공무원이었던 사람이 다음 각 호의 어느 하나에 해당하는 경우에는 대통령령으로 정하는 바에 따라 퇴직급여 및 퇴직수당의 일부를 줄여 지급한다. 이 경우 퇴직급여액은 이미 낸 기여금의 총액에 「민법」 제379조에 따른 이자를 가산한 금액 이하로 줄일 수 없다.
> 1. 재직 중의 사유(직무와 관련이 없는 과실로 인한 경우 및 소속 상관의 정당한 직무상의 명령에 따르다가 과실로 인한 경우는 제외한다. 이하 제3항에서 같다)로 금고(자격정지 ×) 이상의 형이 확정된 경우
> 2. 탄핵 또는 징계에 의하여 파면된 경우
> 3. 금품 및 향응 수수, 공금의 횡령·유용으로 징계에 의하여 해임된 경우
> ③ 재직 중의 사유로 금고 이상의 형에 처할 범죄행위로 인하여 수사가 진행 중이거나 형사재판이 계속 중일 때에는 퇴직급여(연금인 급여를 제외한다) 및 퇴직수당의 일부를 대통령령으로 정하는 바에 따라 지급 정지할 수 있다. 이 경우 급여의 제한사유에 해당하지 아니하게 되었을 때에는 그 지급 정지하였던 금액에 대통령령으로 정하는 이자를 가산하여 지급한다.

(2) 징계의 내용에 따른 급여제한(공무원연금법 시행령) ⟨15·19·20승진⟩

징계종류		기간	퇴직급여 (월급)	퇴직수당 (퇴직금)	승진·승급 제한 원칙	금품·성 소극·음주	내용
중징계	파면·금고이상	5년 이상 근무	1/2 감액	1/2			경찰관 신분박탈 (경찰관 재임용 불가)
		5년 미만 근무	1/4 감액	1/2			
	해임	원칙	감액 없음	감액 없음			경찰관 신분박탈 (경찰관 재임용 불가)
		금품향응 5년 이상	1/4 감액	1/4 감액			
		금품향응 5년 미만	1/8 감액	1/4 감액			

경징계	강등	3개월	×	18개월	+6개월	강등 + 3월 직무정지
	정직	1~3개월	×			1~3월 직무정지
	감봉	1~3개월	1/3 감액	12개월		1~3월 보수 1/3 감액
	견책			6개월		징계절차로 경고 (훈계)

3 징계위원회 관할(경찰공무원 징계령) 〈22채용〉

	경찰 보통징계위원회	경찰 중앙징계위원회	(국무총리 소속) 중앙징계위원회
관할	① 경찰청: 경감 이하 ② 시·도청: 경감 이하 ③ 경찰서·경찰기동대: 경위 이하 ④ 의경부대 등: 경사 이하	총경, 경정	경무관 이상
경합	① 상위계급과 하위계급자의 관련 사건은 상위계급자 관할 징계위에서 의결 ② 상급 경찰기관과 하급 경찰기관 소속자의 관련 사건은 상급 기관에서 의결 ③ 소속이 달라서 관할 징계위원회가 다른 경우는 모두를 관할하는 바로 위 상급 경찰기관의 징계위에서 의결		(생략)

4 징계처분권자

관할 / 징계	국무총리 중앙징계위	경찰청 중앙징계위		보통징계위
	경무관 이상	총경	경정	경감 이하
중징계	파면			관할 징계위원회가 설치된 기관의 장(중징계는 임용권자에 제청)
	해임	대통령 ⇑ (장관·총리) 청장 제청	경찰청장	
	강등			
	정직			
경징계	감봉	경찰청장		
	견책			

경찰공무원법 제33조(징계의 절차) 경찰공무원의 징계는 징계위원회의 의결을 거쳐 징계위원회가 설치된 소속 기관의 장이 하되, 「국가공무원법」에 따라 국무총리 소속으로 설치된 징계위원회에서 의결한 징계는 경찰청장 또는 해양경찰청장이 한다. 다만, 파면·해임·강등 및 정직은 징계위원회의 의결을 거쳐 해당 경찰공무원의 임용권자가 하되, 경무관 이상의 강등 및 정직과 경정 이상의 파면 및 해임은 경찰청장 또는 해양경찰청장의 제청으로 행정안전부장관 또는 해양수산부장관과 국무총리를 거쳐 대통령이 하고, 총경 및 경정의 강등 및 정직은 경찰청장 또는 해양경찰청장이 한다.

경찰공무원징계령 제18조(경징계 등의 집행) ① 징계등 의결을 요구한 자는 경징계의 징계등 의결을 통지받았을 때에는 통지받은 날부터 15일 이내에 징계등을 집행하여야 한다.

경찰공무원징계령 제19조(중징계 등의 처분 제청과 집행) ① 징계등 의결을 요구한 자는 중징계의 징계등 의결을 통지받았을 때에는 지체 없이 징계등 처분 대상자의 임용권자에게 의결서 정본을 보내어 해당 징계등 처분을 제청하여야 한다.
② 제1항에 따라 중징계 처분의 제청을 받은 임용권자는 15일 이내에 의결서 사본에 별지 제4호 서식의 징계등 처분 사유 설명서를 첨부하여 징계등 처분 대상자에게 보내야 한다.

※ 사례 연습

소속	계급	관할 징계위	의결 내용	처분권자
경찰서	경위	경찰서	경징계	경찰서장
			중징계	시·도청장
경찰서	경감	시·도청	경징계	시·도청장
			중징계	시·도청장
경찰서	경정·총경	경찰청	경징계	경찰청장
			강등·정직	경찰청장
			파면·해임	대통령
경찰서	경무관	국무총리	경징계	경찰청장
			중징계	대통령

● 정리하기

임용 등 절차 정리(경찰법, 경공법)

※ 거치는 절차는 ( )로 표시. 청장은 경찰청장, 장관은 행안부장관

- 국가경찰위원 임명: 장관 제청 ⇨ (총리) ⇨ 대통령 임명
    ※ 소청위원 임명: 인사혁신처장(행안부장관 ×) 제청 ⇨ (총리) ⇨ 대통령
- 경찰청장 임명: 국가경찰위원회 동의 ⇨ 장관 제청 ⇨ (총리) ⇨ 대통령
- 비상시 계급정년 연장: 경무관 이상: 청장 ⇨ (장관·총리) ⇨ 대통령 승인받아 청장이 연장
    총경·경정: 청장 ⇨ (총리) ⇨ 대통령 승인받아 청장이 연장
- 총경 이상 임용: 청장 추천 ⇨ 장관 제청 ⇨ (총리) ⇨ 대통령
- 시·도경찰청장 임용: 시·도경찰위원회와 협의하여 청장 추천 ⇨ 장관 제청 ⇨ (총리) ⇨ 대통령
- 경무관 이상의 강등·정직, 경정 이상의 파면·해임: 청장 제청 ⇨ (장관·총리) ⇨ 대통령
- 경정 신·승·면: 청장 제청 ⇨ (총리) ⇨ 대통령

5 징계 책임

(1) 징계의 사유

① 법/명령/의무 위반, 직무 태만, 직무 내외 불문 체면·위신 손상

> 버스 정류장에서 앞지르기금지의무를 위반한 운전사에게 단속하지 않고 주의를 준 것에 그친 것은 성실의무에 위반하는 등 직무를 태만히 한 것이라고 볼 수 없다(대판 76누179).

② 공무원의 고의, 과실 불문하고 징계 가능
③ 지방공무원이 국가공무원이 된 경우, 지방공무원 당시 발생한 징계사유는 국가공무원법으로 징계할 수 있다.

> 국가공무원법 제78조(징계 사유) ② 공무원(특수경력직공무원 및 지방공무원을 포함한다)이었던 사람이 다시 공무원으로 임용된 경우에 재임용 전에 적용된 법령에 따른 징계 사유는 그 사유가 발생한 날부터(국가공무원이 된 날부터 ×) 이 법에 따른 징계 사유가 발생한 것으로 본다.

④ 공무원이 퇴직을 희망하는 경우 감사원과 수사기관에 징계 사유가 있는지 여부를 확인하여야 한다.
⑤ 확인결과 중징계 또는 아래 사유 해당 시 지체없이 징계의결 요구하고 퇴직 불허하며 해당자에게 직위를 부여하지 아니할 수 있다. 다만 1, 3, 4호의 경우는 중징계에 해당한다고 판단되는 경우에 한정한다(국가공무원법 제78조의4).

> 1. 비위(非違)와 관련하여 형사사건으로 기소된 때
> 2. 징계위원회에 중징계 징계 의결이 요구 중인 때
> 3. 조사 및 수사기관에서 비위와 관련하여 조사 또는 수사 중인 때
> 4. 각급 행정기관의 감사부서 등에서 내부 감사 또는 조사 중인 때

(2) 징계부가금
① 금품, 향응, 국가 예산의 횡령 등으로 징계요구 시 그 금품의 5배 이내로 징계부가금 부과 의결을 징계위원회에 요구하여야 한다.
② 징계위원회는 대상자가 형사처벌이나 변상책임을 이행한 경우 조정된 범위에서 징계부가금 의결하거나 이미 의결된 경우는 감면 등의 조치를 하여야 한다.
③ 징계부가금을 납부하지 아니한 때에는 국세 강제징수의 예에 따라 징수할 수 있다.

(3) 징계 소멸시효

3년	일반적인 징계 사유
5년	금품수수, 공금 횡령 등 징계부가금 부과 사유 ※ 징계부가금: 금품, 향응, 국가 예산의 횡령 등으로 징계요구 시 그 금품의 5배 이내로 징계부가금을 부과할 수 있으며, 이를 납부하지 아니한 때에는 국세 강제징수의 예에 따라 징수할 수 있다.
10년	성매매, 성폭력, 아동·청소년대상 성범죄, 성희롱 등 사유

(4) 징계 일반사면
① 징계에 관한 일반사면이 있는 경우 파면처분으로 공무원의 지위를 상실한 공무원은 파면처분의 위법을 주장하여 그 취소를 구할 수 있다(대판 80누536).
② 사면 사실만으로써 징계처분이 변경·취소될 수는 없다(대판 95누8065)
③ 징계양정이 이미 사면된 징계처분의 경력을 참작하였다고 하여 위법하다고 할 수는 없다(대판 83누321)

6 징계절차 〈17·18·20승진〉

(1) 경찰기관장의 요구(경찰공무원징계령)

① 경찰기관장은 소속 경찰공무원이 징계사유가 있다고 인정한 때와 하급기관으로부터 징계 의결요구를 받은 때에는 **지체없이** 징계의결을 **요구하여야 한다**(할 수 있다 ×).

② 경찰기관의 장은 그 사건이 상급 경찰기관의 징계위원회 관할에 속한 경우에는 그 상급 경찰기관의 장에게 징계등 의결의 요구를 신청하여야 한다.

③ 경찰기관의 장이 징계등 의결 요구 또는 그 신청을 할 때에는 **중징계 또는 경징계로 구분하여** 요구하거나 신청하여야 한다.

   ※ 징계위원회는 징계의결 요구권자의 경징계·중징계요구 의견에 기속 받지 않고 징계의결 할 수 있다(2022년도 징계업무편람-인사혁신처).

④ 경찰기관의 장은 징계등 의결을 요구할 때에는 징계 의결 또는 징계부가금 부과 의결 요구서 사본을 징계등 심의 대상자에게 보내야 한다(심의 대상자가 수령 거부시 예외).

⑤ 경찰기관의 장은 그 소속이 아닌 경찰공무원에게 징계 사유가 있다고 인정될 때에는 해당 경찰기관의 장에게 그 사실을 증명할 만한 충분한 사유를 명확히 밝혀 통지하여야 한다. 통지받은 경찰기관의 장은 타당한 이유가 없으면 통지를 받은 날부터 **30일 이내**에 징계 의결 요구 또는 상급 경찰기관장에게 징계등 의결의 요구를 신청하여야 한다.

⑥ 징계권자가 징계요구를 하였다가 이를 철회하고 다시 징계요구를 한 경우, 이를 금지한 조문이 없으므로 그 징계절차는 **적법하다**(대판 79누388).

(2) 징계위원회 의결

① 출석통지서는 징계위원회 개최 **5일** 전까지 대상자에게 도달해야 한다.
   〈20승진, 22경간〉

   ※ 감찰조사 출석통지는 **3일** 전까지 통지

   > • 징계위원회에 출석하라는 통보를 하지 아니한 위법이 있다 하더라도 그와 같은 사유는 취소사유에 불과하다(대판 1985.9.10. 85누386).
   > • 출석통지는 서면에 의하지 아니하더라도 구두, 전화, 전언 등의 방법으로 징계 대상자에게 전달되었으면 족하다(대판 84누251).

② 징계위원회를 거치지 않거나 대상자에게 진술의 기회를 주지 않은 징계 의결은 **무효**(취소 ×)

③ 「경찰공무원 징계령 세부시행규칙(예규)」(경찰공무원징계령 ×)에 의하여, 징계위원회의 위원장은 징계등 심의 대상자에게 진술을 거부할 수 있음을 고지하여야 한다.

④ 대상자가 징계위원회 출석을 원하지 않거나(진술포기서 제출), 출석 통지(3회 이상 ×) 하였음에도 정당한 사유없이 불출석하면 서면 징계 의결 가능

⑤ 대상자 소재불명 시 출석통지를 관보에 게재 ⇨ 게재일(다음날 ×)부터 **10일** 경과 시 송달 간주 〈17·18·20승진, 21채용, 21경채〉

   ※ **공시**송달(행정절차법): 공고일부터 **14일** 경과

⑥ 위원회는 요구서를 받은 날부터 **30일 이내**에 의결하여야 하며, 부득이한 경우 의결을 요구한 경찰기관장의 승인(대상자 동의 ×, 징계위원회 의결 ×)을 받아 30일 이내 연기 가능 〈21채용, 23승진〉

규대쌤 Comment

징계받으로 오상

⑦ 징계위원회의 의결 내용은 공개하지 아니한다.
⑧ 징계위원회는 징계등 사건을 의결할 때에는 징계등 심의 대상자의 비위행위 당시 계급 및 직위, 비위행위가 공직 내외에 미치는 영향, 평소 행실, 공적, 뉘우치는 정도나 그 밖의 정상과 징계등 의결을 요구한 자의 의견을 고려해야 한다(할 수 있다 ×).
〈21채용〉
⑨ 징계위원회 위원장도 표결권이 있다.
⑩ 징계등 심의 대상자는 증인의 심문을 신청할 수 있다. 이 경우 징계위원회는 의결로써(위원장 ×) 그 채택 여부를 결정하여야 한다(경찰공무원징계령). 〈21채용〉
⑪ 징계등 의결을 요구(의결 요구 신청)한 자는 징계위원회에 출석하여 의견을 진술하거나 서면으로 의견을 진술할 수 있다. 다만, **중징계나 중징계 관련 징계부가금 요구 사건의 경우에는 특별한 사유가 없는 한 징계위원회에 출석하여 의견을 진술해야 한다**(경찰공무원징계령).

(3) 회의 참석 방법

원격영상회의 (제14조의2)	위원, 징계등 심의 대상자, 징계등 의결을 요구하거나 요구를 신청한 자, 증인, 관계인 등(이하 "출석자"라 한다)이 서로 다른 장소에 출석하여 진행하는 원격영상회의 방식으로 심의·의결할 수 있다. 〈23승진〉
참석자 준수사항 (제22조)	① 징계위원회의 회의에 참석하는 사람은 다음 각 호의 물품을 소지할 수 없다. 　1. 녹음기, 카메라, 휴대전화 등 녹음·녹화·촬영이 가능한 기기 　2. 흉기 등 위험한 물건 　3. 그 밖에 징계등 사건의 심의와 관계없는 물건 ② 징계위원회의 회의에 참석하는 사람은 다음 각 호의 행위를 해서는 안 된다. 　1. 녹음, 녹화, 촬영 또는 중계방송 　2. 회의의 질서를 해치는 행위 　3. 다른 사람의 생명·신체·재산 등에 위해를 가하는 행위

(4) 징계양정

- 어떠한 처분을 할 것인지는 징계권자의 재량에 맡겨진 것이고, 재량권을 남용한 것이라고 인정되는 경우에 한하여 그 처분은 위법한 것이다(대판 2002두6620)
- 당해 징계처분사유 전후에 저지른 징계사유로 되지 아니한 비위사실도 징계양정에 있어서의 참고자료가 될 수 있다(대판 2002다51555)
- 면책합의 되었거나 징계시효가 지난 비위행위라 하더라도 그러한 비위행위가 있었던 점을 해고처분의 정당성을 판단하는 자료로 삼을 수 있다(대판 94다52294)

(5) 징계 감경·면제 참작사유(「경찰공무원 징계령 세부시행 규칙 (예규)」)

① 행위자 및 감독자 감경·면책 사유

행위자	행위자의 공금횡령·유용 및 업무상 배임의 금액이 **300만원 이상**일 경우에는 중징계 의결을 요구하여야 하며, 다음의 사유가 있을 때에는 감면할 수 있다. ① 과실행위, 다른 법령으로 처벌사유 없고 비난가능성 없는 때 ② 공공의 이익을 위해 성실·능동적 업무 중 부분적인 절차상 하자, 비효율 등 잘못 ③ 업무 매뉴얼의 절차를 충실히 이행한 때 〈11·20승진〉 ④ 의무위반 방지를 위해 최선을 다했으나 부득이한 사유로 결과 발생 ⑤ 의무위반 행위를 자진신고하거나 원상회복에 크게 기여한 때 ⑥ 간첩 또는 중요 범인 검거한 공로 있을 때 〈12승진〉 ⑦ 직무와 관련 없는 사고로 공무원의 품위를 손상하지 아니한 때
감독자	① 부하직원의 의무위반 행위를 **사전**에 발견, 타당하게 조치한 때 ② 부하직원의 의무위반 행위가 감독자의 비번, 휴가, 교육기간에 발생하거나 소관업무와 직접 관련 없는 경우 ③ 부임기간이 **1개월 미만** 〈15·19승진〉 ④ 교정이 불가능한 부하직원의 인사상 조치를 상신한 이후 발생한 때 ⑤ 기타 부하직원에 대하여 **평소 철저한 교양** 등 감독자로서의 임무를 성실 수행한 때

② 공적 감경

> 제8조(징계의 감경) ① 징계위원회는 징계의결이 요구된 자가 다음 각 호의 어느 하나에 해당하는 공적이 있는 경우 별표 9에 따라 **징계를 감경**할 수 있다.
> 1. 「상훈법」에 따라 훈장 또는 포장을 받은 공적 ※ **포장 이상**
> 2. 「정부표창규정」에 따라 국무총리 이상의 표창을 받은 공적 다만, **경감** 이하의 경찰공무원등은 경찰청장 또는 중앙행정기관 차관급 이상 표창을 받은 공적 ※ **총리 이상**
> 〈22채용〉
> 3. 「모범공무원규정」에 따라 모범공무원으로 선발된 공적
> ② 경찰공무원등이 징계처분 또는 징계위원회의 권고에 의한 경고를 받은 사실이 있는 경우에는 그 징계처분 또는 경고처분 전의 공적은 제1항에 따른 감경대상 공적에서 제외한다.
> ③ (요약) 금품수수·성범죄·소극행정·음주운전 등의 경우는 감경할 수 없다.

③ 불문경고(징계위원회의 권고에 의한 경고)

㉠ 징계위원회에서 견책으로 인정되는 징계양정을 감경하는 경우에, "불문으로 의결한다. 다만, 경고할 것을 권고한다."로 의결하는 것을 불문경고라고 한다.

㉡ 불문경고는 징계처분에 해당하지 아니한다.

㉢ 불문경고를 받은 사실이 있는 경우에는 그 경고처분 전의 공적은 차후 다른 징계처분이나 경고를 받게 될 경우 징계감경사유로 사용될 수 없다(제8조②).

> 행정규칙에 의한 '불문경고조치'가 비록 법률상의 징계처분은 아니지만 차후 다른 징계처분이나 경고를 받게 될 경우 징계감경사유로 사용될 수 있었던 표창공적의 사용가능성을 소멸시키는 효과가 있기 때문에 항고소송의 대상이 되는 행정처분에 해당한다 (대판 2001두3532).
> ※ 불문경고도 불복시 소청을 제기할 수 있다(22년 인사혁신처 발행 징계업무편람).

(6) 징계의결요구권자의 재심사 청구(국가공무원법 제82조②)
  ① 징계의결등을 요구한 기관의 장은 징계위원회의 의결이 가볍다고 인정하면 그 처분을 하기 전에 아래 구분에 따라 심사나 재심사를 청구할 수 있다.
  ② 청구 관할
    ㉠ 국무총리 소속으로 설치된 징계위원회의 의결: 해당 징계위원회에 재심사를 청구
    ㉡ 중앙행정기관에 설치된 **징계위원회**(중앙행정기관의 소속기관에 설치된 징계위원회는 제외한다)의 의결: 국무총리 소속으로 설치된 징계위원회에 심사를 청구
    ㉢ 위 ㉠ 및 ㉡ 외의 징계위원회의 의결: 직근 상급기관에 설치된 징계위원회에 심사를 청구

(7) 징계 집행
  ① 징계 집행 기간
    ㉠ 경징계: 징계 의결 요구한 자가 **징계 의결 통지받은 날부터 15일 이내에 집행**
    〈21경채, 22경간〉
    ㉡ 중징계: 지체없이 대상자의 임용권자에게 의결서 정본을 보내어 처분 제청 ⇨ 임용권자는 제청받고 15일 이내에 집행
  ② 집행 시에는 **의결서 사본에 처분 사유설명서를 첨부하여** 대상자에게 통지하여야 한다.
    ※ 의결서 정본: 징계위에서 징계의결 요구권자에게 통보 시, 임용권자에게 중징계 제청 시
       의결서 사본: 징계 집행 시 처분대상자에게 징계등 처분 사유 설명서와 함께 보낼 때

  > 사유설명서 교부는 소송서류의 송달이 아니므로 민사소송법의 송달방법에 의할 것이 아니고 이를 받아 볼 수 있는 상태에 놓여질 때(등기우편을 대리인이 수령한 때)에 교부한 것이 된다(대판 68누148).

  ③ 징계등 의결을 요구한 경찰기관의 장은 **경징계의 징계등 의결을 집행하였을 때에는** 지체 없이 그 결과에 의결서의 사본을 첨부하여 해당 임용권자에게 보고하고, 징계등 처분을 받은 사람의 소속 경찰기관의 장에게 통지하여야 한다.
  ④ 징계권자가 징계처분을 집행한 이후 특단의 사정이 없는 한 **스스로 이를 취소하거나 변경할 수 없다**(대구고법 78구92)

● **정리하기**

기간 정리 〈21채용〉

구분	요구	의결	집행
징계	• 소속 경찰관이면 지체없이 징계 요구 • 타 기관으로부터 통지 받으면 30일 내 징계 요구	30일 + 30일(연장)	15일 〈22경간〉
소청	처분사유설명서 받은 날 또는 안 날부터 30일 내 청구		

※ **경찰감찰규칙**: 의무위반 민원 접수 시 2개월, 타기관 통보 받고 1개월 내 처리

7 징계위원회

구분	경찰 보통징계위원회	경찰 중앙징계위원회	(국무총리 소속) 중앙징계위원회
근거	경찰공무원 징계령		공무원 징계령
소속	소속기관	경찰청	국무총리
구성	① 11~51인 〈17·23승진, 22경간〉 ② 회의 시 위원장과 경찰기관장이 지정하는 4~6명으로 성별을 고려하여 구성 〈22경간〉 ③ 성폭력·성희롱 범죄 징계시 피해자와 같은 성별의 위원이 위원장을 제외한 위원 수의 1/3 이상 포함되어야 한다.		17~33인
위원장	최상위계급 또는 최상위계급에 먼저 임용된 자		인사혁신처장
공무원위원	대상자보다 상급자로서 경위 이상 또는 6급 이상		
민간위원	① 변호사 5년 이상 ② 부교수 이상 ③ 20년이상 근속 퇴직공무원 ④ 민간부문 인사·감사 임원급	① 총경 또는 4급이상 퇴직 공무원 ② 정교수 이상 ③ 법·검·변 10년 이상 ④ 민간부문 인사·감사 임원급	(생략)
	위원장 포함 전체위원 수의 1/2 이상을 민간위원으로 구성하고(회의 시에도 동일), 특정 성별이 민간위원 수의 6/10 초과 금지 〈22경간,23승진〉 ※ 퇴직 공무원: 퇴직 전 5년부터 퇴직할 때까지 근무했던 적이 있는 경찰기관의 경우 퇴직일부터 3년이 경과한 사람		위원장 제외 전체위원 수의 1/2 이상 민간인
의결	① 위원장도 표결권 있으며, 의결내용은 공개하지 아니한다. ② 과반수 출석, 출석 과반수 찬성으로 의결하되, 의견이 나뉘어 과반수 불가 시 과반수가 될 때까지 가장 불리한 의견을 제시한 위원의 수를 그 다음으로 불리한 의견(유리한 의견)을 제시한 위원의 수에 차례로 더하여 그 의견을 합의된 의견으로 본다. 〈21채용〉 예 징계위원 6명일 때: 파면 1명, 해임 1명, 강등 2명, 정직 3명으로 투표하였으면, 반수를 초과하는 과반수는 4명이므로 '1 + 1 + 2'가 되는 강등에서 과반수에 도달함 ⇨ 강등으로 결정 〈22채용〉		

※ 특정 성별 강행규정: 징계위 구성, 인권위 구성

제8절 경찰공무원의 권익보장제도

1 사회보장과 보훈

사회보장	공무원이 질병·부상·폐질(廢疾)·퇴직·사망 또는 재해를 입으면 본인이나 유족에게 법률로 정하는 바(공무원연금법, 공무원재해보상법)에 따라 적절한 급여를 지급한다(국가공무원법 제77조①).
보훈	경찰공무원으로서 전투나 그 밖의 직무 수행 또는 교육훈련 중 사망한 사람(공무상 질병으로 사망한 사람을 포함한다) 및 부상(공무상의 질병을 포함한다)을 입고 퇴직한 사람과 그 유족 또는 가족은 「국가유공자 등 예우 및 지원에 관한 법률」 또는 「보훈보상대상자 지원에 관한 법률」에 따라 예우 또는 지원을 받는다(경찰공무원법 제21조).

2 처분사유설명서의 교부(국가공무원법)

제75조(처분사유 설명서의 교부) ① 공무원에 대하여 징계처분등을 할 때나 강임·휴직·직위해제 또는 면직처분을 할 때에는 그 처분권자 또는 처분제청권자는 처분사유를 적은 설명서를 교부(交付)하여야 한다. 다만, 본인의 원(願)에 따른 강임·휴직 또는 면직처분은 그러하지 아니하다.
② 처분권자는 피해자가 요청하는 경우(의무적 x) 「성폭력범죄의 처벌 등에 관한 특례법」 제2조에 따른 성폭력범죄 및 「양성평등기본법」 제3조 제2호에 따른 성희롱에 해당하는 사유로 처분사유 설명서를 교부할 때에는 그 징계처분 결과를 피해자에게 함께 통보하여야 한다.

3 권익보장을 위한 법령

(1) 경찰공무원 보건안전 및 복지 기본법(약칭: 경찰복지법)

목적	경찰공무원에 대한 보건안전 및 복지 정책의 수립·시행 등에 필요한 사항을 규정함으로써 경찰공무원의 근무여건 개선과 삶의 질 향상을 도모하는 한편, 경찰공무원의 위상과 사기를 높이고 치안업무에 전념할 수 있도록 한다.
위험직무공상 경찰공무원	① 생명과 신체에 대한 고도의 위험을 무릅쓰고 「공무원연금법」 제3조제1항 제2호 각 목에 해당하는 위험한 직무를 수행하다가 질병에 걸리거나 부상을 입은 경찰공무원을 말한다. ② 위험직무공상경찰공무원이 그 질병 또는 부상으로 인하여 치료 등의 요양을 하는 경우에는 **특별위로금을 지급할 수 있다**(해야한다 x)(제12조②). ※ 동법상 지원규정은 모두 임의규정이다.
특수건강진단	경찰청장은 특수건강진단 결과에 따라 특정 경찰공무원의 건강을 보호하기 위하여 필요한 경우에 해당 경찰공무원에 대하여 **정밀건강진단 실시** 등 필요한 명령을 할 수 있다(제8조의2).
직원숙소 지원	경찰청장은 경찰공무원이 안정된 주거생활을 함으로써 근무에 전념할 수 있도록 하기 위하여 비연고지에 근무하는 경찰공무원에게 **직원숙소**(경찰공무원의 주거안정을 위하여 신축, 매입 또는 임차한 주거용 건물과 관사를 말한다)를 제공할 수 있다.
퇴직자 지원	경찰청장은 대통령령으로 정하는 바에 따라 **퇴직경찰공무원**에게 사회적응교육 및 **직업교육훈련**을 실시할 수 있다.

(2) 양성평등 기본법

제3조(정의) 이 법에서 사용하는 용어의 뜻은 다음과 같다.
1. "양성평등"이란 성별에 따른 차별, 편견, 비하 및 폭력 없이 인권을 동등하게 보장받고 모든 영역에 동등하게 참여하고 대우받는 것을 말한다.
2. "성희롱"이란 업무, 고용, 그 밖의 관계에서 국가기관·지방자치단체 또는 대통령령으로 정하는 공공단체(이하 "국가기관등"이라 한다)의 종사자, 사용자 또는 근로자가 다음 각 목의 어느 하나에 해당하는 행위를 하는 경우를 말한다.
   가. 지위를 이용하거나 업무 등과 관련하여 성적 언동 또는 성적 요구 등으로 상대방에게 성적 굴욕감이나 혐오감을 느끼게 하는 행위
   나. 상대방이 성적 언동 또는 성적 요구에 따르지 아니한다는 이유로 불이익을 주거나 그에 따르는 것을 조건으로 이익 공여의 의사표시를 하는 행위

(3) 성희롱·성폭력 근절을 위한 공무원 인사관리규정(대통령령) 〈21승진〉
  ① 행정부 소속 국가공무원은 누구나 성희롱·성폭력 사실을 임용권자 등에게 신고할 수 있다(해야 한다 ×).
  ② 임용권자 등은 성희롱·성폭력 신고를 받거나 알게 된 경우에는 지체없이 사실조사를 하여야 하며 필요시 수사기관에 통보하여야 한다(제4조).
  ③ 임용권자등은 위 (2)에 따른 조사기간 중에 피해자가 요청하고 필요하다고 인정하는 경우 피해자나 가해자로 신고된 사람에 대하여 근무장소 변경, 휴가 사용 권고 등 적절한 조치를 하여야 한다(제4조).
  ④ 사실조사로 성희롱·성폭력이 확인될 경우, 피해자에 대하여 교육훈련 등 파견근무, 다른 직위에의 전보, 근무장소 변경, 휴가 사용 권고 등을 할 수 있다. 단, 피해자 의사에 반한 조치는 불가하다(제5조).

(4) 경찰청 성희롱·성폭력 예방 및 2차 피해방지와 그 처리에 관한 규칙(경찰청 훈령)

성희롱	「양성평등기본법」 제3조제2호 각 목의 행위를 하는 경우를 말한다.
성폭력	「성폭력범죄의 처벌 등에 관한 특례법」 제2조제1항에 규정된 죄에 해당하는 행위를 말한다.
2차 피해	성희롱·성폭력 피해자가 「여성폭력방지기본법」 제3조제3호 각 목의 어느 하나에 해당하는 피해를 입거나, 성희롱·성폭력 사건 내용 유포 및 축소·은폐, 그 밖에 피해자의 의사에 반하는 불리한 처우 등으로 피해를 입는 것을 말한다.

4 고충처리

(1) 국가공무원법 제76조의2(고충처리)

의의	① 공무원은 인사·조직·처우 등 각종 직무 조건과 그 밖에 신상 문제와 관련한 고충에 대하여 상담을 신청하거나 심사를 청구할 수 있으며, 누구나 기관 내 성폭력 범죄 또는 성희롱 발생 사실을 알게 된 경우 이를 신고할 수 있다. 〈22승진〉 ② 고충처리는 고충상담, 고충심사, 성폭력범죄·성희롱 신고 처리로 구분한다(공무원 고충처리규정 제2조의2).	
종류	상담 신청	소속 공무원을 지정하여 상담하게 하여야 한다.
	심사 청구	관할 고충심사위원회에 부쳐 심사하도록 하여야 한다.
	성폭력·성희롱 신고	① 중앙인사관장기관의 장, 임용권자 또는 임용제청권자는 지체 없이 사실 확인을 위한 조사를 하고 그에 따라 필요한 조치를 하여야 한다(할 수 있다 ×). 〈22승진〉 ② 성폭력범죄, 성희롱 발생 사실은 인사혁신처장 및 임용권자등에게 신고할 수 있으며, 인사혁신처장은 지체 없이 신고 내용을 확인하고 해당 임용권자등이 조사를 실시했는지 여부를 확인하여 조사를 실시하지 않은 경우에는 조사 실시 및 그 결과 제출을 요구할 수 있다(공무원 고충처리규정 제15조①②).

관할	보통고충 심사위원회	① 경찰청, 시·도경찰위, 시·도경찰청, 대통령령으로 정하는 기관에 경찰공무원 고충심사위원회를 둔다(경찰공무원법 제31조) ② "대통령령이 정하는 경찰기관"이라 함은 경찰대학·경찰인재개발원·중앙경찰학교·경찰수사연수원·경찰서·경찰기동대·경비함정 기타 **경감(경정 ×)** 이상의 경찰공무원을 장으로 하는 기관 중 행정안전부장관 또는 해양수산부장관이 지정하는 경찰기관을 말한다(공무원고충처리규정). 〈22경간〉
	중앙고충 심사위원회	① 중앙고충위 기능은 소청심사위원회에서 관장한다. ② 심사 대상 〈22승진〉 　㉠ 경찰공무원 고충심사위원회의 심사를 거친 **재심청구**(경공법 제31조) 　㉡ **경정** 이상의 경찰공무원의 인사상담 및 고충심사(경공법 제31조) 　㉢ 임용권자를 달리하는 둘 이상의 기관에 관련된 경우(국가공무원법) 　㉣ 6급 이하 공무원의 고충으로서 **보통고충위에서 심사하는 것이 부적당한 사안**(공무원고충처리규정 제3조의6⑤) 　　ⓐ 성폭력범죄 또는 성희롱 사실에 관한 고충 　　ⓑ 성별·종교·연령 등을 이유로 하는 불합리한 차별로 인한 고충 〈22경간〉 　　ⓒ 「공무원 행동강령」 제13조의3(**갑**질행위)에 따른 부당한 행위로 인한 고충

(2) 경찰공무원 고충심사위원회(공무원고충처리규정 제3조의2)

성격	자문기관
구성	① 7~15명(민간위원은 위원장 **제외한** 위원 수의 1/2 이상) 〈22경간〉 ② 회의 시, 위원장 + 위원장 지정 5~7명, 성별고려 구성, 민간위원 1/3 이상
위원장	인사, 감사 담당 과장 〈22경간〉
심사	① 고충심사 결정은 30일 이내에 하며 30일 연장 가능 〈22승진〉 ② 심사일 5일 전까지 청구인 및 처분청에 심사일시 및 장소 통지 　※ 징계위원회의 출석통지 및 의결기간과 동일

5 소청심사위원회

(1) 설치

소속	① 행정기관 공무원의 소청을 심사·결정하게 하기 위하여 **인사혁신처에 둔다.** ② 국회사무처, 법원행정처, 헌법재판소사무처 및 중앙선거관리위원회사무처에 각각 해당 소청심사위원회를 둔다.
성격	합의제 행정관청
구성	5~7인 상임위원(위원장 포함) + 상임위원의 1/2 이상 비상임위원 〈16·17·19승진〉 ※ 국회, 법원, 헌재, 선관위 등에 설치된 소청위는 5~7명의 비상임으로만 구성
위원장	정무직, 대통령 임명 ※ 위원장을 제외한 다른 상임위원은 임기제 공무원으로 임명

위원	① 처장 제청 ⇨ (총리) ⇨ 대통령 임명 〈16경간〉 ② 3급이상 또는 고위공무원단 3년 이상 근무한 자 〈19승진〉 ③ 행정학, 정치학, 법률학 전공 부교수 5년 이상(비상임) 〈16승진, 18채용, 16경간〉 ④ 법관, 검사, 변호사 자격 5년 이상(비상임) ※ ②~④: 상임위원 가능 ⑤ 임기: 상임위원은 3년(1차에 한하여 연임), 비상임위원은 2년 ⑥ 상임위원은 다른 직무 겸직 금지 ⑦ 금고(벌금 ×) 이상 형별, 장기 심신쇠약 등을 제외하고 면직불가 〈16·19승진, 16경간〉

(2) 심사 및 의결

심사	① 심사청구는 징계처분 설명서를 받은 날 또는 의사에 반한 불리한 처분이 있은 것을 안 날부터 30일 이내 해야 한다(기간 도과 시 행정소송 불가). 〈22채용〉 ② 검증·감정·사실조사·증인소환 등을 할 수 있으며, 관계기관의 공무원을 증인으로 소환하면 해당 기관장은 이에 따라야 한다. 〈19승진〉 ③ 심사를 할 때에는 소청인 또는 대리인에게 진술기회를 주어야 하며, 진술기회를 주지 아니한 결정은 무효(취소 ×)로 한다.
의결정족수	① 재적 2/3 출석, 출석 과반수 〈14·16승진, 18채용〉 ② 의견이 나뉠 경우에는 과반수에 이를 때까지 가장 불리한 의견에 차례로 유리한 의견을 더하여 그 중 가장 유리한 의견을 합의된 의견으로 본다. 〈14승진〉 ③ 다만, 중징계에 대한 취소·변경, 효력·존재여부 확인은 재적 2/3 출석, 출석 2/3 찬성으로 한다(이 경우에도 구체적인 결정의 내용은 출석 위원 과반수의 합의에 따르되, 의견이 나뉜 경우에는 가장 불리한 의견에 차례로 유리한 의견을 더하여 그 중 가장 유리한 의견을 합의된 의견으로 본다). 〈22채용〉 **예시** 파면처분에 대하여 소청위 위원 10명이 투표한 결과 파면유지 3명, 해임으로 변경 3명, 강등으로 변경 4명이 나왔다면, 변경을 위한 2/3는 7명인데 해임과 강등을 더하면 7명이 되어서 변경할 수 있다. 그 변경되는 처분의 내용은 과반수에 의하므로 가장 불리한 파면에 해임 인원을 더하면 과반수인 6명이 되어 해임으로 결정된다.
결정	① 직접 처분을 취소·변경하거나 처분 행정청에 취소·변경을 명령 ② 소청위의 취소·변경 명령은 그에 따른 행정청의 징계나 처분이 있을 때까지는 종전에 행한 징계(징계부가금) 처분에 영향 없음 〈19승진, 22채용〉 ③ 소청위의 결정은 처분 행정청을 기속한다. ④ 원징계 처분보다 중한 징계(징계부가금)를 결정할 수 없다. 〈22채용〉 (다른 비위사실이 발견되지 않는 한 중한 징계를 부과할 수 없다 ×) 〈18승진〉

(3) 사후 절차

재징계의결 등의 요구 (제78조의3)	① 소청위나 법원에서 징계처분등의 무효나 취소 결정을 받은 경우에는 다시 징계의결등을 요구하는 것이 원칙이나, ② '징계양정 및 징계부가금이 과다(過多)한 경우'로 무효 또는 취소를 받은 감봉·견책(경징계)에 대해서는 징계의결을 요구하지 않을 수 있다. ③ 재징계의결등은 소청위 결정이나 법원 판결이 확정된 날부터 3개월(1개월 ×) 이내에 요구하여야 하며, 징계위원회에서는 다른 징계사건에 우선하여 징계의결등을 하여야 한다.

불복	① 인사혁신처장의 재심청구 불가
	② 행정소송은 소청위 결정을 반드시 거친 후 가능(행정심판 전치주의)
	〈14승진〉
	③ 행정소송의 피고
	   ㉠ 대통령의 처분 또는 부작위의 경우에는 소속 장관(대통령령으로 정하는 기관의 장을 포함한다.)을 피고로 한다(국공법 제16조②).
	   ㉡ 징계, 휴직, 면직, 그 밖에 불리한 처분에 대한 피고는 **경찰청장**(임용권 위임 시 피위임자인 수임관청) (소속기관장 ×) (경공법 제34조)
	   ※ 국가배상소송의 피고는 국가 또는 지방자치단체

6 후임자 보충발령 유예제도

(1) 본인 의사에 반한 파면, 해임 등의 경우 처분한 날부터 **40일 이내 후임자 보충발령 금지**
(2) 국가공무원법(제76조②)에 규정되어 있으나 **경찰공무원법에서는 적용 배제**

> ● 정리하기
>
> **40일 규정**
> - 후임자 보충발령 유예제도: 40일
> - 행정상 입법예고: 40일 이상 / 자치법규 입법예고, 행정예고: 20일 이상
> - 임시운전증명서 유효기간: 20일(정지·취소 시 40일), 서장은 1회 20일 연장 가능
> - 공무원등의 외부강의 사례금 상한액: 1시간당 40만원 + 20만원(최대 150%)

7 공무원직장협의회(공무원직장협의회의 설립·운영에 관한 법률)

설립	① 국가기관, 지방자치단체, 그 하부기관에 직장협의회를 설립할 수 있다. ② 협의회는 기관 단위로 설립, 하나의 기관에는 하나의 협의회만 설립 가능 ③ 협의회를 대표하는 하나의 **연합협의회**를 설립할 수 있다.
가입범위	① 일반직 공무원 (6급이하 한정 요건 삭제) ② 경찰공무원 (경감이하 한정 요건 삭제) ③ 가입불가: 업무의 주된 내용이 지휘·감독권을 행사하거나 다른 공무원의 업무를 총괄하는 업무, 업무의 주된 내용이 인사, 예산, 경리, 물품출납, 경비, 비서, 보안, 기밀 및 이와 유사한 업무 종사자 (**노동운동이 허용되는 공무원**'도 가입 가능)
협의사항	근무환경 개선, 업무능률향상, 공무와 관련된 일반적(개별적 ×) 고충, 모성보호 및 일과 가정생활의 양립지원, 기관 내 성희롱·괴롭힘 예방, 그 밖의 기관 발전에 관한 사항에 대하여 기관장과 협의한다. ※ 개별적 고충 사항은 고충심사위원회의 심의사항
협의회 활동	① 협의회 활동은 근무시간 외에 수행하는 것이 원칙 ② 근무시간 중에 수행할 수 있는 경우: 협의회등(협의회 및 연합협의회)과 기관장 또는 제2조의2제1항 각 호의 기관의 장과의 협의, 그 밖에 대통령령으로 정하는 사항
기관장 의무	① 문서로 명시하여 협의를 요구하면 성실히 협의하여야 한다. ② 문서로 합의한 사항은 최대한 이행하도록 노력하여야 한다. ③ 협의회등의 조직 및 운영과 관련하여 소속 공무원에게 불리한 조치를 하여서는 아니 된다. ④ 기관장 또는 제2조의2제1항 각 호의 기관의 장은 협의회등과의 합의사항이 있는 경우 그 이행현황을 공개하여야 하고, 구체적인 방법은 대통령령으로 정한다.

CHAPTER 03 행정기본법

제1절 총칙

1 행정기본법의 특징 및 목적

(1) 행정기본법의 특징
① 종전 학설과 판례로 인정되던 행정상 원칙들의 성문화
② 여러 개별법에 흩어져 있던 행정 제도의 통일적 기준 마련
③ 행정에 관한 재판 규범으로서의 역할
④ 국민의 권익보호와 적극적 행정법령 집행의 근거

(2) 목적

> 제1조(목적) 이 법은 행정의 원칙과 기본사항을 규정하여 행정의 민주성과 적법성을 확보하고 적정성과 효율성을 향상시킴으로써 국민의 권익 보호에 이바지함을 목적으로 한다.

① '행정의 원칙과 기본사항을 규정'한다는 의미는 행정기본법이 행정에 관한 일반법으로서, 경찰행정을 비롯한 모든 행정에서의 기본법이라는 것을 밝히고 있다.
② 행정의 민주성, 적법성, 적정성, 효율성을 추구한다.

2 용어의 정의

(1) 법령등

> 제2조(정의) 이 법에서 사용하는 용어의 뜻은 다음과 같다.
> 1. "법령등"이란 다음 각 목의 것을 말한다.
>   가. 법령: 다음의 어느 하나에 해당하는 것
>   1) 법률 및 대통령령·총리령·부령
>   2) 국회규칙·대법원규칙·헌법재판소규칙·중앙선거관리위원회규칙 및 **감사원규칙**
>   3) 1) 또는 2)의 위임을 받아 중앙행정기관(「정부조직법」 및 그 밖의 법률에 따라 설치된 중앙행정기관을 말한다. 이하 같다)의 **장**이 **정한** 훈령·예규 및 고시 등 행정규칙
>   나. 자치법규: 지방자치단체의 조례 및 규칙

① 법령
  ㉠ 헌법 제64조에서 국회, 대법원, 헌법재판소, 중앙선거관리위원회는 규칙을 제정할 수 있다고 규정하고 있으며, 권력분립의 원칙상 이들 규칙은 대통령령과 동위의 법 형식으로 볼 수 있다.
  ㉡ 다만, 감사원규칙은 헌법상 근거 규정이 없기 때문에 감사원규칙이 국민에 대한 구속력이 있는 법규명령인지 행정내부적 관계를 규율한 행정규칙인지에 대한

견해의 대립이 있으나, 행정기본법에서는 감사원규칙을 법령의 종류로 명문 규정하고 있다.
ⓒ 상위법령으로부터 위임을 받아 정한 행정규칙은 '법령보충규칙'으로 부르며, 이러한 법령보충규칙은 상위법령과 결합하여 대외적 효력을 발생한다는 그간의 판례(대판 1987.9.27., 86누484)가 반영되어, 위임을 받은 행정규칙도 법령의 한 종류가 되었다.
※ 법규명령 형식의 행정규칙: 형식은 법규이지만 내용은 행정규칙적인 경우, 대통령령은 법규명령으로 보지만, 부령은 행정규칙으로 본다.
ⓔ 상위법령의 위임을 받아 중앙행정기관의 장(경찰청장 등)이 정한 행정규칙만 해당하고, 상위법령의 위임을 받았더라도 지방자치단체장이 정한 고시 등 행정규칙은 '법령'에는 해당하지 않는다.

② 자치법규
㉠ 지방자치단체 의회가 정한 조례와 지방자치단체장이 정한 규칙은 '법령'이 아닌 '법령등'에 포함된다.
㉡ 법령의 위임을 받아 정하는 지방자치단체의 고시 등 행정규칙은 상위법령과 결합하여 대외적 구속력이 인정된다는 판례(대판 2002.9.27., 2000두7933)가 있으나, 행정기본법상에 명문으로 규정되어 있지는 않다.

(2) 행정청

> 2. "행정청"이란 다음 각 목의 자를 말한다.
> 가. 행정에 관한 의사를 결정하여 표시하는 국가 또는 지방자치단체의 기관
> 나. 그 밖에 법령등에 따라 행정에 관한 의사를 결정하여 표시하는 권한을 가지고 있거나 그 권한을 위임 또는 위탁받은 공공단체 또는 그 기관이나 사인(私人)

① 행정주체
㉠ 행정을 담당하는 법적 주체는 국가, 지방자치단체, 공공단체, 공무수탁사인이 있다.
㉡ 국가와 지방자치단체는 스스로 행정작용을 하는 것이 아니라 행정기관을 통해서 행정작용을 한다.

② 행정조직법상 행정청
㉠ '국가 또는 지방자치단체의 기관'은 행정조직법상의 행정기관을 의미한다.
㉡ 행정기관에는 행정관청, 의결기관, 보조기관, 보좌기관, 자문기관, 집행기관 등이 있으며, 행정에 관한 의사를 외부에 표시할 수 있는 기관은 행정관청이다.

③ 기능상 의미의 행정청
㉠ 현장의 경찰공무원은 경찰관직무집행법(제3조~제7조)에 의하여 권한을 부여받은 기능적 의미에서 경찰행정청의 지위를 갖는다(홍정선, 신경찰행정법입문 2021년 p159).
㉡ 교통안전공단은 공무를 수탁받은 행정청이며, 교통안전공단이 구 교통안전공단법에 의거하여 분담금 납부의무자에 대하여 한 분담금 납부통지는 행정처분이다(대판 2000.9.8., 2000다12716).
㉢ 기장이나 기장으로부터 권한을 위임받은 승무원은 항공보안법 제22조(기장 등의 권한)에 의하여 위반자에 대한 필요한 조치를 취할 경우 기능상 의미의 행정청에 해당한다.

(3) 당사자

> 3. "당사자"란 처분의 상대방을 말한다.

(4) 처분

> 4. "처분"이란 행정청이 구체적 사실에 관하여 행하는 **법 집행**으로서 **공권력의 행사** 또는 그 거부와 그 밖에 이에 준하는 **행정작용**을 말한다.

① 처분과 행정행위
  ㉠ '행정행위'는 학문상 개념으로 실정법상 인가, 허가, 면허, 결정 등을 포괄한다.
  ㉡ '처분'은 '그 밖에 이에 준하는 행정작용'을 포함하는 것으로서 **행정행위보다 넓다는 견해(통설)**와 행정행위와 동일하다는 견해가 있다.

② 처분의 개념적 요소
  ㉠ 행정청의 행위
  ㉡ **구체적 사실에 대한 행위**: 처분은 구체적 사실에 대한 행위이며, 일반적·추상적 규율은 처분이 아니라 입법에 해당한다.
    ⓐ 개별·구체적 규율: A는 세금 100만원을 납부하라
    ⓑ 일반·구체적 규율(일반처분): 도로상 교통표지, 교통신호등, 교통경찰관의 수신호
       〈22채용〉
       ※ 우선통행·주차금지·대기선 등의 교통표지는 명령·금지하는 처분에 해당한다. 하지만, 교차로·커브길·경사 등에 관한 표지, 교통사고시 오로지 도로교통의 원활을 위한 방향 표시는 명령이나 금지가 아니므로 처분에 해당하지 아니한다.
  ㉢ 법 집행행위
  ㉣ '**공권력**'이란 입법권·행정권·사법권을 행사하는 모든 국가기관·공공단체 등의 고권적 작용을 말하고, 그 행사 또는 불행사로 국민의 권리와 의무에 대하여 직접적인 법률효과를 발생시켜 청구인의 법률관계 내지 법적 지위를 불리하게 변화시키는 것이다(헌재 2010헌마599). 따라서 경찰관이 도로에서 위험한 물건을 치우는 행위와 같이 아무런 권리·의무를 발생시키지 아니하는 사실행위 또는 행정조직 내부에서만 효력이 있는 상급행정기관의 하급행정기관에 대한 지시는 국민의 권리·의무와 직접 관계가 없는 행위로서 처분에 해당하지 아니한다.

  > '경찰청장의 횡단보도 설치 기본계획 수립'은 처분에 해당하지 않는다. 〈22채용〉 다만, 지방 경찰청장의 횡단보도 설치는 보행자의 통행방법을 규제하는 것으로서 국민의 권리·의무에 직접 관계가 있는 행정처분에 해당한다(대판 98두8964).

  ㉤ **공권력 행사의 거부**: 행정청이 구체적 사실에 관해서 법 집행으로서 공권력 행사를 거부하는 것이다. 이 거부는 명백한 거절 의사표시라는 점에서 처음부터 아무런 의사표시를 하지 않는 부작위와 구별된다.
  ㉥ 그 밖에 이에 준하는 **행정작용**

(5) 제재처분

> 5. "제재처분"이란 법령등에 따른 의무를 위반하거나 이행하지 아니하였음을 이유로 당사자에게 의무를 부과하거나 권익을 제한하는 처분을 말한다. 다만, 제30조 제1항 각 호에 따른 **행정상 강제**는 제외한다.

① 과징금 등 의무를 부과하거나 운전면허 취소·정지 등 권익을 제한하는 행위이다.
② 제재처분의 범위에 행정상 강제(행정대집행, 이행강제금의 부과, 직접강제, 강제징수, 즉시강제)는 제외하고 있으며 제재처분과 행정상 강제는 별개의 제도이다.

3 적극행정

> 제4조(행정의 적극적 추진) ① 행정은 공공의 이익을 위하여 적극적으로 추진되어야 한다.
> ② 국가와 지방자치단체는 소속 공무원이 공공의 이익을 위하여 적극적으로 직무를 수행할 수 있도록 제반 여건을 조성하고, 이와 관련된 시책 및 조치를 추진하여야 한다.
> ③ 제1항 및 제2항에 따른 행정의 적극적 추진 및 적극행정 활성화를 위한 시책의 구체적인 사항 등은 대통령령으로 정한다.

4 다른 법률과의 관계

> 제5조(다른 법률과의 관계) ① 행정에 관하여 다른 법률에 특별한 규정이 있는 경우를 제외하고는 이 법에서 정하는 바에 따른다.
> ② 행정에 관한 다른 법률을 제정하거나 개정하는 경우에는 이 법의 목적과 원칙, 기준 및 취지에 부합되도록 노력하여야 한다.

(1) 개별 행정법에 특별한 규정이 있는 경우 그 특별한 규정을 우선 적용한다. 행정기본법은 특별법이 아닌 일반법임을 규정하고 있다.
(2) 개별 행정법 개정 시 행정기본법의 취지에 부합하도록 한다.

5 기간의 계산

> 제6조(행정에 관한 기간의 계산) ① 행정에 관한 기간의 계산에 관하여는 이 법 또는 다른 법령등에 특별한 규정이 있는 경우를 제외하고는 「민법」을 준용한다.
> ② 법령등 또는 처분에서 국민의 권익을 제한하거나 의무를 부과하는 경우 권익이 제한되거나 의무가 지속되는 기간의 계산은 다음 각 호의 기준에 따른다. 다만, 다음 각 호의 기준에 따르는 것이 국민에게 불리한 경우에는 그러하지 아니하다.
> 1. 기간을 일, 주, 월 또는 연으로 정한 경우에는 기간의 첫날을 산입한다.
> 2. 기간의 말일이 토요일 또는 공휴일인 경우에도 기간은 그 날로 만료한다.

(1) 민법 규정의 보충적 적용
① 특별할 규정이 먼저 적용되고 보충적으로 민법이 적용된다.
② 민법은 기간을 일, 주, 월, 연으로 정한 때에는 초일을 산입하지 않으며(초일불산입 원칙), 기간의 말일이 토요일, 공휴일에 해당할 경우 그 익일로 만료한다.

(2) 행정기본법의 기간 계산
  ① 국민의 권익을 제한하거나 의무를 부과하는 경우에는 초일 산입이 국민에게 유리하므로 초일이 산입되지만, 이 기준을 따를 경우 오히려 불리한 경우에는 초일을 불산입한다.
  ② 기간이 만료하는 경우에도 그 날로 만료하는 것이 국민의 권익에 부합한다.

6 법령등 시행일의 기간 계산

> 제7조(법령등 시행일의 기간 계산) 법령등(훈령·예규·고시·지침 등을 포함한다. 이하 이 조에서 같다)의 시행일을 정하거나 계산할 때에는 다음 각 호의 기준에 따른다.
> 1. 법령등을 공포한 날부터 시행하는 경우에는 공포한 날을 시행일로 한다.
> 2. 법령등을 공포한 날부터 일정 기간이 경과한 날부터 시행하는 경우 법령등을 공포한 날을 첫날에 산입하지 아니한다.
> 3. 법령등을 공포한 날부터 일정 기간이 경과한 날부터 시행하는 경우 그 기간의 말일이 토요일 또는 공휴일인 때에는 그 말일로 기간이 만료한다.

(1) 공포한 날부터 일정 기간이 경과한 날부터 시행하는 경우에는 첫날을 산입하지 않는다. 행정기본법은 2021년 3월 23일 공포되었는데, 일부 조항은 공포 후 6개월이 경과한 날부터 시행한다. 이 경우 3월 24일부터 기산하여 6개월은 9월 23일 24시까지이므로, 9월 24시 0시부터 시행된다.
(2) 그 기간의 말일이 토요일, 공휴일인 경우에도 그 말일로 만료한다.

제2절 행정의 법 원칙

1 법치행정의 원칙

> 제8조(법치행정의 원칙) 행정작용은 법률에 위반되어서는 아니 되며(**법률우위의 원칙**), 국민의 권리를 제한하거나 의무를 부과하는 경우와 그 밖에 국민생활에 중요한 영향을 미치는 경우에는 법률에 근거하여야 한다(**법률유보의 원칙**).

(1) '법률우위의 원칙'의 성문화
  ① 소극적 원칙: 행정이 법률에 위반되어서는 안 된다는 소극적 의미
  ② 법률의 의미: 법률과 법률에 근거한 법규명령, 관습법이나 행정법의 일반원칙 등 불문법까지 포함한 개념이다. 〈22채용〉
  ③ 적용 범위: 행정의 모든 영역에 적용된다.
  ④ 위반 효과: 위법한 행정행위의 하자가 중대하고 명백하면 무효, 중대하지만 명백하지 않거나 명백하지만 중대하지 않으면 취소의 대상이 된다(중대명백설, 판례).

(2) '법률유보의 원칙'의 성문화
  ① 적극적 원칙: 행정기관이 적극적으로 법률에 근거해서 **행위를 할 수 있게** 한다는 의미이다. 행정권 발동에 필요한 조직법적 근거는 당연히 존재하여야 하므로 법률유보의 원칙에서 말하는 법적 근거는 **작용법적 근거를 의미한다**.

② **법률의 의미**: 여기서 법률은 국회에서 제정한 형식적 의미의 법률과 그 법률에 근거한 **법규명령**을 의미하고 불문법인 관습법은 포함되지 않는다.

> 법률유보의 원칙은 '법률에 의한' 규율만을 뜻하는 것이 아니라 '**법률에 근거한**' 규율을 요청하는 것이므로, 기본권 제한의 형식이 반드시 법률의 형식일 필요는 없고 법률에 근거를 두고 있으면 된다(헌재 2018.2.22., 2016헌마780).

③ **적용 범위**
  ㉠ '국민의 권리를 제한하거나 의무를 부과하는 경우'는 헌법 제37조 제2항(국민의 권리와 자유의 제한은 법률로서 할 수 있다.)을 구체화한 것이다.
  ㉡ '국민생활에 중요한 영향을 미치는 경우'는 그간 통설과 판례로 인정되던 **중요사항유보설**을 반영한 것이다.
  ㉢ '중요한 영향'에 대한 판단은 유동적이고 개별적 탄력적으로 보아야 한다. 국민의 기본권에 직접 영향을 미치는 것과 국가의 기본적인 질서에 관한 사항등이 될 수 있다.

④ **위반의 효과**: 상위법령의 근거 없이 발령된 위임명령은 무효이며, 법령의 근거 없이 발령된 행정행위는 하자가 중대하고 명백하면 무효, 중대하지만 명백하지 않거나 명백하지만 중대하지 않으면 취소의 대상이 된다.

(3) 비교

구분	법률우위의 원칙	법률유보의 원칙
의의	행정은 법률에 위반될 수 없다.	행정은 법률에 근거를 두어야 한다.
성질	소극적 원칙	적극적 원칙
법률의 의미	법률의 범위가 넓다(관습법 포함).	법률의 범위가 좁다(관습법 제외).
적용 범위	행정의 전 영역	행정의 일부 영역 ① 권리 제한 ② 의무 부과 ③ 국민생활에 중요한 영향
문제되는 경우	법률이 있는 경우에 문제된다.	법률이 없는 경우에 문제된다.

2 평등의 원칙

제9조(평등의 원칙) 행정청은 합리적 이유 없이 국민을 차별하여서는 아니 된다. 〈22승진〉

(1) 평등의 원칙은 모든 행정에 적용된다. 질서행정과 급부행정, 침해행정과 급부행정 등 모든 행정에 적용된다.

(2) 합리적 이유 있는 차별은 가능하다. 평등은 상대적 평등을 의미한다. 〈22채용〉

(3) 자기구속의 원칙과의 관계
  ① **자기구속의 원칙**: 행정청은 자기 스스로 정하여 시행하고 있는 결정기준(재량준칙과 같은 행정규칙)을 합리적 이유 없이 이탈할 수 없다는 원칙이다.

② 자기구속의 원칙이 행정기본법에 명문으로 규정되지 않았지만, 통설은 자기구속의 원칙은 평등원칙의 구체화로 보고 있다. 헌법재판소는 평등의 원칙과 신뢰보호의 원칙을 근거로 자기구속의 원칙을 인정하고 있다.
③ 자기구속의 원칙은 근거되는 행정관행이 위법한 경우에는 구속되지 않고 적법한 경우에만 적용된다(대판 2008두13132). 〈21승진, 22채용〉

3 비례의 원칙

> 제10조(비례의 원칙) 행정작용은 다음 각 호의 원칙에 따라야 한다. 〈22승진〉
> 1. 행정목적을 달성하는 데 유효하고 적절할 것(적합성)
> 2. 행정목적을 달성하는 데 필요한 최소한도에 그칠 것(필요성)
> 3. 행정작용으로 인한 국민의 이익 침해가 그 행정작용이 의도하는 공익보다 크지 아니할 것(상당성)

(1) 의의
① 경찰권은 공공의 안녕과 질서 유지를 위하여 필요한 최소한도에서 발동되어야 한다는 원칙으로 '과잉금지의 원칙'이라고 한다.
② 경찰권 발동의 조건과 정도를 명시한 원칙이다.
③ 초기에는 경찰행정에서 논의되었지만, 오늘날에는 모든 행정에서 적용된다.

(2) 근거
① 헌법, 행정기본법, 경찰관직무집행법(제1조②)에 명문의 규정이 있다. 〈16·20·22승진〉
② 내용: 세 가지 요건은 모두 동시에(어느 하나 ×) 충족되어야 한다. 〈16·20승진〉

적합성	목적에 대한 수단의 적합성
필요성	목적달성을 위해 필요 최소한의 침해 수단의 선택 (최소침해의 원칙)
상당성	• 침해되는 사익보다 공익이 커야 한다(협의의 비례 원칙). 〈22승진, 22경간〉 • 격언 "대포로 참새를 쏘아서는 안 된다"는 원칙(필요성 ×) 〈20승진〉

③ 검토 방법: 비례의 원칙을 심사함에 있어서는 '적합성의 원칙 ⇨ 필요성의 원칙(최소침해의 원칙) ⇨ 상당성의 원칙' 순으로 단계적 심사를 하게 된다. 적합성의 원칙을 먼저 검토하여 이에 반하는 행정작용은 필요성의 원칙과 상당성의 원칙까지 검토할 필요가 없으며, 적합성에 원칙에 합당하더라도 필요성의 원칙에 반하면 상당성의 원칙까지 검토할 필요가 없다는 의미이다.
④ 위반의 효과: 비례원칙 위반은 위법하며 행정소송 및 국가배상책임이 성립한다.

> 불법집회와 시간·장소적으로 근접하지 않은 경우에는 비록 집회 참가 목적이 명백하더라도 사전에 이를 제지(경직법 제6조)할 수 없다(대판 2007도9794).

4 성실의무 및 권한남용의 금지 원칙

> 제11조(성실의무 및 권한남용금지의 원칙) ① 행정청은 법령등에 따른 의무를 성실히 수행하여야 한다.
> ② 행정청은 행정권한을 남용하거나 그 권한의 범위를 넘어서는 아니 된다.

적필상

(1) 성실의무의 원칙
  ① 행정청으로 하여금 성실의무를 준수할 것을 규정하고 있다.
  ② 성실의무의 내용에 대하여 전후 모순되는 절차의 금지, 법규 남용의 금지, 행정청의 사인에 대한 보호, 실효의 법리 등이 언급되고 있다.

(2) 권한남용금지의 원칙
  ① 권한의 남용: 행정청이 자신의 권한 범위 내에서 행사되었으나 잘못된 방향으로 권한을 행사하는 경우를 말한다. 〈22채용〉
  ② 권한의 일탈: 행정청이 자신의 권한 범위를 벗어난 경우를 말한다. 법령에서 정한 액수 이상의 과징금을 부과하는 경우가 될 수 있다. 〈22채용〉
  ③ 행정권한의 불행사: 행정청이 합리적인 이유 없이 행정권한을 행사하지 아니하는 것으로서 행정권의 불행사는 행정권한의 남용으로 볼 수 있다.

5 신뢰보호의 원칙

> 제12조(신뢰보호의 원칙) ① 행정청은 공익 또는 제3자의 이익을 현저히 해칠 우려가 있는 경우를 제외하고는 행정에 대한 국민의 정당하고 합리적인 신뢰를 보호하여야 한다. 〈22채용〉
> ② 행정청은 권한 행사의 기회가 있음에도 불구하고 장기간 권한을 행사하지 아니하여 국민이 그 권한이 행사되지 아니할 것으로 믿을 만한 정당한 사유가 있는 경우에는 그 권한을 행사해서는 아니 된다. 다만, 공익 또는 제3자의 이익을 현저히 해칠 우려가 있는 경우는 예외로 한다. 〈23승진〉

(1) 공익 또는 제3자의 이익을 현저히 해칠 우려가 있는 경우는 제외

(2) '국민의 정당하고 합리적인 신뢰를 보호'하는 것은 아래의 요건을 모두 충족해야 한다.
  ① 행정청의 선행조치(법령, 행정계획, 행정행위, 확약, 행정지도 등)
    ※ 판례는 행정청의 선행조치를 '공적 견해의 표명'으로 표현한다.
  ② 신뢰의 보호가치 존재: 상대방의 귀책사유가 없어야 한다.
    ※ 귀책사유란 행정청의 견해표명의 하자가 사실 은폐나 기타 사기 등의 방법에 의한 신청행위 등 부정행위에 의한 경우뿐만 아니라 부정행위가 없었다고 하더라도 선행조치에 하자가 있음을 알았거나 하자를 중대한 과실로 알지 못한 경우 등을 포함한다(판례).
  ③ 신뢰에 입각한 상대방의 조치: 상대방이 행정청의 선행조치를 믿고 영업준비를 하는 등 어떠한 조치(적극적·소극적 행위 불문)를 취하여야 한다(정신적 신뢰 ×).
  ④ 인과관계: 상대방의 신뢰와 조치에 인과관계가 있어야 한다.
  ⑤ 선행조치에 반하는 행정청의 조치
  ⑥ 개인의 이익 침해

(3) 신뢰보호의 한계
  ① 신뢰보호원칙과 법률적합성원칙의 관계: 위법한 처분을 취소할 경우 상대방이 신뢰보호를 주장하면 어느 원칙이 우선하는가의 문제인데, 신뢰보호원칙과 법률적합성원칙은 대등한 효력을 가지므로 공익과 사익을 비교·형량해서 결정해야 한다는 이익형량설(동위설)이 통설과 판례이다.
  ② 사정변경: 신뢰형성의 기초가 되는 사실관계가 사후에 변경되고 당사자도 그것을 알았거나 알 수 있는 경우에는 신뢰보호를 주장할 수 없다.

(4) 실권의 원칙 적용요건(제2항)
   ① 권한행사의 기회가 있을 것
   ② 장기간 권한의 불행사가 있을 것
   ③ 권한의 불행사로 믿을 정당한 사유가 있을 것
   ④ 공익 또는 제3자의 이익을 현저히 해칠 우려가 없을 것

(5) 판례

> ① 운전면허 취소 사유에 해당함에도 **착오로** 운전면허 **정지** 처분을 한 이후, 운전면허 **취소** 처분은 허용될 수 없다(대판 99두10520).
> ② 위반행위가 있은 이후에 장기간에 걸쳐 아무런 행정조치를 취하지 않은채 방치하고 있다가 3년여가 지나서 운전면허를 취소하는 행정처분을 하였다면 이는 신뢰의 이익과 그 법적안정성을 빼앗는 것이다(대판 87누373).
> ③ 폐기물처리업에 대하여 사전에 관할 관청으로부터 적정통보를 받고 막대한 비용을 들여 허가요건을 갖춘 다음 허가신청을 하였음에도 다수 청소업자의 난립으로 안정적이고 효율적인 청소업무의 수행에 지장이 있다는 이유로 한 불허가처분은 신뢰보호의 원칙 및 비례의 원칙에 반하는 것으로서 재량권을 남용한 위법한 처분이다(대판 98두4061). 〈22채용〉
> ④ 신뢰보호의 원칙은 행정청이 공적인 견해를 표명할 당시의 사정이 그대로 유지됨을 전제로 적용되는 것이 원칙이므로, 사후에 그와 같은 사정이 변경된 경우에는 그 견해표명에 반하는 처분을 하더라도 신뢰보호의 원칙에 위반된다고 할 수 없다(대판 2018두34732).
> ⑤ 입법 예고를 통해 법령안의 내용을 국민에게 예고한 적이 있다고 하더라도 이러한 사정만으로 어떠한 신뢰를 부여하였다고 볼 수도 없다(대판 2004다33469).
> ⑥ 행정청의 공적 견해표명은 반드시 행정조직상의 형식적인 권한분장에 구애될 것은 아니고 실질에 의하여 판단하여야 한다(대판 96누18380), ※ 보조기관에 불과한 담당공무원의 공적 견해표명이라도 신뢰보호의 대상이 될 수 있다.
> ⑦ 민원팀장에 불과한 공무원이 민원봉사차원에서 상담에 응하여 안내한 것을 신뢰한 경우, 신뢰보호원칙이 적용되지 아니한다(대판 2003두1875).

6 부당결부금지의 원칙

제13조(부당결부금지의 원칙) 행정청은 행정작용을 할 때 상대방에게 해당 행정작용과 실질적인 관련이 없는 의무를 부과해서는 아니 된다. 〈23승진〉

(1) 행정청이 행정작용을 할 때 실질적인 관련이 없는 상대방의 의무(반대급부)를 결부시켜서는 안 된다.
(2) 이륜자동차는 제2종 소형면허 소지자가 운전할 수 있고, 이륜자동차의 운전은 제1종 대형면허와는 관련이 없으므로 이륜자동차를 음주운전하였음을 이유로 제1종 대형면허를 취소한 것은 위법하다고 본 판례(대판 1992.9.22., 91누8289)를 부당결부금지원칙에 위반한 사례로 보았으나, 현행 개정 도로교통법은 음주운전 등을 한 경우 그 사람이 소지한 모든 면허를 취소할 수 있도록 규정하고 있다.

> 제93조(운전면허의 취소·정지) ① 시·도경찰청장은 운전면허를 받은 사람이 다음 각 호의 어느 하나에 해당하면 행정안전부령으로 정하는 기준에 따라 **운전면허**(운전자가 받은 모든 범위의 운전면허를 포함한다.)를 **취소**하거나 1년 이내의 범위에서 운전면허의 효력을 **정지**시킬 수 있다.

(3) 판례

> 지방자치단체장이 사업자에게 주택사업계획승인을 하면서 그 주택사업과는 아무런 관련이 없는 토지를 기부채납하도록 하는 부관을 주택사업계획승인에 붙인 경우, 그 부관은 부당결부금지 원칙에 위반되어 위법하다. 〈22채용〉

제3절 행정작용

1 행정행위의 기초개념

(1) 수익적 · 침익적 · 복효적 행정행위
  ① **수익적 행정행위**: 상대방에게 권리나 이익을 부여하여 **유리한 효과**를 발생시키는 행위
  ② **침익적 행정행위**: 권리를 제한하거나 의무를 부과하여 **불리한 효과**를 발생시키는 행위
  ③ **복효적 행정행위**: 하나의 행위가 수익과 부담이라는 **복수의 효과**를 발생시키는 행위
    ㉠ **혼합효 행정행위**: 복수의 효과가 동일인에게 발생하는 경우
    ㉡ **제3자효 행정행위**: 1인에게는 이익을 주고, 타인에게는 불이익을 주는 경우로서 화장장 설치허가 등이 될 수 있다.

(2) 대인적 · 대물적 · 혼합적 행정행위
  ① **대인적 행정행위**: 상대방의 **주관적 사정**을 고려한 것으로 운전면허 등이다.
  ② **대물적 행정행위**: 물건 · 시설의 **객관적 사정**을 고려한 것으로 건축물 준공검사 등이다.
  ③ **혼합적 행정행위**: 상대방의 주관적 사정과 물건 · 시설의 객관적 사정 모두를 고려한다.
  ④ **효과의 승계**: 대인적 행정행위는 일신전속적인 것이므로 제3자에게 승계되지 아니하며, 대물적 행정행위는 명문의 규정이 없어도 제3자에게 이전될 수 있다는 것이 판례이다.

2 법 적용의 기준

제14조(법 적용의 기준) ① 새로운 법령등은 법령등에 특별한 규정이 있는 경우를 제외하고는 그 법령등의 효력 발생 전에 완성되거나 종결된 사실관계 또는 법률관계에 대해서는 적용되지 아니한다.
② 당사자의 신청에 따른 처분은 법령등에 **특별한 규정**이 있거나 처분 당시의 법령등을 적용하기 **곤란한 특별한 사정**이 있는 경우를 제외하고는 **처분 당시**의 법령등에 따른다.
③ 법령등을 위반한 행위의 성립과 이에 대한 제재처분은 법령등에 특별한 규정(특별한 사정 ×)이 있는 경우를 제외하고는 법령등을 위반한 행위 당시의 법령등에 따른다. 다만, 법령등을 위반한 행위 후 법령등의 변경에 의하여 그 행위가 법령등을 위반한 행위에 해당하지 아니하거나 제재처분 기준이 가벼워진 경우로서 해당 법령등에 **특별한 규정(특별한 사정 ×)**이 없는 경우에는 변경된 법령등을 적용한다.

(1) 진정소급효와 부진정소급효(제1항)
    ① 진정소급효: 법규의 효력발생일 이전에 이미 완성된 사항에 소급적용하는 것
    ② 부진정소급효: 효력발생일까지 진행 중인 사항에 대하여 소급적용하는 것
    ③ 진정소급입법은 헌법적으로 허용되지 않는 것이 원칙이며 특단의 사정이 있는 경우에만 예외적으로 허용될 수 있는 반면에 부진정소급입법은 원칙적으로 허용되지만 공익보다 사익(신뢰보호)이 우월한 경우에는 부진정 소급이 제한된다(헌재 2016.7.28., 2014헌바372).
    ④ 제1항은 진정소급 적용을 원칙적으로 금지하면서 '특별한 규정이 있는 경우'에는 예외적으로 진정소급 적용을 허용하고 있다.

(2) 신청에 따른 처분(제2항)
    ① 처분 당시의 법령등에 따르는 것이 원칙이다.
        ※ 5월 1일에 영업허가를 신청하였는데, 5월 10일에 관련 법령등의 개정이 있었고 5월 20일에 처분을 한다면, 허가권자는 개정된 법령을 따라야 한다.
    ② '특별한 규정'이 있거나 '특별한 사정'이 있는 경우에는 신청 시의 법령등이 예외적으로 적용된다. 행정청이 허가신청을 수리하고도 정당한 이유 없이 처리를 지연한 경우에는 특별한 사정이 있는 것으로 볼 수 있다(대판 2005.7.29., 2003두3550).

(3) 제재처분(제3항)
    ① 음주운전 면허 취소·정지와 같은 제재처분은 위반 당시 법령등의 적용이 원칙이다.
    ② 음주운전 후에 법령등의 개정으로 위법한 행위에 해당하지 않거나 그 사유가 면허취소 대상이었다가 면허정지 대상으로 변경되었다면, 변경된 법령등을 적용한다.
    ③ '특별한 규정'이 있는 경우에만 예외를 인정하며, '특별한 사정'이 있는 경우에는 예외가 인정되지 않는다.

3 처분의 효력

제15조(처분의 효력) 처분은 권한이 있는 기관이 취소 또는 철회하거나 기간의 경과 등으로 소멸되기 전까지는 유효(적법 ×)한 것으로 통용된다. 다만, 무효인 처분은 처음부터 그 효력이 발생하지 아니한다.

(1) 공정력(公定力)
    ① 처분에 비록 하자가 있다고 하더라도 무효인 경우를 제외하고 권한 있는 기관(처분청, 감독청, 행정심판위원회, 법원)에 의하여 취소되기 전까지 누구도(상대방, 다른 행정청, 민·형사법원) 그 효력을 부인할 수 없어 일단 유효한 것으로 통용되는 힘을 말하며, 제15조는 공정력에 관한 규정이다.
    ② '통용'된다는 것은 유효한 것으로 인정된다는 의미이고 적법하다는 의미는 아니다. 위법하더라도 잠정적으로 유효한 것으로 인정된다는 의미이다.
    ③ 운전면허취소처분을 받은 후 자동차를 운전하였으나 그 취소처분이 행정쟁송절차에 의하여 취소된 경우, 운전면허취소처분은 그 처분시에 소급하여 효력을 잃게 되고 행정행위에 인정되는 공정력에도 불구하고 무면허운전이 성립되지 않는다(대판 1999.2.5., 98도4239).

> 영업의 금지를 명한 영업허가취소처분 자체가 나중에 행정쟁송절차에 의하여 취소되었다면 그 영업허가취소처분은 그 처분시에 소급하여 효력을 잃게 되며, 그 영업허가취소처분에 복종할 의무가 원래부터 없었음이 확정되었다고 봄이 타당하므로 이후의 영업행위를 무허가영업이라고 볼 수는 없다(대판 93도277).

④ 연령미달의 결격자가 **자신의 형 이름으로 운전면허시험에 응시**하여 교부받은 운전면허는 당연무효는 아니고 취소되지 않는 한 유효하므로 피고인의 운전은 **무면허운전에 해당하지 아니한다**(대판 1982.6.8., 80도 2646).

참고

공정력과 선결문제

- 선결문제란 어떤 행정행위가 민·형사 사건의 본안재판에 앞서서 먼저 판단해야 할 문제가 된 경우를 말한다.
- 행정소송법 제11조 제1항은 처분의 효력유무와 존재여부에 대하여 민사소송에서 선결문제로 심리가 가능하다고 규정하고 있으나, 그 외의 경우에는 행정기본법을 비롯한 법률에 규정이 없으므로 학설과 판례에 따르고 있다.
- 선결문제에 대하여 민·형사 법원은 행정행위의 위법성 및 무효사유에 대한 판단은 가능하나(행정처분의 무효확인판결 ×), 취소사유 여부는 공정력이 존재하여 판단할 수 없다(학설, 판례).
- ※ 민사법원은 행정처분이 위법하다는 것을 판단하고 국가배상책임을 인용할 수 있다.

---

(2) 존속력(확정력)

① **불가쟁력(형식적 존속력)**: 처분에 비록 하자가 있다고 하더라도 쟁송기간이 경과하거나 쟁송수단을 다 거친 경우에는 상대방이나 이해관계인은 더 이상 처분의 효력을 다툴 수 없게 되는 것을 의미한다.

② **불가변력(실질적 존속력)**: 처분에 대하여 행정청 자신도 처분에 구속되어 직권으로 자유로이 취소나 철회를 할 수 없는 효력을 말한다.

③ 불가쟁력이 발생한 처분도 불가변력이 발생하지 않는 한 처분청 등이 직권으로 취소·변경할 수 있으며, 불가변력이 있는 처분도 쟁송기간이 경과하지 않았다면 쟁송을 제기하여 그 효력을 다툴 수 있다.

④ 불가쟁력이 발생하여도 그 행정행위로 손해를 입은 국민은 국가배상청구를 할 수 있다.

⑤ 불가변력은 당해 행정행위에 대해서만 인정되는 것이고, 동종의 행정행위라 하더라도 그 대상을 달리할 때에는 이를 인정할 수 없다(대판 1974.12.10., 73누129).

(3) 처분의 하자(위법 또는 부당)

① **처분의 부존재와 무효**

㉠ 부존재는 처분의 외형상 존재조차 없는 것을 말한다.

㉡ 무효는 적어도 외형상으로는 성립하였으나 효력이 없다는 점에서 부존재와 구별되며, 부존재와 달린 무효인 처분은 전환이나 무효선언적 의미의 취소소송도 가능하다.

② 처분의 무효와 취소
　㉠ 무효인 처분에는 공정력이 인정되지 않으므로 누구도 무효인 처분에 구속되지 않는다.
　㉡ 무효와 취소의 구별실익

구분	무효	취소
공정력	×	○
불가쟁력	×	○
신뢰보호의 원칙 적용	×	○
쟁송제기기간의 제한	×	○
선결문제 판단	○	×
하자의 승계	○	결합된 경우 ○
하자의 치유	×	○
하자의 전환	○	×(견해대립)
사정판결(재결)	×	○
쟁송형태의 구분	무효확인 심판·소송	취소 심판·소송

　㉢ 무효와 취소의 구별기준
　　ⓐ 무효와 취소의 구별 기준에 관한 규정은 행정기본법에 없다.
　　ⓑ 하자가 중대하고 명백하면 무효이고, 둘 중에 어느 하나라도 갖추지 못한 경우(중대하지만 명백하지 않거나, 명백하지만 중대하지 않은 행위)에는 취소의 대상이 된다는 것이 통설과 판례의 입장이다(중대명백설).
③ 하자의 치유
　㉠ 하자 있는 행정행위의 치유나 전환은 **원칙적으로 허용될 수 없지만**, 예외적으로 행정행위의 **무용한 반복**을 피하고 당사자의 **법적 안정성**을 위해 이를 허용되며 이때에도 국민의 권리나 이익을 침해하지 않는 범위에서 구체적 사정에 따라 합목적적으로 인정하여야 할 것이다(대판 1992.5.8., 91누13274).
　㉡ 하자의 치유와 전환에 관하여 행정절차법 및 행정기본법에 명문의 규정이 없기 때문에 학설과 판례상으로만 논의되고 있다.
　㉢ 무효가 아닌 취소할 수 있는 행정행위에 대해서만 인정된다(통·판).
　㉣ 형식과 절차상의 하자에 대해서는 치유가 인정되나 **내용상의 하자에 대해서는 인정되지 않는다**(대판 1991.5.28., 90누1359).
　㉤ 치유된 행정행위는 치유시가 아닌 처음부터 적법한 행정행위가 되므로 하자의 치유는 소급효가 있다.
④ 하자의 전환
　㉠ 하자 있는 행정행위의 전환은 본래 행정행위로서는 무효이나 다른 행정행위의 요건을 충족하고 있는 경우 이를 적법한 다른 행정행위로 유지시키는 것이다.
　㉡ 전통적인 견해는 **무효인 행정행위에 대해서만 인정**되고 취소할 수 있는 행정행위에 대해서는 인정되지 않는다(취소할 수 있는 행정행위도 전환이 인정된다는 유력한 견해 있음).
　㉢ 위법한 징계면직을 적법한 직권면직으로 보는 경우가 있다.

ⓔ 전환으로 생긴 새로운 행정행위는 종전 행정행위의 발령 당시로 소급하여 효력 발생한다.

⑤ 하자의 승계
㉠ 하자의 승계는 선행행위에 하자가 있었지만 쟁송기간이 지나서 다투지 못하는 경우에 무조건 후행행위를 감수하는 것은 너무 가혹하므로 선행행위의 위법이 후행행위에 승계된 것으로 보아 후행행위의 효력을 다툴 수 있게 되는 것이다.
㉡ 전제요건
ⓐ 선행행위의 위법사유는 무효가 아닌 취소 사유일 것
ⓑ 선행행위에 불가쟁력이 발생하여 더 이상 다툴 수 없을 것
ⓒ 후행행위에는 고유한 위법사유가 없을 것
ⓓ 선행행위와 후행행위 모두 처분성이 있어서 소송제기가 가능할 것
㉢ 판례는 선행행위와 후행행위가 결합하여 하나의 법률효과를 목적으로 하는 경우에는 하자의 승계를 긍정하며, 두 행위가 독립하여 별개의 법률효과를 목적으로 하는 경우에는 승계를 부정하지만 예외적으로 예측가능성과 수인한도의 법리를 고려하여 하자의 승계를 인정하기도 한다.
㉣ 주요 판례

하자승계 긍정	하자승계 부정
• 대집행의 계고·통지·실행·비용징수의 각 행위 • 강제징수의 독촉·압류·매각·청산의 각 행위	• 선행 과세처분과 후행 체납처분 • 선행 직위해제와 후행 면직처분

(4) 하자에 관한 주요 판례

> ① 청문을 실시하도록 규정하고 있다면, 그러한 절차를 결여한 처분은 위법한 처분으로서 취소사유에 해당한다(대판 2005두15700).
> ② 행정청이 청문서 도달기간을 다소 어겼다하더라도 영업자가 이에 대하여 이의하지 아니한 채 스스로 청문일에 출석하여 그 의견을 진술하고 변명하는 등 방어의 기회를 충분히 가졌다면 청문서 도달기간을 준수하지 아니한 하자는 치유되었다(대판 92누2844).
> ③ 행정처분이 발하여진 후에 헌법재판소가 그 행정처분의 근거가 된 법률을 위헌으로 결정하였다면, 일반적으로 법률이 헌법에 위반된다는 사정이 명백한 것이라고 할 수는 없으므로 그 행정처분의 취소소송의 전제가 될 수 있을 뿐 당연무효 사유는 아니다(대판 2011두24057).
> ⑤ 그 법률관계나 사실관계에 대하여 해석에 다툼의 여지가 있는 때에는 그 하자가 명백하다고 할 수 없다(대판 2018다287287).
> ⑥ 음주운전단속 경찰관이 자신의 명의로 운전면허행정처분통지서를 작성·교부하여 행한 운전면허정지처분은 권한 없는 자에 의하여 행하여진 점에서 무효의 처분에 해당한다(대판 97누2313).

4 결격사유 법정주의

제16조(결격사유) ① 자격이나 신분 등을 취득 또는 부여할 수 없거나 인가, 허가, 지정, 승인, 영업 등록, 신고 수리 등(이하 "인허가"라 한다)을 필요로 하는 영업 또는 사업 등을 할 수 없는 사유(이하 이 조에서 "결격사유"라 한다)는 법률로 정한다.

② 결격사유를 규정할 때에는 다음 각 호의 기준에 따른다.
  1. 규정의 **필요성**이 분명할 것
  2. 필요한 항목만 **최소한**으로 규정할 것
  3. 대상이 되는 자격, 신분, 영업 또는 사업 등과 **실질적인 관련**이 있을 것
  4. 유사한 다른 제도와 **균형**을 이룰 것

(1) 결격사유를 법률로 정하도록 하는 결격사유 법정주의를 규정하고 있다.
(2) 4가지 요건은 예시적 사항이므로 개별 법률에서 추가하여 규정할 수 있다.

5 부관

제17조(부관) ① 행정청은 처분에 재량이 있는 경우에는 부관(조건, 기한, 부담, 철회권의 유보 등을 말한다. 이하 이 조에서 같다)을 붙일 수 있다.
② 행정청은 처분에 재량이 없는 경우에는 법률에 근거가 있는 경우에 부관을 붙일 수 있다.
③ 행정청은 부관을 붙일 수 있는 처분이 다음 각 호의 어느 하나에 해당하는 경우에는 그 처분을 한 후에도 부관을 새로 붙이거나 종전의 부관을 변경할 수 있다(사후부관). 〈23승진〉
  1. 법률에 근거가 있는 경우
  2. 당사자의 동의가 있는 경우
  3. 사정이 변경되어 부관을 새로 붙이거나 종전의 부관을 변경하지 아니하면 해당 처분의 목적을 달성할 수 없다고 인정되는 경우
④ 부관은 다음 각 호의 요건에 적합하여야 한다. 〈23승진〉
  1. 해당 처분의 목적에 위배되지 아니할 것
  2. 해당 처분과 실질적인 관련이 있을 것
  3. 해당 처분의 목적을 달성하기 위하여 필요한 최소한의 범위일 것

(1) 부관의 의의
  ① 행정기본법에서 부관이라는 용어를 사용하지만 부관의 개념을 정의하지는 않고 있다. 부관의 의의에 관해서 종래의 다수설과 최근의 다수설 등 견해의 차이점이 있다.
  ② 부관을 '**처분의 효력을 제한하거나 보충 또는 의무를 부과하기 위하여 주된 처분에 부가된 종된 규율**'로 정의할 수 있다.
  ③ '법정부관'은 법령이 직접 행정행위의 조건, 기한 등을 정하는 것으로서 행정청이 행정행위의 조건이나 기한 등을 정하는 것과 구별된다. **법정부관은 원칙적으로 부관의 개념에 속하지 않는다.** 〈21경간〉

(2) 부관의 특성
  ① 부관은 주된 처분에 부가되는 종속적인 지위를 가지는 것을 **부종성**이라고 한다.
  ② 부관은 주된 처분의 효력여부에 의존하므로 주된 처분이 소멸되면 부관도 소멸된다.
  ③ 부관은 재량행위에 붙이는 것이 원칙이나 재량이 없는 기속행위에도 법률의 근거가 있는 경우에는 붙일 수 있다(제1항 및 제2항).

(3) 부관의 종류
※ 법률에서 규정하는 부관의 종류는 예시적 규정으로 본다.
① 조건

정지조건	• 처분 효과의 발생을 장래의 불확실한 사실에 의존 • 주차시설을 완비할 것을 조건으로 한 호텔영업허가
해제조건	• 처분 효과의 소멸을 장래의 불확실한 사실에 의존 • 일정기간 내 공사착수할 것을 조건으로 하는 공유수면매립면허

② 기한
　㉠ 처분 효과의 발생·소멸이 장래 도래할 것이 확실한 사실에 의존한다.
　㉡ 시기와 종기가 있고, 도래하는 시기가 확실한 확정기한과 도래하는 것은 확실하나 도래하는 시기까지는 확실하지 않은 불확정기한이 있다.

③ 부담
　㉠ 영업허가를 하면서 위생복 착용을 명하는 것 등 수익적 처분에 작위·부작위·수인·급부의무를 명하는 것이다.
　㉡ 부담은 처분의 효과 발생·소멸과 직결되는 것이 아니다. 부담의 불이행이 있다고 하여 당연히 효력이 소멸되는 것은 아니다.
　㉢ 부담은 다른 부관과 달리 주된 처분과 분리가 가능하며 독립하여 별도로 소송제기가 가능하다. 〈21경간〉
　㉣ 다만, 부담도 부관으로서 종속성이 있으므로 주된 처분이 아무런 효력을 발생하지 않는 경우 부담도 효력이 없다.
　㉤ 조건과 부담의 구별

효력발생	• 정지조건부 행위는 조건의 성취로 처분의 효력이 발생하지만, 부담은 이행여부를 불문하고 처음부터 효력이 발생한다. ※ 소음방지시설을 설치하는 부관하에 무도장허가를 하는 경우, 그 부관이 부담이면 무도장허가는 즉시 효력이 발생하지만 정지조건이면 시설이 완비될 때까지 무도장허가는 효력이 발생하지 않는다. • 부관의 종류를 판단함에 있어서 부관의 필요성, 행정청의 의사, 행정관행 등을 종합적으로 고려하여 구별해야 한다(대판 2000.2.1., 98누7527). • 부담과 정지조건의 구별이 불분명한 경우에는 최소침해의 원칙에 따라 부담으로 보아야 한다. 〈21경간〉
효력소멸	해제조건부 행위는 조건의 성취로 효력이 소멸하지만, 부담은 행정청이 철회함으로써 효력이 소멸한다.
강제집행	조건은 독자적인 강제집행의 대상이 되지 않지만, 부담은 독립하여 강제집행의 대상이 된다.
쟁송대상	조건은 처분 전체를 대상으로 소송을 제기하지만, 부담은 독립하여 행정쟁송의 대상이 된다.

　㉥ 불이행에 대한 조치
　　ⓐ 철회: 부담을 통해 부과된 의무를 불이행하는 경우 이는 철회 사유가 되어 주된 처분을 철회할 수 있다(대판 1989.10.24., 89누2431). 도로점용허가를 하면서 매월 점용료 납부를 명한 경우 점용료를 납부하지 않으면 **철회할 수 있다.**

ⓑ 강제집행: 부담은 독립성이 있으므로 **주된 처분과 별도로 부담만을 강제집행**할 수 있다. 위 예시에서 도로점용료에 대해서 강제징수할 수 있다.
ⓒ 단계적 조치의 불이행: 이후의 단계적인 조치를 거부할 수 있다. 건축허가 시 붙인 부담의 불이행을 이후로 이후의 준공검사를 하지 않는 경우가 될 수 있다.

④ 철회권의 유보
㉠ 일정 사유 발생 시 행정청이 주된 처분을 철회할 수 있는 권한을 유보하는 것이다.
㉡ 해제조건은 조건사실이 발생하면 당연히 처분의 효력이 소멸하지만, 철회권의 유보는 행정청이 별도의 의사표시(철회)를 하여야 한다.
㉢ 철회권 유보가 있다고 하여 언제든지 철회권을 행사할 수 있는 것은 아니고 행정기본법 제19조가 정하는 바에 따라서 하여야 한다.

⑤ 사후부관(제3항)
㉠ '사후에 부관을 붙이는 것'과 '이미 부가된 부관을 사후에 변경하는 것'은 개념상 다르지만 모두 사후부관의 문제이다.
㉡ 사후부관이 가능한 경우로 사정변경을 인정하고 있다. 만약, 이를 인정하지 않는다면 행정청은 기존의 처분을 철회하고, 새로운 처분으로서 부관부 처분을 할 수 밖에 없다. 이렇게 하는 것 보다는 사후부관을 인정하는 것이 당사자의 피해를 줄이는 것이고 행정의 효율을 높이는 것이 된다.
㉢ 사후부관이 가능한 경우는 법률에 근거가 있거나 당사자가 동의한 경우, 법률 개정 등 사정이 변경된 경우이다.

⑥ 법률효과의 일부배제
㉠ 주된 처분에 법령이 부여하고 있는 법적 효과를 일부 배제하는 부관이다.
㉡ '야간에 한정한 도로점용 허가' 등이 될 수 있다.
㉢ 부관성에 대하여 견해 대립이 있으나 **판례는 긍정**하고 있다.

⑦ 수정부담
㉠ 수정부담은 새로운 의무를 부가하는 것이 아니라 상대방이 신청한 것과는 다르게 처분의 내용을 정하는 부관을 말하며 상대방의 동의가 있어야 효력이 발생한다.

〈21경간〉

㉡ '甲이 A국에서 수입허가를 신청했는데 B국의 수입허가를 하는 것' 등이다.
㉢ 수정부담은 주된 처분의 효과를 제한하는 것이 아니라 변경된 내용의 처분을 하는 것이므로, 부관이 아닌 수정된 처분 또는 수정허가로 보는 것이 다수설이다.

(4) 관련 판례

① 부담은 부가하기 이전에 상대방과 협의하여 부담의 내용을 협약의 형식으로 미리 정한 다음 행정처분을 하면서 이를 부가할 수도 있다(대판 2005다65500). 〈접도구역 송유관 매설 사건〉
② 행정처분에 붙인 부담인 부관이 무효가 되더라도 그 부담의 이행으로 한 **사법상 법률행위가 당연히 무효가 되는 것은 아니다**(대판 2006다18174).
③ 행정행위의 부관은 부담의 경우를 제외하고는 독립하여 행정소송의 대상이 될 수 없다(대판 1991.12.13 90누8503).
④ 행정처분과 부관 사이에 실제적 관련성이 있다고 볼 수 없는 경우 공무원이 공법상의 제한을 회피할 목적으로 행정처분의 상대방과 사이에 **사법상 계약을 체결하는 형식을 취하였다면 이는 법치행정의 원리에 반하는 것으로서 위법하다**(대판 2007다63966).

6 직권취소

> 제18조(위법 또는 부당한 처분의 취소) ① 행정청은 위법 또는 부당한 처분의 전부나 일부를 소급하여 취소할 수 있다. 다만, 당사자의 신뢰를 보호할 가치가 있는 등 정당한 사유가 있는 경우에는 장래를 향하여 취소할 수 있다.
> ② 행정청은 제1항에 따라 당사자에게 권리나 이익을 부여하는 처분을 취소하려는 경우에는 취소로 인하여 당사자가 입게 될 불이익을 취소로 달성되는 공익과 비교·형량(衡量)하여야 한다. 다만, 다음 각 호의 어느 하나에 해당하는 경우에는 그러하지 아니하다.
> 1. 거짓이나 그 밖의 부정한 방법으로 처분을 받은 경우
> 2. 당사자가 처분의 위법성을 알고 있었거나 중대한 과실로 알지 못한 경우

(1) 위법·부당한 처분의 직권취소(제1항)

① **직권취소**: 일단 유효하게 발령된 처분을 처분청이나 감독청이 위법·부당한 하자를 이유로 직권으로 효력을 소멸시키는 것이다.

② 감독청이 직권취소를 할 수 있는가에 대하여 학설의 대립은 있지만, 「정부조직법」과 「행정권한의 위임 및 위탁 규정」에 그 근거가 있다.

> 정부조직법 제11조(대통령의 행정감독권) ② 대통령은 국무총리와 중앙행정기관의 장의 명령이나 처분이 위법 또는 부당하다고 인정하면 이를 중지 또는 취소할 수 있다.
> 행정권한의 위임 및 위탁규정 제6조(지휘·감독) 위임 및 위탁기관은 수임 및 수탁기관의 수임 및 수탁사무 처리에 대하여 지휘·감독하고, 그 처리가 위법하거나 부당하다고 인정될 때에는 이를 취소하거나 정지시킬 수 있다.

③ 구별개념

부존재	외관상 존재도 없는 것
무효	외관은 존재하지만 처음부터 효력이 없는 것
취소	처분시부터 존재한 하자(위법·부당)를 이유로 소급하여 효력을 소멸시킴.
철회	후발적 사정에 의하여 장래를 향하여 소멸시킴.
실효	일정한 사정으로 당연히 효력 소멸되어 행정청의 별도 의사표시 불요

④ **위법의 의미**: 위법은 법령위반으로서 불문법도 포함된다. 행정규칙 형식의 법규명령도 포함되지만 단순한 행정규칙 위반은 위법이 아니다.

⑤ **부당의 의미**: 부당은 재량이 있는 경우 합목적성이 결여된 경우를 말한다. 재량권의 범위를 넘어서는 경우에는 위법이 된다(행정기본법 제21조).

⑥ 취소의 대상은 처분이며, 공법상 계약이나 행정계획은 직권취소의 대상은 아니다.

⑦ **취소의 범위**: 행정청은 처분의 전부 또는 일부에 대해서도 직권취소할 수 있다. 일부취소는 분리가 가능한 경우에 한하며, 분리가 불가할 경우는 전부를 취소하여야 한다.

⑧ **취소의 효과**: 원칙적 소급효, 신뢰보호 등 정당한 사유 있을 시에는 장래효

⑨ 행정기본법에 규정되지 아니한 사항
  ㉠ **직권취소의 기간(제척기간)**: 직권취소는 행정청이 스스로 위법·부당한 행위를 시정하므로 원칙적으로 기간에 제한이 없다. 다만, 수익적 처분에 대하여는 상대방 보호를 위하여 일정한 기간 내에 직권취소를 하여야 한다.
  ㉡ **직권취소와 행정쟁송의 관련**: 제소기간의 경과 등으로 처분에 불가쟁력이 발생하였다고 하여도 직권취소는 가능하다. 행정심판에 의한 취소재결이나 법원의 취소판결

이 있으면 그 처분은 더 이상 존재하지 않게 되므로 이제는 직권취소를 할 수 없게 된다. 다만, 소송 진행 중이라면 직권취소할 수 있다.
   ※ 변상금 부과처분에 대한 취소소송이 진행 중이라도 처분청은 위법한 처분을 스스로 취소하고 그 하자를 보완하여 다시 적법한 부과처분을 할 수 있다(대판 2006.2.10., 2003두5686).
 ㉢ 직권취소신청권: 직권취소의 사유가 있어도 이해관계인에게 처분청에 대하여 취소를 요구할 신청권이 부여된 것으로 볼 수 없다(대판 2006.6.30., 2004두701).
 ㉣ 피해보상(손실보상): 직권취소로 상대방에게 재산상 피해가 발생하는 경우 그 피해를 보상하여야 하는지에 대한 규정은 없다.

(2) 수익적 처분의 취소 제한사유로 비교형량(제2항)
 ① 수익적 처분에 적용되고 침익적 처분의 취소에는 적용되지 않는다. 침익적 처분은 행정청이 자유롭게 직권취소할 수 있다.
 ② 비교형량의 대상은 당사자가 입게 될 불이익과 공익이다.
 ③ 거짓 등 상대방에 귀책사유가 있는 경우에는 비교형량할 필요가 없다.

7 철회

제19조(적법한 처분의 철회) ① 행정청은 적법(위법 ×)한 처분이 다음 각 호의 어느 하나에 해당하는 경우에는 그 처분의 전부 또는 일부를 장래를 향하여 철회할 수 있다.
1. 법률에서 정한 철회 사유에 해당하게 된 경우
2. 법령등(판례 ×)의 변경이나 사정변경으로 처분을 더 이상 존속시킬 필요가 없게 된 경우
3. 중대한 공익을 위하여 필요한 경우
② 행정청은 제1항에 따라 처분을 철회하려는 경우에는 철회로 인하여 당사자가 입게 될 불이익을 철회로 달성되는 공익과 비교·형량하여야 한다.

(1) 의의
 ① 철회는 발령 당시 아무런 하자 없이 성립한 처분을 사후의 새로운 사정을 이유로 장래를 향해 소멸시키는 원 처분과 별개의 독립된 처분이다.
 ② 별개의 독립된 처분이므로 직권취소와 달리 철회는 처분을 한 행정청만 철회를 할 수 있고 감독청은 철회를 할 수 없다. 감독청이 철회를 할 수 있다면 합리적 이유없이 처분청의 권한을 침해하는 결과가 된다.

(2) 직권취소와 구별

구분	직권취소	철회
사유	원시적 하자	후발적 사유
대상	위법 또는 부당한 처분	적법한 처분
주체	처분청, 감독청	처분청
효과	소급효 원칙 (신뢰보호등 정당한 사유 있을 시 장래효)	장래효
공통점	당사자의 불이익과 공익의 비교·형량	
	분리 가능할 경우 일부 취소 또는 일부 철회 가능	

- (3) 철회의 사유
    - ① 법률에서 정한 철회 사유: 도로교통법에서 음주운전자의 운전면허를 취소하는 경우
    - ② 법령등의 변경이나 사정변경: 법적 상황이 변경되었거나 중요한 사실관계가 변경된 경우
    - ③ 중대한 공익을 위하여 필요한 경우
- (4) 철회의 대상
    - ① 처분을 철회할 수 있으며 공법상계약이나 행정계획등은 해당하지 않는다.
    - ② 적법한 처분에 대하여 철회할 수 있으며 위법한 처분은 직권취소의 대상이 된다.
- (5) 행정기본법에 규정되지 아니한 사항
    - ① 철회의 기간(제척기간): 철회에 기간 제한은 없다고 볼 수 있다. 다만, 수익적 처분의 경우는 일정한 기간 내에만 할 수 있는 것으로 보아야 한다.
    - ② 철회신청권: 사인은 철회신청권을 갖는다고 보기 어렵다.
    - ③ 피해보상(손실보상): 상대방이 특별한 손해를 입었고 상대방에게 귀책사유가 없는 경우 손실을 보상할 수 있느냐에 대한 규정은 없다.

8 자동적 처분

> 제20조(자동적 처분) 행정청은 법률로 정하는 바에 따라 완전히 자동화된 시스템(인공지능 기술을 적용한 시스템을 포함한다)으로 처분을 할 수 있다. 다만, 처분에 재량이 있는 경우는 그러하지 아니하다.

- (1) 의의
    - ① '자동적 처분'은 공무원의 인식 없이 완전히 자동화된 시스템으로 발급되는 처분으로 볼 수 있다. AI가 도로에서 직접 차량에 이동명령을 하거나 주차금지 명령을 하는 경우가 될 수 있다.
    - ② '자동적으로 결정되는 처분'은 CCTV에 의한 과속단속의 경우처럼 단속이나 처분의 내용은 자동적으로 결정되지만 상대방에 대한 통지(과태료 부과 통지)는 행정청이 하게 되는데, 이 경우는 '자동적 처분'이 아니고 '자동적으로 결정되는 처분'에 해당한다.
- (2) 요건
    - ① 개별 법률이 정하는 바에 따라야 한다.
    - ② '완전히 자동화된 시스템'에 대한 의미는 행정기본법에 정해진 바가 없다. '자동적으로 결정되는 처분'에 해당하는 CCTV에 의한 단속보다 진화한 형태로 볼 수 있다.
    - ③ 처분에 재량이 없는 기속행위에 한한다.

9 재량행사의 기준

> 제21조(재량행사의 기준) 행정청은 재량이 있는 처분을 할 때에는 관련 이익을 정당하게 형량하여야 하며, 그 재량권의 범위를 넘어서는 아니 된다.

(1) 기속행위와 재량행위
   ① 일반적으로 법규정이 행정청에 대하여 '~ 하여야 한다'의 형식이면 기속행위이고, '~할 수 있다'의 형식이면 재량행위로 볼 수 있다.
   ② 허가는 법률로 금지된 개인의 자유를 회복시키는 것이므로 원칙적으로 기속행위이고, 자동차운송사업의 면허와 같은 특허는 합리적 판단이 필요한 재량행위로 볼 수 있다.
   ③ 재량행위에는 당해 행위를 할 것인지 말 것인지에 관한 결정재량과, 허용하는 경우 어떠한 행위를 할 것인가에 관한 선택재량이 있다. 〈22채용〉
   ④ 기속행위에 잘못이 있는 경우 위법한 행위가 되지만, 재량행위에 잘못이 있는 경우에는 부당한 행위가 되어 법원의 통제를 받지 않는다. 다만, 재량은 의무에 합당한 재량을 의미하므로 재량권의 남용이나 일탈은 사법심사의 대상이 된다. 〈22채용〉
   ⑤ 「도로교통법」상 교통단속임무를 수행하는 경찰공무원을 폭행한 사람의 운전면허를 취소하는 것은 행정청이 재량여지가 없으므로 재량권의 일탈 남용과는 관련이 없다. 동법 제93조①에 취소하도록 규정되어 있기 때문이다. 〈22채용〉

   > 경찰공무원의 측정에 응하지 아니한 때에는 필요적으로 운전면허를 취소하도록 되어 있어 처분청이 그 취소 여부를 선택할 수 있는 재량의 여지가 없음이 그 법문상 명백하므로, 재량권의 일탈 또는 남용의 문제는 생길 수 없다(대판 2003두12042).

   ⑥ 관련 판례

   > - 법원의 심사결과 행정청의 재량행위가 사실오인 등에 근거한 것이라고 인정된다면 이는 재량권을 일탈·남용한 것이다(대판 99두2970).
   > - 사법심사는 기속행위의 경우 적법 여부를 독자의 입장(독자적 입장)에서 판정하지만, 재량행위의 경우 행정청의 재량에 기한 공익판단의 여지를 감안하여 법원은 독자의 결론을 도출함이 없이 당해 행위에 재량권의 일탈·남용이 있는지 여부만을 심사하게 된다(대판 98두17593).
   > - 자유재량에 의한 행정처분이 그 재량권의 한계를 벗어난 것이어서 위법하다는 점은 그 행정처분의 효력을 다투는 자가 이를 주장·입증하여야 한다(대판 87누861).
   > - 공무원 임용을 위한 면접전형에 있어서 임용신청자의 능력이나 적격성 등에 관한 판단은 면접위원의 자유재량에 속한다(대판 97누11911).
   > - 검사의 임용 여부는 임용권자의 자유재량에 속하는 사항이나, 임용권자는 임용신청자들에게 전형의 결과인 임용 여부의 응답을 해줄 의무가 있다고 할 것이며, 응답할 것인지 여부 조차도 임용권자의 편의재량사항이라고는 할 수 없다(대판 90누5825).
   > - 검사의 임용 여부는 임용권자의 자유재량에 속하는 사항이나, 임용권자는 임용신청자들에게 전형의 결과인 임용 여부의 응답을 해줄 의무가 있다고 할 것이며, 응답할 것인지 여부 조차도 임용권자의 편의재량사항이라고는 할 수 없다(대판 90누5825).
   > - "경찰공무원의 채용시험 또는 경찰간부후보생공개경쟁선발시험에서 부정행위를 한 응시자에 대하여는 당해 시험을 정지 또는 무효로 하고, 그로부터 5년간 이 영에 의한 시험에 응시할 수 없게 한다."라고 규정한 경찰공무원임용령(대통령령) 제46조제1항은 행정청 내부의 사무처리기준을 규정한 재량준칙이 아니라 일반 국민이나 법원을 구속하는 법규명령에 해당한다(대판 2007두18321).
   > - 학생에 대한 징계권의 발동이나 징계의 양정에 대하여 법원이 위법사유가 있다고 판단되는 경우에는 이를 취소할 수 있다(대판 91누2144).

(2) 불확정개념과 판단여지
    ① 행정법규는 일반적으로 '~하면 ~한다'로 규정되며, '~하면'에 해당하는 것을 요건규정, '~한다'에 해당하는 것을 효과규정이라고 한다.
    ② 불확정개념은 요건부분에 사용된 추상적이며 다의적인 개념으로서 '공익상 필요', '교통의 안전과 원활한 소통의 확보', '공공의 안녕질서를 해칠 염려' 등이 될 수 있다.
    ③ 판단여지는 행정의 전문적 판단을 존중하여 법원의 사법심사가 제한되는 것을 의미한다.
    ④ 전통적으로 재량은 요건이 아닌 효과규정을 기준으로 판단하였기에, **요건규정에 있는 불확정개념의 해석은 판단여지로 보아서 법원의 사법심사가 제한된다**고 보았다.
    ⑤ 판례는 요건과 효과를 엄격하게 구분할 수 없는 경우가 있고 어느 쪽이든 사법심사가 제한되므로 모두 '재량'이라는 단일개념으로 파악한다는 견해이다(판단여지론 부정설).

(3) '관련 이익의 정당한 형량'과 '재량권의 범위를 넘어서는 행위'
    ① 관련 이익을 정당하게 형량하지 아니한 처분을 '재량권의 남용'이라 부르고, 재량권의 범위를 넘어서는 경우를 '재량권의 일탈'로 부른다.
    ② 재량권의 남용은 재량권의 범위 내에서 재량행사가 제대로 이루어지지 않는 경우로서, 재량권을 전혀 행사하지 않거나 충분히 행사하지 아니한 경우도 포함된다고 볼 수 있다.
    ③ 재량권의 남용이란 재량권의 내적 한계(재량권이 부여된 내재적 목적)를 벗어난 것을 말하며, 재량권의 일탈이란 재량권의 외적 한계(법적 객관적 한계)를 벗어난 것을 의미한다. 〈22채용〉
    ④ 재량권의 남용과 일탈은 위법하므로 행정심판절차와 행정소송절차에서 다툴 수 있다.

10 공법상 계약

> 제27조(공법상 계약의 체결) ① 행정청은 법령등을 위반하지 아니하는 범위에서 행정목적을 달성하기 위하여 필요한 경우에는 공법상 법률관계에 관한 계약(이하 "공법상 계약"이라 한다)을 체결할 수 있다. 이 경우 계약의 목적 및 내용을 명확하게 적은 계약서를 작성하여야 한다.
> ② 행정청은 공법상 계약의 상대방을 선정하고 계약 내용을 정할 때 공법상 계약의 **공공성과 제3자의 이해관계를 고려**하여야 한다.

(1) 의의
    ① 행정청이 행정목적 달성을 위하여 공법의 영역에서 체결하는 계약을 의미한다.
    ② 당사자는 행정청뿐만 아니라 공무수탁사인도 계약당사자가 될 수 있다.
    ③ 행정주체와 사인 간의 계약이 공법상 계약인지 사법상 계약인지 불분명한 경우 여러 사정을 고려하여 객관적으로 판단하여야 한다.

(2) 처분과 구별
    ① 행정행위는 일방적 행위이지만 공법상 계약은 쌍방행위이다.
    ② 상대방의 협력을 요하는(쌍방적) 행정행위는 공무원 임명(동의없는 임명은 무효), 영업허가 등과 같이 상대방의 동의나 신청이 있었다고 하더라도 국민과 합의 없이 **행정청이 단독으로 결정하는 권력적 공법행위**이지만, 공법상 계약은 공법적 효과 발생을 목적으로 당사자 간에 이루어지는 비권력적 공법행위이다.

(3) 공법상 계약의 요건
① 행정청이 당사자이며, 법령등을 위반하지 아니하는 범위에서 체결할 수 있다.
② 체결은 '계약의 목적 및 내용을 명확하게 적은 계약서'의 형식으로 이루어져야 하며, 공공성과 제3자의 이익을 고려하여야 한다.

(4) 공법상 계약의 종류
공공단체 상호 간의 사무위탁, 전문직 공무원의 채용계약, 서울시 무용단원의 위촉, 공중보건의사 채용계약 등

(5) 관련 판례

> 1. 공중보건의사 채용계약 해지의 의사표시에 대하여는 대등한 당사자간의 소송형식인 공법상의 당사자소송으로 그 의사표시의 무효확인을 청구할 수 있는 것이다(대판 95누10617).
> 2. 계약직공무원 채용계약해지의 의사표시는 일반공무원에 대한 징계처분과는 달라서 항고소송이 아닌 채용계약 관계의 한쪽 당사자로서 대등한 지위에서 행하는 의사표시로 취급되는 것이다(대판 2002두5948).
> 3. 서울특별시립무용단원의 위촉은 공법상의 계약이라고 할 것이고, 공법상의 당사자소송으로 그 무효확인을 청구할 수 있다(대판 95누4636).

11 과징금

> 제28조(과징금의 기준) ① 행정청은 법령등에 따른 의무를 위반한 자에 대하여 법률로 정하는 바에 따라 그 위반행위에 대한 제재로서 과징금을 부과할 수 있다.
> ② 과징금의 근거가 되는 법률에는 과징금에 관한 다음 각 호의 사항을 명확하게 규정하여야 한다.
>   1. 부과·징수 주체
>   2. 부과 사유
>   3. 상한액
>   4. 가산금을 징수하려는 경우 그 사항
>   5. 과징금 또는 가산금 체납 시 강제징수를 하려는 경우 그 사항
> 제29조(과징금의 납부기한 연기 및 분할 납부) 과징금은 한꺼번에 납부하는 것을 원칙으로 한다. 다만, 행정청은 과징금을 부과받은 자가 다음 각 호의 어느 하나에 해당하는 사유로 과징금 전액을 한꺼번에 내기 어렵다고 인정될 때에는 그 납부기한을 연기하거나 분할 납부하게 할 수 있으며, 이 경우 필요하다고 인정하면 담보를 제공하게 할 수 있다.
>   1. 재해 등으로 재산에 현저한 손실을 입은 경우
>   2. 사업 여건의 악화로 사업이 중대한 위기에 처한 경우
>   3. 과징금을 한꺼번에 내면 자금 사정에 현저한 어려움이 예상되는 경우
>   4. 그 밖에 제1호부터 제3호까지에 준하는 경우로서 대통령령으로 정하는 사유가 있는 경우

(1) 구별개념
  ① **과태료와 벌금**: 과태료는 행정목적 달성에 장애를 줄 위험성이 있는 과거의 경미한 행정법규위반행위에 대해 부과되는 금전벌이고, 벌금은 행정목적 달성을 직접적으로 저해하는 과거의 중대한 행정법규위반행위에 대해 부과되는 금전벌이다.
    ※ 어떤 행정법규위반 행위에 대하여 행정질서벌인 과태료를 과할 것인가, 아니면 행정형벌을 과할 것인가는 입법재량에 속하는 문제이다(헌재 1997.8.21., 선고 93헌바51).
  ② 과징금은 최초에는 경제법상 의무를 위반한 자의 불법적 이익을 박탈하기 위하여 도입되었으나,〈23채용〉 현재 부당이득환수를 위한 과징금, 행정제재적 과징금, 영업정지를 대체하는 과징금 등 다양한 형태가 있다.
  ③ 벌금, 과태료, 과징금의 비교

구분	벌금	과태료	과징금
개념	중대한 위반행위에 대한 금전벌	비교적 경미한 위반행위에 대한 금전적 제재	불법이익 환수, 영업정지 대체의 금전적 제재
부과주체	법원	• 행정청 • 법원(이의제기 시)	행정청
불복절차	형사소송	• 질서위반행위규제법 • 비송사건절차법(이의제기 시)	행정소송
강제집행	노역장 유치, 국세체납처분의 예	민사집행법, 국세체납처분의 예	국세체납처분의 예 (국세·지방세 징수법)

(2) 형벌 또는 과태료와 병과
  ① 행정기본법에는 과징금과 형벌의 병과, 과징금과 과태료의 병과에 대한 규정은 없다.
  ② 과징금과 형벌·과태료는 목적과 성격이 상이하므로 병과가 가능하다(판례).

(3) 과징금의 납부
  ① 일시 전액납부가 원칙이지만, 연기, 분할, 담보제공도 가능하다.
  ② 사유는 재해, 사업 여건의 악화, 자금 사정 어려움 등이다.

CHAPTER 04 경찰작용법 일반

제1절 경찰권 발동의 근거와 한계

1 경찰권 발동의 근거

(1) **조직법적 근거**: 경찰의 임무범위로서, 모든 경찰작용에는 조직법적 근거가 필요하다.

(2) **작용법적 근거**: 경찰의 권력적 활동은 별도의 법적인 근거가 있어야 하며 이때의 법은 수권조항(근거규범)을 의미한다.

(3) 경찰권 발동에 관한 일반법으로 경찰관직무집행법이 있지만, 다수의 개별법에도 존재한다.

2 개별적 수권조항과 개괄적(일반적) 수권조항

(1) **의의**
 ① **개별적 수권조항**: 개별적·구체적 사안에 각각 법적권한을 부여하는 것으로 경직법 제3조(불심검문)에서 제10조의4(무기의 사용)까지 규정이 해당
 ② **개괄적 수권조항**: 경찰권 발동 권한을 포괄적으로 부여하는 조항을 의미한다.

(2) **개괄적 수권조항의 인정 여부**

긍정설	• 경찰권 발동의 요건과 한계를 모두 규정하는 것은 불가능 • 경직법 제2조⑦ "공공의 안녕과 질서 유지"는 실정법상 일반적 수권조항의 근거 • 개별적 수권조항이 없는 경우에 보충적으로 적용 • 일반조항의 남용은 조리상 한계로 통제 가능 • 일반조항의 해석은 학설·판례로 특정 가능 • 독일에서는 학설과 판례로 확립
부정설 〈다수설〉	• 경직법 제2조⑦은 본질적으로 조직법적 규정이다. • 일반조항 인정 시 법률유보의 형해화 발생 • 경찰작용은 대표적인 권력적·침해적 작용이므로 개별법의 근거가 필요 • 독일법과 달리 명시적 규정이 없다.

3 경찰권 발동의 조리상 한계(재량한계)

(1) **경찰소극목적의 원칙**
 경찰권은 위해의 방지·제거라는 소극적 목적에 한정되어야 한다는 독일의 크로이쯔베르크 판결에 의해서 확립되었다.

(2) **경찰공공의 원칙**
 ① 경찰권은 공공의 안녕과 질서 유지와 관계없는 사적 관계에 대해서는 발동할 수 없다는 원칙 〈22경간〉
 ② 사생활 불가침의 원칙, 사주소 불가침의 원칙, 민사관계 불간섭 원칙 등이 있다.

(3) 경찰책임의 원칙

① 의의 〈16승진, 19채용, 17·20경간〉

㉠ 경찰책임의 원칙이란 경찰권은 **경찰위반상태**(사회공공의 안녕과 질서에 위험이 있는 상태)에 책임이 있는 자에게만 발동되어야 한다는 원칙이다. 〈19채용, 22경간〉

㉡ 경찰책임은 '누가 위험을 방지하거나 제거할 의무를 지는가'의 문제로서 경찰권 발동의 대상에 관한 원칙이지 경찰권 발동의 정도에 관한 원칙(비례의 원칙)이 아니며, 형법상 위법한 행위에 대하여 처벌하는 것과 무관한다.

㉢ 경찰책임은 사회공공의 안녕과 질서에 대한 객관적인 위험상황이 존재하면 인정된다.

㉣ 경찰책임자의 고의, 과실, 위법성, 위험인식, 행위능력, 책임능력, 국적, 정당한 권원을 불문한다. 따라서 위법하지 않아도 경찰책임을 진다. 교통이 빈번한 도로에서 어린이를 놀게 한 보호자의 책임은 도로교통법(제11조①)상의 공법상 책임으로서, 보호자 모르게 그런 일이 있었다고 하더라도 보호자의 고의·과실이나 잘잘못과 무관하게 보호자는 경찰책임을 지게 된다.

※ **행위능력**: 민법상 개념으로서 독자적으로 재산적 법률행위를 유효하게 할 수 있는 능력이다. 행위능력에 제한이 있는 '제한능력자'는 미성년자, 피한정후견인, 피성년후견인 등이며, 이들의 행위는 원칙적으로 취소할 수 있다.

㉤ 모든 자연인, 권리능력이 없는 사법인(私法人)도 경찰책임자가 된다.

② 경찰책임의 종류

행위책임	• 자기 또는 자기의 보호·감독하에 있는 자의 행위에 대한 책임이다. 〈16승진〉 ※ 어린이를 교통이 빈번한 도로에서 노는 행위에 대한 보호자의 책임 • 사용자가 피사용자의 행위에 책임을 지는 것은 자기책임(대위책임 ×)이다. • 행위책임 귀속에 대한 학설 〈23경위〉 A는 자신이 운영하는 옷가게에서 여자 모델 B에게 수영복만을 입게 하여 쇼윈도우에 서 있도록 하였다. 지나가던 사람들이 이를 구경하기 위해 쇼윈도우 앞에 몰려들어 도로교통상의 심각한 장해가 발생하였다. ① 조건설에 의하면 군중, A, B 모두 경찰책임자가 된다. ② 직접원인설에 의할 때 경찰책임자는 군중이다. ③ 의도적 간접원인제공자이론(목적적 원인제공자책임설)을 인정한다면 A에게 경찰권을 발동하여 A로 하여금 B를 쇼윈도우에서 나가도록 하라고 할 수 있다. ④ 교통장해가 그다지 중대하지 않다면 A를 경찰책임자로 보아서는 안 될 것이다.

	조건설	① 그것이 없다면 경찰상 위험이 발생하지 않았을 것이라고 인정되는 모든 조건을 경찰책임의 원인으로 보는 견해로 등가설이라고도 한다. ② 조건설은 책임의 귀속이 무한히 확대되기 때문에 적합하지 않다.
	직접원인설 (다수설)	① 경찰위반상태를 직접 야기한 행위자만이 경찰책임을 지고 간접적인 원인제공자는 경찰책임을 지지 않는다는 견해이다. ② 일련의 인과관계의 고리 중에서 마지막의 그리고 결정적인 원인을 제공한 사람이 원칙적으로 행위책임자가 된다.
	간접원인 제공자이론 (목적적 원인제공자 책임설)	① 직접원인설에서 파생된 이론으로서, 직접적으로 위해의 원인을 야기시키지는 않았으나 직접원인자의 행위를 의도적으로 야기시킨 간접원인제공자도 행위책임자로 보아 경찰권발동의 대상으로 한다. ② 간접원인제공자가 위험을 의도적으로 야기하였음을 기준으로 하는 주관설과 내적인 의지는 경찰법에서 의미가 없는 것으로 보고 경찰위반의 결과에 대하여 결정적인 원인이 되는 경우 위험유발을 인정하는 객관설이 있다.
상태책임		• 물건 또는 동물의 질서위반 상태에 대하여 소유자나 점유자 또는 **사실상 관리하고 있는 자**가 지는 **책임**을 의미 ※ 사나운 개가 돌아다니는 경우 개주인의 책임 • 고의·과실을 불문, 정당한 권원 없이 사실상 지배하고 있더라도 책임 발생
복합적 책임		• 다수인의 행위 또는 다수인이 지배하는 물건의 상태로 하나의 질서위반 상태가 발생하는 경우 ⇨ 일부 또는 전체에 대하여 **경찰권 발동 가능** ⟨20경간⟩ ※ A가 위험한 물건을 B의 토지에 버린 경우: A는 행위책임, B는 상태책임 • 행위책임과 상태책임이 경합하는 경우 ⇨ 경찰위반 상태를 가장 신속하고 효과적으로 제거할 수 있는 위치에 있는 자에게 경찰권을 발동하는 것이 원칙 (일반적으로 행위책임자에게 경찰권을 발동하는 것이 적절하나 반드시 그런 것은 아님)

③ 경찰긴급권(경찰책임의 예외)

㉠ 경찰권은 원칙적으로 경찰위반상태에 있는 자에게만 발동되어야 하지만, 예외적으로 긴급 상태에서는 비책임자(제3자)에게도 경찰책임이 인정되는 경우가 있는데 이를 경찰긴급권이라 한다.

※ 유명 여배우 쇼핑 사건: 동대문 패션거리에서 쇼핑을 하던 유명 여배우를 보기 위하여 시민들이 한꺼번에 몰리면서 서로 뒤엉켜 넘어지는 일이 발생하자, 경찰관이 여배우를 현장에서 이동하도록 조치한 것은 경찰관직무집행법 제5조 제1항 제3호의 대인적 즉시강제로서, 유명 여배우에게는 행위책임이나 상태책임을 인정할 수 없고 제3자에 대한 경찰긴급권의 발동에 해당한다고 볼 수 있다.

㉡ 요건 ⟨23경위⟩

ⓐ 목전의 중대한 위험방지

ⓑ 직접원인제공자가 위험제거를 할 수 없을 것
ⓒ 경찰관이 스스로 또는 위임을 통해서 해결이 불가능할 것
ⓓ 제3자의 중대한 법익(생명·건강 등) 침해가 없을 것
ⓔ 법률의 근거가 있을 것 등이다. 다만, 제3자의 승낙은 필요하지 않다.
ⓒ 소방기본법, 경범죄 처벌법(제3조 제29호 공무원 원조불응), 경찰관직무집행법(제5조 제1항 제3호), 수상에서의 수색·구조등에 관한 법률 등 개별법에서 규정하고 있으며, 경찰긴급권에 대한 일반규정은 없다. 〈23경위〉
ⓔ 경찰책임 없는 자가 입은 경찰긴급권으로 인한 손실은 보상하여야 한다. 〈20경간〉

(4) 경찰비례의 원칙
① 경찰권은 공공의 안녕과 질서 유지를 위하여 필요한 최소한도에서 발동되어야 한다는 원칙으로 '과잉금지의 원칙'이라고 한다.
② 경찰권 발동의 조건과 정도를 명시한 원칙이다.
③ 적합성, 필요성, 상당성의 요건을 모두 갖추어야 한다.

(5) 보충성의 원칙
다른 수단이 없을 때 최후적으로 사용하여야 한다는 원칙

(6) 경찰평등의 원칙
경찰권은 그 대상이 되는 모든 사람에게 차별없이 평등하게 행사되어야 한다는 원칙
〈22경간〉

4 법적 보호이익의 확대

(1) 의의
종래 반사적 이익으로 보았던 것이 법적으로 보호되는 이익 또는 공권으로서 인정되는 경우가 증가하고 있다.
※ 반사적 이익: 법규가 사익이 아닌 공익만을 위하여 행정주체 또는 사인에게 일정한 의무를 부과한 결과 그에 따른 반사적 효과로 개인이 얻게 되는 이익

(2) 무하자재량행사청구권
① 행정청에 재량권이 부여된 경우에 행정청에 대하여 하자 없는 재량권을 행사하여 줄 것을 요구할 수 있는 권리이다.
② 무하자재량행사청구권이 인정되더라도 행정개입청구권이 인정되는 것은 아니지만, '재량권이 0으로 수축'하는 경우에는 무하자재량행사청구권이 행정개입청구권으로 전환되어 행정개입청구권이 인정된다.

(3) 경찰개입청구권
① 의의: 경찰권의 부작위 등으로 권익을 침해당한 자가 경찰권의 발동을 청구하는 권리
② 재량권 0으로의 수축: 경찰권의 개입은 원칙적으로 경찰의 재량행위에 해당하지만, 중대한 법익의 위험에 있어서는 오직 경찰의 개입만이 타당한 결정이 된다는 이론
③ 띠톱판결: 무하자재량행사청구권의 법리를 기초로 경찰개입청구권을 최초로 인정한 독일의 판결이다. 우리나라는 김신조 사건(1968.1.21.)이 최초의 판결이다.
④ 경찰개입청구권이 인정되면 손해에 대한 손해배상청구권이 인정된다.

⑤ 재량권의 불행사는 경찰개입청구권으로 통제하고, 재량권의 행사가 위법한 경우는 취소소송 등 항고소송을 통해 통제한다.
⑥ 반사적 이익에 대하여는 경찰개입청구권이 인정되지 않으나, 개인적 공권의 확대화 경향으로 경찰개입청구권의 인정범위가 확대되고 있다.

제2절 경찰상 행정행위

1 행정행위의 의의

(1) 의의
① 행정행위의 개념은 학문상 개념으로서 행정청이 구체적 사실에 관하여 법집행으로 행하는 권력적·단독적 행위를 말한다.
② 법률적 행정행위: 행정청의 의사표시 내용에 따라 법적 효과 발생
③ 준법률적 행정행위
  ㉠ 행정청의 의사표시 이외의 정신작용(판단, 인식)을 구성요소로 하여, 그 효과가 행정청의 의사가 아닌 법률의 규정에 의하여 발생한다.
  ㉡ 부관은 주된 의사표시에 부가된 종된 의사표시로서, 의사표시를 요소로 하지 않는 준법률적 행정행위에는 부관을 붙일 수 없다(전통적 견해).
    ※ 공증에 해당하는 여권에 붙은 유효기간처럼 확인·공증의 경우에는 종기와 같은 주관을 붙일 수 있다는 새로운 견해가 있다.
④ 명령적 행위와 형성적 행위: 명령적 행위는 개인의 자연적 자유를 제한하거나 제한된 자유를 회복시키고, 형성적 행위는 개인의 권리·권리능력·법률상의 힘을 새로이 발생·변경·소멸하게 한다.

(2) 행정행위의 분류 〈21경간〉

법률행위적 행정행위	명령적 행위	하명, 허가, 면제
	형성적 행위	특허, 대리, 인가
준법률행위적 행정행위	공증, 통지, 수리, 확인	

2 법률행위적 행정행위

(1) 명령적 행정행위
① 개관

경찰하명	작위하명, 부작위하명, 수인하명, 급부하명
경찰허가	일반적·상대적 금지 해제(부작위 해제) 〈19승진〉 신청 + 직권(통행금지 해제 등)
경찰면제	작위·수인·급부 의무 해제(부작위 ×) 〈19승진〉

규대쌤 Comment

하허면, 특대인, 공통수확

② 경찰하명
　㉠ 의의: 개인에게 작위, 부작위, 수인, 급부의 의무를 명하는 행정행위로서, 경찰관의 수신호나 교통신호 등의 신호도 경찰하명에 해당한다(행정행위에 해당한다).　〈22채용, 23승진〉
　㉡ 유형

작위	어떤 행위를 하도록 의무를 명하는 것으로 '집회신고의무' 등이 있다.
부작위	어떤 행위를 하지 않도록 의무를 명하는 것으로 '경찰금지'라고 하며 가장 일반적인 하명이다. '공공시설에서 흡연금지' 등이 있다. 〈23채용〉
수인	경찰권 발동으로 발생하는 침해를 받아들여야 하는 의무이다. 범죄 예방·제지를 위하여 '극장에 출입할 때 극장주가 침해를 감수'하고 이를 허용해야 하는 의무 등이다.
급부	금전 또는 물품의 급부 의무로서 '면허시험 수수료 납부의무' 등이 있다.

　㉢ 경찰하명의 효과
　　ⓐ 하명의 상대방은 행정주체에 대하여만 의무를 이행할 책임이 있고 그 이외의 제3자에 대하여 법상 의무를 부담하는 것은 아니다. 〈19채용〉
　　ⓑ 하명의 효과는 원칙적으로 수명자에게만 발생하나, 대물적 하명의 경우에는 그 물건의 법적 지위를 승계한 자에게도 효과가 미친다. 〈16경간〉
　㉣ 경찰하명 위반의 효과 〈19채용〉
　　ⓐ 경찰의무 불이행 ⇨ 경찰상 강제집행
　　ⓑ 경찰의무 위반 ⇨ 경찰벌
　　ⓒ 경찰하명에 위반한 행위는 원칙적으로 그 법적 효력에는 아무런 영향이 없다. 여기서 법적 효력은 사법(私法)상 효력을 의미한다. 영업정지명령에 위반하여 물건을 판매하여도 그 거래행위의 효력에는 영향이 없다는 의미이다. 〈21경채〉
　㉤ 하명에 대한 구제 〈21경채〉
　　ⓐ 적법한 하명: 수명자는 수인의무를 부담하므로 손실보상을 청구할 수 없는 것이 원칙이나, 예외적으로 수명자 또는 책임 없는 제3자에게 '특별한 희생'을 가한 경우에는 손실보상청구가 인정될 수 있다.
　　ⓑ 위법한 하명: 손해배상, 행정심판·소송 등으로 구제를 받을 수 있다. 〈23채용〉
　　ⓒ 무효인 하명: 위반하여도 처벌할 수 없고, 저항하여도 공무집행방해죄가 성립하지 않는다.

③ 경찰허가
　㉠ 의의
　　ⓐ 질서유지·위험예방 등을 위하여 법률로써 개인의 자유를 제한한 후 일정한 요건이 구비된 경우에 그 제한을 해제하여 본래의 자유를 회복시켜 주는 행정행위이다. 따라서 허가는 요건을 충족하는 경우 원칙적으로 기속행위에 해당한다.
　　ⓑ 허가는 학문상의 개념으로 실정법상으로는 허가, 인가, 면허, 특허 등 여러 용어가 사용된다.
　　ⓒ 법령에 의하여 일반적·상대적 금지(절대적 금지 ×)를 해제하여 적법한 행위를 하도록 하는 처분이다. 〈23승진〉
　　ⓓ 허가를 받더라도 다른 법령상의 제한들도 모두 해제되는 것은 아니다. 〈22채용〉

- ⓒ 요건: 허가는 신청에 의하는 것이 보통이나, '도로교통법상 주정차 금지 장소에 안전표지로 주정차 허용' 등과 같이 신청에 의하지 않고도 행하여질 수 있다. 〈22채용〉
- ⓒ 종류: 대인적 허가(의사 면허, 운전 면허), 〈22채용〉 대물적 허가(건축 허가, 음식점 영업허가, 차량검사), 혼합적 허가(전당포영업, 총포류제조허가)
- ② 허가기준의 법령: 허가를 신청할 때와 허가처분을 할 때에 적용되는 법령이 다른 경우에, 처분 당시에 시행중인 법령을 기준으로 하는 것이 원칙이다. 〈18채용〉
- ⑩ 위반의 효과: 허가는 **적법요건**이며 **유효요건**은 아니다. 이를 위반하면 위법하더라도 사법상 법률행위는 유효하다. 〈22채용〉

④ 경찰면제
- ⓒ 경찰상 부과된 작위, 급부, 수인의 의무를 특정한 경우에 해제하여 주는 행정행위이다.
- ⓒ 경찰허가는 부작위 의무를 해제하고, 경찰면제는 작위, 급부, 수인의무를 해제한다. 〈22채용〉

(2) 형성적 행정행위

① 개관

특허	① 특허는 특정인에 대하여 **새로운 권리나 능력 또는 포괄적 법률관계를 설정**하는 행위로서, 실정법상으로 허가, 면허 등의 용어로 사용되기도 한다. ② 특허는 특정인에게 법률상의 힘을 부여하는 행위이기 때문에 반드시 상대방의 신청이 필요하다. ③ 종류: 공유수면매립면허, 광업허가, 어업면허, 도로점용허가, 귀화허가, 행정재산의 사용·수익의 허가 〈22채용〉, 공무원임용, 개인택시운송사업면허, 주택재건축정비사업조합설립 인가처분
대리	① 제3자가 해야 할 일을 행정청이 대신하여 행함으로써 제3자가 스스로 행한 것과 같은 법적 효과를 발생시킨다. ② 행정행위인 대리는 **행정청이 국민을 대리하는 것**을 의미하므로, 행정기관 간의 대리와 구별된다. ③ 종류: 감독적 입장에서 감독청에 의한 정관작성·임원임면, 조정적 입장에서 토지보상액에 대한 토지수용위원회의 재결, 행정목적 달성을 위한 조세체납처분으로서의 공매행위, 개인보호 입장에서 행려병자의 유류품 처분 등
인가	① 제3자의 법률적 행위를 보충하여 그 법률상의 효과를 완성시키는 행정행위이다. ② 행정청이 일정한 법률행위에 대하여 공익적 관점에서 동의함으로써 그 효력을 완성시켜 준다. 따라서 **인가는 효력발생요건**으로서 인가를 받지 않으면 기본행위는 효력이 발생하지 않는다. ② 종류: 특허기업의 사업양도허가, 토지거래허가구역 내의 토지거래허가, 재단법인의 정관변경허가 〈22채용〉

② 허가와 특허의 비교

구분	허가	특허
의의	일반적·상대적 금지의 해제	특정인에게 새로운 권리 부여
성질	요건을 갖추면 원칙적 기속행위	요건을 갖추어도 원칙적 재량행위
신청	반드시 신청이 필요한 것은 아니다.	반드시 신청이 필요하다. 〈22채용〉
상대방	특정인 또는 불특정인(통행금지 해제)	특정인
효과	공법적 효과	공법적 효과, 사법적 효과

3 준법률행위적 행정행위

공증	① 행정기관이 의문이나 다툼이 없는 사실 또는 법률관계에 대하여 공적으로 증명하는 행위 ② 등기·등록·등재, 증명서 발급, 여권 발급, 운전면허증 발급 등
통지	① 특정인 또는 불특정 다수인에게 특정사실을 알리는 행위 ② 대집행 계고, 납세 독촉, 특허출원 공고, 귀화 고시
수리	① 행정청에 대한 타인의 행위를 유효한 것으로 수령하는 행위 ② 법률에 신고의 수리가 필요하다고 명시되어 있는 경우(행정기관의 내부 업무 처리 절차로서 수리를 규정한 경우는 제외한다)에는 행정청이 수리하여야 효력이 발생한다(행정기본법 제34조).
확인	① 행정기관이 사실이나 법률관계의 존부 또는 정당성에 대하여 의문이나 다툼이 있는 경우에 공적으로 판단하는 행위 ② 국가시험 합격자 결정, 당선인 결정, 발명 특허, 행정심판위원회 재결

4 관련 판례

허가	① 유료직업소개사업의 허가갱신은 일단 갱신이 있은 후에도 갱신 전의 법위반사실을 근거로 허가를 취소할 수 있다(대판 81누174). ② 종전 허가의 유효기간이 지나서 신청한 이 사건 기간연장신청은 이를 새로운 허가신청으로 보아 법의 관계 규정에 의하여 허가요건의 적합 여부를 새로이 판단하여 그 허가 여부를 결정하여야 할 것이다(대판 94누11866). ③ 건축허가권자는 중대한 공익상 필요가 없는데도 관계 법령에서 정하는 제한 사유 이외의 사유를 들어 요건을 갖춘 자에 대한 허가를 거부할 수는 없다(대판 2009. 9. 24, 2009두8946). ④ 「식품위생법」상 일반(대중)음식점 영업허가는 법에서 정한 요건을 구비한 때에는 허가하여야 한다(대판 97누12532).
특허	① 공유수면매립면허는 설권행위인 특허의 성질을 갖는 것이므로 원칙적으로 행정청의 자유재량에 속하는 것이다(대판 88누9206). ② 귀화허가는 외국인에게 대한민국 국적을 부여함으로써 국민으로서의 법적 지위를 포괄적으로 설정하는 행위에 해당한다. 법무부장관은 귀화신청인이 법률이 정하는 귀화요건을 갖추었다고 하더라도 귀화를 허가할 것인지 여부에 관하여 재량권을 가진다(대판 2010.7.15, 2009두19069). ③ 행정재산의 사용·수익에 대한 허가는 강학상 특허에 해당하고, 이러한 신청을 거부한 행위 역시 행정처분에 해당한다고 할 것이다(대판 97누1105). 〈22채용〉 사용료를 부과하는 것도 행정처분이다(대판 95누11023).
인가	① 민법 제45조와 제46조에서 규정한 재단법인의 정관변경 '허가'는 법률상의 표현이 허가로 되어 있기는 하나, 그 성질에 있어 법률행위의 효력을 보충해 주는 것이지 일반적 금지를 해제하는 것이 아니므로, 그 법적 성격은 인가라고 보아야 할 것이다(대판 95누4810). ② 토지거래허가제에서의 토지거래허가는 규제지역 내에서도 토지거래의 자유가 인정되나 다만 위 허가를 허가 전의 유동적 무효 상태에 있는 법률행위의 효력을 완성시켜 주는 인가적 성질을 띤 것이다(대판 90다12243).
준법률적 행정행위	① 당연퇴직의 인사발령은 관념의 통지에 불과하고 행정소송의 대상이 되는 독립한 행정처분이라고 할 수 없다(대판 95누2036). ② 임용권자가 임용기간이 만료된 국·공립대학의 조교수에 대하여 재임용을 거부하는 취지로 한 임용기간만료의 통지는 행정소송의 대상이 되는 처분에 해당한다(대판 2000두7735).

제3절 경찰상 의무이행확보 수단

1 개관

전통적 수단	행정상 강제	강제집행	대집행, 강제징수, 직접강제, 이행강제금(집행벌)	직접적 수단 (이행강제금 제외)
		즉시강제	대인, 대물, 대가택적	
	행정벌	경찰형벌	형벌 부과	간접적 수단
		경찰질서벌	과태료 부과	
새로운 수단	과징금, 가산금, 명단 공개, 수익적 행위의 취소·철회, 취업제한, 공급거부, 관허사업 제한, 국외여행 제한			

2 행정기본법

제30조(행정상 강제) ① 행정청은 행정목적을 달성하기 위하여 필요한 경우에는 법률로 정하는 바에 따라 필요한 최소한의 범위에서 다음 각 호의 어느 하나에 해당하는 조치를 할 수 있다.
1. 행정대집행: 의무자가 행정상 의무(법령등에서 직접 부과하거나 행정청이 법령등에 따라 부과한 의무를 말한다. 이하 이 절에서 같다)로서 타인이 대신하여 행할 수 있는 의무(대체적 작위의무)를 이행하지 아니하는 경우 법률로 정하는 다른 수단으로는 그 이행을 확보하기 곤란하고 그 불이행을 방치하면 공익을 크게 해칠 것으로 인정될 때에 행정청이 의무자가 하여야 할 행위를 스스로 하거나 제3자에게 하게 하고 그 비용을 의무자로부터 징수하는 것 〈22채용, 22법학〉
2. 이행강제금의 부과: 의무자가 행정상 의무를 이행하지 아니하는 경우 행정청이 적절한 이행기간을 부여하고, 그 기한까지 행정상 의무를 이행하지 아니하면 금전급부의무를 부과하는 것 〈22법학〉
3. 직접강제: 의무자가 행정상 의무를 이행하지 아니하는 경우 행정청이 의무자의 신체나 재산에 실력을 행사하여 그 행정상 의무의 이행이 있었던 것과 같은 상태를 실현하는 것 〈22법학〉
4. 강제징수: 의무자가 행정상 의무 중 금전급부의무를 이행하지 아니하는 경우 행정청이 의무자의 재산에 실력을 행사하여 그 행정상 의무가 실현된 것과 같은 상태를 실현하는 것 〈22법학〉
5. 즉시강제: 현재의 급박한 행정상의 장해를 제거하기 위한 경우로서 다음 각 목의 어느 하나에 해당하는 경우에 행정청이 곧바로 국민의 신체 또는 재산에 실력을 행사하여 행정목적을 달성하는 것 〈22채용, 22법학〉
  가. 행정청이 미리 행정상 의무 이행을 명할 시간적 여유가 없는 경우
  나. 그 성질상 행정상 의무의 이행을 명하는 것만으로는 행정목적 달성이 곤란한 경우
② 행정상 강제 조치에 관하여 이 법에서 정한 사항 외에 필요한 사항은 따로 법률로 정한다.
③ 형사(刑事), 행형(行刑) 및 보안처분 관계 법령에 따라 행하는 사항이나 외국인의 출입국·난민인정·귀화·국적회복에 관한 사항에 관하여는 이 절을 적용하지 아니한다.

제31조(이행강제금의 부과) ①~② (생략)
③ 행정청은 이행강제금을 부과하기 전에 미리 의무자에게 적절한 이행기간을 정하여 그 기한까지 행정상 의무를 이행하지 아니하면 이행강제금을 부과한다는 뜻을 문서로 계고(戒告)하여야 한다.
④ 행정청은 의무자가 제3항에 따른 계고에서 정한 기한까지 행정상 의무를 이행하지 아니한 경우 이행강제금의 부과 금액·사유·시기를 문서로 명확하게 적어 의무자에게 통지하여야 한다.
⑤ 행정청은 의무자가 행정상 의무를 이행할 때까지 이행강제금을 반복하여 부과할 수 있다. 다만, 의무자가 의무를 이행하면 새로운 이행강제금의 부과를 즉시 중지하되, 이미 부과한 이행강제금은 징수하여야 한다.

규대쌤 Comment

집행하면 대강직이쁜다.

⑥ 행정청은 이행강제금을 부과받은 자가 납부기한까지 이행강제금을 내지 아니하면 국세강제징수의 예 또는 「지방행정제재·부과금의 징수 등에 관한 법률」에 따라 징수한다.

제32조(직접강제) ① 직접강제는 행정대집행이나 이행강제금 부과의 방법으로는 행정상 의무 이행을 확보할 수 없거나 그 실현이 불가능한 경우에 실시하여야 한다.

② 직접강제를 실시하기 위하여 현장에 파견되는 집행책임자는 그가 집행책임자임을 표시하는 증표를 보여 주어야 한다.

③ 직접강제의 계고 및 통지에 관하여는 제31조제3항 및 제4항을 준용한다.

제33조(즉시강제) ① 즉시강제는 다른 수단으로는 행정목적을 달성할 수 없는 경우에만 허용되며, 이 경우에도 최소한으로만 실시하여야 한다.

② 즉시강제를 실시하기 위하여 현장에 파견되는 집행책임자는 그가 집행책임자임을 표시하는 증표를 보여 주어야 하며, 즉시강제의 이유와 내용을 고지하여야 한다.

③ 제2항에도 불구하고 집행책임자는 즉시강제를 하려는 재산의 소유자 또는 점유자를 알 수 없거나 현장에서 그 소재를 즉시 확인하기 어려운 경우에는 즉시강제를 실시한 후 집행책임자의 이름 및 그 이유와 내용을 고지할 수 있다. 다만, 다음 각 호에 해당하는 경우에는 게시판이나 인터넷 홈페이지에 게시하는 등 적절한 방법에 의한 공고로써 고지를 갈음할 수 있다. 〈신설, 24.1.16〉

1. 즉시강제를 실시한 후에도 재산의 소유자 또는 점유자를 알 수 없는 경우
2. 재산의 소유자 또는 점유자가 국외에 거주하거나 행방을 알 수 없는 경우
3. 그 밖에 대통령령으로 정하는 불가피한 사유로 고지할 수 없는 경우

3 행정상 강제

(1) 의의 〈16·18·20승진, 21채용〉

행정상 강제는 장래에 의무내용을 이행시키거나 이행이 있는 것과 같은 상태를 실현하기 위한 수단이라는 점에서 과거의 의무위반에 대한 제재로서 과하는 행정벌과 구별된다.

① 의무불이행에 대한 장래를 향한 수단 ⇨ 행정상 강제
② 의무위반에 대한 제재 ⇨ 행정벌

(2) 행정상 강제집행

① 의의: 강제집행은 의무의 존재와 그 불이행을 전제로 한다는 점에서, 이를 전제로 하지 않고 급박한 경우에 행해지는 즉시강제와 구별된다.
  ㉠ 의무의 존재와 **불**이행 전제 ⇨ 강제**집행** 〈21채용〉
  ㉡ 급박하여 의무불이행을 전제로 하지 않음 ⇨ 즉시강제

② 수단 〈22채용〉

대집행	• 대체·작위의무를 이행하지 않을 경우에 경찰관청이 스스로 행하거나 제3자로 하여금 이를 행하게 하고 그 비용을 징수하는 것 〈21채용〉 • 절차: 대집행의 **계고** ⇨ 대집행영장에 의한 **통지** ⇨ 대집행 **실행** ⇨ **비용**징수 〈21경간〉 • 예시: 무허가건물 철거 • 일반법: 행정대집행법
강제징수	• 금전급부 의무를 이행하지 아니한 경우 • 절차: 독촉 ⇨ 체납(압류) ⇨ 매각 ⇨ 청산 ⇨ 체납중지 ⇨ 결손처분 〈21경간〉 • 일반법: 국세징수법(국세기본법 ×)

규대쌤 Comment

불집행, 계통실비

직접강제	• 모든 의무불이행(대체·작위, 비대체·작위, 부작위, 수인의무 등)에 대해서 가능 • 직접 의무자의 신체·재산에 실력을 가하는 가장 강력한 최후의 수단 〈16승진〉 • 예시: 외국인 강제퇴거, 해산명령 후 강제해산, 불법영업소 폐쇄 〈21승진〉 • 대집행과 구분: 대집행은 비용징수를 하지만 직접강제는 비용징수 절차가 없다.
이행강제금 (집행벌)	• 대체 작위의무에도 집행벌을 부과할 수 있으며 행정청은 대집행과 이행강제금을 선택적, 중첩적으로 활용할 수 있다(2001헌바80). • 반복적으로 부과할 수 있으며, 간접·심리적 압박 수단(직접적 ×) 〈20·21승진〉 • 이행강제금은 의무이행을 위한 강제집행이고 경찰벌은 의무위반에 대한 제재이므로, 이행강제금과 경찰벌과 병과할 수 있다. 〈21승진〉

③ 판례

- "장례식장의 사용을 중지할 것을 명하며 만일 중지하지 아니하면 대집행하겠다"는 취지의 사용중지의무는 부작위의무로서 대집행의 대상이 될 수 없는 것이다(대판 2005두7464).
- 도시공원시설인 매점으로부터 퇴거시키는 것은 직접적인 실력행사(직접강제)가 필요한 것이지 대체적 작위의무에 해당하는 것은 아니어서 행정대집행법에 의한 대집행의 대상이 되는 것은 아니다(대판 97누157).
- 건물철거 대집행 과정에서 부수적으로 건물의 점유자들에 대한 퇴거조치를 할 수 있고, 점유자들이 적법한 행정대집행을 위력을 행사하여 방해하는 경우 형법상 공무집행방해죄가 성립하므로, 필요한 경우에는 '경찰관 직무집행법'에 근거한 위험발생 방지조치 또는 형법상 공무집행방해죄의 범행방지 내지 현행범 체포의 차원에서 경찰의 도움을 받을 수도 있다(대판 2016다213916).
- 계고서라는 명칭의 1장의 문서로서 일정기간 내에 위법건축물의 자진철거를 명함과 동시에 그 소정기한 내에 자진철거를 하지 아니할 때에는 대집행할 뜻을 미리 계고한 경우라도 건축법에 의한 철거명령과 행정대집행법에 의한 계고처분은 독립하여 있는 것으로서 각 그 요건이 충족되었다(대판 1992.6.12 91누13564).
- 행정대집행법이 대집행비용의 징수에 관하여 민사소송절차에 의한 소송이 아닌 간이하고 경제적인 특별구제절차를 마련해 놓고 있으므로, 민사소송절차에 의하여 그 비용의 상환을 청구하는 것은 소의 이익이 없어 부적법하다(대판 2010다48240).
- 적법한 건축물에 대한 철거명령은 그 하자가 중대하고 명백하여 당연무효라고 할 것이고, 그 후행행위인 건축물철거 대집행계고처분 역시 당연무효라고 할 것이다(대판 97누6780)
- 이행강제금은 대체적 작위의무의 위반에 대하여도 부과될 수 있다. 현행 건축법상 위법건축물에 대한 이행강제수단으로 대집행과 이행강제금(제83조 제1항)이 인정되고 있는데, 대집행과 이행강제금을 선택적으로 활용할 수 있으며, 중첩적인 제재에 해당한다고 볼 수 없다(헌재 2001헌바80).

(3) 즉시강제

① 의의: 목전의 급박한 장애를 제거하기 위하여
  ㉠ 미리 의무를 명할 시간적 여유가 없거나
  ㉡ 성질상 의무를 미리 명할 수 없는 경우에 즉시 국민의 신체·재산에 실력을 가하는 것
    ※ 즉시강제는 시간적 여유가 없는 경우에만 가능하다(×).

② 근거: 경찰상 즉시강제의 일반법인 경찰관직무집행법과 개별법으로 식품위생법, 소방기본법 등이 있다.
　※ 「경찰관직무집행법」은 경찰긴급권의 일반법이 될 수 없지만, 경찰상 즉시강제의 일반법이다.
③ 수단
　㉠ 대인적 즉시강제: 감염병환자의 즉각적인 강제격리, 불심검문(임의적 수단이라는 견해 있음), **보호조치**, 위험발생 방지조치, 범죄의 예방·제지, 무기 사용, 경찰장구 사용, 분사기 사용 등 〈21승진, 22채용〉
　㉡ 대물적 즉시강제: 임시영치, 주차위반 차량에 대한 견인등 이동(도로교통법 제35조②), 도로의 위법 인공구조물에 대한 제거(도로교통법 제71조②)

> 제35조(주차위반에 대한 조치) ① ~주차하고 있는 차가 교통에 위험을 일으키게 하거나 방해될 우려가 있을 때에는 차의 운전자 또는 관리 책임이 있는 사람에게 주차 방법을 변경하거나 그 곳으로부터 이동할 것을 명할 수 있다.
> ② 경찰서장이나 시장등은 제1항의 경우 차의 운전자나 관리 책임이 있는 사람이 현장에 없을 때에는 도로에서 일어나는 위험을 방지하고 교통의 안전과 원활한 소통을 확보하기 위하여 필요한 범위에서 그 차의 주차방법을 직접 변경하거나 변경에 필요한 조치를 할 수 있으며, 부득이한 경우에는 관할 경찰서나 경찰서장 또는 시장등이 지정하는 곳으로 이동하게 할 수 있다.
> 제71조(도로의 위법 인공구조물에 대한 조치) ① 경찰서장은 다음 각 호의 어느 하나에 해당하는 사람에 대하여 위반행위를 시정하도록 하거나 그 위반행위로 인하여 생긴 교통장해를 제거할 것을 명할 수 있다.
> 1. 제68조제1항을 위반하여 교통안전시설이나 그 밖에 이와 비슷한 인공구조물을 함부로 설치한 사람 (이하 생략)
> ② 경찰서장은 제1항 각 호의 어느 하나에 해당하는 사람의 성명·주소를 알지 못하여 제1항에 따른 조치를 명할 수 없을 때에는 스스로 그 인공구조물 등을 제거하는 등 조치를 한 후 보관하여야 한다. 이 경우 닳아 없어지거나 파괴될 우려가 있거나 보관하는 것이 매우 곤란한 인공구조물 등은 매각하여 그 대금을 보관할 수 있다.

　㉢ 대가택적 즉시강제: 위험방지를 위한 가택출입·검색 등
④ 한계
　㉠ 즉시강제의 발동에는 **엄격한 법규의 근거 필요** 〈23경위〉
　㉡ 조리상 한계: 급박성, 소극성, 비례성, 보충성
　㉢ 행정강제는 행정상 **강제집행이 원칙**이며, 기본권 침해 가능성이 큰 즉시강제는 예외적인 강제수단이다(2000헌가12).
　㉣ 영장주의

영장불요설	즉시강제는 급박한 상태에서 발동되므로 영장주의는 적용되지 않는다(헌재).
영장필요설	헌법상 영장제도는 즉시강제에도 적용된다.
절충설(통설)	즉시강제에도 영장주의를 인정하는 것이 원칙이지만, 행정목적 달성을 위하여 불가피한 합리적인 이유가 있는 경우에 예외가 인정된다(대법원) 〈20채용〉

ⓒ 판례

> - 불법게임물은 불법현장에서 이를 즉시 수거하지 않으면 증거인멸의 가능성이 있으므로 이 사건 법률조항이 불법게임물의 수거·폐기에 관한 행정상 즉시강제를 허용함으로써 법익의 균형성의 원칙에 위배되는 것도 아니다(헌재 2000헌가12).
> - 경찰관의 면허증 제시 요구에 순순히 응하지 않은 것은 잘못이라고 하겠으나, 피고인을 그 의사에 반하여 교통초소로 연행해 갈 권한은 경찰관에게 없는 것이므로, 이러한 강제연행에 항거하는 와중에서 경찰관의 멱살을 잡는 등 폭행을 가하였다고 하여도 폭행죄 등의 죄책을 묻는 것은 별론으로 하고 공무집행방해죄가 성립되지 않는다(대판 91도2797).

ⓑ 구제
  ㉠ 적법한 즉시강제로 인한 피해가 특별한 희생에 해당한다면 손실보상청구가 가능하다. 〈19경채〉
  ㉡ 위법한 즉시강제로 인한 구제는 행정쟁송, 손해배상, 정당방위 등이 가능하다. 즉시강제는 권력적 사실행위로서 **행정쟁송의 대상인 '처분 등'에는 해당하지만**, 단기간에 종료되므로 법률상 이익이 존재하지 않아 **성질상 행정소송에 의한 구제는 적합하지 않다.** 〈14승진, 20채용〉 다만, 감염병환자의 강제입원, 물건의 영치 등과 같이 계속적 성질을 가지는 즉시강제는 취소소송에서 소의 이익이 인정된다.
    ※ 행정상 즉시강제는 어떠한 경우에도 이를 다툴 소의 이익이 없으므로 항고소송을 제기할 수 없다. (×)

4 행정벌

(1) 행정형벌
  ① 행정형벌은 행정법규를 위반한 사람에게 형법상의 형벌을 부과하는 것이고, 행정질서벌은 과태료(과료 ×)를 부과하는 것이다.
  ② 어떤 행정법규 위반에 대하여 과태료를 부과할 것인가 또는 행정형벌을 부과할 것인가는 입법권자의 입법재량에 속하는 문제이다(91헌바14).
  ③ 금지통고된 옥외집회를 주최한 행위에 대하여 과태료가 아닌 형벌(2년 이하 징역 또는 200만원 이하 벌금)을 과하도록 한 집시법 제19조 제2항은 헌법에 위반되지 않으며, 행정형벌이 과중하다고 볼 수도 없다(91헌바14).
  ④ 행정질서벌인 과태료와 형사처벌은 성질이나 목적을 달리하는 별개의 것이므로 병과하여도 일사부재리 원칙에 반하지 않는다(대법 1996.4.12., 96도158)
  ⑤ 자동차 임시운행허가를 받은 자가 임시운행기간을 넘어 운행한 경우는 과태료만 받지만, 무등록 차량이 임시운행허가기간을 넘어 운행한 경우는 과태료와 별도로 형사처벌 대상이 된다(대법 1996.4.12., 96도158).
  ⑥ 형벌은 형사소송법에 의하여 부과되지만, 예외적으로 「즉결심판에 관한 절차법」에 따른 즉결심판, 준사법적 행정작용(형사처분 ×)인 통고처분이 있다.

(2) 통고처분(행정형벌의 특별절차)

의의	① 통고처분이란 행정범에 대해 절차의 간이·신속을 목적으로 상대방의 동의하에 행정청이 금액의 납부를 통고하는 준사법적 행위이다. ② 통고처분은 형사절차의 사전절차로서의 성격을 가진다(대판 2014도10748). ③ 통고처분은 모든 범죄에 대하여 인정되는 것은 아니고 현행법상 경범, 교통사범, 조세범, 관세범, 출입국관리사범 등에 인정된다. ④ 통고처분제도는 경미하고 증거가 확실한 행위에 대하여 전문적이고 신속한 제재로 검찰과 법원의 업무부담을 덜어주고 전과자 발생을 억제하는 **형벌의 비범죄화 경향**의 제도이다.
법적 성질	① 통고처분은 형식적 의미의 행정이며 실질적 의미의 사법이다. 〈22채용〉 ② 통고처분을 행정행위로 보는 견해도 있으나 행정형벌의 부과절차의 하나로서 독자적인 행위가 아니라고 보는 것이 통설의 입장이다. ③ 통고처분은 성질상으로는 행정처분이라 하여도, 이행하지 아니하면 당연히 효력을 상실하고 형사소송법규에 의하여서만 다툴 수 있기 때문에 행정소송(취소소송)의 대상이 아니다(대판 4294행상40). ④ 「경범죄처벌법」 및 「도로교통법」 상 모두 "통고할 수 있다"로 규정되어 재량행위에 해당한다. 〈22채용〉 ⑤ 통고처분을 할 것인지의 여부는 관세청장 또는 세관장의 재량에 맡겨져 있고, 통고처분을 하지 아니한 채 고발하였다는 것만으로는 그 고발 및 이에 기한 공소의 제기가 부적법하게 되는 것은 아니다(대판 2006도1993).
효과	① 통고처분을 이행한 경우: 확정판결과 동일한 효력이 발생하여 처벌절차는 종료되고 일사부재리 원칙이 적용되어 다시 형사소추를 할 수 없다. ② 피고인이 경범죄 처벌법상 '음주소란' 범칙행위로 범칙금 통고처분을 받아 이를 납부하였는데, 이와 근접한 일시·장소에서 위험한 물건인 과도를 들고 피해자를 쫓아가며 "죽여 버린다."고 소리쳐 협박하였다는 내용의 「폭력행위 등 처벌에 관한 법률」 위반으로 기소된 사안에서, 범칙행위인 '음주소란'과 공소사실인 '흉기휴대 협박행위'는 기본적 사실관계가 동일하다고 볼 수 없다. 일사부재리의 효력이 미치지 아니한다(대판 2012도6612). ③ 불이행: 「도로교통법」상 통고처분 불이행시 경찰서장이 즉결심판 청구한다. ④ 통고처분에서 정한 범칙금 납부기간이 경과하지 아니한 경우 원칙적으로 즉결심판을 청구할 수 없다(대판 2017도13409).

(3) 행정질서벌(질서위반행위규제법)

제2조(정의) 이 법에서 사용하는 용어의 뜻은 다음과 같다.
1. "질서위반행위"란 법률(지방자치단체의 조례를 포함한다)상의 의무를 위반하여 과태료를 부과하는 행위를 말한다. 다만, 다음 각 목의 어느 하나에 해당하는 행위를 제외한다.
   가. 대통령령으로 정하는 사법(私法)상·소송법상 의무를 위반하여 과태료를 부과하는 행위
   나. 대통령령으로 정하는 법률에 따른 징계사유에 해당하여 과태료를 부과하는 행위

> 지방자치법 제34조(조례 위반에 대한 과태료) ① 지방자치단체는 조례를 위반한 행위에 대하여 조례로써 1천만원 이하의 과태료를 정할 수 있다.

제3조(법 적용의 시간적 범위) ① 질서위반행위의 성립과 과태료 처분은 **행위 시**(처분시 ×)의 법률에 따른다.

② 질서위반행위 후 법률이 변경되어 그 행위가 질서위반행위에 해당하지 아니하게 되거나 과태료가 변경되기 전의 법률보다 가볍게 된 때에는 법률에 특별한 규정이 없는 한 변경된 법률을 적용한다.

③ 행정청의 과태료 처분이나 법원의 과태료 재판이 확정된 후 법률이 변경되어 그 행위가 질서위반행위에 해당하지 아니하게 된 때에는 변경된 법률에 특별한 규정이 없는 한 과태료의 징수 또는 집행을 면제한다. 〈22채용, 22법학〉

제4조(법 적용의 장소적 범위)
② 이 법은 대한민국 영역 밖에서 질서위반행위를 한 대한민국의 국민에게 적용한다.
③ 이 법은 대한민국 영역 밖에 있는 대한민국의 선박 또는 항공기 안에서 질서위반행위를 한 외국인에게 적용한다.

제5조(다른 법률과의 관계) 과태료의 부과·징수, 재판 및 집행 등의 절차에 관한 다른 법률의 규정 중 이 법의 규정에 저촉되는 것은 이 법으로 정하는 바에 따른다.

제6조(질서위반행위 법정주의) 법률에 따르지 아니하고는 어떤 행위도 질서위반행위로 과태료를 부과하지 아니한다.
※ 과태료는 죄형법정주의의 규율대상에 해당하지 아니한다(헌재 96헌바83).

제7조(고의 또는 과실) 고의 또는 과실이 없는 질서위반행위는 과태료를 부과하지 아니한다. 〈22채용〉

제8조(위법성의 착오) 자신의 행위가 위법하지 아니한 것으로 오인하고 행한 질서위반행위는 그 오인에 정당한 이유가 있는 때에 한하여 과태료를 부과하지 아니한다. 〈22채용〉

제9조(책임연령) 14세가 되지 아니한 자의 질서위반행위는 과태료를 부과하지 아니한다. 다만, 다른 법률에 특별한 규정이 있는 경우에는 그러하지 아니하다.
※ 경범 통고처분은 18세 이상 부과

제10조(심신장애) ① 심신(心神)장애로 인하여 행위의 옳고 그름을 판단할 능력이 없거나 그 판단에 따른 행위를 할 능력이 없는 자의 질서위반행위는 과태료를 부과하지 아니한다. 〈21경간, 22법학〉

② 심신장애로 인하여 제1항에 따른 능력이 미약한 자의 질서위반행위는 과태료를 감경한다.
③ 스스로 심신장애 상태를 일으켜 질서위반행위를 한 자에 대하여는 제1항 및 제2항을 적용하지 아니한다.

제12조(다수인의 질서위반행위 가담) ① 2인 이상이 질서위반행위에 가담한 때에는 각자가 질서위반행위를 한 것으로 본다. 〈21경간〉
② 신분에 의하여 성립하는 질서위반행위에 신분이 없는 자가 가담한 때에는 신분이 없는 자에 대하여도 질서위반행위가 성립한다.
③ 신분에 의하여 과태료를 감경 또는 가중하거나 과태료를 부과하지 아니하는 때에는 그 신분의 효과는 신분이 없는 자에게는 미치지 아니한다.

제13조(수개의 질서위반행위의 처리) ① 하나의 행위가 2 이상의 질서위반행위에 해당하는 경우에는 각 질서위반행위에 대하여 정한 과태료 중 가장 중한 과태료를 부과한다. (합산하여 부과 ×, 각각 부과 ×)
② 제1항의 경우를 제외하고 2 이상의 질서위반행위가 경합하는 경우에는 각 질서위반행위에 대하여 정한 과태료를 각각 부과한다. 다만, 다른 법령(지방자치단체의 조례를 포함한다. 이하 같다)에 특별한 규정이 있는 경우에는 그 법령으로 정하는 바에 따른다.

제15조(과태료의 시효) ① 과태료는 행정청의 과태료 부과처분이나 법원의 과태료 재판이 확정된 후 5년간 징수하지 아니하거나 집행하지 아니하면 시효로 인하여 소멸한다.
〈19·21승진, 21경간·22채용〉
② 제1항에 따른 소멸시효의 중단·정지 등에 관하여는 「국세기본법」 제28조를 준용한다.

제16조(사전통지 및 의견 제출 등) ① 행정청이 질서위반행위에 대하여 과태료를 부과하고자 하는 때에는 미리 당사자(제11조제2항에 따른 고용주등을 포함한다. 이하 같다)에게 대통령령으로 정하는 사항을 통지하고, 10일 이상의 기간을 정하여 의견을 제출할 기회를 주어야 한다. 이 경우 지정된 기일까지 의견 제출이 없는 경우에는 의견이 없는 것으로 본다.
② 당사자는 의견 제출 기한 이내에 대통령령으로 정하는 방법에 따라 행정청에 의견을 진술하거나 필요한 자료를 제출할 수 있다.
③ 행정청은 제2항에 따라 당사자가 제출한 의견에 상당한 이유가 있는 경우에는 과태료를 부과하지 아니하거나 통지한 내용을 변경할 수 있다. 〈23채용〉

제17조의2(신용카드 등에 의한 과태료의 납부) ① 당사자는 과태료, 제24조에 따른 가산금, 중가산금 및 체납처분비를 대통령령으로 정하는 과태료 납부대행기관을 통하여 신용카드, 직불카드 등(이하 "신용카드등"이라 한다)으로 낼 수 있다.

제18조(자진납부자에 대한 과태료 감경) ① 행정청은 당사자가 제16조에 따른 의견 제출 기한 이내에 과태료를 자진하여 납부하고자 하는 경우에는 대통령령으로 정하는 바에 따라 과태료를 감경할 수 있다.
② 당사자가 제1항에 따라 감경된 과태료를 납부한 경우에는 해당 질서위반행위에 대한 과태료 부과 및 징수절차는 종료한다. 〈23채용〉

제19조(과태료 부과의 제척기간) ① 행정청은 질서위반행위가 종료된 날(다수인이 질서위반행위에 가담한 경우에는 최종행위가 종료된 날을 말한다)부터 5년이 경과한 경우에는 해당 질서위반행위에 대하여 과태료를 부과할 수 없다. 【**과오(5)**: 과태료 5년간 미부과, 미집행은 과오】 〈19·21승진, 21경간·22채용〉
② 제1항에도 불구하고 행정청은 제36조 또는 제44조에 따른 법원의 결정이 있는 경우에는 그 결정이 확정된 날부터 1년이 경과하기 전까지는 과태료를 정정부과 하는 등 해당 결정에 따라 필요한 처분을 할 수 있다.

제20조(이의제기) ① 행정청의 과태료 부과에 불복하는 당사자는 제17조제1항에 따른 과태료 부과 통지를 받은 날부터 60일 이내에 해당 행정청에 서면으로 이의제기를 할 수 있다. 〈19승진〉
② 제1항에 따른 이의제기가 있는 경우에는 행정청의 과태료 부과처분은 그 효력을 상실한다. 〈19승진, 23채용〉
③ 당사자는 행정청으로부터 제21조제3항에 따른 통지를 받기 전까지는 행정청에 대하여 서면으로 이의제기를 철회할 수 있다.

제21조(법원에의 통보) ① 제20조제1항에 따른 이의제기를 받은 행정청은 이의제기를 받은 날부터 14일 이내에 이에 대한 의견 및 증빙서류를 첨부하여 관할 법원에 통보하여야 한다. 다만, 다음 각 호의 어느 하나에 해당하는 경우에는 그러하지 아니하다.
1. 당사자가 이의제기를 철회한 경우
2. 당사자의 이의제기에 이유가 있어 과태료를 부과할 필요가 없는 것으로 인정되는 경우

제24조(가산금 징수 및 체납처분 등) ① 행정청은 당사자가 납부기한까지 과태료를 납부하지 아니한 때에는 납부기한을 경과한 날부터 체납된 과태료에 대하여 100분의 3에 상당하는 가산금을 징수한다. 〈23채용〉

제24조의2(상속재산 등에 대한 집행) ① 과태료는 당사자가 과태료 부과처분에 대하여 이의를 제기하지 아니한 채 제20조제1항에 따른 기한이 종료한 후 사망한 경우에는 그 상속재산에 대하여 집행할 수 있다.

제24조의3(과태료의 징수유예 등) ① 행정청은 당사자가 다음 각 호의 어느 하나에 해당하여 과태료(체납된 과태료와 가산금, 중가산금 및 체납처분비를 포함한다. 이하 이 조에서 같다)를 납부하기가 곤란하다고 인정되면 1년의 범위에서 대통령령으로 정하는 바에 따라 과태료의 분할납부나 납부기일의 연기(이하 "징수유예등"이라 한다)를 결정할 수 있다. 〈22법학〉

1. ~ 9. (생략)
   ※ 시행령 제7조의2(과태료의 징수유예등): 징수유예등은 **9개월 이내**로 하고 1회에 한하여 **3개월 범위에서 연장**할 수 있다. 〈21승진〉

제25조(관할 법원) 과태료 사건은 다른 법령에 특별한 규정이 있는 경우를 제외하고는 당사자의 주소지(행정청 ×)의 지방법원 또는 그 지원의 관할로 한다.

제30조(행정청 통보사실의 통지) 법원은 제21조제1항 및 제2항(이의제기)에 따른 행정청의 통보가 있는 경우 이를 즉시 검사에게 통지하여야 한다.

제31조(심문 등) ① 법원은 심문기일을 열어 당사자의 진술을 들어야 한다.
② 법원은 검사의 의견을 구하여야 하고, 검사는 심문에 참여하여 의견을 진술하거나 서면으로 의견을 제출하여야 한다.
③ 법원은 당사자 및 검사에게 제1항에 따른 심문기일을 통지하여야 한다.

제42조(과태료 재판의 집행) ① 과태료 재판은 검사의 명령으로써 집행한다. 이 경우 그 명령은 집행력 있는 집행권원과 동일한 효력이 있다.

제44조(약식재판) 법원은 상당하다고 인정하는 때에는 제31조제1항에 따른 심문 없이 과태료 재판을 할 수 있다.

제54조(고액·상습체납자에 대한 제재) ① 법원은 검사의 청구에 따라 결정으로 30일의 범위 이내에서 과태료의 납부가 있을 때까지 다음 각 호의 사유에 모두 해당하는 경우 체납자(법인인 경우에는 대표자를 말한다. 이하 이 조에서 같다)를 감치(監置)에 처할 수 있다.
1. 과태료를 3회 이상 체납하고 있고, 체납발생일부터 각 1년이 경과하였으며, 체납금액의 합계가 1천만원 이상인 체납자 중 대통령령으로 정하는 횟수와 금액 이상을 체납한 경우
2. 과태료 납부능력이 있음에도 불구하고 정당한 사유 없이 체납한 경우
② 행정청은 과태료 체납자가 제1항 각 호의 사유에 모두 해당하는 경우에는 관할 지방검찰청 또는 지청의 검사에게 체납자의 감치를 신청할 수 있다.

참고

징수유예 사유(제24조의3)
기초생활 수급권자, 차상위계층 중 한부모 지원자·의료급여 수급권자·자활 참여자, 불의의 재난, 동거 가족이 질병 등으로 1개월 이상 치료받는 경우, 본인 외에는 가족을 부양할 사람이 없는 경우, 실업급여수급자, 개인회생절차개시, 장애인, 기타 대통령령으로 정하는 부득이한 사유(기타 생계유지 곤란하거나 자금사정에 현저한 어려움 예상, 사업이 중대한 위기, 도난 등으로 재산에 현저한 손실)

5 행정조사기본법

(1) 의의
"행정조사"란 행정기관이 정책을 결정하거나(법령을 집행하거나 ×) 직무를 수행하는 데 필요한 정보나 자료를 수집하기 위하여 현장조사·문서열람·시료채취 등을 하거나 조사대상자에게 보고요구·자료제출요구 및 출석·진술요구를 행하는 활동을 말한다(제2조).

(2) 구별개념 및 절차
① 행정조사는 행정기관이 향후 행정작용에 필요한 자료 및 정보를 얻기 위한 준비적·보조적 작용이다. 〈22채용〉

② 조사대상자가 행정조사의 실시를 거부하거나 방해하는 경우 행정조사를 담당하는 공무원이 조사대상자의 신체와 재산에 대해 실력을 행사하여 강제조사를 할 수 있는가에 대하여 행정조사기본법에는 명문규정이 없다. 권력적 행정조사에 상대방이 저항하는 경우 실력으로 그 저항을 배제할 수 있는지에 관해서는 **허용되지 않는다는 부정설**이 다수설이다. 이 경우 허가취소, 행정벌 부과 등 간접강제가 가능하다는 점에서 즉시강제와 구별된다.

③ 「경찰관직무집행법」 제7조① 위험방지를 위한 긴급출입은 행정조사가 아니라 대가택적 즉시강제이다.

④ 행정조사는 일반적으로 재량규정이지만, 「도로교통법」 제54조 제6항에서 '**교통사고가 발생한 경우에는 대통령령으로 정하는 바**(음주운전 여부 등 교통사고조사)**에 따라 필요한 조치를 하여야 한다**(할 수 있다 ×)'고 규정하여 강행규정으로 규정되기도 한다.

(3) 적용범위(제3조)

① 행정조사에 관한 일반법으로서, 다른 법률에 특별한 규정이 있는 경우에는 그 법을 따른다.

② 조세·형사·행형 및 보안처분에 관한 사항에는 **적용하지 아니한다.** 〈22채용〉

(4) 행정조사 기본원칙(제4조)

① 행정조사는 조사목적을 달성하는데 필요한 최소한의 범위 안에서 실시하여야 하며, 다른 목적 등을 위하여 조사권을 남용하여서는 아니 된다.

② 행정기관은 조사목적에 **적합하도록 조사대상자를 선정**하여 행정조사를 실시하여야 한다.

③ 행정기관은 유사하거나 동일한 사안에 대하여는 공동조사 등을 실시함으로써 행정조사가 **중복되지 아니하도록** 하여야 한다.

④ 행정조사는 법령등의 위반에 대한 **처벌보다는 법령등을 준수하도록**(처벌에 중점 ×) 유도하는 데 중점을 두어야 한다.

⑤ 다른 법률에 따르지 아니하고는 행정조사의 대상자 또는 행정조사의 내용을 공표하거나 직무상 알게 된 비밀을 누설하여서는 아니된다.

⑥ 행정기관은 행정조사를 통하여 알게 된 정보를 다른 법률에 따라 내부에서 이용하거나 다른 기관에 제공하는 경우를 제외하고는 원래의 조사목적 이외의 용도로 이용하거나 타인에게 제공하여서는 아니 된다.

(5) 행정조사 근거

① 행정기관은 **법령등에서 행정조사를 규정하고 있는 경우에 한하여** 행정조사를 실시할 수 있다. 다만, 조사대상자의 **자발적인 협조**를 얻어 실시하는 행정조사의 경우에는 그러하지 아니하다(제5조). 〈22채용〉

② 행정기관은 행정조사기본법을 근거로 행정조사를 실시할 수는 없고, 다른 법령등에서 반드시 행정조사를 규정하고 있어야 한다.

③ 조사대상자의 자발적인 협조를 얻어 행정조사를 실시하고자 하는 경우 조사대상자는 문서·전화·구두 등의 방법으로 당해 행정조사를 거부할 수 있으며, 응답을 하지 아니하는 경우에는 그 조사를 거부한 것으로 본다(제20조).

(6) 주요내용

행정조사운영 계획 (제6조)	행정기관의 장은 매년 12월말까지 다음 연도의 행정조사운영계획을 수립하여 **국무조정실장**(국무총리 ×)에게 제출하여야 한다. 다만, 행정조사운영계획을 제출해야 하는 행정기관의 구체적인 범위는 대통령령으로 정한다.
조사주기 (제7조)	행정조사는 법령등 또는 행정조사운영계획으로 정하는 바에 따라 **정기적으로**(수시 ×) 실시함을 원칙으로 한다. 다만, 다음 각 호 중 어느 하나에 해당하는 경우에는 수시조사를 할 수 있다. 1. 법률에서 수시조사를 규정하고 있는 경우 2. 법령등의 위반에 대하여 혐의가 있는 경우 3. 다른 행정기관으로부터 법령등의 위반에 관한 혐의를 통보 또는 이첩받은 경우 4. 법령등의 위반에 대한 신고를 받거나 민원이 접수된 경우 5. 그 밖에 행정조사의 필요성이 인정되는 사항으로서 대통령령으로 정하는 경우
자료등의 영치 (제13조)	① 조사원이 현장조사 중에 자료·서류·물건 등(이하 "자료등")을 영치하는 때에는 조사대상자 또는 그 대리인을 입회시켜야 한다. ② 조사원이 자료등을 영치하는 경우에 조사대상자의 생활이나 영업이 사실상 불가능하게 될 우려가 있는 때에는 조사원은 자료등을 사진으로 촬영하거나 사본을 작성하는 등의 방법으로 영치에 갈음할 수 있다. 다만, 증거인멸의 우려가 있는 자료등을 영치하는 경우에는 그러하지 아니하다.
공동조사 (제14조)	행정기관의 장은 다음 각 호의 어느 하나에 해당하는 행정조사를 하는 경우에는 **공동조사를 하여야 한다**(할 수 있다 ×). 1. 당해 행정기관 내의 2 이상의 부서가 동일하거나 유사한 업무분야에 대하여 동일한 조사대상자에게 행정조사를 실시하는 경우 2. 서로 다른 행정기관이 대통령령으로 정하는 분야에 대하여 동일한 조사대상자에게 행정조사를 실시하는 경우
중복조사제한 (제15조)	① 제7조에 따라 정기조사 또는 수시조사를 실시한 행정기관의 장은 **동일한 사안에 대하여 동일한 조사대상자를 재조사 하여서는 아니 된다**. 다만, 당해 행정기관이 이미 조사를 받은 조사대상자에 대하여 위법행위가 의심되는 새로운 증거를 확보한 경우에는 그러하지 아니하다. ② 행정조사를 실시할 행정기관의 장은 행정조사를 실시하기 전에 다른 행정기관에서 동일한 조사대상자에게 동일하거나 유사한 사안에 대하여 행정조사를 실시하였는지 여부를 **확인할 수 있다**(반드시 확인해야 한다 ×). 〈20경행경채〉
조사의 사전통지 (제17조)	출석요구서등(출석요구서, 보고요구서, 자료제출요구서, 현장출입조사서)을 조사개시 7일 전까지 조사대상자에게 서면으로 통지하여야 한다. 다만, 다음의 경우는 행정조사의 개시와 동시에 출석요구서등을 조사대상자에게 제시하거나 구두로 통지할 수 있다. 〈20경행경채〉 ① 행정조사 전에 미리 통지하는 때에는 증거인멸 등으로 행정조사의 목적을 달성할 수 없다고 판단되는 경우 ② 「통계법」 제3조제2호에 따른 **지정통계의 작성**을 위하여 조사하는 경우 ③ 조사대상자의 **자발적인 협조**를 얻어 실시하는 행정조사의 경우
조사의 결과통지 (제24조)	행정기관의 장은 법령등에 특별한 규정이 있는 경우를 제외하고는 **행정조사의 결과를 확정한 날부터 7일 이내**에 그 결과를 조사대상자에게 통지하여야 한다.

(7) 관련 판례

① 「도로교통법」에 따라 음주운전 여부를 조사하는 것은, 수사로서의 성격과 운전면허 정지·취소의 행정처분을 위한 행정조사로서의 성격을 동시에 가지고 있다(대판 2014두46850).
② 「풍속영업의 규제에 관한 법률」 제9조의 출입과 검사(풍속영업자 준수사항 준수여부 검사)는 경찰관이 수사기관으로서 출입하는 경우에 적용되는 것이 아니라 행정처분 등에 필요한 자료를 수집하는 행정조사를 위하여 출입하는 경우에 적용되는 규정에 해당한다(제주지법 2018.5.3. 2017노112). – 나이트클럽의 나체쇼 단속을 위한 촬영은 사전 또는 사후에 영장을 받아야 한다.
③ 행정조사 절차에는 진술거부권 고지의무에 관한 형사소송법이 준용되지 않는다(대판 2020.5.14. 2020두31323).
④ 우편물 통관검사절차에서 이루어지는 우편물의 개봉, 시료채취, 성분분석 등의 검사는 행정조사의 성격을 가지는 것으로서 압수수색영장 없이 진행되었다 하더라도 위법하다고 볼 수 없다(대판 2013도7718).
⑤ 마약류불법거래 방지에 관한 특례법 제4조 제1항(화물에 마약류가 감추어져 있다고 밝혀지거나 그러한 의심이 드는 경우)에 따른 조치의 일환으로 특정한 수출입물품을 개봉하여 검사하고 그 내용물의 점유를 취득한 행위는 압수 또는 수색에 해당하여 사전 또는 사후에 영장을 받아야 한다(대판 2014도8719).
⑥ 음주운전 여부에 대한 조사 과정에서 운전자 본인의 동의를 받지 아니하고 또한 법원의 영장도 없이 채혈조사를 한 결과를 근거로 한 운전면허 정지·취소 처분은 위법한 처분이다(대판 2014두46850).

CHAPTER 05 경찰관 직무집행법

제1절 서설

1 조문 개관

제1조(목적)
제2조(직무범위), 경찰법 제3조
  1. 국민의 생명·신체 및 재산의 보호
  2. 범죄의 예방·진압 및 수사
  2의2. 범죄피해자 보호(피의자 ×)
  3. 경비·요인경호 및 대간첩·대테러 작전 수행
  4. 공공안녕에 대한 위험의 예방과 대응(신설)을 위한 정보의 수집·작성 및 배포(치안정보 ×)
  5. 교통의 단속과 위해의 방지
  6. 외국 정부기관 및 국제기구와의 국제협력
  7. 그 밖의 공공의 안녕과 질서 유지
제3조(불심검문)
제4조(보호조치 등)
제5조(위험 발생의 방지 등)
제6조(범죄의 예방과 제지)
제7조(위험 방지를 위한 출입)
제8조(사실의 확인)
제8조의2(정보의 수집 등)
제8조의3(국제협력)
제9조(유치장)
제10조(경찰장비의 사용 등)
제10조의2(경찰장구의 사용)
제10조의3(분사기 등의 사용)
제10조의4(무기의 사용)
제11조(사용기록의 보관)
제11조의2(손실보상)
제11조의3(범인검거 등 공로자 보상)
제11조의4(소송지원)
제11조의5((직무 수행으로 인한 형의 감면)

2 경직법의 제·개정 경과

(1) 1894년 행정경찰장정 제정(최초의 경찰작용법)
(2) 1953년 경찰관 직무집행법 제정
(3) 1981년 전부 개정: 직무의 범위(제2조), 유치장 설치 등 규정
(4) 1988년 개정: 임의동행을 거부할 자유와 언제든지 경찰관서를 퇴거할 자유가 있음을 고지하도록 한 규정과 임의동행한 경우 변호인 조력권 고지를 신설하였다.
(5) 1991년 개정: 임의동행 거부권 및 퇴거권에 대한 고지 삭제
(6) 2013년 개정: 재산상 손실에 대한 손실보상 신설
(7) 2018년 개정: 재산상 손실 외에 생명 또는 신체상 손실에 대하여도 보상하도록 신설
(8) 2020년 개정: 제1조에 '경찰권의 인권보호 의무'를 명시하였다.

3 경직법의 성격

(1) '공공의 안녕과 질서 유지'라는 대륙법계적 개념과 '국민의 생명·신체·재산 보호'라는 영미법적 개념이 모두 반영
(2) 경찰작용의 일반법, 즉시강제의 일반법
(3) 일반경찰, 해양경찰의 직무수행에 적용
(4) 청원경찰은 그 경비구역 내에서 경비(수사 ×) 목적으로 경직법에 따른 직무 수행

4 경직법상 즉시강제 〈22·23채용〉

대인적	불심검문(견해대립), **보호조치**, 범죄예방 및 제지, 경찰장구·분사기·무기 사용
대물적	임시영치
대가택적	위험방지를 위한 출입
대인·대물·대가택	위험방지를 위한 경찰관의 직접조치(제5조 제1항 제3호)

제2절 조문별 내용

1 목적

제1조(목적) ① 이 법은 국민의 자유와 권리 및 모든 개인이 가지는 **불가침의 기본적 인권을 보호**하고 사회공공의 질서를 유지하기 위한 경찰관(경찰공무원만 해당한다. 이하 같다)의 직무 수행에 필요한 사항을 규정함을 목적으로 한다. 〈22승진〉
② 이 법에 규정된 경찰관의 직권은 그 직무 수행에 필요한 최소한도에서 행사되어야 하며 남용되어서는 아니 된다(비례의 원칙).

2 불심검문

제3조(불심검문) ① 경찰관은 다음 각 호의 어느 하나에 해당하는 사람을 정지시켜 질문할 수 있다.
1. 수상한 행동이나 그 밖의 주위 사정을 합리적으로 판단하여 볼 때 어떠한 죄를 범하였거나 범하려 하고 있다고 의심할 만한 상당한 이유가 있는 사람 〈15·16·20승진〉
2. 이미 행하여진 범죄나 행하여지려고 하는 범죄행위에 관한 사실을 안다고 인정되는 사람

② 경찰관은 제1항에 따라 같은 항 각 호의 사람을 정지시킨 장소에서 질문을 하는 것이 그 사람에게 불리하거나 교통에 방해가 된다고 인정될 때에는 질문을 하기 위하여 가까운 **경찰서·지구대·파출소 또는 출장소**(지방해양경찰관서를 포함하며, 이하 "경찰관서"라 한다)로 동행할 것을 요구할 수 있다. 이 경우 동행을 요구받은 사람은 그 요구를 거절할 수 있다(명문규정). 〈15승진, 19채용, 23경위〉

③ 경찰관은 제1항 각 호의 어느 하나에 해당하는 사람에게 질문을 할 때에 그 사람이 **흉기**(일반물품 ×)를 가지고 있는지를 조사할 수 있다(의무적 ×). 〈13채용〉

④ 경찰관은 제1항이나 제2항에 따라 질문을 하거나 동행을 요구할 경우 자신의 신분을 표시하는 증표를 제시하면서 소속과 성명을 밝히고 질문이나 동행의 목적과 이유를 설명하여야 하며, 동행을 요구하는 경우에는 동행 장소를 **밝혀야** 한다. 〈19채용, 23경위〉

⑤ 경찰관은 제2항에 따라 동행한 사람의 가족이나 친지 등에게 동행한 경찰관의 신분, 동행 장소, 동행 목적과 이유를 알리거나 **본인으로 하여금** 즉시 **연락**할 수 있는 기회를 주어야 하며, 변호인의 도움을 받을 권리가 있음을 알려야 한다. 〈19채용, 23경위〉

⑥ 경찰관은 제2항에 따라 동행한 사람을 6시간을 초과하여 경찰관서에 머물게 할 수 없다.

⑦ 제1항부터 제3항까지의 규정에 따라 질문을 받거나 동행을 요구받은 사람은 **형사소송에 관한 법률에 따르지 아니하고는 신체를 구속당하지 아니하며, 그 의사에 반하여 답변을 강요당하지 아니한다**(진술거부권 고지 ×).

(1) 불심검문의 법적 성질

① **행정경찰작용설**: 불심검문을 사회공공의 안녕과 질서 유지를 유지하기 위하여 일반통치권에 의하여 명령·강제하는 행정경찰작용으로 보는 견해로서, 관련 정보수집을 위한 조사의 수단으로 보는 **경찰조사설**과 대상자가 검문에 불응할 경우 어느정도 유형력을 행사할 수 있다는 점에서 즉시강제로 보는 **즉시강제설**로 나뉜다.

② **준사법경찰작용설(임의설)**: 불심검문이 수사는 아니지만 현실적으로 수사로 이어지고 있고, 수사와 같이 개인의 기본권 침해 우려가 있으므로 형사소송법상 모든 규제가 그대로 적용되어야 한다는 견해이다.

③ **사법·행정경찰 작용설(병유설)**: 불심검문은 사회공공의 질서를 유지하고 범죄를 예방하는 행정경찰의 성격과 범인을 검거하고 증거를 수집하는 사법경찰작용의 성격도 동시에 가지고 있다는 견해이다.

④ **이원설**: 불심검문의 목적과 검문의 대상, 범죄의 특정여부나 경찰관의 범죄혐의의 인식 정도에 따라서 행정경찰작용과 사법경찰작용으로 구분하는 견해이다.

⑤ **판례**: 행정경찰 목적의 경찰활동으로 행하여지는 경찰관직무집행법 제3조 제2항 소정의 질문을 위한 동행요구도 형사소송법의 규율을 받는 수사로 이어지는 경우에는 형사소송법 제199조 제1항에서의 임의수사의 원칙 등의 법리가 적용되어야 한다고 판시하였다 (대판 2006.7.6., 2005도6810).

> **검사와 사법경찰관의 상호협력과 일반적 수사준칙에 관한 규정**
> 제20조(수사상 임의동행 시의 고지) 검사 또는 사법경찰관은 임의동행을 요구하는 경우 상대방에게 동행을 거부할 수 있다는 것과 동행하는 경우에도 언제든지 자유롭게 동행과정에서 이탈하거나 동행 장소에서 퇴거할 수 있다는 것을 알려야 한다.

(2) 대상
① 죄를 범하였거나 범하려 하는 사람, 이를 안다고 인정되는 사람
② 사전에 범죄를 제지하려는 예방적 목적과 범죄자를 발견해서 검거하려는 사후진압적 목적이 포함되어 있다.

(3) 불심검문의 방법(수단)
① 정지
  ㉠ 경찰관은 거동불심자를 정지시킬 수 있으며 자동차도 정지시킬 수 있다.
  ㉡ 검문에 불응하는 경우 팔이나 어깨를 잡거나 앞을 가로막는 행위, 팔꿈치를 가볍게 끄는 행위 등의 유형력을 행사할 수 있다.
  ㉢ 필요최소한의 범위에서 사회통념상 용인될 수 있는 상당한 방법으로 대상자를 정지시킬 수 있다는 입장에서 자전거를 이용한 날치기 사건 직후 범인과 유사한 인상착의의 사람이 자전거 타는 것을 발견한 경찰관이 정지를 요구하고 앞을 가로막은 것은 정당하다(대판 2010도6203).
② 질문
  ㉠ 상대방을 피의자로 조사하는 것이 아니므로 진술거부권을 고지할 필요는 없으며, 법률상 명시되어 있지도 않다.
  ㉡ 낯선 사람이 집 앞에 서 있다는 신고를 받고 출동하여 주민등록증 제시를 요구하였으나, 상대방이 거부하는 경우 이를 강제로 확인할 수 없다(경직법상 신분확인권은 없다).
③ 경찰관의 신분증 제시
  ㉠ 법에서는 신분을 표시하는 증표, 시행령에서 경찰 공무원증(흉장 ×)이라고 규정하고 있으므로 정복을 입었더라도 경찰 공무원증을 제시하여야 한다.
  ㉡ 다만, 대법원은 대상자가 검문하는 사람이 경찰관이고 검문 이유를 충분히 알았으며 신분증 제시 요구를 하지 않았다면, 경찰관이 신분증을 제시하지 않았다고 해서 위법한 공무집행이라고 할 수 없다고 판시하였다(대판 2014도7976). 그러나 이 판결로 신분증 제시 의무가 해제된 것은 아니다. 〈20승진, 23경위〉
  ㉢ 주민등록법(제26조)에서는 경찰관이 주민의 신원이나 거주관계 확인 목적으로 주민등록증을 제시하도록 요구할 때, 정복근무 중인 경우에는 신분증 제시 의무를 면제하고 있다(경직법에 면제 규정이 있는 것은 아님).
④ 흉기조사
  ㉠ 경찰관에게 흉기 조사권을 주는 이유는 불의의 공격으로부터 경찰관을 보호하기 위함이므로 수상한 자에 대해서 범죄혐의를 입증하기 위한 목적으로 조사하여서는 안 된다.
  ㉡ 대상은 흉기에 한정되며 일반 소지품(도난품 등)은 제외된다.
  ㉢ 방법은 대상자 옷을 가볍게 두드리는 외표검사에 한정된다.

- ② 따라서 대상자의 승낙 없이 호주머니를 뒤지거나 소지하고 있는 가방을 직접 열어보는 행위는 인정되지 않으며 상대로 하여금 꺼내도록 하거나 가방을 열도록 하여야 한다.
- ⑩ 대상자는 경찰관의 흉기 소지 여부 조사를 거부할 수 있다는 명문 규정은 없다.
- ⑪ 흉기의 임시영치는 불심검문이 아닌 보호조치를 할 때 가능하다. 〈19경채〉

(4) 임의동행

① 요건
- ㉠ 정지시킨 장소에서 질문을 하는 것이 그 사람에게 불리하거나 교통에 방해가 된다고 인정될 때이다(신원확인이 불가능할 경우에 동행하여 조사할 수 있다 ×).
  〈22승진, 21경채〉
- ㉡ 반드시 상대방의 동의나 승낙이 있어야 하며 대상자는 언제든지 동행요구를 거절할 수 있다.
- ㉢ 임의동행하기 전에 동행을 거부할 수 있음을 고지할 의무는 경직법에 규정되어 있지 않다.
- ㉣ 대법원은 임의동행을 경찰관직무집행법 제3조 제2항에 의한 임의동행과 형사소송법 제199조 제1항에 의한 임의동행으로 구분하면서, 형사소송법 제199조 제1항에 따라 범죄수사를 위하여 수사관이 동행에 앞서 피의자에게 동행을 거부할 수 있음을 알려 주었거나 동행한 피의자가 언제든지 자유로이 동행과정에서 이탈 또는 동행장소로부터 퇴거할 수 있었음이 인정되는 등 오로지 피의자의 자발적인 의사에 의하여 이루어진 경우에, 형사소송법이 아닌 경찰관직무집행법을 적용하여 임의동행후 경찰관서에 6시간을 초과하여 머물게 한 것을 불법구금으로 본 하급심의 법리는 잘못되었다고 판시하였다(대판 2020.5.14., 2020도398).

② 절차
- ㉠ 동행을 요구할 경우 자신의 신분을 표시하는 증표를 제시하면서 소속과 성명을 밝히고 질문이나 동행의 목적과 이유를 설명하여야 하며, 동행을 요구하는 경우에는 동행 장소를 밝혀야 한다.
- ㉡ 장소는 경찰관서(경찰서·지구대·파출소·출장소)이다.

③ 사후조치
- ㉠ 동행한 경찰관은 대상자의 가족에게 알리거나 본인으로 하여금 즉시 연락할 수 있는 기회를 주어야 하며, 변호인의 도움을 받을 권리가 있음을 고지하여야 한다.
- ㉡ 당해인은 언제든지 퇴거할 수 있으며, **6시간을 초과하여 경찰관서에 머물게 할 수 없다.**
- ㉢ 당해인은 **형사소송에 관한 법률**(경직법 ×)에 따르지 아니하고는 신체를 구속당하지 아니하며, 그 의사에 반하여 답변을 강요당하지 아니한다.
- ㉣ 불신검문 불응 시 경찰관의 대응조치나 당해인에 대한 처벌규정은 없다.

> ● 정리하기
>
> **경직법 규정 확인**
> ① 임의동행을 요구받은 사람은 그 요구를 거절할 수 있다는 규정이 있다. (○)
> ② 임의동행 시에 동행거부권 고지의무가 규정되어 있다. (×)

③ 불심검문 시 진술거부권 고지의무가 규정되어 있다. (×)
④ 임의동행 후에 변호인 조력권 고지 의무가 있다. (○)
⑤ 불심검문 불응시 경찰관의 대응조치나 당해인에 대한 처벌규정이 있다. (×)

3 보호조치

제4조(보호조치 등) ① 경찰관은 수상한 행동이나 그 밖의 주위 사정을 합리적으로 판단해 볼 때 다음 각 호의 어느 하나에 해당하는 것이 **명백**하고 응급구호가 필요하다고 믿을 만한 상당한 이유가 있는 사람(이하 "구호대상자"라 한다)을 발견하였을 때에는 보건의료기관이나 공공구호기관에 **긴급구호**를 요청하거나 경찰관서에 **보호**하는 등 적절한 조치를 **할 수 있다**(해야 한다 ×). 〈19승진, 18·20채용, 20경간〉

1. **정**신착란을 일으키거나 술에 취하여(**주**취자) 자신 또는 다른 사람의 생명·신체·재산에 위해를 끼칠 우려가 있는 사람
2. **자**살을 시도하는 사람
3. **미**아, **병**자, **부**상자 등으로서 적당한 보호자가 없으며 응급구호가 필요하다고 인정되는 사람. 다만, 본인이 **구호를 거절**하는 경우는 제외한다. 〈20·22승진, 21채용, 23경위〉

② 제1항에 따라 긴급구호를 요청받은 보건의료기관이나 공공구호기관은 **정당한 이유 없이** 긴급구호를 거절할 수 없다. 〈17·18채용, 23경위〉

③ 경찰관은 제1항의 조치를 하는 경우에 구호대상자가 휴대하고 있는 **무기·흉기** 등 위험을 일으킬 수 있는 것으로 인정되는 물건을 경찰관서에 임시로 **영치**(領置)하여 놓을 수 있다. 〈20경간, 23채용〉

④ 경찰관은 제1항의 조치를 하였을 때에는 지체 없이 구호대상자의 가족, 친지 또는 그 밖의 연고자에게 그 사실을 알려야 하며, 연고자가 발견되지 아니할 때에는 구호대상자를 적당한 공공보건의료기관이나 공공구호기관에 즉시 **인계하여야 한다**(할 수 있다 ×). 〈21·23승진, 23채용〉

⑤ 경찰관은 제4항에 따라 구호대상자를 공공보건의료기관이나 공공구호기관에 인계하였을 때에는 즉시 그 사실을 소속 **경찰서장**(관서장 ×)이나 해양경찰서장에게 보고하여야 한다.

⑥ 제5항에 따라 보고를 받은 소속 경찰서장이나 해양경찰서장은 대통령령으로 정하는 바에 따라 구호대상자를 인계한 사실을 지체 없이 해당 공공보건의료기관 또는 공공구호기관의 장 및 그 감독행정청에 **통보**하여야 한다. 〈23경위〉

⑦ 제1항에 따라 구호대상자를 경찰관서에서 **보호하는 기간**은 **24시간**을 초과할 수 없고, 제3항에 따라 물건을 경찰관서에 임시로 영치하는 기간은 **10일**을 초과할 수 없다. 〈20·21·23승진, 18·20·23채용, 20경간, 21경채〉

(1) 의의
① 응급구호가 필요한 경우 긴급구호를 요청하거나 경찰관서에 일시보호하는 조치를 하는 것은 경찰관의 판단에 의한 **재량행위**이다. 그러나 그 불행사가 현저하게 불합리하다고 인정되는 경우에는 법령에 위반하는 행위에 해당하여 국가는 국가배상책임을 부담한다 (대판 1996.10.25., 95다45927).
② 보호조치는 대인적 즉시강제에 해당한다.

(2) 보호조치 대상자

강제 보호조치	정신착란자, 주취로 자·타 생·신·재 위해 우려자, 자살 시도자
임의 보호조치	미아·병자·부상자 등으로 보호자 없이 응급구호 필요한 사람

규대쌤 Comment
정주자 이병부

(3) 방법

긴급구호 요청	① 보건의료기관이나 공공구호기관에 긴급구호를 요청할 수 있고, 정당한 이유없이 거절할 수 없다. 거절하더라도 경직법상 처벌규정은 없다. ② 응급환자의 경우 정당한 이유없이 거절하면 「응급의료에 관한 법률」에 의하여 3년이하 징역 또는 3천만원 이하 벌금 〈21승진, 21채용, 23경위〉
경찰관서 일시보호	24시간 초과할 수 없다.

(4) **임시영치**: 무기·흉기 등 위험한 물건을 10일간 임시영치 가능

(5) 사후조치
   ① 지체없이 대상자의 가족, 친지 또는 그 밖의 연고자에게 통지
   ② 연고자 미발견 시: 대상자를 공공보건의료기관이나 공공구호기관에(경찰관서 ×) 즉시 인계(의무적) ⇨ 소속 경찰서장에게 즉시 보고 ⇨ 경찰서장은 지체 없이 해당 공공보건의료기관 또는 공공구호기관의 장 및 그 감독행정청에 통보 〈21승진, 20경간, 21채용〉
   ※ 응급구호자 발견 시 보호조치 할 수 있으나(제1항), 보호조치 후 연고자 미발견 시에는 반드시 공공보건의료기관이나 공공구호기관에 인계하고 경찰서장에게 보고하여야 한다.

(6) 관련 판례

> ① 경찰관직무집행법 제4조 제1항 제1호의 '술에 취한 상태'라 함은 피구호자가 술에 만취하여 정상적인 판단능력이나 의사능력을 상실할 정도에 이른 것을 말하고, 이 사건 조항에 따른 보호조치를 필요로 하는 피구호자에 해당하는지는 구체적인 상황을 고려하여 경찰관 평균인을 기준으로 판단하되, 피구호자의 가족 등에게 피구호자를 인계할 수 있다면 특별한 사정이 없는 한 경찰서에서 피구호자를 보호하는 것은 허용되지 않는다(대판 2012도11162).
> ② 당시 피고인이 술에 취한 상태이기는 하였으나 차량을 운전할 정도의 의사능력과 음주단속에 따른 처벌을 회피하기 위하여 도주하려 할 정도의 판단능력은 가지고 있었다고 볼 것이어서, 술에 만취하여 정상적인 판단능력이나 의사능력을 상실할 정도에 이른 것을 뜻하는 이 사건 조항의 술에 취한 상태에 있었다고 보기는 어렵다(대판 2012도11162).
> ③ 경찰관이 응급의 구호를 요하는 자를 보건의료기관에게 긴급구호요청을 하고, 보건의료기관이 이에 따라 **치료행위**를 하였다고 하더라도 국가와 보건의료기관 사이에 국가가 그 치료행위를 보건의료기관에 위탁하고 보건의료기관이 이를 승낙하는 내용의 **치료위임계약**이 체결된 것으로는 볼 수 없다(대판 93다4472)
> ④ 정신질환자가 살인을 하기에 앞서 **경찰관이 그때 그때 상황에 따라** 그 정신질환자를 훈방하거나 일시 정신병원에 입원시키는 등 긴급구호조치를 취한 이상, 긴급구호권 불행사를 이유로 제기한 국가배상청구는 인정되지 않는다(대판 95다45927).
> ⑤ 보호조치 요건이 갖추어지지 않았음에도 경찰관이 실제로는 **범죄수사**를 목적으로 피의자에 해당하는 사람을 이 사건 조항의 피구호자(구호대상자)로 삼아 그의 의사에 반하여 경찰서에 데려간 행위는, **위법한 체포**에 해당한다(대판 2012도11162).
> ⑥ 경찰관직무집행법 제4조 제1항, 제4항의 규정에 의하면 **경찰서 보호실에의 유치**는 정신착란자, 주취자, 자살기도자 등 응급의 구호를 요하는 자를 24시간을 초과하지 아니하는 범위 내에서 경찰관서에서 보호조치하기 위한 경우에만 제한적으로 허용될 뿐이라고 할 것이어서 비록 구 윤락행위등방지법 소정의 요보호 여자에 해당한다 하더라도 그들을 경찰서 보호실에 유치하는 것은 영장주의에 위배되는 위법한 구금이라고 할 것이다(대판 96다28578).

강제로 정주자 24시간

4 위험발생의 방지

제5조(위험 발생의 방지 등) ① 경찰관은 사람의 생명 또는 신체에 위해를 끼치거나 재산에 중대한 손해를 끼칠 우려가 있는 천재(天災), 사변(事變), 인공구조물의 파손이나 붕괴, 교통사고, 위험물의 폭발, 위험한 동물 등의 출현, 극도의 혼잡, 그 밖의 위험한 사태가 있을 때에는 다음 각 호의 조치를 할 수 있다. 〈23승진〉
1. 그 장소에 모인 사람, 사물의 관리자, 그 밖의 관계인에게 필요한 경고를 하는 것
2. 매우 긴급한 경우에는 위해를 입을 우려가 있는 사람을 필요한 한도에서 억류하거나 피난시키는 것
3. 그 장소에 있는 사람, 사물의 관리자, 그 밖의 관계인에게 위해를 방지하기 위하여 필요하다고 인정되는 조치를 하게 하거나 직접 그 조치를 하는 것
② 경찰관서의 장은 대간첩 작전의 수행이나 소요(騷擾) 사태의 진압을 위하여 필요하다고 인정되는 상당한 이유가 있을 때에는 대간첩 작전지역이나 경찰관서·무기고 등 국가중요시설(다중이용시설 ×)에 대한 접근 또는 통행을 제한하거나 금지할 수 있다. 〈23승진〉
③ 경찰관은 제1항의 조치를 하였을 때에는 지체 없이 그 사실을 소속 경찰관서의 장에게 보고하여야 한다. 〈23승진〉
④ 제2항의 조치를 하거나 제3항의 보고를 받은 경찰관서의 장은 관계 기관의 협조를 구하는 등 적절한 조치를 하여야 한다.

(1) 제5조 제1항의 법적 성질

경고(제1호)		비권력적 사실행위로서 **경찰지도**이다.
억류·피난(제2호)		대인적 즉시강제
위해 방지	명령(제3호)	위해 방지 조치할 것을 명령하는 하명이다.
	조치(제3호)	① 경찰관의 조치는 대인·대물·대가택적 즉시강제이다. ② 경직법에 규정된 즉시강제 중 가장 포괄적이어서 이를 **개괄적 수권조항**으로 보는 견해가 있다.

(2) 위험발생 방지조치 요건
① 천재, 사변 등 위험한 사태의 존재
② 사람의 생명·신체·재산에 중대한 손해를 끼칠 우려 존재

(3) 방법(수단)

경고	그 장소에 모인 사람, 사물의 관리자, 그 밖의 관계인에 경고
억류·피난	매우 긴급한 경우 위해 입을 우려자를 억류·피난
위해방지	그 장소에 있는 사람, 사물의 관리자, 그 밖의 관계인에게 위해 방지 조치를 하게 하거나 직접 조치
접근·통행금지	경찰관서장(경찰서·지구대·파출소·출장소)은 대간첩 작전지역이나 경찰관서·무기고 등 국가중요시설에 대한 접근·통행을 제한·금지

(4) 보고
① 경찰관이 위험발생 방지조치를 한 경우 지체없이 **경찰관서장**에 보고하여야 한다.
② 보고를 받은 경찰관서장은 관계 기관의 협조를 구하는 등 적절한 조치를 하여야 한다.

규대쌤 Comment

오사경고, 억피우려, 익사방지

(5) 관련 판례

농민 시위를 진압한 이후 위험발생 방지조치 없이 트랙터 1대를 도로상에 방치한 채 철수한 결과 야간에 그 트랙터로 인하여 교통사고가 난 경우 국가배상책임 인정(대판 98다16890)

5 범죄의 예방과 제지

> 제6조(범죄의 예방과 제지) 경찰관은 범죄행위가 목전(目前)에 행하여지려고 하고 있다고 인정될 때에는 이를 예방하기 위하여 관계인에게 필요한 경고를 하고, 그 행위로 인하여 사람의 생명·신체에 위해를 끼치거나 재산에 중대한 손해를 끼칠 우려가 있는 긴급한 경우에는 그 행위를 제지할 수 있다.(해야 한다. ×) 〈19·23승진〉

(1) 수단

경고	① 범죄가 목전에서 발생하려고 하는 경우 ⇨ 경고 〈22승진〉 ② 경고의 방법은 구두, 신호, 문서 등 제한이 없다.
제지	① 생명·신체·재산(중대)+긴급한 경우 ⇨ 제지 (범죄가 목전에 행하여지려 할 때 경고를 하고 즉시 제지할 수 있다 ×) 〈19승진〉 ② 대법원은 집회장소와 시간·장소적으로 근접하지 않은 경우 해당 집회 참가행위가 불법이어도 이를 제지할 수 없다(대판 2008.11.13., 2007도9794). 〈22승진〉

(2) 관련 판례

① 「경찰관직무집행법」 제6조 중 경찰관의 제지는 의무불이행을 전제로 하지 않고 경찰이 직접 실력을 행사하여 경찰상 필요한 상태를 실현하는 **권력적 사실행위**에 관한 근거조항이다. 다만 경찰관의 제지 조치가 적법한지는 제지 조치 당시의 **구체적 상황**을 기초로 판단하여야 하고 사후적으로 순수한 객관적 기준에서 판단할 것은 아니다. 피고인의 인근소란 행위에, 경찰관이 112신고를 받고 출동하여 피고인을 만나려 하였으나 피고인은 문조차 열어주지 않고 소란행위를 멈추지 않았던 상황이라면 피고인의 행위를 제지하고 수사하는 것은 경찰관의 직무상 권한이자 의무라고 볼 수 있으므로, 경찰관이 피고인의 집으로 통하는 전기를 일시적으로 차단한 것은 피고인을 집 밖으로 나오도록 유도한 것으로서, 제6조에서 정한 즉시강제의 요건을 충족한 적법한 직무집행이다(대판 2016도19417). 〈22채용〉

② 경고나 제지는 범죄 예방을 위하여 범죄행위의 실행의 착수 전에 행하여질 수 있을뿐만 아니라, 이후 범죄행위가 계속되는 중에 그 진압을 위하여도 당연히 행하여질 수 있다(대판 2013.9.26. 2013도643).

③ 부식반입 문제를 협의하거나 기자회견장 촬영을 위하여 공장 밖으로 나오자 방패를 든 전투경찰대원들이 조합원들을 둘러싸고 이동하지 못하게 가둔 행위(고착관리)는, 긴급한 사정이 있는 경우가 아니므로 경찰관직무집행법 제6조 제1항에 근거한 제지 조치라고 볼 수 없고, 이는 형사소송법상 **체포**에 해당한다. 전투경찰대원들이 위 조합원들을 체포하는 과정에서 체포의 이유 등을 제대로 고지하지 않다가 30~40분이 지난 후 피고인 등의 항의를 받고 나서야 비로소 체포의 이유 등을 고지한 것은 형사소송법상 현행범인 체포의 적법한 절차를 준수한 것이 아니므로 적법한 공무집행이라고 볼 수 없다. 피고인이 위와 같은 위법한 공무집행에 항의하면서 전투경찰대원들의 방패를 손으로 잡아당기거나 전투경찰대원들을 발로 차고 몸으로 밀었다고 하더라도 **공무집행방해죄가 성립할 수 없고**, 그 정도가 전투경찰대원들의 피고인에 대한 유형력의 정도에 비해 크다고 보이지 않으므로 **정당방위에 해당**한다(대판 2013도2168).

④ 경찰 병력이 행정대집행 직후 대책위가 또다시 같은 장소를 점거하고 물건을 다시 비치하는 것을 막기 위해 농성 장소를 미리 둘러싼 뒤 소극적으로 제지한 것은 「경찰관 직무집행법」 제6조 제1항의 범죄행위 예방을 위한 경찰 행정상 즉시강제로서 적법한 공무집행에 해당한다(대판 2018도2993).
⑤ 9개의 서명지 박스를 1개씩 들고 효자로를 따라 청와대 민원실까지 한 줄로 걸어가는 것은 집시법상의 '시위'에 해당하고, 이에 대해서는 사전 신고가 이루어지지 않았으나, 공공의 안녕질서에 직접적 위험이 명백히 초래한 것도 아니다. 따라서 집시법에 따른 해산명령 및 경직법 제6조에 따른 경고 및 제지조치는 위법하다.

6 위험 방지를 위한 출입

제7조(위험 방지를 위한 출입) ① 경찰관은 제5조 제1항·제2항 및 제6조에 따른 위험한 사태가 발생하여 사람의 생명·신체 또는 재산에 대한 위해가 임박한 때에 그 위해를 방지하거나 피해자를 구조하기 위하여 부득이하다고 인정하면 합리적으로 판단하여 필요한 한도에서 다른 사람의 토지·건물·배 또는 차에 출입할 수 있다. 〈22승진〉
② 흥행장(興行場), 여관, 음식점, 역, 그 밖에 많은 사람이 출입하는 장소의 관리자나 그에 준하는 관계인은 경찰관이 범죄나 사람의 생명·신체·재산에 대한 위해를 예방하기 위하여 해당 장소의 영업시간이나 해당 장소가 일반인에게 공개된 시간에 그 장소에 출입하겠다고 요구하면 정당한 이유 없이 그 요구를 거절할 수 없다(수인의무).
③ 경찰관은 대간첩 작전 수행에 필요할 때에는 작전지역에서 제2항에 따른 장소를 검색할 수 있다.
④ 경찰관은 제1항부터 제3항까지의 규정에 따라 필요한 장소에 출입할 때에는 그 신분을 표시하는 증표를 제시하여야 하며, 함부로 관계인이 하는 정당한 업무를 방해해서는 아니 된다. 〈22승진〉

(1) 내용
① 예방 출입은 공개된 장소, 영업시간이나 공개된 시간에 한하며, 정당한 이유가 있는 경우에는 거절할 수 있으므로 관리자의 동의를 얻어야 한다.
② 위험이 임박한 긴급출입과 대간첩 긴급검색은 주야불문, 동의 불문한다.
③ '위험방지를 위한 출입(긴급출입)'은 행정조사가 아닌 대가택적 즉시강제에 해당한다.

(2) 요건

구분	긴급출입(①항)	예방출입(②항)	대간첩 긴급검색(③항)
출입 장소	타인의 토지·건물·배·차	공개된 장소	
출입 시간	주야 불문	영업·공개된 시간	주야 불문
관리자 동의	불요	필요 〈19승진〉	불요

7 사실확인 및 출석요구

제8조(사실의 확인 등) ① 경찰관서의 장은 직무 수행에 필요하다고 인정되는 상당한 이유가 있을 때에는 국가기관이나 공사(公私) 단체 등에 직무 수행에 관련된 사실을 조회할 수 있다. 다만, 긴급한 경우에는 소속 경찰관으로 하여금 현장에 나가 해당 기관 또는 단체의 장의 협조를 받아 그 사실을 확인하게 할 수 있다. 〈22채용〉

② 경찰관은 다음 각 호의 직무를 수행하기 위하여 필요하면 관계인에게 출석하여야 하는 사유·일시 및 장소를 명확히 적은 **출석 요구서**를 보내 경찰관서에 출석할 것을 요구할 수 있다.
1. 미아를 인수할 보호자 확인
2. 유실물을 인수할 권리자 확인
3. 사고로 인한 사상자(死傷者) 확인
4. 행정처분을 위한 교통사고 조사에 필요한 사실 확인

(1) 사실 확인

경찰관서장은 국가기관이나 공사단체 등에 **사실조회**를 할 수 있으며, 긴급한 경우 소속 경찰관이 현장에서 직접 해당 기관장의 협조를 받아 **사실 확인할 수 있다**(비권력적 사실행위).

※ 관서장 – 사실조회, 경찰관 – 사실확인

> 사실조회 권한을 부여할 뿐 상대방은 의무를 부담하지 않는다. 경찰서장이 국민건강보험공단에 한 사실조회 행위는 공권력 행사성이 인정되지 않는다(헌재 2014헌마368).

(2) 경직법상 출석요구 대상 아닌 경우
① 범죄피해 확인
② 형사책임 규명을 위한 사실조사
③ 고소사건 처리를 위한 사실확인
④ 형사처벌을 위한 교통사고 조사

● **정리하기**

기관장별 주요 업무

(1) 경찰관서장
　① 위험발생 방지 조치 시 관서장에 보고, 관서장이 관계기관 협조 요청(제5조 제4항)
　② 대간첩 작전지역이나 경찰관서·무기고 등 국가중요시설 접근·통행 제한(제5조 제2항)
　③ 사실 조회(제8조)

(2) 경찰서장
　① 보호조치에서 미연고자를 공공보건의료기관, 공공구호기관 인계 시 경찰서서장에 보고, 경찰서장(경찰관 ×)이 해당기관 및 감독행정청 통보(제4조⑥)
　② 범인검거 등 공로자 보상에 보상금 지급(제11조의3)

(3) 경찰청장
　① 국제협력(제8조의2)
　② 위해성 경찰장비의 신규도입 시 국회 소관 상임위에 안전성 검사 결과 보고(제10조 제5항)
　③ 손실보상 및 범인검거 등 공로자 보상에 보상금 지급(제11조의2, 제11조의3)

8 정보의 수집·작성·배포

> 제8조의2(정보의 수집 등) ① 경찰관은 범죄·재난·공공갈등 등 공공안녕에 대한 위험의 예방과 대응을 위한 정보의 수집·작성·배포와 이에 수반되는 사실의 확인을 할 수 있다(경찰관 - 사실확인).
> ② 제1항에 따른 정보의 구체적인 범위와 처리 기준, 정보의 수집·작성·배포에 수반되는 사실의 확인 절차와 한계는 대통령령으로 정한다.

(1) 수집되는 정보의 범위
  ① 기존 '치안정보'라는 모호한 개념 대신 '범죄·재난·공공갈등 등 공공안녕에 대한 위험의 예방과 대응을 위한 정보'로 정보의 개념을 보다 명확히 함
  ② 대통령령 위임사항
    ㉠ 경찰관이 수집·작성·배포 등을 하는 정보의 범위 및 처리 기준
    ㉡ 정보의 수집·작성·배포에 수반되는 사실의 확인과 절차

(2) 위법한 정보수집에 대한 제재
  ① 직권남용: 1년 이하의 징역이나 금고(경직법 제12조)
  ② 정치관여: 5년 이하의 징역과 5년 이하의 자격정지(공소시효 10년)(경공법 제23조)

9 국제협력

> 제8조의3(국제협력) 경찰청장 또는 해양경찰청장은 이 법에 따른 경찰관의 직무수행을 위하여 외국 정부기관, 국제기구 등과 자료 교환, 국제협력 활동 등을 할 수 있다.

10 유치장

> 제9조(유치장) 법률에서 정한 절차에 따라 체포·구속된 사람 또는 신체의 자유를 제한하는 판결이나 처분을 받은 사람을 수용하기 위하여 경찰서(시·도청 ×, 지구대 ×)와 해양경찰서에 유치장을 둔다 (둘 수 있다 ×). 〈21법학〉

11 경찰장비의 사용 등

(1) 경찰장비의 사용

> 제10조(경찰장비의 사용 등) ① 경찰관은 직무수행 중 경찰장비를 사용할 수 있다. 다만, 사람의 생명이나 신체에 위해를 끼칠 수 있는 경찰장비(이하 이 조에서 "위해성 경찰장비"라 한다)를 사용할 때에는 필요한 안전교육과 안전검사를 받은 후 사용하여야 한다. 〈23경위〉
> ② 제1항 본문에서 "경찰장비"란 무기, 경찰착용기록장치, 경찰장구, 최루제와 그 발사장치, 살수차, 감식기구, 해안 감시기구, 통신기기, 차량·선박·항공기 등 경찰이 직무를 수행할 때 필요한 장치와 기구를 말한다.
> ③ 경찰관은 경찰장비를 함부로 개조하거나 경찰장비에 임의의 장비를 부착하여 일반적인 사용법과 달리 사용함으로써 다른 사람의 생명·신체에 위해를 끼쳐서는 아니 된다.
>   ※ 폐기 또는 성능 저하 장비는 개조하여 본래의 용법으로 사용 가능(위해성경찰장비규정 제19조)
> ④ 위해성 경찰장비는 필요한 최소한도에서 사용하여야 한다.

⑤ **경찰청장**은 위해성 경찰장비를 새로 도입하려는 경우에는 대통령령으로 정하는 바에 따라 안전성 검사를 실시하여 그 안전성 검사의 결과보고서를 국회 소관 상임위원회(행정안전부 장관 ×)에 제출하여야 한다. 이 경우 안전성 검사에는 외부 전문가를 참여시켜야 한다. 〈22승진, 23경위〉
⑥ 위해성 경찰장비의 종류 및 그 사용기준, 안전교육·안전검사의 기준 등은 대통령령으로 정한다. 〈23경위〉

(2) 경찰장구의 사용

제10조의2(경찰장구의 사용) ① 경찰관은 다음 각 호의 직무를 수행하기 위하여 필요하다고 인정되는 상당한 이유가 있을 때에는 그 사태를 합리적으로 판단하여 필요한 한도에서 경찰장구를 사용할 수 있다.
1. 현행범이나 사형·무기 또는 장기 3년 이상(긴급체포 대상)의 징역이나 금고에 해당하는 죄를 범한 범인의 체포 또는 도주 방지 〈23경위〉
   ※ 체포영장 집행시 수갑 등 사용요건은 「위해성경찰장비규정」에서 규정
2. 자신이나 다른 사람의 생명·신체의 방어 및 보호(재산 ×) 〈21법학〉
3. 공무집행에 대한 항거(抗拒) 제지
② 제1항에서 "경찰장구"란 경찰관이 휴대하여 범인 검거와 범죄 진압 등의 직무 수행에 사용하는 **수갑, 포승(捕繩), 경찰봉, 방패** 등을 말한다.

(3) 분사기 및 최루탄의 사용

제10조의3(분사기 등의 사용) 경찰관은 다음 각 호의 직무를 수행하기 위하여 부득이한 경우에는 **현장책임자(경찰관 ×)**가 판단하여 필요한 최소한의 범위에서 분사기(「총포·도검·화약류 등의 안전관리에 관한 법률」에 따른 분사기를 말하며, 그에 사용하는 최루 등의 작용제를 포함한다. 이하 같다) 또는 최루탄을 사용할 수 있다. 〈22승진〉
1. 범인의 체포 또는 범인의 도주 방지 (방어 ×, 항거제지 ×)
2. 불법집회·시위로 인한 자신이나 다른 사람의 생명·신체와 재산 및 공공시설 안전에 대한 현저한 위해의 발생 억제

(1) 분사기의 종류(총포·도검·화약류 등의 안전관리에 관한 법률 시행령)
① 총포형 분사기 〈22법학〉
   ※ 가스발사총과 총포형 분사기는 서로 다른 장비이다. 「총포·도검·화약류 등의 안전관리에 관한 법률」에 의하여 가스발사총은 '총포'에 해당하고 총포형 분사기는 '분사기'에 해당한다.
② 막대형 분사기
③ 만년필형 분사기
④ 기타 휴대형 분사기

(2) 분사기와 가스발사총의 비교

	분사기	가스발사총
요건	〈경찰관직무집행법〉 • 현장책임자가 판단하여 사용(경찰관 판단 ×) • 범인의 체포, 도주방지, 불법집회시위 현장 (방어·항거 제지 ×)	〈위해성경찰장비규정〉 • 경찰관이 판단 • 범인의 체포, 도주방지, 자타방호, 항거억제
제한	〈경찰 물리력 행사 규칙〉 14세미만, 임산부, 호흡기 질환자를 인지한 경우 (고위험물리력사용시는 제외)	〈위해성경찰장비규정〉 1미터 이내에서 얼굴을 향하여 발사 금지

(4) 무기의 사용

제10조의4(무기의 사용) ① 경찰관은 범인의 체포, 범인의 도주 방지, 자신이나 다른 사람의 생명·신체의 방어 및 보호(재산 ×), 공무집행에 대한 항거의 제지를 위하여 필요하다고 인정되는 상당한 이유가 있을 때에는 그 사태를 합리적으로 판단하여 필요한 한도에서 무기를 사용할 수 있다. 다만, 다음 각 호의 어느 하나에 해당할 때를 제외하고는 사람에게 위해를 끼쳐서는 아니 된다.
1. 「형법」에 규정된 정당방위와 긴급피난에 해당할 때
2. 다음 각 목의 어느 하나에 해당하는 때에 그 행위를 방지하거나 그 행위자를 체포하기 위하여 무기를 사용하지 아니하고는 다른 수단이 없다고 인정되는 상당한 이유가 있을 때 (보충성)
    가. 사형·무기 또는 장기 3년 이상의 징역이나 금고에 해당하는 죄(긴급체포 대상)를 범하거나 범하였다고 의심할 만한 충분한 이유가 있는 사람이 경찰관의 직무집행에 항거하거나 도주하려고 할 때
    나. 체포·구속영장과 압수·수색영장을 집행하는 과정에서 경찰관의 직무집행에 항거하거나 도주하려고 할 때
    다. 제3자가 가목 또는 나목에 해당하는 사람을 도주시키려고 경찰관에게 항거할 때
    라. 범인이나 소요를 일으킨 사람이 무기·흉기 등 위험한 물건(철)을 지니고 경찰관으로부터 3회 이상 물건을 버리라는 명령이나 항복하라는 명령을 받고도 따르지 아니하면서 계속 항거할 때
3. 대간첩 작전 수행 과정에서 무장간첩이 항복하라는 경찰관의 명령을 받고도 따르지 아니할 때
② 제1항에서 "무기"란 사람의 생명이나 신체에 위해를 끼칠 수 있도록 제작된 권총·소총·도검 등을 말한다.
③ 대간첩·대테러 작전 등 국가안전에 관련되는 작전을 수행할 때에는 개인화기(個人火器) 외에 공용화기(共用火器)를 사용할 수 있다.

(5) 경찰장비의 사용 요건 〈15·16승진〉

경찰장비		사용 요건
무기	위해 수반 ×	범인체포, 도주방지 (자·다) 생·신 방어, 항거제지 〈22승진〉
	위해 수반 ○	긴급체포 대상자가 항거/도주 영장(체포·구속·압수·수색) 집행 항거/도주 삼자가 범인을 도주시키려 항거 현행범이 철(무기) 들고 3회 경고에 계속 항거 긴급피난/정당방위/간첩 (정당행위 ×): 보충성 원칙 불요
장구		현행범/긴급체포 대상 범인의 체포, 도주방지 (자·다) 생·신 방어, 항거제지 ※ "현행범·긴체 대상 범인의 체포" 요건은 장구가 유일하며, 다른 경우는 "범인의 체포"로 규정 〈16·18·20채용〉
분사·최루탄		범인체포, 도주방지 불법집시로 (자·다) 생·신·재·공공시설 위해 발생 억제 ※ 가스발사총: 위해성경찰장비규정에서는 법률의 요건보다 넓게 범인체포, 도주방지, 타인 또는 경찰관의 생명·신체에 대한 방호, 공무집행에 대한 항거의 억제를 위해서도 사용할 수 있음

규대쌤 Comment
체도방향, 김영상 현철 피방간

(7) 경찰착용기록장치

> **경찰관직무집행법 개정 신설 내용**(24.7.31.시행)
>
> 제10조의5(경찰착용기록장치의 사용) ① 경찰관은 다음 각 호의 어느 하나에 해당하는 직무 수행을 위하여 필요한 경우에는 필요한 최소한의 범위에서 경찰착용기록장치를 사용할 수 있다.
> 1. 경찰관이 「형사소송법」 제200조의2, 제200조의3, 제201조 또는 제212조에 따라 피의자를 체포 또는 구속하는 경우
> 2. 범죄 수사를 위하여 필요한 경우로서 다음 각 목의 요건을 모두 갖춘 경우
>   가. 범행 중이거나 범행 직전 또는 직후일 것
>   나. 증거보전의 필요성 및 긴급성이 있을 것
> 3. 제5조제1항에 따른 인공구조물의 파손이나 붕괴 등의 위험한 사태가 발생한 경우
> 4. 경찰착용기록장치에 기록되는 대상자(이하 이 조에서 "기록대상자"라 한다)로부터 그 기록의 요청 또는 동의를 받은 경우
> 5. 제4조제1항 각 호에 해당하는 것이 명백하고 응급구호가 필요하다고 믿을 만한 상당한 이유가 있는 경우
> 6. 제6조에 따라 사람의 생명·신체에 위해를 끼치거나 재산에 중대한 손해를 끼칠 우려가 있는 범죄행위를 긴급하게 예방 및 제지하는 경우
> 7. 경찰관이 「해양경비법」 제12조 또는 제13조에 따라 해상검문검색 또는 추적·나포하는 경우
> 8. 경찰관이 「수상에서의 수색·구조 등에 관한 법률」에 따라 같은 법 제2조제4호의 수난구호 업무 시 수색 또는 구조를 하는 경우
> 9. 그 밖에 제1호부터 제8호까지에 준하는 경우로서 대통령령으로 정하는 경우
> ② 이 법에서 "경찰착용기록장치"란 경찰관이 신체에 착용 또는 휴대하여 직무수행 과정을 근거리에서 영상·음성으로 기록할 수 있는 기록장치 또는 그 밖에 이와 유사한 기능을 갖춘 기계장치를 말한다.
>
> 제10조의6(경찰착용기록장치의 사용 고지 등) ① 경찰관이 경찰착용기록장치를 사용하여 기록하는 경우로서 이동형 영상정보처리기기로 사람 또는 그 사람과 관련된 사물의 영상을 촬영하는 때에는 불빛, 소리, 안내판 등 대통령령으로 정하는 바에 따라 촬영 사실을 표시하고 알려야 한다.
> ② 제1항에도 불구하고 제10조의5제1항 각 호에 따른 경우로서 불가피하게 고지가 곤란한 경우에는 제3항에 따라 영상음성기록을 전송·저장하는 때에 그 고지를 못한 사유를 기록하는 것으로 대체할 수 있다.
> ③ 경찰착용기록장치로 기록을 마친 영상음성기록은 지체 없이 제10조의7에 따른 영상음성기록정보 관리체계를 이용하여 영상음성기록정보 데이터베이스에 전송·저장하도록 하여야 하며, 영상음성기록을 임의로 편집·복사하거나 삭제하여서는 아니 된다.
> ④ 그 밖에 경찰착용기록장치의 사용기준 및 관리 등에 필요한 사항은 대통령령으로 정한다.
>
> 제10조의7(영상음성기록정보 관리체계의 구축·운영) 경찰청장 및 해양경찰청장은 경찰착용기록장치로 기록한 영상·음성을 저장하고 데이터베이스로 관리하는 영상음성기록정보 관리체계를 구축·운영하여야 한다.

(7) 위해성 경찰장비 사용기준(대통령령)

① **경찰장비의 종류(제2조)** 〈17·18승진, 17·22채용〉

무기	권총, 유탄발사기, 도검 (다목적발사기 ×, 가스발사총 ×) 〈21법학〉
장구	경찰봉, 호신용경봉, 포승, 수갑, 방패, 전자방패, 전자충격기
분사기·최루탄 등	근접분사기, 가스분사기, 가스발사총(고무탄겸용 포함), 최루탄(발사장치 포함)
기타	가스차, 살수차, 특수진압차, 물포, 석궁, 도주차량차단장비, 다목적발사기 ※ 다목적발사기는 고무탄 등 발사 가능

규대쌤 Comment

장구치고 현~긴 체도방향, 뿌리고 체도, 불시에 생신재공

② 사용기준

수갑·포승 호송용포승	• 체포·구속 영장 집행, 호송·수용하기 위하여 사용할 수 있다(해야 한다 ×). • 범인·주취자·정신착란자의 자살·자해 방지목적 사용 시 ⇨ 관서장에 보고 〈21승진〉
경찰봉 호신용경봉	불법 집회·시위로 인한 자타 생명·신체, 재산·공공시설 위험 방지 〈21승진, 16채용〉 ※ 경찰봉은 「경직법」상 불법 집회·시위 현장에서 사용할 수 있다는 규정이 없으므로 대통령령에서 그 근거를 마련함
전자충격기	14세 미만, 얼굴, 임산부에 사용 금지 〈16·22승진, 19경위·22채용〉
전자방패	14세 미만, 임산부 사용 금지
권총·소총	총기·폭발물로 대항하는 경우를 제외하고 14세 미만, 임산부 금지(얼굴 ×) 〈17·18·21채용〉
가스발사총	• 범인체포, 도주방지, 자·다·생·신 방어, 항거제지 • 1m 이내 얼굴 금지 (14세 미만, 임산부 ×) 〈18승진, 19경위〉 ※ 가스총을 발사하면 탄환 속에 분말의 형태로 내장된 가스가 탄환 입구에 끼워져 있는 두께 2~3mm, 직경 10mm 가량 되는 원통형 고무마개를 박차고 나와 분사되고, 그 과정에서 탄환에서 분리된 고무마개는 공기저항으로 인하여 전방 1m 이내에서 낙하하도록 되어 있다. 경찰관이 가스총을 근접 발사하여 가스와 함께 발사된 고무마개가 범인의 눈에 맞아 실명한 사례에서 국가배상책임을 인정하였다(대판 2002다57218).
최루탄발사기	최루탄발사기는 30도 이상, 가스차 등의 최루탄발사대는 15도 이상 발사각 〈21승진〉
가스차	• 불법집회·시위·소요사태로 자타 생명·신체, 재산·공공시설 위험을 억제 • 현장책임자가 판단
특수진압차	• 소요 사태의 진압, 대간첩·대테러작전의 수행 • 경찰관이 판단
살수차 사용기준	• 소요 사태(불법집회·시위 ×), 통합방위법에 의한 국가 중요시설에 대한 직접적인 위험과 보충성 충족 시 시·도청장의 명령에 따라 사용 〈21채용〉 • 시·도청장의 명령에 따라 최루액을 혼합하여 살수할 수 있다. 이 경우 최루액의 혼합 살수 절차 및 방법은 경찰청장이 정한다. ※ 2015년 살수차에 맞아 사망한 백남기 농민 사건 이후 사용요건이 매우 엄격
기타	석궁	인질범 체포, 대간첩·대테러작전 등에서, 현장책임자 판단
	다목적발사기	인질범 체포, 대간첩·대테러작전 등
	도주차량차단장비	무면허·음주운전, 검문불응 도주차량 등
판단자 및 보고자	• 경찰관: 특수진압차, 다목적발사기 • 현장책임자: 가스차, 경비함정 물포, 석궁, 기록보관(살수차, 분사기, 무기) • 시도청장: 살수차(최루액 혼합 포함) • 경찰청장: 최루액 혼합 살수 절차 및 방법을 정함 • 경찰관서의 장: 자살·자해 방지목적 수갑·포승 사용 시 경찰관서의 장에 보고

③ 안전성 검사 등

안전 교육	• 위해성 경찰장비를 사용하는 경찰관은 안전교육을 받아야 한다. • 수갑: 사용요건과 방법에 대하여 부서발령시 1회, 연간 1회 〈21법학〉
안전 검사	위해성 경찰장비를 사용하는 경찰관이 소속한 **국가경찰관서의 장**은 안전검사를 실시하여야 한다. 〈19승진〉
신규도입 장비 안전성 검사	• 위해성 경찰장비를 새로 도입하는 경우에, 장비가 사람의 생명·신체에 미치는 영향을 평가하여야 한다. • 위해성 장비 도입시 반드시 **외부 전문가를 참여**시켜야 한다(법 제10조⑤). • 외부 전문가는 안전성 검사 종료 후 30일 이내에 경찰청장에 의견 제출 • 경찰청장은 안전성 검사 실시 후 3개월 이내에 국회 소관 상임위(행안부장관 ×)에 결과보고서 제출하여야 한다. 〈17·19·21승진, 18·21채용〉

④ 경찰관서의 장

경직법(제3조②)	경찰서장, 지구대장, 파출소장, 출장소장
위해성 경찰장비 규정(제5조)	경찰청장, 시·도경찰청장, 경찰서장, 경무관~경감을 장으로 하는 국가경찰관서의 장 〈21채용〉

> **참고**
>
> **위해성 경찰장비의 사용기준 등에 관한 규정(약칭: 위해성경찰장비규정)**
> [시행 2021. 1. 5.] [대통령령 제31380호, 2021. 1. 5, 타법개정]
> 제2조(위해성 경찰장비의 종류) 「경찰관 직무집행법」(이하 "법"이라 한다) 제10조 제1항 단서에 따른 사람의 생명이나 신체에 위해를 끼칠 수 있는 경찰장비(이하 "위해성 경찰장비"라 한다)의 종류는 다음 각 호와 같다.
> 1. **경찰장구**: 수갑·포승(捕繩)·호송용포승·경찰봉·호신용경봉·전자충격기·방패 및 전자방패
> 2. **무기**: 권총·소총·기관총(기관단총을 포함한다. 이하 같다)·산탄총·유탄발사기·박격포·3인치포·함포·크레모아·수류탄·폭약류 및 도검
> 3. **분사기·최루탄등**: 근접분사기·가스분사기·가스발사총(고무탄 발사겸용을 포함한다. 이하 같다) 및 최루탄(그 발사장치를 포함한다. 이하 같다)
> 4. **기타장비**: 가스차·살수차·특수진압차·물포·석궁·다목적발사기 및 도주차량차단장비
>
> 제4조(영장집행등에 따른 수갑등의 사용기준) 경찰관(경찰공무원으로 한정한다. 이하 같다)은 체포·구속영장을 집행하거나 신체의 자유를 제한하는 판결 또는 처분을 받은 자를 법률이 정한 절차에 따라 호송하거나 수용하기 위하여 필요한 때에는 최소한의 범위안에서 수갑·포승 또는 호송용포승을 사용할 수 있다.(해야 한다. ×) 〈21법학·22채용〉
>
> 제5조(자살방지등을 위한 수갑등의 사용기준 및 사용보고) 경찰관은 범인·술에 취한 사람 또는 정신착란자의 자살 또는 자해기도를 방지하기 위하여 필요한 때에는 수갑·포승 또는 호송용포승을 사용할 수 있다. 이 경우 경찰관은 소속 **국가경찰관서의 장**(경찰청장·해양경찰청장·시·도경찰청장·지방해양경찰청장·경찰서장 또는 해양경찰서장 기타 경무관·총경·경정 또는 **경감을 장으로 하는 국가경찰관서의 장**을 말한다. 이하 같다)에게 그 사실을 보고해야 한다.

제6조(불법집회등에서의 경찰봉·호신용경봉의 사용기준) 경찰관은 불법집회·시위로 인하여 발생할 수 있는 타인 또는 경찰관의 생명·신체의 위해와 재산·공공시설의 위험을 방지하기 위하여 필요한 때에는 최소한의 범위안에서 경찰봉 또는 호신용경봉을 사용할 수 있다.

제7조(경찰봉·호신용경봉의 사용시 주의사항) 경찰관이 경찰봉 또는 호신용경봉을 사용하는 때에는 인명 또는 신체에 대한 위해를 최소화하도록 주의하여야 한다.

제8조(전자충격기등의 사용제한) ① 경찰관은 14세 미만의 자 또는 임산부에 대하여 전자충격기 또는 전자방패를 사용하여서는 아니된다.
② 경찰관은 전극침(電極針) 발사장치가 있는 전자충격기를 사용하는 경우 상대방의 얼굴을 향하여 전극침을 발사하여서는 아니된다.

제9조(총기사용의 경고) 경찰관은 법 제10조의4에 따라 사람을 향하여 권총 또는 소총을 발사하고자 하는 때에는 미리 구두 또는 공포탄에 의한 사격으로 상대방에게 경고하여야 한다. 다만, 다음 각 호의 어느 하나에 해당하는 경우로서 **부득이한 때에는 경고하지 아니할 수 있다.** 〈21법학〉
1. 경찰관을 급습하거나 타인의 생명·신체에 대한 중대한 위험을 야기하는 범행이 목전에 실행되고 있는 등 상황이 급박하여 특히 **경고할 시간적 여유가 없는 경우**
2. 인질·간첩 또는 테러사건에 있어서 **은밀히 작전을 수행하는 경우**

제10조(권총 또는 소총의 사용제한) ① 경찰관은 법 제10조의4의 규정에 의하여 권총 또는 소총을 사용하는 경우에 있어서 범죄와 무관한 다중의 생명·신체에 위해를 가할 우려가 있는 때에는 이를 사용하여서는 아니된다. 다만, 권총 또는 소총을 사용하지 아니하고는 타인 또는 경찰관의 생명·신체에 대한 중대한 위험을 방지할 수 없다고 인정되는 때에는 필요한 최소한의 범위안에서 이를 사용할 수 있다.
② 경찰관은 총기 또는 폭발물을 가지고 대항하는 경우를 제외하고는 14세 미만의 자 또는 임산부에 대하여 권총 또는 소총을 발사하여서는 아니된다.

제11조(동물의 사살) 경찰관은 공공의 안전을 위협하는 동물을 사살하기 위하여 부득이한 때에는 권총 또는 소총을 사용할 수 있다.

제12조(가스발사총등의 사용제한) ① 경찰관은 범인의 체포 또는 도주방지, 타인 또는 경찰관의 생명·신체에 대한 방호, 공무집행에 대한 항거의 억제를 위하여 필요한 때에는 최소한의 범위안에서 가스발사총을 사용할 수 있다. 이 경우 경찰관은 1미터 이내의 거리에서 상대방의 얼굴을 향하여 이를 발사하여서는 아니된다.
② 경찰관은 최루탄발사기로 최루탄을 발사하는 경우 30도 이상의 발사각을 유지하여야 하고, 가스차·살수차 또는 특수진압차의 최루탄발사대로 최루탄을 발사하는 경우에는 15도 이상의 발사각을 유지하여야 한다.

제13조(가스차·특수진압차·물포의 사용기준) ① 경찰관은 불법집회·시위 또는 소요사태로 인하여 발생할 수 있는 타인 또는 경찰관의 생명·신체의 위해와 재산·공공시설의 위험을 억제하기 위하여 부득이한 경우에는 **현장책임자의 판단**에 의하여 필요한 최소한의 범위에서 **가스차**를 사용할 수 있다.
② **경찰관**은 소요사태의 진압, 대간첩·대테러작전의 수행을 위하여 부득이한 경우에는 필요한 최소한의 범위안에서 **특수진압차**를 사용할 수 있다.
③ 경찰관은 불법해상시위를 해산시키거나 선박운항정지(정선)명령에 불응하고 도주하는 선박을 정지시키기 위하여 부득이한 경우에는 **현장책임자의 판단**에 의하여 필요한 최소한의 범위안에서 **경비함정의 물포**를 사용할 수 있다. 다만, 사람을 향하여 직접 물포를 발사해서는 안 된다.

제13조의2(살수차의 사용기준) ① 경찰관은 다음 각 호의 어느 하나에 해당하여 살수차 외의 경찰장비로는 그 위험을 제거·완화시키는 것이 현저히 곤란한 경우에는 시·도경찰청장의 명령에 따라 살수차를 배치·사용할 수 있다.
1. 소요사태로 인해 타인의 법익이나 공공의 안녕질서에 대한 직접적인 위험이 명백하게 초래되는 경우
2. 「통합방위법」 제21조 제4항에 따라 지정된 **국가중요시설**에 대한 직접적인 공격행위로 인해 해당 시설이 파괴되거나 기능이 정지되는 등 급박한 위험이 발생하는 경우

② 경찰관은 제1항에 따라 살수차를 사용하는 경우 별표 3의 살수거리별 수압기준에 따라 살수해야 한다. 이 경우 사람의 생명 또는 신체에 치명적인 위해를 가하지 않도록 필요한 최소한의 범위에서 살수해야 한다.

③ 경찰관은 제2항에 따라 살수하는 것으로 제1항 각 호의 어느 하나에 해당하는 위험을 제거·완화시키는 것이 곤란하다고 판단하는 경우에는 시·도경찰청장의 명령에 따라 필요한 최소한의 범위에서 **최루액을 혼합**하여 살수할 수 있다. 이 경우 최루액의 혼합 살수 절차 및 방법은 경찰청장이 정한다.

제14조(석궁의 사용기준) 경찰관은 총기·폭발물 기타 위험물로 무장한 범인 또는 인질범의 체포, 대간첩·대테러작전등 국가안전에 관련되는 작전을 은밀히 수행하거나 총기를 사용할 경우에는 화재·폭발의 위험이 있는 등 부득이한 때에 한하여 **현장책임자의 판단**에 의하여 필요한 최소한의 범위안에서 **석궁을 사용**할 수 있다.

제15조(다목적발사기의 사용기준) 경찰관은 인질범의 체포 또는 대간첩·대테러작전등 국가안전에 관련되는 작전을 수행하거나 공공시설의 안전에 대한 현저한 위해의 발생을 방지하기 위하여 필요한 때에는 최소한의 범위안에서 **다목적발사기를 사용**할 수 있다.

제16조(도주차량차단장비의 사용기준등) ①경찰관은 무면허운전이나 음주운전 기타 범죄에 이용하였다고 의심할 만한 차량 또는 수배중인 차량이 정당한 검문에 불응하고 도주하거나 차량으로 직무집행중인 경찰관에게 위해를 가한 후 도주하려는 경우에는 도주차량차단장비를 사용할 수 있다.

② 도주차량차단장비를 운용하는 경찰관은 검문 또는 단속장소의 전방에 동 장비의 운용중임을 알리는 안내표지판을 설치하고 기타 필요한 안전조치를 취하여야 한다.

제17조(위해성 경찰장비 사용을 위한 안전교육) 법 제10조 제1항 단서에 따라 직무수행 중 위해성 경찰장비를 사용하는 경찰관은 별표 1의 기준에 따라 위해성 경찰장비 사용을 위한 안전교육을 받아야 한다.

제18조(위해성 경찰장비에 대한 안전검사) 위해성 경찰장비를 사용하는 경찰관이 소속한 국가경찰관서의 장은 소속 경찰관이 사용할 위해성 경찰장비에 대한 안전검사를 별표 2의 기준에 따라 **실시하여야 한다**.

제18조의2(신규 도입 장비의 안전성 검사) ① **경찰청장**은 위해성 경찰장비를 새로 도입하려는 경우에는 법 제10조 제5항에 따라 안전성 검사를 실시하여 새로 도입하려는 장비(이하 이 조에서 "신규 도입 장비"라 한다)가 사람의 생명이나 신체에 미치는 영향을 평가하여야 한다.

② 제1항에 따른 안전성 검사는 신규 도입 장비와 관련된 분야의 외부 전문가가 신규 도입 장비의 주요 특성이나 작동원리에 기초하여 제시하는 검사방법 및 기준에 따라 실시하되, 신규 도입 장비에 대하여 일반적으로 인정되는 합리적인 검사방법이나 기준이 있을 경우 그 검사방법이나 기준에 따라 안전성 검사를 실시할 수 있다.

③ 법 제10조 제5항 후단에 따라 안전성 검사에 참여한 **외부 전문가**는 안전성 검사가 끝난 후 30일 이내에 신규 도입 장비의 안전성 여부에 대한 의견을 경찰청장에게 제출하여야 한다.

④ 경찰청장은 신규 도입 장비에 대한 안전성 검사를 실시한 후 3개월 이내에 다음 각 호의 내용이 포함된 안전성 검사 결과보고서를 국회 소관 상임위원회에 제출하여야 한다.
1. 신규 도입 장비의 주요 특성 및 기본적인 작동 원리
2. 안전성 검사의 방법 및 기준
3. 안전성 검사에 참여한 외부 전문가의 의견
4. 안전성 검사 결과 및 종합 의견

제19조(위해성 경찰장비의 개조 등) 국가경찰관서의 장은 폐기대상인 위해성 경찰장비 또는 성능이 저하된 위해성 경찰장비를 개조할 수 있으며, 소속경찰관으로 하여금 이를 본래의 용법에 준하여 사용하게 할 수 있다. 〈21채용〉

제20조(사용기록의 보관 등) ① 제2조 제2호부터 제4호까지의 위해성 경찰장비(제4호의 경우에는 살수차만 해당한다)를 사용하는 경우 그 현장책임자 또는 사용자는 별지 서식의 사용보고서를 작성하여 직근상급 감독자에게 보고하고, 직근상급 감독자는 이를 3년간 보관하여야 한다.
② 제1항의 규정에 의하여 제2조 제2호의 무기 사용보고를 받은 직근상급 감독자는 지체없이 지휘계통을 거쳐 경찰청장 또는 해양경찰청장에게 보고하여야 한다.

(8) 경찰 물리력 행사 기준과 방법에 관한 규칙(경찰청예규)
① 경찰 물리력의 정의: 경찰 물리력이란 경찰권발동의 대상자에 대해 행해지는 일체의 신체적, 도구적 접촉[경찰관의 현장 임장, 언어적 통제 등 직접적인 신체 접촉 전 단계의 행위들도 포함(제외 ×)한다]을 말한다.
② 경찰 물리력 사용 3대 원칙

위해 감소 노력 우선의 원칙	안전하고 시간적 여유가 있을 경우, 위해 수준을 떨어뜨려 덜 위험한 물리력 사용 노력. 오히려 상황 악화 우려 또는 급박한 경우는 제외
대상자 행위와 물리력 간 상응의 원칙	위해 수준을 계속 평가·판단하여 필요 최소한 물리력 사용
객관적 합리성 원칙	• 합리적인 현장 경찰관의 관점에서 적절한 물리력 사용 • 범죄 종류, 피해 경중, 위해 급박성, 저항 강약, 대상자와 경찰관의 수, 대상자의 무기 종류 및 사용 태양, 대상자의 신체 건강 상태, 도주여부, 현장 주변 상황 등을 종합 고려

③ 경찰 대응 수준 〈22·23채용〉

대상자 행위(2.1)		경찰 대응 수준(2.2)	
순응	경찰관의 지시·통제에 따르는 상태, 경찰관의 요구에 시간만 지체하는 경우	협조적 통제	대상자의 협조를 유도하거나 협조에 따른 물리력
소극적 저항	경찰관의 지시·통제를 따르지 않고 비협조적이지만 경찰관 또는 제3자에 대해 직접적인 위해를 가하지 않는 상태, 이동 명령에 전혀 움직이지 않거나, 물체를 잡고 버팀.	접촉 통제	대상자 신체 접촉을 통해 경찰목적 달성을 강제하지만 신체적 부상을 야기할 가능성은 극히 낮은 물리력

규대쌤 Comment

물리력을 강상객, 순소적폭치-허 접저중고

적극적 저항	경찰관의 체포·연행 등 정당한 공무집행을 방해하지만 위해 수준이 낮은 행위만을 하는 상태, 경찰관 손을 뿌리치거나 밀거나 끌고 침을 뱉는 행위	저위험 물리력	대상자가 통증을 느낄 수 있으나 신체적 부상을 당할 가능성은 낮은 물리력
폭력적 공격	경찰관이나 제3자에 대해 신체적 위해를 가하는 상태, 주먹·발로 위해를 초래하거나 임박한 상태, 강한 힘으로 경찰관으로부터 벗어나려고 하는 상태 〈22채용〉	중위험 물리력	대상자에게 신체적 부상을 입힐 수 있으나 생명·신체에 대한 중대한 위해 발생 가능성은 낮은 물리력
치명적 공격	경찰관이나 제3자에 대해 사망 또는 심각한 부상을 초래할 수 있는 상태, 총기류, 흉기, 둔기 등을 이용하여 위력 행사	고위험 물리력	대상자의 사망 또는 심각한 부상을 초래할 수 있는 물리력

④ 경찰 물리력 행사 연속체

㉠ 비례의 원칙에 입각한 물리력 사용 한계에 대한 이해도 제고를 위해 대상자 행위에 대응한 경찰 물리력 수준을 도식화한 것을 '경찰 물리력 행사 연속체〈그림〉'라고 한다.

❖ 경찰 물리력 행사 연속체(대상자 행위에 대응한 경찰 물리력 수준)

㉡ 경찰관은 가능한 경우 낮은 수준의 물리력부터 시작하여 물리력의 강도를 높여감으로써 상황을 안전하게 종결시키도록 하여야 한다. 다만, 급박하거나 대상자 행위의 위해 수준이 불연속적으로 급변하는 경우 경찰관 역시 그 상황에 맞는 물리력을 곧바로 사용할 수 있다.
ⓐ 1단계: 평가   ⓑ 2단계: 판단
ⓒ 3단계: 행동   ⓓ 4단계: 재평가

㉢ 이 연속체는 경찰관과 대상자가 대면하는 모든 상황에 기계적, 획일적으로 적용될 수 있는 것이 아니며, 실제 개별 경찰 물리력 사용 현장에서는 대상자의 행위 외에도 위해의 급박성, 대상자와 경찰관의 수·성별·체격·나이, 제3자에 대한 위해가능성, 기타 현장 주변 상황을 종합적으로 고려하여 가장 적절한 물리력을 사용하여야 한다.

⑤ 경찰 물리력 수준 【폭력적 – 가격 – 충격 – 부상】

대상자 행위	순응	소극적 저항	적극적 저항	폭력적 공격	치명적 공격
경찰대응 수준	협조적 통제	접촉 통제	저위험 물리력 통증(○) 부상(×)	중위험 물리력 부상(○) 중대한 위해(×)	고위험 물리력 부상(○) 사망(○)
신체적 물리력	가벼운 접촉	잡기, 밀기, 끌기, 쥐기, 누르기, 비틀기	목 압박, 넘어뜨리기, 관절 꺾기, 조르기	손바닥, 주먹, 발 등으로 가격	모든 신체부위 가격 가능 (머리는 지양), 중요부위 가격, 급소 가격, 목 조르기, 강하게 압박
경찰봉 방패	×	밀어내기	밀어내기	• 경찰봉: 가격 • 방패: 세게 밀기	
분사기	×	×	○	○	○
전자충격기	×	×	×	○	○
권총	×	×	×	×	○
수갑	모든 단계에서 사용 가능				

⑥ 개별 물리력 사용 시 유의사항

> **3.4.2. 수갑 사용 한계 및 유의사항**
> 가. 경찰관은 대상자의 언행, 현장상황 등을 종합적으로 고려하여 도주, 폭행, 소요, 자해 등의 위험이 있는 경우 수갑을 사용할 수 있으며, 그 우려가 높다고 판단되는 경우 뒷수갑을 사용할 수 있다.
> 나. 경찰관은 뒷수갑 상태로 대상자를 이동시키는 경우 팔짱을 끼고 동행하는 등 도주 및 안전사고 예방을 위한 적절한 조치를 취하여야 한다.
> 다. 경찰관은 대상자의 움직임으로 수갑이 조여지거나 일부러 조이는 행위를 예방하기 위해 **수갑의 이중 잠금장치를 사용하여야 한다**(할 수 있다 ×). 다만, 대상자의 항거 등으로 사용이 곤란한 경우에는 사용하지 않을 수 있다.
> 라. 경찰관은 대상자의 신체적 장애, 질병, 신체상태로 인하여 수갑을 사용하는 것이 불합리하다 판단되는 경우에는 수갑을 사용하지 않을 수 있다.
> 마. 경찰관은 대상자가 수갑으로 인한 고통을 호소하는 경우 수갑 착용 상태를 확인하여 재착용, 앞수갑 사용, 한손 수갑 사용 등 적절한 조치를 취하여야 한다.
> 바. 경찰관은 급박한 상황에서 수갑이 없거나 사용이 불가능한 경우 예외적으로 경찰혁대 등을 수갑 대용으로 사용할 수 있다.
>
> **3.7.2. 분사기 사용 한계 및 유의사항**
> 다. 경찰관은 정당방위나 긴급피난의 요건이 충족되지 않는 한, 다음 어느 하나에 해당하는 상황에서는 분사기를 사용하여서는 아니 된다.
> 1) 밀폐된 공간에서의 사용(다만, **경찰 순찰차의 운행을 방해하는 대상자를 제압하기 위해 다른 물리력 사용이 불가능한 경우는 제외한다**)
> 2) 대상자가 수갑 또는 포승으로 결박되어 있는 경우(다만, 대상자의 행위로 인해 경찰관 또는 제3자에 대한 신체적 위해 발생 가능성 있는 경우는 제외한다)
> 3) 대상자의 '소극적 저항' 상태가 장시간 지속될 뿐 이를 즉시 중단시켜야 할 정도로 급박하거나 위험하지 않은 상황

4) 경찰관이 대상자가 14세 미만이거나 임산부 또는 호흡기 질환을 가지고 있음을 인지한 경우(다만, 대상자의 저항 정도가 고위험(중위험 ×) 물리력을 사용할 수밖에 없는 상황은 제외한다)

3.8.3. 전자충격기 사용 시 유의사항

가. 경찰관은 근무 시작 전 전자충격기의 배터리 충전 여부와 전기 불꽃 작동 상태를 반드시 확인하여야 한다.

나. 경찰관은 공무수행에 필요하다고 믿을 만한 상황이 아닌 경우에는 전자충격기를 뽑아 들거나 다른 사람을 향하도록 하여서는 아니 되며, 반드시 **전자충격기집에 휴대**하여야 한다.

다. 경찰관은 전자충격기 사용 필요성이 인정되고 시간적 여유가 있는 경우에는 신속히 이 사실을 직근상급 감독자에게 보고하고, 동료 경찰관에게 전파하여야 한다. 이를 인지한 직근상급 감독자는 필요한 지휘를 하여야 한다.

라. 경찰관이 대상자에게 전자충격기 전극침을 발사하는 경우에는 **사전 구두 경고**를 하여야 한다. 다만, 현장상황이 **급박한 경우에는 생략**할 수 있다.

마. 경찰관이 사람을 향해 전자충격기를 사용하는 경우에는 적정 사거리(3~4.5m)에서 후면부(후두부 제외)나 전면부의 흉골 이하(안면, 심장, 급소 부위 제외)를 조준하여야 한다. 다만, 대상자가 두껍거나 헐렁한 상의를 착용하여 전극침의 효과가 없다고 판단되는 경우 대상자의 하체를 조준하여야 한다.

바. 경찰관은 전자충격기 전극침 불발, 명중 실패, 효과 미발생 시 예상되는 대상자의 추가적인 공격에 대한 적절한 대비책(스턴 방식 사용, 경찰봉 사용 준비, 동료 경찰관의 물리력 사용 태세 완비, 경력 지원 요청 등)을 미리 준비하여야 한다.

사. 전자충격기 전극침이 대상자에 **명중한 경우**에는 필요 이상의 전류가 흐르지 않도록 즉시 방아쇠로부터 손가락을 떼야 하며, 1 사용주기(방아쇠를 1회 당겼을 때 전자파장이 지속되는 시간)가 경과한 후 대상자의 상태, 저항 정도를 확인하여 추가적인 전자충격을 줄 필요가 있다고 판단되는 경우 다시 방아쇠를 당겨 사용할 수 있다.

아. 한 명의 대상자에게 동시에 두 대 이상의 전자충격기 전극침을 발사하거나 스턴 기능을 사용해서는 아니 된다.

자. 수갑을 사용하는 경우, 먼저 전자충격기를 전자충격기집에 원위치시킨 이후 양손으로 시도하여야 한다. 전자충격기를 파지한 상태에서 다른 한 손으로 수갑을 사용할 수밖에 없는 불가피한 상황에서는 안전사고 및 전자충격기 피탈방지에 각별히 유의하여야 한다.

3.9.3. 권총 사용 시 유의사항

가. 경찰관은 공무수행 중 필요하다고 믿을 만한 경우가 아닌 경우에는 권총을 뽑아 들거나 다른 사람을 향하도록 하여서는 안 되며, 반드시 **권총을 권총집에 휴대**하여야 한다.

나. 권총 장전 시 반드시 안전고무(안전장치)를 장착한다.

다. 경찰관은 권총 사용의 필요성이 인정되고 시간적 여유가 있는 경우에는 신속히 이 사실을 직근상급 감독자에게 보고하고, 동료 경찰관에게 전파하여야 한다. 이를 인지한 직근상급 감독자는 신속히 현장으로 진출하여 지휘하여야 한다.

라. 경찰관이 **권총을 뽑아드는 경우**, 격발 순간을 제외하고는 항상 검지를 방아쇠울에서 빼 곧게 뻗어 실린더 밑 총신에 일자로 대는 '검지 뻗기' 상태를 유지하여 의도하지 않은 격발을 방지하여야 한다.

마. 경찰관이 권총집에서 권총을 뽑은 상태에서 사격을 하지 않는 경우, 총구는 항상 지면 또는 공중(전방 ×)을 향하게 하여야 한다.

바. 경찰관은 사람을 향하여 권총을 발사하고자 하는 때에는 사전 구두 경고를 하거나 공포탄으로 경고하여야 한다. 다만, 현장상황이 급박하여 대상자에게 경고할 시간적 여유가 없는 경우나 인질·간첩 또는 테러사건에 있어서 은밀히 작전을 수행하는 경우 등 부득이한 때에는 생략할 수 있다.

사. 경찰관이 공포탄 또는 실탄으로 **경고 사격**을 하는 때는 경찰관의 발 앞쪽 **70도에서 90도 사이** 각도의 지면 또는 장애물이 없는 허공을 향하여야 한다.

아. 경찰관은 사람을 향해 권총을 조준하는 경우에는 **가급적 대퇴부(허리 ×) 이하** 등 상해 최소 부위를 향한다.

자. 경찰관이 리볼버 권총을 사용하는 경우 안전을 위해 **가급적 복동식(단동식 ×) 격발** 방법을 사용하여야 하며, 단동식 격발 방법을 사용하는 경우 격발에 근접한 때가 아닌 한 권총의 공이치기를 미리 젖혀놓지 않도록 하여야 한다.

차. 수갑을 사용하는 경우, 먼저 권총을 권총집에 원위치시킨 이후 양손으로 시도하여야 한다. 권총을 파지한 상태에서 다른 한 손으로 수갑을 사용할 수밖에 없는 불가피한 상황에서는 오발 사고 및 권총 피탈 방지에 각별히 유의하여야 한다.

12 사용기록 보관

경찰관직무집행법	위해성 경찰장비 사용기준등에 관한 규정(대통령령)
제11조(사용기록의 보관) 제10조 제2항에 따른 **살수차**, 제10조의3에 따른 **분사기**, 최루탄 또는 제10조의4에 따른 **무기**를 사용하는 경우 그 책임자(사용자 ×)는 사용 일시·장소·대상, 현장책임자, 종류, 수량 등을 기록하여 보관하여야 한다. ⟨21채용⟩	제20조(사용기록의 보관 등) ① 제2조 제2호부터 제4호까지의 위해성 경찰장비(제4호의 경우에는 살수차만 해당한다)를 사용하는 경우 그 현장책임자 또는 사용자는 별지 서식의 사용보고서를 작성하여 직근상급 감독자에게 보고하고, **직근상급 감독자는 이를 3년간 보관하여야 한다.** ② 제1항의 규정에 의하여 제2조 제2호의 무기 사용보고를 받은 직근상급 감독자는 지체없이 지휘계통을 거쳐 **경찰청장**에게 보고하여야 한다.

13 손실보상

제11조의2(손실보상) ① 국가는 경찰관의 적법한 직무집행으로 인하여 다음 각 호의 어느 하나에 해당하는 손실을 입은 자에 대하여 **정당한(상당한 ×) 보상**을 하여야 한다. ⟨20승진, 17채용, 20경위⟩
1. 손실발생의 원인에 대하여 **책임이 없는 자**가 생명·신체 또는 재산상의 손실을 입은 경우(손실발생의 원인에 대하여 책임이 없는 자가 경찰관의 직무집행에 자발적으로 협조하거나 물건을 제공하여 생명·신체 또는 재산상의 손실을 입은 경우를 포함한다) ⟨21채용⟩
2. 손실발생의 원인에 대하여 **책임이 있는 자**가 자신의 책임에 상응하는 정도를 초과하는 생명·신체 또는 재산상의 손실을 입은 경우 ⟨20승진⟩
② 제1항에 따른 보상을 청구할 수 있는 권리는 손실이 있음을 **안** 날부터 **3년**, 손실이 **발생한** 날부터 **5년간** 행사하지 아니하면 시효의 완성으로 소멸한다. ⟨17·18·20승진, 16·17·18·22채용⟩
③ 제1항에 따른 손실보상신청 사건을 심의하기 위하여 손실보상심의위원회를 둔다.

규대쌤 Comment
살수분무 기록은 책임자가 3년간 보관

④ 경찰청장, 해양경찰청장, 시·도경찰청장 또는 지방해양경찰청장은 제3항의 손실보상심의위원회의 심의·의결에 따라 보상금을 지급하고, 거짓 또는 부정한 방법으로 보상금을 받은 사람에 대하여는 해당 보상금을 환수하여야 한다. 〈20·21·22채용〉

⑤ 보상금이 지급된 경우 손실보상심의위원회는 대통령령으로 정하는 바에 따라 국가경찰위원회 또는 해양경찰위원회에 심사자료와 결과를 보고하여야 한다. 이 경우 국가경찰위원회 또는 해양경찰위원회는 손실보상의 적법성 및 적정성 확인을 위하여 필요한 자료의 제출을 요구할 수 있다.

⑥ 경찰청장, 해양경찰청장, 시·도경찰청장 또는 지방해양경찰청장은 제4항에 따라 보상금을 반환하여야 할 사람이 대통령령으로 정한 기한까지 그 금액을 납부하지 아니한 때에는 국세강제징수의 예에 따라 징수할 수 있다.

⑦ 제1항에 따른 손실보상의 기준, 보상금액, 지급 절차 및 방법, 제3항에 따른 손실보상심의위원회의 구성 및 운영, 제4항 및 제6항에 따른 환수절차, 그 밖에 손실보상에 관하여 필요한 사항은 대통령령으로 정한다. 〈17승진, 18채용, 19경위〉

경찰관직무집행법 시행령

제9조(손실보상의 기준 및 보상금액 등) ① 법 제11조의2 제1항에 따라 손실보상을 할 때 물건을 멸실·훼손한 경우에는 다음 각 호의 기준에 따라 보상한다.

1. 손실을 입은 물건을 수리할 수 있는 경우: 수리비에 상당하는 금액 〈20경위〉
2. 손실을 입은 물건을 수리할 수 없는 경우: 손실을 입은 당시의 해당 물건의 교환가액
3. 영업자가 손실을 입은 물건의 수리나 교환으로 인하여 영업을 계속할 수 없는 경우: 영업을 계속할 수 없는 기간 중 영업상 이익에 상당하는 금액 〈20경위〉

② 물건의 멸실·훼손으로 인한 손실 외의 재산상 손실에 대해서는 직무집행과 상당한 인과관계가 있는 범위에서 보상한다. 〈20승진, 15채용, 20경위〉

③~④ (생략)

물건 수리 가능	수리비
물건 수리 불가	손실(보상 ×) 당시 물건 교환가
물건 수리 교환으로 영업 손실	그 기간 영업 이익
물건 외의 재산상 손실	직무집행과 상당 인과관계 범위 내

제10조(손실보상의 지급절차 및 방법) ① 법 제11조의2에 따라 경찰관의 적법한 직무집행으로 인하여 발생한 손실을 보상받으려는 사람은 별지 제4호서식의 보상금 지급 청구서에 손실내용과 손실금액을 증명할 수 있는 서류를 첨부하여 손실보상청구 사건 발생지를 관할하는 국가경찰관서의 장에게 제출하여야 한다. 〈22승진〉

② 제1항에 따라 보상금 지급 청구서를 받은 국가경찰관서의 장은 해당 청구서를 제11조 제1항에 따른 손실보상청구 사건을 심의할 손실보상심의위원회가 설치된 경찰청, 해양경찰청, 시·도경찰청 및 지방해양경찰청의 장(이하 "경찰청장등"이라 한다)에게 보내야 한다.

③ 제2항에 따라 보상금 지급 청구서를 받은 경찰청장등은 손실보상심의위원회의 심의·의결에 따라 보상 여부 및 보상금액을 결정하되, 다음 각 호의 어느 하나에 해당하는 경우에는 그 청구를 각하(기각 ×)하는 결정을 하여야 한다.

1. 청구인이 같은 청구 원인으로 보상신청을 하여 보상금 지급 여부에 대하여 결정을 받은 경우. 다만, 기각 결정을 받은 청구인이 손실을 증명할 수 있는 새로운 증거가 발견되었음을 소명(疎明)하는 경우는 제외한다.
2. 손실보상 청구가 요건과 절차를 갖추지 못한 경우. 다만, 그 잘못된 부분을 시정할 수 있는 경우는 제외한다. 〈22채용〉

④ 경찰청장등은 제3항(보상 또는 각하 결정)에 따른 결정일부터 10일 이내에 다음 각 호의 구분에 따른 통지서에 결정 내용을 적어서 청구인에게 통지하여야 한다. 〈20법학, 21채용〉

⑤ 보상금은 다른 법률에 특별한 규정이 있는 경우를 제외하고는 현금으로 지급하여야 한다.
⑥ 보상금은 일시불로 지급하되, 예산 부족 등의 사유로 일시금으로 지급할 수 없는 특별한 사정이 있는 경우에는 청구인의 동의를 받아 분할하여 지급할 수 있다. 〈22채용〉
⑦ 보상금을 지급받은 사람은 보상금을 지급받은 원인과 동일한 원인으로 인한 부상이 악화되거나 새로 발견되어 다음 각 호의 어느 하나에 해당하는 경우에는 보상금의 추가 지급을 청구할 수 있다 (제1호 및 제2호 생략).
⑧ (생략)

제12조(위원장) ① 위원장은 위원 중에서 호선한다.
② 위원장은 위원회를 대표하며, 위원회의 업무를 총괄한다.
③ 위원장이 부득이한 사유로 직무를 수행할 수 없는 때에는 위원장이 미리 지명한 위원이 그 직무를 대행한다. 〈21채용〉

제17조의3(국가경찰위원회 보고 등) ① 위원회(경찰청 및 시·도경찰청에 설치된 위원회만 해당)는 보상금 지급과 관련된 심사자료와 결과를 반기별로 국가경찰위원회에 보고해야 한다(시경위 ×).
② 국가경찰위원회는 필요하다고 인정하는 때에는 수시로 보상금 지급과 관련된 심사자료와 결과에 대한 보고를 위원회에 요청할 수 있다. 위원회는 그 요청에 따라야 한다.

14 범인검거 등 공로자 보상

제11조의3(범인검거 등 공로자 보상) ① 경찰청장, 해양경찰청장, 시·도경찰청장, 지방해양경찰청장, 경찰서장 또는 해양경찰서장(이하 이 조에서 "경찰청장등"이라 한다)은 다음 각 호의 어느 하나에 해당하는 사람에게 보상금을 지급할 수 있다.
1. 범인 또는 범인의 소재를 신고하여 검거하게 한 사람
2. 범인을 검거하여 경찰공무원에게 인도한 사람
3. 테러범죄의 예방활동에 현저한 공로가 있는 사람
4. 그 밖에 제1호부터 제3호까지의 규정에 준하는 사람으로서 대통령령으로 정하는 사람

> **경찰관직무집행법 시행령**
> 제18조(범인검거 등 공로자 보상금 지급 대상자)
> 1. 범인의 신원을 특정할 수 있는 정보를 제공한 사람
> 2. 범죄사실을 입증하는 증거물을 제출한 사람
> 3. 그 밖에 범인 검거와 관련하여 경찰 수사 활동에 협조한 사람 중 보상금 지급 대상자에 해당한다고 법 제11조의3 제2항에 따른 보상금심사위원회가 인정하는 사람

② 경찰청장등은 제1항에 따른 보상금 지급의 심사를 위하여 대통령령으로 정하는 바에 따라 각각 보상금심사위원회를 설치·운영하여야 한다.
③ 제2항에 따른 보상금심사위원회는 위원장 1명을 포함한 5명 이내의 위원으로 구성한다.
④ 제2항에 따른 보상금심사위원회의 위원은 소속 경찰공무원 중에서 경찰청장등이 임명한다.
⑤ 경찰청장등은 제2항에 따른 보상금심사위원회의 심사·의결에 따라 보상금을 지급하고, 거짓 또는 부정한 방법으로 보상금을 받은 사람에 대하여는 해당 보상금을 환수한다.
⑥ 경찰청장등은 제5항에 따라 보상금을 반환하여야 할 사람이 대통령령으로 정한 기한까지 그 금액을 납부하지 아니한 때에는 국세강제징수의 예에 따라 징수할 수 있다.
⑦ 제1항에 따른 보상 대상, 보상금의 지급 기준 및 절차, 제2항 및 제3항에 따른 보상금심사위원회의 구성 및 심사사항, 제5항 및 제6항에 따른 환수절차, 그 밖에 보상금 지급에 관하여 필요한 사항은 대통령령으로 정한다.

> **경찰관직무집행법 시행령**
> 제20조(범인검거 등 공로자 보상금의 지급 기준) 법 제11조의3 제1항에 따른 보상금의 최고액은 5억원으로 하며, 구체적인 보상금 지급 기준은 경찰청장이 정하여 고시한다.

범인검거 등 공로자 보상에 관한 규정(경찰청고시, ※ '법령보충규칙'에 해당한다.)
제6조(보상금의 지급 기준) ① 시행령 제20조에 따른 보상금 지급기준 금액은 다음 각 호와 같다.
  1. 사형, 무기징역 또는 무기금고, 장기 10년 이상의 징역 또는 금고에 해당하는 범죄: 100만원
  2. 장기 10년 미만의 징역 또는 금고에 해당하는 범죄: 50만원
  3. 장기 5년 미만의 징역 또는 금고, 장기 10년 이상의 자격정지 또는 벌금형: 30만원
② 연쇄 살인, 사이버 테러 등과 같이 피해 규모가 심각하고 사회적 파장이 큰 범죄의 지급기준 금액은 별표에 따른다.
③ 위원회는 제1항 및 제2항에 따른 보상금 지급기준에서 시행령 제21조 제2항 각 호의 사항을 고려하여 그 금액을 조정하거나 지급하지 아니할 수 있다.
④ 경찰청장 또는 경찰청장의 승인을 받은 시·도경찰청장이 미리 보상금액을 정하여 수배할 경우에는 제1항 및 제2항에 따른 보상금 지급기준에도 불구하고 예산의 범위에서 금액을 따로 결정할 수 있다.
⑤ 동일한 사람에게 지급결정일을 기준으로 연간(1월 1일부터 12월 31일까지) 5회를 초과하여 보상금을 지급할 수 없다.

제9조(보상금 이중 지급의 제한) 보상금 지급 심사·의결을 거쳐 지급이 이루어진 이후에는 동일한 사건에 대하여 보상금을 지급할 수 없다.

제10조(보상금의 배분 지급) 범인검거 등 공로자가 2명 이상인 경우에는 각자의 공로, 당사자 간의 분배 합의 등을 감안해서 배분하여 지급할 수 있다.

15 손실보상심의위원회와 보상금심사위원회 비교

구분	손실보상심의위원회	(공로)보상금심사위원회
소속	경찰청, 시·도청 (경찰서 ×) 〈22채용〉	경찰청, 시·도청, 경찰서
구성	5~7인 〈17·18·20승진〉	5인 이내 〈19승진, 22채용〉
위원장	① 호선 〈18·20승진〉 (부록 제1장 '위원회 종합' 참조) ② 위원장이 미리 지명한 위원이 그 직무를 대행한다. 〈21채용〉	경찰청장/시·도청장/경찰서장이 소속 과장급 이상 경찰공무원 중에서 임명 〈17승진〉
위원	• 판·검·변 5년 이상 • 법학·행정학 부교수 5년 이상 • 경찰업무와 손실보상에 학식·경험자 • 경찰공무원 아닌 자 과반수 이상 • 임기 2년	• 경찰청장/시·도청장/경찰서장이 소속 경찰공무원 중에서 임명 (민간위원 없이 경찰관 위원으로만 구성)
의결	재적 과반수 출석, 출과찬 〈18승진〉	재적 과반수 찬성 (부록 제1장 '위원회 종합' 참조)

> ● 정리하기
>
> **금전 관련 규정**
> - 국가보안법 위반한 자를 신고하거나 체포한 자에게는 **상금을 지급한다**(필요적 지급).
> - 국가보안법의 죄를 범하고 보수를 받은 때에는 이를 몰수한다(필요적 몰수).
> - 손실보상
>   - 정당한 보상을 하여야 한다.
>   - 거짓, 부정한 보상금은 환수하여야 한다. ⇨ 보상금 미반환 시 국세 체납처분의 예에 따라 징수할 수 있다.
> - 범인검거 등 공로자에게 보상금을 지급할 수 있다.
> - 국가보안법에서 상금(범인 신고·체포)은 지급해야 하고, 보로금(압수물·금품)과 보상금(신고·체포 시 사상을 입은 경우)은 지급할 수 있다.

16 소송 지원

제11조의4(소송 지원) 경찰청장과 해양경찰청장은 경찰관이 제2조 각 호에 따른 직무의 수행으로 인하여 민·형사상 책임과 관련된 소송을 수행할 경우 변호인 선임 등 소송 수행에 필요한 지원을 **할 수 있다**(하여야 한다 ×). 〈22채용〉

17 직무 수행으로 인한 형의 감면

제11조의5(직무 수행으로 인한 형의 감면) 다음 각 호의 범죄가 행하여지려고 하거나 행하여지고 있어 타인의 생명·신체(재산 ×)에 대한 위해 발생의 우려가 명백하고 긴급한 상황에서, 경찰관이 그 위해를 예방하거나 진압하기 위한 행위 또는 범인의 검거 과정에서 경찰관을 향한 직접적인 유형력 행사에 대응하는 행위를 하여 그로 인하여 타인에게 피해가 발생한 경우, 그 경찰관의 직무수행이 불가피한 것이고 필요한 최소한의 범위에서 이루어졌으며 해당 경찰관에게 고의 또는 중대한 과실이 없는 때에는(있어도 ×) 그 정상을 참작하여 형을 감경하거나 면제할 수 있다.
1. 「형법」제2편제24장 살인의 죄, 제25장 상해와 폭행의 죄, 제32장 강간과 추행의 죄 중 강간에 관한 범죄(추행 ×), 제38장 절도와 강도의 죄 중 강도에 관한 범죄(절도 ×) 및 이에 대하여 다른 법률에 따라 가중처벌하는 범죄
2. 「가정폭력범죄의 처벌 등에 관한 특례법」에 따른 가정폭력범죄, 「아동학대범죄의 처벌 등에 관한 특례법」에 따른 아동학대범죄

(1) 2021년 11월에 발생한 '인천 층간 소음' 사건을 계기로 현장에 출동한 경찰관이 적극적으로 현장대응하지 못한 것에 대한 반성으로 규정되었다.
(2) 경직법에서 '자기'는 경찰관을 의미하고 '타인'은 경찰관 이외의 사람을 말한다. 범인도 타인에 포함되므로, 범인이 자해를 하려는 경우도 해당된다.
(3) '피해'의 범위에 대하여 생명·신체뿐 아니라 재산상 피해도 해당되는가에 대하여, 본 조항은 형사책임을 감면하는 것이므로 재산상 피해에 대한 민사책임 감면은 해당되지 않으며, 과실로 인한 재물손괴죄는 형사 처벌대상이 되지 않으므로 처음부터 감면의 대상에 해당하지 아니한다. 따라서 피해는 생명·신체에 대한 피해만 해당한다고 해석된다.

(4) 감면이 되는 범죄의 대상은 상당히 제한적이다. 가정폭력범죄 중 명예훼손, 모욕, 손괴, 정보통신망 이용 문자 발송 등의 범죄는 포함되지 않는다. 타인의 생명·신체에 대한 위해 발생 우려가 있는 범죄만 해당되기 때문이다.

18 벌칙

> 제12조(벌칙) 이 법에 규정된 경찰관의 의무를 위반하거나 직권을 남용하여 다른 사람에게 해를 끼친 사람은 1년 이하의 징역이나 금고 또는 300만원 이하의 벌금에 처한다.

(1) 경직법에 규정된 유일한 처벌규정으로서 경찰관에 대한 처벌규정만 있다.
(2) 청원경찰의 직권남용은 청원경찰법에 의하여 6개월 이하의 징역이나 금고에 처한다.
(3) 제8조의2(정보의 수집 등)와 관련하여 직권 남용을 넘어 정치에 관여할 경우 경찰공무원법(제37조)에 의하여 5년 이하의 징역과 5년 이하의 자격정지에 처하게 되고, 공소시효는 10년이다.

CHAPTER 06 행정구제

제1절 행정절차법

1 행정구제의 의의

(1) 행정구제는 행정작용으로 권리나 이익이 침해되었다고 주장하는 자가 행정기관이나 법원을 통하여 원상회복, 손해전보 또는 당해 행정작용의 취소·변경을 청구하는 절차이다.

(2) 사전적 권리구제제도로 행정절차를 들 수 있고, 사후적 권리구제제도로 행정쟁송(행정심판, 행정소송)과 손해전보(손해배상, 손실보상)가 있다. 기타 구제제도로 청원, 옴부즈맨제도, 민원처리제도 등이 있다.

2 행정절차법의 주요내용

(1) 의의
   ① 처분, 신고, 확약, 위반사실 등의 공표, 행정계획, 행정상 입법예고, 행정예고 및 행정지도의 절차에 관하여 다른 법률에 특별한 규정이 있는 경우를 제외하고는 이 법에서 정하는 바에 따른다(공법상계약 ×, 행정조사 ×).
   ② 형사(刑事), 행형(行刑) 및 보안처분 관계 법령에 따라 행하는 사항 등에 대하여는 적용하지 아니한다.

(2) 송달

송달 방법	송달은 우편, 교부 또는 정보통신망 이용 등의 방법으로 하되, 송달받을 자(대표자 또는 대리인 포함)의 주소·거소(居所)·영업소·사무소 또는 전자우편주소로 한다. 다만, 송달받을 자가 동의하는 경우에는 그를 만나는 장소에서 송달할 수 있다.
교부 송달	① 교부에 의한 송달은 수령확인서를 받고 문서를 교부함으로써 하며, 송달하는 장소에서 송달받을 자를 만나지 못한 경우에는 그 사무원·피용자 또는 동거인으로서 사리를 분별할 지능이 있는 사람에게 문서를 교부할 수 있다. ② 다만, 문서를 송달받을 자 또는 그 사무원 등이 정당한 사유 없이 송달받기를 거부하는 때에는 그 사실을 수령확인서에 적고, 문서를 송달할 장소에 놓아둘 수 있다.
전자 송달	정보통신망 이용 송달은 송달받을 자가 동의하는 경우만 가능
공시 송달	송달받을 자의 주소 등을 통상적인 방법으로 확인할 수 없거나 송달이 불가능한 경우 관보, 공보, 게시판, 일간신문 중 하나 이상에 공고하고(and), 인터넷에도 공고하여야 한다.
효력 발생	① 효력은 도달됨으로써 발생한다. ② 정보통신망 이용 송달은 송달받을 자가 지정한 컴퓨터에 입력된 때 도달된 것으로 본다. ② 공시송달은 특별한 규정이 없으면 공고일부터 14일이 지난 때 효력 발생

판례	① 보통우편의 방법으로 발송되었다는 사실만으로는 그 우편물이 상당한 기간 내에 도달하였다고 추정할 수 없다(대판 2007두20140). ② 등기취급의 방법으로 발송된 경우에는 반송되는 등의 특별한 사정이 없는 한 그 무렵 수취인에게 배달되었다고 보아야 한다(대판 2007다51758). ③ 상대방 있는 행정처분이 상대방에게 고지되지 아니한 경우에는 상대방이 다른 경로를 통해 행정처분의 내용을 알게 되었다고 하더라도 행정처분의 효력이 발생한다고 볼 수 없다(대판 2019두38656).

(3) 사전통지 제도(제21조)

① 행정청은 당사자에게 의무를 부과하거나 권익을 제한하는 처분을 하는 경우에는 미리 의견제출 방법 등을 당사자등에게 통지하여야 한다.

> • 국가공무원법상 직위해제를 할 때에는 처분사유 설명서를 교부하도록 하고, 30일 이내에 소청심사청구를 할 수 있도록 하고 있으므로 해당 처분의 사전통지 및 의견청취 등에 관한 행정절차법의 규정이 별도로 적용되지 아니한다(대판 2012두26180).
> • 특별한 사정이 없는 한 신청에 대한 거부처분이라고 하더라도 직접 당사자의 권익을 제한하는 것은 아니어서 신청에 대한 거부처분을 여기에서 말하는 '당사자의 권익을 제한하는 처분'에 해당한다고 할 수 없는 것이어서 처분의 사전통지대상이 된다고 할 수 없다(대판 2003두674).

② 청문을 하려면 청문이 시작되는 날부터 10일 전까지 당사자 등(당사자, 이해관계인)에게 통지하고, 7일 전까지 청문 주재자에게 청문과 관련한 필요한 자료를 통지하여야 한다. 〈19승진, 18경간〉

> 청문통지서 도달기간을 어겼지만 당사자가 청문일에 출석하여 의견 진술을 하였다면 하자가 치유된 것이다(대판 92누2844).

(4) 의견청취 제도(제22조)

① 의의

청문	행정청이 어떠한 처분을 하기 전에 당사자 등의 의견을 직접 듣고 증거를 조사하는 절차
공청회	행정청이 공개적인 토론을 통하여 어떠한 행정작용에 대하여 당사자 등, 전문지식과 경험을 가진 사람, 그 밖의 일반인으로부터 의견을 널리 수렴하는 절차
의견제출	행정청이 어떠한 행정작용을 하기 전에 당사자 등이 의견을 제시하는 절차로서 청문이나 공청회에 해당하지 아니하는 절차

② 청문
  ㉠ 청문을 해야 하는 경우 〈13·14승진〉
    ⓐ 청문을 하도록 법령이 규정 〈23채용〉
    ⓑ 행정청이 필요하다고 인정
    ⓒ 인허가 등의 취소, 신분·자격 박탈, 법인·조합 등의 설립허가 취소 (당사자 신청 시 ×) 〈23채용〉
      ※ 당사자에게 의무를 부과하거나 권익을 제한할 때 다른 법령에 특별한 규정이 없으면 청문을 거쳐야 한다(×). 〈14·19승진〉

ⓛ 다수 국민의 이해가 상충되는 처분, 불편·부담을 주는 처분, 그 밖에 전문적이고 공정한 청문을 위하여 행정청은 **청문 주재자를 2명 이상**으로 선정할 수 있다.
ⓒ 청문 주재자는 독립하여 공정하게 직무를 수행하며, 제척(자신이 해당 처분업무를 처리하는 부서에 근무하는 경우 등)·기피·회피를 할 수 있다.
ⓔ 당사자 신청 또는 청문 주재자가 필요하다고 인정 시 공개할 수 있으나(해야 한다 ×), 공익 또는 제3자 이익 침해 우려 시 공개 불가
ⓜ 당사자 등은(제3자 ×) 의견제출의 경우에는 처분의 사전 통지가 있는 날부터 의견제출기한까지, 청문의 경우에는 청문의 통지가 있는 날부터(청문이 시작되는 날부터 ×) 청문이 끝날 때까지 행정청에 해당 사안의 조사결과에 관한 문서와 그 밖에 해당 처분과 관련되는 문서의 열람 또는 복사를 요청할 수 있다. 이 경우 행정청은 다른 법령에 따라 공개가 제한되는 경우를 제외하고는 그 요청을 거부할 수 없다(공익을 이유로 거부 ×). 〈18경간〉
※ 공청회에서는 문서 복사·열람권이 인정되지 않는다.
ⓗ 관련 판례

> • 청문을 거치도록 규정하고 있음에도 이를 결여한 처분은 취소(무효 ×) 사유 있는 처분이다(대판 2005두15700).
> • 행정처분의 상대방에 대한 청문통지서가 반송되었다거나, 행정처분의 상대방이 청문 일시에 불출석하였다는 이유로 청문을 실시하지 아니하고 한 침해적 행정처분은 위법하다(대판 2000두3337).

③ 공청회
㉠ 공청회를 개최하는 경우
ⓐ 공청회를 개최하도록 법령이 규정
ⓑ 널리 의견을 수렴할 필요가 있다고 행정청이 인정하는 경우 〈23채용〉
ⓒ 국민생활에 큰 영향을 미치는 대통령령으로 정하는 처분(다수의 생명, 안전, 건강, 소음·악취 등 환경에 영향)에 대하여 대통령령으로 정하는 수(30명) 이상의 당사자 등이 공청회 개최를 요구하는 경우
㉡ 행정청은 공청회 개최 14일 전까지 당사자 등에게 통지하고, 널리 알려야 한다. 다만, 공청회 개최를 알린 후 예정대로 개최하지 못하여 새로 일시 및 장소 등을 정한 경우에는 공청회 개최 7일 전까지 알려야 한다.
㉢ 온라인 공청회는 오프라인 공청회와 병행하여서만 가능하나, 아래의 경우는 단독으로도 가능
ⓐ 국민의 생명·신체·재산의 보호 등의 이유로 오프라인 공청회를 개최하기 어려운 경우
ⓑ 오프라인 공청회가 행정청이 책임질 수 없는 사유로 개최되지 못하거나 개최는 되었으나 정상적으로 진행되지 못하고 무산된 횟수가 3회 이상인 경우
ⓒ 행정청이 널리 의견을 수렴하기 위하여 온라인 공청회를 단독 개최 필요 인정하는 경우.

④ 의견제출
㉠ 의무를 부과하거나 권익을 제한하는 처분을 할 때, 청문이나 공청회를 하지 아니한 경우에는 (법률에 특별한 규정이 없는 한 ×) **의견제출 기회를 주어야 한다**(할 수 있다 ×). 〈18경간〉

> 퇴직연금의 환수결정은 당사자에게 의무를 과하는 처분이기는 하나, 관련 법령에 따라 당연히 환수금액이 정하여지는 것이므로, 퇴직연금의 환수결정에 앞서 당사자에게 의견진술의 기회를 주지 아니하여도 행정절차법 제22조 제3항이나 신의칙에 어긋나지 아니한다(대판 99두5443).

  ⓒ 의견제출 기한은 10일 이상으로 고려하여 정하여야 한다.
  ⓒ 의견 제출은 서면, 구술, 정보통신망 이용 가능
  ⓒ 의견이 이유 있다고 인정할 때는 이를 반영하여야 한다(할 수 있다 ×).
  ⓒ 행정청은 당사자 등이 제출한 의견을 반영하지 아니하고 처분을 한 경우 당사자 등이 처분이 있음을 안 날부터 90일 이내에 그 이유의 설명을 요청하면 서면으로 그 이유를 알려야 한다. 다만, 당사자 등이 동의하면 말, 정보통신망 또는 그 밖의 방법으로 알릴 수 있다.

● **정리하기**

의견청취 요건 정리

청문	공청회	의견제출
• 법령 규정 • 행정청이 필요하다 인정 • 인허가 등의 취소, 신분·자격 박탈, 법인·조합 등의 설립허가 취소 처분 시	• 법령 규정 • 행정청이 필요하다 인정 • 당사자 요구: 대통령령으로 정하는 처분(생명, 안전, 건강, 환경에 영향)에 대통령령으로 정하는 수(30명) 이상 요구시	행정청이 당사자에게 의무를 부과하거나 권익을 제한하는 처분을 할 때 청문 또는 공청회 외에는 당사자 등에게 의견제출의 기회를 주어야 한다.

(5) 처분의 이유제시(제23조)
 ① 행정청은 다음의 경우를 제외하고는 당사자에게 처분의 근거와 이유를 제시하여야 한다.
  ㉠ 신청 내용을 모두 그대로 인정하는 처분인 경우
  ㉡ 단순·반복적인 처분 또는 경미한 처분으로서 당사자가 그 이유를 명백히 알 수 있는 경우
  ㉢ 긴급히 처분을 할 필요가 있는 경우
 ② 행정청은 위 ㉡과 ㉢의 경우에 당사자가 요청하는 경우에는 그 근거와 이유를 제시하여야 한다.

(6) 확약(제40조의2)
 ① 법령 등에서 당사자가 신청할 수 있는 처분을 규정하고 있는 경우 행정청은 당사자의 신청에 따라 장래에 어떤 처분을 하거나 하지 아니할 것을 내용으로 하는 의사표시(이하 "확약"이라 한다)를 할 수 있다.
 ② 확약은 문서로 하여야 한다.
 ③ 확약을 한 후에 확약의 내용을 이행할 수 없을 정도로 법령 등이나 사정이 변경된 경우, 확약이 위법한 경우에 행정청은 확약에 기속되지 아니한다. 이에 해당하여 확약을 이행할 수 없는 경우에는 지체 없이 당사자에게 그 사실을 통지하여야 한다.

(7) 위반사실 등의 공표(제40조의3)
  ① 행정청은 법령에 따른 의무를 위반한 자의 성명·법인명, 위반사실, 의무 위반을 이유로 한 처분사실 등(이하 "위반사실 등"이라 한다)을 법률로 정하는 바에 따라 일반에게 공표할 수 있다.
  ② 행정청은 위반사실 등의 공표를 할 때에는 **미리 당사자에게 그 사실을 통지하고 의견제출의 기회를 주어야 한다.**
  ③ 행정청은 위반사실 등의 공표를 하기 전에 당사자가 공표와 관련된 의무의 이행, 원상회복, 손해배상 등의 조치를 마친 경우에는 위반사실 등의 공표를 하지 아니할 수 있다.

(8) 입법예고(제43조)
  ① 법령 등을 제정·개정·폐지하려는 경우, 해당 입법안을 마련한 행정청이 이를 예고하여야 한다.
  ② 입법예고기간은 특별한 사정이 없으면 **40일(자치법규는 20일) 이상**으로 한다.

(9) 행정예고(제46조)
  ① 행정청은 정책, 제도 및 계획을 수립·시행하거나 변경하려는 경우에는 이를 예고하여야 한다. 다만, 다음의 경우에는 예고를 하지 아니할 수 있다.
    ㉠ 신속하게 국민의 권리를 보호하여야 하거나 예측이 어려운 특별한 사정이 발생하는 등 긴급한 사유로 예고가 현저히 곤란한 경우
    ㉡ 법령 등의 단순한 집행을 위한 경우
    ㉢ 정책 등의 내용이 국민의 권리·의무 또는 일상생활과 관련이 없는 경우
    ㉣ 정책 등의 예고가 공공의 안전 또는 복리를 현저히 해칠 우려가 상당한 경우
  ② 제1항에도 불구하고 법령 등의 입법을 포함하는 행정예고는 입법예고로 갈음할 수 있다.
  ③ 행정예고기간은 20일 이상으로 하되, 긴급한 경우 10일 이상으로 한다.

(10) 행정지도

> 제48조(행정지도의 원칙) ① 행정지도는 그 목적 달성에 필요한 최소한도에 그쳐야 하며, 행정지도의 상대방의 의사에 반하여 부당하게 강요하여서는 아니 된다. 〈22채용〉
> ② 행정기관은 행정지도의 상대방이 행정지도에 따르지 아니하였다는 것을 이유로 불이익한 조치를 하여서는 아니 된다.
> 제49조(행정지도의 방식) ① 행정지도를 하는 자는 그 상대방에게 그 행정지도의 취지 및 내용과 신분을 밝혀야 한다.
> ② 행정지도가 말로 이루어지는 경우에 상대방이 제1항의 사항을 적은 서면의 교부를 요구하면 그 행정지도를 하는 자는 직무 수행에 특별한 지장이 없으면 이를 교부하여야 한다.
> 제50조(의견제출) 행정지도의 상대방은 해당 행정지도의 방식·내용 등에 관하여 행정기관에 의견제출을 할 수 있다. 〈22채용〉
> 제51조(다수인을 대상으로 하는 행정지도) 행정기관이 같은 행정목적을 실현하기 위하여 많은 상대방에게 행정지도를 하려는 경우에는 특별한 사정이 없으면 행정지도에 공통적인 내용이 되는 사항을 공표하여야 한다.

① 임의성의 원칙과 과잉금지 원칙을 명문화하고 있다. 〈15승진〉
② 행정지도의 형식은 명문으로 규정되어 있지 않다. 〈22채용〉
③ 반드시 법률의 근거를 필요로 하는 것은 아니다.
④ 비권력적 사실행위이므로 원칙적으로 행정소송의 대상이 되지 않는다. 〈23채용〉
⑤ 위법한 행정지도로 국민이 손해를 입으면 국가배상책임이 인정될 수 있다.

제2절 행정심판법

1 행정심판 개관

(1) 정의

처분	행정청이 행하는 구체적 사실에 관한 법집행으로서의 공권력의 **행사 또는 그 거부**, 그 밖에 이에 준하는 행정작용
부작위	행정청이 당사자의 신청에 대하여 상당한 기간 내에 일정한 처분을 하여야 할 **법률상 의무**가 있는데도 처분을 하지 아니하는 것
재결	행정심판의 청구에 대하여 **행정심판위원회**가 행하는 판단
행정청	행정에 관한 의사를 결정하여 표시하는 국가 또는 지방자치단체의 기관, 그 밖에 법령 또는 자치법규에 따라 행정권한을 가지고 있거나 위탁을 받은 **공공단체나 그 기관 또는 사인(私人)**

(2) 행정심판의 종류

취소심판	행정청의 위법 또는 **부당한** 처분을 취소하거나 변경하는 행정심판
무효등확인심판	행정청의 처분의 효력 유무 또는 존재 여부를 확인하는 행정심판
의무이행심판	① 당사자의 신청에 대한 행정청의 위법 또는 부당한 **거부처분이나 부작위**에 대하여 일정한 처분을 하도록 하는 행정심판이다. ② 행정심판위원회는 원처분청에 대하여 **처분할 것을 명령할 수도 있고**(처분명령재결), **직접 처분을 할 수도 있다**(처분재결).

(3) 행정심판의 대상
① 열기주의는 법률상 특히 열거한 사항에 대해서만 행정심판을 인정하고, 개괄주의는 법률상 특히 예외가 인정된 사항을 제외한 모든 사항에 대하여 행정심판을 인정하는 제도이다. 행정심판법 제3조 제1항은 "행정청의 처분 또는 부작위에 대하여는 다른 법률에 특별한 규정이 있는 경우 외에는 이 법에 따라 행정심판을 청구할 수 있다."고 규정하여 개괄주의를 채택하고 있다.
② 다만, 대통령의 처분 또는 부작위에 대하여는 다른 법률에서 행정심판을 청구할 수 있도록 정한 경우 외에는 **행정심판을 청구할 수 없도록 규정하고 있다**(제3조②). 이 경우 행정소송을 제기할 수 있다. 〈22채용〉
※ 행정소송을 할 경우 대통령의 처분 또는 부작위에는 소속 **장관**(대통령령으로 정하는 기관의 장을 포함)을 피고로 한다(국가공무원법 제16조②).

(4) 행정심판위원회
① 감사원, 국정원장, 국회사무총장, 법원행정처장, 헌법재판소사무처장, 선관위사무총장, 국가인권위원회 등 독립성과 특수성 등이 인정되는 행정청은 그 행정청에 두는 행정심판위원회에서 심리·재결하고, 그 외의 국가기관에 대한 행정심판은 국민권익위원회에 두는 중앙행정심판위원회에서 심리·재결한다.
② 시·도지사에 대한 행정심판은 국민권익위원회에 두는 중앙행정심판위원회에서 심리·재결하고, 시·도지사 소속의 행정청에 대한 심판청구는 시·도지사 소속의 행정심판위원회에서 심리·재결한다.
③ 경찰청장, 시·도청장, 경찰서장에 대한 행정심판은 중앙행정심판위원회에서 심리·재결한다.

2 행정심판 절차

청구기간	① 행정심판청구는 처분이 있음을 **안** 날부터 **90일** 이내 또는 처분이 있었던 날부터 **180일** 이내에 청구하여야 한다. ② 행정청이 심판청구 기간을 **규정된 기간보다 긴 기간으로 잘못 알린 경우** 그 잘못 알린 기간에 심판청구가 있으면 **규정된 기간에 청구된 것으로 본다**. ③ 행정청이 심판청구 기간을 알리지 아니한 경우에는 처분이 있었던 날부터 180일 이내에 심판청구를 할 수 있다. ④ 청구기간의 제한은 **무효등확인심판청구와 부작위에 대한 의무이행심판청구에는 적용하지 아니한다**. (거부처분 ×)
청구방식	① 심판청구는 **서면(심판청구서)**으로 하여야 한다. ② 심판청구서는 **피청구인(처분청)**이나 행정심판위원회에 제출하여야 한다.
집행정지 (제30조)	① 심판청구는 처분의 효력이나 그 집행 또는 절차의 속행에 영향을 주지 아니한다(집행부정지 원칙). ② 위원회는 처분, 처분의 집행 또는 절차의 속행 때문에 중대한 손해가 생기는 것을 예방할 필요성이 긴급하다고 인정할 때에는 직권으로 또는 당사자의 신청에 의하여 처분의 효력, 처분의 집행 또는 절차의 속행의 전부 또는 일부의 정지(이하 "집행정지"라 한다)를 결정할 수 있다. 다만, **처분의 효력정지**는 처분의 집행 또는 절차의 속행을 정지함으로써 그 목적을 달성할 수 있을 때에는 허용되지 아니한다. ※ 처분의 효력정지는 가급적 억제되어야 한다. ③ 집행정지는 공공복리에 중대한 영향을 미칠 우려가 있을 때에는 허용되지 아니한다.

3 중앙행정심판위원회

구성	① 위원장 1명 포함 **70명** 이내의 위원, 상임위원은 **4명** 이내 〈22법학경채〉 ※ 중앙행정심판위원회를 제외한 각급 행정심판위원회는 50명 이내로 구성 ② 위원장은 **국민권익위원회 부위원장 중 1명**이 겸임 〈22법학경채〉 ※ 국무총리 소속으로 국민권익위원회를 두고, 국민권익위원회 소속으로 중앙행정심판위원회를 둔다.
상임	① 3급 이상 공무원 또는 고위공무원단에 속하는 일반직공무원으로 3년 이상 근무한 사람 등을 일반직공무원(임기제)으로 임명한다. ② 중앙행정심판위원회 위원장의 제청으로 국무총리를 거쳐 대통령이 임명한다. ② 임기는 **3년**(1차에 한하여 연임)

비상임	① 위원장의 제청으로 국무총리가 성별을 고려하여 위촉 〈22법학경채〉 ② 임기는 2년(2차에 한하여 연임) 〈22법학경채〉
회의	① 소위원회를 제외한 회의는 위원장, 상임위원, 위원장이 회의마다 지정하는 비상임위원을 포함하여 총 9명으로 구성한다. ② 운전면허 행정처분 사건을 심리·의결하기 위해 4명의 소위원회 구성한다.

4 행정심판 재결

(1) 재결의 종류

각하재결	① 심판청구가 부적법하면 그 심판청구를 각하한다. ② 요건흠결 등의 이유로 본안 심리를 거절하는 재결이다.
기각재결	① 심판청구가 이유가 없다고 인정하면 그 심판청구를 기각한다. 〈23채용〉 ② 본안심리 이후 이를 배척하는 재결이다.
인용재결	① 심판청구가 이유가 있다고 인정하여 이를 받아들이는 재결이다. ② 취소심판의 청구가 이유가 있다고 인정하면 처분을 취소 또는 다른 처분으로 변경하거나 처분을 다른 처분으로 변경할 것을 피청구인에게 명한다. ③ 무효등확인심판의 청구가 이유가 있다고 인정하면 처분의 효력 유무 또는 처분의 존재 여부를 확인한다. ④ 의무이행심판의 청구가 이유가 있다고 인정하면 지체 없이 신청에 따른 처분을 하거나 처분을 할 것을 피청구인에게 명한다.

(2) 사정재결

① 심판청구가 이유가 있다고 인정하는 경우에도 이를 인용하는 것이 공공복리에 크게 위배된다고 인정하면 그 심판청구를 기각하는 재결(인용재결 ×)을 할 수 있다. 〈22채용〉
② 사정재결을 하는 경우 재결의 주문(主文)에서 그 처분 또는 부작위가 위법하거나 부당하다는 것을 구체적으로 밝혀야 한다. 〈22채용〉
③ 사정재결 이후에도 행정심판의 대상인 처분등의 효력은 유지된다. 〈22채용〉
③ 위원회가 사정재결을 할 때에는 청구인에 대하여 상당한 구제방법을 취하거나 상당한 구제방법을 취할 것을 피청구인에게 명할 수 있다.
③ 무효등확인심판에는 적용하지 아니한다. 〈22채용〉
 ※ 「행정소송법」상 사정판결은 무효등확인소송과 부작위법확인소송에 적용되지 아니한다 (제38조).

(3) 재결의 절차 및 효력

재결기간	심판청구서를 받은 날부터 60일 이내, 위원장 직권으로 30일 연장 가능 ※ 소청심사위원회의 의결기간과 동일
재결방식	재결은 서면으로 한다. 〈23채용〉
재결의 범위	① 위원회는 심판청구의 대상이 되는 처분 또는 부작위 외의 사항에 대하여는 재결하지 못한다. ② 위원회는 심판청구의 대상이 되는 처분보다 청구인에게 불리한 재결을 하지 못한다.

효력발생	① 위원회는 지체 없이 당사자에게 재결서의 정본을 송달하여야 한다. 이 경우 중앙행정심판위원회는 재결 결과를 소관 중앙행정기관의 장에게도 알려야 한다. 〈23채용〉 ② 재결은 청구인에게 제1항 전단에 따라 **송달되었을 때**에 그 효력이 생긴다. 〈23채용〉 ③ 위원회는 재결서의 **등본**을 지체 없이 참가인에게 송달하여야 한다. ④ 처분의 상대방이 아닌 제3자가 심판청구를 한 경우 위원회는 재결서의 등본을 지체 없이 피청구인을 거쳐 처분의 상대방에게 송달하여야 한다.
재결의 기속력	① 심판청구를 인용하는 재결은 (기각·각하 ×) 피청구인과 그 밖의 관계 행정청을 (청구인 ×, 법원 ×) 기속한다. ② 재결에 의하여 취소되거나 무효 또는 부존재로 확인되는 처분이 당사자의 신청을 거부하는 것을 내용으로 하는 경우에는 그 처분을 한 행정청은 재결의 취지에 따라 다시 이전의 신청에 대한 처분을 하여야 한다. ③ 당사자의 신청을 거부하거나 부작위로 방치한 처분의 이행을 명하는 재결이 있으면 행정청은 지체 없이 이전의 신청에 대하여 재결의 취지에 따라 처분을 하여야 한다. ④ 재결의 기속력은 재결의 주문 및 그 전제가 된 요건사실의 인정과 판단, 즉 처분 등의 구체적 위법사유에 관한 판단에만 미친다고 할 것이고, 종전 처분이 재결에 의하여 취소되었다 하더라도 종전 처분시와는 다른 사유를 들어서 처분을 하는 것은 기속력에 저촉되지 않는다(대판 2003두7705). 〈23채용〉 ⑤ 재결에 판결에서와 같은 기판력이 인정되는 것은 아니어서 재결이 확정된 경우에도 처분의 기초가 된 사실관계나 법률적 판단이 확정되고 당사자들이나 법원이 이에 기속되어 모순되는 주장이나 판단을 할 수 없게 되는 것은 아니다(대판 2013다6759).
불복	① 심판청구에 대한 재결이 있으면 그 재결 및 같은 처분 또는 부작위에 대하여 다시 행정심판을 청구할 수 없다(제51조). ② 기각된 행정심판의 재결을 대상으로 소송을 할 수는 없고, 원처분을 대상으로 행정소송을 제기하여야 한다.

5 기타 주요내용

제13조(청구인 적격) ① 취소심판은 처분의 취소 또는 변경을 구할 법률상 이익이 있는 자가 청구할 수 있다. 처분의 효과가 기간의 경과, 처분의 집행, 그 밖의 사유로 소멸된 뒤에도 그 처분의 취소로 회복되는 법률상 이익이 있는 자의 경우에도 또한 같다.

제31조(임시처분) ① 위원회는 처분 또는 부작위가 위법·부당하다고 상당히 의심되는 경우로서 처분 또는 부작위 때문에 당사자가 받을 우려가 있는 중대한 불이익이나 당사자에게 생길 급박한 위험을 막기 위하여 임시지위를 정하여야 할 필요가 있는 경우에는 직권으로 또는 당사자의 신청에 의하여 임시처분을 결정할 수 있다.
② (생략)
③ 제1항에 따른 임시처분은 제30조제2항에 따른 집행정지로 목적을 달성할 수 있는 경우에는 허용되지 아니한다. (보충성)

제39조(직권심리) 위원회는 필요하면 당사자가 주장하지 아니한 사실에 대하여도 심리할 수 있다.

제40조(심리의 방식) ① 행정심판의 심리는 구술심리나 서면심리로 한다. 다만, 당사자가 구술심리를 신청한 경우에는 서면심리만으로 결정할 수 있다고 인정되는 경우 외에는 구술심리를 하여야 한다.

6 관련 판례

① 비록 제목이 '진정서'로 되어 있더라도 위 문서를 행정처분에 대한 행정심판 청구로 보는 것이 옳다(대판 98두2621).
② 표제를 '행정심판청구서'로 한 서류를 제출한 경우라 할지라도 이를 처분에 대한 이의신청으로 볼 수 있다(대판 2011두26886).
③ 행정심판에 있어서 행정처분의 위법·부당 여부는 원칙적으로 처분시를 기준으로 판단하여야 할 것이나, 재결청은 처분 당시 존재하였거나 행정청에 제출되었던 자료뿐만 아니라, 재결 당시까지 제출된 모든 자료를 종합하여 위법·부당 여부를 판단할 수 있다(대판 99두5092).
④ 행정심판 재결의 내용이 처분청에게 처분의 취소를 명하는 것이 아니라 재결청이 스스로 처분을 취소하는 것일 때에는 그 재결의 형성력에 의하여 당해 처분은 별도의 행정처분을 기다릴 것 없이 당연히 취소되어 소멸되는 것이다(대판 97누17131).

제3절 행정소송법

1 행정소송 개관

(1) 행정소송의 종류(제3조, 제4조)

주관적 소송	항고 소송 〈22채용〉	취소소송	행정청의 **위법한**(부당 ×) 처분등을 취소 또는 변경하는 소송
		무효등확인소송	행정청의 **처분등의 효력 유무 또는 존재여부를 확인하는** 소송
		부작위위법 확인소송	① 행정청의 **부작위**가 위법하다는 것을 확인하는 소송 ② 행정심판위원회는 행정청의 부작위가 위법, 부당하다고 판단되면 직접 처분을 할 수 있으나, 행정소송에서 법원은 행정청의 부작위가 위법한 것을 확인할 뿐 직접 처분을 할 수는 없다.
	당사자 소송		행정청의 처분등을 원인으로 하는 법률관계에 관한 소송 그 밖에 공법상의 **법률관계에 관한 소송으로서 그 법률관계의 한쪽 당사자를 피고로 하는** 소송 예 공법상 신분 또는 지위 등의 확인소송, **공법상 계약**에 관한 소송, 공무원의 초과근무수당 지급 소송 등 ※ 국가배상소송의 경우, 행정법학 학계에서는 행정소송을 통해 다룰 것을 주장하고 있으나 재판에서는 일관되게 민사소송으로 다루고 있다.
객관적 소송	민중 소송		국가 또는 공공단체의 기관이 법률에 위반되는 행위를 한 때에 **직접 자기의 법률상 이익과 관계없이** 그 시정을 구하기 위하여 제기하는 소송 〈22채용〉 예 선거와 국민투표에 관한 소송 등
	기관 소송		국가 또는 공공단체의 **기관상호 간**에 있어서의 권한의 존부 또는 그 행사에 관한 다툼이 있을 때에 이에 대하여 제기하는 소송(헌법재판소의 관장사항 제외). 예 지방자치단체장이 지방의회를 상대로 소송을 제기하는 경우 등

(2) 행정소송의 구별
  ① 주관적 소송과 객관적 소송: 주관적 소송은 개인의 권리구제를 주된 목적으로 하고, 객관적 소송은 적법성 통제가 주된 목적이다.
  ② 항고소송과 당사자소송: 항고소송은 행정주체가 우월한 지위에서 갖는 공권력의 행사·불행사와 관련된 분쟁의 해결을 위한 소송이고, 당사자소송은 대등한 당사자 간에 다투어지는 공법상의 법률관계를 소송의 대상으로 한다.
  ③ 당사자소송과 민사소송: 당사자소송과 민사소송 모두 대등한 당사자 간에 이루어진다는 점에서 유사하지만, 당사자소송은 공법상의 법률관계를 대상으로 하고, 민사소송은 사법상의 법률관계를 대상으로 한다는 점에서 구별된다.

(3) 취소소송: 취소소송은 항고소송의 중심적인 소송으로서 행정소송법은 취소소송에 대하여 상세한 규정을 두고 다른 소송은 취소소송에 관한 규정을 준용하는 방식으로 규정하고 있다.

(4) 행정소송법상 집행정지(제23조)
  ① 취소소송의 제기는 처분등의 효력이나 그 집행 또는 절차의 속행에 영향을 주지 아니한다.
  ② 취소소송이 제기된 경우에 처분등이나 그 집행 또는 절차의 속행으로 인하여 생길 회복하기 어려운 손해를 예방하기 위하여 긴급한 필요가 있다고 인정할 때에는 본안이 계속되고 있는 법원은 당사자의 신청 또는 직권에 의하여 처분등의 효력이나 그 집행 또는 절차의 속행의 전부 또는 일부의 정지(이하 "집행정지"라 한다)를 결정할 수 있다. 다만, 처분의 효력정지는 처분등의 집행 또는 절차의 속행을 정지함으로써 목적을 달성할 수 있는 경우에는 허용되지 아니한다.
  ③ 집행정지는 공공복리에 중대한 영향을 미칠 우려가 있을 때에는 허용되지 아니한다.

2 행정심판과 행정소송의 구별

구분	행정심판	행정소송
기관	행정심판위원회	법원
종류	① 취소심판 ② 무효등확인심판 ③ 의무이행심판	① 취소소송 ② 무효등확인소송 ③ 부작위위법확인소송 ④ 당사자소송, 민중소송, 기관소송
심리	서면, 구술, 비공개원칙	구술, 공개원칙
대상	위법+부당	위법
거부처분	취소심판, 무효등확인심판, 의무이행심판	취소소송, 무효등확인소송
적극적 변경	○	×
제기기간	처분 있음을 안 날부터 90일, 있은 날부터 180일	① 행정심판을 거치지 않은 경우는 처분 있음을 안 날부터 90일 또는 처분이 있은 날부터 1년 이내 ② 행정심판을 거친 경우는 재결서 정본 송달 받은 날부터 90일, 재결 있은 날부터 1년 이내

공통점	① 불고불리의 원칙 ② 집행부정지의 원칙 ③ 법률상 이익이 있는 경우에만 제기 가능 ④ 불이익변경금지 원칙 ⑤ 사정재결 및 사정판결 인정

3 관련 판례

① 지시나 통보, 권한의 위임이나 위탁은 행정기관 내부의 문제일 뿐 국민의 권리의무에 직접 영향을 미치는 것이 아니어서 항고소송의 대상이 되는 행정처분에 해당하지 아니한다(대판 2012두22904).
② 구청장의 주민등록번호 변경신청 거부행위는 항고소송의 대상이 되는 행정처분에 해당한다(대판 2013두2945).
③ 항고소송은 원칙적으로 당해 처분을 대상으로 하나, 당해 처분에 대한 재결 자체에 고유한 주체, 절차, 형식 또는 내용상의 위법이 있는 경우에 한하여 그 재결을 대상으로 할 수 있다(대판 93누5673).
④ 행정심판위원회 스스로가 직접 당해 사업계획승인처분을 취소하는 형성적 재결을 한 경우에는 그 재결 외에 그에 따른 행정청의 별도의 처분이 있지 않기 때문에 재결 자체를 쟁송의 대상으로 할 수밖에 없다(대판 96누10911).
⑤ 상급행정청으로부터 내부위임을 받은 데 불과한 하급행정청이 권한 없이 행정처분을 한 경우에도 실제로 그 처분을 행한 하급행정청을 피고로 하여야 할 것이지 그 처분을 행할 적법한 권한 있는 상급행정청을 피고로 할 것이 아니다(대판 90누5641).
⑥ 부작위법확인의 소는 부작위상태가 계속되는 한 그 위법의 확인을 구할 이익이 있다고 보아야 하므로 원칙적으로 제소기간의 제한을 받지 않는다. 그러나 행정심판 등 전심절차를 거친 경우에는 행정소송법 제20조가 정한 제소기간 내에 부작위법확인의 소를 제기하여야 한다(대판 2008두10560).
⑦ 국가인권위원회의 성희롱결정 및 시정조치권고는 행정소송의 대상이 되는 행정처분에 해당한다(대판 2005두487).
⑧ 운전면허 행정처분처리대장상 벌점의 배점 자체만으로는 행정처분이라고 할 수 없다(대판 94누2190).

제4절 국가배상법

1 헌법과 국가배상법의 비교

헌법	국가배상법
공무원의 직무상 불법행위로 손해를 받은 국민은 법률이 정하는 바에 의하여 국가 또는 공공단체에 정당한 배상을 청구할 수 있다(제29조 ①).	국가 또는 지방자치단체는 ① 공무원의 직무상 불법행위로 인한 손해를 배상(제2조) ② 공공 영조물의 설치·관리 하자로 인한 손해배상(제5조)

2 공무원의 위법한 직무행위로 인한 손해배상(제2조)

(1) 국가나 지방자치단체(공공단체 ×)는 공무원 또는 공무를 위탁받은 사인이 직무를 집행하면서 고의 또는 과실로 법령을 위반하여 타인에게 손해를 입히거나, 「자동차손해배상보장법」에 따라 손해배상의 책임이 있을 때에는 이 법에 따라 그 손해를 배상하여야 한다. 이 경우 공무원에게 고의 또는 중대한 과실이 있으면 국가나 지방자치단체는 그 공무원에게 구상할 수 있다.

(2) 다만, 군인·군무원·경찰공무원 또는 예비군대원이 전투·훈련 등 직무 집행과 관련하여 전사·순직하거나 공상을 입은 경우에 본인이나 그 유족이 다른 법령에 따라 재해보상금·유족연금·상이연금 등의 보상을 지급받을 수 있을 때에는 이 법 및 「민법」에 따른 손해배상을 청구할 수 없다.

> ① 경찰공무원이 낙석사고 현장 주변 교통정리를 위하여 사고현장 부근으로 이동하던 중 대형 낙석이 순찰차를 덮쳐 사망한 사안에서, 국가배상법 제2조 제1항 단서의 면책조항은 전투·훈련 또는 이에 준하는 직무집행뿐만 아니라 '일반 직무집행'에 관하여도 국가나 지방자치단체의 배상책임을 제한하는 것이다(대판 2010다85942). 〈23경위〉
> ② 경찰서 지서의 숙직실(연탄가스 중독사건)은 국가배상법 제2조 제1항 단서에서 말하는 전투·훈련에 관련된 시설이라고 볼 수 없으므로 위 숙직실에서 순직한 경찰공무원의 유족들은 국가배상법 제2조 제1항 본문에 의하여 국가배상법 및 민법의 규정에 의한 손해배상을 청구할 권리가 있다(대판 77다2389).

(3) 생명·신체의 침해로 인한 국가배상을 받을 권리는 양도하거나 압류하지 못한다. 재산권 침해에 대한 배상청구권은 양도가능하다.

(4) 서울경찰청 소속 경찰관의 불법행위에 대한 피고
① 국가경찰사무 중 불법행위: 국가(대한민국) (서울청장 ×)
② 자치경찰사무 중 불법행위: 지방자치단체(다만, 경찰공무원의 월급을 지급하는 국가도 비용부담자로서 피고가 될 수 있음)

(5) 관련 판례

> ① 국가나 지방자치단체에 근무하는 청원경찰은 그 근무관계를 사법상의 고용계약관계로 보기는 어려우므로 그에 대한 징계처분의 시정을 구하는 소는 행정소송의 대상이지 민사소송의 대상이 아니다(대판 92다47564).
> ② 지방자치단체가 선정한 '교통할아버지'의 위법행위는 지방자치단체가 국가배상법 제2조 소정의 배상책임을 부담한다(대판 98다39060).
> ③ 소방법에 의하여 시, 읍에 설치한 의용소방대는 국가기관이라 할 수 없으니 그 대원의 직무수행과정의 불법행위에 대하여 국가는 그 배상책임이 없다(대판 66다1501).
> ④ 경찰관이 농민들의 시위를 진압하고 시위과정에 도로 상에 방치된 트랙터 1대에 대하여 위험발생방지조치를 취하지 아니한 채 그대로 방치하고 철수하여 버린 결과 발생한 사고에 대하여 국가배상책임을 인정한다(대판 98다16890).
> ⑤ 국가배상청구의 요건인 '공무원의 직무'에는 권력적 작용만이 아니라 비권력적 작용도 포함되며 단지 행정주체가 사경제주체로서 하는 활동은 제외된다(대판 98다39060).

⑥ 국가배상법 제2조 제1항의 '직무를 집행함에 당하여'라 함은 행위 자체의 외관을 객관적으로 관찰하여 공무원의 직무행위로 보여질 때에는 비록 그것이 실질적으로 직무행위가 아니거나 또는 행위자로서는 주관적으로 공무집행의 의사가 없었다고 하더라도 그 행위는 공무원이 '직무 집행함에 당하여' 한 것으로 보아야 한다(대판 2004다26805). 〈외형설〉

⑦ 법령에 대한 해석이 그 문언 자체만으로는 명백하지 아니하여 여러 견해가 있을 수 있는 데다가 이에 대한 선례나 학설, 판례 등도 귀일된 바 없어 의의(疑義)가 없을 수 없는 경우에 관계 공무원이 그 나름대로 신중을 다하여 합리적인 근거를 찾아 그 중 어느 한 견해를 따라 내린 해석이 후에 대법원이 내린 입장과 같지 않아 결과적으로 잘못된 해석에 돌아간 경우 국가배상법상 공무원의 과실을 인정할 수는 없다(대판 2010다83298). 〈22채용〉

⑧ 어떠한 행정처분이 위법하다고 할지라도 그 자체만으로 곧바로 그 행정처분이 공무원의 고의 또는 과실로 인한 불법행위를 구성한다고 단정할 수는 없다(대판 2002다31018)

⑨ 국가배상책임에 있어서 법령 위반이라 함은 엄격한 의미의 법령 위반뿐만 아니라 인권존중, 권력남용금지, 신의성실, 공서양속 등의 위반도 포함하여 널리 그 행위가 객관적인 정당성을 결여하고 있음을 의미한다고 할 것이다(대판 2009다70180).

⑩ 경찰관이 소년에 대한 피의자신문조서를 작성하면서, 실제 신문 및 진술 내용은 구체적인 수사기관의 질문에 대하여 단답형으로 한 대답이 대다수임에도, 문답의 내용을 바꾸어 기재함으로써 마치 피의자로부터 자발적으로 구체적인 진술이 나오게 된 것처럼 조서를 작성하여 조서의 객관성을 유지하지 못한 직무상 과실이 있다(대판 2015다224797).

⑪ 경찰관이 교통법규 등을 위반하고 도주하는 차량을 순찰차로 추적하는 직무를 집행하는 중에 그 도주차량의 주행에 의하여 제3자가 손해를 입었다고 하더라도 그 추적행위를 위법하다고 할 수는 없으므로 배상책임을 인정할 수 없다(대판 2000다26807).

⑫ 경찰관들의 시위진압에 대항하여 시위자들이 던진 화염병에 의하여 발생한 화재로 인하여 손해에 대하여 국가배상책임이 없다(대판 94다2480). 〈23경위〉

⑬ 국가배상책임은 공무원의 직무집행이 법령에 위반한 것임을 요건으로 하는 것으로서, 공무원의 직무집행이 법령이 정한 요건과 절차에 따라 이루어진 것이라면 특별한 사정이 없는 한 이는 법령에 적합한 것이고 그 과정에서 개인의 권리가 침해되는 일이 생긴다고 하여 그 법령 적합성이 곧바로 부정되는 것은 아니다(대판 94다2480).

⑮ 국민의 이익과는 관계없이 순전히 행정기관 내부의 질서를 유지하기 위한 것이거나, 또는 국민의 이익과 관련된 것이라도 직접 국민 개개인의 이익을 위한 것이 아니라 전체적으로 공공 일반의 이익을 도모하기 위한 것이라면 그 의무를 위반하여 국민에게 손해를 가하여도 국가 또는 지방자치단체는 배상책임을 부담하지 아니한다(대판 2013다41431). 〈22채용〉

⑯ 경찰의 권한은 일반적으로 경찰관의 전문적 판단에 기한 합리적인 재량에 위임되어 있지만, 경찰관에게 권한을 부여한 취지와 목적에 비추어 볼 때 구체적인 사정에 따라 경찰관이 그 권한을 행사하여 필요한 조치를 취하지 아니하는 것이 현저하게 불합리하다고 인정되는 경우에는 그러한 권한의 불행사는 직무상의 의무를 위반한 것이 되어 위법하게 된다(대판 2017다290538). 〈22채용〉

3 영조물의 설치·관리상 하자로 인한 손해배상(제5조)

(1) 의의

① 도로·하천, 그 밖의 공공의 영조물의 설치나 관리에 하자(瑕疵)가 있기 때문에 타인에게 손해를 발생하게 하였을 때에는 국가나 지방자치단체는 그 손해를 배상하여야 한다.

② 영조물은 도로 등 인공공물과 하천 등 자연공물을 포함한다.

③ 경찰차량 등 동산 및 동물(경찰견)도 영조물에 포함된다. 〈23경위〉

④ 공무원의 고의·과실을 요건으로 하지 않는 무과실책임이다. 다만, 설치·관리상의 흠이 아닌 '불가항력'적인 경우까지 책임을 지는 것은 아니다.

(2) 관련 판례

> ① 영조물이 완전무결한 상태에 있지 아니하고 그 기능상 어떠한 결함이 있다는 것만으로 영조물의 설치 또는 관리에 하자가 있다고 할 수 없다. 신호기의 적색신호가 소등된 기능상 결함이 있었다는 사정만으로 신호기의 설치 또는 관리상의 하자를 인정할 수 없다.(대판 99다54004).
> ② 보행자 신호기가 고장난 횡단보도 상에서 교통사고가 발생한 사안에서, 배상책임이 인정된다(대판 2005다51235).
> ③ 가변차로에 설치된 두 개의 신호등에서 서로 모순되는 신호가 들어오는 오작동이 발생하였고, 그 고장이 현재의 기술수준상 부득이한 것이라고 가정하더라도 영조물의 하자를 인정할 수 있다(대판 2000다56822).
> ④ 편도 2차선 도로의 1차선 상에 교통사고의 원인이 될 수 있는 크기의 돌멩이가 방치되어 있는 경우, 도로의 점유·관리자가 그에 대한 관리 가능성이 없다는 입증을 하지 못하는 한 이는 도로의 관리·보존상의 하자에 해당한다(대판 97다32536).
> ⑤ 승용차 운전자가 반대차선 진행차량의 바퀴에 튕기어 승용차 앞 유리창을 뚫고 들어온 쇠파이프에 맞아 사망한 경우, 사고 발생 33분 내지 22분 전에 피고운영의 과적차량 검문소 근무자 교대차량이 사고장소를 통과하였으나 위 쇠파이프를 발견하지 못한 사실을 인정하고 피고가 관리하는 넓은 국도상을 더 짧은 간격으로 일일이 순찰하면서 낙하물을 제거하는 것은 현실적으로 불가능하므로 피고에게 국가배상법 제5조 제1항이 정하는 손해배상책임이 없다(대판 97다3194).
> ※ 하자를 제거할 합리적 시간이 있었는지 여부에 따라 판단

4 비용부담(제6조)

(1) 제2조·제3조 및 제5조에 따라 국가나 지방자치단체가 손해를 배상할 책임이 있는 경우에 공무원의 선임·감독 또는 **영조물의 설치·관리**를 맡은 자와 공무원의 봉급·급여, 그 밖의 비용 또는 영조물의 설치·관리 비용을 부담하는 자가 동일하지 아니하면 **그 비용을 부담하는 자도 손해를 배상하여야 한다.**
(2) 지방자치단체장이 설치하여 관할 시·도경찰청장에게 관리 권한이 위임된 **교통신호기의 고장으로 인하여 교통사고가 발생한 경우, 지방자치단체뿐만 아니라 경찰관들에 대한 봉급을 부담하는 국가도 손해배상책임을 부담한다**(대판 1999.6.25., 99다11120).
(3) 외국인에 대한 배상책임은 해당국가와 상호보증이 있을 때 적용된다(상호주의).

5 국가배상 관련 주요 판례

> ① 국가배상법 제7조의 상호 보증은 외국의 법령, 판례 및 관례 등에 의하여 발생요건을 비교하여 인정되면 충분하고 반드시 당사국과의 조약이 체결되어 있을 필요는 없으며, 당해 외국에서 구체적으로 우리나라 국민에게 국가배상청구를 인정한 사례가 없더라도 실제로 인정될 것이라고 기대할 수 있는 상태이면 충분하다. 〈22채용〉
>
>> 제7조(외국인에 대한 책임) 이 법은 외국인이 피해자인 경우에는 해당 국가와 상호 보증이 있을 때에만 적용한다.

② 일본 국가배상법 제6조는 "이 법률은 외국인이 피해자인 경우에는 상호보증이 있을 때에만 이를 적용한다."고 규정함으로써 우리나라 국가배상법과 동일한 내용을 규정하고 있으므로, 우리나라 국민이 일본에서 국가배상청구를 할 경우 그 청구가 인정될 것이 기대될 뿐만 아니라 실제로 일본에서 다수의 재판례를 통하여 우리나라 국민에 대한 국가배상청구가 인정되고 있으므로, 우리나라와 일본 사이에 국가배상법 제7조가 정하는 상호보증이 있는 것으로 봄이 타당하다(대판 2013다208388).
③ 경과실이 있는 공무원이 피해자에게 손해를 배상하였다면 공무원이 변제한 금액에 관하여 구상권을 취득한다(대판 2012다54478).
④ 전투경찰순경은 이중배상금지원칙이 적용되는 '경찰공무원'에 해당한다(헌재 94헌마118). 〈23경위〉
  ※ 현역병으로 입영하여 경비교도로 근무하는 자 및 공익근무요원은 이에 해당하지 않는다(대판 97다45914, 97다4036)
⑤ 시위진압 과정에서 가해공무원인 전투경찰이 특정되지 않더라도 손해배상책임이 인정된다(대판 1995.11.10. 95다23897). 〈23경위〉
⑥ 인사업무를 담당하면서 공무원들의 공무원증 및 재직증명서 발급업무를 하는 공무원이 다른 공무원의 공무원증 등을 위조하는 행위는 공무원이 직무를 집행함에 당하여 한 행위로 인정된다(대판 2004다26805).
⑦ 군산 윤락녀 화재사건과 관련하여 시청 공무원에 대한 국가배상책임은 인정되지 않았으나, 경찰과 소방에 대한 국가배상책임은 인정되었다.
⑧ 공무원이 자기소유 차량을 운전하여 출근하던 중 교통사고를 일으킨 경우, 직무집행관련성이 인정되지 않는다(대판 94다15271).
⑨ 국가배상법 제2조 제1항에서 말하는 "직무를 행함에 당하여"라는 취지는 공무원의 행위의 외관을 객관적으로 관찰하여 공무원의 직무행위로 보여질 때에는 비록 그것이 실질적으로 직무행위이거나 아니거나 또는 행위자의 주관적 의사에 관계없이 그 행위는 공무원의 직무집행행위로 볼 것이요 이러한 행위가 실질적으로 공무집행행위가 아니라는 사정을 피해자가 알았다 하더라도 그것을 "직무를 행함에 당하여"라고 단정하는데 아무런 영향을 미치는 것이 아니다(대판 66다781).
⑩ 국회의원의 입법행위 또는 법관의 재판상 직무행위는 극히 예외적인 경우가 아니면 국가배상책임이 인정되지 아니한다.
⑪ 국가보훈처장은 국가배상법에 따라 손해배상을 받았다는 사정을 들어 보상금 등 보훈급여금의 지급을 거부할 수 없다(대판 2015두60075).
⑫ 학교 관리자에게 그와 같은 이례적인 사고가 있을 것을 예상하여 복도나 화장실 창문에 난간으로의 출입을 막기 위하여 출입금지장치나 추락위험을 알리는 경고표지판을 설치할 의무가 있다고 볼 수는 없다(대판 96다54102).

MEMO

PART 04

한국경찰사와 비교경찰

CHAPTER 01 한국경찰사
CHAPTER 02 비교경찰

CHAPTER 01 한국경찰사

PART 04

제1절 갑오개혁 이전의 경찰

1 나라별 주요 제도

나라		내용
고구려·부여		1책 12법: 절도범에 12배 배상을 하도록 함
동예		책화 제도: 읍락 경계 침범 시 노예나 우마로 배상
삼한		소도: 하늘에 제사를 지내는 신성한 곳으로 죄인이 도망가도 잡지 못함. 치외법권 지역
백제		관인수재죄: 관리가 뇌물을 받거나 절도하면 3배로 배상하고 이후 공무원 불가
통일신라		(좌우) 이방부에서 범죄수사와 집행을 담당
고려	금오위	수도 개경 순찰, 포도금란, 비위예방
	순마소	순마소(초기) ⇨ 순군만호부(후기): 방도금란, 정치경찰, 왕권보호 ※ 금란(禁亂)을 위한 정치경찰의 역할 하면서 왕권보호
	위아	현위를 장으로 하는 치안 전담 지방기관
	어사대	감찰, 풍속업무 〈22채용〉
조선	포도청	① 성종 2년 '포도장제'에서 기원(포도청이란 명칭은 중종 때 처음 등장) ② 우리나라 최초의 전문적·독립된 경찰기관, 한양·경기(전국 ×) 일부 관할 ③ 여자관비 다모는 여성범죄·양반가 수색
	의금부	왕족 관련 범죄, 왕족에 대한 범죄(반역) (순마소 ⇨ 순군만호부 ⇨ 의금부) (순군부 ×) 〈17·21경간〉
	사헌부	사헌부(어사대 ⇨ 사헌부): 감찰, 풍속 담당 행정경찰 〈18경간〉
	한성부	수도 행정 및 치안 담당, 경수소(파출소 기능)와 순라군 설치 ※ 한성부의 두 가지 뜻: ① 조선의 수도 ② 한성부 관할 관청(현재의 시청)
	직수아문	소관 아문(관청)이 직권으로 수감(수사) 가능(한성부도 직수아문) (포도청의 설치로 경찰권은 일원화되었다 ×)
	형조	법률, 형사처벌, 소송 등 관장하며, 장예원(노예의 장적과 노비송사 담당), 전옥서(감옥, 죄수 담당)를 두었다.
	암행어사	정보 경찰(초기), 지방관리 감찰(후기)
	오가작통법	이웃의 상호부조와 연대책임을 지우며 범죄예방을 위한 최초의 전국적 조직으로서 영국의 프랭크플레지(Frank Pledge) 제도와 유사하다.

규대쌤 Comment

고부간 시비, 동화책, 삼한에서는 소도 못잡는다.

2 나라별 지방장관(지방경찰)

고구려	백제	신라	통일신라	발해	고려	조선
욕살(5부)	방령(5방)	군주(5주)	총관	도독	안찰사	관찰사

제2절 갑오개혁 및 일제강점기의 경찰

1 근대경찰의 창설

창설 과정 〈19승진〉	① '각아문관제'에서 처음 '경찰' 용어 사용 〈18채용〉 ② 처음에는 '법무아문' 소속 ⇨ '내무아문'으로 변경 〈15·22경간〉 ③ 조직법과 작용법 제정으로 외형상 근대 경찰체제를 갖춤(일본 지배전략의 일환). ④ 경찰을 군 기능과 분리시킴(병조 소속이던 포도청에서 내무아문 소속으로 변경).
경무청관제직장 (1894)	① 최초의 경찰 조직법으로 좌우포도청을 통합하여 경무청 신설 ② 「각부·각아문·각군문의 체포·시형(施刑)을 불허하는 건(1894)」에 의해 각 관청의 직수아문을 폐지하고 경찰권을 경무청에 일원화하였다. ③ 관할: 한성부 (수도경찰) (전국 ×) 〈22경간〉 ④ 경무청장 - 경무사, 한성부내 5부 지서장 - 경무관 〈22경간〉 ⑤ 5부 지서는 오늘날 경찰서의 효시로 볼 수 있음 ⑥ 당시 계급체계: 경무사 - 경무관 - 총순 - 순검
행정경찰장정 (1894)	① 최초의 경찰 작용법으로 일본의 행정경찰규칙과 위경죄즉결례 혼합 〈20·22·23경간〉 ② 담당: 소방, 위생, 영업, 감옥 등 광범위 〈22경간〉
경찰체제 정비	① 경무청에 일본 고문관 초빙(고문경찰제도) ② 중앙: 내부관제 제정(1895), 내부대신이 경무사 지휘 〈20경간〉 ③ 지방: 지방경찰규칙 제정(1896)으로 지방경찰의 작용법적 근거 마련 〈20경간〉

2 광무개혁(1897년)에 따른 경부체제 출범과 좌절

경부
(1900)
		① 광무개혁에 따라 내부 소속에서 경부(장관급)로 독립, 승격
		② 궁내경찰서와 한성부 내 5개 경찰서와 3개 분서를 두고 이를 지휘하는 경무(경부 ×) 감독소를 둠. 〈20경간〉
		③ 이원적 체제(중앙 - 지방, 일원화 ×)
		  • 중앙: 감옥, 한성, 개항 시장은 경부가 담당
		  • 지방: 총순을 두어 관찰사의 경찰업무를 보좌 (총순이 관찰사 지휘 ×)

경무청	전국 관할 (1902.2.)	① 경부 설치 후 1년 동안 경부대신이 12번 교체되는 등의 문제가 많자, 내부 소속의 경무청으로 환원(소속은 축소) ② 관할은 전국으로 확장(현 경찰청의 원형)
	한성부 관할 (1905.2.)	전국 관할에서 한성부 내의 경찰, 소방, 감옥으로 축소(칙령 15·16호)

규대쌤 Comment

욕방군 총 도안관, 경부목에 힘
빵빵

3 한국경찰권의 상실

통감부 경무부 (1906.2.)	① 을사늑약(1905.11.)의 체결로 1906년 일본공사관이 폐쇄되고 통감부 설치 ② 통감부 내에 경무부를 두어 경찰사무를 관장함으로써 사실상 한국경찰을 지배 ※ 통감부와 별도로 기존 내부 소속의 경무청(한성부 관할)은 그대로 존속하였으며, 1907년 경시청으로 명칭 변경	
중앙 및 지방 경찰	① 경무청을 경시청으로, 전국의 경무서를 경찰서로 개칭(1907) ② 지방: 경찰부를 두어(1909) 관찰사 보좌와 경찰서장 지휘, 현 시·도경찰청의 원형임(경찰부 – 경찰서 – 순사주재소 체제)	
한국경찰권 상실 과정 〈18채용〉	경찰사무에 관한 취극서(1908)	일본인에 대한 경찰사무 박탈
	재한국 외국인에 대한 경찰에 관한 한일협정(1909)	외국인에 대한 경찰사무 박탈
	한국 사법 및 감옥사무 위탁에 관한 각서(1909)	사법경찰권, 감옥사무 박탈
	한국경찰사무 위탁에 관한 각서(1910)	경찰권 완전 박탈

4 일제강점기의 경찰

헌병 경찰	① 1896년 한성과 부산 간의 군용전신선 보호 명목으로 임시헌병대를 주둔시킴. ② 1903년 임시헌병대를 주차헌병대로 개칭 ③ 1906년 통감부 설치 후 헌병이 군사경찰, 행정경찰, 사법경찰 담당하면서 사실상 헌병경찰제 시작 ④ 1910년 통감부에 경무총감부를 두고 서울과 황궁의 경찰사무는 직할로 하였으며, 그 장인 경무총장은 헌병사령관이 겸직 ⑤ 1910년 각 도에는 경무부를 설치하고 헌병대장이 겸직 ⑥ 1910년 '조선주차헌병조령'으로 헌병이 일반치안을 담당할 법적 근거 마련 〈17채용, 19경간〉 • 일반경찰: 도시, 개항장 배치 • 헌병경찰: 의병활동지역, 군사경찰상 필요한 지역에 배치 ⑦ 헌병경찰 임무: 첩보수집, 의병토벌, 민사조정, 집달리, 국경세관, 일본어보급, 부업장려 등 광범위
보통 경찰	① 3·1 운동 계기로 헌병경찰제도에서 보통경찰체제로 전환하였지만(조직은 변경), 헌병의 임무를 보통경찰이 그대로 담당하여 경찰의 임무에는 큰 변화가 없었음 〈19승진, 21경채〉 ② 총독부 소속의 경무총감부를 폐지하고, 경무국이 경찰·위생 담당 ③ 3·1 운동을 기화로 정치범처벌법(치안유지법 ×) 제정, 일본에서 제정된 치안유지법을 우리나라에 적용, 예비검속법으로 독립운동 탄압 강화 〈18·22채용, 19경간〉
특징	① 경찰이 일본 식민지배의 중추 ② 제국주의적 경찰권: 총독의 제령권(입법권), 경무총장·경무부장의 명령권 〈18채용, 19경간〉 ③ 경찰 대상영역이 사상과 이념을 통제하는 사상경찰 영역까지 확대

헌병이 군행사

제3절 대한민국 임시정부경찰

1 경찰 조직 〈21경채, 22경간〉

상해 시기	경무국	① 1919.4.25. '대한민국 임시정부 장정'에 근거하여 설치된 정식 치안조직 ② 초대 경무국장으로 백범 김구 임명(1919.8.12.) 〈22경간〉 ③ 임무: 행정경찰 및 고등경찰에 관한 사항, 도서출판·저작권, 일체 위생 ④ 운영을 위한 정식예산이 편성되고 월급 지급 〈21·22경채〉
	연통제 (경무사)	① 임시정부와 국내와의 비밀연락망 조직, 기밀탐지 및 독립운동 자금 모집 ② 국내 각 도에 설치된 독판부 산하에 경찰기구로 경무사를 두고, 부·군 단위 산하 경찰기구로 경무과를 둠. 〈22경간〉 ③ 경무사·경무과 소속의 경감과 경호원이 경찰업무 수행 ④ 1921년 이후 점차 와해
	의경대	① '의경대 조례'를 통해 설치된 교민단체의 자치경찰 조직 〈23경위〉 ② 김구는 1923년 대한교민단 산하에 별도의 경찰조직인 의경대를 창설하고 1932년에는 의경대장을 맡음 ③ 임무: 교민사회에 침투한 일제의 밀정을 색출, 친일파 처단, 교민사회 질서 유지, 호구조사, 민단세 징수, 풍기단속 등 〈22경간〉 ④ 1932년 윤봉길 의사 의거 이후 탄압을 받다가 1936년 사실상 와해
이동 시기	1932~ 1940	1932년 윤봉길 의사 의거 후 일제의 극심한 탄압으로 겪은 고난의 시기로서 사실상 경찰 조직을 유지할 수 없었다.
중경 시기	경무과	① 1943년 '대한민국 잠행관제'에 의해 내무부 경무과 창설 ② 일반경찰사무, 인구조사, 징병·징발, 국내외 적 정보 수집 〈21경채〉
	경위대	① 1941년 내무부 직속으로 설치 ② 통상 경위대장은 경무과장이 겸임 ③ 임무: 임시정부 청사 경비, 임시정부 요인 보호 ④ 광복 후 임시정부 요인 환국 시 김구 주석 등 경호 업무 수행
임시정부경찰 평가		① 임시정부 법령에 의해 설치된 정식 치안조직이었다. ② 주요 임무는 임시정부 수호, 교민보호, 일제 밀정 차단이었다.

2 임시정부경찰 주요인물

나석주	1926년 식민수탈의 심장인 식산은행과 동양척식회사에 폭탄 투척 〈23채용〉
김석	1932년 일왕 생일축하 기념식장에서 폭탄 투척한 윤봉길 의사를 배후 지원
김용원	1921년 김구의 뒤를 이어 제2대 경무국장으로 임명
김철	① 의경대 조직: 서무, 재무, 심판 ② 의경대 심판 역임. 1932년 상하이 프랑스 조계에 잠입하였다가 체포

제4절 미군정하의 경찰

조직	① 미군정 초창기에 '구관리의 현직 유지' 포고로 일제강점기의 경찰을 그대로 유지 ② 1945.10.21. 미군정청에 경무국 창설(현 경찰의 날), 초대 경무국장으로 조병옥 박사 임명, 일본인 경찰 모두 추방 ③ 1946.1.16. 경무국에서 **경무부**(장관급)로 승격 〈21채용〉
주요 내용	① **비**경찰화: **위생**사무를 위생국으로 이관, 경제·고등경찰 폐지 〈22채용〉 ② 여자경찰 신설(1946): 부녀자와 14세 미만 소년범죄 취급, 전국에 4개 여자경찰서 설치 〈21채용, 22법학〉 ③ 사찰과(정보 업무 담당) 신설 〈19승진〉 ④ 중앙경찰위원회 설치: 6인으로 구성, 경찰민주화를 위한 조치였으나 성공하지는 못함 ⑤ 일제 악법 폐지: 정치범처벌법·치안유지법·예비검속법 폐지(1945), 보안법은 가장 먼저 제정되어(1907), 가장 마지막으로 폐지됨(1948). 〈21채용〉 ⑥ 영미법계 영향을 받은 '봉사와 질서' 흉장 패용 ⑦ 법무국 검사에 대한 훈령 제3호(1945년): '수사는 경찰, 기소는 검사' 체제 도입하여 경찰의 독자적 수사권 인정 〈21경채, 23경위〉
특징	① 조직·작용법 정비, 비경찰화로 경찰 영역 축소 ② '국민의 생명과 재산의 보호'라는 새로운 자각 (법령 반영 ×) ③ '경찰위원회'를 통한 민주적 요소 도입 (민주적 개혁 ×) 　⇨ 경찰의 이념 및 제도에 영미법적 요소 도입 ④ 신규 경찰의 20% 가량은 일제 경찰 출신들로 재임용되었지만, 많은 독립운동가 출신들이 채용됨으로써 일제강점기와 단절된 새로운 경찰이었다. 〈23경위〉

제5절 대한민국 정부 수립 이후 경찰

1 제1공화국과 경찰

① 정부가 수립되면서 경무부에서 **내무부 소속의 치안국으로 격하**: 정부조직법 제정에 참여한 사람들이 일제강점기 관리로 과거 행정조직 모방하였고, 식민지경찰에 대한 국민들의 반감 때문임
② 경찰법(1991) 제정 이전까지 치안국장은 내무부장관의 보조기관, 지방경찰국장은 시도지사의 보조기관으로 관청의 지위를 갖지 못하였으나, **경찰서장은 관청의 지위**를 가짐.
③ 경찰관직무집행법(1953)에 '국민의 생명·신체·재산 보호'라는 영미법적 개념을 반영

규대쌤 Comment
비위생 경고 폐지, 미국은 여자 정보 중시

④ 6·25 전쟁과 경찰

인물	주요 내용
안종삼 (구례경찰서장)	1950.7.24. 예비검속된 보도연맹원 480명 총살 명령에 "내가 죽더라도 방면하겠으니 국가를 위해 충성해 달라"며 방면 〈22·22채용〉
노종해 (내평지서장)	• 1950.6.25. 10여 명의 인력으로 북한군 1만 명을 1시간 이상 지연시키며(춘천내평전투) • 6·25 전쟁 최초 승전인 춘천지구 승리에 결정적 역할
김해수	• 1950.7.8. 영월화력발전소 탈환 중 73명의 적을 사살 • 라희봉, 권영도와 함께 '이달의 호국인물'로 선정
라희봉	1951년 순창경찰서 쌍치지서장으로 재직하며 공비 토벌
권영도	산청군(지리산) 일대에서 공비 토벌
최천 경무관 (경남경찰국장)	• 함안 전투에서 경남경찰을 지휘하여 북한군 4개 사단을 격파하고 방어선을 지켜냄. • 독립운동가 출신
다부동 전투	• 경북 칠곡군 다부동에서 낙동강 방어선 사수 • 군 지휘부는 부산으로 내려갔지만 경찰은 끝까지 대구를 사수
장진호 전투	1950.11. 미군의 정예훈련을 받은 경찰관 부대인 '화랑부대'가 미해병대에 배속되어 함경남도 장진에서 활약

※ 예비검속: 일제강점기 예비검속법으로 죄를 범할 사람을 사전에 구금했던 것처럼 6·25 때 적에 동조할 것 같은 사람을 미리 색출한 것
※ 국민보도연맹: 전향시킨 좌익들로 구성된 관변단체 조직

⑤ 3·15 부정선거 및 4·19 혁명 이후, 경찰의 '정치적 중립 제도화'를 요구

2 제2공화국 이후 경찰

(1) 연도별 주요내용

연도	주요 내용
1960	제2공화국 헌법에 '경찰중립화'를 규정
1962	청와대 부근에 경찰관 경찰기동대 창설
1963	대통령 경호실 창설로 경찰 경호는 경호실의 통제를 받음
1969	• 경찰공무원법 제정되어 치안국장에게 '치안총감' 계급 부여하고, '경정', '경장' 계급 신설 • 경감(경정 ×) 이상 계급정년 도입 〈17·18·20승진, 17·22채용, 19·20·23경간〉 ※ 1979년 치안정감 신설, 1998년 경정 이상 계급정년으로 개정
1974	대통령 영부인 저격사건 후 치안국이 치안본부로 격상 〈22채용, 19경간〉
1975	소방을 민방위본부로 이관 〈21채용〉
1987	6월 항쟁 이후 경찰에서는 정치적 중립을 지키지 못한 과오를 반성하고 경찰중립화를 요구하는 성명발표 등 자성의 목소리가 나왔다. 〈20채용〉
1991	경찰법 제정 〈17·18승진〉

(2) 대한민국 정부수립 이후~1991년 이전 경찰의 특징

① 종래 식민지배에 이용되거나 또는 군정통치로 주권이 없는 상태하에서 활동하던 경찰이 비로소 주권국가 대한민국의 존립과 안녕, 대한민국 국민의 생명과 신체 및 재산의 보호라는 경찰본연의 임무를 수행하였다. 〈20경간〉
② 독립국가로서 한국 역사상 최초로 자주적인 입장에서 경찰을 운용하였다. 〈20경간〉
③ 해양경찰업무, 전투경찰업무(1968년 김신조 사건 계기)가 경찰에 추가되었다. 〈20경간〉
④ 경찰의 부정선거 개입 등으로 정치적 중립이 경찰에 대한 국민의 요청이었던바, 그 연장선상에서 경찰의 기구독립이 조직의 숙원이었다. 〈20경간〉

3 1991년 「경찰법」 제정 이후의 경찰

① 정부수립 이후 경찰법 제정될 때까지 경찰체제의 근거법은 정부조직법(경직법×)이었으며, 경찰의 정치적 중립 요구와 기구 독립의 내부적 열망으로 제정 〈20·23경간〉
  ※ 경찰법은 「국가경찰과 자치경찰의 조직 및 운영에 관한 법률」로 변경(2021.1.1.)
② 치안본부를 내무부의 외청인 경찰청으로 승격, 경찰청장·시·도경찰청장의 독립관청화
③ 내무부(현, 행정안전부) 소속으로 경찰위원회 제도 도입

제6절 경찰의 표상

인물	주요 내용
김구	① 대한민국 임시정부의 초대 경무국장 ※ 2대: 김용원 ② 1940년에 대한민국 임시정부 주석으로 선출
최규식 경무관 정종수 경사	① 1968년 김신조 무장공비 청와대 기습사건(1968.1.21.) 당시 종로경찰서 자하문검문소에서 전투, 사망 ② 호국경찰의 표상
차일혁 경무관 〈20채용〉	① 남부군 사령관 이현상을 사살, 지리산 빨치산 토벌의 주역 ② 공비의 근거지가 될 수 있는 사찰들을 불태우라는 상부 명령을 어기면서 지리산 화엄사 등 문화재를 수호 ③ 호국경찰, 인권경찰, 문화경찰의 표상
안병하 치안감	① 전남 경찰국장으로서 5·18 광주 민주화 항쟁 당시 과격 진압 금지 지시("분산되는 자는 너무 추적하지 말 것, 부상자가 발생하지 않도록 할 것", "연행과정에서 학생들의 피해가 없도록 유의하라") 〈21경간〉 ② 비례의 원칙에 입각한 경찰권 행사와 시위대 인권보호 강조 〈21·22승진, 23채용〉 ③ 민주·인권경찰의 표상
이준규 총경 〈21승진, 20채용〉	① 5·18 광주 민주화 항쟁 당시 목포경찰서장으로서 안병하 국장의 방침에 따라 경찰 총기의 방아쇠 뭉치를 사전에 제거하는 등 유혈충돌 예방하여 목포에서는 사상자가 거의 없었음 〈21경간〉 ② 민주·인권경찰의 표상
안맥결 총경 〈21승진, 20채용〉	① 안창호 선생의 조카 딸로서 독립운동가 출신의 여성 경찰관 ② 서울여자경찰서장, 국립경찰전문학교 교수 역임(1961년 5·16 군사정변이 일어나자 군사정권에 협력할 수 없다며 사임)

문형순 경감 〈21승진, 20채용〉	① 모슬포서장으로서, 제주 4·3 사건 때 좌익 명단에 오른 100명의 주민을 자수시킨 뒤 훈방하여 처형을 막음 ② 성산포서장으로서, 1950.8. 계엄군의 예비검속자 처형 명령에 "부당함으로 불이행"이라며 거부하고 278명 방면 ③ 독립운동가 출신: 최천, 문형순, 안맥결 ④ 민주·인권경찰의 표상
최중락 총경	① MBC 수사반장의 실제모델로서, 1,300명의 범인 검거 ② 수사경찰의 표상
김학재 경사	1998. 5. 강도강간범 체포현장에서 칼에 피습당하면서도 범인 검거 후 순직

제7절 연도별 주요내용

1 갑오개혁 이후 조직 개편

※ 경무청(한성) ⇨ 경부 ⇨ 경무청(전국) ⇨ 경무부(통감부) ⇨ 경무국(3·1 운동 이후) ⇨ 경무부(미군정) ⇨ 치안국(정부수립) ⇨ 치안본부

연도	주요사건	중앙		지방
1894	갑오경장	내무아문	경무청(한성부)	관찰사
1895		내부		
1900		경부		관찰사 (총순파견)
1902		내부	경무청(전국)	
1905			경무청(한성부)	
1906		통감부	경무부	
1910	한일합병	통감부	경무총감부	경무부
1919	3·1 운동	조선총독부	경무국	
1945	독립	미군정청	경무국	
1946		경무부		
1948	정부 수립	내무부	치안국	
1974	문세광	내무부	치안본부	
1991	경찰법	내무부	경찰청	

2 주요법률 제정 등

연도	내용
1894	수도경찰 정비, 경무청관제직장(조직법), 행정경찰장정(작용법)
1896	「지방경찰규칙」 제정 ⇨ 지방경찰의 작용법적 근거
1907	보안법, 집회단속법, 출판법, 신문지법 제정
1919	정치범처벌법 시행(3·1 운동을 계기로 제정)
1925	치안유지법 시행(일본법을 가져온 유치한 법)
1941	예비검속법 시행(범죄 전 검거하여 구속)
1945	정치범처벌법, 치안유지법, 예비검속법 폐지
1946	최초 여성 경찰관 채용
1947	중앙경찰위원회(6인) 설치 〈17·18승진〉
1948	보안법 폐지(가장 먼저 제정, 가장 나중 폐지)
1949	경찰병원 설치 〈19경간〉
1953	해경 설치, 경직법 제정 〈20승진, 18·20채용, 19·23경간〉
1955	국립과학수사연구소 설립 〈19·22경간〉
1966	경찰관 해외주재관 신설 〈17·18채용〉
1969	경찰공무원법 제정 〈18·20승진, 17·21채용, 20·22경간〉
1974	치안본부 개편 〈17채용, 19·22경간〉
1975	소방을 민방위본부로 이관 〈21채용〉
1991	경찰법 제정 〈17·18승진, 21채용〉
1996	해경을 해양수산부로 이관 〈19경간〉
1999	청문감사관 신설 〈12경간〉
2000	사이버테러대응센터 신설
2006	제주도 자치경찰 출범 〈18채용, 19경간〉

CHAPTER 02 비교경찰

PART 04

제1절 영국의 경찰

1 영국경찰의 역사

(1) 근대 이전의 경찰

프랭크 플레지 (Frank Pledge) (고대)	① 프랭크 플레지는 친족관계 기반의 지역 주민들에게 범죄와 무질서에 대한 자치권을 부여하고 상호 연대 책임을 지는 상호보증제도이다. ② 모든 가구의 12세 이상 남자들은 10명으로 구성된 십호반에 의무적으로 가입해야 하고, 십호반 10개는 백호반을 구성하였다. ※ 십호반에 가입할 때 "나는 도둑이 되지 않을 것이며 도둑이 있으면 신고하겠다"는 취지로 선서함 ③ 샤이어(Shire): 몇 개의 백호반을 관장하는 영국의 주(州)에 해당하는 지방단위이다. 국왕이 임명하는 샤이어의 책임자(shire reeve)는 후에 sheriff로 명칭이 변하였고, 이후 미국에서 비도시지역의 치안을 담당하는 보안관(sheriff)을 의미하게 되었다. • 10호 ⇨ 100호 ⇨ 샤이어 • 국왕이 임명: 샤이어 리브(지방 귀족)
윈체스터법 (1285년)	① 지역사회 질서 유지에 대한 책임은 시민에게 있다는 점을 명시하여 자치치안에 대한 법적 정당성을 부여하였다. ② 모든 가구에게 야경의무(자율 ×)를 부과하여, 주민들은 야간에 순찰을 돌며 질서위반자를 단속하였다. ③ 'Hue and cry(범인 추적의 고함소리)'에 의하여 모든 시민들에게 범죄자를 검거할 권한과 의무를 부여하였다. ④ 15~60세 남자들은 무장하도록 강조되었다. ⑤ 18세기 산업혁명 시대가 도래하면서 런던 시민들은 야경료를 지불하고 자신의 순찰의무를 면제받으면서, 야간순찰은 고용된 야경인(night watch)으로 대체되었다.
치안판사법 (1361년)	① 치안판사: 국왕이 임명한 지역치안 책임자(무보수) ② 컨스터벌(Constable): 십호반 또는 백호반의 책임자로서 치안판사의 감독을 받으며 범죄자의 체포, 세금징수, 술집영업규제, 부랑자 단속 등 다양한 업무를 수행하였으며 무보수였다. ※ 10호반의 책임자: petty constable 100호반의 책임자: high constable

(2) 근대경찰의 탄생
  ① 산업혁명으로 도시로 인구가 몰리면서 범죄와 무질서의 폭증, 자본가 계층과 노동자 계층의 갈등 등으로 전통적 방식의 치안 제도는 한계에 이르렀으나, 새로운 경찰 조직이 프랑스경찰처럼 강압적인 모습으로 변질될 수 있다는 반대 여론도 만만치 않았다.
  ② 1749년 절도 체포대(Bow Street Runner) 창설: 런던의 치안판사 헨리 필딩(Henry Fielding)이 조직한 체포대로 **최초로 국가의 예산을 지원받은 경찰**이다. 이들은 치안판사와 중앙정부의 예산으로 운영되었다는 점에서 국가경찰로 탄생하는 **수도경찰청의 전신**으로 볼 수 있으며, 수도경찰청 창설 후 이에 흡수되었다. 당시에 기마순찰대와 도보순찰대도 만들어졌다.
  ③ 1829년 수도경찰청(Metropolitan Police Service) 창설: 잉글랜드 내무부 장관이었던 로버트 필(Sir Robert Peel)의 주도로 수도경찰법(1829년)을 제정하고 내무부장관의 지휘를 받는 **국가경찰로 탄생**하였다.

(3) 로버트 필(Sir Robert Peel)의 경찰개혁
  ① 12가지 경찰개혁안

  > 1. 경찰은 안정되고, 능률적이고, 군대식으로 조직화되어야 한다. 〈20채용, 22·23경간〉
  > 2. 경찰은 **정부의 통제**하에 있어야 한다(최초의 수도경찰청은 국가경찰). 〈23경위〉
  > 3. 경찰의 능률성은 범죄의 **부재**(absence of crime)로 증명된다. 〈22경간〉
  >   (경찰의 기본적인 임무는 범죄에 대한 신속한 대응이다. ×)
  > 4. 범죄 소식은 반드시 **전파**(보안유지 ×)되어야 한다. 〈22·23경간〉
  > 5. 시간과 지역에 따른 경찰력의 배치가 필요하다.
  > 6. 자기감정을 조절할 줄 아는 것이 가장 중요한 경찰관의 자질이다.
  >   ※ 조용하고 단호한 태도가 폭력적인 행동보다 효과적이다.
  > 7. 단정한 외모가 시민의 존중을 얻는다. 〈23경위〉
  > 8. 적임자를 선발하여 적절한 훈련을 시키는 것이 능률성의 근간이다. 〈20채용, 22경간〉
  > 9. 공공의 안전을 위해 모든 경찰관에게는 식별 번호(명찰 ×)가 부여되어야 한다.
  > 10. 경찰본부(Police Headquarters)는 중심지에 위치하여 주민의 접근이 용이해야 한다.
  > 11. 경찰은 반드시 시보기간을 거친 후에 채용되어야 한다.
  > 12. 경찰 기록을 유지하여 향후 경찰력 배치를 위한 기준으로 삼아야 한다.

  ② 9가지 경찰활동 원칙

  > 1. 경찰은 군사력에 의한 진압이나 엄격한 법적 처벌보다는 범죄와 무질서를 사전에 예방하기 위해 노력해야 한다.
  > 2. 경찰의 임무를 수행할 수 있는 힘은 시민의 **존중과 인정**으로부터 나온다. 〈20채용〉
  > 3. 시민의 존중과 인정을 얻는다는 것은 법을 집행하는 경찰 업무에 대한 시민의 **협력**을 확보한다는 것을 의미한다.
  > 4. 시민의 협력을 확보하는 것은 경찰목적 달성을 위한 강제력과 물리력 사용의 필요성을 줄일 수 있다.
  > 5. 시민의 협력은 결코 여론에 영합해서 얻어지는 것이 아니라, 지속적으로 공정하고 편견없는 법집행을 증명하는 것, 즉 **정책을 중립적으로 수행**하고, 빈부나 사회적 지위에 상관없이 모든 시민을 동등하게 대우하고, 예의와 친근한 유머를 유지하며, 생명을 지키고 보호하기 위해 자신을 희생하는 것으로 얻을 수 있다.

6. 경찰 물리력은 시민의 자발적 협력을 구하는 설득과 조언, 경고가 충분하지 못한 상황에서만 사용하여야 하고, 그 경우에도 **필요 최소한**으로 행사되어야 한다.
7. '**경찰이 시민이고 시민이 경찰이다**'라는 역사적 전통을 인식하는 시민과의 협력관계를 항상 유지해야 한다. 경찰은 공동체의 복지와 존립을 위해 모든 시민에게 봉사하는 임무로 보수를 받는 시민의 구성원일 뿐이다.
8. 경찰은 법을 집행하는 기관이라는 점에서 유·무죄를 판단하고 처벌하는 사법부의 권한을 행사하는 것처럼 보여서는 안 된다.
9. 경찰의 효율성은 **범죄와 무질서의 부재**로 인정되는 것이며, 범죄나 무질서를 진압하는 모습으로 인정받는 것은 아니다. 〈20채용〉

2 영국경찰의 제도

(1) 개요
① 영국은 잉글랜드, 웨일스, 스코틀랜드, 북아일랜드 등 4개의 국가로 이루어진 **연합왕국**(United Kingdom)이며, 각국은 각각의 주로 구성되어 있다.
② 영국경찰은 전통적인 자치경찰제로 운영되지만 **북아일랜드는 내무부장관 직속의 강력한 국가경찰제도**를 취하고 있다.
③ 통일된 경찰제도가 없고 지역별로 독특한 경찰제도를 운영한다.
④ 수도경찰청에 180여 개의 경찰서를 운용하는 등 경찰서 중심 체제이며, **경찰서의 하부조직으로 지구대나 파출소와 같은 조직은 없다.**
  ※ 서울: 경찰서 31개, 지·파출서 250여개

(2) 내무부
① 내무부장관
  ㉠ 장관이 자치경찰을 전국적으로 조정·통제한다.
  ㉡ 각 경찰청장에게 특정 사안에 대한 진상보고서 제출을 요구할 수 있다.
② 국립범죄청(National Crime Agency)
  ㉠ 2013년, 중대조직범죄청(SOCA)과 아동범죄대응센터(CEOPC)를 통합하여 창설되었다. 〈23채용〉
  ㉡ 내무부 산하의 수사기관으로서 전국적이고 국제적인 범죄에 대응하며, 조직범죄, 국경관리, 경제범죄, 아동착취 및 온라인 보호 등을 담당하는 4개 하위조직이 있다.
  ㉢ 청장은 내무부장관이 지방경찰청장 중에서 임명한다.

(3) 잉글랜드 및 웨일즈
① 수도경찰청(Metropolitan Police Service)
  ㉠ 대런던(Greater London)은 런던시티(City of London)와 32개의 자치구(London boroughs)로 구성되어 있으며, 수도경찰청은 런던시티를 제외한 32개의 자치구와 그 주변을 관할한다.
  ㉡ **1829년 로버트 필**에 의하여 창설되어 역사가 가장 오래되었다.
  ㉢ 내무부 소속의 국가경찰로 운영되어 오다가 2000년부터 자치경찰로 운영된다.
  ㉣ 수도경찰청장은 내무부장관의 추천으로 국왕이 임명한다.

⑩ 주요 업무는 왕궁 및 의사당 경비, 중요범죄수사, 국가안전에 관한 범죄나 외사범죄 수사, 국가상황실관리, 대테러 업무 등이다.
　　※ 조직범죄, 국경관리, 경제범죄, 아동착취 및 온라인 보호: 국립범죄청
ⓑ 별칭으로 Scotland Yard, The Met 등으로 불린다.

② 런던시티경찰청(City of London Police Force)
㉠ 대런던의 중심지인 런던시티를 관할하며 수도경찰청과는 독립된 별개의 자치경찰이다.
㉡ 경찰청장은 런던시티 의회에서 임명하고 국왕의 승인을 받는다. 수도경찰청장과 동일한 직급이다.

③ 지방경찰청
㉠ 북아일랜드를 제외한 지역은 자치단체가 관리하는 자치경찰제이다.
㉡ 2011년, 기존의 3원 체제에서 4원 체제로 변경하여 자치경찰의 성격을 강화하였다.

<small>22경위〉</small>

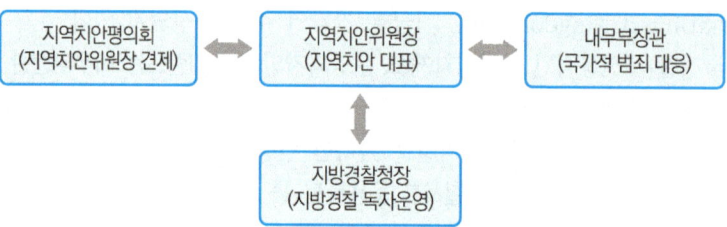

④ 기관별 역할

지역치안위원장	• 선거로 선출되며 지역치안의 대표자로서, 지역치안에 대한 전반적인 권한과 책임을 가진다. • 지방경찰청장과 차장의 임명·해임권, 예산권, 지역치안 계획 수립권 등을 가진다.
지역치안평의회	• 지역치안위원장을 견제하는 역할을 한다. • 지방의회의원을 포함한 위원들로 구성되며, 지역치안위원장의 지방경찰청장 임명에 대한 거부권, 예산감사권, 지역치안위원장 출석요구권, 지역치안위원장에 대한 조사의뢰 및 주민소환투표 실시 등을 할 수 있다.
내무부장관	• 국가적 조직범죄 대응을 위하여 지방경찰 간의 업무를 조정한다. • 지방경찰 예산의 50%를 부담하므로 이에 대한 감사권이 있다.
지방경찰청장	• 지역치안위원장이 수립한 치안계획에 따라 독립적으로 지방경찰청 및 경찰서를 운용한다. • 차장 이외 모든 경찰관에 대한 인사권과 일상적인 예산 운용권을 가지고 있다.

(4) 스코틀랜드 및 북아일랜드
① 스코틀랜드 경찰은 Police Scotland로 단일화되었다.
② 북아일랜드 경찰은 아일랜드 독립 후 끊이지 않는 분쟁과 테러에 대한 대응으로 내무부장관 직속의 강력한 국가경찰체제를 유지하고 있다.

3 사법 제도

(1) 경찰은 독자적인 수사 개시 및 종결권을 가지고 있다.
(2) 영국경찰은 기소업무까지 담당하였으나, 1985년 범죄기소법의 제정으로 국립검찰청이 창설되면서 경찰에서 기소업무가 분리되었다.
(3) 경찰과 검사는 상호협력관계로서, 검사는 수사에 대하여 직접적인 지휘감독을 할 수 없으며, 경찰은 판사에게 직접 영장을 청구할 수 있다.

제2절 미국의 경찰

1 미국경찰의 역사

(1) 독립 이전
　① 영국경찰의 영향으로 보안관(Sheriff), 치안관(Constable), 야경인(Watchman) 등이 치안을 담당하였다.
　② 서부개척 시대에 치안력 부재로 광산회사, 은행, 철도회사 등이 자체적인 경비원을 고용하기 시작한 것이 민간경비회사의 시초가 되었다.

(2) 근대경찰의 창설과 개혁
　① 미국의 형사사법제도를 연구하기 위하여 설치한 위커샘(Wickersham) 위원회(위원장 위커샘)의 보고서(1931년)를 통하여 경찰활동의 문제점과 개선책이 발표되었다. 이 보고서의 경찰편을 집필한 **오거스트 볼머(August Vollmer)는 직업경찰제도와 경찰직의 전문화를 주장하였다.** 〈22경간, 22법학〉
　　※ 오거스트 볼머: 1905년부터 1932년까지 캘리포니아주 버클리(Berkeley)시의 경찰서장을 역임하였고, 경찰 전문화를 추진한 '미국경찰의 아버지'로 불린다.
　② 위커샘 보고서에서 경찰에 대한 정치적 간섭 배제, 경찰관 채용기준 강화, 근무조건 개선, 주경찰의 설립과 경찰 없는 지역의 해소 등을 주장하였다.
　③ 오거스트 볼머의 제자 윌슨(O. W. Wilson)은 경찰전문화를 계승하면서, 효율적인 기동순찰 방법으로 1대의 2인 순찰차보다 2대의 1인 순찰이 2배나 효과가 있다는 '1인 순찰차' 제도를 주장하는 등 개혁을 시도하였다.

2 미국경찰의 제도

(1) 개요
　① 미국의 경찰제도는 영국의 제도를 바탕으로 자치경찰이 중심을 이룬다. 연방, 주, 시, 군 외에도 다양한 경찰이 존재한다.
　② Police라는 명칭을 각 행정기관에서 사용하고 있으며 Police라는 명칭을 사용하지 않더라도 실질적으로 경찰활동을 하기도 한다.
　③ 전국적으로 경찰을 지휘하는 단일의 기구는 존재하지 않으며 상호 독립적으로 대등한 협력관계를 유지한다.

④ 연방법집행기관, 주경찰, 지방경찰과의 관계는 상하관계가 아닌 수평관계이다. 연방법에 의한 특정분야는 연방법집행기관이 담당하고, 일반경찰활동은 지방경찰이 담당한다.
⑤ 미국은 경찰업무 집행에 있어 범죄대응의 효율성보다는 인권보장에 중점을 두어 **적법절차(Due Process of Law)**를 강조하는데 이는 연방대법원의 판결을 통해 확립되었다. 〈23경위〉

(2) 연방법집행기관

① 개요
  ㉠ 연방경찰은 법무부, 재무부, 내무부, 교통부, 국토안보부 등 각 부처에 소속된 법집행기관을 말한다.
  ㉡ 연방법에 규정된 특정범죄에 대한 수사권은 미국 전역에서 행사할 수 있다.
  ㉢ 연방법만 집행할 수 있으며 주법을 집행할 수는 없다.

② **법무부(내무부 ×) 소속** 주요 연방법집행기관

연방범죄수사국(FBI)	• 1907년 루즈벨트 대통령이 특별업무국(Secret Service)의 직원 8명을 차출하여 수사국을 창설한 것이 1935년 FBI로 발전하였다. • 미국 내 방첩 정보(해외정보는 CIA 담당)를 수집하는 정보기관과 수사기관(법집행기관)의 업무를 병행한다. • 9·11 테러 이후 대테러 업무를 최우선하고 있지만, 일반 사건은 연방법 위반 사건에 한정된다. 〈23채용〉 • FBI는 수사와 관련하여 총 지휘하는 기관은 아니며, 각 부처 소속의 연방 수사기관에 개입도 불가하다. 다만, 다른 기관에서 관할하지 않는 범죄는 FBI에서 담당하므로 연방의 일반법집행기관으로 볼 수 있다. • 지방경찰관에 대한 교육과 훈련도 제공한다.
마약단속국(DEA)	마약 관련 업무 전담
연방보안관(U.S. Marshals)	• 1789년 설치된 미국 최초의 연방법집행기관이다. • 법정 관리, **연방법 위반 수배자 검거**, 연방 재소자 호송, 증인 보호 프로그램 운영 등
알콜·담배·총기·폭발물국	알콜, 담배, 무기, 폭발물 등에 대한 단속 업무

③ 국토안보부 소속 연방법집행기관
  ㉠ 2001.9.11. 테러사건을 계기로 연방경찰기관에 산재해 있던 대테러기능을 통합하여 2003.3. 창설되었다.
  ㉡ 조직

특별업무국 (Secret Service)	• 1865년에 위조통화 단속을 위하여 재무부 소속으로 설립되었다. • 1901년 맥킨리 대통령 암살사건을 계기로 대통령 경호업무를 담당하게 되었다. • 현재는 국토안보부 소속으로 대통령과 부통령의 경호 및 백악관 경비업무와 위조 화폐 수사 등 특정 경제범죄를 담당한다. • 경호업무가 우리나라의 경호실처럼 별도로 독립되어 있지 않다.
국경교통안전국	주요한 국경의 검문과 교통업무 담당
긴급구호국	국내 재난에 대한 구호 훈련을 감독하고 정부의 재해대응에 협력

과학기술국	국가 안전을 위한 과학적, 기술적 발전 이용 모색
정보분석 및 기간시설보호국	다른 기관으로부터 제공받은 국가안전 위협 정보 분석, 국가 기간시설 위험평가
총무국	예산, 인사, 총무업무 담당

(3) 주경찰
  ① 미국의 지방행정체제는 주(State) – 군(County) – 시(Municipality, City) – 동(Town, Township)순으로 되어 있다. **주경찰과 다른 지방경찰은 상호 독립적으로 활동한다.**
  ② 주에 따라서 다양한 형태로 존재하며 보통 주경찰국, 고속도로순찰대, 공공안전부 등을 두고 있다.
  ③ 지방경찰을 지휘·통제하는 기능은 없으며 실질적인 치안유지는 지방경찰이 담당하므로 **주경찰의 역할은 크지 않다.**
  ④ 텍사스주에서 최초(1835)의 주경찰을 설치하였다.

(4) 지방경찰
  ① 미국 치안 업무의 대부분은 지방경찰에 의하여 수행되며 미국경찰의 가장 중심적인 기관으로 볼 수 있다.
  ② County Sheriff(군 보안관)는 하와이주와 로드아일랜드주를 제외하고 주민의 선거로 선출된다.
  ③ County 안에 여러 City가 있으며, 각 자치단체별로 경찰이 존재한다. 경찰의 규모가 10여 명에서 3만여 명에 이르는 등 다양하다. 이러한 City Police의 책임자는 **보통 시장에 의하여 임명된다.**
  ④ 농어촌 지역등 작은 지역은 자체적으로 경찰조직을 구성하지 못하여(예산부족) 군 보안관(County Sheriff)이 주로 담당한다.
  ⑤ 대학, 공원, 학교 등 특정한 구역에서만 활동하는 특별경찰이 있다.

3 사법제도

(1) 경찰은 독립적 수사주체로서 수사종결권을 갖고, 경찰이 검찰에 송치한 사건에 대하여 검사가 기소여부를 결정하며, 경찰과 검사는 대등한 상호 협력적 관계이다.

(2) 연방법에 규정된 범죄는 연방경찰이 담당하고, 주법에 규정된 범죄는 주경찰, 그 외 일반적인 범죄는 지방경찰이 담당한다.

제3절 독일의 경찰

1 독일경찰의 역사

(1) 2차 대전 이전
  ① 1차 세계 대전 당시 중앙집권적인 경찰을 창설(1919)하였으나, 연합국의 요구로 지방경찰로 복귀하였다.

② 히틀러가 집권하면서 각 주에 있던 경찰권을 중앙에 집중하여 국가경찰화하고, 내무부장관 소속하에 비밀국가경찰인 게슈타포(정치경찰)가 등장하였다.

(2) 2차 대전 이후
① 연합국의 요구로 탈나치화, 탈군사화, 비정치화, 지방분권화를 추진하였다.
② 정보업무와 경찰업무의 엄격한 분리로 정보기관은 체포·구속 등 강제력을 행사할 수 없고, 경찰기관의 정보수집 분야는 제한적이다.
③ 1949년 독일기본법(헌법)의 제정으로 주 정부에 일반경찰행정권을 부여하였다. 각 주는 독자적인 경찰법을 제정하여 주 단위로 경찰권을 행사한다.

2 독일경찰의 제도

(1) 개요
① 독일은 연방경찰제와 자치경찰제(16개 주)가 함께 운영되는 절충형 경찰제도이다.
② **연방경찰은 전국적 사항, 국가적 긴급사태에 대처하기 위해 국경경비와 특수임무만 수행하고, 주경찰이 지역치안을 전담하고 있다.**
③ 연방경찰과 주경찰은 상호 대등한 관계로서, 연방경찰은 주경찰을 지휘하지 않는다.
④ 각 주경찰 간의 조정통제는 연방정부 내무부에서 이루어진다.

(2) 연방경찰
① 연방경찰청
  ㉠ 1951년 국경수비대로 창설되어 2005년에 연방경찰청으로 개칭되었다.
  ㉡ 내무부 산하의 연방경찰의 임무는 **국경 보호**(국경 통과자 신원확인 등), **연방조직 보호**(연방의회, 대통령, 연방정부, 헌법재판소, 외교기관 등 안전업무), 국가비상사태 방지, 해안 경비 등이다.
  ㉢ 대테러 부대인 GSG-9을 운영한다.
② 연방범죄수사청
  ㉠ 각 주의 수사기관과 협조하여(지휘감독 ×), 주 경계를 넘는 전국적 범죄와 국제범죄에 대응한다.
  ㉡ 범죄정보를 수집·분석하며, DNA 및 지문정보를 관리한다.
  ㉢ 범죄수사에 관해 주정부의 협조 및 지원을 위한 기관으로서 활동한다.
  ㉣ 독일에는 별도의 경호실이 없으므로 연방범죄수사국에서 **연방헌법기관이나 외빈에 대한 경호 업무를 수행한다.** 〈23채용〉
③ 연방헌법보호청
  ㉠ 주요 임무는 독일 헌법 및 자유민주체제 보호, 대간첩·대테러 활동, 국가보안 관리업무 지원 등이다.
  ㉡ 정보수집기관이면서 보안·방첩기관에 해당하며, **수사권은 없다.** 〈22경간〉

(3) 주경찰
① 주내무부장관의 지휘감독을 받으며 파출소에 이르는 중앙집권적 피라미드 구조이다. 독일의 주는 자치성이 강한 국가의 기능을 갖고 있으며(분권형 국가경찰으로도 불림), 연방내무부와 주내무부는 상호 독립적 관계이다.

② 주(州)경찰은 연방차원에서는 자치경찰이지만, 주(州)의 관점에서 본다면 주(州) 내무부장관을 정점으로 하는 주(州)단위의 국가경찰체제이다. 〈23경위〉
③ 대부분의 주는 경찰권의 비대화 방지를 위하여 **경찰청장을 민간인으로 임명**하고 있다.
④ 제복을 착용하는 일반행정경찰, 수사경찰, 대규모 집회시위에 대응하는 기동경찰, 하천이나 항만을 담당하는 수상경찰, 고속도로순찰 등의 임무를 수행한다.

3 사법제도

(1) 수사의 주체는 검사이며 경찰은 검사를 보조하는 상명하복의 관계로 규정되어 있다. 경찰은 사건을 수사한 후 검찰에 송치하여 검사의 지휘를 받는다.
(2) 경찰은 모든 영역에서 수사가 가능하며 검사와 경찰 모두에게 수사권이 인정된다. 현실적으로 경찰은 우수한 인력과 장비를 보유하고 독자적으로 수사를 진행하지만, 검사는 자체적인 수사인력이나 장비가 없어서 독자적인 수사를 하기 곤란하여 **독일의 검찰은 '팔 없는 머리'**로 불린다.
(3) 검사가 작성한 피의자신문조서의 증거능력이 인정되지 않으므로 검사가 피의자신문을 하는 경우는 거의 없다.

제4절 프랑스의 경찰

1 프랑스경찰의 역사

(1) 프랑스 혁명 이전
    ① 1032년(11세기) 파리의 치안유지를 위해 프레보(Prevot)를 창설하여 재판과 경찰을 담당하였고, 프레보는 왕이 임명하였다. 〈22경간〉
    ② 프레보가 각 지방도시까지 확대되면서 지방의 영주와 중앙권력의 대표자인 프레보와 마찰이 끊이질 않았다.
    ③ 14세기 이후 파리에서 '라 폴리스(La Police)'를 행사하는 '경찰대'가 설치되었다.

(2) 프랑스 혁명 이후
    ① 1789년 혁명정부는 파리경찰국을 폐지하고 지방자치단체장이 경찰업무를 담당하는 지방경찰제제를 수립하였다.
    ② 1800년 나폴레옹은 직접 중앙권력에 종속하는 파리경찰청을 창설하였다.

2 프랑스경찰의 제도

(1) 개요
    ① 프랑스의 국립경찰, 군경찰, 자치경찰은 각자의 업무가 명확하여 충돌하지 않는다.
    ② 강력한 국가경찰제도를 중심으로 자치경찰은 제한적으로 실시되는 이원적 구조이다.
    ③ 행정경찰과 사법경찰은 엄격히 구분되며 상호 간에 인사교류도 이루어지지 않는다. 사법경찰은 경찰청 소속이지만(법무부 소속×), 수사에 있어서는 검사와 수사판사의 지휘를 받을 뿐 행정경찰의 지휘를 받지 않는다.

④ 프랑스의 지리적 특수성과 정치상황으로 정치경찰 및 정보경찰의 비중이 높다.
⑤ 경호 및 출입국관리업무도 담당한다.

(2) 국가경찰
① 국립경찰

국립경찰청	• 내무부장관 소속의 국립경찰청장이 전국을 통일적으로 지휘 • 인구 2만명 이상의 코뮌(최하위 행정구역)에서 도지사의 관장 아래 있는 국립경찰은 범죄예방 등 일반적 경찰업무 담당 • 소속 부서로 정보국, 방범국, 형사국, 국경경찰국, 안보국 등이 있다. • 안보국(D.S.T.)은 국내 정보수집기관이고, 국방부 산하의 해외안전총국(DGSE)은 국외정보 및 방첩업무를 담당한다. • 경찰청장은 민간인 중에서 임명된다.
파리경찰청	• 수도의 특수성으로 내무부장관 직속으로 창설되었다가 후에 국립경찰에 편입되었지만 여전히 경찰청장의 지휘를 받지 않고 내무부장관의 지휘를 받으며, 파리와 주변 3개 도를 관할한다. • 파리에는 보다 정확한 정보수집을 위하여 **국립경찰과 군경찰이 중첩 배치**되어 있다. • 파리경찰청장은 내무부장관(파리시장 ×)의 추천으로 대통령이 임명한다.
지방경찰	• 지방경찰은 **기능별로 별도의 지방기관을 설치**하며 지방경찰을 관장하는 지방경찰청이 별도로 설치되어 있지는 않다. 즉, 지방경찰청은 파리경찰청만 있는 셈이고 다른 지방경찰은 중앙의 국가경찰이 직접 관장하는 방식의 강력한 집권형태이다. • 경찰서 편제: 국립경찰청 – 생활안전국 – 경찰서 – 지역순찰대

② 군경찰
  ㉠ 군경찰은 11만명(국립경찰은 15만명) 상당이다.
  ㉡ 국립경찰이 배치되지 않은 인구 2만명 미만의 코뮌(최하위 행정구역)에서 도지사의 지휘를 받으며 부족한 지방경찰 인력을 보충하는 역할을 한다. 〈22경간〉
  ㉢ 군경찰은 국방부장관 소속이지만, 행정경찰 사무는 내무부장관(도지사)의 지휘, 수사경찰 사무는 수사판사의 지휘, 전쟁이나 내란 시에는 국방부장관의 지휘를 받는다. 〈23경위〉
  ㉣ 군경찰은 행정경찰과 사법경찰 업무를 담당한다. 국립경찰은 사법경찰권이 제한되어 있지만 **군경찰은 전원이 사법경찰의 권한을 부여받고 있다.** 이것은 군경찰이 넓은 지방을 관할하고 있어서 사법절차가 필요한 경우에 즉각 대응하기 위함이다.
  ㉤ 군인경찰기동대: 도(道)의 군인경찰과 달리 기동대는 관할에 제한을 두지 않고 전국에서 폭동 발생 시 신속하게 출동한다.
  ㉥ GIGN(군경찰특공대): 대테러 특수부대로서 인질, 테러 사건 발생 시 출동한다.

(3) 자치경찰
① 인구 2만명 미만의 지역에서 **선택적으로 운영**되며 전국적으로 1천여 지역이 있다.
② 자치경찰의 업무는 지방자치단체장의 규칙 위반 단속 등 극히 제한적이다.
③ 자치경찰은 강력범죄 발생 시 수사권이 없으며, 현행범 체포 시에는 국가경찰에 인계하여야 한다.
④ 교통정리 등 지원업무는 자치경찰이 하고, 교통사고 조사는 국가경찰이 담당한다.
⑤ 자치경찰은 1984년에 1,748개소였으나, 2014년은 3,852개소로 확대되는 추세이다.

3 사법제도

(1) 수사의 주체는 수사판사와 검사이고 사법경찰은 수사의 보조자이다.

(2) 사법경찰은 내무부(경찰청) 소속이지만 수사에 있어서는 수사판사(예심판사) 또는 검사의 지휘를 받을 뿐 행정경찰의 지휘는 받지 않는다. 사법경찰은 독자적 수사개시권이 있으나 수사종결권은 인정되지 않는다.
   ※ 예심제도: 검사가 기소한 사건에 대하여 판사가 예비적으로 심사하여 사건을 공판에 보내는 것이 적정한 지를 판단하는 절차이다. 예심판사(수사판사)는 수사의 주재자로서 수사권을 가지며 동시에 판사로서의 권한도 가진다.

(3) 프랑스에는 별도의 사법부나 검찰청이 존재하지 않는다. 검사는 법원에 소속되어 있고 법원은 법무부에 소속되어 있다. 법원은 기능분리의 원칙에 따라 기소는 검사, 수사는 수사판사, 재판은 재판판사, 형집행은 형집행판사가 한다. 검사는 법무부장관의 지휘·감독을 받지만, 판사는 법무부장관에 대하여 독립적 지위를 가지고 있다.

제5절 일본의 경찰

1 일본경찰의 역사

(1) 미군정(1945) 이전
   ① 명치유신(1868) 이전에는 각 지방의 번을 중심으로 번주와 그 지배를 받는 무사(사무라이)들이 치안을 담당하였다.
     ※ 명치유신: 명치(메이지)왕 시기에 막부체제(왕과는 별도의 군사정부)를 무너뜨리고 왕정복고를 이룩하여 천황 중심의 근대적 통일국가가 형성되었다. 이전에는 천황을 중심으로 하는 명목상 정부조직과 막부를 정점으로 하는 막부조직이 있었는데 명치유신을 계기로 막부조직이 붕괴되었다. 이 시기에 서구식 근대화를 목표로 개혁을 추진하였다.
   ② 명치유신 이후 천황은 강력한 경찰체제를 보유하였으며, 전국의 경찰을 지휘하였다.

(2) 미군정 이후
   ① 미군은 치안유지법 등을 폐지하고, 위생사무는 다른 행정관청으로 이관하는 비경찰화 조치를 하였으며, 검사의 독점적 수사권을 폐지하고 경찰에게도 수사권을 부여하였다.
   ② 1954년 신 경찰법의 시행으로 국가지방경찰을 폐지하고 자치경찰을 도도부현 경찰로 일원화하여 능률성을 확보하게 되었다.

2 일본경찰의 제도

(1) 개요
   ① 국가경찰과 자치경찰의 이중체제로 구성되어 있다.
   ② 국가경찰에는 경찰청과 관구경찰국이 있으며, 자치경찰에는 도(都, 수도), 도(道), 부(府), 현(縣) 경찰이 있다. 도·도·부·현의 경찰 중에서 동경도에는 경시청이 있으며, 도·부·현에는 경찰본부가 있다.

(2) 공안위원회

국가 공안위원회	① 내각총리대신의 소할하에 국가공안위원회 설치한다. 　※ 소할: 형식적으로 소속되어 있으나 실질적인 지휘감독권은 없음 ② 위원장은 국무대신(장관급)이고, 총 6명(위원장 포함)으로 구성된다. ③ 일본경찰법에는 '국가 공안위원회에 경찰청을 설치하고, 국가공안위원회는 그 임무를 수행하기 위하여 경찰청을 관리한다'고 규정하고 있다. ④ 국가공안위원회 규칙제정권, 경찰청장관 임면권, 감찰업무, 대규모 재해나 소요사태 관련 업무, 경찰행정 조정 업무 등을 수행한다. ⑤ 합의제 행정관청이다.
도도부현 공안위원회	① 도도부현 지사의 소할하에 도도부현 공안위원회 설치한다. ② 도도부현 지사는 공안위원회를 지휘 감독할 권한은 없으므로 정치적 중립성이 보장된다.

(3) 국가경찰

경찰청	① 경찰청장관은 국가공안위원회가 내각총리대신의 동의를 얻어 임명한다. ② 경찰청장관은 광역범죄에 대처, 범죄감식, 범죄통계 등 경찰청 소관사무에 대하여 예외적(원칙적 ×)으로 도도부현경찰을 지휘감독한다.
관구경찰국	① 전국에 동경 경시청과 북해도 경찰본부 관할을 제외하고 6개의 관구경찰국이 있다. 〈22경간〉 ② 자치경찰에 대한 전국적 조정을 위한 경찰청의 지방기관이다.

(4) 지방경찰

동경도 경시청	경시청의 경시총감은 **국가공안위원회가 도공안위원회의 동의와 내각총리의 승인을 얻어 임명**한다.
도부현경찰본부	도부현경찰본부장은 **국가공안위원회가 도부현 공안위원회의 동의를 얻어 임명**한다.

3 일본의 사법제도

(1) 일본 형사소송법에 경찰과 검찰은 각각 독립된 수사기관으로서 상호 대등한 협력 관계로 규정하고 있다.

(2) 1차 수사기관은 사법경찰직원, 2차 수사기관(보충적)은 검사로서 **대륙법계와 영미법계의 절충형**이라고 할 수 있다.

(3) 경찰은 수사 개시권은 있으나, 수사종결권은 검찰에게만 있다. 경찰은 체포, 압수·수색·검증(구속 ×) 영장 청구권이 있다. 〈23경위〉
　※ 영장 청구권자: 국가공안위원회 또는 도도부현 공안위원회가 지정하는 경부(우리나라의 경감급) 이상의 사법경찰원에 한함(형소법 제199조②).

(4) 검사는 사법경찰직원에 대한 일반적(구체적 ×) 지시·지휘권이 있으며, 사법경찰직원이 따르지 않을 경우 검찰총장은 사법경찰직원에 대하여 징계·파면권이 있는 공안위원회에 이를 요구할 수 있다.
　※ 사법경찰직원 = 사법경찰원(사법경찰관) + 사법순사(사법경찰리)

> 참고
>
> **중국의 경찰**

1. 개요
(1) 중국경찰은 일반적인 경찰업무 이외에도 **호적업무(신분증 제작)**, 소방, 철도, 출입국, 외국인 관리 등 광범위한 업무를 담당한다.
(2) 경미한 위법행위에 대해 치안관리처벌조례에 따라 경고·벌금·구류(1~15일)·몰수·노동교양(1~3년) 등의 행정벌을 부과할 수 있다.

2. 중국경찰의 제도

국무원 공안부	① 우리나라 경찰청에 해당하는 기관으로 전국 치안을 지휘한다. ② 공안부장은 장관급으로 국무원의 구성원이며 국무원총리가 제청하여 전국인민대표회의에서 임명한다.
지방 공안기관	국무원 공안부 하부조직으로 지방에는 "공안청 ⇨ 공안국 ⇨ 공안파출소"의 단계를 이룬다.
인민무장경찰대	우리나라의 전투경찰대와 유사하며, 국경수비, 중요시설경비, 요인경호 등 업무를 담당한다.
국가안전부	우리나라의 국정원에 해당하는 기관으로서 1983년에 KGB와 CIA를 모델로 창설하였다.

3. 중국의 사법제도
(1) 경찰과 검사의 관계는 상호 협력 관계이다.
(2) 경찰은 원칙적 수사주재자이며, 검사는 예외적 수사주재자 및 공소제기자이다.
(3) 경찰이 수사를 종결하여 검찰에 송치한 사건에 대하여 검찰이 경찰의 송치 의견과 다른 결정으로 기소 또는 불기소한 경우에는 그 이유를 의무적으로 경찰에게 통보하여야 하고, 경찰은 재심사를 요구할 수 있다.
(4) 경찰은 흉악하다고 인정되는 피의자·피고인의 신체를 검사할 수 있는 등 영장없이 압수·수색·검증을 할 수 있고, 직접 지명수배 영장을 발부할 수 있다.
(5) 경찰은 수사, 체포, 구속집행, 예심(기소 단계로 이송할 것인지 여부를 결정)을 담당한다.
  ※ 형사절차는 '경찰의 수사와 예심 ⇨ 검찰의 기소 ⇨ 법원의 재판'의 3단계 구조로 이루어지며 실질적으로 예심과정에서 유·무죄가 결정되기 때문에 예심은 지방법원 판사보다 법률지식 수준이 더 우수한 사람이 담당한다고 한다. 프랑스의 예심판사 제도(기소후 예심)와 유사하다.

제6절 국가별 제도 비교

1 국가별 경찰제도 비교

구분	국가경찰기관	자치경찰기관	국가경찰 감독권
영국	국가범죄청	수도경찰청, 런던시티경찰청, 지방경찰(북아일랜드 제외)	내무부장관
미국	연방기관	주경찰, 지방경찰	상호 대등 협력
독일	연방기관	주경찰(분권형 국가경찰)	상호 대등 협력
프랑스	국립경찰(경찰청, 파리경찰청, 지방경찰), 군경찰	자치경찰(인구 2만 미만, 선택적)	내무부장관, 경찰청 감사권
일본	경찰청, 관구경찰국	동경도 경시청, 도부현 경찰본부	경찰청 소속 관구경찰국

2 국가별 경찰의 수사권 비교

구분	경·검관계	독자적 수사권	독자적 체포영장청구권	수사종결권
영국	상호대등	○	○	○
미국	상호대등	○	○	○
독일	상명하복	△	×	×
프랑스	상명하복	△	×	×
일본	상호대등	○	○	×

※ 영국은 잉글랜드, 웨일즈 기준

3 국가별 지구대(파출소) 존재 여부

영국	미국	독일	프랑스	일본	중국
×	×	○	△	○	○

PART 05
분야별 경찰활동

CHAPTER 01 생활안전 경찰
CHAPTER 02 수사 경찰
CHAPTER 03 경비경찰
CHAPTER 04 교통 경찰
CHAPTER 05 정보 경찰
CHAPTER 06 안보경찰
CHAPTER 07 외사경찰

CHAPTER 01 생활안전 경찰

PART 05

※ 「분야별 경찰활동」은 채용시험 기출범위 위주임

제1절 경찰청 범죄예방대응국 및 생활안전교통국의 사무분장 및 112 신고처리

1 경찰청 범죄예방대응국 및 생활안전교통국의 사무분장

제10조의3(범죄예방대응국) ③ 국장은 다음 사항을 분장한다.
1. 범죄예방에 관한 기획·조정·연구 등 예방적 경찰활동 총괄
2. 범죄예방진단 및 범죄예방순찰 기획·운영
3. 경비업에 관한 연구 및 지도 〈22채용〉
4. 풍속 및 성매매(아동·청소년 대상 성매매는 제외한다) 사범에 대한 지도 및 단속
5. 총포·도검·화약류 등의 지도·단속
6. 즉결심판청구업무의 지도
7. 각종 안전사고의 예방에 관한 사항 〈22채용〉
8. 지구대·파출소 운영체계의 기획 및 관리
9. 지구대·파출소의 외근활동 기획 및 운영
10. 지구대·파출소의 근무자에 대한 교육
11. 112신고제도의 기획·운영 및 112치안종합상황실 운영 총괄
12. 치안 상황의 접수·상황판단, 전파 및 초동조치 등에 관한 사항
13. 치안상황실 운영에 관한 사항

제11조(생활안전교통국) ③ 국장은 다음 사항을 분장한다.
1. ~ 4. 자치경찰제도 관련 기획 및 조정, 법령 사무 총괄, 예산의 편성과 조정 및 결산에 관한 사항, 시·도 및 시·도자치경찰위원회와의 협력에 관한 사항
5. 소년비행 방지에 관한 업무
6. 소년 대상 범죄의 예방에 관한 업무
7. 아동학대의 예방 및 피해자 보호에 관한 업무 〈22채용〉
8. 가출인 및 「실종아동등의 보호 및 지원에 관한 법률」 제2조제2호에 따른 실종아동등(이하 "실종아동등"이라 한다)과 관련된 업무
9. 실종아동등 찾기를 위한 신고체계 운영
10. 여성 대상 범죄와 관련된 주요 정책의 총괄 수립·조정
11. 여성 대상 범죄 유관기관과의 협력 업무
12. 성폭력 및 가정폭력 예방 및 피해자 보호에 관한 업무
13. 스토킹·성매매 예방 및 피해자 보호에 관한 업무
14. **경찰 수사 과정상의 범죄피해자 보호** 및 지원에 관한 업무 (감사관 X, 국수본 X)
15. 도로교통에 관련되는 종합기획 및 심사분석
16. 도로교통에 관련되는 법령의 정비 및 행정제도의 연구
17. 교통경찰공무원에 대한 교육 및 지도
18. 교통안전시설의 관리
19. 자동차운전면허의 관리
20. 도로교통사고의 예방을 위한 홍보·지도 및 단속
21. 고속도로순찰대의 운영 및 지도

2 112 치안종합상황실

(1) 조직 및 업무
① 112 치안종합상황실은 112 신고를 접수하여 지령하고 초동조치에 대한 지휘 등 치안상황을 관리하는 컨트롤타워로서 각 시·도경찰청장 직속으로 두며, 경찰청 치안상황관리관의 지휘를 받는다.
② 2021.1.1.부터 개정된 「경찰청과 그 소속기관 직제」에 따라 종전 생활안전국에서 담당하던 '지구대·파출소 상황관리업무의 기획' 업무를 담당한다.

(2) 112치안종합상황실 운영 및 신고처리 규칙(시행 2024. 7. 24)

> 제2조(정의) 이 규칙에 사용되는 용어의 정의는 다음과 같다.
> 1. "112신고의 처리"란 112신고 대응을 위하여 이루어지는 접수, 지령, 현장출동, 현장조치, 종결 등 일련의 처리과정을 말한다.
> 2. "112치안종합상황실"이란 112신고의 처리와 대응 등을 위해 경찰청, 시·도경찰청 및 경찰서에 설치·운영하는 부서를 말한다.
> 3. "112치안종합상황실장"이란 112치안종합상황실의 운영·관리를 책임지고 근무자를 지휘·감독하는 사람(경찰기관의 장이 「치안상황실 운영규칙」에 따른 "상황관리관"을 지정한 경우 "상황관리관"은 "112치안종합상황실장"으로 본다)을 말하며, 각급 경찰기관 112치안종합상황실장은 다음 각 목과 같다.
>   가. 경찰청: 치안상황관리관
>   나. 시·도경찰청: 112치안종합상황실장
>   다. 경찰서: 범죄예방대응과장
> 4. "상황팀장"이란 경찰청, 시·도경찰청 및 경찰서 112치안종합상황실장의 지휘를 받아 112신고의 처리 및 상황관리 등의 임무를 수행하는 사람을 말한다.
> 5. "출동 경찰관"이란 112치안종합상황실의 지령을 받아 현장에 출동하여 112신고를 조치하는 경찰관을 말한다.
> 6. "112시스템"이란 112신고의 접수, 지령, 전파 및 순찰차 배치에 활용하는 전산 시스템을 말한다.
> 7. "접수"란 112신고를 받아 사건의 내용을 확인하고, 112시스템에 신고내용을 입력하는 것을 말한다.
> 8. "지령"이란 유선·무선망 또는 전산망을 통해 112신고사항을 전파하여 조치토록 하는 것을 말한다.
>
> 제5조(112근무요원의 근무방법 등) ① 영 제2조제2항 및 제3항에 따라 112근무요원은 4개조로 나누어 교대 근무를 실시하는 것을 원칙으로 한다. 다만, 인력 상황에 따라 3개조로 할 수 있다.
>
> 제6조(신고의 접수) ① 112신고는 법 제7조제1항에 따라 현장출동이 필요한 지역의 관할과 관계없이 신고를 받은 경찰관서에서 신속하게 접수한다.
> ② 경찰관서 방문 등 112신고 외의 방법으로 범죄나 각종 사건·사고 등 위급한 상황이 발생하였거나 발생할 것이 예상된다는 신고를 접수한 경찰관은 소속 경찰관서의 112시스템에 신고내용을 입력해야 한다.
>
> 제7조(112신고의 대응체계) ① 경찰청장은 영 제3조제2항에 따라 112신고 내용의 긴급성과 출동 필요성 등을 고려하여 112신고 대응 코드(code)를 다음 각 호와 같이 분류한다.
> 1. 코드 0 신고: 코드 1 신고 중 이동성 범죄, 강력범죄 현행범인 등 신고 대응을 위해 실시간 전파가 필요한 경우
> 2. 코드 1 신고: 생명·신체에 대한 위험 발생이 임박하거나 진행 중 또는 그 직후인 경우 및 현행범인인 경우

3. 코드 2 신고: 생명·신체에 대한 잠재적 위험이 있는 경우 및 범죄예방 등을 위해 필요한 경우
  4. 코드 3 신고: 즉각적인 현장조치는 불필요하나 수사, 전문상담 등이 필요한 경우
  5. 코드 4 신고: 긴급성이 없는 민원·상담 신고
 ② 112근무요원은 영 제3조제3항에 따라 112시스템에 신고내용을 입력할 경우 112신고 내용의 긴급성과 출동 필요성 등을 고려하여 제1항 각 호의 어느 하나에 해당하는 112신고 대응 코드를 부여한다.
 ③ 112근무요원은 112신고가 완전하게 수신되지 않는 경우와 같이 정확한 신고내용을 파악하기 힘든 경우라도 신속한 처리를 위해 우선 임의의 112신고 대응 코드를 부여할 수 있다.
 ④ 112근무요원 및 출동 경찰관은 112신고 대응 코드를 변경할 만한 사실을 추가로 확인한 경우 이미 분류된 112신고 대응 코드를 다른 112신고 대응 코드로 변경할 수 있다.

제8조(지령) ① 법 제7조제1항에 따라 112신고를 접수한 112근무요원은 접수한 신고의 내용이 코드 0 신고부터 코드 3 신고의 유형에 해당하는 경우에는 출동 경찰관에게 출동할 장소, 신고내용, 신고유형 등을 고지하고 신고의 현장출동, 조치, 종결하도록 지령해야 한다.
 ② 112근무요원은 접수한 신고의 내용이 코드 4 신고의 유형에 해당하는 경우에는 출동 경찰관에게 지령하지 않고 자체 종결하거나, 담당 부서 또는 112신고 관계 기관에 신고내용을 통보하여 처리하도록 조치해야 한다.

제13조(현장출동) ① 제8조제1항의 지령을 받은 출동 경찰관은 신고유형에 따라 다음 각 호의 기준에 따라 현장에 출동해야 한다.
  1. 코드 0 신고 및 코드 1 신고: 코드 2 신고, 코드 3 신고 및 다른 업무의 처리에 우선하여 출동
  2. 코드 2 신고: 코드 0 신고, 코드 1 신고 및 다른 중요한 업무의 처리에 지장을 초래하지 않는 범위 내에서 출동
  3. 코드 3 신고: 당일 근무시간 내에 출동
 ② 출동 경찰관은 소관 업무나 관할 등을 이유로 출동을 거부하거나 지연 출동해서는 안 된다.

제14조(현장보고) ① 출동 경찰관은 112치안종합상황실에 다음 각 호의 보고를 해야 한다.
  1. 최초보고: 출동 경찰관은 112신고 현장에 도착한 즉시 도착 사실과 함께 현장 상황을 간략히 보고
  2. 수시보고: 현장 상황에 변화가 발생하거나 지원이 필요한 경우 수시로 보고
  3. 종결보고: 현장 초동조치가 종결된 경우 확인된 사건의 진상, 사건의 처리내용 및 결과 등을 상세히 보고
 ② 제1항에도 불구하고 현장 상황이 급박하여 신속한 현장 조치가 필요한 경우 우선 조치 후 보고할 수 있다.

제16조(112신고의 종결) 112근무요원은 다음 각 호의 경우 112신고처리를 종결할 수 있다.
  1. 사건이 해결된 경우
  2. 신고자가 신고를 취소한 경우. 다만, 신고자와 취소자가 동일인인지 여부 및 취소의 사유 등을 파악하여 신고취소의 진의 여부를 확인해야 한다.
  3. 허위·오인으로 인한 신고인 경우 또는 신고내용이 경찰 소관이 아님이 확인된 경우
  4. 현장에 출동하였으나 사건 내용을 확인할 수 없으며, 사건이 실제 발생하였다는 사실도 확인되지 않는 경우
  5. 주무부서의 계속적 조치가 필요한 경우 및 추가적 수사의 필요 등으로 사건 해결에 장시간이 소요되어 해당 부서로 인계하여 처리하는 것이 효과적인 경우
  6. 그 밖에 112치안종합상황실장(상황팀장)이 초동조치가 종결된 것으로 판단하는 경우

제20조(자료보존기간) ① 법 제12조제1항 및 영 제6조제1항의 규정에 따른 112신고 접수·처리자료의 보존기간은 다음 각 호의 구분에 따른다.
1. 112시스템 입력자료: 112신고 대응 코드 0·코드 1·코드 2로 분류한 자료는 3년간, 코드 3·코드 4로 분류한 자료는 1년간 보존
2. 녹음·녹화자료: 3개월간 보존
3. 그 밖에 문서 및 일지: 「공공기록물 관리에 관한 법률」에서 정하는 바에 따라 보존

② 경찰청장등은 제1항제1호 및 제2호에도 불구하고 영 제6조제2항에 따라 112신고 접수·처리자료의 보존기간을 다음 각 호에 따른 범위에서 연장할 수 있다.
1. 제1항제1호의 경우: 112신고 대응 코드 0·코드 1·코드 2로 분류한 자료는 2년, 코드 3·코드 4로 분류한 자료는 1년
2. 제1항제2호의 경우: 3개월

제24조(112근무요원·전문인력 교육) ① 경찰청장등은 112근무요원의 자질향상과 상황처리 능력 배양을 위해 112근무요원에 대하여 112신고 관계 법령, 관계 규정, 음어 또는 약호의 사용 요령 및 112신고의 처리 업무수행에 필요한 전반적인 교육을 실시해야 한다.
② 경찰청장등은 관계 법령과 관계 규정 또는 상황처리 요령 등이 개정·변경된 경우에는 112근무요원에 대하여 수시로 개정·변경된 사항을 교육해야 한다.
③ 112치안종합상황실장(상황팀장)은 112근무요원의 직무수행 능력향상을 위하여 일일교양 및 지도감독을 철저히 해야 한다.
④ 법 제15조제1항 및 영 제9조제1항에 따른 112시스템 전문인력의 교육과 훈련에 관하여는 「경찰공무원 교육훈련규정」 제10조, 제12조 및 제14조를 준용한다.

제25조(112근무요원의 전문성 확보) ① 112근무요원의 근무기간은 2년 이상으로 한다.
② 경찰청장은 112근무요원의 전문성 제고를 위해 112근무요원 전문인증제를 운영할 수 있다.

(3) 위치정보 조회

① 「위치정보의 보호 및 이용 등에 관한 법률」 제29조(긴급구조를 위한 개인위치정보의 이용)에 근거하여 위치정보를 조회할 수 있으며 **수사 목적으로 조회할 경우는 위법** 〈21승진〉

※ 범죄수사 목적 위치정보 조회: 「통신비밀보호법」상 통신사실확인자료 조회

② 112 신고 접수시스템과 연계하여 **수초 이내에 조회 가능** 〈21승진〉

③ 조회 대상

요구조자	• 생명·신체를 위협하는 급박한 위험으로부터 자신의 구조를 요청한 자의 위치는 동의 없이 조회 가능 • 요구조자가 다른 사람에게 부탁하여 다른 사람이 구조 요청한 경우에, 요구조자의 위치를 조회하기 위해서는 요구조자의 의사를 확인해야 한다. 그 의사는 음성이나 문자 메시지 등으로도 확인 가능하다.
보호자	실종아동 등의 보호자가 요청한 경우 실종아동등의 위치 조회 가능 ※ **실종아동 등**: 실종 당시 18세 미만자, 자폐성·지적·정신장애인, 치매환자가 약취·유인·유기·사고·가출·길을 잃는 등의 사유로 인하여 **보호자**(친권자, 후견인, 기타 법률상 보호·부양 의무 있는 자로서 **보호시설의 장·종사자는 제외**)로부터 이탈된 아동 등

※ 조회불가: 18세 이상의 단순 가출자, 단순 연락두절자, 수사목적 등

(4) 위치추적 방법(측위기술) LBS(Location Based Services)

Cell 방식	• 기지국 기반 • 모든 휴대전화 가능, 실내지하가능 • 범위가 넓다(도심지 수백m, 개활지는 수Km).
Wi-fi 방식	• Wi-fi연결된 무선 공유기 기반 • 정확도: Cell 〈 Wi-fi 〈 GPS • Wi-fi값과 Cell값이 현격히 다르면 Cell 값 기준
GPS 방식	• 인공위성 기반, 가장 정확 • 실내에서는 불가, GPS가 켜져 있어야 한다.

제2절 지역경찰 활동

1 지역경찰의 직무(지역경찰의 조직 및 운영에 관한 규칙 – 경찰청 예규)

지역경찰 관리자	지역경찰관서장 및 순찰팀장을 말한다.	
지역경찰 관서장	① 지역경찰관서는 지구대와 파출소(치안센터 ×) 〈23승진〉 ② 전반적인 치안상황 분석, 대책수립, 지역경찰 지휘 및 감독 ③ 중요시책 홍보 및 협력치안 ④ 지역경찰관서 시설·장비·예산 관리(집행 ×) 〈22경간〉	구분
순찰팀장	① 주요 취급사항, 장비 등 인수인계, 중요사건 현장 지휘 〈22경간〉 ② 관리·순찰팀 일일근무 지정, 관서장 부재 시 업무대행 〈20·22승진, 18채용, 22경간〉 ③ 순찰팀과 함께 교대근무 원칙(일근근무 ×) 〈21채용, 22경간〉	
행정근무 (관리팀)	① 문서 접수 및 처리, 각종 현황, 통계, 부책 관리 〈15·23승진〉 ② 시설, 장비 관리 및 예산 집행 〈16승진〉	
상황근무	① 방문민원, 신고사건 접수·처리 〈22승진〉 ② 시설, 장비 작동 여부 확인(행정 근무 ×) 〈21채용〉 ③ 중요 사건사고 보고 및 전파 〈23승진〉 ④ 요보호자, 피의자에 대한 보호·감시 〈22승진〉	구분
순찰근무	① 주민여론, 범죄첩보 수집, 범죄 예방, 위험발생 방지 활동, 방범진단 ② 사건사고 발생 시 초동조치, 보고, 전파 ③ 통행인 및 차량에 대한 검문검색 등 ④ 112순찰 및 야간 순찰근무는 반드시 2인 이상 합동 근무 지정	
경계근무	① 범법자 등을 단속·검거하기 위한 통행인, 차량 등 검문검색 〈19승진〉 ② 비상 및 작전사태 등 발생 시 차량, 선박 등 통행 통제 〈20승진, 19경간〉 ③ 반드시 2인 이상 합동 근무 지정	구분
대기근무	① 대기근무의 장소는 지역경찰관서 및 치안센터 내로 한다. 단, 식사시간을 대기 근무로 지정한 경우에는 식사 장소를 대기 근무 장소로 지정할 수 있다. ② 휴식을 취하되, 무전 청취하며 10분(5분 ×) 이내 출동 상태 유지 〈23승진〉 ③ 지역경찰관리자는 휴게 및 식사시간도 대기근무(기타근무 ×)로 지정할 수 있다 (제29조⑥). 〈22승진〉	구분
기타근무	지역경찰 관리자가 지정하는 근무로서 위 근무에 해당하지 않는 근무	

● **정리하기**

유사 업무 비교

지역경찰관서장	시설·장비·예산의 관리
행정근무(관리팀)	시설·장비의 관리, 예산의 집행
상황근무	시설·장비의 작동 여부 확인

순찰근무	통행인 및 차량에 대한 검문검색
경계근무	범법자 등을 단속·검거하기 위한 통행인 및 차량에 대한 검문검색

상황근무	방문민원 및 각종 신고사건의 접수 및 처리 중요 사건·사고 발생 시 보고 및 전파
순찰근무	각종 사건·사고 발생 시 초동조치 및 보고, 전파

2 지역경찰 관리(지역경찰의 조직 및 운영에 관한 규칙 – 경찰청 예규)

조직	① 시·도경찰청장은 인구, 면적 등을 고려하여 경찰서의 관할구역을 나누어 지역경찰관서(지구대, 파출소)를 설치한다(제4조①). 〈22채용〉 ② 시·도경찰청장은 지역경찰관서장 소속하에 치안센터를 설치할 수 있다(제10조①). ③ 순찰팀의 수는 시·도경찰청장이 결정한다(제6조②). ④ 관리팀 및 순찰팀의 인원은 경찰서장이 결정한다(제6조③).
근무형태 (제21조)	① 지역경찰관서장은 일근근무 원칙. 경찰서장은 근무시간을 조정하거나, 시간외·휴일 근무 등을 명할 수 있다. ② 관리팀은 일근근무 원칙. 지역경찰관서장은 근무시간을 조정하거나, 시간외·휴일 근무 등을 명할 수 있다. ③ 순찰팀장 및 순찰팀원은 상시·교대근무 원칙. 시·도경찰청장이 근무교대 시간 및 휴게시간, 휴무횟수 등 구체적인 사항을 정한다. 〈21채용〉 ④ 치안센터 전담근무자의 근무형태 및 근무시간은 치안센터의 종류 및 운영시간 등을 고려하여 경찰서장이 정한다.
지역경찰 동원 (제31조②)	지역경찰 동원은 근무자 동원을 원칙으로 하되, 불가피한 경우에 한하여 비번자·휴무자 순으로 동원할 수 있다. 〈22승진〉
정원 관리 (제37조③)	시·도경찰청장은 소속 지역경찰 정원 충원 현황을 연 2회 이상 점검하고 현원이 정원에 미달할 경우 충원 대책을 수립, 시행하여야 한다. 〈18경간〉
교육 (제39조)	① 시·도경찰청장 및 경찰서장은 지역경찰의 올바른 직무수행 및 자질 향상을 위해 필요한 교육을 실시하여야 한다. ② 교육시간, 방법, 내용 등 지역경찰 교육과 관련된 세부적인 기준은 경찰청장(시·도청장 ×)이 따로 정한다. 〈18경간〉
상시교육 (제39조의2)	① 지역경찰관리자는 주간근무시간에 신고사건 처리에 지장이 없는 범위에서 별도의 시간을 지정하여 지역경찰의 직무수행 능력 향상을 위한 상시교육을 실시할 수 있다. ② 경찰서 112치안종합상황실장은 필요한 경우 상시교육 계획을 수립하여 지역경찰관서에 사전에 공지해야 한다. ③ 교육방식과 내용은 지역경찰관리자가 정한다. ④ 지역경찰관리자는 신고출동 지령시 상시교육 중에 있는 지역경찰을 최후순위 출동요소로 지정한다. ⑤ 상시교육을 실시한 시간은 지정학습시간으로 인정할 수 있다.
기록·보관 (제42조)	근무일지는 3년간 보관한다. 〈23승진〉

3 경찰기관 상시근무 공무원의 근무시간 등에 관한 규칙(경찰청 훈령)〈22경간〉

상시근무	일상적으로 24시간 계속하여 대응·처리해야 하는 업무를 수행하거나 긴급하고 중대한 치안상황에 대비하기 위하여 야간, 토요일 및 공휴일에 관계없이 상시적으로 업무를 수행하는 근무형태
교대근무	근무조를 나누어 일정한 계획에 의한 반복주기에 따라 교대로 업무를 수행하는 근무형태
휴무	근무일에 해당함에도 불구하고 누적된 피로 회복 등 건강유지를 위하여 일정시간 동안 근무에서 벗어나 자유롭게 쉬는 것
비번	교대근무자가 일정한 계획에 따라 다음 근무시작 전까지 자유롭게 쉬는 것
휴게시간	근무 도중 자유롭게 쉬는 시간을 말하며 식사시간을 포함한다. ※ 지역경찰관리자는 휴게 및 식사시간을 대기근무로 지정할 수 있다(지역경찰의 조직 및 운영에 관한 규칙)
대기	신고사건 출동 등 치안상황에 대응하기 위하여 일정시간 지정된 장소에서 근무태세를 갖추고 있는 형태의 근무

4 치안센터 근무(지역경찰의 조직 및 운영에 관한 규칙 – 경찰청 예규)

소속		① 치안센터는 지역경찰관서장의 소속하에 두며, 치안센터의 인원, 장비, 예산 등은 지역경찰관서에서 통합 관리한다. ② 치안센터의 관할구역은 소속 지역경찰관서 관할구역의 일부로 한다.
운영시간		① 치안센터는 24시간 상시 운영을 원칙으로 한다. ② 경찰서장은 지역 치안여건 및 인원여건을 고려, 운영시간을 탄력적으로 조정할 수 있다.
종류	검문소형	적의 침투 예상로 또는 주요 간선도로의 취약요소 등에 교통통제 요소 등을 고려하여 설치한다.
	출장소형	① 출장소형 치안센터는 지역 치안활동의 효율성 및 주민 편의 등을 고려하여 필요한 지역에 설치한다. ② 직주일체형 치안센터는 출장소형 치안센터 중 근무자가 치안센터 내에서 거주하면서 근무하는 형태의 치안센터를 말한다. ③ 직주일체형 치안센터에는 배우자와 함께 거주함을 원칙으로 하며, 배우자는 근무자 부재시 방문 민원 접수·처리 등 보조 역할을 수행한다. 배우자에게 조력사례금을 지급하여야 하며, 지급 기준 및 금액은 경찰청장이 정한다. ④ 직주일체형 치안센터에 배치된 근무자는 근무 종료 후에도 관할구역 내에 위치하며 지역경찰관서와 연락체계를 유지하여야 한다. 다만, 휴무일은 제외한다. 〈22채용〉 ⑤ 직주일체형 치안센터 근무자의 근무기간은 1년 이상으로 하며, 임기를 마친 경찰관은 희망부서로 배치하고, 차기 경비부서의 차출순서에서 1회 면제한다.

시호 신기 특수하다.

제3절 경비업법

종류 ⟨16승진, 20경간, 16·17· 22채용⟩	시설경비	경비대상 시설에서 도난, 화재, 혼잡 등으로 인한 위험발생 방지
	호송경비	운반 중인 현금, 고가품 등 물건에 대한 위험 발생 방지 ※「피의자유치 및 호송 규칙」(훈령): 사람에 대한 호송 의미
	신변보호	사람의 생명·신체(재산 ×)에 대한 위해 발생 방지, 신변보호 ⟨22채용⟩
	기계경비	경비대상시설에 설치한 기기에서 감지, 송신된 정보를 경비대상시설 외의 장소에 설치한 관제시설의 기기로 수신하여 위험발생 방지
	특수경비	공항(항공기 포함) 등 대통령령이 정하는 국가중요시설의 경비 및 도난·화재 등 위험발생 방지
	혼잡·교통 유도경비 업무	도로에 접속한 공사현장 및 사람과 차량의 통행에 위험이 있는 장소 또는 도로를 점유하는 행사장 등에서 교통사고나 그 밖의 혼잡 등으로 인한 위험발생을 방지하는 업무
허가	① 법인만 신청 가능하며 시·도청장이 허가 ⟨19경간⟩ ② 신규 또는 도급받아 행하고자 하는 경비업무 변경 ⟨18·19경간⟩ ③ 허가받은 날부터 5년간 유효 ⟨19경간⟩	
신고	① 시·도청장에 신고 ② 영업 폐업/휴업 ⟨18경간⟩ ③ 법인 명칭·대표자·임원 변경 시 ④ 법인 주사무소/출장소 신설·이전·폐지 ⟨18경간⟩ ⑤ 기계경비업무를 위한 관제시설의 신설·이전·폐지 ⑥ 특수경비업무 개시/종료 ⟨18경간⟩ ⑦ 그밖에 대통령령으로 정하는 중요사항 변경 시	
집단 민원 현장	① 집단민원현장에는 반드시 경비지도사를 선임하여 행안부령에 따라 경비원을 지도 감독 ⟨18채용, 19경간⟩ ② 집단민원현장에 경비인력을 20명 이상 배치할 때에는 집단민원 발생 3개월 전까지 직접 고용한 경우를 제외하고는 경비업자에게 도급을 맡겨야 한다. ③ 집단민원현장 (일반적인 집회·시위 장소 ×) • 도시 정비사업과 관련하여 다툼이 있는 장소 • 특정 시설물의 설치와 관련한 민원 장소 • 주주총회와 관련하여 다툼이 있는 장소 • 부동산·동산 소유권, 점유권 등 법적 권리로 다툼이 있는 장소 • 100명 이상의 사람이 모이는 국제, 문화, 예술, 체육 행사장 • 행정대집행을 하는 장소 • 노동쟁의 조정신청을 한 사업장 또는 쟁의행위가 발생한 사업장 ※ 공연장 외 1천명 이상 운집 예상 시 공연장 운영자는 공연 14일 전까지 재해대처계획을 지자체에 신고하여야 한다(공연법 시행령 제9조③).	

규대쌤 Comment

음주가무 즐기는 숙이 목
비게여~~

제4절 생활질서 업무

1 풍속영업의 규제에 관한 법률

풍속영업의 범위 (제2조)	① 식품위생법: 단란주점, 유흥주점(酒) ② 음악산업진흥법: 노래연습장(歌) ③ 체육시설 설치·이용에 관한 법률: 무도학원업, 무도장업 〈17경간〉 ④ 공중위생관리법: 숙박업, 이용업(미용 ×), 목욕장업 중 대통령령으로 정하는 것 〈17경간〉 ※ 대통령령에서 구체적으로 정하고 있지는 않음 ⑤ 영화 및 비디오물 진흥법: 비디오물감상실업 〈17경간〉 ⑥ 게임산업진흥법: 게임제공업 및 복합유통게임제공업 〈17경간〉 ⑦ 그 밖에 선량한 풍속을 해치거나 청소년의 건전한 성장을 저해할 우려가 있는 영업으로 대통령령으로 정하는 것(대통령령에서는 여가부장관이 고시한 청소년의 출입과 고용이 금지되는 업소를 의미함) ※ 풍속영업 아닌 것: 티켓다방, 「사행행위 등 규제 및 처벌 특례법」상 사행행위 영업
풍속영업자 준수사항 (제3조)	① 음란물 배포, 판매, 대여, 관람, 열람, 진열, 보관 금지 ② 성매매, 음란행위 알선 제공 금지 ③ 도박 기타 사행행위 금지 ④ 풍속영업자 준수사항: 무허가 영업자도 포함되나 유흥주점 허가를 받고 실제는 노래연습장으로 영업하면 유흥주점업 준수사항을 따를 필요 없음(판례). 〈20경간〉 ⑤ 노래연습장 준수사항: 청소년은 출입시간(09:00~22:00) 내에 청소년실에서만 출입 가능(보호자 동반 시 제외), 주류 판매·제공 금지, 접대부(남녀불문) 고용·알선, 호객 금지 ※ 유흥주점의 '유흥종사자'는 여자만을 의미하고(식품위생법 시행령 제22조①), 노래연습장에서의 '접대부'는 남녀를 불문한다(음악산업진흥에 관한 법률 제22조①).
판례	① 여종업원이 상의를 벗고 브래지어만 착용하고 접대하는 것은 음란행위 아님. ② 나이트클럽 무용수가 겉옷을 모두 벗고 성행위와 유사한 동작을 연출하거나 모조 성기를 수차례 노출한 경우는 음란행위에 해당함 ③ 모텔에서 음란한 외국 방송을 시청하게 하거나 또는 파일 재생 장치로 음란 동영상 관람하게 한 경우 음란행위에 해당함 〈20경간〉

2 식품접객업(식품위생법)

(1) 종류

휴게음식점(간이음식점 ×)	음식류 조리, 판매(패스트푸드, 분식점)
일반음식점	음식류 조리, 판매 + 음주(호프, 소주방, 카페 포함)
단란주점	음식류 조리, 판매 + 음주 + 노래
유흥주점	음식류 조리, 판매 + 음주 + 노래 + 유흥종사자(부녀자)
위탁급식영업	집단급식소에서 음식류를 조리하여 제공
제과점영업	주로 빵, 떡, 과자 등을 제조·판매

규대쌤 Comment

성매매 알강권유 장자토건

(2) 판례
① 유흥접객원은 유흥을 돋우어 주고 보수를 받는 부녀자로서, 일시적으로 손님과 합석한 일반 여종업원이나 바텐더는 해당하지 않는다.
② 단순히 놀러오거나 손님으로 왔다가 합석하여 술을 마신 부녀자는 유흥접객원이 아니다.
③ 다방 종업원인 '티켓걸'을 불러서 손님을 접대하게 하거나 손님이 직접 티켓걸을 불러서 티켓비를 지급한 사정을 업소 주인이 알고 있었다면 유흥종사자를 둔 경우에 해당한다. 〈20경간〉

3 성매매 알선 등 행위의 처벌에 관한 법률

(1) 정의

성매매 〈21채용〉	불특정인을 상대로 금품 및 그 밖의 재산상의 이익을 수수·약속하고 다음 각목의 어느 하나에 해당하는 행위를 하거나 그 상대방이 되는 것 ① 성교행위 ② 유사성교행위(구강·항문 등 신체의 일부 또는 도구를 이용)
성매매 알선 등 〈18승진, 21채용〉	① 성매매 알선·강요·권유·유인 ② 성매매 장소 제공 ③ 성매매에 제공되는 사실을 알면서 자금·토지·건물 제공
성매매 목적 인신매매	① 성매매 또는 음란 영상물 촬영 등을 목적으로 대상자를 지배·관리하면서 제3자에게 인계하는 행위 ※ 대상자를 지배·관리: 선불금 제공 또는 여권을 받아서 제지하는 경우 등 ② 미성년자, 사물을 변별하거나 의사를 결정할 능력이 없거나 미약한 사람, 장애자 등을 지배·관리하면서 제3자에게 인계하는 행위 ③ 위 행위를 알면서 같은 목적이나 전매를 위하여 대상자를 인계받는 행위 ④ 대상자를 모집·이동·은닉하는 행위
성매매 피해자	① 위계, 위력, 그 밖에 이에 준하는 방법으로 성매매를 강요당한 사람 ② 업무관계, 고용관계, 그 밖의 관계로 인하여 보호 또는 감독하는 사람에 의하여 마약 등에 중독되어 성매매를 한 사람 〈21채용〉 ③ 미성년자, 사물을 변별하거나 의사를 결정할 능력이 없거나 미약한 사람, 대통령령으로 정하는 중대한 장애가 있는 사람으로서 성매매를 하도록 알선·유인된 사람 ④ 성매매 목적의 인신매매를 당한 사람

(2) 성매매 피해자 보호

형사처벌	성매매 피해자의 성매매는 처벌하지 아니한다(감면 ×). 〈15·21채용, 21경채〉
민사관계	성매매 알선 등 행위를 한 사람, 성을 파는 행위를 할 사람을 고용·모집·소개·알선한 사람, 성매매 목적으로 인신매매한 사람이 성을 파는 행위를 하였거나 할 사람에게 가지는 채권은 무효(취소 ×)로 한다.
외국인 피해자	해당 사건을 불기소 처분하거나 공소를 제기할 때까지 강제퇴거명령 또는 보호의 집행을 하여서는 아니된다(제11조).

수사기관 조치	① 수사과정에서 성매매 피해자 발견 시 법정대리인·친족 또는 변호인에게 통지하고, 신변보호, 수사의 비공개, 친족 또는 지원시설·성매매피해상담소에의 인계 등 그 보호에 필요한 조치를 하여야 한다. 다만, 사생활 보호 등 부득이한 사유가 있는 경우에는 통지하지 아니할 수 있다. 〈21채용〉 ② 직권 또는 신청으로 신뢰관계자를 동석하게 할 수 있다. 〈21경채〉 ※ 성폭력 피해자가 신청할 경우 신뢰관계자를 동석하게 하여야 한다(성폭력처벌법 제34조).
법원조치	심리를 비공개할 수 있다(해야 한다 ×). 〈21경채〉

(3) 성매매 행위자 처벌 등

형사 처벌	영업으로 성매매 알선 등 행위자(포주): 7년 이하(7천만원⇩ 벌금) 〈21경채〉 ※ 영업으로 아동·청소년 성매매 알선: 7년 이상
보호 처분	① 사건의 성격, 동기, 행위자 성행 등을 고려하여 성매매 행위자를 형사처벌 하는 대신 가정법원에서 보호처분할 수 있다. (피해자에 대한 보호처분 ×) ② 보호처분 내용 • 성매매 우려 장소나 지역에의 출입금지 〈21경채〉 • 사회봉사·수강명령, 상담소 상담위탁, 치료위탁 ③ 보호처분 기간은 6개월을 초과할 수 없다. 〈21경채〉
신고·자수	위반자가 수사기관에 신고·자수한 경우 형을 감면할 수 있다. 〈15 채용〉
판례	① 성매매 알선 후 손님이 성교를 하지 않았더라도 알선행위로 처벌 가능하다. ② 성매매를 알선하고 건물을 제공하였다면 양 죄는 포괄일죄는 아니다. ③ 성매매피해상담소장에게 성매매 신고의무가 규정되어 있으나 불이행 시 처벌 근거는 없다. ④ 성매매의 상대방이 '불특정인'이라는 것은 행위 당시에 상대방이 특정되어 있지 않았다는 의미가 아니라, 그 행위의 대가인 금품 등에 주목적을 두고 상대방의 특정성을 중시하지 않는다는 의미이다(대판 2016.2.18., 2015도1185).

4 게임산업진흥에 관한 법률

청소년게임제공업 (청게)	① 전체이용가 게임물 제공(청소년이용불가 게임 금지) ② 경품으로 완구류, 문구류 제공 가능 (현금, 상품권 ×) 〈14승진〉
인터넷컴퓨터게임 시설제공업 (PC방, 인게)	게임이나 부수적으로 정보 제공물을 이용할 수 있도록 하는 영업
일반게임제공업 (일게)	① 청소년이용불가 게임도 제공 ② 게임산업진흥법상 청소년(연 19세 미만) 출입 불가(청소년보호법에서 허용하는 경우는 가능)
복합유통게임제공업 (복게)	① 여러 영업을 동일한 장소에서 복합적으로 할 수 있는 영업 ② 청소년(연 19세 미만) 출입 불가(청소년보호법에서 허용하는 경우는 가능)
영업자 준수사항	① 게임물을 이용한 도박, 사행행위 금지 (신고 시 포상금 지급 가능) ② 경품 등을 제공하여 사행성 조장 금지 (청소년게임제공업 예외) ③ 음란물, 사행성 차단 프로그램 설치할 것 ④ 대통령령이 정하는 영업시간, 청소년 출입시간(09~22시) 준수 ※ 청게, 인게, 노래연습장: 청소년 출입시간 09:00~22:00

규대쌤 Comment

총포도검화약류 분석전!
집하나 실셋 제조, 오실 때 총
집셋벌오 오세요^^

5 총포·도검·화약류 단속(총포·도검·화약류 등의 안전관리에 관한 법률)

(1) 정의

총포	권총, 소총, 기관총, 포, 엽총, 금속성 탄알이나 가스 등을 쏠 수 있는 장약총포(裝藥銃砲), 공기총(가스를 이용하는 것을 포함) 및 총포신·기관부 등 그 부품으로서 대통령령으로 정하는 것을 말한다. 〈18채용, 14경간〉 ※ 가스발사총은 '총포'에 해당한다.
도검	15센티 이상(15센티 미만이라도 대통령으로 정한 것) 〈14경간〉
화약류	화약, 폭약, 화공품
기타	① 분사기(총포형, 막대형, 만년필형, 기타 휴대형) ② 석궁(일반형, 도르래형, 권총형) ③ 전자충격기(총포형, 막대형, 기타 휴대형) ※ 분사기, 석궁, 전자충격기도 규정하고 있다는 점에 유의

(2) 화약류

사용	화약류 사용(발파·연소)은 사용 장소 관할 경찰서장의 허가
운반	출발 1시간 전까지 행안부령으로 정하는 바에 따라 발송지 관할 경찰서장에 신고하여야 한다. 다만, 대통령령으로 정하는 수량 이하의 경우에는 그러하지 아니하다. 〈18채용〉
폐기	폐기는 폐기 장소 관할 경찰서장에 신고

(3) 기타 주요내용

취급금지	18세 미만자(체육회장의 추천받은 사격선수 등은 제외)
신고의무	총포, 도검류 등 습득 시 24시간 내(48 ×) 경찰관서 신고 의무(위반시 2년 이내 징역 또는 500만원 이하 벌금) 〈18채용〉 ※ 행사장에 자체 경비원을 배치 못 할 경우, 행사 24시간(48 ×) 전에 시도청장에게 통지하여 줄 것을 요청(경비업법 시행령)

참고 — 결격사유

제조	소지

① 20세 미만자
② 금고 이상 실형 받고 3년 미경과자
③ 금고 이상 집행유예 1년 미경과자
④ 기타 심신상실, 마약·알콜 중독자, 정신장애인, 피성년후견인, 피한정후견인, 파산선고자, 허가취소 후 3년 미경과자, 임원 중에 위 결격사유가 있는 법인·단체 등 〈18채용〉
	① 20세 미만자
	② 금고 이상 실형받고 5년 미경과자
	③ 총포도검화약법으로
	   ㉠ 금고 이상 집행유예 3년 미경과자
	   ㉡ 벌금 5년 미경과자
	④ 기타 심신상실, 마약·알콜 중독자, 정신장질환자, 특강법·형법·아청법·음주운전 등으로 벌금이나 집행유예로 5년 미경과자

6 경범죄 처벌법

(1) 주요 내용

형법과 관계	① 형법의 보충법(형법이 우선 적용) (형법의 특별법 ×) ② 죄를 짓도록 시키거나(교사범) 도와준 사람은(방조범) 죄를 지은 사람(정범)에 준하여 벌한다(제4조). 〈20채용, 22경간, 23승진〉 ③ 미수범 처벌 없다. 〈21채용〉 ④ 사람을 벌할 때에는 사정과 형편을 헤아려서 그 형을 면제하거나 구류와 과료를 함께 부과한다(제5조). (감면 ×, 감경 ×, 가중 ×) ※ 과태료는 감면 가능(범칙행위는 금액이 적고 과태료는 금액이 큰 것도 많다)
범칙행위 (제3조①,②)	① 10만원 이하 벌금, 구류, 과료: 대부분 ② 20만원 이하 벌금, 구류, 과료: 4개 〈22승진, 23경위, 23채용〉 ㉠ 업무방해, ㉡ 거짓광고, ㉢ 암표매매, ㉣ 출판물 부당게재 ③ 주거불명인 경우에 한하여 현행범 체포 가능(형소법 제214조) ※ '주거불명(주거가 분명하지 아니한 때)'은 구속 또는 체포영장 청구 사유인 '주거부정(일정한 주거가 없는 때)과 구별되는 개념이다. ※ 형소법 제214조: 50만원 이하의 벌·구·과에 해당하는 현행범인은 주거가 분명하지 아니한 때에 한하여 현행범 체포 규정을 적용한다.
60만원 이하 벌·구·과 (제3조③)	① 범칙행위 대상이 아니다. 즉결심판 청구는 가능하다. ② 주거가 분명하더라도 현행범 체포 가능하다. ③ 종류는 2개뿐 〈18·20·22승진, 22경간〉 ㉠ 관공서 주취소란(단순 음주소란은 10만원 이하), ㉡ 거짓 신고(장난전화 ×)
통고처분권자 (제7조)	경찰서장(경찰청장 ×, 시·도청장 ×), 해양경찰서장, 제주특별자치도지사, 철도특별사법경찰대장 〈22·23경간〉
범칙금 납부절차	① 1차 납부기간: 10일 ② 2차 납부기간: 1차 만료 후 20일 내 20% 가산 〈21채용, 23경위〉 ③ 50% 가산금을 즉심청구 전에 납부 시 즉심청구를 하지 않고, 즉심청구 후 선고 전에 납부 시에는 즉심청구 취소하여야 한다(할 수 있다 ×). 〈18·23경간〉 ④ 천재지변 사후 5일 내 납부 〈17채용, 18·22경간〉 ⑤ 범칙금 납부자는 그 행위에 대하여 다시 벌 받지 아니한다. 〈17채용, 18경채〉
납부방법	① 경찰청장(경찰서장 ×)·해양경찰청장 또는 철도특별사법경찰대장이 지정한 은행, 그 지점이나 대리점, 우체국 또는 제주특별자치도지사가 지정하는 금융기관이나 그 지점에 납부 〈22경간〉 ② 대통령령으로 정하는 범칙금 납부대행기관을 통하여 신용카드, 직불카드 등으로 낼 수 있다(분할 납부 ×).
즉결심판 청구권자(제9조)	① 경찰서장, 해양경찰서장 및 제주특별자치도지사 ② 철도특별사법경찰대장은 즉결심판에 해당하는 사람(통고처분 제외자, 범칙금 미납자)이 있는 경우에는 즉시 관할 경찰서장 또는 해양경찰서장에게 그 사실을 통보하고 관련 서류를 넘겨야 한다.

규대쌤 Comment

쌍피팔구 주부곤란, 교통사고 면허증 안내고 주부도주했다.

(2) 제3조(경범죄의 종류)

> ① 20만원 이하의 벌금, 구류 또는 과료
> - (출판물의 부당게재 등) 올바르지 아니한 이익을 얻을 목적으로 다른 사람 또는 단체의 사업이나 사사로운 일에 관하여 신문, 잡지, 그 밖의 출판물에 어떤 사항을 싣거나 싣지 아니할 것을 약속하고 돈이나 물건을 받은 사람
> - (거짓 광고) 여러 사람에게 물품을 팔거나 나누어 주거나 일을 해주면서 다른 사람을 속이거나 잘못 알게 할 만한 사실을 들어 광고한 사람
> - (업무방해) 못된 장난 등으로 다른 사람, 단체 또는 공무수행 중인 자의 업무를 방해한 사람
> - (암표매매) 흥행장, 경기장, 역, 나루터, 정류장, 그 밖에 정하여진 요금을 받고 입장시키거나 승차 또는 승선시키는 곳에서 웃돈을 받고 입장권·승차권 또는 승선권을 다른 사람에게 되판 사람
> ② 60만원 이하의 벌금, 구류 또는 과료
> - (관공서에서의 주취소란) 술에 취한 채로 관공서에서 몹시 거친 말과 행동으로 주정하거나 시끄럽게 한 사람
> - (거짓신고) 있지 아니한 범죄나 재해 사실을 공무원에게 거짓으로 신고한 사람

(3) 경범죄 처벌의 특례
① '범칙자 제외자'는 범칙금 발부대상에 해당 되지 않는 것이고, '통고처분 제외자'는 범칙자에는 해당하지만 통고처분 할 수 없는 사람이다.
② 범칙자에서 제외되는 경우는 형사입건 또는 즉결심판 청구할 수 있고, 범칙자에는 해당하지만 통고처분할 수 없는 경우는 즉결심판 청구하여야 한다.
③ 경범죄는 18세 미만에 대하여 통고처분할 수 없으며, 도로교통법은 나이에 대한 제한은 법률상 없다. 참고로 과태료는 14세 미만에 대하여 부과할 수 없다.
④ 경범죄 처벌법과 도로교통법 비교

구분	경범죄처벌법	도로교통법
범칙자 제외 〈20채용, 18경간〉	• 상습범 〈22경간, 23승진〉 • 피해자가 있는 경우 • 18세 미만자 〈22승진〉 • 구류 처분함이 적절한 자	• 범칙행위로 교통사고 발생자 • 면허증(증명서) 미제시 등
통고처분 제외	• 주거·신원 불확실 〈21채용〉 • 통고처분서 수령 거부자 • 기타 통고처분 하기 어려운자(곤란자)	• 주소·성명 불확실 • 범칙금 납부통고서 수령 거부자 • 달아날(도주) 우려 있는 자
처리	• 18세 미만자는 훈방 • 나머지는 형사입건 또는 즉심청구	• 교통사고자는 교통사고 처리 • 나머지는 즉심청구

7 즉결심판에 관한 절차법

대상	20만원 이하의 벌금, 구류, 과료에 처할 수 있는 범죄이다. 20만원은 선고형 기준이므로 이론적으로 벌금형이 있는 모든 범죄는 대상이 될 수 있다. 가벼운 절도죄의 경우 즉결심판으로 청구된다.
공소장 일본주의 예외	즉결심판 청구와 동시에 증거물도 함께 제출하므로 공소장 일본주의 예외이다.
청구 기각	판사가 즉결심판을 할 수 없거나 즉결절차로 심판하는 것이 적당하지 않다고 판단하면 기각한다. 이때 서장은 **지체없이** 사건을 **검찰에 송치**하여야 한다.
정식재판 청구	피고인은 즉결심판 후 7일 이내에 경찰서장에게 청구서를 제출해야 한다.
유치명령	구류 선고 받은 피고인이 주소가 없거나 도망할 우려가 있을 때에는 5일 내 경찰서 유치장에 유치 명령할 수 있다.

8 유실물법

적용 대상	유실물	① 유실물이란 점유자의 의사에 의하지 않거나 타인에게 절취된 것이 아니면서 우연히 그 지배에서 벗어난 동산을 말하며, 점유자의 의사에 의하여 버린 물건이나 도품은 유실물에 해당하지 않는다. 〈18경간〉 ② 타인이 유실한 물건을 습득한 자는 유실자, 소유자, 그 밖에 물건회복의 청구권을 가진 자에게 반환하거나 경찰서(지구대·파출소 등 소속 경찰관서를 포함한다. 이하 같다) 또는 제주특별자치도의 자치경찰단 사무소에 제출하여야 한다. 다만, 법률에 따라 소유 또는 소지가 금지되거나 범행에 사용되었다고 인정되는 물건은 신속하게 경찰서 또는 자치경찰단에 제출하여야 한다. 〈18경위〉 ③ 공고 6개월 후 소유자 없으면 습득자가 소유권 취득 ⇨ 습득자가 소유권 취득 후 3개월 내 그 물건을 찾아가지 아니하면 소유권 상실 ⇨ 국고귀속 〈16·18경간〉
	준유실물	① 착오로 점유한 물건, 타인이 놓고 간 물건이나 **일실(逸失)한 가축** 등 ※ 유기동물은 동물보호법 적용 〈16경간〉 ② 착오로 점유한 물건에 대하여는 비용과 보상금을 청구할 수 없다(타인이 놓고 간 물건의 습득자는 보상금 청구 가능).
	매장물	매장물에 관하여는 제10조(선박, 차량, 건축물 등 내의 습득)의 규정을 제외하고는 유실물법을 준용한다.
보상금	○	① 습득일부터 7일 내 반환 or 신고 〈18경간〉 ※ 총포, 도검류 등 습득 시 24시간 내(48 ×) 경찰관서 신고 의무(위반 시 2년 이내 징역 또는 500만원 이하 벌금) ② 보상금은 5%~20% 〈16경간〉
	△	선박, 차량, 건축물 등에서 습득한 자는 그 물건을 관리자에게 인계하여야 하며, 이 경우 보상금은 선박등의 점유자와 실제로 물건을 습득한 자가 반씩 나누어야 한다.
	×	① 착오로 점유한 물건 ② 습득한 물건을 횡령하여 처벌받은 자 ③ 습득일부터 7일 내 미반환 또는 미신고자 ④ 국가·지방자치단체, 대통령령으로 정하는 공공기관이 습득한 경우 〈16경간〉
포기		습득자는 미리 신고하여 습득물에 대한 모든 권리를 포기할 수 있다(제7조).

규대쌤 Comment

장기실종 신사팔

제5절 여성·청소년 보호

1 실종아동 등의 보호 및 지원에 관한 법률

아동 등	실종 당시(신고 당시 ×) 18세 미만, 자폐성·지적·정신 장애인, 치매환자(신체 장애인 ×) ⟨19승진, 16·17채용⟩ ※ 정신 장애인: 정신 질환에 의한 장애 정신적 장애인: 자폐성·지적 장애인 + 정신 장애인
실종아동 등	아동 등이 약취, 유인, 유기, 사고, 가출, 길을 잃는 등의 이유로 보호자로부터 이탈된 경우 ⟨17·20승진, 16채용⟩
보호자	친권자, 후견인, 기타 법적 보호의무자(보호시설 장과 종사자는 제외) ⟨19승진, 16채용⟩ ※ 보호시설의 장과 종사자는 보호자를 찾는 사람으로서 보호자가 될 수 없다.
보호시설	사회복지시설 + 인가·신고 등 없이 아동 등을 보호하는 시설 ⟨17승진, 17경간, 16채용⟩
신고 의무자	① 보호시설의 장, 종사자, ② 아동복지전담 공무원(지자체장 ×), ③ 청소년 보호 재활센터 장, 종사자, ④ 사회복지전담 공무원, ⑤ 의료기관의 장, 의료인, ⑥ 업무·고용 관계로(관계없이 ×) 사실상 아동 등을 보호, 감독하는 사람 ⟨20승진, 17·18경간⟩
미신고 보호	정당한 사유없이 실종아동 등을 미신고 보호(제7조) ⇨ 5년↓ 징역, 5천만원↓ 벌금 ※ 신고 의무자의 신고의무 위반(제6조) ⇨ 과태료 200만원
위치정보 남용	위치정보를 실종아동 등을 찾기 위한 목적 외 이용 시 5년↓ 징역, 5천만원↓ 벌금
수색·수사	① 경찰관서의 장은 실종아동 등의 발생신고 접수하면 지체없이(24시간 내 ×) 수색 또는 수사 실시 여부를 결정해야 한다. ⟨19승진, 17경간⟩ ② 경찰관서장은 실종아동 등(범죄로 인한 경우는 제외)의 발견을 위하여 「위치정보의 보호 및 이용 등에 관한 법률」에 따른 개인위치정보, 「인터넷주소자원에 관한 법률」에 따른 인터넷주소, 「통신비밀보호법」에 다른 통신사실확인자료(이하 "개인위치정보등"이라 한다)의 제공을 요청할 수 있다(법 제9조②). ⟨19·22승진, 17경간⟩

2 실종아동 등 및 가출인 업무처리규칙(경찰청 예규)

(1) 정의

찾는 실종아동 등	보호자가 찾고 있는 실종아동 등
보호 실종아동 등	보호자가 확인되지 않아(확인되어 ×) 경찰관이 보호하고 있는 실종아동 등 ⟨18채용⟩
장기실종 아동 등	신고 접수한 지 48시간이 경과한 아동 등 ⟨20·22승진, 17·18채용⟩
가출인	신고 당시 18세 이상 ⟨18채용⟩
발생지	① 최종 목격지, 최종 목격 추정지(신고자 진술) ② 신고자가 최종 목격지를 모르거나 대중교통에서 목격, 실종·가출 후 1개월 경과 시는 최종 주거지 ⟨17승진, 17채용⟩
발견지	발견하여 현재 보호 중인 장소, 발견지와 보호지가 다른 경우 보호지 기준 ⟨18채용, 17·22승진⟩

국가경찰수사범죄	「자치경찰사무와 시·도자치경찰위원회의 조직 및 운영 등에 관한 규정」 제3조 제1호부터 제5호까지 또는 제6호나목의 범죄가 아닌 범죄를 말한다. 즉, 자치경찰수사범죄에 해당되는 범죄를 제외한 나머지를 국가경찰수사범죄로 한다. 「실종아동 등의 보호 및 지원에 관한 법률」 위반에 대한 수사는 모두 자치경찰수사범죄에 해당한다.

(2) 정보시스템 입력

프로파일링 입력대상	① 프로파일링 시스템은 경찰 내부망에서 사용하는 것이고, 인터넷 안전드림(실종아동찾기센터 홈페이지)은 일반인에 공개된 시스템이다. ② 실종아동 등, 보호시설 무연고자, 가출인
인터넷 안전드림	① 프로파일링 시스템과 인터넷 안전드림은 분리 운영하지만 자료의 전송 등 필요한 경우 상호 연계할 수 있다. ② 실종아동등의 신고 또 예방·홍보 등과 관련된 정보를 제공한다.

(3) 프로파일링 입력 제외 및 해제 사유

입력 제외 사유 (제7조②)	경찰관서의 장은 실종아동등 또는 가출인 신고대상자가 다음에 해당할 경우에는 실종아동등 프로파일링시스템에 입력하지 않을 수 있다. 1. **보호자**가 가출했을 때 **동행**한 실종아동 등 2. 채무관계, 형사사건 당사자 소재 확인 등 다른 목적으로 신고 된 사람 3. 허위로 신고 된 사람 4. 지명수배·통보된 사람 5. 그 밖에 신고내용 종합했을 때 명백히 입력 대상이 아닌 사람
해제 사유 (제8조③)	경찰관서의 장은 다음의 경우 프로파일링시스템에 등록된 자료를 해제하여야 한다. 1. 찾는실종아동등 및 가출인의 소재를 **발견**한 경우 2. 보호실종아동등의 신원이나 보호자를 **확인**한 경우 3. 허위 또는 오인신고인 경우 4. 지명수배 또는 **지명통보** 대상자임을 확인한 경우 5. 보호자가 해제를 요청한 경우 (진위여부 확인 후 해제) 6. 보호시설 무연고자 본인이 요청한 경우 (즉시) (제7조③)

(4) 자료 보존(제7조)

① 발견된 아동(18세 미만), 가출인: 수배해제 후 5년간 〈22채용〉
② 발견된 자폐성·지적장애인, 정신 장애인, 치매환자: 수배해제 후 10년간 〈22채용〉
③ 미발견자: 소재 발견시까지
④ 보호시설 무연고자: 본인 요청시까지 계속 보존
⑤ 대상자가 사망하거나 보호자가 삭제 요구시 즉시 삭제

(5) 실종 신고에 대한 조치(제11조) 〈22채용2차〉

① 현장 수색 및 프로파일링 등록
② 등록 후 1개월까지는 15일에 1회, 1개월 경과 후부터는 **분기별 1회** 보호자에게 추적 사항 통보
※ 가출인은 반기별 1회 보호자에게 귀가 여부를 확인한다.

유단우사 일복노비는 성전에 출입 금지, 쓰지마 티비에서 인숙이 목청만 소카유

(6) 실종·유괴 경보 체제(제23조)
① 시·도경찰청장은 다른 시·도경찰청장의 발령 요청 등에 대한 협조 업무를 수행한다.
② 실종경보 운영책임자는 여성청소년과장이 수행(미직제시 생활안전교통과장이 수행) 한다.
③ 유괴경보 운영책임자는 형사과장(여성청소년과장 ×)이 수행(미직제 시 수사과장) 한다.

3 청소년 보호법

(1) 정의

청소년	만 19세 미만인 사람을 말한다. 다만, 만 19세가 되는 해의 1월 1일을 맞이한 사람은 제외한다(연19세).
청소년유해약물등	① 「주세법」에 따른 주류 ② 「담배사업법」에 따른 담배 ③ 「마약류 관리에 관한 법률」에 따른 마약류 ④ 「화학물질관리법」에 따른 환각물질 ⑤ 그 밖에 청소년보호위원회가 결정하고 여성가족부장관이 고시한 것
청소년유해업소	① 청소년의 출입과 고용이 청소년에게 유해한 것으로 인정되는 "청소년 출입·고용금지업소"와 청소년의 출입은 가능하나 고용이 청소년에게 유해한 것으로 인정되는 "청소년고용금지업소"를 말한다. 〈19채용〉 ② 이 경우 업소의 구분은 그 업소가 영업을 할 때 다른 법령에 따라 요구되는 허가·인가·등록·신고 등의 여부와 관계없이 실제로 이루어지고 있는 영업행위를 기준으로 한다. 〈19채용〉

(2) 유해업소

출입·고용금지 (기본 10개) 〈18·19채용〉	유흥·단란 주점, 무도장, 사행행위장, 일반게임제공업, 복합유통게임제공업, 노래연습장(청소년실은 청소년 출입가능), 비디오감상실업(비디오방), 성적 서비스업(성기구 판매소 등), 전화방, 여가부장관이 고시한 성적 서비스제공업 등, 경마, 경륜, 경정 장외매장	
고용 금지 〈18·19채용〉	티켓다방 배달, 비디오물소극장업, 인터넷컴퓨터게임시설제공업(PC방), 숙박업(민박 제외), 이용업(남자 청소년은 예외), 목욕장업(안마실 영업하는 경우), 청소년게임장, 만화대여업, 소주방, 호프, 카페(주로 주류 판매), 유해화학물질 영업	
비교	① 비디오감상실업: 출·고용 금지 ② 비디오물소극장업: 고용 금지 ③ 제한관람가비디오물소극장업: 출·고용 금지	① 일게·복게: 출입·고용 금지 ② 청게·인게: 고용 금지
판례	① 청소년의 나이는 호적이 아닌 실제 나이 기준 ② 야간에만 주로 술을 파는 일반음식점은 야간에 한정하여 고용금지 업소에 해당	

(3) 유해행위

> 제30조(청소년유해행위의 금지) 누구든지 청소년에게 다음 각 호의 어느 하나에 해당하는 행위를 하여서는 아니 된다. 〈16·18경간〉
> 1. 영리를 목적으로 청소년으로 하여금 신체적인 접촉 또는 은밀한 부분의 노출 등 성적 접대행위를 하게 하거나 이러한 행위를 알선·매개하는 행위

2. 영리를 목적으로 청소년으로 하여금 손님과 함께 술을 마시거나 노래 또는 춤 등으로 손님의 유흥을 돋우는 접객행위를 하게 하거나 이러한 행위를 알선·매개하는 행위
3. 영리나 흥행을 목적으로 청소년에게 음란한 행위를 하게 하는 행위
4. 영리나 흥행을 목적으로 청소년의 장애나 기형 등의 모습을 일반인들에게 관람시키는 행위
5. 청소년에게 구걸을 시키거나 청소년을 이용하여 구걸하는 행위
6. 청소년을 학대하는 행위
7. 영리를 목적으로 청소년으로 하여금 거리에서 손님을 유인하는 행위를 하게 하는 행위(호객)
8. 청소년을 남녀 혼숙하게 하는 등 풍기를 문란하게 하는 영업행위를 하거나 이를 목적으로 장소를 제공하는 행위
9. 주로 차 종류를 조리·판매하는 업소에서 청소년으로 하여금 영업장을 벗어나 차 종류를 배달하는 행위를 하게 하거나 이를 조장하거나 묵인하는 행위(티켓다방 배달)

(4) 업소별 청소년 출입, 고용제한 비교

유흥·단란주점	연 19세 미만 출·고 금지	청소년 보호법
소주방, 호프, 카페, 티켓다방 배달	연 19세 미만 고용 금지	청소년 보호법
일반다방·일반식당	13~15세 미만 고용 가능	근로기준법(취직인허증 필요)
	15~18세 미만 고용 가능	근로기준법(연소자 증명서 필요)

※ 식품접객영업자가 제75조 제13호(청소년 출입·고용 금지 업소 출입·고용 등)를 위반한 경우로서 청소년의 신분증 위조·변조 또는 도용으로 식품접객영업자가 청소년인 사실을 알지 못하였거나 폭행 또는 협박으로 청소년임을 확인하지 못한 사정이 인정되는 경우에는 대통령령으로 정하는 바에 따라 해당 행정처분을 면제할 수 있다(식품위생법). 다만, 「청소년보호법」에 따라서 처벌될 수 있다.

(5) 비행소년(소년법)

우범소년	다음 사유에 해당하고 형벌법령 저촉 우려 있는 10~19세 미만 ① 집단적으로 몰려다니며 불안감을 조성하는 성벽이 있는 것 ② 정당한 이유 없이 가출하는 것 〈18경간〉 ③ 술을 마시고 소란을 피우거나 유해환경에 접하는 성벽 있는 것	경찰서장이 직접 소년부 송치 〈18경간〉
촉법소년	형벌법령에 저촉된 행위를 한 10세 이상~14세 미만	
범죄소년	죄를 범한 14세 이상~19세 미만 소년	

(6) 과징금을 부과하지 아니하는 경우

청소년보호법 시행령 제44조(과징금의 부과기준) ④ 시장·군수·구청장은 법 제54조제3항에 따라 다음 각 호의 어느 하나에 해당하는 경우에는 해당 과징금 부과·징수 대상자에 대한 과징금을 부과·징수하지 아니한다.
1. 청소년의 신분증 위조·변조 또는 도용으로 청소년인 사실을 알지 못한 사정이 영상정보처리기기에 촬영된 영상정보, 진술 또는 그 밖의 방법으로 확인된 경우
2. 청소년의 폭행 또는 협박으로 인하여 청소년임을 확인하지 못한 사정이 영상정보처리기기에 촬영된 영상정보, 진술 또는 그 밖의 방법으로 확인된 경우
3. 위 1, 2의 사유로 불송치 또는 불기소, 선고유예 판결을 받은 경우
⑤ 제4항제1호 또는 제2호에도 불구하고 시장·군수·구청장은 같은 항 제1호 또는 제2호에 해당하는 과징금 부과·징수 대상자가 법원의 판결에 따라 유죄로 확정된 경우(선고유예 판결을 받은 경우는 제외한다)에는 과징금을 부과·징수할 수 있다.

19세 이상은 특대보유

> **참고** 「소년법」상 특례

① 사형, 무기형의 완화: 18세 미만에 대하여는 사형이나 무기형으로 처할 수 없고 15년의 유기징역으로 한다(제59조). 〈15경간〉
② 부정기형: 소년이 법정형 장기 2년 이상의 유기형에 해당하는 죄를 범한 때에는 그 형의 범위 안에서 장기와 단기를 정하여 선고한다. 장기는 10년, 단기는 5년을 초과하지 못한다(제60조). 〈15경간〉
③ 환형처분 금지: 18세 미만에 대하여는 노역장 유치선고를 하지 못한다(제62조).
④ 징역·금고 집행: 징역 또는 금고를 선고받은 소년에 대하여는 특별히 설치된 교도소 또는 일반 교도소 안에 특별히 분리된 장소에서 그 형을 집행한다. 다만, 소년이 형의 집행 중에 23세가 되면 일반 교도소에서 집행할 수 있다(제63조). 〈18경간〉
⑤ 보호처분과 형의 집행: 보호처분이 계속 중일 때에 징역, 금고 또는 구류를 선고받은 소년에 대하여는 먼저 그 형을 집행한다(제64조).

● **정리하기**

18세 및 19세 가능 연령 비교

18세 이상	처벌(사형·무기·노역장·경범 통고처분), 가출인(18미만은 아동), 국민 감사청구(300명 이상 연서), 질서유지인, 선거권, 경찰·청원경찰·경비원, 보통 운전면허
19세 이상	특수·대형 운전면허, 영화진흥법, 게임진흥법, 음악진흥법(노래연습장), 공연법, 청소년·아청성 보호법, 유치인 분리수감

- "아동": 만 18세 미만
- "미성년"·"청소년"·"소년": 19세 미만
- 만 19세 미만: 특·대·유·아
- 연 19세 미만: 영·게·음·공·청

4 성폭력범죄의 처벌 등에 관한 특례법(성폭력처벌법)

※ 성범죄 관련 법률은 생활안전(여성·청소년)과 수사 분야 통합

(1) 주요 특례

형벌과 수강명령 병과	① 선고유예 시 1년 동안 보호관찰을 받을 것을 명할 수 있다. 다만, 성폭력범죄를 범한 「소년법」상 소년에 대한 선고유예에는 반드시 보호관찰을 명하여야 한다. ② 유죄판결 또는 약식명령 고지 시 500시간 이내 수강명령 또는 이수명령(성폭력 치료프로그램)을 병과하여야 한다.
고소	① 성폭력범죄는 친고죄가 아니므로 고소기간 제한이 없다. ② 성폭력범죄는 자기 또는 배우자의 직계존속을 고소할 수 있다. ※ 가정폭력 사건의 경우도 동일
감경규정 특례	음주·약물로 인한 심신장애 상태에서 성폭력범죄를 범한 때에는 형법상의 심신장애인 감면규정, 농아자 감경규정을 적용하지 아니할 수 있다(아니해야 한다 ×). 〈18채용〉

공소시효 특례	① 성년에 달한 날부터 진행: 피해자가 미성년일 때 〈17경간〉 ② 10년 연장: 특정범죄에 있어서 DNA 등 과학적인 증거가 있을 때 〈19승진, 18채용〉 ③ 시효 배제: 신체·정신적 장애인 또는 13세 미만자에 대한 강간·추행·의제강간, 살인죄, 아청 성착취물 제작·수입·수출 〈20승진, 20경간〉	
전담조사제	경찰서장으로 하여금 **피해자(피의자 ×) 전담 사법경찰관**을 지정하도록 함 〈15승진, 20경간, 22채용〉 ※ **발달장애인보호법**: 발달장애인에 대한 전담 사법경찰관 지정 ※ **스토킹처벌법**: 피해자 전담 사법경찰관 지정	
영상녹화	① 19세 미만 또는 신체·정신 장애자인 피해자에게는 의무적, 다만, 피해자 또는 법정대리인이 거부할 때(법정대리인이 가해자이거나 가해자의 배우자인 경우는 제외)에는 불가 〈15·17승진, 17경간〉 ② 신체·정신 장애자(19세 미만 ×)인 피해자의 촬영된 진술은 조사과정에 동석하였던 신뢰관계인 또는 진술조력인의 진술에 의하여 성립의 진정이 인정된 경우 증거로 할 수 있다(해야한다 ×). 〈15·17승진, 20경간〉 ※ 19세 미만자에 대한 부분은 피고인의 방어권(반대심문권)에 대한 중대한 제한으로 과잉금지원칙 위반되어 위헌 결정(헌재 2018헌바524).	
신뢰관계인 동석	수사 시 피해자가 신청하는 경우 의무적 동석. 다만, 본인에게 불리하거나 거부 시에는 불가	
전문가 의견조회	피해자에 대하여 재량적으로 조회할 수 있으나, 13세 미만, 신체·정신 장애자에 대하여 의무적으로 조회	
진술조력인 참여	피해자가 13세 미만, 신체·정신적 장애로 의사소통에 어려움이 있는 경우 재량적으로 참여하게 할 수 있음	
증거보전 특례	피해자가 공판기일에 출석하여 증언하는 것이 현저히 곤란한 사정이 있는 때에는 검사에게 증거보전 청구를 요청할 수 있으며, 피해자가 19세 미만이거나 신체적인 또는 정신적인 장애인 경우에는 곤란한 사정이 있는 것으로 본다.	

구분	일반인	장애·13세
신뢰관계인	의무	의무
전문가	재량	의무
진술조력인	재량	재량

● **정리하기**

연령별 특례

신체·정신적 장애자 13세 미만	① 전문가 의견조회(의무적) ② 진술조력인 조력(선택적) ③ 공소시효 배제
신체·정신적 장애자 19세 미만	① 증거보전청구 요청 사유 있는 것으로 간주 ② 진술내용과 조사과정 영상 촬영(의무사항)

(2) 신상정보 등록

등록대상자	등록대상 성범죄로 유죄판결 확정된 자 또는 공개명령 확정된 자
신상정보 제출의무	① 등록대상자는 판결 확정 30일 내에 관할 경찰관서의 장에게 제출하고 변경사유 발생 시 20일 내에 제출 ② 등록대상자는 매년 주소지 관할 경찰서에 출석하여 자신의 정면·좌측·우측 상반신 및 전신 컬러사진을 촬영하여 전자기록으로 보관하도록 해야 함
출입국시 신고의무	① 6개월 이상 국외 체류 목적으로 출국하는 경우에는 미리 관할 경찰관서의 장에게 체류 국가 및 기간 등을 신고(허가 ×)하여야 한다. ※ 피보안관찰자는 주거지 이전, 국외여행, 10일 이상 여행 시에는 미리 지구대·파출소장을 거쳐 관할경찰서장에게 신고하여야 한다(보안관찰법 제18조④). ② 신고한 등록대상자가 입국하였을 때에는 특별한 사정이 없으면 14일 이내에 관할 경찰관서장에게 입국사실을 신고하여야 한다. 신고 없이 출국하여 6개월 이상 국외 체류한 등록대상자가 입국하였을 때에도 같다.
등록	법무부장관은 등록대상자 정보를 등록하여야 한다.
등록면제	신상정보 등록의 원인이 된 성범죄로 형의 선고를 유예받은 사람이 선고유예를 받은 날부터 2년이 경과하여 「형법」 제60조에 따라 면소된 것으로 간주되면 신상정보 등록을 면제한다. 〈18채용〉
등록정보 공개	① 등록정보의 공개는 여성가족부장관이 집행한다. 〈18채용〉 ② 법무부장관은 등록정보의 공개에 필요한 정보를 여성가족부장관에게 송부하여야 한다. 〈18채용〉 ※ 전자발찌: 보호관찰관(법무부)에서 전속 담당

(3) 카메라등 이용 촬영죄(제14조)

① 카메라 등으로 성적 욕망 또는 수치심을 유발할 수 있는 사람의 신체를 촬영대상자의 의사에 반하여 촬영한 자	7년 징역, 5천만원 벌금
② 위 의사에 반한 촬영물 또는 복제물(복제물의 복제물을 포함)을 반포 등을 하거나 촬영 당시에는 촬영대상자의 의사에 반하지 아니한 경우(자신의 신체를 직접 촬영한 경우를 포함)에도 사후에 그 촬영물 또는 복제물을 촬영대상자의 의사에 반하여 반포 등을 한 자	

> **참고** — 성폭력범죄의 수사 및 피해자 보호에 관한 규칙(경찰청훈령)
>
> **제11조(피해자 후송)** ① 경찰관은 피해자의 치료가 필요한 경우에는 즉시 피해자를 가까운 통합지원센터 또는 성폭력 전담의료기관으로 후송한다. 다만, 피해자가 원하지 않는 경우에는 그러하지 아니하다.
> ② 경찰관은 성폭력범죄의 피해자가 13세 미만이거나 신체적인 또는 정신적인 장애로 사물을 변별하거나 의사를 결정할 능력이 미약한 경우에는 통합지원센터나 성폭력 전담의료기관과 연계하여 치료, 상담 및 조사를 병행한다. 다만, 피해자가 원하지 않는 경우에는 그러하지 아니하다. 〈22채용〉
>
> **제18조(조사 시 유의사항)** ① 시·도경찰청장 및 경찰서장은 특별한 사정이 없으면 성폭력 피해자를 동성 성폭력범죄 전담조사관이 조사하도록 해야 한다. 다만, 피해자가 원하는 경우에는 신뢰관계자, 진술조력인 또는 다른 경찰관으로 하여금 입회하게 하고 별지 제1호 서식에 의해 서면으로 동의를 받아 이성 성폭력범죄 전담조사관으로 하여금 조사하게 할 수 있다. 〈22 채용〉
>
> **제22조(영상물의 촬영·보존)** ② 경찰관은 영상녹화를 할 때에는 피해자등에게 영상녹화의 취지 등을 설명하고 동의 여부를 확인하여야 하며, 피해자등이 녹화를 원하지 않는 의사

규대쌤 Comment
미수로 성착취물 강매강요

를 표시한 때에는 촬영을 하여서는 아니 된다. 다만, 가해자가 친권자 중 일방인 경우에는 그러하지 아니하다. 〈22채용〉

제28조(진술조력인의 참여) ① 경찰관은 성폭력범죄의 피해자가 19세미만피해자등인 경우 직권이나 피해자등 또는 변호사의 신청에 따라 **진술조력인이 조사과정에 참여하게 할 수 있다.**(참여시켜야 한다x) 다만, 피해자등이 이를 원하지 않을 때는 그렇지 않다. 〈22 채용〉

② 경찰관은 제1항의 피해자를 조사하기 전에 피해자등 또는 변호사에게 진술조력인에 의한 의사소통 중개나 보조를 신청할 수 있음을 고지하여야 한다.

③ 경찰관은 피의자 또는 피해자의 친족이거나 친족이었던 사람, 법정대리인, 대리인 또는 변호사를 진술조력인으로 선정해서는 아니 된다.

5 아동·청소년 성보호에 관한 법률

(1) 정의

아동·청소년	19세 미만의 사람을 말한다.
아동·청소년 성착취물	아동·청소년 또는 아동·청소년으로 명백하게 인식될 수 있는 사람이나 표현물이 등장하여 제4호(아동·청소년의 성을 사는 행위)를 하거나 그 밖의 성적 행위를 하는 내용을 표현하는 것으로서 필름·비디오물·게임물 또는 컴퓨터나 그 밖의 통신매체를 통한 화상·영상 등의 형태로 된 것
피해아동·청소년	① 성범죄나 성을 사는 행위의 상대방이 된 아동·청소년 ② 피해 아·청은 처벌하지 아니한다. 종전 '대상 아청'을 피해 아청에 포함시켜 소년법 적용 배제하여 소년부 송치, 보호조치 불가
디지털 성범죄	① 아동·청소년성착취물 제작·배포 등 ② 카메라등 이용 촬영물(복제물의 복제물 포함)을 반포·판매·임대·제공 또는 공공연하게 전시·상영하는 행위(촬영 당시 승낙하였으나 의사에 반하여 반포하는 경우 포함) ③ 19세 이상의 사람이 성적 착취를 목적으로 정보통신망을 이용하여 대화를 지속적 또는 반복적으로 하는 행위 ④ 19세 이상의 사람이 성적 착취를 목적으로 정보통신망을 이용하여 아동·청소년에게 성을 팔도록(성교·유사성교·접촉노출·자위행위) 유인·권유하는 행위

(2) 처벌 규정

무기·5년↑	① 아·청 성착취물 제작·수입·수출(판매·대여 x) 〈20승진, 17·18채용〉 ② 강간죄(유사강간, 준강간, 강제추행 등도 무기·5년 이상에 해당하는 죄는 아니지만 미수범으로 처벌) ③ 인신매매, 국내외 이송 〈15경간〉	미수처벌
5년↑	아·청에게 폭행, 협박, 선불금, 위계·위력, 고용, 보호, 영업 등으로 성을 사는 행위의 상대방이 되게 한 자(팔도록 강요) (합의강요 x, 유인·권유 x) 〈20경간〉 ※ 아·청에게 성을 팔도록 권유(3년↓ 3천만원↓, 미수 x) 〈21승진, 17채용〉	
7년↑	영업으로 아동·청소년 성매매 알선·장소·자금·토지·건물 제공 〈20승진〉 ※「성매매 알선 등 행위의 처벌에 관한 법률」상 영업으로 성매매 알선 등(알선·강요·권유·유인, 장소·자금·토지·건물 제공): 7년↓ 징역, 7천만원↓ 〈21경채〉	
7년↓	피해자·보호자에 대한 합의 강요 〈20승진〉	
1년↑	아청 성착취물 구입, 알면서 소지·시청	
1년~10년 2천~5천만원	아·청 성매수자(16세 미만에 대한 성매수는 1/2까지 가중)	

(3) 감경규정 및 공소시효 특례
① 성폭법과 동일하게 음주·약물로 인한 심신장애 감면규정을 적용하지 아니할 수 있다(아니한다 ×). 〈18법학〉
② 성폭법과 동일하게 공소시효 특례가 인정된다. 〈19승진〉

(4) 형벌과 수강명령 등의 병과
① 성범죄를 범한 「소년법」상 소년에 대한 선고유예 시, 보호관찰을 반드시 병과
〈20승진, 17채용〉
② 유죄판결 또는 약식명령 고지 시, 500시간 이내 수강명령, 이수명령을 반드시 병과

(5) 친권상실청구
검사는 사건의 가해자가 피해아동·청소년의 친권자나 후견인인 경우에 친권상실선고 또는 후견인 변경 결정을 청구하여야 한다(할 수 있다 ×).

(6) 영상물 촬영·보존
① 피해자인 아청의 진술과 조사과정은 비디오 촬영·보존하여야 한다.
② 피해자가 원치 않으면 촬영할 수 없으나, 가해자가 친권자 중 일방인 경우는 그러하지 아니하다.

(7) 신뢰관계 동석
법원이 아청을 증인으로 신문할 때에는 피해자와 신뢰관계 있는 자를 동석하게 하여야 한다.

(8) 전문가 의견조회
성폭력 범죄의 피해자가 13세 미만 또는 정신적 장애가 있는 경우 수사기관은 의무적으로 전문가 의견을 조회하여야 한다. 진술과정에 참여하여 의사소통을 중개·보조하는 진술 조력인을 둘 수 있다(성폭력 처벌 특례법).

(9) 관련 판례
① 아청의 성행위가 촬영된 영상물이면, 동의나 소지 목적으로 촬영하였어도 '아청 성착취물 제작'에 해당한다(대판2015.3.20., 2014도17346).
② 아청 몰래 노출, 자위하는 영상은 '아청 성착취물'에 해당하지 않는다(대판 2013. 9.12., 2013도502).
③ 아청이 이미 성매매 의사를 가지고 있었다고 하더라도 금품이나 편의제공하고 성을 팔도록 하였다면 '성을 팔도록 권유'한 것이다(대판 2011.11.10., 2011도3934). 〈21승진〉
④ 업으로 성매매 알선하는 자가 대상이 아청임을 인식하고 있었다면 성을 사는 사람이 이를 인식하지 못하였다고 하더라도 알선행위에 해당한다(대판 2016.2.18., 2015도15664). 〈21승진〉
⑤ 성관계 약속없이 만나서 숙소와 차비를 제공하고 성관계한 것은 편의제공 성매수 (대판 2002.3.15., 2002도83)
⑥ 성매매 약속을 하고 만났으나 성관계를 하지 않은 경우는 '성을 팔도록 권유'한 것임(대판 2011.11.10., 2011도3934).
⑦ 성을 사는 행위를 알선하는 행위를 업으로 하는 자가 성매매 알선을 위한 종업원을 고용하면서 고용대상자에 대하여 연령확인의무 이행을 다하지 아니한 채 아동·청

아청 성점수자, 청 정정음

소년을 고용하였다면, 특별한 사정이 없는 한 적어도 아동·청소년의 성을 사는 행위의 알선에 관한 미필적 고의는 인정된다(대판 2014.7.10., 2014도5173). 〈21승진〉

(10) 다른 법률과의 관계

① 13세 미만 강간·강제추행 시 성폭법이 아청법보다 중하여 성폭법으로 처벌한다.
  ※ **성폭력범죄 처벌 특례법**: 강간 – 무기·10년 이상, 강제추행 – 5년 이상
  　　아청 성보호법: 강간 – 무기·5년 이상, 강제추행 – 2년 이상
② 16세 미만자를 합의 간음한 경우 형법(제305조)에 의하여 의제강간으로 처벌한다.

(11) 성매매 개념 비교

구분	성매매(성매매 처벌법)	아청 성매매
대상	불특정인을 상대로 성매매	특정·불특정 무관
대가	① 금품, 재산상 이익 ② 수수, 수수하기로 약속	① 금품, 재산상이익, 직무·편의제공 ② 알선자, 보호·감독자에게 제공, 약속
행위	성교 또는 유사성교 ※ 유사성교: 구강·항문에 신체 일부나 도구 이용	① 성교, 유사성교 ② 접촉, 노출로 일반인의 성적 수치심, 혐오감 발생 ③ 자위행위(하거나 하게 하는 것)
처벌	① 1년↓, 300만원↓ 벌금, 구류, 과료 ② 성매매 양자 처벌	① 1~10년 징역, 2천~5천만원 벌금 ② 성매수자만 처벌

(12) 아청 성매매(아청법)와 청소년 유해행위(청보법) 비교

아청 성매매(아청법)	청소년 유해행위(청보법)
① 성교, 유사성교 ② 접촉, 노출로 일반인의 수치심, 혐오감 발생 ③ 자위 행위	① 접촉, 노출 등으로 성적 접대 ② 노래, 춤 등으로 유흥 접객 시키기 ③ 영리, 흥행 목적 음란행위 시키기

(13) 신분비공개수사

의의	사법경찰관리가 디지털 성범죄에 대하여 자신의 신분을 비공개하고 범죄현장(정보통신망을 포함한다) 또는 범인으로 추정되는 자들에게 접근하여 범죄행위의 증거 및 자료 등을 수집하는 것 〈22채용〉
신분비공개 방법 (시행령)	① 경찰관임을 밝히지 않거나 부인(신분위장에 이르지 않는 행위로서 경찰관 외의 신분을 고지하는 방식을 포함)하는 방법 ② 위 "접근"은 대화의 구성원으로서 대화 참여, 아동·청소년성착취물, 카메라 등 이용 촬영물 또는 복제물(복제물의 복제물 포함)을 구입, 무상 제공 받는 방법 등
수사절차	① 상급 경찰서 수사부서의 장(기관장 ×)의 사전 승인 필요 〈22채용〉 ② 수사기간은 3개월 이내(기간 연장 없음) 〈22채용〉
사후조치	① 국가수사본부장은 신분비공개수사가 종료된 즉시 국가경찰위원회에 보고 〈22채용〉 ② 국가수사본부장은 국회 소관 상임위원회에 반기별로 보고 〈22채용〉

(14) 신분위장수사

요건	① 사법경찰관리는 디지털 성범죄를 계획 또는 실행하고 있거나 실행하였다고 의심할 만한 충분한 이유가 있고, ② 다른 방법으로는 그 범죄의 실행을 저지하거나 범인의 체포 또는 증거의 수집이 어려운 경우에 한정하여(보충성) ③ 수사 목적을 달성하기 위하여 부득이한 때에는 신분위장수사를 할 수 있다.
신분위장 방법	① 신분을 위장하기 위한 문서, 도화 및 전자기록 등의 작성, 변경 또는 행사 ② 위장 신분을 사용한 계약·거래 ③ 아동·청소년성착취물, 카메라 이용 촬영물 또는 복제물(복제물의 복제물 포함)의 소지, 판매, 광고
절차	① 사법경찰관리의 허가 신청 ⇨ 검사 청구 ⇨ 법원 ② 수사기간은 3개월 이내(3개월 범위 내 연장 가능, 총 1년 초과 금지)
긴급 신분위장 수사	① 긴급을 요하는 때에는 법원의 허가 없이 신분위장수사를 할 수 있다. ② 사법경찰관리는 개시 후 지체없이 검사에 허가 신청 ⇨ 48시간 이내 법원 허가 필요 ※ 통신비밀보호법의 긴급통신제한 조치는 36시간 이내 법원의 허가 필요 ※ 스토킹처벌법 긴급응급조치: 48시간 내 검사의 사후승인 청구 ※ 가정폭력, 아동학대 긴급임시조치: 48시간 내 검사의 임시조치 청구 ※ 형사소송법의 긴급체포: 48시간 내 검사의 구속영장 청구 ※ 형사소송법의 사후 압수수색영장: 48시간 내 검사의 청구

(15) 기타 절차

사용제한	신분비공개수사 또는 신분위장수사로 수집한 증거·자료는 범죄의 예방, 수사·소추, 손해배상청구소송, 징계절차, 다른 법률에서 정하는 경우 외에는 사용할 수 없다.
준수의무	① 신분비공개수사, 신분위장수사 사항의 외부 공개·누설 금지 ※ 아래 ②~③은 시행령에 규정 ② 수사 관계 법령을 준수하고, 본래 범의(犯意)를 가지지 않은 자에게 범의를 유발하는 행위를 하지 않는 등 적법한 절차와 방식에 따라 수사할 것 ③ 피해아동·청소년에게 추가 피해가 발생하지 않도록 주의할 것 ④ 신분위장수사 중 성폭력피해자에 관한 자료가 유포되지 않도록 할 것
면책	신분비공개수사 또는 신분위장수사 중 고의나 중대한 과실이 없는 경우 위법행위에 대한 형사면책, 징계사유에 대한 징계면책, 손해 발생에 대한 민사면책

제6절 가정폭력·아동학대·스토킹

※ 생활안전(여성·청소년) 및 수사 분야 공통

1 가정폭력 처벌 특례법

(1) 목적

가정폭력범죄의 형사처벌 절차에 관한 특례를 정하고 가정폭력범죄를 범한 사람에 대하여 환경의 조정과 성행의 교정을 위한 **보호처분을** 함으로써 가정폭력범죄로 파괴된

규대쌤 Comment

성유욜을 체감해보니 공손히 협상을 강요했다고 정명학이가 카더라. 폭주

가정의 평화와 안정을 회복하고 건강한 가정을 가꾸며 피해자와 가족구성원의 인권을 보호함을 목적으로 한다. 〈23승진〉

※ 아동학대처벌법의 목적도 유사하나, 스토킹처벌법에서는 보호조치가 규정되어 있지 않다.

(2) 정의

가정폭력	가정구성원 사이의 **신체적, 정신적 또는 재산상**(재산 제외 ×) 피해를 수반하는 행위 〈23승진〉
가정 구성원	① 배우자(사실혼 포함) 또는 배우자였던 사람 〈14·16·22승진〉 ② 자기 또는 배우자와 직계존비속관계(사실상의 양친자관계를 포함)에 있거나 있었던 사람 ③ 계부모와 자녀의 관계 또는 적모(嫡母)와 서자(庶子)의 관계에 있거나 있었던 사람 ④ 동거하는 친족(형제자매는 동거하는 경우에 한함) 〈19승진,23경위〉
피해자	가정폭력 범죄로 **직접적**(간접적 ×)으로 피해를 입은 사람
가정폭력행위자	가정폭력범죄를 범한 사람 및 가정구성원인 공범

(3) 가정폭력범죄 〈19·20경간〉

가정폭력 범죄	① 성범죄(강간, 강제추행, 강간살인·치사, 미성년자 등에 대한 간음 등) ② 유기(존속유기, 영아유기) 〈16채용〉 ③ 아동혹사 ④ 체포(존속체포, 중체포, 특수체포) ⑤ 감금(존속감금, 중감금, 특수감금) ⑥ 공갈(특수공갈) (강도 ×) 〈18승진〉 ⑦ 손괴(특수손괴) (중손괴 ×) 〈13승진〉 ⑧ 협박(존속협박, 특수협박) ⑨ 상해(존속상해, 중상해, 존속중상해) ⑩ 강요 (인질강요 ×) ⑪ 폭행(존속폭행, 특수폭행) ⑫ 주거침입의 죄(주거침입, 퇴거불응, 특수주거침입, 주거·신체 수색) 〈21채용〉 ⑬ 정보통신망법 정보통신망 이용 불법정보 유통금지 ⑭ 성폭법의 카메라 등 이용 촬영죄 ⑮ 명예훼손(사자 명예훼손, 출판물 명예훼손, 모욕) ⑯ 학대(존속학대) ※ 법률개정(21.1.21. 시행)으로 주거침입, 퇴거불응, 특수손괴, 성폭법의 카메라 등 이용 촬영죄, 정보통신망법 정보통신망 이용 불법정보 유통금지 추가
가정폭력 아닌것	약취·유인, 업무방해·권리행사방해 〈17승진〉, 인질강요, 중손괴, 배임, 살인, 사기, 절도, 강도, 횡령, 상해치사 〈18승진〉, 폭행치사상, 유기치사상, 체포감금치사상(강간치사는 가정폭력범죄에 포함됨)

● **정리하기**

유의할 가정폭력 범죄

○	손괴, 특수손괴	강요	강간살인·치사	공갈
×	중손괴	인질강요	상해치사 등 사망사건	강도

(4) 다른 법률과의 관계(제3조) 〈21채용〉

가정폭력범죄에 대하여는 다른 법률보다 이 법을 우선 적용하고, 아동학대범죄에 대하여는 「아동학대범죄의 처벌 등에 관한 특례법」을 우선 적용한다.

(5) 형벌과 수강명령 등의 병과(제3조의2)

법원은 유죄판결(선고유예 제외) 또는 약식명령 시 200시간 범위 내 재범예방에 필요한 수강명령 또는 가정폭력 치료프로그램의 이수명령을 병과할 수 있다. 〈21채용〉

(6) 신고의무(제4조)

① 누구든지 가정폭력범죄를 알게 된 경우에는 수사기관에 신고할 수 있다.
② 다음 각 호의 어느 하나에 해당하는 사람이 직무를 수행하면서 가정폭력범죄를 알게 된 경우에는 정당한 사유가 없으면 즉시 수사기관에 신고하여야 한다. 〈19경간〉
  ㉠ 아동의 교육과 보호를 담당하는 기관의 종사자와 그 기관장
  ㉡ 아동, 60세(70세 ×) 이상의 노인, 그 밖에 정상적인 판단 능력이 결여된 사람의 치료 등을 담당하는 의료인 및 의료기관의 장
  ㉢ 「노인복지법」에 따른 노인복지시설, 「아동복지법」에 따른 아동복지시설, 「장애인복지법」에 따른 장애인복지시설의 종사자와 그 기관장
  ㉣ 「다문화가족지원법」에 따른 다문화가족지원센터의 전문인력과 그 장
  ㉤ 「결혼중개업의 관리에 관한 법률」에 따른 국제결혼중개업자와 그 종사자
  ㉥ 「소방기본법」에 따른 구조대·구급대의 대원
  ㉦ 「사회복지사업법」에 따른 사회복지 전담공무원
  ㉧ 「건강가정기본법」에 따른 건강가정지원센터의 종사자와 그 센터의 장
③ 「아동복지법」에 따른 아동상담소, 「가정폭력방지 및 피해자보호 등에 관한 법률」에 따른 가정폭력 관련 상담소 및 보호시설, 「성폭력방지 및 피해자보호 등에 관한 법률」에 따른 성폭력피해상담소 및 보호시설(이하 "상담소 등"이라 한다)에 근무하는 상담원과 그 기관장은 피해자 또는 피해자의 법정대리인 등과의 상담을 통하여 가정폭력범죄를 알게 된 경우에는 가정폭력피해자의 명시적인 반대의견이 없으면 즉시 신고하여야 한다.

(7) 고소의 특례(제6조) 〈19경간〉

고소권자	피해자 또는 그 법정대리인
특례	① 법정대리인이 가해자인 경우 피해자 친족은 고소 가능 〈22승진〉 ② 자기 또는 배우자의 직계존속에 대해서도 고소 가능 ③ 피해자에게 고소할 법정대리인이나 친족이 없는 경우에 이해관계인이 신청하면 검사는 10일 이내에 고소인을 지정하여야 한다(할 수 있다 ×).

(8) 응급조치, 긴급임시조치, 임시조치

| 경찰 | 응급조치 | 사법경찰관리는 즉시 현장에서 다음 조치를 하여야 한다. 〈22승진〉
① 폭력행위 제지, 분리, 현행범 체포 등 수사
② 가정폭력 상담소·보호시설(동의필요), 의료기관(동의불요) 인도
③ 피해자보호명령 또는 신변안전조치를 청구할 수 있음을 고지
④ 재발 시 임시조치 신청할 수 있음을 피해자에 통보 |

	긴급 임시조치	① 응급조치에도 재발 우려 있고 긴급하여 법원의 임시조치 받을 수 없을 때 〈22승진, 16채용〉 • 피해자·가정구성원의 방실로부터 퇴거 등 격리 • 피해자·가정구성원이나(사람) 그 주거·직장 등(장소) 100미터 이내 접근금지 • 피해자·가정구성원에 전기통신을 이용한 접근금지(통신) 　⇨ 접근금지는 사람, 장소, 통신으로부터 접근금지 ② 경찰은 지체없이 검사에 임시조치 신청하고, 검사는 48시간 내 법원에 임시조치 청구 〈19승진, 16채용〉
	환경 조사서	① 범죄수사규칙 제226조에 의하여 작성 ② 가정폭력범죄수사에 있어서 범죄의 원인 및 동기와 행위자(피해자 ×)의 성격·행상·경력·교육정도·가정상황 그 밖의 환경 등을 상세히 조사하여 작성
검사	임시조치 청구	① 직권 또는 경찰의 신청에 청구 ② 격리·접근금지(100m 이내, 통신이용) 임시조치 청구 ③ 경찰서 유치장 또는 구치소에의 유치 청구: 임시조치를 위반하여 가정폭력범죄가 재발될 우려가 있다고 인정하는 경우에 청구 〈17승진〉 ※ 임시조치를 위반하여 가정폭력을 할 우려가 있는 경우에 청구하는 것이며, 임시조치를 위반한 경우에는 1년 이하의 징역 또는 1천만원 이하의 벌금 또는 구류에 처한다.
판사	임시조치	① 격접 + 의료기관·요양소·상담소(신설) 위탁, 경찰서 유치장·구치소 유치 ② 임시조치 기간은 '격접' 사유는 2개월(2회 연장가능), '요구' 사유는 1개월(1회 연장가능) ③ 경찰서 유치장·구치소 유치는 검사가 청구하는 것이고, 요양소·상담소 위탁은 검사 청구 없이 판사가 결정하는 것임 〈16채용〉

(9) 가정보호사건의 처리(아동학대처벌법의 아동보호사건의 절차도 매우 유사)
　① 사법경찰관은 가정폭력범죄 사건을 검사에게 송치하여야 한다(가정폭력 및 아동학대 사건은 모든 사건을 의무적으로 송치). 이 경우 사법경찰관은 **가정보호사건으로 처리**하는 것이 적절한지에 관한 의견을 제시할 수 있다.
　② 검사는 가정폭력범죄로서 사건의 성질·동기 및 결과, 가정폭력행위자의 성행 등을 고려하여 가정보호사건으로 처리할 수 있다. 이 경우 검사는 피해자의 의사를 존중하여야 한다.
　③ 친고죄에 있어서 고소가 없거나 반의사불벌죄에 있어서 처벌의사가 없는 경우, 검사는 **가정보호사건으로 처리**할 수 있다.
　④ 검사는 가정폭력행위자의 성행 교정을 위하여 **상담조건부 기소유예**를 할 수 있다.
　⑤ 검사는 가정보호사건으로 처리하는 경우, 사건을 관할 가정법원 또는 지방법원에 송치하여야 한다.
　⑥ 판사의 보호처분이 확정된 경우 같은 범죄사실로 다시 공소를 제기할 수 없다.
　⑦ 가정폭력범죄의 공소시효는 해당 가정보호사건이 법원에 송치된 때부터 시효 진행이 정지된다.
　⑧ 보호처분의 기간은 6개월을 초과할 수 없다(아동보호사건은 1년 초과 금지).
　⑨ **보호처분불이행죄**: 2년 이하의 징역 또는 2천만원 이하의 벌금 또는 구류

(10) 피해자 보호명령
① 피해자가 수사기관을 거치지 않고 직접 법원에 가정폭력행위자를 격리, 접근금지(100m 이내, 통신), 친권행사 제한, 면접교섭권행사 제한을 청구하는 제도이다.
② 피해자가 가해자에 대한 적극적인 형사처벌 등은 원하지 않지만 신속히 법원의 보호를 받고자 할 때 주로 이용된다.
③ 피해자보호명령의 기간은 1년을 초과할 수 없으며, 그 기간의 연장이 필요하다고 인정하는 경우에는 2개월 단위로 연장할 수 있다.

2 아동학대 처벌 특례법

(1) 정의

아동	18세 미만
보호자	친권자, 후견인, 아동을 보호·양육·교육하거나 그러한 의무가 있는 자 또는 업무·고용 등의 관계로 사실상 아동을 보호·감독하는 자 ※「실종아동 등의 보호 및 지원에 관한 법률」에서 보호자는 '법적 보호의무자'만 해당하고 사실상 보호자는 제외됨.
아동학대	보호자를 포함한 성인이 아동의 건강 또는 복지를 해치거나 정상적 발달을 저해할 수 있는 신체적·정신적·성적 폭력이나 가혹행위를 하는 것과 아동의 보호자가 아동을 유기하거나 방임하는 것
아동학대행위자	아동학대범죄를 범한 사람 및 그 공범
피해아동	아동학대범죄로 인하여 직접적으로 피해를 입은 아동
피해아동 등	피해아동, 피해아동의 형제자매인 아동 및 피해아동과 동거하는 아동

(2) 신고 의무(제10조)
① 피해아동이 보호자의 학대를 당연하게 받아들이고 이를 학대로 인식하지 못하는 미인지성(은폐성 ×) 때문에「아동학대범죄의 처벌 등에 관한 특례법」은 아동학대 신고의무자를 광범위하게 규정하고 있다. 〈19경간〉
② 아동학대 신고의무자가 보호하는 아동에 대하여 아동학대범죄를 범한 때에는 그 죄에 정한 형의 1/2까지 가중한다. 〈21채용〉

(3) 현장출동(제11조)
① 아동학대범죄 신고를 접수한 사법경찰관리나 아동학대전담공무원은 지체없이 아동학대범죄의 현장에 출동하여야 한다. 이 경우 수사기관의 장(경찰관 ×)이나 시·도지사, 시·군·구청장은 서로 동행하여 줄 것을 요청할 수 있다.
② 아동학대범죄 신고를 접수한 사법경찰관리나 아동학대전담공무원은 아동학대범죄가 행하여지고 있는 것으로 신고된 현장 또는 피해아동을 보호하기 위하여 필요한 장소에 출입하여 아동 또는 아동학대행위자 등 관계인에 대하여 조사를 하거나 질문을 할 수 있다.
③ 현장에 출입이나 조사를 하는 사법경찰관리, 아동학대전담공무원 또는 아동보호전문기관의 직원은 그 권한을 표시하는 증표를 지니고 이를 관계인에게 내보여야 한다.
④ 조사 또는 질문을 하는 사법경찰관리 또는 아동학대전담공무원은 피해아동, 아동학대범죄신고자 등, 목격자 등이 자유롭게 진술할 수 있도록 아동학대행위자로부터 분리된 곳에서 조사하는 등 필요한 조치를 하여야 한다.

⑤ 현장출동이 동행하여 이루어지지 아니한 경우 수사기관의 장이나 시·도지사 또는 시장·군수·구청장은 현장출동에 따른 조사 등의 결과를 서로에게 통지하여야 한다. 〈22승진〉

(4) 응급조치, 긴급임시조치, 임시조치

경찰	응급조치	① 아동학대범죄 현장을 발견한 경우 또는 학대현장 이외의 장소에서 학대피해가 확인되고 재학대의 위험이 급박·현저한 경우, 사법경찰관리 또는 아동학대전담공무원은 피해아동 등의 보호를 위하여 응급조치를 하여야 한다. 〈21채용〉 • 아동학대범죄 행위의 제지 • 보호시설(아동의 이익 최우선 고려, 의사존중)·의료기관 인도 〈19승진〉 • 학대행위자를 피해아동 등으로부터 격리 ② 사법경찰관리나 아동학대전담공무원은 피해아동 등을 보호시설·의료기관 인도 시 그 시설 관할 자치단체장에게 통보 〈19경간〉 ③ 응급조치(인도·격리)는 72시간을 초과할 수 없으나 공휴일이나 토요일이 포함되는 경우에는 48시간의 범위에서 그 기간을 연장할 수 있으며, 검사가 임시조치 청구 시에는 임시조치 결정시까지 연장된다. 〈18·20·21승진, 21채용〉 ④ 사법경찰관리 또는 아동학대전담공무원은 응급조치결과보고서를 작성하여 경찰관서장은 지자체장에게, 지자체장은 경찰관서장에게 송부하여야 한다. 〈15채용〉 ⑤ 사법경찰관리는 아동학대범죄 행위의 제지 또는 학대행위자를 피해아동 등으로부터 격리하기 위하여 다른 사람의 토지·건물·배 또는 차에 출입할 수 있다.
	긴급임시조치 〈21채용〉	응급조치에도 재발 우려 있고 긴급할 때 〈18·22승진〉 ① 피해아동 등·가정구성원의 주거로부터 퇴거 등 격리 ② 피해아동 등·가정구성원의 주거·학교·보호시설 등에서 100미터 접근금지(장소) ③ 피해아동 등·가정구성원에 전기통신으로 접근금지(통신)
	임시조치 신청 〈21채용〉	① 경찰이 응급조치(인도·격리), 긴급임시조치를 하였거나 지자체장으로부터 응급조치(인도·격리)통보를 받은 경우 지체없이 검사에 임시조치 청구를 신청해야 한다(필수적). ② 검사는 응급조치는 72시간 내에, 긴급임시조치는 48시간 이내에 임시조치를 청구하여야 한다.
판사	임시조치	격접 + 친권·후견인 정지, 아동보호기관 상담·교육 위탁, 의료기관·요양시설(상담소 ×) 위탁, 경찰서·구치소 유치 〈20·21·22승진〉

(5) 증인에 대한 신변안전조치

검사는 아동학대범죄사건의 증인이 피고인 또는 그 밖의 사람으로부터 생명·신체에 해를 입거나 입을 염려가 있다고 인정될 때에는 관할 경찰서장에게 증인의 신변안전을 위하여 필요한 조치를 할 것을 요청하여야 한다. 〈22승진〉

(6) 피해아동보호명령의 기간

① 피해아동보호명령의 기간은 1년을 초과할 수 없다. 다만, 6개월 단위로 연장 가능하다.
② 연장된 기간은 피해아동이 성년에 도달하는 때를 초과할 수 없다.
③ 법원은 피해아동보호명령의 기간이 종료된 경우 지자체장에게 그 사실을 통지하여야 한다.

규대쌤 Comment

가정에서 제인고통시 응급조치,
아이인 제인이 격통시 추이를 보자
스토킹 따지기도훼

(7) 「가정폭력 처벌 특례법」과 「아동학대 처벌 특례법」 비교

구분	가정폭력처벌법	아동학대처벌법
응급 조치	① 폭력행위 제지, 분리, 수사 ② 보호시설(동의필요)/의료기관(동의 불요) 인도 ③ 피해자보호명령·신변안전조치 고지 ④ 임시조치 신청할 수 있음을 통보	① 학대행위 제지 ② 보호시설(의사존중)/의료기관(동의불요) 인도 ③ 학대행위자 격리 ④ 보호시설/의료기관 인도 시 지자체장에 통보 ⑤ 인도·격리는 72시간 초과 불가(공휴일·토요일이 포함되면 48시간 내 연장 가능). 단 임시조치 청구 시는 결정 시까지 연장 ⑥ 응급조치 시에는 반드시 검사에게 임시조치 청구를 신청해야 한다.
긴급 임시 조치	① 응급조치에도 재발 우려, 긴급할 때 • 피해자로부터 격리 • 사람(피해자), 장소(주거 등 100미터), 통신 접근금지 ② 검사는 48시간 내 임시조치 청구	① 응급조치에도 재발 우려, 긴급할 때 • 피해아동 등으로부터 격리 • 장소(주거 등 100미터), 통신 접근금지 ② 검사는 48시간 내 임시조치 청구
임시 조치	격접 + 의료기관·요양소·상담소 위탁, 경찰서 유치장·구치소 유치	격접 + 친권·후견인 정지, 아동보호기관 상담·교육 위탁, 의료기관·요양시설 위탁, 경찰서·구치소 유치

3 스토킹범죄의 처벌 등에 관한 법률(약칭: 스토킹처벌법)

(1) 용어의 정의

스토킹행위	상대방 또는 그의 동거인, 가족에 대하여 다음 행위로 불안감 또는 공포심을 일으키는 것 ① 접근하거나 따라다니거나 진로를 막아서는 행위 ② 주거, 직장, 학교, 그 밖에 일상적으로 생활하는 장소(이하 "주거 등"이라 한다) 또는 그 부근에서 기다리거나 지켜보는 행위 ③ 우편·전화·팩스 또는 「정보통신망 이용촉진 및 정보보호 등에 관한 법률」 제2조 제1항 제1호의 정보통신망을 이용하여 물건이나 글·말·부호·음향·그림·영상·화상(이하 "물건 등"이라 한다)을 도달하게 하는 행위 ④ 직접 또는 제3자를 통하여 물건 등을 도달하게 하거나 주거 등 또는 그 부근에 물건 등을 두는 행위 ⑤ 주거등 또는 그 부근에 놓여져 있는 물건 등을 훼손하는 행위 ※ 적용 가능한 사례 • 연인 간 협박 • 온라인게임에서 공포심 유발 • 층간시비, 흡연시비 등으로 이웃 간 협박성 쪽지 붙이는 행위 • 학부모가 교사에게 자녀 생활기록부 관련 불만으로 지속적 협박 • 불법 채권 추심
스토킹범죄	지속적 또는 반복적으로 스토킹행위를 하는 것 〈22채용〉

피해자	스토킹범죄로 **직접적인** 피해를 입은 사람
피해자등	피해자, 스토킹행위의 상대방

(2) 조치의 내용

경찰	응급조치 〈22채용〉	사법경찰관리는 진행 중인 스토킹행위에 대하여 신고를 받은 경우 즉시 현장에 나가 다음 조치를 하여야 한다. ① 스토킹행위의 제지, 향후 스토킹행위의 중단 통보 및 스토킹행위를 지속적 또는 반복적으로 할 경우 처벌 서면 경고 ② 스토킹행위자와 피해자 등의 분리 및 범죄수사 ③ 피해자 등에 대한 긴급응급조치 및 잠정조치 요청의 절차 등 안내 ④ 스토킹 피해 관련 상담소 또는 보호시설로의 피해자등 인도(피해자 등이 동의한 경우만 해당한다)
경찰	긴급 응급조치	① 사법경찰관은 스토킹행위가 지속적 또는 반복적으로 행하여질 우려(지속·반복 우려)가 있고 스토킹범죄의 예방을 위하여 긴급을 요하는 경우 다음 조치를 할 수 있다(응급조치에도 불구하고 ×). 〈22채용〉 • 스토킹행위의 상대방 등이나 그 주거 등으로부터 100미터 이내의 접근금지 (격리 ×) • 스토킹행위의 상대방 등에 대한 전기 통신을 이용한 접근 금지 　※「가정폭력처벌법」및 「아동학대처벌법」에 긴급임시조치는 '응급조치에도 불구하고 가정폭력범죄가 재발될 우려가 있고, 긴급을 요하여 법원의 임시조치 결정을 받을 수 없을 때에는 긴급임시조치를 할 수 있다.'고 규정하여 응급조치의 후속 조치이지만, 긴급응급조치는 응급조치의 후속조치로 규정되어 있지 않다. 　※ 가정폭력이나 아동학대는 가족 등 함께 거주하는 사람으로부터 발생하는 범죄이므로 임시조치에 "격리"가 있지만, 스토킹의 경우 그렇지 않으므로 "격리"조치는 없다. ② 사법경찰관은 지체없이 검사에 사후승인 신청 ⇨ **검사는 48시간 내 법원에 사후승인 청구** 〈22채용〉 　※ 사후승인을 요청할 뿐, 긴급임시조치 후 임시조치를 반드시 신청해야 하는 것과 달리 긴급응급조치 후 잠정조치를 반드시 신청할 필요는 없다. ③ 긴급응급조치기간은 1개월을 초과할 수 없다. 〈22채용〉 ④ 사법경찰관은 스토킹행위의 상대방이나 그 법정대리인에게 통지하고, 긴급응급조치대상자에게 조치의 내용 및 불복방법 등을 고지하여야 한다. ⑤ 사법경찰관은 직권 또는 신청으로 긴급응급조치를 취소할 수 있고 판사의 승인을 받아 긴급응급조치의 종류를 변경할 수 있다.
법원	잠정조치 〈22채용〉	① 검사는 스토킹범죄가 재발될 우려가 있다고 인정하면 **직권** 또는 사법경찰관의 신청에 따라 법원에 잠정조치를 청구할 수 있다. ② 법원은 다음 각 호의 잠정조치를 할 수 있으며, 병과할 수 있다. • 피해자에 대한 스토킹범죄 중단에 관한 서면 경고 • 피해자 또는 그의 동거인, 가족이나 그 주거 등으로부터 100미터 이내의 접근 금지 • 피해자 또는 그의 동거인, 가족에 대한 전기통신을 이용한 접근 금지 • 위치추적 전자장치의 부착 • 국가경찰관서의 유치장 또는 구치소에의 유치 • 접근금지 및 전자장치 부착은 3개월 이내(2회 연장 가능, 총9개월), 유치는 1개월 이내(연장 불가) 〈22채용〉

(3) 피해자 전담조사제
① 경찰관서의 장(국가수사본부장, 시도청장, 경찰서장)은 **스토킹범죄 전담 사법경찰관**이 피해자를 조사하도록 하고, 관련 교육을 실시하여야 한다.
② 다른 법률에서 피해자 전담조사제: **성폭력범죄 전담 사법경찰관**(성폭력처벌법), **발달장애인 전담 사법경찰관**(발달장애인법)
※ 가정폭력 전담 ×, 아동학대 전담 ×, 아동청소년 성범죄 전담 ×

(4) 처벌

흉기 등 이용 스토킹범죄	5년 이하의 징역 또는 5천만원 이하의 벌금 (반의사불벌죄 ×) 〈22채용〉
일반 스토킹범죄	3년 이하의 징역 또는 3천만원 이하의 벌금 (반의사불벌죄 ×) 〈22채용〉
잠정조치 불이행죄	2년 이하의 징역 또는 2천만원 이하의 벌금
긴급응급조치 위반	1년 이하의 징역 또는 1천만원 이하의 벌금(과태료 ×)

(5) 조치 비교

구분	가정폭력	아동학대	스토킹	기속/재량
응급조치	제인고통	제인격통 추이	제인 안분	~하여야 한다(기속).
긴급임시조치	격접	격접	(긴급응급조치) 접	~할 수 있다(재량).
임시조치	격접 요구	격접 친교요구	(잠정조치) 경접구	

(6) 유죄판결(약식명령 포함) 시 수강·이수명령

200시간 이내 (~병과할 수 있다)	500시간 이내 (~병과하여야 한다)
• 가정폭력처벌법 〈21 채용1차〉 • 아동학대처벌법 • 스토킹처벌법	• 아동청소년성보호법 • 성폭력처벌법

(7) 가정폭력, 아동학대, 스토킹 비교

	가정폭력처벌법	아동학대처벌법	스토킹처벌법
응급조치	임시조치 신청할 수 있음을 통보	응급조치(인도·격리)후 지체없이 임시조치청구 신청	긴급응급조치·잠정조치 절차 안내
긴급임시조치 (긴급응급조치)	지체없이 임시조치청구 신청	지체없이 임시조치청구 신청	1개월(연장불가)
임시조치 (잠정조치)	• 격·접: 2개월(2회연장) • 요·구: 1개월(1회연장)	• 격·접: 2개월(2회연장) • 친·교·요·구: 2개월(1회연장)	• 접: 3개월(2회연장) • 구: 1개월(연장불가)
구치소·유치장 유치 청구	임시조치(격리·접근금지) 위반하여 재발 우려	재발 우려 (임시조치 위반하여 ×)	재발 우려 (잠정조치 위반하여 ×)

4 학교폭력 예방 및 대책에 관한 법률

학교폭력	학교 내외(내부만x)에서 학생(교사x)을 대상으로 발생한 상해, 폭행, 감금, 협박, 약취·유인, 명예훼손모욕, 공갈, 강요·강제적인 심부름 및 성폭력, 따돌림, 사이버 폭력 등에 의하여 신체·정신 또는 재산상의 피해를 수반하는 행위(성매매X)(스토킹X)
가해학생에 대한 조치	심의위원회는 다음 각 호의 하나(수 개의 조치 병과 포함)를 교육장에게 요청한다. ㉠ 피해학생에 대한 서면사과 (구두사과 ×, 반성문 제출 ×) 〈17승진〉 ㉡ 피해학생 및 신고·고발 학생에 대한 접촉, 협박 및 보복행위(정보통신망 이용행위 포함)의 금지 ㉢ 학교에서의 봉사 ㉣ **사회봉사** ㉤ 학내외 전문가, 교육감이 정한 기관에의 특별 교육이수 또는 심리치료 ㉥ 출석정지 ㉦ **학급교체** ㉧ 전학 ㉨ 퇴학처분
벌칙규정	① 학교폭력 관련 업무로 인하여 알게 된 비밀 또는 가해·피해학생 및 신고자·고발자와 관련된 **자료 누설** 금지. 위반 시 1년 이하 징역, 1천만원 이하 벌금 ② 심의위원회는 가해 학생의 특별교육 이수 시 해당 학생의 보호자도 함께 교육을 받게 하여야 하며 피해학생이 장애학생일 경우 장애인식개선 교육내용을 포함하여야 함, 교육을 이수하지 않는 보호자에게 300만원 이하 과태료 부과

CHAPTER 02 수사 경찰

제1절 국가수사본부의 조직 및 업무

1 조직도

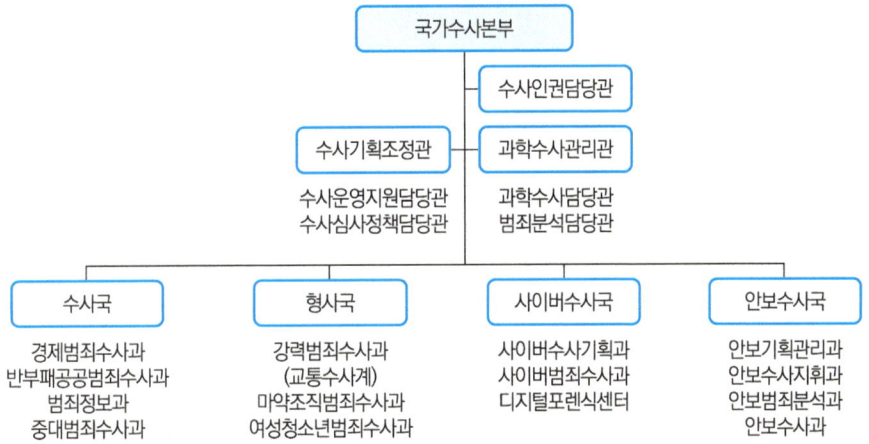

2 국가수사본부 사무분장

(1) 수사국장

> 1. 부패범죄, 공공범죄, 경제범죄 및 금융범죄에 관한 수사 지휘·감독
> 2. 제1호의 범죄 수사에 관한 기획, 정책·수사지침 수립·연구·분석 및 수사기법 개발
> 3. 제1호의 범죄에 대한 통계 및 수사자료 분석
> 4. 국가수사본부장이 지정하는 중요 범죄에 대한 정보수집 및 수사
> 5. 중요 범죄정보의 수집 및 분석에 관한 사항
> 6. 사이버공간에서의 범죄(이하 "사이버범죄"라 한다) 정보의 수집·분석
> 7. 사이버범죄 신고·상담
> 8. 사이버범죄 예방에 관한 사항
> 9. 사이버범죄 수사에 관한 사항
> 10. 사이버수사에 관한 기법 연구
> 11. 사이버수사 관련 국제공조에 관한 사항(국제협력관X)
> 12. 디지털포렌식에 관한 사항

(2) 형사국장

> 1. 강력범죄, 폭력범죄 및 교통사고·교통범죄에 관한 수사 지휘·감독 〈22경간, 22채용〉
> 2. 마약류 범죄 및 조직범죄에 관한 수사 지휘·감독

3. 성폭력범죄, 아동·청소년 대상 성매매, 가정폭력, 아동학대, 학교폭력 및 실종사건에 관한 수사 지휘·감독 및 아동·청소년 대상 성매매 단속 〈22채용〉
4. 제1호부터 제3호까지의 규정에서 정한 범죄 및 외국인 관련 범죄 수사에 관한 기획, 정책·수사지침 수립·연구·분석 및 수사기법 개발
5. 제1호부터 제3호까지의 규정에서 정한 범죄 및 외국인 관련 범죄에 대한 통계 및 수사자료 분석 〈22경간〉
6. 과학수사의 기획 및 지도
7. 범죄감식 및 증거분석
8. 범죄기록 및 주민등록지문의 수집·관리

제2절 사법경찰관과 검사의 협력 절차

1 상호 협력 절차(수사준칙)

(1) 중요사건
  ① 중요사건에 대해서는 송치 전에 수사할 사항, 증거수집의 대상, 법령의 적용 등에 관하여 상호 의견을 제시·교환할 것을 요청할 수 있다(제7조).
  ② 중요사건의 범위: 공소시효 임박한 사건, 내란, 외환, 선거, 테러, 대형참사, 연쇄살인, SOFA 사건 등 많은 피해자가 발생하거나 국가적·사회적 피해가 큰 중요한 사건

(2) 검사와 사법경찰관의 필수 협의 7개 항목
  ① 사법경찰관이 조사자로서 공판정에서 진술하게 된 경우
  ② 시정조치요구에서의 '정당한 이유' 판단
  ③ 변사자 검시에 이견의 조정이나 협의가 필요한 경우
  ④ 중요사건에 관하여 상호 이견이 있는 경우
  ⑤ 수사경합 시 경찰이 계속 수사하는 경우
  ⑥ 보완수사요구에서의 '정당한 이유' 판단
  ⑦ 재수사결과에 대한 이견이 있는 경우

(3) 소속 관서장 간 협의 사항
  ① 필수 협의 7개 항목 중 4개 협의 사항(중요사건, 수사경합, 보완수사요구, 재수사결과)에 대하여는 해당 검사와 사법경찰관의 협의에도 불구하고 이견이 해소되지 않는 경우 소속 관서장 간 협의를 할 수 있다.
  ② 소속 관서장 간 협의에서도 갈등이 해소되지 않으면 수사기관협의회에서 논의할 수 있다.

(4) 수사기관협의회
  ① 대검찰청, 경찰청 간에 수사에 관한 제도 개선 방안 등을 논의, 수사기관 간 의견을 협의·조정하기 위해 수사기관협의회를 둔다.
  ② 어느 한 기관이 수사기관협의회의 협의 또는 조정이 필요하다고 요구한 사항에 대하여 협의할 수 있으므로 개별적 사건에 대해서도 논의할 수 있다.

규대쌤 Comment
수사해서 송환 검사는 수강

③ 반기별 정기회의를 개최하되 어느 한 기관이 요청하면 수시로 개최할 수 있다.

1차	2차	3차
사건 담당자 협의 • 임의적 협의 가능(기타) • 필수적 협의(7개 사항)	소속관서장 협의 • 임의적 협의 가능(기타) • 필수적 협의(4개 사항)	수사기관 협의회(경찰청) 각 기관의 요청사항 협의

제3절 수사의 기본 개념 및 주요 절차

1 수사실행의 5대 원칙 〈21승진, 15·16경간〉

완전수집의 원칙	모든 자료 수집(제1법칙)
감식·검토의 원칙	수사관의 상식적 검토·판단에만 의존할 것이 아니라 감식과학이나 과학적 지식, 장비 활용
추리의 원칙	수집된 자료를 바탕으로 합리적 판단
검증적 수사의 원칙	① 추측을 모든 각도에서 검토 ② '수사사항의 결정 ⇨ 수사방법의 결정 ⇨ 수사실행' 순서로 검토 〈21승진〉 ③ 추측을 확인하면서 동시에 새로운 자료수집
사실판단 증명의 원칙	객관적 증거 제시·증명 〈21승진〉

2 수사의 조건

(1) 의의

① 수사권의 발동(개시)과 행사(실행)의 조건을 말한다.
② 수사의 조건은 **탄핵주의 소송구조**에서 **강조**된다.
　　※ 탄핵주의: 소추로 재판개시
　　　규문주의: 법원직권으로 재판개시

(2) 수사의 필요성(허용의 측면)

범죄혐의	① 수사를 개시할 때에는 **주관적 혐의**만으로도 족하다. 〈15경간〉 ② 체포·구속하기 위해서는 **객관적 혐의**가 필요하다. ③ 객관적 혐의는 일반인 기준에서 범죄 혐의가 인정되는 것이 아니고, 증거로 뒷받침되는 것을 의미한다.
임의수사	피의자신문, 참고인조사 등도 수사 필요성이 인정될 때 허용
강제수사	형사소송법에 따라 체포·구속의 필요성 등이 인정되어야 허용
소송조건	① 소송조건이 없으면 공소제기 가능성이 없으므로 수사 필요성도 없다. ② 친고죄에 있어서 고소는 소송조건이지만 수사조건은 아니다. 따라서 친고죄에 있어서 고소·고발이 없더라도 원칙적으로 수사할 수는 있지만 그 가능성이 없는 상태에서는 허용되지 않는다(제한적 허용설이 다수설).

(3) 수사의 상당성(실행의 측면)

신의칙	수사 방법에 있어서 신의칙: 함정수사는 기회제공형은 적법하나, 범의유발형은 위법 ※ 범의유발형 함정수사는 수사의 필요성을 결한다(×).
비례의 원칙	① 수사 개시에 있어서 비례 원칙: 피해가 극히 경미한 사건에 대한 범죄인지는 범죄인지권의 남용한 것임 ※ 수사로 달성되는 공익보다 수사로 인한 법익침해가 부당하게 균형을 잃은 것은 수사의 필요성을 결한 것이다(×). ⇨ 상당성을 결한 것이다. ② 수사처분은 목적 달성을 위한 필요최소한에 그쳐야 한다.

3 입건 전 조사

(1) 조사 절차

① 사법경찰관은 입건 전 조사에 착수하기 위해서는 소속 경찰관서의 수사 부서의 장의 지휘를 받아야 한다(경찰수사규칙 제19조).
② 임의적인 조사 방법이 원칙이나 필요최소한의 범위에서 대물적 강제 조치는 가능하다 (입건 전 조사사건 처리에 관한 규칙 제2조③). 〈19승진〉
③ 피조사자 진술이 실질적으로 피의자신문조서의 성격을 가지는 경우에는 진술거부권을 미리 고지하여야 한다(대판 2015.10.29., 2014도5939).
④ 수사부서의 장은 조사에 착수한 후 6개월 이내에 수사절차로 전환하지 않은 사건에 대하여 아래 사유에 따라 불입건 결정 지휘를 하여야 한다. 다만, 필요한 사유가 소명된 경우에는 6개월의 범위 내에서 조사기간을 연장할 수 있다(입건 전 조사사건 처리에 관한 규칙 제9조).
⑤ 불입건한 때에는 피해자에 대한 보복범죄나 2차 피해가 우려되는 경우 등을 제외하고는 피혐의자 및 사건관계인에게 통지해야 한다(수사준칙 제16조).
⑥ 통지는 7일 이내에 해야 하며, 서면, 전화, 팩스, 전자우편, 문자메시지 등 피혐의자 또는 진정인등이 요청한 방법으로 할 수 있다(경찰수사규칙 제20조).

(2) 입건 전 조사 처리 구분(경찰수사규칙 제19조)

입건	범죄의 혐의가 있어 수사를 개시하는 경우
입건전조사 종결	혐의없음, 죄가 안 됨, 공소권 없음에 해당하는 사유가 있는 경우
입건전조사 중지	피혐의자 또는 참고인 등 소재불명으로 내사할 수 없는 경우
이송	관할이 없거나 범죄특성 및 병합처리 등을 고려하여 다른 경찰관서 또는 기관에서 입건 전 조사할 필요가 있는 경우
공람후 종결	입건 전 조사에 착수하지 않고 종결처리하는 것으로서, 진정·탄원·투서 등 서면으로 접수된 신고가 아래에 해당하는 경우 ㉠ 3회 이상 반복 진정하여 2회 이상 처리결과를 통지한 것과 같은 내용인 경우 ㉡ 무기명, 가명으로 한 경우 ㉢ 단순 풍문이나 인신공격적인 내용 ㉣ 완결된 사건 또는 재판에 불복하는 내용 〈19승진〉 ㉤ 민사소송 또는 행정소송에 관한 사항

규대쌤 Comment

범죄첩보를 들어보면 결혼 결과는 가시밭

4 수사의 단서

(1) 수사 단서의 종류

수사기관의 체험	현행범 체포, 변사자 검시, 불심검문, 신문·방송·풍설 등
타인의 체험	고소, 고발, 자수, 신고(익명 신고 포함), 투서 등(수사기관에 직접 전달되는 것)

(2) 범죄첩보

① 범죄첩보의 특징 〈14승진, 16채용, 15경간〉

결합성	여러 첩보가 서로 결합
혼합성	그 속에 원인과 결과가 내포
결과지향성	현출되는 결과가 있어야 함
가치변화성	수사기관의 필요성에 따라 가치 변화
시한성	시간에 따라 가치 감소

② 범죄첩보의 처리(수사첩보 수집 및 처리 규칙)
  ㉠ 모든 수사첩보는 수사첩보분석시스템을 통하여 작성, 제출, 처리되어야 함
  ㉡ 제출된 수사첩보는 비공개 원칙이나, 수사목적상 공유할 필요 있을 때에는 수사첩보분석시스템상에서 공유 가능 〈17승진〉

(3) 변사사건 처리(경찰수사규칙, 범죄수사규칙)

의의	① 검시는 변사자 상황을 조사하는 것이다. ※ 검시(檢屍): 검시(檢視, 검사) + 검안(의사) + 부검(의사) ② 검시(檢視)의 주체는 검사이며, 사법경찰관에게 검시를 명할 수 있다(형소법 제222조).
보고 및 통보	① 변사 관련 신고를 받았을 때에는 즉시 소속 경찰관서장에게 보고하여야 한다(범죄수사규칙 제56조). ② 변사사건 발생사실을 검사에게 통보(보고 ×)해야 한다. ③ 검시를 한 경우에 범죄로 인한 사망이라 인식한 때에는 신속하게 수사를 개시하고 소속 경찰관서장에게(검사 ×) 보고하여야 한다(범죄수사규칙 제57조③). ④ 검사와 사법경찰관은 형사소송법 제222조에 따라 변사자의 검시를 한 사건에 대해 사건 종결 전에 수사할 사항 등에 관하여 상호 의견을 제시·교환해야 한다. ※ 검시와 부검 결정의 권한: 검사 　수사개시(살인, 자살, 과실치사 등)의 권한: 사법경찰관
참여	사법경찰관은 의사를 참여시키고, 검시에 특별한 지장이 없으면 변사자의 가족, 친족, 이웃, 친구, 자치단체 공무원 등을 참여시켜야 하며, 검시조사관을 참여시킬 수 있다. ⇨ 검시조사관은 참여시킬 수 있으나, 나머지는 참여시켜야 한다. 〈19·22승진〉
사체 인도	사법경찰관은 변사자에 대한 검시 또는 검증이 종료된 때에는 사체를 소지품 등과 함께 신속히 유족 등에게 인도한다. 다만, 사체를 인수할 사람이 없거나 변사자의 신원이 판명되지 않은 경우에는 사체가 현존하는 지역의 자치단체장에게 인도해야 한다.
매장	변사체는 후일을 위하여 매장함을 원칙으로 한다.

(4) 고소·고발

① 개요
  ㉠ 고소는 수사기관에 범죄사실을 신고하여 범인의 처벌을 요구하는 것

ⓒ 피고소인의 성명, 연령 등 인적사항은 대략적으로 특정하면 가능
　　　ⓔ 피해자의 **법정대리인**은 피해자의 의사에 반하여 고소할 수 있는 독립적 고유권이다.
　　　ⓔ 피해자가 사망한 경우에는 배우자, 직계친족, 형제자매가 고소할 수 있지만, 이때에는 피해자의 명시한 의사에 반하지 못한다.
　　　ⓜ 진정인·탄원인 등 민원인이 제출하는 서류가 고소·고발의 요건을 갖추었다고 판단하는 경우 이를 고소·고발로 수리할 수 있다(진정·탄원 ⇨ **고소·고발**).
　　　ⓗ 고소장·고발장도 일정한 경우 진정으로 처리할 수 있다(고소·고발 ⇨ **진정**).
　　　ⓢ 고소·고발 수사기간은 **3개월**, 수사기일 연장은 '**소속 수사부서장**'의 승인
　　② 접수 반려 사유(범죄수사규칙 제50조) ⟨18승진⟩
　　　⊙ 고소·고발 사실이 범죄를 구성하지 않을 경우
　　　ⓛ 공소시효가 완성된 사건
　　　ⓒ 동일 사안에 이미 법원 판결이나 수사기관의 결정(경찰의 불송치, 검사의 불기소)이 있었던 사실을 발견한 경우에, **새로운 증거 등이 없어 다시 수사하여도 동일하게 결정될 것이 명백하다고 판단되는 경우**
　　　ⓔ 피의자가 사망하였거나 피의자인 법인이 존속하지 않는 경우
　　　ⓜ 반의사불벌죄에서 처벌을 희망하지 않는 의사표시가 있는 경우
　　　ⓗ 「형사소송법」 제223조(범죄피해자의 고소) 및 제225조(비피해자인 고소권자)에 따라 고소 권한이 없는 사람이 고소한 사건인 경우. 다만, 고발로 수리할 수 있는 사건은 제외한다(범죄 피해자 아닌 자가 고소한 경우 등).
　　　ⓢ 「형사소송법」 제224조(자기 또는 배우자의 직계존속 고소 불가), 제232조(고소의 취소), 제235조(자기 또는 배우자의 직계존속 고발 불가)에 의한 고소 제한규정에 위반하여 고소·고발된 사건인 경우. 이때 「형사소송법」 제232조는 친고죄 및 반의사불벌죄에 한한다(자기 또는 배우자의 직계존속을 고소한 경우 등).
　　　※ 가정폭력처벌법, 아동학대처벌법, 성폭력처벌법에서는 직계존속 고소 가능

(5) **수사상 임의동행 시의 고지 의무(수사준칙)**

> **제20조(수사상 임의동행 시의 고지)** 검사 또는 사법경찰관은 임의동행을 요구하는 경우 상대방에게 동행을 거부할 수 있다는 것과 동행하는 경우에도 언제든지 자유롭게 동행 과정에서 이탈하거나 동행 장소에서 퇴거할 수 있다는 것을 알려야 한다.

구분	수사상 임의동행	경직법상 임의동행
근거법률	형소법 제199조 제1항·제200조	경찰관직무집행법 제3조 제2항
성격	임의수사	경찰행정작용
요건	제한 없음	당해인에게 불리하거나 교통의 방해가 된다고 인정되는 경우
절차	규정 없음	신분증표 제시, 소속·성명 고지, 동행의 목적·이유·동행장소 설명
고지의무	동행 시 고지의무 있음	동행 시 고지의무는 없고, 동행 후 변호인 조력권 고지 있음
대기시간	규정 없음	6시간 초과 금지

5 회피 절차(수사준칙)

제11조(회피) 검사 또는 사법경찰관리는 피의자나 사건관계인과 친족관계 또는 이에 준하는 관계가 있거나 그 밖에 수사의 공정성을 의심 받을 염려가 있는 사건에 대해서는 **소속 기관의 장의 허가를 받아** 그 수사를 회피해야 한다.

(1) 사법경찰관리는 소속 기관장의 허가를 받아 회피해야 한다.
(2) 회피만 수사준칙에 규정되고 '제척'과 '기피'는 범죄수사규칙에 규정되어 있다.

> '기피'는 극도로 싫어하는 것이고, '회피'는 웬만하면 하고 싶지 않은 정도로 싫어하는 것이다. 피의자는 기피하고, 공무원은 곤란한 입장에서 해소되어 happy하다.

6 전자정보의 압수 · 수색 · 검증

(1) 디지털 증거 수집 및 처리 등에 관한 규칙

용어 정의	전자정보	전기적 또는 자기적 방법으로 **저장되거나** 네트워크 및 유·무선 통신 등을 통해 **전송되는 정보**
	디지털포렌식	전자정보를 수집·보존·운반·분석·현출·관리하여 범죄사실 규명을 위한 증거로 활용할 수 있도록 하는 과학적인 절차와 기술
	정보저장매체 등 원본	전자정보 압수·수색·검증을 목적으로 반출의 대상이 된 정보저장매체 등
	복제본	정보저장매체 등에 저장된 전자정보 **전부(일부 ×)**를 하드카피 또는 이미징 등의 기술적 방법으로 별도의 다른 정보저장매체에 저장한 것 〈18승진〉
	디지털 증거분석 의뢰물	범죄사실을 규명하기 위해 디지털 증거분석관에게 분석의뢰된 전자정보, 정보저장매체 등 원본, 복제본 〈18승진〉
압수 수색 검증	① 영장 신청 시 전자정보와 정보저장매체 등을 구분하여 판단하여야 한다. ② 현장에서 **선별압수**(범죄 혐의사실과 관련된 전자정보에 한하여 출력 또는 복제) 원칙 ⇨ 불가 시 **복제본 외부 반출** ⇨ 불가 시 **원본 외부 반출** 가능 〈18승진〉 ③ 복제본 반출 시 복제본의 해시값을 확인하고, 피압수자 등에게 **탐색·출력·복제** 과정에 참여할 수 있음을 고지한 후, 복제본 반출(획득) 확인서를 작성하여 피압수자 등의 확인·서명을 받아야 한다. **복제본 반출 사유(제15조)** • 피압수자 등이 **협조하지 않거나**, 협조를 기대할 수 없는 경우 • 혐의사실과 관련될 개연성이 있는 전자정보가 **삭제·폐기된 정황**이 발견되는 경우 • 출력·복제에 의한 집행이 피압수자 등의 **영업활동**이나 사생활의 평온을 침해한다는 이유로 피압수자 등이 요청하는 경우 • 그 밖에 위 각 호에 준하는 경우 **원본 반출 사유(제16조)** • 영장 집행현장에서 하드카피·이미징 등 복제본 획득이 물리적·기술적으로 불가능하거나 극히 곤란한 경우	

- 하드카피·이미징에 의한 집행이 피압수자 등의 영업활동이나 사생활의 평온을 침해한다는 이유로 피압수자 등이 요청하는 경우
- 그 밖에 위 각 호에 준하는 경우

※ **동일성**: 저장매체 원본에 저장된 내용과 출력 문건의 동일성 의미
 무결성: 저장매체 원본이 압수 시부터 문건 출력 시까지 변경되지 않았다는 사정
 해시값: 데이터 고유 식별값으로, 해시값이 같으면 두 파일은 동일한 파일임

(2) 디지털 증거수집 관련 판례
① 저장매체 자체를 직접 또는 하드카피나 이미징 형태로 외부 반출하기 위해서는 영장에 그러한 내용이 기재되어 있어야 한다(대판 2011.5.26., 2009모1190).
② 수사기관이 키워드 검색 등으로 관련 있는 **정보를 선별하여 이미지 파일로 제출 받았다면** 이로써 압수 수색 절차는 종료되었기 때문에, 이후 사무실에서 이미지 파일을 출력하는 과정에서 피의자 등에게 **참여 기회를 보장해야 하는 것은 아니다**(대판 2018.2.8., 2017도13263).
③ 압수수색할 정보가 영장에 기재된 장소의 컴퓨터가 아닌 정보통신망으로 연결된 제3자가 관리하는 원격지 서버에 있는 경우에도 피의자가 접근하는 통상적 방법으로 접속하여 그 내용을 수색장소의 컴퓨터로 내려받은 경우는 허용된다.
④ 저장매체 자체를 수사기관 사무실로 옮겨 이를 열람·복사하는 경우에도 **참여권은 보장되어야 한다**(대판 2011.5.26., 2009모1190).
⑤ 혐의 관련 정보를 탐색하는 과정에서 다른 **범죄를 우연히 발견한 경우**, 수사기관은 추가 탐색을 중단하고 별도의 압수수색 영장을 발부받아야 그 정보에 대하여 적법하게 압수수색할 수 있다(대판 2015.5.16., 2011모1839).
⑥ 디지털 저장매체 원본을 국정원 사무실로 옮겨서 삭제파일 복구 및 암호 파일을 복호화하는 것도 압수수색 과정의 일환이므로 참여권을 보장하지 않은 것은 위법하다. 다만, 현장 압수수색 과정에서 참여권 보장, 제3자 서명으로 봉인, 해쉬값 보존 등이 되었으므로 복호화 과정의 통지 누락이 증거수집에 영향을 미쳤다고 보이지 않는 점에서 그 증거들은 증거능력이 있다(대법원 2015.1.22., 2014도10978).

7 영상녹화물의 제작·보관(범죄수사규칙 제85조, 제86조)

(1) 경찰관은 「경찰수사규칙」 제44조에 따라 영상녹화물을 제작할 때에는 **영상녹화물 표면에 사건번호, 죄명, 진술자 성명 등 사건정보를 기재하여야** 한다.
(2) 경찰관은 제1항에 따라 제작한 **영상녹화물은 수사기록에 편철한다.**
(3) 경찰관은 원본을 봉인하기 전에 진술자 또는 변호인이 녹화물의 시청을 요구하는 때에는 **영상녹화물을 재생하여 시청하게 하여야 한다**(할 수 있다 ×). 이 경우 진술자 또는 변호인이 녹화된 내용에 대하여 이의를 진술하는 때에는 그 취지를 기재한 서면을 사건기록에 편철하여야 한다. 〈18채용〉

8 수배제도(경찰수사규칙 제45조~제48조)

(1) 지명수배

대상	① 법정형이 사형, 무기 또는 장기 3년 이상의 징역이나 금고에 해당하는 죄를 범했다고 의심할 만한 상당한 이유가 있어 체포·구속영장이 발부된 사람 ② 지명통보의 대상인 사람 중 지명수배를 할 필요가 있어 체포·구속영장이 발부된 사람 ③ 긴급체포를 하지 않으면 수사에 현저한 지장을 초래하는 경우에는 영장을 발부받지 않고 지명수배할 수 있다. 이 경우 지명수배 후 신속히 체포영장을 발부받아야 하며, 체포영장을 발부받지 못한 때에는 즉시 지명수배를 해제해야 한다. ④ 국가수사본부장은 공개수배위원회를 개최하여 중요지명피의자 종합 공개수배 대상자를 선정한다(범죄수사규칙). 〈22승진〉
발견 시 조치	① 체포·구속영장을 제시하고, 권리 등을 고지(피의사실의 요지, 체포·구속의 이유, 변호인선임권, 변명할 기회, 진술거부권)한 후 권리고지확인서를 받아야 한다. 다만, 체포·구속영장을 소지하지 않은 경우 영장이 발부되었음을 고지한 후 체포·구속할 수 있으며 사후에 지체없이 그 영장을 제시해야 한다. 〈22승진〉 ② 영장을 발부받지 않고 지명수배한 경우에는 긴급체포해야 한다.

(2) 지명통보

대상	① 법정형이 장기 3년 미만의 징역 또는 금고, 벌금에 해당하는 죄를 범했다고 의심할 만한 상당한 이유가 있고, 출석요구에 응하지 않은 사람 ② 법정형이 장기 3년 이상의 징역이나 금고에 해당하는 죄를 범했다고 의심되더라도 사안이 경미하고, 출석요구에 응하지 않은 사람
발견 시 조치	① 지명통보자에게 지명통보된 사실, 범죄사실의 요지 및 지명통보한 경찰관서를 고지 ② 발견된 날부터 1개월 이내에 통보관서에 출석해야 한다는 내용과 정당한 사유 없이 출석하지 않을 경우 지명수배되어 체포될 수 있다는 내용을 통지해야 한다.

9 수사의 종결

(1) 사건의 송치(형사소송법)

제245조의5(사법경찰관의 사건송치 등) 사법경찰관은 고소·고발 사건을 포함하여 범죄를 수사한 때에는 다음 각 호의 구분에 따른다.
1. 범죄의 혐의가 있다고 인정되는 경우에는 지체 없이 검사에게 사건을 송치하고, 관계 서류와 증거물을 검사에게 송부하여야 한다.
2. 그 밖의 경우에는 그 이유를 명시한 서면과 함께 관계 서류와 증거물을 지체 없이 검사에게 송부하여야 한다. 이 경우 검사는 송부받은 날부터 90일 이내에 사법경찰관에게 반환하여야 한다.

(2) 법정 송치

> **가정폭력범죄의 처벌 등에 관한 특례법 제7조(사법경찰관의 사건 송치)** 사법경찰관은 가정폭력범죄를 신속히 수사하여 사건을 검사에게 송치하여야 한다. 이 경우 사법경찰관은 해당 사건을 가정보호사건으로 처리하는 것이 적절한지에 관한 의견을 제시할 수 있다.
>
> **아동학대범죄의 처벌 등에 관한 특례법 제24조(사법경찰관의 사건 송치)** 사법경찰관은 아동학대범죄를 신속히 수사하여 사건을 검사에게 송치하여야 한다. 이 경우 사법경찰관은 해당 사건을 아동보호사건으로 처리하는 것이 적절한 지에 관한 의견을 제시할 수 있다.

(3) 보완수사 요구〈송치사건〉

① 검사는 사법경찰관으로부터 송치받은 사건에 대해 보완수사가 필요하다고 인정하는 경우에는 **직접 보완수사를 하거나** 법 제197조의2제1항제1호에 따라 사법경찰관에게 **보완수사를 요구할 수 있다.** 다만, 송치사건의 공소제기 여부 결정에 필요한 경우로서 다음 각 호의 어느 하나에 해당하는 경우에는 특별히 사법경찰관에게 보완수사를 요구할 필요가 있다고 인정되는 경우를 제외하고는 검사가 직접 보완수사를 하는 것을 원칙으로 한다. 〈21채용〉

② 검사는 보완수사요구 시 관계 서류 등을 함께 송부해야 하나, 그 필요성이 없거나 적절치 않은 경우에는 송부하지 않을 수 있다. 이 경우 경찰은 필요 시 해당 서류와 증거물을 대출하거나 등사할 수 있다.

③ 경찰은 보완수사 후 이행결과를 통보해야 하며, 관계 서류 등을 함께 반환해야 하지만, 반환할 필요가 없는 경우에는 이행결과만을 통보할 수 있다.

(4) 재수사 요청〈불송치 사건〉

① 검사는 **90일 이내에 재수사 요청**을 하여야 하고, 예외적인 경우 90일이 지난 후에도 재수사 요청을 할 수 있다.

② 검사는 사법경찰관이 제1항제2호에 따라 재수사 결과를 통보한 사건에 대해서 다시 재수사를 요청하거나 송치 요구를 할 수 없다. 다만, 검사는 사법경찰관이 사건을 송치하지 않은 위법 또는 부당이 시정되지 않아 사건을 송치받아 수사할 필요가 있는 다음 각 호의 경우에는 법 제197조의3에 따라 사건송치를 요구할 수 있다.

  1. 관련 법령 또는 법리에 위반된 경우
  2. 범죄 혐의의 유무를 명확히 하기 위해 재수사를 요청한 사항에 관하여 그 이행이 이루어지지 않은 경우. 다만, 불송치 결정의 유지에 영향을 미치지 않음이 명백한 경우는 제외한다.
  3. 송부받은 관계 서류 및 증거물과 재수사 결과만으로도 범죄의 혐의가 명백히 인정되는 경우
  4. 공소시효 또는 형사소추의 요건을 판단하는 데 오류가 있는 경우

③ 경찰의 재수사 중에 고소인 등이 이의신청을 한 경우, 재수사 이행의무와 사건송치 의무가 충돌하게 된다. 이 경우 국민의 권리와 의사를 우선 고려하는 것이 타당하므로 지체없이 사건을 송치해야 한다.

(5) 수사 경합
① 검사는 법 제197조의4제1항(동일사건 수사시 송치요구)에 따라 사법경찰관에게 사건송치를 요구할 때에는 그 내용과 이유를 구체적으로 적은 서면으로 해야 한다.
② 사법경찰관은 송치 요구를 받은 날부터 **7일 이내에 사건을 검사에게 송치해야 한다.** 이 경우 관계 서류와 증거물을 함께 송부해야 한다. 〈21채용〉

(6) 수사 중지(수사준칙 제51조)
① 사법경찰관은 수사 중지 결정을 한 경우 **7일 이내에 사건기록을 검사에게 송부해야 한다.** 이 경우 검사는 사건기록을 송부받은 날부터 30일 이내에 반환해야 하며, 그 기간 내에 법 제197조의3에 따라 **시정조치요구를 할 수 있다.** 〈21채용〉
② 사법경찰관은 수사중지 결정으로 검사에게 사건기록을 송부한 후 피의자 등의 소재를 발견한 경우에는 소재 발견 및 수사 재개 사실을 검사에게 통보해야 한다. 이 경우 통보를 받은 검사는 지체 없이 사법경찰관에게 사건기록을 반환해야 한다.

제4절 현장 수사 활동

1 통신수사(통신비밀보호법)

(1) 구별 개념

통신제한
조치
	① 통신비밀보호법
	② 우편물 검열, 감청(전기통신 내용을 지득하거나 송수신을 방해하는 것) 〈19·21승진〉
	'감청'은 전기통신의 송·수신과 동시에 이루어지는 경우만을 의미하고, 이미 수신이 완료된 전기통신의 내용을 지득하는 행위는 감청에 포함되지 않는다(대판 2012.10.25., 2012도4644). 따라서 '수신이 완료된 전기통신'은 통신제한조치의 허가장이 아니라 형사소송법에 의한 압수수색검증 영장에 의하여야 한다.
	③ 통화내용(통화내역 ×)에 관한 것
	④ 법원 허가 필요
	  ㉠ **범죄수사 목적: 지방법원의 허가**
	  ㉡ **국가안보 목적**
	    • 고등법원 수석판사의 허가(통신의 일방 또는 쌍방당사자가 내국인일 때)
	    • 대통령 승인(적대국, 반국가활동 혐의 외국인, 북한 관련, 작전수행을 위한 군용전기통신)

통신**사실** 확인자료	① 통신비밀보호법 ② 통화내역에 관한 것(통화내용 ×, 이용자 ×) ③ **통신일시·시간, 사용도수, 상대방 번호, 인터넷 로그기록, 기지국·정보통신망 위치추적자료** 등 〈17·18·22승진, 17경간〉 ④ 지방법원 허가 필요

통신자료	① 전기통신사업법 〈22승진〉 ② 통신이용자 정보내용(성명, 주민번호, 주소, 전화번호, 아이디, 가입일 등) 〈21승진, 17경간〉 ※ 이용자(가입자) 번호는 통신자료이나 상대방 번호는 통신사실확인자료이다. ③ 서장 공문(법원 허가 ×) ④ 전기통신사업자는 수사기관의 요청에 응하지 않을 수 있고 아무런 제재도 받지 않으므로 강제수사가 아닌 임의수사로 본다(헌재). 〈22승진〉 ⑤ 통신자료를 취득한 이후 그 정보주체에게 사후통지하는 절차가 없는 것은 헌법에 위반된다는 취지로 2023. 12. 31.까지 개선입법 요구하는 헌법불합치결정(2016헌마388)	

(2) 허가 요건

통신제한조치	범죄수사 목적	충분한 이유 + 보충성	긴급통신제한조치는 각 요건에 긴급성이 추가된다.
	국가안보 목적	필요성	
통신사실 확인자료	범죄수사 목적	① 필요성 원칙 ② 필요성 + 보충성: '실시간 (위치)추적자료', '특정 기지국에 대한 통신사실확인자료' 〈21승진〉	
	국가안보 목적	필요성	

(3) 주요 내용

통신제한 조치	범죄수사 목적	① 각 피의자별(사건별 ×), 각 내사자별 신청 〈19승진〉 ② 통신제한 기간은 2월(기본) + 2월(연장), 총 연장기간은 1년까지(내란·외환죄 등은 총 연장기간 3년까지)
	국가안보 목적	① 국가안전보장, 대테러 활동에 필요한 경우 ② 통신제한 기간은 4월(기본) + 4월(연장) (총 연장기간 제한 없음)
	사용제한	수집한 자료는 범죄 예방, 수사·소추, 손해배상소송, 징계절차, 그 밖에 법률의 규정에 의한 경우에만 사용가능
긴급통신 제한조치		① 경찰이 긴급통신제한조치를 할 경우 미리 검사 지휘를 받아야 하며, 급속을 요하여 미리 받을 수 없는 경우에는 착수 후 지체없이(48시간 내 ×) 승인 받아야 함 〈17승진〉 ② 착수 후 36시간(48시간 ×) 내에 법원 허가받지 못하면 즉시 중지하고, 해당 조치로 취득한 자료를 폐기하여야 한다. 〈19승진〉

2 「특정강력범죄의 처벌에 관한 특례법」상 피의자의 신상정보 공개 요건(제8조의 2)

다음 각 호의 요건을 모두 갖춘 특정강력범죄사건의 피의자의 얼굴, 성명 및 나이 등 신상에 관한 정보를 공개할 수 있다. 〈23승진〉

(1) 범행수단이 잔인하고 중대한 피해가 발생한 특정강력범죄사건일 것
(2) 피의자가 그 죄를 범하였다고 믿을 만한 충분한 증거(상당한 증거 ×)가 있을 것
(3) 피의자가 「청소년 보호법」 제2조 제1호의 청소년에 해당하지 아니할 것(성인)
(4) 국민의 알권리 보장, 피의자의 재범방지 및 범죄예방 등 오로지 공공의 이익을 위하여 필요할 것

3 경찰수사의 공정성 확보

회피	검사 또는 사법경찰관리는 피의자나 사건관계인과 친족관계 또는 이에 준하는 관계가 있거나 그 밖에 수사의 공정성을 의심 받을 염려가 있는 사건에 대해서는 소속 기관의 장(수사부서장 ×)의 허가를 받아 그 수사를 회피해야 한다(수사준칙 제11조). ※ 수사준칙에는 '회피'만 규정되어 있고, 제척, 기피는 규정되어 있지 않다.
기피	① 피의자, 피해자와 그 변호인은 경찰관에 대해 기피를 신청할 수 있다. 변호인은 피의자, 피해자의 명시한 의사에 반하지 아니하는 때에 한하여 기피를 신청할 수 있다(범죄수사규칙 제9조). ② 제척의 원인은 동시에 기피의 원인이 된다. ③ 기피신청은 기피신청서를 해당 기관 감사부서장(수사부서장 ×)에게 제출하고 3일 이내에 기피사유를 소명 ⇨ 감사부서의 장은 수사부서장에게 통보 ⇨ 수사부서장은 의견서를 감사부서장에 제출 ⇨ 수사부서장이 이유 없다고 인정한 경우(이유 있다고 인정하면 담당 경찰관을 재지정), 감사부서장은 기피 신청 접수일부터 7일 이내에 공정수사위원회를 개최(감사부서장이 위원장)하여 기피신청 수용 여부를 결정(범죄수사규칙 제11조)
장기사건 종결	사법경찰관리는 범죄 인지 후 1년이 지난 사건에 대해서는 수사준칙 제51조 제1항에 따른 결정(법원송치, 검찰송치, 불송치, 수사중지, 이송)을 해야 한다. 다만, 계속하여 수사가 필요한 경우에는 해당 사법경찰관리가 소속된 바로 위 **상급경찰서 수사 부서의 장**(소속 기관장 ×)의 승인을 받아 연장할 수 있다(경찰수사규칙 제95조①).
통지	사법경찰관은 신고·고소·고발·진정·탄원에 따라 수사를 개시한 날 또는 수사를 개시한 날부터 매 1개월이 지난 날부터 7일 이내에 고소인등에게 수사 진행상황을 통지해야 하고(경찰수사규칙 제11조①), 수사 결과를 통지하는 경우에는 사건을 송치하거나 사건기록을 송부한 날부터 7일 이내에 해야 한다.

제5절 피의자 유치 및 호송 규칙(경찰청 훈령)

※ 최근 채용 시험에서는 출제되지 않았음

1 유치인 보호

관리책임	① 유치인보호주무자: 경찰서 주무과장이 유치인보호주무자 ② 유치인보호관: 유치인 보호 및 유치장 관리를 담당하는 경찰관
유치절차	① 동시에 3명(2명 ×) 이상 입감 시에는 경위 이상이 입회하여 순차적으로 입감(출감 ×) 〈22승진〉 ② 형사범과 구류, 19세 이상과 19세 미만(미성년), 사건 공범자는 유치실이 허용하는 범위 내에서 분리 유치하고, 신체장애인에 대하여는 신체장애를 고려한 처우를 하여야 한다. 〈18경간〉
신체검사 〈17경간〉	외표검사	죄질이 경미하고 동작과 언행에 특이사항이 없으며 위험물 등을 은닉하고 있지 않다고 판단되는 경우에 눈으로 확인하고 손으로 가볍게 두드려 검사
	간이검사	탈의막 안에서 속옷은 벗지 않고 신체검사의를 착용한 상태(유치인의 의사에 따른다)에서 위험물 등의 은닉여부 검사 〈22승진〉

왕이 집비우면 호송

	정밀검사	살인, 강도, 절도, 강간, 방화, 마약류, 조직폭력 등 죄질이 중하거나 타인에 대한 위해 또는 자해할 우려 있을 때 탈의막 안에서 속옷을 벗고 신체검사의로 갈아입은 후 정밀하게 위험물 등의 은닉여부를 검사
가족 통지		반대하는 의사가 없는 경우에 유치인의 가족 또는 대리인에게 신상에 관한 통지
외국인		외국인 유치인의 해당국 영사관원 접견은 변호인과의 접견 등 절차를 준용한다.

2 호송

종류	왕복호송	특정장소에서 용무를 마치고 다시 돌아오는 호송
	이감호송	다른 곳으로 이동하거나 특정관서에 인계하는 호송 〈20경간〉
	집단호송	한 번에 다수의 피호송자를 호송
	비상호송	전시, 사변, 비상사태, 천재·지변에 피호송자를 다른 곳으로 호송 〈18경간〉
관리책임	① 호송주무관(수사·형사과장), 호송관(담당자) ② 지휘감독관: 호송관이 5인 이상일 때 경위 이상 1명을 지정	
수갑 등 사용	① 호송주무관의 지휘에 따라 포박하기 전에 신체검색 실시(출발 전 신체검색 x) 〈18승진, 20경간〉 ② 호송관은 호송주무관의 허가를 받아 필요한 한도에서 호송대상자에 대하여 수갑 또는 수갑·포승을 사용할 수 있다(수갑을 사용해야 한다 x). ③ 구류선고 및 감치명령을 받은 자와 미성년자, 고령자, 장애인, 임산부 및 환자 중 주거와 신분이 확실하고 도주의 우려가 없는 자에 대하여는 수갑 등을 채우지 아니한다. ④ 미체포 피의자가 구속 전 피의자심문에 임의로 출석한 경우에는 원칙적으로 수갑 및 포승을 사용하지 아니한다. ⑤ 피호송자가 2인 이상일 때에는 2인 내지 5인을 1조로 하여 상호 연결시켜 포승으로 포박한다. 〈18승진, 17경간〉	
호송시간	호송은 일출 전 또는 일몰 후에 할 수 없다. 다만, 기차, 선박 및 차량을 이용하는 때 또는 특별한 사유가 있는 때에는 그러하지 아니한다. 〈18·20경간〉	

3 호송 중 사고발생 시 조치

도주 시	① 사고발생지 경찰서에 신고하고, 소속 기관장에 보고하며 즉시 보고할 수 없는 때에는 신고관서에 보고를 의뢰할 수 있다. ② 호송관서의 장은 즉시 상급경찰서에 보고, 인수관서에 통지, 도주 피의자 수사에 착수하며, 사고발생지 경찰서장에게 수사를 의뢰하여야 한다. ③ 호송관계 서류 및 금품은 호송관서(발생지 관서 x)에서 보관한다. 〈17·22승진〉
발병 시	① 경증: 당일 호송을 마칠 수 있을 때에는 호송관이 응급조치 후 계속 호송 〈17승진〉 ② 중증: 피호송자, 서류, 금품을 발병지에서 가까운 경찰서에 인도 〈18경간〉 • 인수 경찰관서에서 질병 치료 후 상태를 호송관서 및 인수관서에 통지 • 질병이 치유된 때에는 호송관서(인수관서 x)에 통지하고 치료한 관서에서 호송 • 단, 24시간 내 치유 가능 진단시에는 치료 후 호송관서에서 계속 호송 〈18경간〉
사망 시	① 사망지 경찰관서에 신고하고 시체와 서류 및 영치금품은 신고관서에 인도 ② 인도 받은 경찰관서는 호송관서와 인수관서에 사망일시, 원인 등을 통지하고, 서류와 금품은 호송관서에 송부 ③ 호송관서의 장은 통지받은 즉시 상급경찰관서에 보고하는 동시에 사망자의 유족 또는 연고자에게 이를 통지

● 정리하기

피호송자 도주, 발병, 사망 시 조치 정리

구분	도주	발병		사망
		경증, 24h내 치료 가능한 중증	중증	
사람·서류·금품	호송관서에서 보관	호송관서에서 치료	발생지 경찰서에 인도	
비용			교부받은 관서에서 부담	
사후조치	호송관서에서 상급경찰관서·인수관서 통지	호송관서에서 호송	치료한 관서에서 호송	호송관서에서 상급경찰관서·유족 등에 통지

4 호송 중 유의사항 〈18경간〉

영치품 등 〈22승진〉	① 금전, 유가증권: 송부 원칙, 소액 또는 당일 호송 종료 시에는 호송관에 탁송 가능 ② 물품: 호송관에 탁송 원칙, 위험 또는 휴대 부적당시 송부 가능 〈20경간〉 ③ 송치하는 금품을 호송관에게 탁송할 때에는 호송관서에 보관책임이 있고, 그렇지 아니한 때에는 송부한 관서에 그 책임이 있다.
호송비용	① 여비, 식비, 기타 비용: 호송관서 부담 ② 피호송자의 사망, 발병 시 비용: 인계받은 관서에서 부담 ③ 교도소 또는 유치장에 숙식: 당해 교도소 또는 경찰서에서 부담 ④ 피호송자가 식량, 의류, 침구 등을 자비 구입할 수 있을 때 호송관은 물품 구매 허가할 수 있음
휴대장비	호송관은 분사기 휴대 의무, 특별한 사유가 있는 경우 **총기 휴대할 수 있음** 〈20경간〉

제6절 과학수사

1 용어 정의(과학수사기본규칙)

과학수사	과학적으로 검증된 지식·기술·기법·장비·시설 등을 활용하여 객관적 증거를 확보하기 위한 수사활동	구별
현장감식	사건과 관련된 **현장에 임하여** 현장상황의 관찰, 증거물의 수집·채취 등을 통해 범행 당시의 현장을 재구성하는 활동	
과학수사관	경찰기관의 과학수사 부서에 소속되어 현장감식, 감정, 과학수사 시스템의 관리·운영 등의 직무를 담당하는 사람으로, **현장감식결과보고서**를 과학적범죄분석시스템(SCAS)에 입력하여 사건 담당 경찰관이 열람할 수 있도록 하여야 한다.	구별

검시조사관	생물학·해부학·병리학 등 전문 지식을 바탕으로 변사자 및 그 주변 환경을 종합적으로 조사하여 범죄 관련 여부를 판단하는 사람으로, **변사자조사결과보고서**를 과학적범죄분석시스템(SCAS)에 입력하여 사건 담당 경찰관이 열람할 수 있도록 하여야 한다.	
범죄분석관	범죄·심리분석을 담당하는 감정관(Profiler)	
증거물 수집	증거물의 추가적인 분석이나 감정을 위하여 원상의 변경 없이 현장에서 증거물을 수거하는 것	구별
증거물 채취	현장이나 그 밖의 장소에서 원상의 증거물 등으로부터 지문을 현출하거나, 미세증거물·디엔에이 감식 시료 등을 전이하는 것	
SCAS	과학적범죄분석시스템(SCAS: Scientific Crime Analysis System)이란 현장감식 및 증거물 수집·채취에 관한 정보, 증거물 감정 정보, 범죄분석을 위한 과학수사 데이터 등을 관리하는 전산시스템을 말한다.	구별
AFIS	지문자동검색시스템(AFIS: Automated Fingerprint Identification System)이란 주민등록증 발급신청서·외국인의 생체정보·수사자료표의 지문을 원본 그대로 암호화하여 데이터베이스에 저장하고, 채취한 지문과의 동일성 검색에 활용하는 전산시스템을 말한다. ⟨22승진⟩	

2 미세증거물의 효용

(1) 범인 추적의 수단이 되거나 **수사방향 설정**에 도움을 준다. 예를 들면, 용의자의 장갑에서 석면이 확인되었다면 범인의 직업군을 압축할 수 있다.
(2) 용의자가 범행에 연관된 것인지 여부를 입증하는 수단이 된다.
(3) **피의자신문의 보조 수단**으로 이용할 수 있다. 방화용의자의 몸에서 검댕이 발견되었다면 용의자가 "화기 근처에는 간일도 없다"고 하는 진술을 반박할 수 있다.
(4) 개인 식별이 가능한 감정 자료는 아니다. 따라서 **미세증거로 범인을 확정지을 수는 없다**.

3 지문

종류		내용
현장지문	현재지문	① 가공을 하지 않고도 육안으로 식별되는 지문 ② 정상지문은 혈액, 먼지 등이 손가락에 묻은 후 인상된 지문 ⟨19승진⟩ ③ 역지문은 먼지 쌓인 물체, 연한 점토 등에 인상된 지문으로 선의 고랑('골', 들어간 부분)과 이랑이 반대로 현출 ⟨20승진⟩ ④ **먼지지문 채취방법**: 사진촬영, 전사법, 실리콘러버법 ⟨19승진⟩ ⑤ **혈액지문 채취방법**: 사진촬영, 전사법(실리콘러버법 ×)
	잠재지문	인상된 상태로는 육안 식별되지 않고 이화학적 가공 후 가시상태로 되는 지문
준현장 지문		범죄현장 이외의 장소에서 채취한 지문 예 침입경로·도주경로·예비장소의 지문, 금은방 거래대장에 압날된 지문 등 ⟨22승진⟩
관계자 지문		현장·준현장 지문 중, 범인 이외의 자가 남긴 지문 (피해자 등) ⟨12승진⟩
유류 지문		현장·준현장 지문 중, **범인지문**으로 추정되는 지문(관계자 지문을 제외한 지문) ⟨20승진⟩

4 과학수사의 제 원칙

원칙	내용
Locard 원리	모든 사물은 **접촉**할 때 반드시 흔적을 남긴다.
Moritz 공식	직장 온도로 사후 경과시간 추정
Nysten 법칙	시체 굳음의 순서를 정하는데 활용
Henry 방법	지문분류법의 체계를 세운 방법

5 시체현상 〈15경간〉

(1) 초기현상

체온하강	① 주변습도 낮을수록, 통풍 잘 될수록, 피부에 습도가 있을수록 빨리 하강 ② 하강속도: 남자 〉여자, 마른 사람 〉뚱뚱한 사람, 노인·소아 〉젊은 사람
각막혼탁 〈20승진〉	① 사후 12시간: 흐려짐. ② 사후 24시간: 현저히 흐려짐. ③ 사후 48시간: 불투명
시체얼룩	① 중력으로 시체 아래에 피가 몰려 암적갈색을 띰. 〈16승진〉 ② 주위 온도가 높을수록 빠르게 나타남. 〈14승진〉
시체굳음 〈20승진〉	① 근육 경직과 관절 고정으로 발생 ② '턱 ⇨ 어깨 ⇨ 팔·다리 ⇨ 손가락·발가락' (Nysten 법칙) 〈14승진〉 ② 사후 2~3시간부터 시작하여 12시간 정도면 전신 경직

(2) 후기현상

자가용해	체내에 있는 **효소**(세균 ×)가 작용 〈20승진〉 ※ 효소: 화학 반응의 촉매 작용, 세균: 단세포 생물, 세균도 효소를 갖고 있음
부패	① 자가용해는 효소, 부패는 **부패균**이 작용 ② 부패 3대 조건: 공기 유통, 온도는 20~30도, 습도는 60~66% ③ 진행속도: 공기 : 물 : 흙 = 1:2:8(Casper 법칙) ⇨ 대기 중에서 1일 걸리는 부패가 물속에서는 2일, 땅속에서는 8일 소요
미이라	건조가 부패보다 빠를 때 발생
밀랍	수중이나 수분이 많은 지중(地中)에서 형성 〈16승진〉
백골화	성인은 7~10년, 소아는 4~5년 〈14승진〉

6 프로파일링(Profiling)

(1) 의의
① 프로파일링은 범죄의 현장에 남겨진 증거, 피해자, 증인 등을 통해 범죄자를 특정할 수 있는 정보를 수집 및 분석하여 수사관에게 제공하는 일련의 과정이다.
② 용의자를 정확히 지목하기보다는, 범죄를 저질렀을 가능성이 큰 잠재 범죄자 집단의 공통적인 성격이나 배경 등에 대한 정보를 추정함으로써 **용의자의 범위를 좁히는 수사기법**이다. 〈21경간〉
③ 범행의 특징을 통해 범인의 특징을 추론해 내는 것이 프로파일링의 핵심 원리이다.

(2) 프로파일링의 전제 〈21경간〉
① 범인의 성향은 범죄현장에 반영된다고 전제한다. 예를 들면, 소심한 성격의 범인은 일상의 생활에서도 소심한 행동을 하고, 범행을 저지를 때도 그 소심한 성격이 그대로 범행에 표출된다는 가정이다.
② 범인의 성격 혹은 특성은 시간에 따라 쉽게 변하지 않는다는 전제이다. 범인은 자신의 범행수법이나 범행 현장에 남겨진 특정 징표를 지속적으로 사용한다는 가정이다.
③ 유사한 범죄를 저지르는 범인은 비슷한 개인 배경을 가진다는 상호유사관계의 전제이다. 살인하거나 강간한 자는 그 사회 인구학적 배경이 유사할 것이라는 가정이다. 프로파일링이 범죄 현장에 남겨진 행태의 자취를 통해 범죄자의 세부적인 특징을 연역적으로 추론해 나가는 방식이므로 이 같은 유사관계의 가정은 프로파일링의 기본적 논리라고 할 수 있다.

(3) 상황적 분류

심리학적 프로파일링	범인의 성격적 특징에 기초한 행동적 패턴을 분석 〈21경간〉
범죄자 프로파일링	범죄의 특징을 기반으로 범인의 성격, 지능수준, 행동패턴, 지리적 습관, 인구사회적 특징 등을 확인
지리적 프로파일링	범죄 장소의 특징을 분석하여 범인의 거주지, 범인을 검거하기 위하여 어디로 가야 하는지, 범인의 다음 예상 범행지 등을 파악하는 기법으로 합리적 선택이론, 일상활동 이론, 범죄패턴 이론 등의 영향을 받았다. 〈21경간〉
심리부검	심리부검은 사망한 사람을 대상으로 한다. 사망자의 유가족이나 지인을 심층 면담하여 사망의 원인을 분석한다.
인종적 프로파일링	인종이나 민족적 기원에 의존하는 활동이다. 시체훼손 현장을 보고 조선족에 의한 범행 가능성을 추정하는 것 등이다.

7 거짓말탐지기(폴리그래프) 검사

(1) 과학수사기본규칙(훈령)
① 피검사자의 호흡, 혈압 등 생체현상을 측정
② 진술의 진위 확인, 사건의 단서 및 증거수집, 상반되는 진술의 비교 확인을 위하여 실시
③ 피검사자가 동의할 경우에만 검사를 실시할 수 있으며, 피검사자가 검사에 부적합하다고 판단되는 경우에는 검사를 하여서는 아니 된다(아니할 수 있다 ×).
④ 거짓말을 하면 반드시 일정한 심리상태의 변동이 일어나고 이에 따라 반드시 일정한 생리적 반응이 일어나는 것을 정확히 판정할 수 있다면 증거능력이 있다(대판 1983.9.13., 83도712).

규대쌤 Comment
양귀비 생모, 코크인, 반항하면 하옥해, 코는 합법이야. / 수지는 꽃 / 뽕 향

(2) 범죄분석과 폴리그래프의 사유 비교

범죄분석(프로파일링) 실시사유	폴리그래프 실시사유
① 피의자가 특정되지 않았거나 미검 ② 진술의 신빙성 판단이 곤란하거나 추가진술 필요한 경우 ③ 범행동기, 심리상태 등에 대한 종합적인 분석을 필요 ④ 정신질환, 이상동기 관련 범죄 ⑤ 그 밖에 새로운 유형의 범죄에 대한 탐지, 대응 등을 위한 범죄분석 필요	① 진술의 진위 확인 ② 사건의 단서 및 증거수집 ③ 상반되는 진술의 비교

제7절 마약류 사범 수사

1 마약류 분류(마약류관리에 관한 법률)

마약	천연마약	양귀비 ⇨ 생아편 ⇨ 모르핀, 코카인 ⇨ 크랙, 코데인, 테바인 (헤로인 ×)
	합성마약	페치딘계, 메사돈계, 프로폭시펜 등
	반합성마약	하이드로폰, 옥시코돈, 헤로인 등
	한외마약 (합법마약)	마약성분을 갖고 있으나 다른 약들과 혼합되어 마약으로 다시 제조하거나 제제할 수 없고, 그것에 의하여 신체적 또는 정신적 의존성을 일으키지 아니하는 것으로서 **총리령**으로 정하는 것 〈19채용〉 코데날, 코데잘, 코데솔, 유코데, 세코날 (옥시코돈, 코카인, 코데인 ×) 〈19채용〉
대마		① 대마초(마리화나): 대마 잎이나 꽃을 말린 것 (초 ⇨ 잎, 화 ⇨ 꽃) ② 대마수지(해쉬쉬): 대마 꽃대의 진액으로 만든 것 (뿌리, 종자, 줄기 ×) 〈21채용, 23승진〉
향정신성 의약품	각성제	엑스터시, 메스암페타민(히로뽕), 암페타민류
	억제제	바르비탈염류제(아로바로비탈), 알프라졸람
	환각제	LSD, 메스카린(페이요트), 사일로사이빈 등

규대쌤 Comment

엑스맨 포돌이, 러미날 진해 정글, 이세돌 무색무치무이 제일 강해, 야한 바, 선인장자르게 에스, GHB 데이트가다니 짠돌이, 돌 뻣뻣

2 향정신성의약품

메스암페타민 (히로뽕, 필로폰)	① '술 깨는 약', '피로회복제', '체중조절약' 등으로 가장하여 유통 ② 강한 각성작용으로 의식이 뚜렷하고 잠이 오지 않으며 피로감이 없어짐. ③ 식욕감퇴, 환시, 환청, 편집증세, 과민반응, 피해망상증 등 경험
엑스터시 (MDMA) 〈16·18경간, 21채용〉	① 독일에서 식욕감퇴제로 개발된 것 ② 클럽마약, 포옹마약, 도리도리로 불림. ③ 클럽에서 막대사탕을 물고 있거나 물을 자주 마시는 행위를 함
러미나(라) (덱스트로 메트로판) 〈20승진, 20·23채용, 18경간〉	① 진해거담제(기침완화, 가래제거)로 약국 구입 가능 ② 의존성과 독성이 없으며 코데인 대용으로 사용 ③ 술에 타서 마시며 이를 정글쥬스라고 함
L.S.D 〈18승진, 18경간〉 〈23채용〉	① 곡물의 곰팡이, 보리 맥각에서 추출 ② 환각제 중 가장 강력하며, 무색, 무취, 무미 ③ 종이에 묻혀 뜯어서 입에 넣기도 함 ④ 중독되면 마약을 하지 않아도 환각을 느끼는 플래쉬백 현상 발생 ※ Flash back: 후렛쉬로 뒤를 비추듯 과거를 보는 환각 경험
야바(YABA) 〈18승진, 18경간, 21채용〉	① 태국어로 '미치게 하는 약, 카페인 등에 필로폰을 혼합하여 순도가 낮다. ② 동남아 지역 유흥업소 중심으로 확산
메스카린 〈18승진, 20·21채용, 18경간〉	선인장 페이요트에서 추출 합성한 것
GHB (물뽕) 〈20승진, 19채용, 18경간〉	① 무색, 무취하지만 짠맛이 난다. ② 술에 타서 먹이는 '데이트 강간 약물'로 불린다. ③ 15분 후 효과, 3시간 지속, 24시간 내 인체 소멸
카리소프로돌(S정) 〈14승진, 20채용, 18경간〉	① 중추신경에 작용하여 골격근 이완 효과, 인사불성, 호흡저하 발생 ② 금단현상으로 온몸이 뻣뻣해지고, 혀가 굳어 혀꼬부라지는 소리를 냄
프로포폴 〈21·23채용〉	① 수면마취제로 불리는 정맥마취제로서 수면내시경 등에 사용된다. ② 환각제 대용으로 사용되어 향정신성의약품(마약 ×)으로 지정되었다.

개 치 특 경중, 훈재

03 경비경찰

PART 05

제1절 경비경찰 일반

1 경비경찰의 대상 〈14채용, 13경간〉

대상	종류	내용
개인·단체 불법행위	치안경비	공안을 해하는 다중범죄 등 집단적 범죄 사태를 예방, 경계, 진압
	특수경비	총포, 도검, 폭발물 등 중요사건을 예방, 경계, 진압 (대테러경비)
	경호경비	피경호자의 신변 보호
	중요시설경비	국가적으로 중요한 국가산업시설, 국가행정시설 등을 방호
자연·인위적 재난	혼잡경비	미조직 군중에 의한 자연적, 인위적 혼란상태 예방, 경계, 진압
	재난경비	천재지변, 화재 등 자연적, 인위적 돌발 사태를 예방, 경계, 진압

2 경비경찰의 특징 〈19·21승진, 16경간〉

복합기능적 활동	경비경찰은 예방, 경계, 진압을 복합적으로 수행 (예방 위주 ×, 진압 위주 ×)
현상유지적 활동	① 경비활동은 기본적으로 현재 질서 유지를 유지하는 것에 가치를 둠. ② 정태·소극적 유지가 아닌 새로운 변화와 발전을 보장하기 위한 동태·적극적인 유지임(질서 유지라는 소극적 목적을 위한 적극적 활동).
즉시적 활동	다중범죄, 테러, 경호상 위해, 경찰작전상황 등 발생 시 기한을 정하여 진압하는 것이 아니고 즉시 출동하여 조기 진압해야 함
조직적 부대활동	개인적인 활동보다는 부대단위 활동하며, 경비사태 발생 시 조직적이고 집단적이며 물리적인 힘으로 대처함
하향적 명령 활동	지휘관의 하향적 명령에 의한 활동으로 부대원 재량은 적고, 결과 책임은 지휘관이 지는 경우가 많음 〈23경위〉
사회전반적 안녕 목적의 활동	경비경찰은 공공의 안녕과 질서 유지가 목적이므로 사회 전체 질서를 파괴하는 범죄를 대상으로 작용(국가목적적 치안 수행)

제2절 경비경찰의 근거와 한계

1 경비경찰권의 근거

(1) 헌법 제37조 제2항: '국민의 모든 자유와 권리는 국가안전보장, 질서 유지 또는 공공복리를 위하여 필요한 경우에 한하여 법률(법령 ×)로써 제한할 수 있으며, 제한할 경우에도 자유와 권리의 본질적인 내용을 침해할 수 없다'는 규정은 경비경찰의 근거이면서 동시에 제한하는 성격도 가진다.

(2) 경찰관직무집행법: 경비경찰의 주된 근거 법률이다.

2 경비경찰권의 한계

(1) 법규상 한계

경비경찰권의 행사는 반드시 법적 근거를 요하며 위법한 경찰권의 행사는 사법심사의 대상이 된다.

(2) 조리상의 한계

소극목적의 원칙	'경찰목적의 소극성'이라고 하며, 사회공공의 질서 유지를 위해서만 발동하는 것
공공의 원칙	사회공공의 질서 유지를 위하여 발동하는 것으로 사생활불가침의 원칙, 사주소불간섭의 원칙, 민사상의 법률관계불간섭의 원칙이 있음
책임의 원칙	① 경찰책임은 사회공공의 안녕과 질서에 대한 객관적인 위험상황이 존재하면 인정됨. ② 이때 책임은 고의, 과실, 위법성, 위험인식, 행위능력, 책임능력, 국적, 정당한 권원 불문 ⇨ 고의나 과실, 위법하지 않아도 경찰책임을 짐. ③ 경찰권은 원칙적으로 책임 있는 자에 대하여만 발동할 수 있으나, 예외로 경찰긴급권(즉시강제)이 있다(경찰긴급권은 경찰책임의 원칙에 부합한다 ×).
비례의 원칙	① 사회공공의 이익과 개인의 권리 제한에 비례 유지 ② 적합성, 필요성, 상당성(적필상)을 모두 지켜야 함
평등의 원칙	경찰권은 성별, 종교, 사회적 신분, 인종 등을 이유로 불합리한 차별 금지

(3) 경비경찰 활동에 대한 국가배상 〈13경위〉

인정	① 무장공비와 격투 중에 있는 청년 가족의 요청을 받고도 경찰관이 즉시 출동하지 않아 청년이 사망한 경우(김신조 판결) ※ 우리나라 최초의 행정개입청구권 인정판결 ② 경찰관이 도로상에 방치해 둔 바리케이드에 오토바이 운행자가 충돌(대판 98다16890) ③ 서총련 불법시위 해산과정에서 단순히 전경들의 도서관 진입에 항의한 학생 등 시위와 무관한 자들을 강제 연행한 경우(서울지법 1996.8.22., 95가합43551)
부정	① 시위진압에 대항하여 시위자들이 던진 화염병에 의하여 발생한 화재로 손해를 입은 주민이 국가를 상대로 국가배상을 청구한 경우(대판 1997.7.25., 94다2480) ② 불법시위 참가자들이 대학 도서관으로 도주함에 따라 이를 추적·체포하기 위하여 전경들이 도서관에 진입하였다면, 이는 현행범 체포를 위한 적법한 행위로서 도서관 진입으로 인한 정신적 충격과 학습권 침해에 대한 위자료지급청구를 부인(서울지법 1996.8.22., 95가합43551)

제3절 경비경찰의 조직 및 수단

1 조직운영의 원칙 〈16·23승진〉

지휘관 단일성	① 지휘관은 한 사람만 둔다. 위원회 또는 집단지휘 체제로는 효율적인 경비업무 수행이 어렵다는 의미이다. ② 조직편성의 원리(경찰행정학) 중 **명령통일의 원칙**과 맥을 같이 한다. ※ **명령통일**: 한 사람이 지시하고, 한 사람에게만 보고(관리자 관점) ③ 의사결정과정이 아닌 집행에 있어서 단일성을 의미한다. 의사결정과정은 다수에 의해서 신중히 검토된 후 결정한다.
부대단위 활동	① 경비경찰은 개인적 활동보다는 부대단위 활동이 대부분이다. ② 부대단위 활동에는 반드시 지휘관이 있어야 한다. ③ 최종결정은 지휘관만이 할 수 있고 지휘관 명령에 업무가 수행된다. ④ 부대활동의 성패는 지휘관에 좌우된다.
체계통일성	① 조직의 정점에서 하부까지 계선을 통하여 일정한 관계 형성 ② 책임과 임무의 명확한 분담, 명령과 복종의 체계가 통일
치안협력성	① 업무수행과정에서 국민의 협력은 필수적 ② 협력은 임의적

> ● 정리하기
>
> **'지휘관'과 관련한 원칙**
> - 지휘관이 책임진다. ⇨ 하향적 명령 특성
> - 지휘관은 한 사람이다. ⇨ 지휘관 단일
> - 지휘관은 있어야 한다. ⇨ 부대단위 활동
> - 한 명이 지시하고, 한 명이 보고한다. ⇨ 체계통일
> - 한 명이 지시하고, 한 명에게만 보고한다. ⇨ 명령통일(지휘관 단일 원칙)
> ※ 명령 통일의 원칙 = 체계통일의 원칙 (×)

2 경비수단의 원칙 〈15경간, 23승진〉

시점	상대의 저항이 허약한 시점을 포착하여 집중적이고 강력한 실력행사 〈23경위〉
위치	군중보다 유리한 위치 확보
균형	균형 있는 경력운영, 한정된 경력으로 최대효과
안전	경찰이나 시민의 사고 없도록 안전 유지

3 경비수단의 종류 〈21·23승진〉

경고	경직법 제5조(위험발생 방지)에 근거한 임의적 처분으로서 주의를 촉구하는 통지행위임	간접적 실력행사
제지	① 경직법 제6조(범죄의 예방과 제지)에 근거 ② 대인적 즉시강제라는 점에서 의무 불이행을 전제로 하는 행정상 강제집행과는 구별됨	직접적 실력행사
체포	① 형사소송법 제212조에 근거 〈23경위〉 ② 반드시 경고, 제지, 체포의 순서로 행사되어야 하는 것은 아님	

규대쌤 Comment

군중들을 밀경지로 이동

제4절 경비경찰의 주요대상

1 행사안전경비(혼잡경비)

(1) 군중정리 원칙 〈18·20승진, 15·23채용〉

원칙	내용
밀도 희박화	다수 운집 방지, 사전 블록화
경쟁행동 지양	경쟁심리 억제, 차분한 목소리로 안내
지시 철저	계속 반복, 자세한 안내
이동 일정화	이동방향 일정하게 유지, 안정감 조성

(2) 행사안전경비(혼잡경비) 활동

경비활동	① 미조직된 군중에 의하여 발생하는 혼란 상태를 예방, 경계, 진압하는 활동 ※ 집회: 공동 목적 없이 우연히 만나는 것은 집회에 해당하지 않는다(판례). ② 부대는 군중이 입장하기 전에 사전 배치하고, 경력은 단계별로 탄력적 운용 ③ 예비대 운용은 **경찰판단(협조사항 ×)** 사항이며, 주최 측과 협조할 사항은 행사 진행 과정, 경비원 활용 권고, 자율적 질서 유지 등임 〈18승진〉 ④ 예비대를 관중석에 배치할 경우 단시간 내에 혼란지역에 도달할 수 있도록 **통로 주변(행사장 앞쪽 ×)**에 배치 〈18·19승진〉 ⑤ 혼잡경비를 위한 직접적인 수권조항은 없고 경직법 제5조(위험발생 방지)가 경찰권 발동의 일반적 수권조항임 ⑥ 혼잡경비는 특별히 개인이나 단체의 **불법행위를 전제로 하지 않음**	
경비업법 시행령 (제30조)	시·도경찰청장은 행사 주최자에게 행사장에 자체 경비원에 의한 경비를 실시하거나, 부득이하여 실시하지 못 할 경우 행사 24시간 전에 시·도경찰청장에게 그 사실을 통지하여 줄 것을 요청할 수 있다(48시간 전 ×, 경찰서장 ×).	
공연법 및 시행령	① 공연장 • 매년 재해대처계획을 지자체장에 신고, 지자체는 보완요구 가능 • 지자체장은 받은 계획을 소방서장에게 통보 〈19승진〉 • 재해대처계획에는 비상시 조치 및 연락처가 포함되어야 함 • 미신고 시 **2,000만원 ↓ 과태료(벌금 ×)** 〈18·19승진〉 ② 공연장 외 1천명 이상 운집 예상시 • 공연 14일 전까지 재해대처계획을 지자체 신고 • 신고사항 변경 시 7일 전까지 변경신고 ※ 집단민원현장(경비업법): 100명 이상 행사장	경찰신고 사항 없음

2 선거경비

(1) 공직선거법

선거기간	① 대통령: 23일, 후보자 등록 마감일의 다음날~선거일 〈20승진〉 ② 국회의원과 지자체 의원 및 장: 14일, 후보자 등록 마감일 후 6일~선거일
선거운동	① 선거기간 개시일~선거일 전일 ② 대통령은 후보 등록 마감일 다음날부터 선거 전일까지, 국회의원 등은 등록 마감일 후 6일부터 선거 전일까지 〈20승진〉

(2) 투표소 경비
① 투표소는 선관위가 자체경비하고 경찰은 돌발상황에 대비, 순찰, 즉응 출동태세 유지한다.
② 투표관리관 또는 투표사무원은 투표소의 질서가 심히 문란하여 공정한 투표가 실시될 수 없다고 인정하는 때에는 투표소의 질서를 유지하기 위하여 **정복을 한 경찰공무원 또는 경찰관서장에게 원조를 요구할 수 있다.** 〈22승진〉
③ 원조요구에 의하여 투표소 안에 들어간 경찰공무원 또는 경찰관서장은 투표관리관의 지시를 받아야 하며, 질서가 회복되거나 투표관리관의 요구가 있는 때에는 즉시 투표소 안에서 퇴거하여야 한다(정복경찰관 투표소 내 배치 ×). 〈21채용〉
④ 원조요구에 의하여 투표소에 들어간 경우를 제외하고는 누구든지 투표소 안에서 무기나 흉기 또는 폭발물을 지닐 수 없다.
⑤ 투표소안에서 또는 투표소로부터 100미터 안에서 소란한 언동을 하거나 특정 정당이나 후보자를 지지 또는 반대하는 언동을 하는 자가 있는 때에는 투표관리관 또는 투표사무원은 이를 제지하고, 그 명령에 불응하는 때에는 투표소 또는 그 제한거리 밖으로 퇴거하게 할 수 있다. 이 경우 투표관리관 또는 투표사무원은 필요하다고 인정하는 때에는 정복을 한 경찰공무원 또는 경찰관서장에게 원조를 요구할 수 있다(공직선거법 제166조①). 〈22승진〉

(3) 개표소 경비

제1선 (개표소 내부)	① 선관위 요청 시 **경찰(선관위 ×)**에서 소방·한전 등 유관기관과 협조하여 개표소 내·외곽에 대한 사전 안전검측 실시 ② 선관위 위원장의 책임하에 질서 유지하며 선관위원장 또는 위원은 정복 경찰공무원 또는 경찰관서장에게 원조를 요구할 수 있음 〈15·18승진〉 ③ 원조요구를 받은 경찰공무원 또는 관서장은 **따라야 한다**(할 수 있다 ×). ④ 원조요구로 개표소 안에 들어간 경찰은 **선관위원장의 지시**를 받으며, 질서가 회복되거나 선관위원장 요구가 있을 때에는 즉시 퇴거하여야 함 ⑤ 원조요구 외에 개표소 안에서 무기, 흉기, 폭발물 휴대 금지된다. 따라서, 원조요구에 의하여 개표소 안으로 들어갈 때는 무기 휴대 가능 〈21채용〉
제2선 (울타리 내곽)	경찰·선관위 **합동 출입자 통제**, 출입문은 가급적 **정문만 사용** 〈18·20승진〉 ※ 경호 행사장에서는 1선에서 출입자 통제(MD 운용, 비표확인)
제3선 (울타리 외곽)	경찰이 검문조, 순찰조 운영

(4) 비상근무 〈21채용〉
① 통상 선거기간 개시일~선거 전일: 경계강화기간
② 선거일 06:00~개표 종료 시: 갑호 비상 원칙

(5) 대통령선거 후보자 신변보호
① 선거후보자에 대한 신변보호는 경찰관직무집행법 제5조(위험발생방지)에 의함
 ※ 공직선거법에는 공직 후보자에 대한 신변보호 규정이 없음
  • 경호: 대통령 경호실법, 전직대통령 예우에 관한 법률, 경호규칙
  • 요인보호: 통합방위법, 요인보호규칙
② **대통령선거 후보자: 을호 경호, 대통령 당선자: 갑호 경호** 〈21채용〉
③ 신변보호 기간은 후보자 등록 시부터 당선 확정 시까지이며, 24시간 근접 실시 〈21채용〉

④ 대통령선거 후보자는 경호를 원하지 않더라도 선발된 직원을 항상 대기시켜 근접 배치하며, 국회의원 선거 후보자는 각 선거구를 관할하는 경찰서에서 후보자가 원할 경우 배치 〈21채용〉

3 집회 시위 관리

❖ **다중범죄**

다중범죄 의의	① 다중은 일개 지방의 안전, 평온을 해할 수 있을 정도의 다수로서 어느 정도 조직적이어야 하나, 반드시 지도자가 있어야 하는 것은 아님. ② 혼잡경비의 미조직 군중과 구별	
다중범죄 특징 〈18채용〉	확신적 행동성	주동자는 자신의 생각에 확신을 가짐(투신, 분신자살).
	부화뇌동 파급성	군중심리의 영향으로 부화뇌동하여 갑자기 확대될 수 있음
	비이성적 단순성	과격, 단순, 사회통념상 비이성적인 경향
	조직적 연계성	조직에 기반을 두고 전국이 연계하는 경향
정책적 치료법 〈16·17· 22승진〉	선수승화법	사전에 불만이나 분쟁요인을 찾아서 해소
	전이법	다른 큰 이슈를 폭로하여 원래 이슈를 약화
	경쟁행위법	반대 의견을 크게 부각
	지연정화법	시간을 끌어 흥분을 가라앉히는 방법
진압의 기본원칙 〈22승진〉	봉쇄·방어	사전에 군중 집결지를 봉쇄
	차단·배제	집결지로 이동하는 중간에서 차단 〈17경간〉
	세력 분산	집결 후에는 여러 개의 소집단으로 분할시킴.
	주동자 격리	주동자를 검거하거나 군중과 격리시킴.
진압의 3대원칙 〈14채용〉	신속한 해산	시위군중이 확대되기 전에 신속 해산
	재집결 방지	해산후 재집결 예상 지역에 경력 배치
	주모자 체포	주모자 체포 시 무기력해져 쉽게 해산(주동자 격리와 구별)

※ 「집회 및 시위에 관한 법률」에 대한 내용은 「정보 경찰」에 통합하였음

4 재난 관리

(1) 재난 및 안전관리 기본법

① 용어의 정의

재난	• 국민의 생명·신체·재산과 국가에 피해를 주거나 줄 수 있는 것 • 사회재난(인위재난 ×)과 자연재난으로 구분 〈23채용〉	
재난관리	재난의 예방·대비·대응 및 복구를 위하여 하는 모든 활동 〈22승진, 19·23채용, 20경간〉	
	예방	• 국가기반시설 지정·관리, 특정관리대상 지역 지정·관리 • 재난안전분야 종사자 교육, 정부합동 안전 점검, 재난관리체계 등의 평가 활동
	대비	• 재난발생 시 피해를 최소화하고 원활한 대응을 위한 준비 • 기능별 재난대응 활동계획 작성, 재난대비 훈련 • 위기관리 매뉴얼 작성

대응	• 재난사태 선포(행안부장관), 위기경보 발령(재난관리주관기관의 장) • 응급조치, 긴급구조, 동원명령, 대피명령,
복구	재난피해조사, 특별재난지역 선포(대통령) 등 ※ 재난사태 선포는 대응 단계, 특별재난지역 선포는 복구 단계

안전관리	재난이나 그 밖의 각종 사고로부터 사람의 생명·신체 및 재산의 안전을 확보하기 위하여 하는 모든 활동
긴급 구조기관	• 소방청·소방본부 및 소방서 • 해양 재난: 해양경찰청·지방해양경찰청 및 해양경찰서 • 시·도긴급구조통제단의 단장은 **소방본부장**이 되고 시·군·구긴급구조통제단의 단장은 **소방서장**이 된다(제50조②).
긴급구조 지원기관	경찰청은 대통령령에 의하여 긴급구조지원기관에 포함된다.

② 재난 및 안전관리

업무 총괄	행정안전부 장관이 재난 및 안전관리 업무 총괄 조정 〈23채용〉
중앙안전 관리위원회	국무총리 소속으로 재난 안전관리 주요 정책 심의
중앙재난 안전대책 본부	• **대통령령**(행안부령 ×)으로 정하는 대규모 재난 총괄을 위하여 **행안부**에 둔다. 〈23채용〉 • 본부장은 원칙적으로 행안부장관이나 해외재난은 외교부장관, 방사능재난은 중앙방사능방재대책본부의 장이 된다. • 총리는 범정부적 차원에서 통합 대응이 필요할 때 본부장이 될 수 있으며 각 소관 장관은 차장이 된다. ※ 코로나 19 중대본: 총리 - 본부장, 1차장 - 보건복지부 장관, 2차장 - 행안부장관
재난 신고 등	• 누구든지 재난의 발생이나 재난이 발생할 징후를 발견하였을 때에는 즉시 그 사실을 시장·군수·구청장·긴급구조기관, 그 밖의 관계 행정기관에 신고하여야 한다. • 경찰관서의 장은 업무수행 중 재난의 발생이나 재난이 발생할 징후를 발견하였을 때에는 즉시 그 사실을 그 소재지 관할 시장·군수·구청장과 관할 긴급구조기관의 장에게 알려야 한다.
선포	• **재난사태**: 행안부 장관이 중앙위원회의 심의를 거쳐 재난사태를 선포할 수 있다. • **특별재난지역**: 대통령이 선포, 중앙대책본부장은 중앙위원회의 심의를 거쳐 해당 지역을 특별재난지역으로 선포할 것을 대통령에게 건의할 수 있으며, 대통령은 특별재난지역으로 선포할 수 있다.

(2) 경찰 재난관리 규칙(경찰청 훈령, 2021. 7. 15. 전부개정)

① 경찰청 국·관별 재난관리 임무(별표1)

국·관	임무
치안상황관리관	• 재난대책본부 및 재난상황실 운영 • 재난관리를 위한 관계기관과의 협력 • 재난피해 우려지역 예방 순찰 및 재난취약요소 발견 시 **초동조치** • 재난지역 주민대피 지원
경무인사기획관	• 경찰관·경찰관서의 피해 예방 및 피해 발생 시 대응·복구 • 재난상황 시 직원 복무 및 사기 관리

경비국	• 재난관리를 위한 경찰부대 및 장비 동원 • 재난관리 필수시설의 안전관리
(이하 국·관 생략)	

② 재난상황실
  ㉠ 치안상황관리관은 경찰의 재난관리 업무를 **총괄·조정**한다(제2조).
  ㉡ 치안상황관리관은 위기관리센터 또는 치안종합상황실에 재난상황실을 **설치·운영할 수 있다**. 다만, 제11조의 재난대책본부가 설치되었거나「재난 및 안전관리 기본법」제38조에 따라 '**심각**' 단계의 위기경보가 발령된 경우에는 재난상황실을 **설치·운영하여야 한다**. 〈22승진〉
    ※「재난 및 안전관리 기본법」: 관심·주의·경계·심각단계 〈16·17승진〉
  ㉢ 재난상황실장은 위기관리센터장으로 하며, 일과시간 외(토요일·공휴일), 그 밖에 치안상황관리관이 필요하다고 인정하는 경우에는 상황관리관이 상황실장의 임무를 대행할 수 있다.
  ㉣ 구성

총괄반	• 위기관리센터 직원으로 구성 • 재난상황실 운영 총괄, 재난관리를 위한 관계기관과의 협조
분석반	• 위기관리센터 직원으로 구성 • 재난상황의 분석, 재난관리를 위한 대책 마련, 다른 국·관과의 협조
상황반	• 치안상황관리관실 및 다른 국·관의 직원으로 구성 • 재난상황의 접수·전파·보고, 재난관리를 위한 초동조치 등 상황관리

③ 재난대책본부
  ㉠ 경찰청장은 **전국적인 관리가 필요하다고 인정하는 경우** 경찰청에 재난대책본부를 설치할 수 있다.
  ㉡ 재난대책본부는 **치안상황관리관이 본부장**이 되고, 재난대책본부에 총괄운영단, 대책실행단, 대책지원단을 둔다.
    ※ 시·도경찰청 재난대책본부장: 차장 또는 부장
④ 현장지휘본부
  ㉠ 시·도경찰청 등의 장은 재난 현장의 대응 활동을 총괄하기 위하여 현장지휘본부를 설치할 수 있다.
  ㉡ 현장지휘본부의 기능별 임무(별표 2) 〈18승진, 13경간〉

지원팀	임무
전담반	• 현장지휘본부 운영 총괄·조정 • 재난안전상황실 업무협조 • 현장상황 등 보고·전파
112	• 재난지역 및 중요시설 주변 순찰활동 • 피해지역 주민 소개 등 대피 및 접근 통제
경무	• 현장지휘본부 사무실, 차량, 유·무선 통신시설 등 설치 • 그 밖에 예산, 장비 등 행정업무 지원
홍보	• 경찰 지원활동 등 언론대응 및 홍보

경주핵!!

경비	• 재난지역 및 중요시설 등 경비 • 경찰통제선 설정·운용
교통	• 비상출동로 지정·운용 • 현장주변에 대한 교통통제 및 우회로 확보 등 교통관리
생안	• 재난지역 **범죄예방활동** • 재난지역 총포, 화약류 안전관리 강화
수사	• 실종자·사상자 현황 파악 및 수사 • 민생침해범죄의 예방 및 수사활동
정보	• 재난지역 **집단민원 파악** • 관계기관 협조체제 및 대외 협력관계 유지

5 국가중요시설 경비

(1) 의의

국가중요시설이란 공공기관, 공항·항만, 주요 산업시설 등 적에 의하여 점령 또는 파괴되거나 기능이 마비될 경우 국가안보와 국민생활에 심각한 영향을 주게 되는 시설을 말한다.

(2) 방호 체계

지정	국방부장관(경찰청장 ×)이 관계행정기관 장 및 국정원장과 협의하여 지정한다. 〈16채용, 22경위, 23승진〉
감독	관계행정기관 장과 국정원장 〈22경위〉
계획	① **자체방호계획 수립**: 국가중요시설의 관리자(소유자 포함) ② **방호지원계획 수립**: 시·도경찰청장, 지역군사령관 〈22경위〉 ③ 국가중요시설의 관리자는 자체방호계획을 수립하기 위하여 필요하면 시·도경찰청장 또는 지역군사령관에게 협조를 요청할 수 있다(요청해야 한다 ×). 〈22경위〉 ④ 평시는 관리자에 방호책임이 있으므로 부득이한 경우 외에는 경찰력 지원하지 않음

(3) 중요시설 분류 〈20승진〉

가급	파괴 시 광범위한 지역의 통합방위 작전수행이 요구되고 국민생활에 결정적 영향을 미칠 수 있는 시설
나급	파괴 시 일부지역의 통합방위 작전수행이 요구되고 국민생활에 중대한 영향을 미칠 수 있는 시설
다급	파괴 시 제한된 지역에서 단기간 통합방위작전 수행이 요구되고 국민생활에 상당한 영향을 미칠 수 있는 시설

(4) 방호선 〈20승진〉

1지대 (경계지대)	① 울타리 밖, 시설 접근 전에 예상 접근로의 길목이나 감제고지 등을 통제 ② 불규칙적인 지역수색, 매복으로 적의 은거 및 탐지활동
2지대 (**주**방어지대)	① 시설 및 울타리를 연결하여 **소총 유효사거리** 고려 결정 ② **초소 설치, 순찰 근무, CCTV 활용**

3지대 (핵심방어지대)	① 핵심시설이 있는 지대로서 최후 방호선 ② 주·야간 경계요원에 대한 계속적인 감시·통제를 위한 경비원 운용 ③ 시설 보강(지하화, 방호벽, 방탄막)을 최우선 설치
방호선이 '~지대'이며, 3지대가 가장 핵심임에 유의	

6 통합방위(통합방위법)

(1) 의의

"통합방위"란 적의 침투·도발이나 그 위협에 대응하기 위하여 각종 국가방위요소를 통합하고 지휘체계를 일원화하여 국가를 방위하는 것을 말하고, 통합방위법은 적의 침투·도발이나 그 위협에 대응하기 위하여 국가 총력전의 개념을 바탕으로 국가방위요소를 통합·운용하기 위한 통합방위 대책을 수립·시행하기 위하여 필요한 사항을 규정함을 목적으로 한다.

(2) 통합방위기구 〈19·20승진〉

중앙통합 방위협의회	• 의장: 국무총리 〈18채용, 19경위, 23승진〉 • 위원은 각 부 장관, 경찰청장, 시·도경찰청장
지역통합 방위협의회	• 시·도 통합방위협의회(시·도협의회) 의장: 시·도지사 • 시·군·구 통합방위협의회(지역협의회) 의장: 시·군·구청장
통합방위 본부	• 본부장: 합동참모의장(의장 – 의장 ×) • 부본부장: 합동참모본부에서 군사작전에 대한 기획 등 작전업무를 총괄하는 참모부서의 장

(3) 통합방위사태 선포(제12조) 〈19·20·23승진, 21채용〉

구분		건의	선포
갑종	2이상 걸친 을종	국방장관	대통령
	2이상 걸친 병종	행안/국방 장관	
을·병종		지역군사령관 시·도경찰청장 함대사령관	시·도지사 (시·군·구청장 ×)

(4) 통합방위작전 수행(제2조, 제15조) 〈22경간〉

	사태구분	지휘관
갑종	대규모 병력, 대량살상무기 공격	통합방위본부장 또는 지역군사령관
을종	일부 지역 도발, 단기 회복 불가	지역군사령관
병종	소규모 적이 침투, 단기 회복 가능	• 특정경비지역 및 군관할지역: 지역군사령관 • 경찰관할지역: 시·도경찰청장(경찰청장 ×) • 특정경비해역 및 일반경비해역: 함대사령관 • 비행금지공역 및 일반공역: 공군작전사령관 ※ 공군작전사령관은 통합방위 지원

제2조(정의)
6. "갑종사태"란 일정한 조직체계를 갖춘 적의 대규모 병력 침투 또는 대량살상무기(大量殺傷武器) 공격 등의 도발로 발생한 비상사태로서 통합방위본부장 또는 지역군사령관의 지휘·통제 하에 통합방위작전을 수행하여야 할 사태를 말한다.
7. "을종사태"란 일부 또는 여러 지역에서 적이 침투·도발하여 단기간 내에 치안이 회복되기 어려워 지역군사령관의 지휘·통제 하에 통합방위작전을 수행하여야 할 사태를 말한다.
8. "병종사태"란 적의 침투·도발 위협이 예상되거나 소규모의 적이 침투하였을 때에 시·도경찰청장, 지역군사령관 또는 함대사령관의 지휘·통제 하에 통합방위작전을 수행하여 단기간 내에 치안이 회복될 수 있는 사태를 말한다.

제12조(통합방위사태의 선포) ① 통합방위사태는 갑종사태, 을종사태 또는 병종사태로 구분하여 선포한다.
② 제1항의 사태에 해당하는 상황이 발생하면 다음 각 호의 구분에 따라 해당하는 사람은 즉시 국무총리를 거쳐 대통령에게 통합방위사태의 선포를 건의하여야 한다.
  1. 갑종사태에 해당하는 상황이 발생하였을 때 또는 둘 이상의 특별시·광역시·특별자치시·도·특별자치도(이하 "시·도"라 한다)에 걸쳐 을종사태에 해당하는 상황이 발생하였을 때: 국방부장관 〈20승진, 19경위〉
  2. 둘 이상의 시·도에 걸쳐 병종사태에 해당하는 상황이 발생하였을 때: 행정안전부장관 또는 국방부장관
③ 대통령은 제2항에 따른 건의를 받았을 때에는 중앙협의회와 국무회의의 심의를 거쳐 통합방위사태를 선포할 수 있다.
④ 시·도경찰청장, 지역군사령관 또는 함대사령관은 을종사태나 병종사태에 해당하는 상황이 발생한 때에는 즉시 시·도지사에게 통합방위사태의 선포를 건의하여야 한다.
⑤ 시·도지사는 제4항에 따른 건의를 받은 때에는 시·도 협의회의 심의를 거쳐 을종사태 또는 병종사태를 선포할 수 있다. 〈20승진〉
⑥ 시·도지사는 제5항에 따라 을종사태 또는 병종사태를 선포한 때에는 지체 없이 행정안전부장관 및 국방부장관과 국무총리를 거쳐 대통령에게 그 사실을 보고하여야 한다.

제15조(통합방위작전) ② 시·도경찰청장, 지역군사령관 또는 함대사령관은 통합방위사태가 선포된 때에는 즉시 다음 각 호의 구분에 따라 통합방위작전(공군작전사령관의 경우에는 통합방위 지원작전)을 신속하게 수행하여야 한다. 다만, 을종사태가 선포된 경우에는 지역군사령관이 통합방위작전을 수행하고, 갑종사태가 선포된 경우에는 통합방위본부장 또는 지역군사령관이 통합방위작전을 수행한다. 〈22경위〉
  1. 경찰관할지역: 시·도경찰청장
  2. 특정경비지역 및 군관할지역: 지역군사령관
  3. 특정경비해역 및 일반경비해역: 함대사령관
  4. 비행금지공역 및 일반공역: 공군작전사령관

● 정리하기

책임자 정리
① 통합방위사태 선포: 대통령 또는 시·도지사
   특별재난지역 선포: 대통령
   재난사태 선포: 행안부장관
② 중앙통합방위협의회 의장: 국무총리
   통제구역·대피명령: 지자체장(시·도지사, 시장·군수·구청장)

③ 총리가 책임자인 경우 3개
  1. 중앙통합방위협의회 의장
  2. 중앙재난안전대책본부장(원칙적으로 행안부장관, 통합 대응 필요 시에는 총리)
  3. 국가테러대책위원장

(5) 통제구역 설정과 대피명령

통제구역	• 통제구역을 설정하여 출입을 금지·제한하거나 통제구역에서 퇴거를 명할 수 있음 • 지자체장(시·도지사 또는 시·군·구청장)이 설정
대피명령	• 통합방위사태가 선포된 때에는 작전지역 내 주민들에게 대피명령을 할 수 있음 • 지자체장(시·도지사 또는 시·군·구청장)이 명령 〈20승진, 19경간〉 • 대피명령 위반시 처벌규정(300만원 이하 벌금) 있음 〈16경간〉
검문소	지역군사령관, 시·도경찰청장, 함대사령관은 검문소를 설치·운용할 수 있다.

7 경찰 비상업무 규칙(훈령)

(1) 용어의 정의(제2조) 〈15·20승진, 18·21채용〉

비상상황	대간첩·테러, 대규모 재난 등의 긴급 상황이 발생하거나 발생할 우려가 있는 경우 또는 다수의 경력을 동원해야 할 치안수요가 발생하여 치안활동을 강화할 필요가 있는 때
정착 근무	사무실 또는 상황과 관련된 **현장**에 위치
정위치 근무	감독순시, 현장근무, 사무실 대기 등 관할구역 내 위치
지휘선상 근무	1시간 이내 지휘·현장 근무 가능한 장소에 위치
필수 요원	경찰기관장이 지정한 자로 비상소집 시 1시간 내 응소해야 할 자
일반 요원	필수요원을 제외한 비상소집시 2시간 내 응소해야 할 자 〈21경채〉
가용 경력	휴가, 출장, 교육, 파견 등을 제외한 모든 인원

(2) 근무방침(제3조)
① 비상근무 대상은 경비·작전·재난·안보·수사·교통 업무와 관련한 비상상황에 국한한다. 다만, 두 종류 이상의 비상상황이 동시에 발생한 경우에는 긴급성 또는 중요도가 상대적으로 더 큰 비상상황의 비상근무로 통합·실시한다.
비상근무 대상은 경비·작전·안보·수사·교통 또는 재난관리 업무와 관련한 비상상황에 국한한다. 다만, 두 종류 이상의 비상상황이 동시에 발생한 경우에는 긴급성 또는 중요도가 상대적으로 더 큰 비상상황(이하 "주된 비상상황"이라 한다)의 비상근무로 통합·실시한다.
② 적용지역은 전국 또는 일정지역(시·도경찰청 또는 경찰서 관할)으로 구분한다. 다만, 2개 이상의 지역에 관련되는 상황은 바로 위의 상급 기관에서 주관하여 실시한다.

(3) 비상근무 소관
① 경비 소관: 경비, 작전, 재난비상
② 치안상황 소관: 재난비상
③ 안보 소관: 안보비상, 교통 소관: 교통비상, 수사 소관: 수사비상

(4) 비상근무 종류별 정황(제4조 별표1) 〈21채용, 21경채〉

경비비상	갑호	• 국제행사, 기념일 등으로 **경력을 동원**할 필요가 있을 경우
	을호	• 국제행사, 기념일 등으로 **경력을 동원**할 필요가 있을 경우
	병호	• 국제행사, 기념일 등으로 **경력을 동원**할 필요가 있을 경우
작전비상	갑호	대규모 적정(敵情)이 발생하였거나 발생 **징후가 현저한 경우** 〈20승진〉
	을호	적정이 발생하였거나 일부 적의 침투가 **예상되는 경우**
	병호	정·첩보에 의해 적 침투에 대비한 **고도의 경계강화**가 필요한 경우
재난비상	갑호	대규모 재난의 발생으로 치안질서가 **극도로** 혼란하게 되었거나 그 **징후가 현저**한 경우
	을호	대규모 재난의 발생으로 치안질서가 혼란하게 되었거나 그 **징후가 예견되는 경우**
	병호	재난의 발생으로 치안질서의 **혼란이 예견되는 경우**
안보비상	갑호	간첩·정보사범 색출을 위한 경계지역 내 검문검색 필요 시 〈20승진〉
	을호	상기 상황하에서 특정지역·요지에 대한 검문검색 필요 시
교통비상	갑호	농무, 풍수설해, 화재 등에 따른 대규모 교통사고 등 교통혼란이 발생하였거나 발생할 가능성이 현저한 경우
	을호	농무, 풍수설해, 화재 등에 따른 교통혼란 발생이 예상되는 경우
수사비상	갑호	사회이목을 집중시킬 만한 중대범죄 발생 시 〈20·22승진〉
	을호	중요범죄 사건발생 시

※ 경력동원 100%, 50%, 30%에 대한 규정이 제4조 별표1에서 삭제되었지만, 본문 제7조에는 여전히 규정되어 있으므로, 갑호비상에서 100%, 을호비상에서 50%, 병호비상에서 30% 동원하는 것은 유효하다.

(5) 비상근무 발령 및 해제

제5조(발령) ① 비상근무의 발령권자는 다음과 같다.
1. 전국 또는 2개 이상 시·도경찰청 관할지역: 경찰청장 (경비국장 ×)
2. 시·도경찰청 또는 2개 이상 경찰서 관할지역: 시·도경찰청장
3. 단일 경찰서 관할지역: 경찰서장

② 비상근무의 발령권자는 비상상황이 발생하여 비상근무를 실시하고자 할 경우에는 비상근무의 목적, 지역, 기간 및 **동원대상(해당 부서, 지휘관 및 참모의 범위 등을 포함한다)** 등을 특정하여 별지 제1호서식의 비상근무발령서에 의하여 비상근무를 발령한다.

③ 제1항제2호 및 제3호의 경우 비상근무의 발령권자는 비상구분, 실시목적, 기간 및 범위, 경력 및 장비동원사항 등을 바로 위의 상급 기관의 장에게 보고하여 사전에 승인을 **받아야 한다.** 다만, 긴급을 요하는 경우에는 비상근무를 발령하고, 사후에 승인을 받을 수 있다.

④ 자치경찰사무와 관련이 있는 비상근무가 발령된 경우에는 해당 시·도경찰청장은 자치경찰위원회에 그 발령사실을 통보한다.

⑤ 제3항의 규정에도 불구하고 '**경계강화, 작전준비태세**'를 발령한 경우에는 승인을 요하지 아니한다.

제6조(해제) ① 비상근무의 발령권자는 비상상황이 종료되는 즉시 비상근무를 해제하고, 비상근무 해제 시 제5조제1항제2호·제3호의 발령권자는 **6시간(3시간 ×)** 이내에 해제일시, 사유 및 비상근무결과 등을 바로 위의 상급 기관의 장에게 보고한다.

(6) 비상근무 등급별 실시기준(제7조) 〈16·19·20승진, 18·21채용〉

구분	지휘관·참모	연가	가용 경력
갑호 비상	정착	중지	100
을호 비상	정위치	중지	50
병호 비상	정위치·지휘선상	억제	30
경계 강화	지휘선상	×	출동태세 (비상연락체계 유지)
작전준비태세 (작전비상시 적용)	×	×	출동태세 점검 (비상연락망 구축)

(7) 근무요령 비교(제7조) 〈21채용〉

작전준비태세(작전비상 시 적용)	경계강화
• 별도의 경력동원 없이 경찰관서 지휘관 및 참모의 비상연락망을 구축하고 **신속한 응소체제**를 유지한다. • 경찰관 등은 상황발생 시 즉각 출동이 가능하도록 출동태세 점검을 실시한다. • 유관기관과의 긴밀한 연락체계를 유지하고, 필요 시 작전상황반을 유지한다.	• 별도의 경력동원 없이 특정분야의 근무를 강화한다. • 경찰관 등은 비상연락체계를 유지하고 상황발생 시 즉각 출동이 가능하도록 출동대기태세를 유지한다. • 지휘관과 참모는 지휘선상 위치 근무를 원칙으로 한다.

(8) 비상소집

> **제10조(비상소집)** ① 정상근무시간이 아닌 때에 제5조에 따라 비상근무를 발령하고자 할 경우 비상근무의 발령권자는 이를 상황관리관에게 지시하여 신속히 해당 **부서 및 산하경찰기관** 등에 연락하도록 한다.
> ② 제1항의 연락을 받은 해당 기관의 상황관리관 또는 당직 근무자는 즉시 **해당 기관의 장**에게 보고 후 경찰관등의 전부 또는 일부를 지역별 또는 **부서별로** 구분하여 소집되도록 연락해야 한다.
> ③ 비상소집을 명할 때에는 비상근무발령서에 의하되, 비상소집 자동전파장치, 유·무선 전화, 팩스, 방송 그 **밖의** 신속한 방법을 사용한다.
> ④ **비상근무의 발령권자가 아닌 경찰기관**(「경찰청과 그 소속기관 직제」제2조제1항 및 제2항의 소속기관(경찰대학, 경찰인재개발원, 중앙경찰학교, 경찰수사연수원, 경찰병원)을 말한다)의 장은 자체 비상상황의 발생으로 소속 경찰관등을 비상소집해야 할 필요가 있다고 판단되는 경우 해당 기관의 소속 경찰관 등을 비상소집(비상근무발령 X)할 수 있다. (상급 기관장의 승인을 얻어 X)

● 정리하기

본부장 구별

	재난대책본부장	경찰지휘본부장
경찰청	치안상황관리관(경찰청장·차장으로 격상 가능)	경찰청장
시·도청	시·도청장이 지정하는 차장 또는 부장	시·도청장
경찰서	재난업무 주관 부서장	경찰서장

(9) 연락체계의 유지

제17조(비상연락체계의 유지) ① 각 경찰기관에 근무하는 경찰관등은 근무시간이 아닌 때에도 항상 소재 파악이 가능하도록 비상연락체계를 유지해야 한다.
② 새로 임용된 사람과 주소 및 부서를 이동한 사람, 그 밖에 비상연락망을 변경해야 할 사유가 발생한 사람은 연락체계의 유지를 위하여 필요한 사항의 변경이 있는 경우 즉시 별지 제5호서식의 직원 비상연락망에 의하여 변경사항을 주무 부서에 신고해야 한다.

제19조(비상연락망의 정비·보완) ① 경찰기관의 장은 제17조제2항에 의한 신고를 받은 때에는 별지 제6호서식의 비상소집 연락부와 비상소집 자동전파장치를 즉시 보완·입력해야 하며, 월 1회 이상 비상소집연락부 또는 비상소집 자동전파장치를 점검해야 한다.

8 대테러 업무

(1) 각국의 대테러조직

영국 SAS	2차 대전 중 조직, 세계 최초의 전문화된 특수부대로 창설
미국 SWAT	주립 경찰서에 조직된 경찰특공대
독일 GSG-9	연방경찰청 소속으로, 1972년 뮌헨올림픽 때 검은 9월단의 이스라엘 선수단 인질 테러 사건을 계기
프랑스 GIGN	군 경찰 소속으로, 1973년, 사우디아라비아 대사관 점거사건 직후 창설
한국 KNP 868	① 86년 아시아게임과 88년 서울올림픽을 위해서 1983년에 서울경찰청 소속으로 창설된 경찰특공대이다. '868'은 86·88을 의미한다. 〈20경간〉 ② 각 시도경찰청별로 별도의 경찰특공대를 운영하고 있다.

(2) 테러방지법

① 용어정의 및 내용

테러	국가·지방자치단체 또는 외국 정부(외국 지방자치단체와 조약 또는 그 밖의 국제적인 협약에 따라 설립된 국제기구를 포함한다)의 권한행사를 방해하거나 의무 없는 일을 하게 할 목적 또는 공중을 협박할 목적으로 하는 행위
테러단체	국제연합(UN)이 지정(국정원장 ×)한 테러단체를 말한다. 〈18승진, 17·22채용, 20경간〉
테러위험인물	테러단체의 조직원이거나 테러단체 선전, 테러자금 모금·기부, 그 밖에 테러 예비·음모·선전·선동을 하였거나 하였다고 의심할 상당한 이유가 있는 사람을 말한다. 〈22·23승진, 22채용〉
외국인테러전투원	• 정의: 테러를 실행·계획·준비하거나 테러에 참가할 목적으로 국적국이 아닌 국가의 테러단체에 가입하거나 가입하기 위하여 이동 또는 이동을 시도하는 내국인·외국인을 말한다. 〈19승진〉 • 외국인테러전투원으로 출국하려는 사람: 관계기관의 장이 법무부장관에게 90일간 출국금지를 요청할 수 있으며 필요 시 연장도 가능하다. • 외국인테러전투원으로 가입한 사람: 5년 이상 징역에 처한다. 〈17·18승진〉
대테러활동	테러 관련 정보의 수집, 테러위험인물의 관리, 테러에 이용될 수 있는 위험물질 등 테러수단의 안전관리, 인원·시설·장비의 보호, 국제행사의 안전확보, 테러위협에의 대응 및 무력진압 등 테러 예방과 대응에 관한 제반 활동을 말한다. 〈22채용〉

대테러조사	대테러활동에 필요한 정보나 자료를 수집하기 위하여 **현장조사·문서열람·시료채취** 등을 하거나 조사대상자에게 **자료제출 및 진술을 요구**하는 활동을 말한다. 〈22채용〉

② 주요내용

국가테러대책 위원회	위원장은 **국무총리** 〈17·23승진〉
대테러센터	**국무총리 소속**으로 관계기관 공무원으로 구성되는 대테러센터를 둔다. 〈21경채〉
대테러 인권보호관	국민의 기본권 침해 방지를 위하여 위원회에 **인권보호관 1명**을 둔다.
테러위험인물 정보수집 등	• **국가정보원장**은 테러위험인물에 대하여 출입국·금융거래 및 통신이용 등 관련 정보를 수집할 수 있다. • **국가정보원장**은 금융거래에 대하여 지급정지 등을 금융위원회 위원장에게 요청할 수 있다. • **국가정보원장**은 테러위험인물에 대한 **개인정보**(「개인정보 보호법」상 민감정보를 포함한다)와 **위치정보**를 개인위치정보사업자 및 사물위치정보사업자에게 요구할 수 있다. • **국가정보원장**은 대테러조사 및 테러위험인물에 대한 추적을 할 수 있다. 이 경우 **사전 또는 사후**에 대책위원회 위원장에게 보고하여야 한다. 〈17·18·23승진〉
테러단체 구성죄	• 대한민국 영역 밖에서 저지른 외국인에게도 국내법을 적용한다(**세계주의**). • **예비·음모·미수 모두 처벌**한다.
신고 포상금	관계기관의 장은 테러의 계획 또는 실행에 관한 사실을 관계기관에 신고하여 테러를 사전에 예방할 수 있게 하였거나, 테러에 가담 또는 지원한 사람을 신고하거나 체포한 사람에 대하여 **대통령령**으로 정하는 바에 따라 포상금을 **지급할 수 있다**(지급해야 한다 ×). 〈23승진〉 ※ 국가보안법 제21조(상금) 이 법의 죄를 범한 자를 수사기관 또는 정보기관에 통보하거나 체포한 자에게는 대통령령이 정하는 바에 따라 **상금을 지급한다**.

(3) 테러취약시설 안전활동에 관한 규칙(경찰청 훈령)
  ① 용어 정의

테러취약시설	테러 예방 및 대응을 위해 경찰이 관리하는 다음 시설·건축물 등 중 **경찰청장**이 지정하는 것을 말한다. 가. 국가중요시설 나. 다중이용건축물 등 다. 공관지역 라. 미군 관련 시설 마. 그 밖에 특별한 관리가 필요하다고 제14조의 테러취약시설 심의위원회(이하 '심의위원회'라고 한다)에서 결정한 시설
다중이용건축물등	「재난 및 안전관리 기본법 시행령」 제43조의8 제1호·제2호에 따른 건축물 또는 시설로서 관계기관의 장이 소관업무와 관련하여 대테러센터장과 협의하여 지정한 것을 말한다.

② 다중이용건축물 등의 분류 및 점검 〈17·20승진〉

A등급	• 파괴 시 광범위한 지역의 통합방위 작전수행이 요구되고 국민생활에 결정적 영향을 미칠 수 있는 시설 • 관할 서장은 **분기 1회 이상** 지도점검
B등급	• 파괴 시 일부지역의 통합방위 작전수행이 요구되고 국민생활에 중대한 영향을 미칠 수 있는 시설 • 관할 서장은 **반기 1회 이상** 지도점검 〈17·20승진, 18·20경간〉
C등급	• 파괴 시 제한된 지역에서 단기간 통합방위작전 수행이 요구되고 국민생활에 상당한 영향을 미칠 수 있는 시설 〈22승진〉 • 관할 서장은 **반기 1회 이상** 지도점검

③ 테러취약시설 경력배치는 3단계로 배치(4단계 ×)
　㉠ 1단계: 테러경보가 관심 → 주의 상향시
　㉡ 2단계: 테러경보가 주의 → 경계 상향시
　㉢ 3단계: 테러경보가 경계 → 심각 상향시

④ 대테러 훈련
　㉠ 경찰서장은 관할 테러취약시설 중 선정하여 **분기 1회 이상** 대테러 훈련(FTX)을 실시해야 한다. 이 경우 **연 1회 이상**은 관계기관 합동으로 실시한다.
　㉡ 시·도경찰청장은 **반기 1회 이상** 권역별로 대테러 훈련을 실시하여야 한다.

● **정리하기**

점검 및 훈련

	서장	시·도청장
다중이용건축물 점검	분기 (B·C는 반기)	반기
대테러 훈련	분기	반기

❖ 단계 비교

국가 중요시설	다중이용 건축물 등	내용		통합방위사태
가	A	광범위한 지역, 결정적 영향	갑	대규모 병력, 대량살상무기 공격
나	B	일부지역, 중대한 영향	을	일부 도발, 단기 회복불가(중대 영향)
다	C	제한지역, 단기간 상당 영향	병	소규모 침투, 단기 회복가능(단기 영향)

※ 국가중요시설과 통합방위사태는 통합방위법에서 규정, 테러취약시설은 경찰청 훈령에서 규정

(4) 인질 협상

의의	① 협상을 통하여 인질범에 대한 자료와 정보의 수집, 다음 대응전략을 위한 시간벌기, 인질의 생명을 보호함 ② 협상이 무력 제압의 예비조치가 될 수 있으므로, 무력제압에 대비하여 각종 정보를 효과적으로 수집하여야 함 ③ 인질과 대화통로를 단일화하며, 인질범의 부모나 여자친구 등은 멀리하는 것이 바람직하다(최대한 활용 ×).
스톡홀름 증후군	1973년 스웨덴 스톡홀름 은행강도 사건에서 인질이 인질범에 동화된 사건 〈18승진〉 ※ 오귀인(誤歸因, mis-attribution) 효과와 유사 〈12승진〉 • 오귀인은 악한 사람을 '귀인으로 오해'하는 것임 • 인질이 완전히 제압당할수록 인질범의 기분과 욕구를 맞추려고 노력
리마 증후군	1995년 페루 수도 리마에서 일본대사관 행사에 참석한 400여 명의 각국 대사 등을 4개월간 인질로 잡고 있으면서 인질범이 인질들에 동화된 사건 〈20승진〉
인질협상 8단계	① 영국의 Scot Negotiation Institute에서 제시 협상준비 ⇨ 논쟁개시 ⇨ 신호 ⇨ 제안(협상방법 등) ⇨ 타결안 제시 ⇨ 흥정 ⇨ 정리 ⇨ 타결 ② 논쟁개시: 우리 측에서 한계를 분명히 제시해서는 안 되고 인질범이 떼를 쓰고 흥정을 걸어오도록 유도 ③ 제안: 협상상대, 교신방법, 진행방법 등 절차에 관한 제안 ④ 타결안 제시: 타결안은 사안별로 요구조건을 명확히 하며, 일괄하여 협의한다. (여러가지 내용을 포괄 취급 ×)

9 청원경찰(청원경찰법)

의의	청원경찰은 국가기관 또는 시설·사업장 등의 경영자가 경비를 부담할 것을 조건으로 경찰의 배치를 신청하는 경우 그 기관·시설 또는 사업장 등의 경비를 담당하게 하기 위하여 배치하는 경찰을 말한다(제2조).
연혁	1962년 청원경찰법 제정 당시 청원경찰은 고용직 공무원 신분이었으나 1973년 청원경찰법의 개정으로 현재와 같이 민간인 신분으로 전환되었다.
신분	① 국가나 지방자치단체에 근무하는 청원경찰은 국가공무원법이나 지방공무원법상의 공무원은 아니지만, 그 근무관계를 사법상의 고용계약관계로 보기는 어려우므로 그에 대한 징계처분의 시정을 구하는 소는 행정소송의 대상이지 민사소송의 대상이 아니다(대판 92다47564). 〈23경간〉 ② 국가나 지방자치단체에 근무하는 청원경찰은 공법상 근무관계이다(대판 90나10766). ※ 청원경찰은 「형법」이나 벌칙을 적용하는 경우와 법령에서 특별히 규정한 경우를 제외하고는 공무원으로 보지 아니한다(청원경찰법 시행령 제18조).
직무	청원주와 경찰서장의 감독을 받아 그 경비구역만의 경비를 목적으로 경찰관직무집행법에 따른 경찰관 직무 수행(수사 ×) 〈17승진, 21경채〉
임용	① 배치신청 ⇨ 배치결정(시·도청장) ⇨ 임용승인신청 ⇨ 임용승인(시·도청장) ⇨ 임용(청원주) 〈21경채〉 ② 청원주가 청원경찰을 임용·면직하였을 때는 관할 서장을 거쳐 시·도청장에 보고 ③ 시·도청장은 청원경찰 배치가 필요하다고 인정하면 청원경찰 배치 요청 가능 〈17승진, 23경위〉

임용	④ 청원주는 청원경찰을 신규로 배치하거나 이동배치하였을 때에는 배치지(이동배치의 경우에는 종전의 배치지)를 관할하는 경찰서장에게 그 사실을 통보하여야 한다. 통보를 받은 경찰서장은 전입지 관할 경찰서장에게 이동배치한 사실을 통보해야 한다(시행령 제6조). 〈20채용〉 ⑤ 청원경찰 결격사유는 공무원 결격사유와 같다. ⑥ 나이는 18세 이상(남자는 군복무 마쳤거나 면제자에 한정하는 요건은 삭제됨)
징계	① 청원주(시·도청장 ×)가 징계권자 〈23경위〉 ② 서장은 징계처분 요청 가능 〈23경위〉 ③ 징계는 파면, 해임, 정직, 감봉, 견책(강등 ×) 〈19승진, 21채〉
의무	① 제복 착용 의무 규정(청원경찰법에 명시), 특수복장을 착용할 필요가 있을 때에는 시·도청장의 승인을 받아 특수복장을 착용하게 할 수 있다. 〈19승진〉 ② 형법이나 다른 법령의 벌칙 적용시 공무원으로 본다. ③ 직권 남용 시 6개월 이하의 징역이나 금고
무기 분사기	① 시·도청장은 청원주가 기부 채납한 무기를 관할 경찰서장으로 하여금 청원경찰에게 무기를 대여하여 지니게 할 수 있다. 〈20승진, 15채용, 16·19경간〉 ② 청원주는 분사기 소지 허가를 받아 청원경찰로 하여금 휴대하게 할 수 있다. 〈21채〉
교육	청원주(시·도청장 ×)는 항상 청원경찰의 근무 상황을 감독하고 교육을 하여야 한다.
감독	① 경찰서장: 청원경찰 감독(서장은 매달 1회 청원경찰 배치 경비구역 감독) 〈17채용〉 ② 시·도청장: 효율적 운영을 위한 청원주 지도, 감독
배상 책임	청원경찰의 직무상 불법행위에 대한 배상책임은 민법의 규정을 따른다. 다만, 국가기관이나 지자체에 근무하는 청원경찰은 국가배상법을 적용한다. 〈20채용〉
비교	청원경찰	경비국 소관, 무기휴대 가능, 경직법 적용
	경비원	생안국 소관, 무기휴대 불가(단 특수경비원은 가능), 경직법 적용불가

● 정리하기

청원경찰에 대한 임용권 등

	청원주	시·도청장	경찰서장
임용	○	승인	
교육	○		
근무감독	○		○
징계	○		징계요구
무기	기부채납	서·도청장은 서장으로 하여금 대여하게 함	
분사기	○		
특수복장		승인	

10 경호경비

(1) 의의

① "경호"란 경호 대상자의 생명과 재산을 보호하기 위하여 **신체**에 가하여지는 위해(危害)를 방지하거나 제거하고(**호위**), 특정 **지역**을 경계·순찰 및 방비하는 등의 모든 안전 활동(**경비**)을 말한다. 〈21경간〉

② 경호는 호위와 경비를 포함한다.

(2) 경호 원칙

하나의 통제된 지점으로 접근	피경호자로 접근은 오직 하나의 통로를 통한다는 원칙
자기희생	어떤 희생을 치르더라도 피경호자 보호
자기 담당 구역 책임	자기 담당구역에서 발생한 일은 자기책임으로 해결한다는 원칙으로, 비록 인근지역에 특별 상황이 발생하여도 자기구역 이탈금지
목적물 보존	① 불순분자로부터 피경호자가 격리되어야 한다는 것 ② **보안의 원칙**이라고도 하며, 행차 일시·장소·코스 비공개, 동일 시간·장소 행차는 변경, 도보행차는 지양한다.

(3) 경호 대상(대통령 등의 경호에 관한 법률)

갑호	① 대통령과 그 가족 ② 대통령 당선인과 그 가족 〈21채용〉 ③ 퇴임 후 10년 이내 전직 대통령과 그 배우자 ※ 임기 만료 전에 퇴임, 재직 중 사망: 5년 처장이 고령 등의 사유로 필요 인정 시 5년 내 연장 가능 ④ 대통령 권한대행과 그 배우자	경호처 담당
을호	① 퇴임 후 10년 경과 대통령(배우자 ×) ② 대통령 선거 후보자 ③ 국회의장, 대법원장, 헌법재판소장, 국무총리	경찰 담당
병호	갑, 을 외에 경찰청장이 필요하다고 인정	

(4) 행사장 경호 〈21승진, 15경간〉

제1선 (안전구역)	① 절대안전 확보구역 ② 경호 주관 및 책임은 경호실, 경찰은 경호실 요청한 때 지원 ③ 출입자 통제, MD(금속탐지기) 운용, 비표확인 및 출입자 감시 〈16·20승진, 17채용〉 ※ 개표소 경비: 제2선에서 경찰·선관위 합동 출입자 통제
제2선 (경비구역)	① 주경비지역(소총 유효사거리 내외의 취약개소) ② 경호책임은 경찰이 담당, 군부대 내일 경우는 군이 책임 ③ 돌발사태 대비 예비대 및 비상통로 확보, 바리케이트, 구급차, 소방차 대기 〈16승진〉
제3선 (경계구역)	① 조기경보지역(적의 접근을 조기에 경보하고 차단) ② 주변 동향파악, 직시고층건물 및 감제고지에 대한 안전확보, 우발사태 대비책 강구 등 ③ 통상 경찰 책임 ④ 감시조, 도보 등 원거리 기동순찰조, 원거리 불심자 검문 등

행사장 안비계(보이게) 절주조

❖ 3중 경비 비교

구분	선거 경비	국가중요시설 경비	경호구역
내부	제1선 (개표소 내부)	제3지대 (핵심방어지대)	제1선(안전구역) (절대안전확보구역)
내곽 (울타리)	제2선 (울타리 내곽)	제2지대 (주방어지대)	제2선 (경비구역) (주경비지역)
외곽	제3선 (울타리 외곽)	1지대 (경계지대)	제3선 (경계구역) (조기경보지역)

(5) 근무 요령

행사장 내부 취약지 근무	① 의심스러운 물건은 경찰특공대 등 전문요원에 인계(직접 개방 ×) ② 기계실, 환기구 등은 취약하므로 허가자 외 출입금지 ③ 경호대상자 이동 시 진로 방해 없도록 사전 협조 및 순간 통제 ④ 우발상황 대비 비상대피로와 대피소 확보
출입자 MD 근무요령	① 가방 등은 가급적 상대방이 열어서 근무자에게 보여주도록 함(직접 개방 ×). ② 여성 참석자의 신체와 소지품은 반드시 여경이 검색
경호 활동	① 취약개소를 면밀히 분석하여 과도한 경력배치를 지양 ② 사전 훈련은 1회 정도가 적당. 과도한 실시는 행사보안 노출 및 국민 불편 야기
연도·교통 근무요령	① 일률적 배면근무 또는 원칙적 배면근무는 지양하고 자연스럽게 근무하다가 돌발상황 시 순간통제 ② 기동로상 완전통제를 지양하고 3차로 이상 도로에서는 2개 차로는 확보하되 하위차로는 일반차량의 진행을 보장 ③ 연도경호는 물적 위해요소가 방대하여 엄격한 3중 경호 원리 적용 곤란
근거 법률	행사장 주변 수렵 허가지역에서 수렵활동 하는 사람의 엽총을 행사 종료 시까지 인근 파출소에 보관시킬 수 있는 근거는 「총포·도검·화약류 등의 안전관리에 관한 법률」이다. (대통령 등의 경호에 관한 법률 ×)

CHAPTER 04 교통 경찰

제1절 교통지도단속

1 도로교통법 용어정의

도로 〈15채용, 12경간〉	① 「도로법」에 따른 도로 ② 「유료도로법」에 따른 유료도로 ③ 「농어촌도로 정비법」에 따른 농어촌도로 ④ 그 밖에 현실적으로 **불특정 다수**의 사람 또는 차마가 통행할 수 있도록 공개된 장소로서 안전하고 원활한 교통을 확보할 필요가 있는 장소 ✔ 판례 • 아파트단지 내 도로: 경비원이 출입 통제하는 곳은 도로가 아니고, 누구나 출입할 수 있는 곳은 도로에 해당 • 대학 내 도로: 대학시설의 일부로, 도로에 해당하지 않는다.
고속도로, 자동차전용도로 〈15채용, 11경간〉	자동차만(자동차등 ×, 이륜자동차 ×) 다닐 수 있도록 설치된 도로 ※ 이륜자동차는 긴급차만 가능
차도	연석선(차도와 보도를 구분하는 돌 등으로 이어진 선), **안전표지** 또는 그와 비슷한 **인공구조물**을 이용하여 경계를 표시하여 모든 차가 통행할 수 있도록 설치된 도로의 부분
중앙선	도로에 황색 실선이나 황색 점선 등의 안전표지로 표시한 선 또는 중앙분리대나 울타리 등으로 설치한 시설물, 가변차로에서는 신호기가 지시하는 진행방향의 가장 왼쪽에 있는 황색 점선
차로	차선으로 구분한 차도의 부분
차선 〈14채용〉	차로(차도 ×)와 차로를 구분하기 위하여 그 경계지점을 안전표지로 표시한 선
자전거도로	안전표지, 위험방지용 울타리나 그와 비슷한 인공구조물로 경계를 표시하여 자전거 및 개인형 이동장치가 통행할 수 있도록 설치된 「자전거 이용 활성화에 관한 법률」 제3조 각 호의 도로
자전거횡단도 〈17채용〉	자전거 및 개인형 이동장치가 일반도로를 횡단할 수 있도록 안전표지로 표시한 도로의 부분
보행자우선도로	① 차도와 보도가 분리되지 아니한 도로로서 보행자의 안전과 편의를 보장하기 위하여 보행자 통행이 차마 통행에 우선하도록 지정한 도로를 말한다(보행안전 및 편의증진에 관한 법률). ② 시·도경찰청장이나 경찰서장은 보행자우선도로에서 차마의 통행속도를 시속 20킬로미터 이내로 제한할 수 있다(제28조의2).
보도 〈22경위〉	연석선, 안전표지나 그와 비슷한 인공구조물로 경계를 표시하여 보행자(동력 없는 손수레, 유모차, 보행보조용 의자차, 실외이동로봇 포함)가 통행할 수 있도록 한 도로의 부분
길가장자리구역 〈15·17채용, 23경위〉	보도와 차도가 구분되지 아니한 도로에서 보행자의 안전을 확보하기 위하여 안전표지 등으로 경계를 표시한 도로의 가장자리 부분

안전지대 〈15채용〉	도로를 횡단하는 보행자나 통행하는 차마의 안전을 위하여 안전표지나 이와 비슷한 인공구조물로 표시한 도로의 부분
주차	차를 계속 정지 상태에 두는 것 또는 운전자가 차에서 떠나서 즉시 그 차를 운전할 수 없는 상태에 두는 것
정차 〈14채용, 12경간〉	5분을 초과하지 아니하고 차를 정지시키는 것으로서 주차 외의 정지 상태
운전 〈15·18승진〉	도로에서 차마 또는 노면전차를 그 본래의 사용방법에 따라 사용하는 것(조종을 포함)을 말한다. 다만, 음주운전, 도주(구호조치불이행), 약물운전 등에 대해서는 도로 아닌 곳에서도 운전에 해당한다. ※ 도로 아닌 주차장에서 무면허운전: 처벌 불가
초보운전자	처음 운전면허를 받은 날(처음 운전면허를 받은 날부터 2년이 지나기 전에 운전면허의 취소처분을 받은 경우에는 그 후 다시 운전면허를 받은 날을 말한다) 부터 2년이 지나지 아니한 사람을 말한다. 이 경우 원동기장치자전거면허만 받은 사람이 원동기장치자전거면허 외의 운전면허를 받은 경우에는 처음 운전면허를 받은 것으로 본다.
서행	즉시 정지시킬 수 있는 정도의 느린 속도
앞지르기	운전자가 앞서가는 다른 차의 옆을 지나서 그 차의 앞으로 나가는 것
보행자전용도로	보행자만 다닐 수 있도록 안전표지나 그와 비슷한 인공구조물로 표시한 도로
모범운전자	무사고운전자 또는 유공운전자의 표시장을 받거나 2년 이상 사업용 자동차 운전에 종사하면서 교통사고를 일으킨 전력이 없는 사람으로서 **경찰청장**(시·도청장 ×)이 정하는 바에 따라 선발되어 **교통안전 봉사활동**에 종사하는 사람 〈23경위〉
나이 〈18승진〉	① 유아: 6세 미만, 어린이: 13세 미만, 〈21법학〉 노인: 65세 이상 ② 원자 면허: 16세 이상 ③ 보통 면허: 18세 이상 ④ 특수, 대형 면허: 19세 이상

규대쌤 Comment
주차장에서 음~~도약 금지, 이년 초보

2 차마

차	① 자동차, 건설기계, **원동기장치자전거(원자)**, 자전거 ② 사람 또는 가축의 힘이나 그 밖의 동력으로 도로에서 운전되는 것 ✔ 차가 아닌 것 • 철길이나 가설된 선을 이용하여 운전되는 것 • 유모차, 보행보조용 의자차(휠체어), 노약자용 보행기는 보행자로 취급 • 이륜자동차, 원동기장치자전거, 자전거는 끌고 가면 보행자, 타고 가면 차 • 동력이 없는 손수레는 보행자

자동차
〈23경위〉
	① "자동차"란 철길이나 가설된 선을 이용하지 아니하고 원동기를 사용하여 운전되는 차(견인되는 자동차도 자동차의 일부)로서 다음의 차를 말한다. 〈21채용〉
	• 「자동차관리법」상의 자동차(원자 제외)
	   ⊙ 승용(10인 이하), ⓒ 승합(11인 이상), ⓒ 화물, ⓔ 특수, ⓜ 이륜
	• 「건설기계관리법」 제26조 제1항 단서에 따른 건설기계 〈21채용〉
	② 도로교통법 자동차 = 자동차관리법 + 건설기계관리법
	  ⇨ 도로교통법상 자동차 범위 〉 자동차관리법상 자동차 범위
	③ 경운기, 트랙터, 군용차는 도로교통법상의 자동차가 아니다.
	※ 경운기 음주운전은 단속 불가, 군용차는 군수품관리법에 의한 차량

원동기장치 자전거 (원자)	① 이륜자동차 중 배기량 125CC 이하(전기를 동력으로 하는 경우에는 최고정격출력 11킬로와트 이하)의 이륜자동차 ② 그 밖에 배기량 125CC 이하(전기를 동력으로 하는 경우에는 최고정격출력 11킬로와트 이하)의 원동기를 단 차(「자전거 이용 활성화에 관한 법률」상 전기자전거 제외)
개인형 이동장치	배기량 125CC 이하의 원동기를 단 차 중 시속 25킬로미터 이상으로 운행할 경우 전동기가 작동하지 아니하고 차체 중량이 30킬로그램 미만인 것으로서 행정안전부령으로 정하는 것
자전거	「자전거 이용 활성화에 관한 법률」에 따른 자전거 및 전기자전거 ※ 「자전거 이용 활성화에 관한 법률」 제2조 제1호의2(전기자전거) • 페달(손페달을 포함한다)과 전동기의 동시 동력으로 움직이며, 전동기만으로는 움직이지 아니할 것 • 시속 25킬로미터 이상으로 움직일 경우 전동기가 작동하지 아니할 것 • 부착된 장치의 무게를 포함한 자전거의 전체 중량이 30킬로그램 미만일 것 ※ 페달 + 전기동력 ⇨ 전기자전거 　전기동력만으로 움직이는 것 ⇨ 개인형 이동장치
자동차 등	자동차 + 원자(개인형 이동장치 포함)
자전거 등	자전거 + 개인형 이동장치

3 신호기

교통 수신호 권한자 (경찰 보조자)	① 모범 운전자 ② 군사훈련 및 작전 중인 부대 이동을 유도하는 군사경찰 ③ 본래 긴급 용도로 운행하는 소방차, 구급차를 유도하는 소방공무원 　※ 녹색어머니회, 해병전우회(×)
녹색의 등화	1. 차마는 직진 또는 우회전할 수 있다. 2. 비보호좌회전표지 또는 비보호좌회전표시가 있는 곳에서는 좌회전할 수 있다. 〈23승진〉
황색의 등화	1. 차마는 정지선이 있거나 횡단보도가 있을 때에는 그 직전이나 교차로의 직전에 정지하여야 하며, 이미 교차로에 차마의 일부라도 진입한 경우에는 신속히 교차로 밖으로 진행하여야 한다. 〈23승진〉 2. 차마는 우회전할 수 있고 우회전하는 경우에는 보행자의 횡단을 방해하지 못한다.
적색의 등화	1. 차마는 정지선, 횡단보도 및 교차로의 직전에서 정지해야 한다. 2. 차마는 우회전하려는 경우 정지선, 횡단보도 및 교차로의 직전에서 정지한 후 신호에 따라 진행하는 다른 차마의 교통을 방해하지 않고 우회전할 수 있다. 3. 제2호에도 불구하고 차마는 우회전 삼색등이 적색의 등화인 경우 우회전할 수 없다.
황색등화의 점멸	차마는 다른 교통 또는 안전표지의 표시에 주의하면서 진행할 수 있다. 〈23승진〉
적색등화의 점멸	차마는 정지선이나 횡단보도가 있을 때에는 그 직전이나 교차로의 직전에 일시정지(서행 ×)한 후 다른 교통에 주의하면서 진행할 수 있다. 〈23승진〉

4 교통안전표지 〈16·17승진, 20채용〉

주의표지	위험물이 있는 경우 알리는 표지
지시표지	안전을 위해 필요한 지시를 하는 표지
노면표시	노면에 알리는 표지
보조표지	다른 표지를 보충하는 표지
규제표지	제한, 금지 등 규제 표지

5 어린이 보호구역(어린이·노인 및 장애인 보호구역의 지정 및 관리에 관한 규칙 제3조 제6항)

(1) 지자체장이 학교 등 주 출입문 300미터 이내 지정하고(필수), 500미터 이내 지정할 수 있다(임의). 〈22승진〉

(2) 시·도청장이나 경찰서장(시장 ×)은 보호구역에서 아래 조치를 할 수 있다.
① 속도 30Km 이내 제한 〈21경채〉
② 이면도로(간선도로 ×) 일방통행 지정 〈22승진〉
③ 주·정차 금지
④ 통행금지·제한

(3) 어린이보호구역 내에서 08:00~20:00 사이 법규위반은 가중제재
① 범칙금·과태료 가중: 신호·지시위반, 속도위반, 보행자보호의무 위반, 주·정차위반, 통행금지·제한 위반
② 벌점 2배 가중: 신호·지시위반, 속도위반, 보행자보호의무 위반

(4) 운전자는 어린이 보호구역 내에 설치된 횡단보도 중 신호기가 설치되지 아니한 횡단보도 앞에서는 보행자의 횡단 여부와 관계없이 일시정지하여야 한다.

6 어린이 통학버스

(1) 정의
어린이(13세 미만)를 교육 대상으로 하는 시설에서 어린이의 통학 등에 이용되는 자동차와 여객자동차운송사업의 한정면허를 받아 어린이를 여객대상으로 하여 운행되는 운송사업용 자동차

(2) 요건
① 어린이통학버스를 운영하려는 자는 관할 경찰서장에게 신고하고 신고증명서를 받음
② 앞면 창유리 우측상단과 뒷면 창유리 중앙하단에 어린이보호표지 부착
③ 피해 전액 보상을 위하여 보험 또는 공제조합에 가입되어 있어야 한다. 〈22승진〉
④ 자동차등록원부에 유치원 등 명의자로 등록되어 있는 자동차 또는 그 시설의 장이 운송계약을 맺은 자동차(시설 명의자 자동차만 가능 ×)

규대쌤 Comment

주지 노빤규

(3) 어린이 통학버스 특별보호
① 어린이 통학버스가 정차하여 점멸등 작동중일 때 바로 옆 차로(편도 1차로이면 반대편까지 포함)로 통행하는 차는 일시정지한 후 서행하여야 한다. 〈18승진, 21채용〉
② 모든 차는 어린이를 태우고 있다는 표시를 하고 주행하는 어린이 통학버스를 앞지르지 못한다. 〈18·22승진〉

7 자동차 등의 속도(시행규칙 별표28)

법정속도	① 일반도로 편도 2차로 미만에서 60Km 이내 ② 일반도로 편도 2차로 이상에서 80Km 이내	
감속운행	최고 속도 20% 감속	① 비가 내려 노면이 젖어 있는 경우 ② 눈이 20mm 미만 쌓인 경우
	최고 속도 50% 감속	① 폭우, 폭설, 안개 등으로 가시거리 100m 이내인 경우 ② 노면이 얼어붙은 경우 ③ 눈이 20mm 이상 쌓인 경우

속도위반 〈17경위〉	구분	처벌(승용차 기준)	행정처분(벌점)
	20Km 이하	범칙금 3만원	없음
	20 초과~40Km	범칙금 6만원	15
	40 초과~60Km	범칙금 9만원	30
	60 초과~80Km	범칙금 12만원	60
	80 초과~100Km	30만원 이하의 벌금·구류 (20만원 초과로 범칙행위 아님)	80
	100Km 초과	100만원 이하의 벌금·구류	100
	100Km 초과 3회	1년⇩ 징역 또는 500만원⇩ 벌금 (음주운전 0.03~0.08 미만과 동일),	면허취소

8 주·정차 금지 장소

주·정차 금지 〈20승진〉	① 교차로, 횡단보도, 건널목, 보도 ② 교차로 가장자리나 모퉁이로부터 5미터 이내 ③ 소방시설 5미터 이내(승용차 과태료 8만원) ④ 안전지대 10미터 이내 ⑤ 버스 정류장 10미터 이내 ⑥ 횡단보도, 건널목 10미터 이내 ⑦ 기타 시·도청장이 지정한 곳 ⑧ 시장 등이 지정한 어린이보호구역(스쿨존)
주차 금지	① 시·도청장이 정한 다중이용업소 5미터 이내 ② 도로공사 양쪽에서 5미터 이내 〈22승진〉 ③ 터널 안 ④ 다리 위 ⑤ 기타 시·도청장이 지정한 곳

주차위반 조치	① 운전자 또는 관리자에게 주·정차 방법을 변경하거나 이동할 것을 명할 수 있다. ② 운전자가 현장에 없을 때에는 그 차의 주차방법을 직접 변경하거나 필요한 조치를 할 수 있고 부득이한 경우 경찰서 또는 지정장소로 이동하게 할 수 있다. ③ 경찰서 또는 지정장소 이동할 때에는 선량한 관리자의 주의하에 보관한다. ④ 차를 견인한 때부터 24시간(48시간 ×)이 경과하여도 차를 인수하지 아니하는 때에는 해당 차의 보관장소 등을 운전자에게 등기우편 통지하여야 한다.〈22승진〉 ⑤ 차의 반환에 필요한 조치 또는 공고를 하였음에도 운전자가 1개월 이내에 반환을 요구하지 아니할 때에는 매각하거나 폐차할 수 있다.

9 통행방법 등

교차로 (제26조)	① 모든 차의 운전자는 교차로에서 좌회전을 하려는 경우에는 미리 도로의 중앙선을 따라 서행하면서 교차로의 중심 안쪽(바깥쪽 ×)을 이용하여 좌회전하여야 한다. 다만, 시·도경찰청장이 교차로의 상황에 따라 특히 필요하다고 인정하여 지정한 곳에서는 교차로의 중심 바깥쪽을 통과할 수 있다. ② 자전거등의 운전자는 교차로에서 좌회전하려는 경우에는 미리 도로의 우측 가장자리로 붙어 서행하면서 교차로의 가장자리 부분을 이용하여 좌회전하여야 한다.
회전교차로 (제25조의2)	① 모든 차의 운전자는 회전교차로에서는 반시계방향으로 통행하여야 한다. ② 모든 차의 운전자는 회전교차로에 진입하려는 경우에는 서행하거나 일시정지하여야 하며, 이미 진행하고 있는 다른 차가 있는 때에는 그 차에 진로를 양보하여야 한다.
교통정리가 없는 교차로 (제26조) 〈23승진〉	① 교통정리를 하고 있지 아니하는 교차로에 들어가려고 하는 차의 운전자는 이미 교차로에 들어가 있는 다른 차가 있을 때에는 그 차에 진로를 양보하여야 한다. ② 교통정리를 하고 있지 아니하는 교차로에 들어가려고 하는 차의 운전자는 그 차가 통행하고 있는 도로의 폭보다 교차하는 도로의 폭이 넓은 경우에는 서행하여야 하며, 폭이 넓은 도로로부터 교차로에 들어가려고 하는 다른 차가 있을 때에는 그 차에 진로를 양보하여야 한다. ③ 교통정리를 하고 있지 아니하는 교차로에 동시에 들어가려고 하는 차의 운전자는 우측도로(좌측도로 ×)의 차에 진로를 양보하여야 한다. ④ 교통정리를 하고 있지 아니하는 교차로에서 좌회전하려고 하는 차의 운전자는 그 교차로에서 직진하거나 우회전하려는 다른 차가 있을 때에는 그 차에 진로를 양보하여야 한다.

보행자 보호
(제27조)
	① 모든 차 또는 노면전차의 운전자는 보행자가 제10조제3항에 따라 횡단보도가 설치되어 있지 아니한 도로를 횡단하고 있을 때에는 안전거리를 두고 일시정지하여 보행자가 안전하게 횡단할 수 있도록 하여야 한다.
	② 모든 차의 운전자는 다음 각 호의 어느 하나에 해당하는 곳에서 보행자의 옆을 지나는 경우에는 안전한 거리를 두고 서행하여야 하며, 보행자의 통행에 방해가 될 때에는 서행하거나 일시정지하여 보행자가 안전하게 통행할 수 있도록 하여야 한다.
	  1. 보도와 차도가 구분되지 아니한 도로 중 중앙선이 없는 도로
	  2. 보행자우선도로
	  3. 도로 외의 곳

10 긴급자동차

(1) 의의

긴급자동차란 소방차, 구급차, 혈액 공급차량, 그 밖에 대통령령으로 정하는 자동차(경찰용 등)로서 그 본래의 긴급한 용도로 사용되고 있는 자동차를 말한다.

(2) 종류

① 소방차, 구급차, 혈액 공급차량(법정 긴급자동차)
② 대통령령으로 정하는 긴급자동차

법정 긴급자동차	① 경찰용 자동차 중 범죄수사, 교통단속, 그 밖의 긴급한 경찰업무 수행에 사용되는 자동차 ② 국군 및 주한 국제연합군용 자동차 중 군 내부의 질서 유지나 부대의 질서 있는 이동을 유도하는 데 사용되는 자동차 ③ 수사기관의 자동차 중 범죄수사를 위하여 사용되는 자동차 ④ 교도기관(교도소 · 소년교도소 · 구치소 · 소년원 · 소년분류심사원 · 보호관찰소)의 자동차 중 도주자의 체포 또는 수용자, 보호관찰 대상자의 호송 · 경비를 위하여 사용되는 자동차 ⑤ 국내외 요인에 대한 **경호업무** 수행에 공무로 사용되는 자동차 〈22경위〉
지정 긴급자동차	신청에 의하여 시 · 도경찰청장이 지정한 것 ① 전기 · 가스사업, 그 밖의 공익사업을 하는 기관에서 위험 방지를 위한 응급작업에 사용되는 자동차 ② 민방위업무를 수행하는 기관에서 긴급예방 또는 복구를 위한 출동에 사용되는 자동차 ③ 도로관리를 위하여 사용되는 자동차 중 **도로상의 위험을 방지**하기 위한 응급작업에 사용되거나 운행이 제한되는 자동차를 단속하기 위하여 사용되는 자동차 ④ 전신 · 전화의 수리공사 등 응급작업에 사용되는 자동차 ⑤ 긴급한 우편물의 운송에 사용되는 자동차 ⑥ 전파감시업무에 사용되는 자동차
준 긴급자동차	① 경찰용 긴급자동차에 의하여 유도되고 있는 자동차 ② **국군 및 주한 국제연합군용**의 긴급자동차에 의하여 유도되고 있는 국군 및 주한 국제연합군의 자동차 ③ 생명이 위급한 환자 또는 부상자나 수혈을 위한 혈액을 운송 중인 자동차

③ 긴급자동차의 우선통행

㉠ 긴급자동차는 긴급하고 부득이한 경우에는 도로의 중앙이나 좌측 부분을 통행할 수 있다.
㉡ 긴급자동차는 정지해야 하는 경우에도 긴급하고 부득이한 경우에는 정지하지 아니할 수 있다.
㉢ 교차로나 그 부근에서 긴급자동차가 접근하는 경우에는 차마와 노면전차의 운전자는 교차로를 피하여 일시정지하여야 한다. 〈20법학〉
㉣ 교차로나 그 부근 외의 곳에서 긴급자동차가 접근한 경우에는 긴급자동차가 우선 통행할 수 있도록 진로를 양보하여야 한다.

ⓓ 본래의 긴급한 용도로 운행하지 아니하는 경우에는 경광등을 켜거나 사이렌을 작동하여서는 아니 된다. 다만, 대통령령으로 정하는 바에 따라 범죄 및 화재 예방 등을 위한 순찰·훈련 등을 실시하는 경우에는 그러하지 아니하다.

④ 특례

긴급자동차에 대하여는 다음 각 호의 사항을 적용하지 아니한다. 다만, **제4호부터 제12호까지의 사항은 소방차, 구급차, 혈액 공급차량, 대통령령으로 정하는 경찰용 자동차(경호차 ×)에 대해서만 적용하지 아니한다.** 〈22경위〉

일반 긴급자동차	• 속도 제한 • 앞지르기의 금지(시기·장소) • 끼어들기의 금지	일반 긴급자동차는 【앞시장속끼】만 적용배제
소방차 구급차 혈액공급차 경찰차	• 신호위반 • 중앙선 침범 • 보도침범 • 안전거리 확보 등 • 앞지르기 방법 등 • 횡단 등의 금지 • 정차 및 주차의 금지 • 주차금지 • 고장 등의 조치	【소구혈경】은 【앞시장속끼】 + 【신중보안 앞방행(횡) 정주고】 ※ "앞지르기 방법 위반"에 대한 특례는 소구혈경에만 적용

⑤ 감면

긴급자동차(소방차, 구급차, 혈액 공급차량, 경찰용 자동차만 해당)의 운전자가 그 차를 본래의 긴급한 용도로 운행하는 중에 교통사고를 일으킨 경우에는 그 긴급활동의 시급성과 불가피성 등 정상을 참작하여 제151조(물피사건), 「교통사고처리 특례법」 제3조 제1항(인피사건) 또는 「특정범죄 가중처벌 등에 관한 법률」 제5조의13(어린이 보호구역에서 어린이 치사상의 가중처벌)에 따른 형을 감경하거나 면제할 수 있다.

11 개인형 이동장치

정의	① 배기량 125CC 이하의 원동기를 단 차 중 시속 25킬로미터 이상으로 운행할 경우 전동기가 작동하지 아니하고 차체 중량이 30킬로그램 미만인 것으로서 행정안전부령으로 정하는 것을 말한다. ② 원동기장치자전거로서 "자동차 등" 및 "자전거 등"에 모두 포함된다. ※ 자전거 등 = 자전거(자전거 + 전기자전거) + 개인형 이동장치
종류	① 전동킥보드 ② 전동이륜평행차 ③ 전동기 동력만으로 움직일 수 있는 자전거
운전면허	원동기장치자전거를 운전할 수 있는 운전 면허(위반 시 20만원 이하의 벌·구·과) ※ 어린이(만13세 미만)는 인명보호장구 착용 불문하고 운전할 수 없다. 〈23경위〉
승차정원	① 전동킥보드 및 전동이륜평행차: 1명 ② 전동기의 동력만으로 움직일 수 있는 자전거: 2명

처벌	20만원 이하 벌·구·과	① 운전자 인명보호 장구 미착용 ② 발광장치 미착용 ③ 무면허 ④ 승차정원 초과 ⑤ 음주운전(측정거부 포함) ⑥ 휴대전화 사용(자전거에 대한 처벌 ×) ※ 보도 운행 시 12개 특례 예외 적용	구분 / 음주운전 / 측정불응 자전거 / 3만원 / 10만원 개·이 / 10만원 / 13만원 〈22법학〉
	20만원 이하 과태료	① 동승자 인명보호 미착용하도록 한 운전자 ② 어린이가 운전하게 한 운전자 〈21채용〉	

12 자전거 등

(1) 통행방법

① 자전거도로가 설치되지 아니한 곳에서는 도로 우측 가장자리에 붙어서 통행하여야 한다.

② 자전거 등의 운전자는 길가장자리구역을 통행할 수 있다.

③ **병진금지**: 안전표지로 통행이 허용된 경우를 제외하고는 2대 이상이 나란히 차도를 통행하여서는 아니 된다.

④ 자전거 등의 운전자가 횡단보도를 건너갈 때에는 자전거 등에서 내려서 자전거 등을 끌거나 들고 보행하여야 한다.

⑤ 자전거 등의 운전자가 자전거 등을 타고 자전거횡단도가 따로 있는 도로를 횡단할 때에는 자전거횡단도를 이용하여야 한다(제15조의2②).

⑥ **앞지르기**: 서행하거나 정지한 다른 차의 우측으로 통행할 수 있다.

(2) 보도통행

자전거 등의 운전자는 다음의 경우에는 보도를 통행할 수 있다.

① 어린이, 노인, 그 밖에 행정안전부령으로 정하는 신체장애인이 자전거를 운전하는 경우(전기자전거의 원동기를 끄지 아니하고 운전하는 경우는 제외)

② 안전표지로 자전거 등의 통행이 허용된 경우

③ 도로의 파손, 도로공사나 그 밖의 장애 등으로 도로를 통행할 수 없는 경우

(3) 준수사항

① 자전거도로 및 「도로법」에 따른 도로를 운전할 때에는 행정안전부령으로 정하는 인명보호 장구(안전모)를 착용하여야 하며, 동승자에게도 이를 착용하도록 하여야 한다.

② 자전거 등을 음주운전하거나 측정불응한 경우 모두 20만원 이하의 벌금이나 구류 또는 과료에 처한다(범칙금액은 음주운전은 3만원, 측정불응은 10만원). 〈21경채〉

③ 밤에 도로를 통행하는 때에는 전조등과 미등을 켜거나 야광띠 등 발광장치 착용

④ 자전거 등 단속 대상: 음주운전(제156조 제11호), 주·정차위반(제32~33조), 끼어들기(제23조), 신호위반(제5조) 처벌

※ 운전 중 휴대전화 사용: 처벌 불가

13 서행과 일시정지

서행	일시정지
즉시 정지시킬 수 있는 정도의 느린 속도로 진행하는 것	차의 바퀴를 일시적으로 완전히 정지시키는 것
① 교통정리가 행하여지고 있지 아니한 교차로 ② 비탈길의 고개마루 부근 ③ 가파른 비탈길의 내리막 ④ 도로가 구부러진 부근 ⑤ 시·도경찰청장이 안전표지로 지정한 곳 ※ 앞지르기 금지 장소: 서행장소(4개소) + 터널 안, 다리 위	① 보행자가 횡단보도가 설치되어 있지 아니한 도로를 횡단하고 있을 때 ② 교차로나 그 부근에서 긴급자동차가 접근하는 경우 ③ 길가의 건물이나 주차장 등에서 도로에 들어갈 때 ④ 교통정리를 하고 있지 아니하고 좌우를 확인할 수 없거나 교통이 빈번한 교차로 ⑤ 시·도경찰청장이 안전표지로 지정한 곳

14 정비불량 차량(제41조)

(1) 경찰공무원은 정비불량차를 정지시킨 후, **자동차등록증** 또는 **자동차 운전면허증**을 제시하도록 요구하고 그 차의 장치를 점검할 수 있다.
(2) 정비불량차 발견 시 **응급조치**를 하게 한 후에 운전을 하도록 하거나, 통행구간, 통행로와 위험방지를 위한 필요한 **조건**을 정한 후 운전을 계속하게 할 수 있다.
(3) 시·도청장은 정비상태가 매우 불량하여 위험발생 우려가 있는 경우 **자동차등록증**을 보관하고 운전 일시정지를 명할 수 있다. 이 경우 10일 내 정비기간을 정하여 사용 정지시킬 수 있다.

15 기타

버스전용	9인승 이상 승용·승합차, 9~12인승 자동차는 6인 이상 승차 시 가능
교통시설 원상회복	도로공사로 교통안전시설을 훼손한 공사시행자는 공사가 끝난 후 3일 내 원상회복하고 관할 경찰서장에게 신고하여야 한다.
공작물 제거보관	경찰서장이 제거하여 보관 중인 공작물에 대하여 공고한 날부터 6개월을 경과하여도 점유자를 알 수 없거나 반환을 요구하지 않은 때에는 그 매각대금을 보관할 수 있고, 공고한 날부터 5년이 지난 경우에는 국고에 귀속한다.

16 통고처분

구분	경범죄처벌법	도로교통법
범칙자 제외 〈20채용, 18경위〉	① 상습범 〈22경위〉 ② 피해자가 있는 경우 ③ 18세 미만자 〈22승진〉 ④ 구류 처분함이 적절한 자	① 범칙행위로 교통사고 발생자 ② 면허증(증명서) 미제시 등
통고처분 제외	① 주거·신원 불확실 〈21채용〉 ② 통고처분서 수령 거부자 ③ 기타 통고처분 하기 어려운 자(곤란자)	① 주소·성명 불확실 ② 범칙금 납부통고서 수령 거부자 ③ 달아날(도주) 우려 있는 자

| 처리 | ① 18세 미만자는 훈방
② 나머지는 형사입건 또는 즉심청구 | ① 교통사고자는 교통사고 처리
② 나머지는 즉심 청구 |

17 주요 판례

(1) 공사로 3m 정도의 협소한 도로에서 후방차량이 추월하리라 예견하여 후방 주시할 의무는 없다.
(2) 앞지르기 금지된 비탈길의 고갯마루 부근에서 앞차가 진로를 양보하였더라도 앞지르기 할 수 없다.
(3) '도로의 구부러진 곳'이라는 규정은 불명확한 개념이라고 볼 수 없으므로 명확성의 원칙에 반한다고 할 수는 없다.

제2절 운전면허

1 운전면허 종류 〈17·18·20승진, 18·21채용, 12경간, 21경채〉

1종 면허	특수	대형견인차	① 견인형 특수차(트레일러) ② 2종보통으로 운전할 수 있는 차량	※ 19세 이상, 자동차(이륜차 제외) 운전경험 1년 이상자만 가능 ※ 대형면허 있어도 소형(1·2종, 견인차)은 불가 ※ 원자: 원동기장치자전거를 말하며 어떤 면허로도 가능
		소형견인차	① 총중량 3.5톤이하 견인형 특수차 ② 2종보통으로 운전할 수 있는 차량	
		구난차	① 구난형 특수차(렉카) ② 2종보통으로 운전할 수 있는 차량	
	대형		① 승용·승합·화물·원자 ② 건설기계 10종 ③ 특수자동차(견인·구난차 제외) (1·2종 소형 ×)	
	보통		① 승용·원자 ② 승차정원 15인 이하 승합차 ③ 적재중량 12톤 미만 화물차 ④ 총중량 10톤 미만 특수차(견인·구난차 제외) ※ 특수차: 구급차, 캠핑차 등 ⑤ 건설기계(도로를 운행하는 3톤 미만 지게차 한정)	
	소형		3륜 승용차·3륜 화물차·원자	
2종 면허	보통		① 승용·원자 ② 승차정원 10인 이하 승합 ③ 적재중량 4톤 이하 화물 ④ 총중량 3.5톤 이하 특수차(견인·구난차 제외)	※ '미만'은 1종 보통에만 3개, 나머지는 '이하'
	소형		125cc 초과 이륜자동차·원자	
	원자		원자(125cc 이하 이륜차, 125cc 이하 원동기 단 차)	
연습 면허	1종		승용·15인 이하 승합·12톤 미만 화물 (특수 ×)	
	2종		승용·10인 이하 승합·4톤 이하 화물 〈20채용〉	

규대쌤 Comment

1보는데 15라고 12만 거네 10통
특저서 3지창으로, 2보세요 식사
(10, 4)하세요 사오(3.5)님

(1) 제1종 대형면허로 운전할 수 있는 건설기계 10종(도로교통법 시행규칙 별표18)

- 아스팔트콘크리트재생기, 아스팔트살포기
- 노상안정기, 콘크리트믹서트럭, 콘크리트믹스트레일러, 콘크리트펌프
- 도로보수트럭, 3톤 미만 지게차, 덤프트럭, 천공기(트럭적재식)

(2) 운전면허의 결격사유(제82조)

① 18세 미만(원동기장치자전거의 경우에는 16세 미만) 〈19경위〉
② 정신질환자, 뇌전증환자 〈19경위〉
③ 듣지 못하는 사람(제1종 운전면허 중 대형면허·특수면허만해당), 한쪽 눈만 보지 못하는 사람은 제1종 대형·특수면허만해당 〈19경위〉
④ 양쪽 팔의 팔꿈치관절 이상을 잃은 사람이나 양쪽 팔을 전혀 쓸 수 없는 사람. 다만, 본인의 신체장애에 적합하게 제작된 자동차 이용 시 가능
⑤ 마약·대마·향정신성의약품또는 알코올 중독자
⑥ 제1종 대형·특수면허: 19세 미만, 자동차(이륜자동차는 제외한다)의 운전경험이 1년 미만인 사람 〈19경위〉
⑦ 외국인 중 외국인등록을 하지 아니한 사람, 재외동포 체류자격의 외국국적 동포 중 국내거소미신고

2 운전면허 발급과 효력

(1) 운전면허 발급

① 자동차 등을 운전하려는 사람은 시·도경찰청장으로부터 운전면허를 받아야 한다. 다만, 원동기를 단 차 중 「교통약자의 이동편의 증진법」에 따른 교통약자가 최고속도 시속 20킬로미터 이하로만 운행될 수 있는 차를 운전하는 경우에는 그러하지 아니하다. 〈21채용〉
② 운전면허증은 국문, 영문, 모바일 운전면허증으로 구분된다. 국문 또는 영문 중 한 가지만 발급하며, 모바일은 국문 또는 영문 면허증 소지자가 추가로 발급 신청할 수 있다(시행규칙 제77조②).
③ 모바일 운전면허증의 발급에 필요한 정보를 암호화하기 위해 이동통신단말장치에 설치·사용하는 전자적 정보의 유효기간은 3년으로 한다.

(2) 자동차 변경시 운전면허 기준

변경	내용	승차정원·적재중량
형식 변경	① 차종 변경 ② 승차정원 또는 적재중량 증가	변경 후 기준
	② 차종 변경 없이 승차정원이나 적재중량이 감소	변경 전 기준
구조·장치 변경	자동차의 구조·장치 변경	변경 전 기준

(3) 국제운전면허증(상호인정외국인면허증)

의의	국제협약 등에 가입한 국가 간에 상대국의 면허증만으로 운전할 수 있게 함
외국발행	정상적으로(밀입국 ×) 입국한 날부터(발행한 날 ×) 1년간 유효 〈16·19·20승진, 18경위〉
국내발행	국내운전면허 소지자에 대하여 발부받은 날부터 1년간 유효
제한	① 렌트카(임차) 운전하는 경우 외에는 **사업용자동차 운전금지** 〈19승진〉 ② 국내발행 국제운전면허증은 국내운전면허의 효력이 취소·정지된 때에는 국제운전면허증도 취소·정지된다. 〈18경위〉

(4) 교통안전교육(제73조) 〈21승진〉

교통 안전교육		운전면허 학과시험 전 1시간 교육(자동차운전 전문학원에서 학과교육을 수료한 사람은 제외)
특별교통 안전교육	의무 교육	① 교통법규 위반 등으로 면허 취소나 정지 받은 사람 ② 어린이 보호구역에서 어린이를 사상하는 사고를 유발하여 벌점을 받은 날부터 1년 이내의 사람
	권장 교육	① 시·도경찰청장에게 신청하여 받는 교육으로 1년 이내에 해당 교육을 받지 아니한 사람에 한정한다. ② 운전면허를 받은 사람 중 65세 이상인 사람
긴급자동차 교통안전운전 교육	신규	3시간 이상 실시
	정기	3년마다 2시간 이상 실시
고령자 교통안전교육		75세 이상: '노화와 안전운전' 등에 관한 교통안전교육 〈21경위〉 ※ 고령운전자는 고령운전자 표지를 부착하고 운전할 수 있다(의무사항 ×).

(5) 임시운전증명서

의의	① 유효기간 중 운전면허증과 동일한 효력 있다. ② 발급 및 연장은 경찰서장 **도로교통법 제91조(임시운전증명서)** ① 시·도경찰청장은 임시운전증명서 발급을 신청하면 행정안전부령으로 정하는 바에 따라 임시운전증명서를 발급할 수 있다. **도로교통법 시행령 제86조(위임 및 위탁)** ③ 시·도경찰청장은 경찰서장에게 위임한다. 2. 법 제91조 제1항 제3호에 따른 임시운전증명서 발급
대상	① 면허증의 분실 등에 의한 재교부 신청을 한 경우 ② 갱신교부 신청을 하거나 수시적성검사를 신청한 경우(면허증에 기재하여 발급) ③ 운전면허의 취소 또는 정지처분 대상자가 운전면허증을 제출한 경우
유효기간 〈12·20승진〉	① 20일 이내 원칙 ② 운전면허 정지·취소 시 40일 이내 ③ 연장: 경찰서장은 필요하다고 인정하는 경우 1회에 한하여 20일 범위 안에서 연장 가능(임시운전증명서의 최대유효기간은 40일 또는 60일)

(6) 연습운전면허

종류	제1종과 제2종 보통연습운전면허 2종류만 있으며, 승용, 승합, 화물차만 운전 가능
효력	시·도청장이 발급하며, 1년간 효력 〈19경위〉
준수사항 (시행규칙 제55조)	① 운전면허를 받은 날부터 2년이 경과한 사람(운전면허 정지 기간 중인 사람을 제외, 연습하고자 하는 자동차를 운전할 수 있는 운전면허)과 함께 타서 그 지도를 받아야 한다(위반하더라도 무면허운전이 되는 것은 아님). 〈19경위〉 ※ 초보운전자(2년 이내)는 연습면허자를 지도할 수 없지만, 특수·대형면허 (1년 경험)는 받을 수 있다. ② 사업용자동차를 운전하는 등 주행연습 외의 목적으로 운전 금지 〈21경위, 19승진〉 ※ 위반 시 연습운전면허를 취소할 수 있다 하더라도 그 운전을 무면허운전으로 볼 수는 없다(대판 2015.6.24., 2013도15031). 〈22채용〉 ③ '주행연습'이라는 표지를 자동차에 붙여야 한다.
위반 시 조치 (시행령 제59조)	① 교통사고 발생, 도로교통법 등의 명령(준수사항 등) 위반 시 면허 취소(벌점 부과 또는 정지 제도 없음) 〈18채용〉 ② 취소 예외 〈17·18채용, 19경위〉 • 물피 교통사고만 발생한 경우 • 강사 지시에 따라 운전하던 중 교통사고를 일으킨 경우 ※ 강사: 도로교통공단에서 도로주행시험을 담당하는 사람, 자동차운전학원의 강사, 전문학원의 강사 또는 기능검정원 • 도로가 아닌 곳에서 교통사고를 일으킨 경우

(7) 운전면허증 반납

운전면허 정지·취소, 운전면허증 분실로 재발급받은 후 분실한 운전면허증을 찾은 경우, 연습운전면허증을 받은 사람이 면허증을 받은 경우, 운전면허증 갱신을 받은 경우 등의 사유가 있을 시 사유 발생한 날로부터 7일 내 시·도청장에게 반납해야 한다.

〈20승진〉

(8) 운전면허 갱신
① 운전면허시험 합격한 날부터 10년이 되는 날이 속하는 해에 갱신
② 제1종 면허와 70세 이상 제2종 면허는 면허증 갱신시 정기적성검사를 받아야 함
③ 한쪽 눈만 보지 못하는 사람으로서 제1종 보통운전면허 소지자는 3년

3 운전면허 행정처분

(1) 의의
① 필수적 취소·정지사유와 임의적 취소·정지사유로 구분된다(제93조).
② 1년간 벌점 40점 이상부터 1일 1점으로 면허정지 집행하며(위반일시부터 역으로 1년간 벌점을 계산하는 방식), 벌점 40점은 40일 정지한다.
③ 벌점(1회 또는 연간 누산점수)이 1년간 121점 이상, 2년간 201점 이상, 3년간 271점 이상이면 운전면허를 취소한다.
④ 절도는 다른 사람의 자동차 등을 절취하는 것이고, '자동차 이용 범죄(차·이·범)'는 자동차 등을 범죄의 도구나 장소로 이용하여 국가보안법이나 형법상의 살인, 방화, 강도, 강간(강제추행), 상습절도, 교통방해 등을 하는 경우를 말한다.

(2) 유사행위 비교

구분	보복 운전	난폭 운전	공동위험 행위
개념	피해를 준 운전자를 보복하기 위하여 고의로 위협하는 운전	다른 운전자를 위협, 위험 발생하는 행위	2대 이상의 자동차 등으로 난폭운전
대상	특정인	불특정 다수인	불특정 다수인
법률	형법(특수폭행, 특수손괴 등)	도교법	도교법

※ 난폭운전 및 공동위험행위에 개인형 이동장치는 제외된다(제46조, 제46조의3). 〈22채용〉

(3) 면허취소 및 정지처분 기준(도교법시행규칙 별표28)

면허취소	① 자동차를 빼앗아(훔쳐서 ×) 운전한 경우 ② 과거 자동차 등을 훔치거나 빼앗아 운전하여 면허정지 또는 취소를 받은 사람이 다시 다른 사람의 자동차 등을 훔쳐 운전한 경우 ⇨ 자동차를 빼앗아 운전한 경우는 취소가 되고 단순히 훔쳐 운전한 경우는 벌점 100점을 부과하지만, 과거 동일한 전력(훔치거나 빼앗아 정지 또는 취소를 받은 경우)이 있는 경우에는 훔쳐 운전한 경우도 취소한다. ③ 단속하는 경찰공무원 등 시·군·구 공무원을 폭행하여 형사입건된 때 ④ 혈중알콜농도 0.08 이상, 음주운전 2회 이상, 약물 운전 ⑤ 음주운전으로 인피사고(사람을 사상케한 경우) 발생한 경우 〈20경위〉 ⑥ 정기적성검사 불합격 또는 적성검사기간만료일 다음날부터 1년 초과	
면허정지 (벌점)	최초 자동차 절도	100점
	사망사고	90점
	① 공동(多)위험행위 입건 ② 승객(多)의 차내 소란 방치 ③ 난폭운전 입건	40점
	① 어린이통학버스 특별보호위반 ② 중앙선 침범 ③ 고속도로·자동차전용도로 갓길통행	30점
	① 신호위반 ② 물피도주 (자수하여도 벌점감경 없음)	15점
착한운전 마일리지 〈15승진〉	① 무위반·무사고 서약하고 실천한 운전자에게 1년 기준으로 특혜점수 10점 부여 ② 부여받은 점수는 기간에 관계없이 정지처분 받을 때 누산점에서 공제	
교통사고 후 조치불이행	① 인피 도주사고: 면허취소, 자수하면 감경 ② 물피 도주사고: 벌점 15점, 자수 감경 없음	

● 정리하기

주요 면허취소 및 벌점

구분	음주운전	속도위반	절도
벌점 100점	0.03~0.08미만	100Km 초과	1회
면허취소	0.08 이상 2회 이상	3회 이상	2회 이상

4 음주운전으로 면허취소 · 정지 감경기준(도로교통법 시행규칙 별표 28) 〈20승진, 18채용〉

감경사유	① 운전이 가족의 생계를 유지할 중요한 수단이 되는 경우 ② 모범운전자로서 처분 당시 3년 이상 교통봉사 활동에 종사하고 있는 경우 ③ 교통사고를 일으키고 도주한 운전자를 검거하여 경찰서장 이상의 표창을 받은 사람	
감경 제외사유	5년 이내	① 인적피해 3회 이상 교통사고의 전력이 있는 경우 ② 음주운전의 전력이 있는 경우
	당해 사건	① 혈중알코올 농도가 0.1퍼센트를 초과하여 운전한 경우 ② 음주운전 중 인적피해 교통사고를 일으킨 경우 ③ 경찰관의 음주측정 요구에 불응, 도주, 단속경찰관을 폭행한 경우

5 운전면허 취소처분 후 응시제한(결격) 기간 〈13·18승진, 19채용, 17·20경위〉

(1) 운전면허 발급기간 제한(도교법 제82조 제2항)

즉시	① 적성검사로 운전면허 취소된 경우 ② 벌금 미만 확정 시, 선고유예, 기소유예 시 기간제한 없음
6월	원·자(1년 결격 사유 중 공동위험행위를 제외한 사유로 취소된 경우) ※ 음주운전 적발 시 1년간 자동차 면허를 받을 수 없으나, 원자 면허는 6개월 후에 취득할 수 있다. 다만 공동위험행위로 취소되었다면 원자 면허도 1년간 취득할 수 없다. ※ 2~5년 사유로 취소된 경우, 자동차와 원·자 모두 동일한 결격기간 적용
1년	① 무면허, 음주, 공동위험행위, 약물 등 대부분 ※ 2년 이상의 제한 사유 아닌 나머지 사유로 취소된 경우 ② 누적벌점초과: 1년(121점), 2년(201점), 3년(271점) ③ 자동차 등 이용 범죄(차이범) ④ 거짓·부정수단으로 운전면허 발급
2년	① 무면허운전 3회 이상 ② 면허 결격·정지기간 중 운전면허증(임시운전증명서 포함) 발급(결격·정지기간 중 부정 발급) ③ 자동차 훔치거나 빼앗은 자(강·절도) ※ 자동차 절도 2회 이상으로 면허취소된 경우를 의미 ④ 대리응시 ⑤ 음주(측정거부) + 2회 이상(무면허로 한 경우 포함) ⑥ 음주(측정거부) + 교통사고(무면허로 한 경우 포함) ⑦ 공동위험행위 + 2회 이상(무면허로 한 경우 포함)
3년	① 자동차 등 이용 범죄 + 무면허 ② 자동차 등 강·절도 + 무면허 ③ 음주 + 2회 이상 교통사고(무면허로 한 경우 포함)
4년	인피도주(무면허, 음주, 공동위험행위, 약물·과로운전 외의 사유)
5년	① 음주사망(무면허로 한 경우 포함) ② 무면허, 음주, 공동위험행위, 약물·과로운전 + 인피도주

(2) 결격기간 계산

① 무면허의 기산점은 원래 면허가 없었으므로 면허취소일이 될 수 없고 '위반일'이 된다. 다만, 면허정지 중에는 면허가 있는 것이므로 이때에는 면허취소일이 된다.

② 여기서 '무면허'는 무면허운전, 면허정지기간 중 운전, 운전면허발급제한기간 중 국제운전 면허증으로 운전한 경우를 포함하는 개념이다.
③ 여기서 '음주'는 음주운전, 음주 측정 거부를 포함하는 개념이다.
④ 면허 결격기간 중에 무면허로 운전하다가 적발된 경우 위반일로부터 1년 또는 2년간 결격사유가 진행되며, 처음의 면허 결격기간이 끝난 후 추가로 결격기간이 가산되는 것은 아니다.

계산법

① 각 행위는 기본적으로 1년이며, 행위별로 제한기간이 가산된다.
- 음주 사고 = 음주(1년) + 사고(1년) = 2년
- 자동차 강·절도 후 무면허 = 강·절도(2년) + 무면허(1년) = 3년
- 무음공약 + 인피도주 = 무음공약(1년) + 인피도주(4년) = 5년

② '2회' 또는 '3회'는 1년을 더한다.
- 음주 사고 2회 = 음주(1년) + 사고(1년) + 2회(1년) = 3년
- 무면허 3회 = 무면허(1년) + 3회(1년) = 2년 제한

③ 무면허가 음주나 공동위험과 결합되면 흡수된다(상상적경합).
- 음주 + 무면허(흡수) = 1년
- 음주 2회(2년) + 무면허(흡수) = 2년
- 음주 사고(2년) + 무면허(흡수) = 2년
- 공동위험 2회(2년) + 무면허(흡수) = 2년
- 음주 사고 2회 이상(3년) + 무면허(흡수) = 3년
- 음주사망(5년) + 무면허(흡수) = 5년

④ 예외
차이범(1년)이 무면허(1년)이면 2년 제한이지만, 자동차 절도범(2년)이 무면허(1년)이면 3년이 되는 것에 맞추어 차이범(자동차이용범죄)도 이때에는 범죄로 분류되어 3년이 된다.

연습문제

다음 운전면허시험 응시제한기간의 괄호 안에 들어갈 숫자의 총합은? 〈17경위〉

㉠ 과로운전 중 사상사고 야기 후 구호조치 및 신고 없이 도주한 경우, 취소된 날부터 ( )년
㉡ 2회 이상 음주운전으로 운전면허가 취소된 경우, 취소된 날부터 ( )년
㉢ 다른 사람의 자동차등을 훔치거나 빼앗은 사람이 무면허운전을 한 경우, 위반한 날부터 ( )년
㉣ 2회 이상의 공동위험행위로 운전면허가 취소된 경우, 취소된 날부터 ( )년
㉤ 운전면허효력의 정지기간 중 운전면허증 또는 운전면허증을 갈음하는 증명서를 발급받은 사실이 드러나 운전면허가 취소된 경우, 취소된 날부터 ( )년

① 13　　② 14　　③ 15　　④ 16

정답: ② (5-2-3-2-2)
해설: ㉠ 과로운전(1년) + 인피도주(4년) = 5년
　　　㉡ 음주운전(1년) + 2회(1년) = 2년
　　　㉢ 범죄(2년) + 무면허(1년) = 3년(서로 다른 종류의 범죄로 실체적 경합)
　　　㉣ 공동위험행위(1년) + 2회(1년) = 2년
　　　㉤ 부정발급 범죄(2년)

도로교통법 제82조(운전면허의 결격사유) ② 다음 각 호의 어느 하나의 경우에 해당하는 사람은 해당 각 호에 규정된 기간이 지나지 아니하면 운전면허를 받을 수 없다. 다만, 다음 각 호의 사유로 인하여 벌금 미만의 형이 확정되거나 선고유예의 판결이 확정된 경우 또는 기소유예나 「소년법」 제32조에 따른 보호처분의 결정이 있는 경우에는 각 호에 규정된 기간 내라도 운전면허를 받을 수 있다.

1. 제43조(무면허운전) 또는 제96조 제3항(국제운전면허증)을 위반하여 자동차등을 운전한 경우에는 그 위반한 날(운전면허효력 정지기간에 운전하여 취소된 경우에는 그 취소된 날을 말하며, 이하 이 조에서 같다)부터 1년(원동기장치자전거면허를 받으려는 경우에는 6개월로 하되, 제46조(공동위험행위)를 위반한 경우에는 그 위반한 날부터 1년). 다만, 사람을 사상한 후 제54조 제1항(사고발생시 조치)에 따른 필요한 조치 및 제2항에 따른 신고를 하지 아니한 경우에는 그 위반한 날부터 5년으로 한다.
2. 제43조(무면허운전) 또는 제96조 제3항(국제운전면허증)을 3회 이상 위반하여 자동차등을 운전한 경우에는 그 위반한 날부터 2년
3. 다음 각 목의 경우에는 운전면허가 취소된 날(제43조(무면허운전) 또는 제96조 제3항을 함께 위반한 경우에는 그 위반한 날을 말한다)부터 5년
    가. 제44조(음주운전), 제45조(과로운전) 또는 제46조(공동위험행위)를 위반(제43조(무면허운전) 또는 제96조 제3항(국제운전면허증)을 함께 위반한 경우도 포함한다)하여 운전을 하다가 사람을 사상한 후 제54조 제1항(사고발생시 조치) 및 제2항에 따른 필요한 조치 및 신고를 하지 아니한 경우
    나. 제44조(음주운전)를 위반(제43조 또는 제96조 제3항을 함께 위반한 경우도 포함한다)하여 운전을 하다가 사람을 사망에 이르게 한 경우
4. 제43조부터 제46조까지의 규정(음주, 과로, 공동위험행위)에 따른 사유가 아닌 다른 사유로 사람을 사상한 후 제54조 제1항 및 제2항에 따른 필요한 조치 및 신고를 하지 아니한 경우에는 운전면허가 취소된 날부터 4년
5. 제44조 제1항(음주운전) 또는 제2항을 위반(제43조 또는 제96조 제3항을 함께 위반한 경우도 포함한다)하여 운전을 하다가 2회 이상 교통사고를 일으킨 경우에는 운전면허가 취소된 날(제43조 또는 제96조 제3항을 함께 위반한 경우에는 그 위반한 날을 말한다)부터 3년, 자동차등을 이용하여 범죄행위를 하거나 다른 사람의 자동차등을 훔치거나 빼앗은 사람이 제43조(무면허)를 위반하여 그 자동차등을 운전한 경우에는 그 위반한 날부터 3년
6. 다음 각 목의 경우에는 운전면허가 취소된 날(제43조 또는 제96조 제3항을 함께 위반한 경우에는 그 위반한 날을 말한다)부터 2년
    가. 제44조 제1항(음주운전) 또는 제2항을 2회 이상 위반(제43조 또는 제96조 제3항을 함께 위반한 경우도 포함한다)한 경우
    나. 제44조 제1항(음주운전) 또는 제2항을 위반(제43조 또는 제96조 제3항을 함께 위반한 경우도 포함한다)하여 운전을 하다가 교통사고를 일으킨 경우
    다. 제46조(공동위험행위)를 2회 이상 위반(제43조 또는 제96조 제3항을 함께 위반한 경우도 포함한다)한 경우
    라. 제93조 제1항 제8호(면허 부정발급)·제12호(자동차 강·절도) 또는 제13호(대리응시)의 사유로 운전면허가 취소된 경우
7. 제1호부터 제6호까지의 규정에 따른 경우가 아닌 다른 사유로 운전면허가 취소된 경우에는 운전면허가 취소된 날부터 1년(원동기장치자전거면허를 받으려는 경우에는 6개월로 하되, 제46조(공동위험행위)를 위반하여 운전면허가 취소된 경우에는 1년). 다만, 제93조 제1항 제9호(적성검사)의 사유로 운전면허가 취소된 경우에는 그러하지 아니하다.
8. 운전면허효력 정지처분을 받고 있는 경우에는 그 정지기간
9. 제96조에 따른 국제운전면허증 또는 상호인정외국면허증으로 운전하는 운전자가 운전금지처분을 받은 경우에는 그 금지기간

6 무면허운전 판례

(1) 여러 날에 걸쳐 무면허운전을 한 경우 날마다 1개의 운전행위 인정
  ※ 음주운전: 날을 지나서 연속으로 음주운전한 경우는 포괄 1죄
(2) 특가법(도주차량)으로 면허취소를 받은 후 운전을 하였더라도 나중에 특가법(도주차량) 무혐의를 받고 운전면허 취소를 철회하였다면 위 운전행위는 무면허운전이 아니다.
(3) 적성검사기간 확인을 게을리하여 면허가 취소된 경우 미필적 고의를 인정하여 무면허운전으로 보는 경우가 대부분

무면허운전 불인정 (대판 2004.12.10., 2004도6480)	① 무면허운전은 유효한 운전면허가 없음을 알면서도 운전할 때 성립하는 고의범이다(면허취소된 지 보름 지나서 단속 당함). ② 운전면허가 취소된 것을 알지 못한 상태에서 운전한 경우 무면허운전으로 볼 수 없다. 공고절차를 거쳤더라도 그것만으로 운전자가 면허취소 사실을 알게 되었다고 단정할 수는 없고 여러 사정을 두루 참작하여 구체적 개별적으로 판단하여야 한다. ③ 운전면허증 앞면에 적성검사기간이 기재되어 있고, 뒷면 하단에 경고 문구가 있다는 점만으로 피고인이 정기적성검사 미필로 면허가 취소된 사실을 미필적으로나마 인식하였다고 추단하기 어렵다.
무면허운전 인정 (대판 2012도8374, 2002도4203, 91누2588)	① 정기적성검사 통지는 국민의 편의를 위한 사전 안내에 불과하며, 운전면허 소지자는 스스로 운전면허증에 기재된 적성검사기간을 확인하여 적성검사를 받아야 한다. ② 운전면허증만 꺼내 보아도 쉽게 확인할 수 있는 정도의 노력조차 기울이지 않는 것은 그 결과에 대한 방임이나 용인의 의사가 존재한다. ③ 적성검사기간 확인을 게을리하여 알지 못하였더라도 기간 내 적성검사를 받지 않는 데 대한 미필적 고의는 있었다.

제3절 주취운전

1 도로교통법

제44조(술에 취한 상태에서의 운전 금지) ① 누구든지 술에 취한 상태에서 자동차등(「건설기계관리법」 제26조제1항 단서에 따른 건설기계 외의 건설기계를 포함한다), 노면전차 또는 자전거를 운전하여서는 아니 된다.
② 경찰공무원은 교통의 안전과 위험방지를 위하여 필요하다고 인정하거나 제1항을 위반하여 술에 취한 상태에서 자동차등, 노면전차 또는 자전거를 운전하였다고 인정할 만한 상당한 이유가 있는 경우에는 운전자가 술에 취하였는지를 호흡조사(혈액채취 ×)로 측정할 수 있다. 이 경우 운전자는 경찰공무원의 측정에 응하여야 한다.
③ 제2항에 따른 측정 결과에 불복하는 운전자에 대하여는 그 운전자의 동의를 받아 혈액 채취 등의 방법으로 다시 측정할 수 있다.
④ 제1항에 따라 운전이 금지되는 술에 취한 상태의 기준은 운전자의 혈중알코올농도가 0.03퍼센트 이상인 경우로 한다.

제45조(과로한 때 등의 운전 금지) 자동차등(개인형 이동장치는 제외한다) 또는 노면전차의 운전자는 제44조에 따른 술에 취한 상태 외에 과로, 질병 또는 약물(마약, 대마 및 향정신성의약품과 그 밖에 행정안전부령으로 정하는 것을 말한다)의 영향과 그 밖의 사유로 정상적으로 운전하지 못할 우려가 있는 상태에서 자동차등 또는 노면전차를 운전하여서는 아니 된다. (위반시 3년 이하의 징역 또는 1천만원 이하 벌금)

※ 정상적으로 운전하지 못할 우려가 있는 상태에서 운전을 하면 바로 성립하고, 현실적으로 정상적으로 운전하지 못할 상태에 이르러야만 하는 것은 아니다(대판 2010도11272).

2 음주측정

음주단속 대상	① 자동차 등, 모든 건설기계, 노면전차, 자전거 ※「도로교통법」제44조 ① 누구든지 술에 취한 상태에서 자동차등(「건설기계관리법」제26조 제1항 단서에 따른 건설기계 외의 건설기계를 포함한다.), 노면전차 또는 자전거를 운전하여서는 아니 된다. ② 농기계인 경운기 등은 대상이 아니므로 음주운전을 하여도 단속되지 않는다.
교통단속 처리지침 및 판례	① 호흡측정하는 때에는 입 안의 잔류 알콜 제거를 위하여 물 200ml를 제공하며, 종래 음주 종료 후 20분 경과 규정은 삭제되었음 ② 음주측정 시 사용하는 불대는 1회 1개(1인 1개 ×) 〈20승진〉 ③ 음주측정 없이 채혈을 원하는 경우 바로 채혈할 수 있다. ④ 음주측정기는 연 3회(4회 ×), 음주감지기는 연 2회 검·교정을 받아야 한다. ⑤ 음주측정 불응에 따른 불이익을 5분 간격으로 3회 고지(총 15분) 했음에도 계속 음주측정에 응하지 않은 때에는 음주측정 거부자로 처리 〈21승진〉 ⑥ 호흡측정기와 혈액검사에 의한 측정치 불일치: 혈액검사 우선 〈20승진〉

3 음주운전 처벌(23.7.4. 시행)

구분	혈중알콜농도	처 벌	
최초 위반	0.03 이상~0.08 미만	1년 이하 징역	500만원 이하 벌금
	0.08 이상~0.2 미만	1년~2년 이하 징역	500만원~1천만원 벌금
	0.2 이상	2년~5년 이하 징역	1천만원~2천만원 벌금
	측정거부	1년~5년 이하 징역	500만원~2천만원 벌금
10년내 2회 위반	0.03 이상~0.2 미만	1년 ~ 5년 이하 징역	500만원 ~ 2천만원 벌금
	0.2 이상	2년~6년 이하 징역	1천만원~3천만원 벌금
	측정거부	1년~6년 이하 징역	500만원~3천만원 벌금

※ 2회: 음주운전·측정거부로(개인형 이동장치 제외) 벌금형 이상 형이 확정된 날부터 10년 내에 음주운전·측정거부한 경우(형이 실효된 사람 포함)를 말한다.

※ 부칙 제2조(벌칙에 관한 적용례) 제148조의2제1항의 개정규정은 제44조제1항(음주운전) 또는 제2항(측정거부)을 위반하여 벌금 이상의 형을 선고받아 이 법 시행 전에 그 형이 확정된 사람으로서 이 법 시행 이후 다시 같은 조 제1항 또는 제2항을 위반한 사람에 대해서도 적용한다.

4 위험운전 치사상죄(특정범죄 가중처벌 등에 관한 법률)

음주·약물치상	1년~15년 징역, 1천만원~3천만원 벌금
음주·약물치사	무기, 3년 이상, 벌금형 없음 〈21경채〉
자동차 범위	자동차, 원자, 건설기계 10종
음주운전 + 인피 도주 시	도교법 음주운전 + 특가법 인피도주 실체적 경합 (○), 특가법 음주치사상 (×) ※ 특가법 제5조의3(인피도주)이 5조의11(음주치사상)보다 더 중하게 처벌한다.
처벌 비교	① 스쿨존에서 어린이 상해: 1년~15년 징역, 500만원~3천만원 벌금 ② 스쿨존에서 어린이 사망: 무기 또는 3년 이상 징역

5 음주운전 관련 판례

(1) '음주운전 2회 이상 위반한 것'에 대하여 개정 도로교통법 시행 이전의 음주운전 전과까지 포함하는 것이 형벌불소급 원칙이나 일사부재리 원칙 또는 비례 원칙에 위배된다고 할 수 없다. 형실효법에 따라 형이 실효되었거나 사면법에 따라 형선고 효력이 상실된 음주운전 전과도 포함된다.

(2) 흉골 골절로 호흡을 할 수 없어 음주측정이 되지 아니한 경우 음주측정불응죄 불성립 (대판 2002.10.25., 2002도4220) 〈21승진〉

(3) 음주종료 후 4시간이 지난 시점에서 물로 입안을 헹굴 기회를 주지 않고 호흡측정하여 수치가 0.05%로 나타난 경우, 이를 0.05% 이상의 음주운전으로 단정할 수 없다(2004도1109). 〈22경위〉

(4) 술에 취하여 차 안에서 잠을 자다가 히터를 가동하기 위하여 시동을 걸었고 실수로 제동장치를 건드려 차가 움직였다면 운전에 해당하지 않는다. 운전하려는 고의가 없다. 〈22·23채용〉

(5) 음주감지기에 음주반응이 나왔다고 하여 그것만으로 술에 취한 상태에 있다고 인정할 수 없다.

(6) 무면허에 음주운전을 하였다면 상상적 경합 〈21승진〉

(7) 도로 외의 곳에서 음주운전 또는 음주측정을 거부한 경우 형사처벌만 가능하고, 운전면허 취소·정지는 불가하다. 제2조 제26호의 "운전"의 정의에서 음주운전등은 도로 외의 곳을 포함한다고 하면서 이에 행정제재처분의 규정인 제93조는 포함시키지 않기 때문이다(대판 2018두42771). 〈22채용〉

(8) 음주측정 결과에 불복 후 혈액채취 요구는 상당 근접시간(30분) 내에 한정된다. 상당시간 경과 후에 이의제기하면서 혈액채취를 요구하는 것은 정당한 요구라 할 수 없다(대판 2002.3.15. 2001도7121).

(9) 음주운전자의 채혈요구에 1시간 12분이 지체된 후 채혈하였더라도 운전자의 권익이 현저하게 침해되었다고 볼 수 없다. 교통단속처리지침 제38조 제6항에서 음주운전자가 채혈을 요구할 경우 '즉시' 채혈을 하도록 규정되어 있는데, 당시 단속 현장에 채혈을 위한 용기가 비치되어 있지 아니하여 인근 지구대로 갔으나 거기서도 용기가 없어서 다른 지구대로 이동하면서 시간이 지체된 것으로 채혈의 지연이 부당한 의도나 불합리한 사유에서 비롯된 것으로 볼 수 없으며 단순히 1시간 12분이 지연되었다는 이유로 운전자의 권익이 현저하게 침해되었다고 단정하기는 어렵다(대판 2008.4.24., 2006다32132). 〈22경간〉

(10) 교통사고로 의식을 잃고 병원에 후송된 운전자에 대하여 영장 또는 감정처분허가장을 발부받지 아니한 채 **피의자 동의 없이 혈액을 채취한 경우 사후영장을 반드시 발부받아야 한다.** 비록 가족의 채혈 동의 또는 운전자나 변호인의 사후 증거동의가 있어도 이 혈액은 증거로 사용할 수 없다. ⟨18채용⟩

(11) **위법한 강제연행 상태에서 호흡측정 후 피의자의 요구에 의한 혈액채취 음주측정은 증거로 사용할 수 없다.** 이 경우 변호인이 증거로 함에 동의한 경우에도 **사용할 수 없다.**

(12) 음주운전 시점과 측정 시점 사이에 시간 간격이 있고, 측정시점이 알콜농도 상승기(30분~1시간 30분)에 있다고 하더라도 실제 운전 시점의 알콜농도가 처벌기준치를 초과한다는 점에 대한 증명이 가능하다.

(13) 타인의 혈액을 자신의 혈액처럼 제출하여 감정하도록 하였다면 위계에 의한 공무집행방해 성립

(14) 음주운전으로 적발된 운전자가 도로 밖으로 차량을 이동하겠다며 **경찰관으로부터 열쇠를 반환받아 몰래 차량을 운전하여** 가던 중 사고를 일으켰다면, 주의의무를 게을리 한 경찰관의 직무상 의무위반에 의한 **국가배상 책임이 인정된다**(대판 1998.5.8., 97다54482). ⟨20채용⟩

(15) 음주운전 전력이 1회 있는 운전자가 한 달 내 2회에 걸친 음주운전으로 적발되어 두 사건이 동시에 기소된 사안에서 도교법 제148조의2 제1항에 규정된 '음주운전 금지규정을 2회 이상 위반한 사람'이란 음주운전을 하였던 사실이 인정되는 사람으로 해석해야 되고, 형의 선고나 유죄의 확정판결이 있어야만 하는 것은 아니다(대판 2018.11.18., 2018도11378). ⟨20채용⟩

(16) 호흡 측정을 불응하는 운전자에게 혈액채취에 의한 측정방법이 있음을 고지하고 그 선택 여부를 물어야 할 의무는 없다(대판2002.10.25. 2002도4220). ⟨13승진, 15·23채용⟩

(17) 혈액채취에 의한 측정방법을 호흡측정에 불복하는 경우에만 한정하여 허용한 것으로 볼 수 없다.

(18) 미성년자 피의자의 혈액채취가 필요한 경우에도 **피의자 본인만이 혈액채취에 대한 동의를 할 수 있고, 법정대리인이 대리하여 동의할 수는 없다.** ⟨18·22채용⟩

(19) 호흡측정의 수치가 처벌기준 미달이어도 위드마크 공식에 의하여 처벌기준 이상이 될 가능성이 있다는 취지를 운전자에게 **미리 고지할 의무는 없다**(대판 2017.9.21. 2017도661). ⟨18채용, 22경위⟩

(20) 음주감지기에 불응함으로써 음주측정을 거부하겠다는 의사를 표명한 것이라면, 음주감지기에 의한 거부도 음주 측정에 응할 의사가 없음을 객관적으로 명백하게 나타낸 것으로 볼 수 있다(대판 2017.6.8., 2016도16121). ⟨21경위⟩

(21) 음주 측정은 호흡조사에 의한 측정만을 의미하는 것으로서 혈액채취에 의한 측정을 포함하는 것으로 볼 수 없음은 법문상 명백하다. 따라서, **혈액채취 거부는 음주측정에 불응한 것으로 볼 수는 없다**(대판 2010.7.15., 2010도2935). ⟨21경위⟩

(22) 피고인의 음주와 음주운전을 목격한 참고인이 있는 상황에서 경찰관이 음주 및 음주운전 종료로부터 약 5시간 후 집에서 자고 있는 피고인을 연행하여 음주측정을 요구한 데에 대하여 피고인이 불응한 경우, 「도로교통법」상 **음주측정불응죄가 성립한다**(대판 2001.8.24., 2000도6026). ⟨20경위, 23채용⟩

(23) 처를 태우고 음주운전하다가 적발이 되자, 경찰관이 운전자와 그 처의 의사에 반하여 지구대로 보호조치 한 경우, 운전자가 만취하지 않았고 경찰관이 **보호조치를 하고자 하였다면 그의 처에 인계하여야 함에도** 지구대로 데려간 것은 위법한 보호조치이므로 음주측정거부 행위를 처벌할 수 없다(대판 2012.12.13., 2012도11162). 〈21채용〉

(24) 음주운전 의심자를 보호조치 목적으로 경찰관서로 데려온 직후 음주측정을 요구하였는데 이에 불응한 경우, 보호조치가 위법하다고 볼 수 없는 한 음주측정불응죄에 해당한다(대판 2012.2.9. 2011도4328). 〈20법학, 22경위, 23채용〉

(25) 음주로 인한 특가법(위험운전치사상) 위반죄와 도교법(음주운전)은 실체적 경합관계이다. 도로교통법 위반(음주운전)죄는 운전자가 혈중 알코올농도의 최저기준치를 초과한 주취상태에서 자동차 등을 운전한 경우에는 구체적으로 정상적인 운전이 곤란한지 여부와 상관없이 성립하지만, 음주로 인한 특정범죄가중처벌 등에 관한 법률 위반(위험운전치사상)죄는 운전자가 음주의 영향으로 실제 정상적인 운전이 곤란한 상태에 있어야만 한다(대판 2008도7143). 〈18·20승진〉

(26) 운전자가 음주운전으로 교통사고를 야기한 후, 차에서 내려 피해자(진단 3주)에게 '왜 와서 들이받냐'라는 말을 하고, 교통 사고 조사를 위해 경찰서에 가자는 경찰관의 지시에 순순히 응하여 순찰차에 스스로 탑승하여 경찰서까지 갔을 뿐 아니라 경찰서에서 조사받으면서 사고 당시 상황에 대한 자신의 주장을 정확하게 진술하였다면, 비록 경찰관이 작성한 주취운전자 정황진술보고서에는 '언행상태'란에 '발음 약간 부정확', '보행 상태'란에 '비틀거림이 없음', '운전자 혈색'란에 '안면 홍조 및 눈 충혈'이라고 기재되어 있다고 하더라도 음주로 인한 특정 범죄 가중처벌 등에 관한 법률 위반(위험운전치사상)이 아니라 도로교통법 위반(음주운전)으로 처벌해야 한다(대판 2017도15519). 〈22채용〉

제4절 교통사고

1 교통사고 조사

(1) 안전거리

공주거리	운전자가 위험을 느끼고 브레이크를 밟았을 때 제동되기 시작하기까지 사이에 주행한 거리
제동거리	자동차가 실제로 제동되기 시작하여 정지하기까지의 거리
정지거리	공주거리 + 제동거리 〈15승진〉
안전거리	정지거리보다 긴 거리이다.

(2) 차륜흔적과 노면 패인 흔적 〈15승진〉

차륜 흔적	스키드마크	① 급제동 시 타이어가 정지된 상태에서 노면에 미끄러지면서 생긴 흔적 ② 좌측·우측 타이어 흔적이 대체로 동등
	스크래치	큰 압력 없이 미끄러진 금속물체에 가볍게 불규칙적으로 좁게 나타남.
	가속 스카프	급가속 시 바퀴가 제자리에서 **회전할 때 구동바퀴에서만 발생**
	요마크 (Yaw Mark)	① 급핸들 조향으로 바퀴는 회전을 계속하면서 **차축**(바퀴에 연결된 축)**과 평행하게 옆으로 미끄러지면서 생긴 빗살무늬 흔적** ② 급격하게 회전할 때 원심력으로 발생하므로 바깥쪽 타이어에 큰 하중이 실려 마찰열이 더 발생하고 흔적이 더 진하다. ※ Yaw: 한쪽으로 기울다.
노면 패인 흔적 (Gouge Mark)	발생과정	차량의 프레임, 콘트롤 암 등 차량하부의 금속에 의해 지면이 파인 자국
	칩(Chip)	마치 호미로 판 것처럼 **짧고 깊게 패인 흔적**으로 차량 간 최대 접속 시 생성
	찹(Chop)	칩보다 얕고 넓게 패인 흔적
	그루브 (Groove)	부품의 돌출한 부분이 노면에 끌리면서 발생

❖ 요마크(Yaw Mark)

2 교통사고처리특례법

(1) 교통사고
① "교통사고"의 정의: 차의 교통으로 인하여 **사람을 사상하거나 물건을 손괴하는 것**
② "차"는 「도로교통법」 제2조 제17호가목에 따른 차(車)와 「건설기계관리법」 제2조 제1항 제1호에 따른 건설기계를 말하는 것으로서, **자전거·경운기에 의한 사고도 교통사고에 해당한다.**
③ 철길 또는 가설된 선에 의하여 운전되는 것(기차·케이블카)에 의한 사고는 교통사고에 해당하지 않으며, 유모차·보행보조용 의자차·소아용자전거에 의한 사고는 교통사고에 해당하지 않는다.
④ 차량에 적재된 화물 등 **차량과 밀접하게 연결된 부위에 의해 발생한 경우도 포함된다.**

⑤ 교통사고는 도로에서의 사고에 한정되지 않으므로 도로가 아닌 곳에서 발생한 사고도 포함된다.
⑥ 교통사고를 일으킨 자가 종합보험 또는 공제에 가입된 경우에는 운전자에 대하여 공소를 제기할 수 없다.

(2) 교통사고에 반의사불벌이 적용되지 않는 경우(합의 또는 보험가입 관계없이 처벌)
① 12개 예외, ② 측정불응, ③ 인피도주 ④ 사망사고

(3) 중상해(제4조 제1항 제2호): 보험가입되어도 공소제기할 수 있으며, 합의가 될 경우만 불기소

(4) 교통사고 야기 후 도주
① 인피도주: 특가법 적용
② 물피도주(주정차 차량만 손괴): 도교법 적용(범칙금: 승용 12만원)

(5) 12개 처벌특례 항목

과속운전	제한속도 20Km 초과 〈17·22승진, 18채용〉
음주운전	음주 또는 약물 운전
무면허운전	무면허운전, 무건설기계조종사면허, 미소지 국제운전면허증
신호지시 위반	신호위반, 교통정리 경찰관 신호위반, 회전교차로의 유도표시(안전표지) 위반, 통행금지 또는 일시정지 안전표지 위반 〈18승진〉
중앙선 침범	중앙선 침범, 고속도로(일반도로 ×) 등을 횡단, 유턴, 후진 〈22승진〉
철길건널목 통과방법 위반	〈22승진〉
앞지르기 위반	① 앞지르기 시기·장소·방법, 끼어들기 위반 ② 고속도로에서 앞지르기 방법 위반 〈17승진〉
횡단보도 보행자 보호위반	보행자가 횡단보도를 통행하고 있거나 통행하려고 하는 때, 일시정지(도교법 제27조①) 의무 위반
보도침범 사고	보도침범, 보도 횡단방법 위반
어린이 보호구역 위반	어린이 보호구역에서 안전의무위반으로 어린이 신체 상해
승객 추락방지	
화물 추락사고	〈22승진〉

(6) 특가법 적용
① 특가법이 적용되면 교특법은 특가법에 흡수됨.
② 특가법 처벌 대상: 인피도주, 위험운전치사상(음주치사상), 어린이보호구역치사상

3 교통사고 유형별 처리

(1) 신호·지시위반 사고
① 횡단보도 신호기는 보행자에 대한 횡단보행자용 신호기이지 차량용 신호기는 아니므로 횡단보도 신호기가 녹색일 때 보행자를 충격한 경우 신호위반이 아닌 보행자 보호의무 위반에 해당한다(대판 1988.8.23., 88도632).

규대쌤 Comment
과음해서 무신중해서 철길앞 횡단보도에서 어린이 승화시 처벌특례

② 회전교차로에 설치된 회전교차로표지 및 유도표시는 안전표지에 해당하며, 화살표 방향과 반대로 진행하는 것은 안전표지 지시 위반에 해당한다.
③ 교차로 진입 직전에 백색실선이 설치되어 있으나 **교차로에서의 진로변경을 금지하는 내용의 안전표지가 개별적으로 설치되어 있지 않은 경우**, 교차로에서 진로변경을 하다가 야기한 교통사고는 안전표지가 표시하는 지시를 위반한 것에 해당하지 않는다(대판2015.11.12., 2015도3107).
④ **교차로와 횡단보도가 연접하여 설치되어 있고 차량용 신호기는 교차로에만 설치된 경우**에 있어서는, 그 차량용 신호기는 차량에 대하여 교차로의 통행은 물론 교차로 직전의 횡단보도에 대한 통행까지도 아울러 지시하는 것이라고 보아야 하므로, 교차로의 차량용 적색등화는 교차로 및 **횡단보도 앞에서의 정지의무를 아울러 명하고 있는 것으로 보아야 한다**. 따라서 **횡단보도의 보행등이 녹색인 경우에는 모든 차량이 횡단보도 정지선에서 정지하여야 하고, 나아가 우회전을 하다가 피해자를 충격한 경우에는 교특법상 신호위반에 해당한다**. 다만 **횡단보도의 보행등이 적색으로 바뀌어 횡단보도로서의 성격을 상실한 때에는 우회전 차량은 횡단보도를 통과하여 신호에 따라 진행하는 다른 차마의 교통을 방해하지 아니하고 우회전할 수 있다. 이때 다른 차마와 충격하였다면 신호위반 책임이 아닌 안전의무위반 책임을 진다**(대판 2009도8222, 2011도3970, 97도1835). 〈14·18승진, 15채용〉
 ※ 교차로에서 우회전할 때 만나는 두 번째 횡단보도에서 보행자 교통사고 시 보행자 보호의무위반(의정부지원 2016.10.7., 2015노3482)

❖ 교차로 교통사고 시 책임

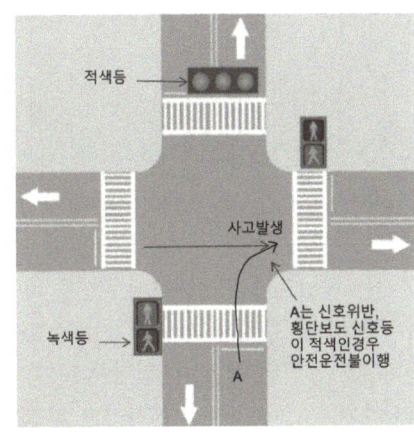 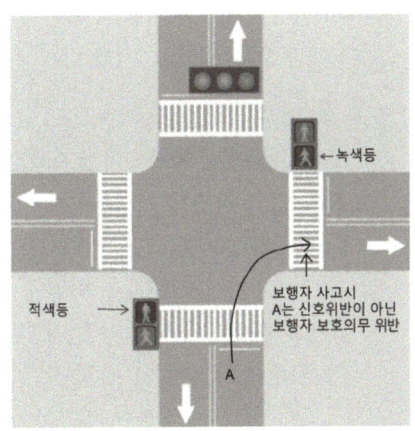

(2) 중앙선침범 사고
① 불가항력, 부득이한 사유로 중앙선을 침범한 경우에는 중앙선 침범사고의 책임을 물을 수 없다.
② 차체의 일부라도 중앙선을 침범하면 중앙선침범에 해당한다.
③ 가변차로상의 진행불가 차로로 진행 중 사고는 신호위반이 아니라 **중앙선침범**에 해당한다.
④ 편도 1차로에 정차한 버스를 피하여 황색실선 중앙선을 넘을 경우 **중앙선침범이 적용된다**.
⑤ 중앙선이 설치된 도로의 어느 구역에서 좌회전이나 유턴이 허용되어 중앙선이 백색점선으로 표시되어 있는 경우, 그 지점에서 안전표지에 따라 좌회전이나 유턴을

하기 위하여 중앙선을 넘어 운행하다가 반대편 차로를 운행하는 차량과 충돌하는 교통사고를 내었더라도 이를 특례법에서 규정한 중앙선 침범 사고라고 할 것은 아니다.

〈21경간〉

(3) 횡단보도 보행자보호의무 위반사고
① 자동차를 운전하다 횡단보도를 걷던 A를 충격하고 그 충격으로 횡단보도 밖에 있던 보행자 B가 밀려 넘어져 상해를 입었다면, B에 대해서도 횡단보도 보행자보호의무 위반에 해당한다.
② 횡단보도에서 횡단을 마치기 전에 보행신호등이 적색등화로 변경된 후 충격되었다면 주의의무 위반은 별론으로 하고 보행자보호의무 위반으로 볼 수는 없다.
③ 자동차가 횡단보도에 먼저 진입한 경우로서 그대로 진행하더라도 보행자 신호에 따른 보행자의 횡단을 방해하거나 통행에 아무런 위험을 초래하지 아니할 상황이라면 그대로 진행할 수 있다(2017.3.15., 2016도17442).
※ 다만, 이 경우 사고가 발생하면 운전자는 보행자보호의무 위반이 되는 일종의 비보호이다.
④ 보행자보다 먼저 보행자용 신호기가 없는 횡단보도에 진입한 경우에도 보행자의 횡단을 방해하지 않거나 통행에 위험을 초래해선 안되므로 차를 일시정지하여 보행자의 통행에 방해되지 않도록 해야 할 의무가 있다(2020.12.24., 2020도8675).

(4) 승객 추락방지
화물차 적재함에서 작업하던 피해자가 차에서 내린 것을 확인하지 않은 채 출발하여 피해자가 추락하여 상해를 입은 경우, '승객의 추락방지 의무' 위반에 해당하지 않는다. 승객추락방지의무는 사람의 운송에 사용되는 차의 운전자가 그 승객에 부담하는 의무이다(대판 99도3716). 〈21경간〉

(5) 도주 사고
① 운전자가 사고 현장에서 **동승자로 하여금 운전자라고 허위신고** 하였지만, 장소를 이탈하지 않고 사고접수 후 이틀 후 경찰에 자수하였다면 특가법상 도주에 해당하지 않는다(대판 2009.6.11., 2008도8627).
② 사고 야기자가 피해자를 병원에 후송하기는 하였으나 경찰관에게 **자신을 목격자라고 하면서 참고인 조사를 받고 귀가한 경우** 특가법상 도주에 해당한다(2002도5748).
   ⇨ 도주가 되지 않기 위해서는 피해자 「구호와 신원 제공」이 있어야 한다. ①과 ② 모두 병원에 후송한 부분은 공통되지만 ①은 동승자를 운전자라고 하였고, ②는 자신이 목격자라고 주장하였다. 이에 대하여 대법원은 ①에 대하여는 '도주의 범의를 가지고 사고현장을 이탈하였다고 볼 수는 없다'고 판시하였고, ②에 대하여는 이 사건 '교통사고를 낸 사람이 누구인지 확정할 수 없는 상태를 초래'하였기 때문에 도주에 해당한다고 보았다.
③ 동승자가 교통사고 후 운전자와 공모하여 도주행위에 단순하게 가담하였다는 이유만으로는 특가법위반(도주차량)죄의 공동정범으로 처벌할 수 없다.
④ 교통사고 후 **명함을 주었으나** 경찰 도착 전에는 병원에 가지 않겠다고 하여 이송을 못하고 있는 사이에 **현장을 이탈한 경우**는 특가법위반(도주차량)죄에 해당한다.

4 신뢰의 원칙

(1) 의의
① 신뢰의 원칙은 과실범에 있어서 주의의무의 한계를 정하는 원칙으로, **교통규칙에 따라 행동하는 사람은 다른 사람도 교통규칙을 잘 지키리라는 것을 신뢰한다면 충분하며**, 미리 그 타인이 교통규칙 위반행위로 나오리라는 것을 예견하고 회피할 주의의무까지 필요하지는 않다는 원칙이다.
② 현대사회에서 도로교통의 사회적 중요성에 기인하여 과실범처벌을 완화하기 위한 원칙이다.

(2) 고속도로에서 주의의무
① 고속도로상에 장애물이 나타날 것을 예견하여 감속 서행할 주의의무는 없다(81도1808). 〈15채용〉
② 고속도로를 횡단하려는 피해자를 그 차의 제동거리 밖에서 발견하였다면 피해자가 반대차선의 교행차량 때문에 도로를 완전히 횡단하지 못하고 **그 진행차선 쪽에서 멈추거나 되돌아 나가는 경우를 예견해야 한다.** 이 경우 고속도로라 하더라도 신뢰의 원칙이 배제된다(80도3305). 〈15경위〉

(3) 자동차전용도로
① 무단횡단 보행자가 나타날 경우를 미리 예상하여 감속서행할 주의의무는 없다.
② 자전거 출입이 금지된 곳에 갑자기 자전거를 탄 피해자가 나타나리라고 예견할 수 없다.

(4) 교차로상의 주의의무
① 교차로에 먼저 진입한 운전자에게 다른 차량이 자신의 진행속도보다 빠른 속도로 교차로에 진입하여 자신의 차량과 충격할지 모른다는 것까지 예상하고 대비하여 운전하여야 할 주의의무는 없다.
② 통행 우선순위를 무시하고 교차로 왼쪽에서 과속으로 교행해 오는 것 등에 대비할 주의의무는 없다.
③ 좌회전이 안 되는 교차로에서 불법으로 좌회전을 하는 순간 같은 방면 후방에서 중앙선을 넘어 오던 **차량과 충돌** 후 구호조치 없이 도주한 사고의 경우, 선행차량이 불법으로 좌회전한 것은 잘못이나 후행차량이 비정상적인 방법으로 진행할 것까지 예상하여 사고발생 방지조치를 취해야 할 업무상 주의의무가 있다고 할 수 없고 상당인당관계가 인정되지 않으므로 피고인의 과실로 사고가 발생하였음을 전제로 하는 특가법위반의 점에 대하여는 무죄이다.

(5) 반대 차로 차량에 대한 주의의무
① 무단횡단하던 **보행자가 중앙선 부근에 서 있다가** 마주 오던 차에 충격당하여 자신이 운전하던 택시 앞으로 쓰러지는 것을 역과한 경우 업무상 과실이 있다. 중앙선 부근에 서 있었다면 충분히 인지할 수 있었고 **언제든지 자신 앞으로 올 수 있다는 것을 예견하고서 주의하여야 한다.**
② 횡단보도의 신호가 적색인 상태에서 반대차선에 정지 중인 차량 뒤에서 보행자가 건너올 것까지 예상하여 주의의무를 다하여야 한다고 할 수 없다. 〈14승진〉

(6) 육교 밑에서의 주의의무

    심야 도로 교통이 빈번한 대도시 육교 아래에서의 자동차 운전자는 무단횡단자가 없을 것으로 믿고 운전하면 되는 것이다.

5 기타 주요 판례

(1) 고속도로 2차로를 진행하다가 갑자기 1차로로 끼어든 후 곧바로 정차하여 뒤따라오던 차량의 연쇄충돌로 사망과 상해를 입혔다면 **일반교통방해치사상죄**에 해당한다.

(2) 도로교통법의 '신고의무'는 피해자 구호, 교통질서 회복 등 적절한 조치가 필요한 상황에서만 적용되는 의무이다. 그러한 일이 없는 단순 물피사고에서는 신고의무가 적용되지 않는다.

(3) 교통사고 피해자 구호 의무는 당해 사고 발생에 귀책사유가 없는 경우에도 의무가 있다.

(4) 선행차량에 이어 후행 피고인 차량이 피해자를 연속으로 역과하여 사망한 경우 선행 및 후행차량 모두 사망에 인과관계 인정

   ① 피고인이 운행하던 자동차로 도로를 횡단하던 피해자를 충격하여 피해자로 하여금 반대차선의 1차선상에 넘어지게 하여 반대차선을 운행하던 자동차에 역과되어 사망하였다면 피고인의 과실과 피해자의 사망 사이에는 인과관계가 있다(대판 1988.11.8., 88도928).

   ② 피고인이 야간에 오토바이를 운전하다가 도로를 무단횡단하던 피해자를 충격하여 도로상에 전도케 하고, 그로부터 약 40~60초 후에 트럭이 피해자를 역과하여 사망케 한 경우, 후속차량의 운전사들이 조금만 전방주시를 태만히 하여도 피해자를 역과할 수 있음이 당연히 예상되었던 경우라면 피고인의 과실과 피해자의 사망 간에는 상당인과관계가 있다(대판 1990.5.22., 90도580).

(5) **차량 브레이크 고장시**에 사이드 브레이크를 조작하지 않았다거나 제한속도를 넘어서 운전하였다는 것이 직접적인 원인이 되지 아니한 때에는 **사고에 대한 책임이 없다**.

(6) 신호위반 범칙금을 납부하였더라도 교특법상 신호위반으로 인한 업무상과실치상죄 처벌은 이중처벌은 아니다. 양자는 동일성이 인정되지 않는 **별개의 범죄행위**이다. ⟨14·19승진⟩

(7) 보상한도가 1억원에 해당하는 **일상생활 책임보험**에 가입한 자전거 운전자는 교특법상의 보험 등에 해당한다고 볼 수 없다. 이 경우에는 **공소를 제기할 수 있다**.

(8) **교통섬이 있는 경우** 직진 차로를 따라 우회전하는 행위는 교차로 **통행방법 위반**이다.

(9) 고속도로가 아닌 일반도로에서 후진은 교특법 제3조 제2항 제2호를 위반한 것으로 볼 수 없다.

(10) 교차로에서 황색 등화를 보고서도 교차로 직전에 정지하지 않았다면 신호를 위반한 것이다.

CHAPTER 05 정보 경찰

제1절 경찰정보의 이해

1 경찰정보의 법적 근거

경찰법(제3조)· 경직법(제2조)	공공안녕에 대한 위험의 예방과 대응을 위한 정보의 수집·작성 및 배포
경찰청과 그 소속기관 직제(제14조)	치안정보국장 분장사무 1. 공공안녕에 대한 위험의 예방과 대응을 위한 정보업무 기획·지도 및 조정 2. 국민안전과 국가안보를 저해하는 위험 요인에 관한 정보활동 3. 국가중요시설 및 주요 인사의 안전·보호에 관한 정보활동 4. 집회·시위 등 공공갈등과 다중운집에 따른 질서 및 안전 유지에 관한 정보활동 〈22경간〉 5. 국민의 생명·신체의 안전이나 재산의 보호 등 생활의 평온과 관련된 정책에 관한 정보활동 6. 국가기관·지방자치단체·공공기관의 장이 요청한 신원조사 및 사실확인에 관한 정보활동 7. 외사정보의 수집·분석 및 관리 8. 그 밖에 범죄·재난·공공갈등 등 공공안녕에 대한 위험의 예방과 대응을 위한 정보활동으로서 제2호부터 제6호까지에 준하는 정보활동

2 경찰관의 정보수집 및 처리 등에 관한 규정(대통령령)

제2조(정보활동의 기본원칙 등) ① 공공안녕에 대한 위험의 예방과 대응을 위한 정보의 수집·작성·배포와 이에 수반되는 사실의 확인을 위해 경찰관이 수행하는 활동(이하 "정보활동"이라 한다)은 국민의 자유와 권리를 보호하는 것을 목적으로 해야 하며, **필요 최소한의 범위**에 그쳐야 한다.
② 경찰관은 정보활동과 관련하여 다음 각 호의 행위를 해서는 안 된다.
 1. 정치에 관여하기 위해 정보를 수집·작성·배포하는 행위
 2. 법령의 직무 범위를 벗어나 개인의 동향 등을 파악하기 위해 사생활에 관한 정보를 수집·작성·배포하는 행위
 3. 상대방의 명시적 의사에 반해 자료 제출이나 의견 표명을 강요하는 행위
 4. **부당한**(정당한 ×) 민원이나 청탁을 직무 관련자에게 전달하는 행위
 5. 직무상 알게 된 정보를 누설하거나 개인의 이익을 위해 사용하는 행위
 6. 직무와 무관한 비공식적 직함을 사용하는 행위
③ 경찰청장 또는 해양경찰청장은 정보활동이 적법하게 이루어지도록 현장점검·교육 강화 방안 등을 수립·시행해야 한다.

제3조(수집 등 대상 정보의 구체적인 범위) 경찰관이「경찰관 직무집행법」(이하 "법"이라 한다) 제8조의2제1항에 따라 수집·작성·배포할 수 있는 정보의 구체적인 범위는 다음 각 호와 같다.
1. 범죄의 예방과 대응(수사 ×)에 필요한 정보 〈23승진〉
2. 「형의 집행 및 수용자의 처우에 관한 법률」 제126조의2 또는 「보호관찰 등에 관한 법률」 제55조의3에 따라 통보되는 정보의 대상자인 수형자·가석방자의 재범방지 및 피해자의 보호에 필요한 정보
3. 국가중요시설의 안전 및 주요 인사(人士)의 보호에 필요한 정보
4. 방첩·대테러활동 등 국가안전을 위한 활동에 필요한 정보
5. 재난·안전사고 등으로부터 국민안전을 확보하기 위한 정보
6. 집회·시위 등으로 인한 공공갈등과 다중운집에 따른 질서 및 안전 유지에 필요한 정보
7. 국민의 생명·신체·재산의 보호와 공공안녕에 대한 위험의 예방과 대응을 위한 정책에 관한 정보[해당 정책의 입안·집행·평가를 위해 객관적이고 필요한 사항에 관한 정보로 한정하며, 이와 직접적·구체적으로 관련이 없는 사생활·신조(信條) 등에 관한 정보는 제외한다]
8. 도로 교통의 위해(危害) 방지·제거 및 원활한 소통 확보를 위한 정보
9. 「보안업무규정」 제45조 제1항에 따라 경찰청장이 위탁받은 신원조사 또는 「공공기관의 정보공개에 관한 법률」 제2조 제3호에 따른 공공기관의 장이 법령에 근거하여 요청한 사실의 확인을 위한 정보
10. 그 밖에 제1호부터 제9호까지에서 규정한 사항에 준하는 정보

제4조(정보의 수집 및 사실의 확인 절차) ① 경찰관은 법 제8조의2 제1항에 따라 정보를 수집하거나 정보의 수집·작성·배포에 수반되는 사실을 확인하려는 경우에는 상대방에게 자신의 신분을 밝히고 정보 수집 또는 사실 확인의 목적을 설명해야 한다. 이 경우 강제적인 방법을 사용해서는 안 된다. 〈23승진〉
② 제1항 전단에도 불구하고 다음 각 호의 어느 하나에 해당하는 경우에는 같은 항 전단에서 규정한 절차를 생략할 수 있다. 〈23승진〉
  1. 국민의 생명·신체의 안전이나 국가안보에 긴박한 위험이 발생할 우려가 있는 경우
  2. 범죄의 대응을 위한 정보활동에 현저한 지장을 초래할 우려가 있는 경우
③ 경찰관은 정보를 제공하거나 사실을 확인해 준 자가 신분이나 처우와 관련하여 불이익을 받지 않도록 비밀유지 등 필요한 조치를 해야 한다.

제5조(정보 수집 등을 위한 출입의 한계) 경찰관은 다음 각 호의 장소에 상시적으로 출입해서는 안 되며, 정보활동을 위해 필요한 경우에 한정하여 일시적으로만 출입해야 한다. 〈22채용〉
  1. 언론·교육·종교·시민사회 단체 등 민간단체
  2. 민간기업 (공기업 ×) 〈22경위〉
  3. 정당의 사무소

제8조(위법한 지시의 금지 및 거부) ① 누구든지 정보활동과 관련하여 경찰관에게 이 영과 그 밖의 법령에 반하여 지시해서는 안 된다.
② 경찰관은 명백히 위법한 지시라고 판단되는 경우에는 그 집행을 거부할 수 있다(거부해야 한다 ×).
③ 경찰관은 명백히 위법한 지시를 거부했다는 이유로 인사·직무 등과 관련한 어떠한 불이익도 받지 않는다.

3 정보가치에 대한 평가기준(질적 요건)

적실성 (관련성)	정보사용자의 사용목적(당면 문제)과 관련성
정확성	징기스칸은 전쟁 전에 여러 계층의 간첩을 보내 다양한 경로로 정보를 수집하여 확인
적시성	① 정보는 정책결정 시점, **사용자**(생산자 ×)가 필요한 시기에 제공되어야 함 ② 나폴레옹의 유배지 사망소식이 한 달 만에 파리에 전달되어 정적들은 불안하였고 프랑스 국가안보가 위태로웠음
완전성	① 주제와 관련된 사항을 모두 망라되어, 추가 정보가 필요하지 않는 상태 ② **첩보와 정보를 구분하는 기준** ③ 보고서는 사용자가 궁금한 사항이 없도록 6하 원칙에 따라 작성되어야 함
객관성	① 정보가 주관적으로 왜곡되면 선호정책의 **합리화 도구**로 전락할 수 있음 ② 임진왜란 직전 일본을 살피고 돌아온 황윤길과 김성일은 전혀 상반된 보고를 하였음
사례	① 영국 의회는 '총리실이 이라크 전쟁 방침을 합리화하기 위하여(객관성 관련), 개전 시 이라크가 45시간 내에 대량살상무기를 사용할 것이라고 **정보보고서를 조작하였다(객관성 관련)**'고 주장하였다. 이에 총리실은 '대량살상무기는 발견되지 않았으나(정확성 관련), 조작은 없었다.'고 밝혔다. ⇨ '객관성 + 정확성' 문제 ② 미국 전 국무장관 콜린 파월: '필요한 정보량이 40~70% 안에 들면(완전성 관련), 일을 배짱 있게 추진한다(적시성 관련).' ⇨ '완전성 + 적시성' 문제

4 정보의 효용

접근효용	① 사용자의 접근 용이성, **경찰청 정보기록실** 운영과 관련 ② 정보의 분류, 기록, 관리와 가장 관련이 깊다. ③ 정보의 통제효용을 저해하지 않는 범위 내에서 접근성을 높이는 방향으로 관리
시간효용	사용자 요구가 없어도 **생산자가** 판단하여 사용자에게 가장 적절한 시기에 정보를 제공
소유효용	① 정보는 상대적으로 많이 소유할수록 질적의 효과를 발휘 ② '**정보는 국력이다**'라는 표현은 정보의 소유효용을 나타내는 말이다.
통제효용	① '필요한 사람에게 필요한 만큼', '**차단의 법칙**'과 관련된다. ② 한정성의 원칙(알 사람만 알아야 하는 원칙 또는 필요성의 원칙)'이라고도 한다.
형식효용	① 사용자 요구에 맞는 형식에 부합 ② 대통령 등 최고정책결정자에 대한 정보보고서는 '**1면주의**' 원칙(시간효용 ×)

5 정보의 분류

(1) 정보 분류 기준 〈13·14승진〉

구분	정보 분류
정보 요소	정치, 경제, 사회, 군사, 과학 정보 등
사용 수준	전략정보, 전술정보
사용 목적	적극정보, 소극(보안)정보
정보 출처	부차적 – 근본, 공개 – 비밀, 우연 – 정기
분석 형태	기본정보, 현용정보, 판단정보
수집 활동	인간정보, 기술정보

(2) 사용수준에 따른 분류

전략정보 (국가정보)	① 국가 정책과 국가 안전보장 등 광범위한 분야의 정보 ② 국가정보원이 대표적인 전략정보기관
전술정보 (부문정보)	① 전략정보의 기본적인 방침을 수행하기 위한 세부 정보 ② 생산자가 부문 정보기관이고 사용자도 각 **정부부처나 기관의 정책결정자임** ③ 전략정보와 전술정보는 상대적인 개념이며 모두 적극정보의 성격임 ④ 경찰정보가 대표적

(3) 사용목적에 따른 분류

적극정보 (정책정보)	국가 이익을 위하여 정보기관이 생산하는 대부분의 정보로서 주요정책 수행상의 문제점, 정책과 관련된 민심의 동향이나 여론 등
소극정보 (보안정보)	① 국가 안전을 유지하는 경찰기능의 기초가 되는 정보 ② 방첩정보 또는 대(對) 정보(counter-intelligence) 등과 유사 개념 ③ 테러정보, 간첩이나 비밀활동자의 색출을 위한 정보, 밀입국자 또는 마약 거래자의 예방과 적발을 위한 정보 등

(4) 출처에 따른 분류 〈20승진〉

부차출처 (간접정보)	중간매체(TV, 신문 등)를 통하여 정보를 감지, 그 중간매체의 주관이나 편견이 개입될 소지가 있어서 내용의 **신뢰성이 낮게** 평가될 여지가 있음
근본출처 (직접정보)	중간매체 없이 정보관이 직접 체험한 정보로서 **부차출처보다 신뢰성이 높음**
공개출처	① 공개출처라고 하여 비밀출처에 비하여 신뢰성이나 가치가 떨어지는 것은 아니다. ② 오신트(Open Source INTelligence, 공개출처정보) 전문가 **스틸**은 "학생이 갈 수 있는 곳에 스파이를 보내지 말라."고 하여 정보수집은 공개출처 활용 가능성 판단에서 시작되어야 함을 강조 ③ 미국 정보전문가 **랜슨**(Ranson)은 '오늘날 각국 정보기관이 획득하는 정보의 80% 이상이 이 출처에서 입수되고 있다'고 주장했다. ④ 장점: 접근성 ⑤ 단점: 방대한 양, 적시성
비밀출처	① 정보출처 노출 시 출처로서의 기능 상실 및 출처의 입장이 곤란해지는 출처 ② 정보관이 비밀리에 관리하는 공작원, 협조자, 귀순자, 외교관, 주재관 등이 비밀출처에 해당하며 **정보관 자신도 비밀출처에 해당한다.**
우연출처	부정기적으로 획득, 원칙적으로 정보관에 의한 비밀출처 정보
정기출처	① 정기출처 중 정기간행물, 일간신문 등은 공개출처 정보이고, 정기적으로 정보를 제공하는 공작원이나 협조자는 비밀출처 정보임 ② 일반적으로 정기출처 정보가 우연출처 정보에 비해 내용의 **신뢰성이 높음**
신뢰도	부차(간접) < 근본(직접), 공개 ≒ 비밀, 우연 < 정기

(5) 분석형태에 따른 분류 〈14승진, 18법학, 15경위〉

기본정보	과거 사실이나 사건들에 대한 **정적인 상태**를 기술한 정보
현용정보	① 현재의 **동적인 상태**를 보고하는 정보로서 경찰의 정보상황보고 등 ② 통상 정보사용자는 현안에 관심이 많아서 **판단정보** 보다 **현용정보**를 더 높게 평가
판단정보	① 미래 가능성을 예측한 평가정보 〈19경위〉 ② 종합 분석과 과학적 추론을 하므로 가장 정선된 형태의 정보이며, 생산자의 능력과 재능을 가장 많이 필요로 함 ③ 사용자에게 정책 결정에 필요한 적당한 사전 지식 제공을 사명으로 함 〈19경위〉

(6) 수집활동에 따른 분류

인간정보 (휴민트)	① 인간에 의해서가 아니면 수집할 수 없는 첩보가 있으며, 인간정보는 **첩보수집의 시작이자 마지막**이다. ② 역공작은 휴민트만이 가능하다. ③ 테러, 마약, 국제범죄조직은 기술정보로 파악하는 데 한계가 있다. ④ 이중스파이 등 배신과 음모의 가능성이 상존한다. ⑤ 테킨트의 발달로 휴민트 영역이 줄고 있으나 **오늘날에도 여전히 중요성을 가진다.**	
기술정보 (테킨트)	영상정보 (이민트)	① 걸프전에서 미국은 레이다 **정찰위성**으로 이라크군의 장비와 지하벙커의 위치를 탐지하여 전략목표를 무력화시켰다. ② 공군의 영웅이었던 미첼은 "전선 위를 한 번 비행하는 것이 지상을 수백 번 다니는 것보다 적군을 더 분명하게 파악할 수 있다"고 함
	신호정보 (시진트)	① 영상정보로는 획득할 수 없는 상대방의 내심과 목적을 원거리에서 파악 ② 소련이 대한항공기의 격추사실 시인한 것은 일본이 레이다와 전파도청으로 소련요격기와 지상과의 교신기록을 확보하고 있었기 때문 ③ 신호정보는 당사자 쌍방의 통신이나 통화가 전제되어야 하므로 당사자가 침묵하거나 보안조치를 강구하면 작동할 수 없는 단점

※ 영상정보: 레이더로 수집한 시각적 정보
  신호정보: 레이더 신호

참고

정보의 분류 정리
- 오신트(Open Sorce Intelligence, OSINT): 공개출처정보
- 휴민트(Human Intelligence, HUMINT): 인간정보
- 테킨트(Technical Intelligence, TECHINT): 기술정보
  - 이민트(Imagery Intelligencey, IMINT): 영상정보
  - 시진트(Signal Intelligence, SIGINT): 신호정보

6 정보순환

(1) 정보순환과정의 특징
① 정보순환의 각 단계는 소순환 과정을 거치며 전체 순환과정에 연결됨.
② 정보순환은 연속적 또는 동시에 이루어질 수 있음. 각 단계의 순서가 바뀌거나 상호 교류하는 현실을 고려하여 다이아몬드형이나 원형으로 이해하는 경향이다. 정보요구에 의해 곧바로 정보분석과정으로 가기도 하고 정보분석 과정에서 첩보수집을 요청하는 경우가 있어서 단순한 **직렬형태만으로 이루어지지 않는다**는 의미이다.

(2) 정보순환과정 개관 〈22경위〉

단계	소순환 과정
정보 요구	첩보기본요소 결정 ⇨ 첩보수집계획서 작성(기획·지시부서) ⇨ 명령하달(첩보수집계획서 하달) ⇨ 사후검토(조정·감독) 〈22경위〉
첩보 수집	첩보수집계획(첩보수집 부서의 자체 계획) ⇨ 출처개척 ⇨ 첩보수집(획득) ⇨ 전달 〈22경위〉
정보 생산	선택 ⇨ 기록 ⇨ 평가 ⇨ 분석 ⇨ 종합 ⇨ 해석 〈22경위〉
정보 배포	사용권자에게 구두, 서면, 도식 등으로 배포되는 단계

(3) 정보의 요구 〈15승진〉
① 소순환 과정

첩보기본요소 결정	사용자가 필요한 정보를 결정하는 단계로, 정치, 경제, 사회, 문화 등 어느 부문의 정보를 요구할 것인지를 결정한다.
첩보수집계획서 작성	기획·지시부서에서 작성하는 것으로서, 요구되는 첩보의 내용, 배경 첩보, 수집기관, 보고시기 등을 적시한다.
명령하달	구두 또는 문서 등으로 수집기관에 첩보수집계획서를 하달한다.
사후검토	지시된 내용이 수집기관에 의하여 제대로 수집되고 있는지에 대한 지속적인 감독과 조정으로 수집활동의 효율성을 확보한다.

② **정보요구의 우선순위**: 국가의 가장 중요한 국가정보목표우선순위(PNIO)에 따라서 각 부문정보기관들은 첩보기본요소(EEI)를 작성한다. 첩보기본요소는 계속적·반복적으로 수집되며 첩보수집계획서에 의하여 수집이 지시된다는 점에서 단기적·일회적으로 첩보수집계획서 없이 지시가 이루어지는 특별첩보요구(SRI)와 구별된다. 이 경우 첩보수집기관에서는 SRI를 EEI에 우선하여 보고하게 되며, 계속적인 SRI의 하달로 정보기관의 활동은 주로 특별첩보요구(SRI)에 의하여 이루어지게 된다. EEI와 SRI는 상대적인 개념으로서 학문적으로 구분되는 것이며, 사전에 첩보수집계획서의 하달로 첩보수집이 이루어진다면 EEI, 첩보수집계획서 하달 없이 대략적인 범위나 방법만 주면서 단시간에 수집하라고 지시하면 SRI에 해당한다.

국가정보목표 우선순위 (PNIO)	① PNIO(Priority of National Inetlligence Objectives) ② 국가안전보장이나 정책에 관련되는 국가정보목표의 우선순위로서, 정부의 연간 기본정책 수행에 필요한 자료 〈18경위〉 ③ 국가 전 정보기관활동의 기본방침이고, 특히 경찰청이 정보수집계획을 수립할 때 가장 중요한 지침이 된다. 〈18경위〉

기타정보요구 (OIR)	① OIR(Other Intelligence Requirement) ② PNIO에 누락된 주요 정보 목표로서 급변하는 정세변화에 따라 수정이 필요한 경우 등 PNIO에 우선하여 충족시키기 위한 정보요구이다. ③ 일시적이라는 점에서 SRI와 유사하지만 더 광범위하고 장기적인 요구이다.
첩보기본요소 (EEI)	① EEI(Essential Elements of Information) ② PNIP에 따라서 정보관들이 일상적으로 정보를 수집하는 가장 기본적인 사항 ③ 정보요구 소순환 과정에서 기획·지시부서가 하달한 첩보수집계획서에 따라서 첩보수집 ④ 계속·반복적으로 수집할 사항 ⑤ 통계표와 같이 공개적·문서화된 경우 대부분 ⑥ 광범위한 지역에서 수집되는 항시적 요구사항 ⑦ 해당부서의 정보활동을 위한 일반지침이 된다. 〈16경위〉
특별첩보요구 (SRI)	① SRI(Special Requirements for Information) ② 임시·돌발·단기적 문제해결을 위한 요구 ③ 기획·지시부서에서 첩보수집계획서 작성 없이 수집할 첩보나 보고시기 등이 하달된다. 〈18경위〉 ④ 첩보수집 지침은 사안과 대상에 따라 상이하며 비교적 구체성, 전문성 요구 ⑤ 정보기관의 활동은 주로 SRI에 의함 〈19승진〉

(4) 첩보의 수집

의의		① 보안의식이 높아지는 현대에서 가장 중요하고 어려운 단계 ② 정보요구 단계에서 첩보수집계획서가 작성되지만, 첩보수집환경이나 현실적 제약 등을 감안하여 첩보수집부서가 자체적으로 첩보수집계획을 수립하여 출처를 개척한다.
첩보출처 개척시 고려사항	첩보종류 결정	요구되는 첩보가 어떠한 종류의 것인가(EEI, SRI)를 최초의 정보요구를 감안하여 결정함
	신빙성	① 인간정보 출처는 대상자의 성장배경, 사안과의 이해관계, 수집자와의 신뢰관계 등이 신빙성 근거가 될 수 있음 ② 공개정보 출처는 공신력, 사안과의 이해관계 등을 살펴야 함
	접근성	주어진 시간 내에 해당 출처 개척 가능성을 검토
	신속성 (경제성)	신빙성과 접근성이 있어도 가장 신속하고 경제적으로 입수할 수 있는 출처를 선별하여야 함 ※ 신빙성 있는 공개출처는 비밀출처를 대신할 수 있다.
	가외성	획득한 첩보의 신뢰성 검토를 위하여 둘 이상의 출처를 개척하고 이들 간의 상호 검증의 과정을 거쳐야 하는 원칙(이중출처 개척의 원칙)
첩보 수집 활동		인간정보, 기술정보(영상정보, 신호정보)로 첩보 수집
손자(孫子) 간첩분류	반간(反)	적의 간첩을 역으로 이용: 소련 KGB가 미국 CIA 비밀요원을 매수하여 십여 년간 CIA의 비밀활동 정보를 수집 〈14승진〉
	향간(鄕)	적국의 시민을 첩보원으로 이용
	내간(內)	적의 관리를 매수하여 이용 〈14승진〉

	사간(死)	적의 교란을 위해 적에게 붙잡혀 죽게 만드는 아군의 간첩, 배반할 염려가 있는 아군의 간첩에게 허위 정보를 주어 적에게 누설하게 하는 것
	생간(生)	적국에 잠입하여 정보활동 후 돌아와 보고하는 간첩

(5) 정보의 생산(분석)

개념	① 정보보고서를 작성하며, 정보순환과정에서 가장 중심이고 학문적 성격이 요구된다. ② 「선택 ⇨ 기록 ⇨ 평가 ⇨ 분석 ⇨ 종합 ⇨ 해석」으로 구분할 수 있다. ※ 정보 생산(분석)의 절차에 대하여 학자들간에 다양한 견해가 있다. 경찰정보학(문경환·이창무 공저, 2019년)에 의하면 「분류 및 기록 ⇨ 평가 ⇨ 분석 ⇨ 종합 ⇨ 해석」으로 구분하며, 최신경찰학(임창호 등 4인공저, 2021년)에 의하면 「선택(기록) ⇨ 평가 ⇨ 분석(분류) ⇨ 종합 ⇨ 해석」과정으로 구분하여, '개념적·기능적·지역적 분류' 과정이 서로 다른 절차에서 이루어지는 차이점이 발견된다.	
분류	개념적 분류	① **주지의 사실**: 공개출처로 수집, 최소한 실체 확실한 것으로 평가 ② **역정보**: 의도적으로 정보분석가를 기망, 오도하기 위한 정보 ③ **비밀**: 정보 소유 주체가 알려지지 않도록 조치를 취하는 경우 ④ **난제**: 정보분석이나 비밀 수집으로도 해결할 수 없는 문제
	기능적 분류	국가정보 차원에서 정치, 군사, 경제, 사회 등 대상에 다른 분류
	지역적 분류	정보분석 대상이 지역에 따라 나뉘어지는 것, 정보조직이 각 시·도청, 경찰서에 설치된 것은 지역별 분류에 해당한다.
평가	① 첩보의 신뢰성, 가치 등을 **1차적으로 검토하는 단계** ② **출처의 신빙성**: 첩보를 획득한 인물, 비밀출처 등 출처 자체에 대한 신용 평가 ③ **첩보내용의 신뢰성**: 첩보의 내용이 사실과 일치하는 성질을 의미	
개념위주 분석방법	상황논리적 분석	① 정보 분석에 **가장 일반적으로 이용되는 모형** ② 상황이 논리적으로 어떤 방향으로 전개될 것인지에 대한 결론 도출
	이론 적용 분석	① 현안에 가장 적합한 이론을 적용하여 결론을 도출 ② 학생운동의 전개 방향을 전망하면서 **학생운동을 주도하는 계파의 이론적 배경을 우선적으로 검토하는 것**
	역사적상황 비교 분석	① 현재 분석대상을 과거 사례들과의 비교하여 결론 도출 ② 해당 단체가 과거 수회 폭력시위 전력이 있으므로 금지통고가 필요하다는 판단을 제시하는 경우 ③ 상황논리 분석에 필요한 충분한 자료가 없는 경우에 사용되는 방법 ④ **가장 간편하고 분석시간을 줄일 수 있는 방법**
자료위주 분석방법	① 분석보다 수집에 우선순위를 두는 형태이다. ② 첩보의 양이 부족한 경우, 부분 첩보로 결론을 도출하는 단순화의 우려가 발생하거나, 분석을 포기하고 첩보 수집을 다시 요구하는 무한회귀의 오류에 빠질 수도 있다. ③ 첩보가 많을수록 반드시 분석의 정확성이 높아지는 것은 아니다. 대량의 첩보를 분류·평가하는 부담, 수집된 첩보 간의 상충 등으로 분석의 정확성을 해칠 수도 있다.	

(6) 정보의 배포
① 배포 원칙 〈20승진〉

적시성	① 최소한의 시간적 여유를 보장 (활용 직전에 배포 ×)
	② 중요하고 긴급한 정보를 우선 배포 (먼저 생산된 정보 우선 배포 ×)
필요성	알 필요가 있는 대상자에게 알려야 한다. 〈19경위〉
적당성	사용자의 능력과 상황에 맞춰 적당한 양을 조절하여 필요한 만큼만 전달한다.
보안성 〈15승진〉 〈18승진〉	물리보안	보호구역 설정, 시설보안, 이동수단 등에 대한 물리적 보안
	인사보안	담당자에 대한 보안심사, 보안서약, 보안교육
	분류조치	① 문서에 대한 비밀 표시, 배포범위 제한, 폐기문서 파기 등 〈20승진〉
		② 문서 열람자격 제한: '자격'이 아닌 '문서'에 대한 것으로 인사보안이 아닌 분류조치임에 유의
	통신보안	전선, 전파, 컴퓨터 네트워크 보안
계속성	한 번 배포되었으면 추가된 정보를 계속 배포한다.

② 배포 수단 〈13·16승진〉

비공식적	통상 개인적인 대화의 형태
브리핑	① 통상 강연식, 문답식으로 진행, **현용정보** 배포수단으로 많이 이용
	② 신속성, 보안성은 높으나 서면보고에 비해 완전성, 책임성은 떨어진다.
메모	① **정보분석관**이 가장 많이 활용, 요약하기 때문에 정확성은 낮다.
	② 구두보고와 서면보고의 중간형태로 볼 수 있다.
	③ 정기간행물에 포함시키는 것이 적절하지 못한 긴급·현용정보 전달
문자메시지	정보사용자와 물리적인 접촉이 용이하지 않은 경우나 사실확인 차원의 단순보고에 활용되는 방식으로 최근 활용도가 높아지고 있음
일일정보보고	일정한 양식으로 24시간 정세 변화 보고. 현용정보이므로 신속성 중요
정기간행물	광범위한 배포를 위하여 출판, 공인된 사용자에게 최근 중요 상황 전달
특별보고서	① **축적된 정보**가 여러 사람에게 가치를 가질 때 발행	구별
	② 부정기적으로 생산하며 형식면에서 통일성이 낮다.	
지정된 연구과제	사용자가 요청한 문제에 대하여 정보를 작성하고 배포하는 방법 〈19경간〉	

제2절 경찰정보활동의 실제

1 정보보고서 종류 〈16·19승진〉

견문보고서	경찰관이 공·사생활을 통하여 수집한 보고서
정보상황 보고서	① 현용정보의 일종으로 '상황속보' 또는 '속보'로 불림.
	② 집단시위, 사회갈등 등의 상황이나 진행과정(제1보, 제2보)으로 보고
	③ 필요시 경찰 외부에도 전파하는 시스템으로 운용
중요상황보고서	'중보'라고 불리며 매일 전국의 갈등상황이나 집회·시위 상황을 정리하여 전파하는 보고서이다.

정보판단서 (정보대책서)	① 지휘관으로 하여금 **경력동원** 등 조치를 요하는 보고서 ② 주민들이 골프장 건설 관련하여 집회를 계획 중이라는 첩보에 따라 경력배치가 요망 된다는 취지를 보고서를 작성
정책정보 보고서	① 정부 정책의 문제점과 개선책 보고. '민심정보'도 정책정보에 포함된다. ② '**예방적 상황정보**'라고 불리며 정부 부처에서 생산하는 일반적인 정책보고서와는 구별되는 개념이다.

2 정보보고서 작성시 판단을 나타내는 용어 〈13승진〉

판단됨	거의 확실시
예상됨	단기적으로 비교적 확실시
전망됨	장기적으로 윤곽 예측
추정됨	구체적 근거는 없이 막연한 추측
우려됨	구체적 징후는 없으나 최소한 대비 필요

※ '판단 ⇨ 예상 ⇨ 전망 ⇨ 추정 ⇨ 우려'순으로 확실성이 낮아짐

3 신원 조사(보안업무규정)

목적	국가정보원장은 **국가안전보장**에 한정된 국가기밀을 취급하는 사람의 **충성심·신뢰성** 등을 확인하기 위하여 신원조사를 한다(성실성 ×). 〈17승진, 20경간〉
절차	① 국가정보원장의 직권 신원조사 제도 폐지, 관계 기관의 장이 국가정보원장에게 신원조사를 요청하는 경우에만 가능(제36조③). ② 국정원장은 국방부장관, 경찰청장에 위탁 가능(제45조①) ③ 국정원장은 안전보장에 해를 끼칠 사람을 관계 기관장에게 **통보하여야** 하고, 통보받은 기관장은 보안대책을 마련하여야 한다(할 수 있다 ×). 〈17·18승진, 17·18채용〉
대상자	관계기관의 장은 다음에 해당하는 사람에 대하여 국가정보원장에게 신원조사를 요청해야 한다. ① 공무원 임용 예정자(국가안전보장에 한정된 국가기밀을 취급하는 직위에 임용될 예정인 사람으로 한정한다) 〈17·18채용〉 ② 비밀취급 인가 예정자 〈17·18채용〉 ③ 국가보안시설·보호장비를 관리하는 기관 등의 장(해당 국가보안시설 등의 관리업무를 수행하는 소속 직원을 포함한다) ④ 그 밖에 다른 법령이나 각급기관의 장이 국가안전보장을 위하여 필요하다고 인정하는 사람

제3절 집회 및 시위(집회 및 시위에 관한 법률)

1 용어의 정의(제2조)

집회	① "옥외집회"란 천장이 없거나 사방이 폐쇄되지 아니한 장소에서 여는 집회를 말한다. ② 2인이 모인 집회도 집시법의 규제 대상이 된다(대판 2010도11381) 〈22승진〉 ③ 공동 목적 없이 우연히 만나는 것은 집회에 해당하지 않으며, 집회 참가를 위한 대기 모임은 준비 단계일 뿐 집회에 해당하지 않는다. 집회 장소가 사전 봉쇄되자 인근 교회에 잠시 머문 것은 해산명령의 대상인 집회에 해당하지 않는다(대판 2012.5.24., 2010도11381). ④ 옥내집회는 신고대상이 아니어서 누구든지 자유로이 개최할 수 있지만, 집회 후 행진하는 경우에는 신고하여야 함
시위	① "시위"란 여러 사람이 공동의 목적을 가지고 도로, 광장, 공원 등 일반인이 **자유로이 통행할 수 있는 장소를 행진**하거나 **위력 또는 기세를 보여**, 불특정한 여러 사람의 의견에 영향을 주거나 제압을 가하는 행위를 말한다. ⇨ 공공장소 행진 또는 위력 과시가 시위이며, 위력 과시는 장소적 제한이 없음 〈21승진〉 ② 시위는 넓은 의미의 집회이다. 즉 집회의 개념이 시위보다 넓다. ③ 1인 시위는 집회·시위라고 볼 수 없으므로 신고의무가 없고 금지할 수 없다. 다만 업무방해에 해당할 수도 있다. ④ 플래시몹(Flash Mob)은 불특정 다수가 짧은 시간에 모여 주어진 행동을 하고 곧바로 흩어지는 새로운 시위형태로서 미신고 **집회로 처벌 가능하다.** 〈16승진〉 ⑤ 장례 도중 추모를 넘어서는 내용의 현수막과 피켓을 들고 행진한 것은 시위에 해당 〈22승진〉
주최자등	① "주최자"란 자기 이름으로 자기 책임 아래 집회나 시위를 여는 사람이나 단체를 말한다. 주최자는 주관자를 따로 두어 집회 또는 시위의 실행을 맡아 관리하도록 위임할 수 있다. 이 경우 주관자는 그 위임의 범위 안에서 주최자로 본다. '주최자'라 함은 자기명의로 자기 책임 아래 집회 또는 시위를 개최하는 사람 또는 단체를 말하는 것인바, 우연히 대학교 정문 앞에 모이게 된 다른 사람들과 함께 즉석에서 즉흥적으로 학교당국과 경찰의 제지에 대한 항의의 의미로 시위를 하게 된 것이라면, 비록 그 시위에서의 구호나 노래가 피고인들의 선창에 의하여 제창되었다고 하더라도, 그와 같은 사실만으로는 피고인들이 위 시위의 주최자라고는 볼 수 없다(대판 90도2435). ② 연합단체의 집행위원장을 대신하여 가장 많은 인원이 참가한 민주노총의 부위원장이 사회를 보았다면, 이는 공동대표와 공모하여 집회를 주최한 것이다(판례). ③ 사전 계획 없이 즉흥적으로 구호와 노래를 제창한 것은 주최자로 볼 수 없다(판례). ④ 외국인도 집회, 시위의 주최자가 될 수 있다. 다만, 출입국관리법(제17조②)에서 외국인의 정치활동을 금지하고 있음(위반 시 강제퇴거 가능). ※ 집회·시위의 주최자는 최고책임자, 주관자는 관리자를 의미한다. 보안업무에서 공작의 주관자는 공작의 책임자이다.

2 평화적 집회 및 시위의 보호

집회·시위 방해금지 (제3조)	① 폭행·협박 등으로 집회·시위 방해, 주최자나 질서 유지인의 임무 수행 방해 금지 ② 주최자는 집회·시위가 방해받을 우려가 있을 시 관할 경찰관서에 보호요청 가능 ③ 군인·검사·경찰관이 집회 시위를 방해할 경우 가중처벌(목적범 아님에 유의) (일반인: 3년⇩ 징역, 300만원⇩ 벌금, 군인, 검사, 경찰관: 5년⇩ 징역) ⟨19채용⟩
특정인의 참가배제 (제4조)	① 주최자 및 질서 유지인(일반인 ×)은 특정한 사람이나 단체가 집회나 시위에 참가하는 것을 막을 수 있다. 다만, 기자는 출입이 보장되어야 하며, 이 경우 기자는 신분증을 제시하고 기자임을 표시한 완장을 착용하여야 한다. ② 경찰이나 기자가 참가배제 통보를 받더라도 집회·시위 장소에 출입할 수 있다. 참가배제권은 집회에 참가하려는 사람을 대상으로 하기 때문이다.
경찰관의 출입 (제19조)	① 경찰관은 주최자에 알리고 집회·시위 장소에 정복을 입고 출입이 가능하다. ② 옥내집회에는 긴급한 경우나 경직법 제7조(위험방지를 위한 출입)에 의하여 가능하다.

3 옥외 집회·시위 관련 시간 정리 ⟨17·18·19·20·21승진, 23경위⟩

신고서 제출	720시간 전~48시간 전
접수증	즉시 발부
금지통고	접수~48시간 이내
보완 통고서	접수~12시간 이내에
보완 신고	보완통고서 수령~24시간 이내
이의신청	상급관청에 10일 내 신청 ⇨ 24시간 내 재결서 발송 ⇨ 새로운 집회 24시간 전 신고 / 금지통고에 열(10) 받아서 상부에 이의신청 ※ 나머지는 모두 24시간
(금지·이의신청으로) 시기 놓친 경우	집회 24시간 전 신고
중복 신고시, 먼저 신고 된 집회 철회	집회 24시간 전 철회신고, 미신고 시 100만원 이하 과태료

4 옥외 집회·시위 신고

(1) **옥외 집회·시위 신고 등(제6조)**: 신고서는 경찰서에 제출하되, 시위장소가 두 곳 이상의 경찰서 관할에 속하는 경우에는 관할 시·도경찰청장에게 제출하고, 두 곳 이상의 시·도경찰청 관할에 속하는 경우에는 주최지를 관할하는 시·도경찰청장(경찰청장 ×)에게 제출하여야 한다. ⟨20승진, 21법학⟩

(2) **신고서 보완(제7조)** ⟨20승진⟩
① 미비사항은 접수증 교부한 때부터 12시간 이내에 24시간을 기한으로 보완 통고
② 보완사항을 서면(구두 ×)으로 주최자 또는 연락책임자(질서 유지인 ×)에게 송달
⟨21승진⟩
③ 집회신고서의 내용에 대하여는 보완 통고할 수 없음

규대쌤 Comment

사파리 개장신고, 사파리 개장 금지, 보완 12, 금지통고에 10받 아서 상부에 이의신청

5 옥외 집회 금지·제한 등

(1) 옥외 집회 금지·제한 통고(제8조)

금지 사유	① 제5조 제1항(헌법재판소의 결정에 따라 해산된 정당의 목적을 달성하기 위한 집회·시위 또는 집단적인 폭행·협박·손괴·방화 등으로 공공의 안녕 질서에 직접적인 위협을 끼칠 것이 명백한 집회 또는 시위)에 해당하는 경우 ② 시위 금지 시간에 해당하는 경우: 집회는 시간적 제한 없이 가능하나, 시위는 헌재의 위헌결정으로 주간 및 24시 이전까지만 가능하다. 〈23경위〉 제10조(옥외집회와 시위의 금지 시간) 누구든지 해가 뜨기 전이나 해가 진 후에는 옥외집회 또는 시위를 하여서는 아니 된다. 다만, 집회의 성격상 부득이하여 주최자가 질서유지인을 두고 미리 신고한 경우에는 관할경찰관서장은 질서 유지를 위한 조건을 붙여 해가 뜨기 전이나 해가 진 후에도 옥외집회를 허용할 수 있다. ※ '시위'에 관한 부분은 각 '해가 진 후부터 같은 날 24시까지의 시위'에 적용하는 한 헌법에 위반된다(헌재 2010헌가2). ③ 집회·시위 금지 장소에 해당하는 경우 ④ 보완통고에도 불구하고 보완하지 아니한 때 ⑤ 서로 상반되는 집회가 같은 시간·장소에서 중복될 때, 시간·장소 분할을 권유하고 권유가 받아들여지지 않으면 뒤에 접수된 신고를 금지할 수 있다(해야 한다 ×). ※ 먼저 접수한 주최자는 집회 시작 1시간 전에 관할서장에게 통지해야 하고, 철회 시에는 24시간 전에 신고(철회신고서 미제출 시 100만원⇩ 과태료) ⇨ 관할서장은 뒤의 주최자에게 즉시 통지 ⇨ 뒤의 주최자는 최초 신고한 대로 개최하거나 일시를 새로 정하여 개최 24시간 전에 신고서 제출하고 개최 먼저 신고된 집회가 다른 집회의 개최를 봉쇄하기 위한 허위 또는 가장 집회신고에 해당함이 객관적으로 분명해 보이는 경우에는, 단지 먼저 신고가 있었다는 이유만으로 뒤에 신고된 집회에 대하여 집회 자체를 금지하는 통고를 하여서는 아니 되고, 설령 이러한 금지통고에 위반하여 집회를 개최하였다고 하더라도 집시법상 위배되지 않는다(대판 2011도13299). 〈22채용〉 ⑥ 주거(유사장소 포함), 학교, 군사시설 등의 보호 요청 시 〈14·19승진〉 ⑦ 대통령령으로 정하는 주요도로 교통소통 필요시(질서 유지인을 둔 경우 금지할 수 없으나 이때에도 심각한 교통 불편 우려 있으면 금지 가능)
통고 방법	① 48시간내 금지통고가 원칙이지만 집회·시위가 폭행, 협박 등으로 직접적 위험을 초래한 경우, 남은 기간에 대하여 48시간이 지나도 금지통고 할 수 있다(제8조①). ② 제한통고에 대한 시간 제한 규정은 없다. ③ 집회·시위의 금지·제한 통고는 그 이유를 분명하게 밝혀 서면으로 주최자 또는 연락책임자에게 송달하여야 한다.

(2) 송달

① 대리송달: 주최자나 연락책임자에게 송달할 수 없는 경우(문을 열어주지 않는 경우)
　㉠ 주최자가 단체인 경우 사무소의 직원 또는 사무소 건물의 관리인, 건물 소재지의 통·반장에게 전달 가능
　㉡ 주최자가 개인인 경우 세대주나 가족 중 성년자 또는 거주하는 건물의 관리인이나 소재지 통·반장에게 전달 가능

② **유치송달**: 대리 송달자가 수령을 거부할 경우 민사소송법상의 유치송달(송달 장소에 서류를 두는 것) 가능
③ 효력은 발송 시가 아닌 송달 시(도달주의)

(3) 이의신청(제9조)
① 집회 또는 시위의 주최자는 금지 통고를 받은 날부터 **10일 이내**에 해당 경찰관서의 바로 위의 상급경찰관서의 장에게 이의를 신청할 수 있다.
② 이의신청을 받은 경찰관서의 장은 접수 일시를 적은 접수증을 이의신청인에게 즉시 내주고 접수한 때부터 **24시간 이내**에 재결을 하고 재결서를 발송하지 아니하면 관할 경찰관서장의 금지 통고는 소급하여 그 효력을 잃는다.
③ 이의신청을 받은 경찰관서장은 **즉시** 집회 또는 시위의 금지를 통고한 경찰관서장에게 이의신청의 취지와 이유(이의신청 시 증거서류나 증거물을 제출한 경우에는 그 요지를 포함한다)를 알리고, 답변서의 제출을 명하여야 하고, 재결을 한 때에는 집회 또는 시위의 금지를 통고한 경찰관서장에게 **재결 내용을 즉시 알려야 한다**(시행령 제8조, 제9조).
④ 이의신청인은 이의신청에 따라 금지 통고가 위법하거나 부당한 것으로 재결되거나 그 효력을 잃게 된 경우 처음 신고한 대로 집회 또는 시위를 개최할 수 있다. 다만, 금지 통고 등으로 시기를 놓친 경우에는 일시를 새로 정하여 집회 또는 시위를 시작하기 24시간 전에 관할경찰관서장에게 신고함으로써 집회 또는 시위를 개최할 수 있다.

(4) 경계지점 100미터 이내에서 집회·시위가 금지되는 장소(제11조)

장소		예외
대통령 관저, 국회의장·대법원장·헌법재판소장 공관		없음 〈21경채〉
국회의사당	기능, 안녕 침해 우려 없는 경우로서,	① 국회의 활동을 방해할 우려가 없는 경우 ② 대규모 확산 우려 없는 경우
각급 법원·헌법재판소		① 법관·재판관의 직무상 독립이나 구체적 사건의 재판에 영향을 미칠 우려가 없는 경우 ② 대규모 확산 우려 없는 경우
국무총리 공관		① 국무총리를 대상으로 하지 아니하는 경우 ② 대규모 확산 우려 없는 경우
외교기관·외교사절 숙소		① 해당 외교기관 또는 외교사절의 숙소를 대상으로 하지 아니하는 경우 ② 외교기관의 업무가 없는 휴일에 개최하는 경우 ③ 대규모 확산 우려 없는 경우

※ 대통령 관저 및 국회의장 공관의 경계지점 100미터 이내 집회·시위 금지 규정은 헌법불합치 결정(2024.5.31.까지 개정)

(5) 집회·시위 중 상징물 훼손

태극기	공용, 사용 불문하고 형법상 국기모독죄
성조기	공용을 위해 게시된 것을 훼손하였을 때만 형법상 외국국기모독죄

인공기	① 반국가단체 상징물로서 **공용, 사용 불문** 형법상 범죄 성립 안 됨.
	② 경찰관직무집행법 제5조(위험행위 방지)에 의거하여 **제지 가능**
	③ 집회현장에서 소훼
	   • 집시법 제16조(주최자의 준수사항)④ 위반
	   • 집시법 제17조(질서 유지인의 준수사항)② 위반
	   • 경범죄 처벌법상 위험한 불씨 사용에 해당 (인공기소훼는현행법상 처벌규정 없다 ×)
	④ 인공기는 이적표현물에 해당하지 않음
	   ※ 국가보안법상 이적표현물은 표현물 내용뿐만 아니라 작성 동기, 표현행위 태양 및 외부와의 관련사항 등 제반사정을 종합하여야 한다(판례).

(6) 질서유지선

① 질서유지선이란 관할 경찰서장이나 시·도경찰청장이 적법한 집회 및 시위를 보호하고 질서 유지나 원활한 교통 소통을 위하여 집회 또는 시위의 장소나 행진 구간을 일정하게 구획하여 설정한 **띠, 방책, 차선 등의 경계 표지**를 말한다(제2조). 〈15·17승진〉

> • 질서유지선은 물건 또는 안전표지이므로 **경찰관이 줄지어 서는 방법으로** 사실상 질서유지선의 역할을 하더라도 이를 **질서유지선이라 할 수 없다**(대판 2016도21311).
> 〈22채용〉
> • 질서유지선은 집회 및 시위 참가자들을 제지하기 위한 것이라기보다는 참가자들의 질서유지와 원활한 교통 소통을 위하여 집회 또는 시위의 장소나 행진의 구간을 명확히 알아볼 수 있도록 사전에 안내하는 역할을 하는 것으로 봄이 상당하다. 경찰버스로 이루어진 '차벽'은 긴급한 상황하에서 참가자들의 행진을 제지하기 위하여 사용한 것으로서, '질서유지선'이라고 공표하거나 '질서유지선'이라고 기재해 두었다 하여 경찰이 차벽을 집시법상의 질서유지선으로 사용할 의사였다거나 설치된 차벽이 객관적으로 질서유지선의 역할을 한 것으로 보이지는 아니한다(대판 2016도21077).

② 경찰관서장은 **최소한**(최대한 ×)의 범위를 정하여 질서유지선 설정 가능(모든 집회·시위 ×)하다. 〈21채용〉

③ 질서유지선 설정 사실을 **서면으로 주최자 또는 연락책임자**(질서유지인 ×)에게 고지하여야 하며, 고지하지 아니한 경우에는 질서유지선으로서의 법적효력을 상실한다. 다만, 집회·시위 상황에 따라 질서유지선을 **새로 설정·변경**하는 경우에는 집회·시위 장소에 있는 경찰공무원이 **구두 통보 가능** 〈15·16·23승진, 21채용〉
※ 집회신고서 보완통보도 주최자 또는 연락책임자(질서유지인 ×)에게 한다.

④ 질서유지선은 집회 또는 시위가 이루어지는 장소 외곽의 경계지역뿐만 아니라 **집회 또는 시위의 장소 안에도 설정할 수 있다**(대판 2016도19464). 〈22채용〉

⑤ 질서유지선은 신고된 집회를 보호하기 위한 것이지, 미신고·불법집회의 제한을 위한 것이 아니다. 따라서 미신고 집회에 설치된 「경찰관직무집행법」상의 질서유지선을 침범하더라도 집시법에 따라 처벌되지 않는다.

⑥ 신고된 집회에서 정당한 사유 없이 질서유지선을 상당 시간 침범하거나 손괴, 은닉, 이동 또는 제거하거나 그 효용을 해친 경우 6개월 이하 징역 또는 50만원 이하 벌금, 구류, 과료 〈16·23승진, 21채용〉

⑦ 질서유지선 설정 사유(시행령 제13조)

> ㉠ 집회·시위 장소 한정, 집회·시위 **참가자와 일반인 구분** 필요시
> ㉡ 집회·시위 **참가자를 일반인이나 차량으로부터 보호**할 필요시
> ㉢ 일반인 **통행 또는 교통 소통**을 위하여 필요시
> ㉣ 법 제11조(집회·시위 금지장소), 통신시설 등 중요시설, 위험물 등에 접근·행진 금지 또는 제한 필요시
> ㉤ 집회·시위의 **행진로를 확보**하거나 이를 위한 **임시횡단보도를 설치**할 필요가 있을 경우
> ㉥ 그 밖에 집회·시위의 보호와 공공의 질서 유지를 위하여 필요할 경우

> 【질서 유지인은 질서 유지선 설정 통보를 받을 수 없다】 질서 유지인은 집회가 실제로 개최되는 현장에서만 활동하는 사람으로서, 개최되기 전에 이루어지는 보완통보, 금지통보, 질서 유지선 통보 등을 수령할 수 없다. 개최 이후 현장에서 이루어지는 종결선언 요청은 접수할 수 있다. 현장에서 질서 유지선이 변경될 경우 구두로 통보하며 이때는 접수자가 특정되어 있지 않다.

(7) 적용의 배제(제15조)

학문, 예술, 체육, 종교, 의식, 친목, 오락, 관혼상제 및 국경행사에 관한 집회에는 제6조(옥외집회 및 시위의 신고 등), 제7조(신고서의 보완 등), 제8조(집회 및 시위의 금지 또는 제한 통고), 제9조(집회 및 시위의 금지 통고에 대한 이의 신청 등), 제10조(옥외집회와 시위의 금지 시간), 제11조(옥외집회와 시위의 금지 장소), 제12조(교통 소통을 위한 제한)의 규정을 적용하지 아니한다.

6 준수사항

주최자 (제16조)	① 주최자는 집회 또는 시위의 질서유지에 관하여 자신을 보좌하도록 18세 이상의 사람을 질서 유지인으로 임명할 수 있다(해야 한다 ×). 〈21법학, 22경위〉 ② 주최자는 질서를 유지할 수 없으면 그 집회 또는 시위의 종결을 선언하여야 한다. 〈22경위〉 ③ 주최자 및 질서 유지인은 다음 각 호의 어느 하나에 해당하는 행위를 하여서는 아니 된다. 　• 총포, 폭발물, 도검(刀劍), 철봉, 곤봉, 돌덩이 등 다른 사람의 생명을 위협하거나 신체에 해를 끼칠 수 있는 기구(器具)를 휴대하거나 사용하는 행위 또는 다른 사람에게 이를 휴대하게 하거나 사용하게 하는 행위 　• 폭행, 협박, 손괴, 방화 등으로 질서를 문란하게 하는 행위 　• 신고한 목적, 일시, 장소, 방법 등의 범위를 뚜렷이 벗어나는 행위 ④ 옥내집회의 주최자는 확성기를 설치하는 등 주변에서의 옥외 참가를 유발하는 행위를 하여서는 아니 된다.

질서 유지인 (제17조)	① 질서 유지인은 참가자 등이 질서 유지인임을 쉽게 알아볼 수 있도록 완장, 모자, 어깨띠, 상의 등을 착용하여야 한다. 〈22경위〉 ② 관할경찰관서장은 집회 또는 시위의 주최자와 협의하여 질서 유지인의 수(數)를 적절하게 조정할 수 있다. 〈22경위〉 ③ 집회나 시위의 주최자는 질서 유지인의 수를 조정한 경우 집회 또는 시위를 개최하기 전에 조정된 질서 유지인의 명단을 관할경찰관서장에게 알려야 한다.
참가자	① 집회나 시위에 참가하는 자는 주최자 및 질서 유지인의 질서 유지를 위한 지시에 따라야 한다. ② 집회나 시위에 참가하는 자는 아래 행위를 하여서는 아니 된다. • 총포, 폭발물, 도검(刀劍), 철봉, 곤봉, 돌덩이 등 다른 사람의 생명을 위협하거나 신체에 해를 끼칠 수 있는 기구(器具)를 휴대하거나 사용하는 행위 또는 다른 사람에게 이를 휴대하게 하거나 사용하게 하는 행위 • 폭행, 협박, 손괴, 방화 등으로 질서를 문란하게 하는 행위

7 집회 · 시위 해산

(1) 집시법 시행령

> 제17조(집회 또는 시위의 자진 해산의 요청 등) 집회 또는 시위를 해산시키려는 때에는 관할 경찰관서장 또는 관할 경찰관서장으로부터 권한을 부여받은 경찰공무원은 다음 각 호의 순서에 따라야 한다. 다만, 불법, 미신고, 종결선언 한 집회시위와 주최자·주관자·연락책임자 및 질서 유지인이 집회 또는 시위 장소에 없는 경우에는 **종결 선언의 요청을 생략할 수 있다.**
> 1. 종결 선언 요청: 주최자에게 집회 또는 시위의 종결 선언을 요청하되, 주최자의 소재를 알 수 없는 경우에는 주관자·연락책임자 또는 질서 유지인을 통하여 종결 선언을 요청할 수 있다. 〈15승진〉
> 2. 자진 해산 요청: 제1호의 종결 선언 요청에 따르지 아니하거나 종결 선언에도 불구하고 집회 또는 시위의 참가자들이 집회 또는 시위를 계속하는 경우에는 **직접 참가자들에 대하여 자진 해산할 것을 요청한다.**
> 3. 해산명령 및 직접 해산: 제2호에 따른 자진 해산 요청에 따르지 아니하는 경우에는 세 번 이상 자진 해산할 것을 명령하고, 참가자들이 해산명령에도 불구하고 해산하지 아니하면 직접 해산시킬 수 있다.

(2) 해산 절차 〈16승진〉

종결선언 요청	① 경찰관서장이 권한을 부여하면 기동단 경비계 소속 경찰관도 해산명령 가능 ② 생략 가능: 불법, 미신고, 종결선언 한 경우, 주최자 등 없는 경우
자진해산 요청	① 반드시 '자진해산'이라는 용어를 사용해야 하는 것은 아니고 그러한 취지가 포함되어 있으면 가능(판례) 〈17 · 19승진〉 ② 자진해산 요청은 주최자가 아닌 **참가자들에게** 직접 공개적으로 한다. ③ 자진해산 요청은 1번만 해도 된다(해산명령은 3회).
해산명령 직접해산	① 참가자들이 인식할 수 있도록 시간적 여유를 두면서 3회 이상 명령 〈15승진〉 　※ 자진해산 요청 40분 후, 해산명령을 10분 간격으로 3회하고 검거한 것은 정당(판례) 　※ 참가자들이 해산명령을 인식할 수 없어도 유효하다 (×) ② 해산명령은 경찰관서장으로부터 권한을 부여받은 경찰관도 할 수 있다. 〈15 · 17승진〉

③ 미신고 집회 또는 금지통고 된 집회라는 이유로 곧바로 해산명령을 할 수는 없고 '타인의 법익이나 공공의 안녕질서에 '직접적이고 명백한 위험을 초래'한 경우에 한해 가능하다. 따라서 사전 금지·제한 위반으로 처벌하더라도 해산명령 불응으로 처벌 불가하다(판례). 〈19·22승진〉
④ 해산명령을 할 때 구체적 사유(집시법 제20조 제1항)를 고지하도록 판시하고 있으나 집시법에서는 규정되어 있지 않다.
  ※ 제20조①(자진해산 요청 및 해산명령 사유): 집회 시간, 장소, 미신고, 금지통고, 교통소통, 종결선언, 주최자 준수사항 위반 등
⑤ 집시법에서는 미신고 집회나 금지 통고된 집회를 해산명령의 대상으로 하면서 별도의 해산요건을 규정하지는 않았다.
✔ 법률에 규정은 없지만 판례로 인정되는 두 가지
  • 직접적이고 명백한 위험을 초래한 경우만 해산명령 가능
  • 해산명령할 때는 그 사유를 구체적으로 고지

8 주요 판례

(1) 집회의 자유
  ① 집회 금지와 해산은 잠재적인 위험만으로는 부족하고 직접적이고 명백한 위험이 존재하는 경우에 한하여 가능하다.
  ② 서울광장을 경찰버스로 둘러싸면서 일반시민들이 통행할 수 있는 통로를 내지 않은 것에 대하여, 불법 폭력 시위가 적은 시간대 또는 출퇴근 시간대 등에는 일부 통제를 해제할 수 있음에도 전면적으로 통행 제지한 것은 **과잉금지 원칙을 위반하여 일반적 행동자유권을 침해한 것이다. 그러나 거주 이전의 자유가 제한되었다고 할 수는 없다**(헌재).

(2) 미신고 집회
  ① 신고범위를 현저히 일탈하였더라도 곧바로 미신고 집회·시위가 되는 것은 아니다. 종합적으로 평가하여 동일성이 인정되는지를 판단하여야 한다.
  ② 외부 출입 통제된 회사 구내 옥외 주차장 집회는 미신고 옥외집회로 처벌 불가하다.
  ③ 꽃마차 대신 상여, 만장을 사용한 경우는 현저한 신고범위 일탈 아니다.
  ④ 신고내용에 포함되지 않은 삼보일배 행진은 사회상규에 반하지 않는다.
  ⑤ 명칭은 '열린 음악회'이지만, 미군의 환경파괴행위를 규탄하는 집회라면 예술, 친목, 오락에 관한 집회에 해당하지 않는다.
  ⑥ 기자회견을 표방하더라도 플래카드와 마이크로 불특정 다수인이 보거나 들을 수 있도록 연설과 구호를 제창하는 것은 실질적으로 집회 형태를 갖춘 것이므로 옥외집회에 해당한다.
  ⑦ 1인이 피켓을 들고, 다른 사람은 구호를 외치거나 전단을 배포하는 행위 없이 그 옆에 서 있는 방법으로 돌아가면서 릴레이 시위를 한 경우 집회, 시위로 볼 수 있다.

(3) 불법 집회·시위
  ① 행진이 신고 내용과 다소 다르게 행하여져 도로 교통을 방해하였더라도 신고를 현저히 일탈하지 않은 경우에는 일반교통방해죄는 성립하지 않는다.
  ② 우회로가 없는 도심 도로 진행방향 3개 차로를 모두 점거한 채 4분 동안 700미터를 진행하였다면 일반교통방해죄가 성립한다.
  ③ 신고 행진로인 하위 1개 차로에서 15분간 연좌한 것은 신고한 범위 일탈 아니다. 〈22승진〉

④ 다른 참가자들과 암묵적, 순차적으로 공모하여 교통을 방해하였다면 교통방해죄에 해당한다.
⑤ 퇴거불응죄의 건조물에 관공서도 포함되며 '건물'과 이에 '**부속된 구조물**'뿐만 아니라 그 건조물의 이용에 제공되는 것이 명확한 **주차장** 등 인접한 주변 토지도 포함된다.
⑥ 관공서 로비에서 **구호**를 외치고 노래를 부르며 퇴거 불응하는 것은 그 건조물의 평온을 해하고 정상적인 기능에 위험을 초래하므로 해산명령의 대상이 된다. 신고의무 없는 옥내집회도 공공 안녕질서에 직접적이고 명백한 위험을 초래하면 해산명령의 대상이 된다.(대판 2010도14545)
⑦ 집회신고 없이 타워크레인을 무단 점거한 후 플래카드를 내걸고 부당해고 철회를 요구한 것은 미신고 옥외집회에 해당한다.
⑧ 당초 신고한 옥외집회는 개최하지 않고 인접건물에서 옥내집회만 개최한 경우, 신고한 옥외집회의 신고범위를 일탈한 행위로 처벌할 수는 없다. 〈19승진〉

9 확성기등의 소음기준

(1) 소음기준(집시법 시행령 별표2) 〈22승진, 21채용, 21경채〉

구분	대상 지역	시간대		
		주간 (07:00~해지기 전)	야간 (해진 후~24:00)	심야 (00:00~07:00)
등가소음도 (Leq)	주거지역, 학교, 종합병원	65 이하	60 이하	55 이하
	공공도서관	65 이하	60 이하	
	그 밖의 지역	75 이하	65 이하	
최고소음도 (Lmax)	주거지역, 학교, 종합병원	85 이하	80 이하	75 이하
	공공도서관	85 이하	80 이하	
	그 밖의 지역	95 이하		

● 정리하기

심야시간 규정
- 확성기 등 소음기준: 00:00~07:00
- 형사소송법: 21:00~06:00
- 경찰 감찰 규칙: 00:00~06:00

(2) 소음 측정방법(집시법 시행령 별표2)

1. 확성기 등의 소음은 관할 경찰서장(현장 경찰공무원)이 측정한다.
2. 소음 측정 장소는 피해자가 위치한 건물의 외벽에서 소음원 방향으로 1 ~ 3.5m 떨어진 지점으로 하되, 소음도가 높을 것으로 예상되는 지점의 **지면 위 1.2 ~ 1.5m 높이**에서 측정한다. 다만, 주된 건물의 경비 등을 위하여 사용되는 **부속 건물, 광장·공원이나 도로상의 영업시설물, 공원의 관리사무소** 등은 소음 측정 장소에서 **제외**한다. 〈21채용〉

3. 제2호의 장소에서 확성기 등의 대상소음이 있을 때 측정한 소음도를 측정소음도로 하고, 같은 장소에서 확성기 등의 대상소음이 없을 때 5분간 측정한 소음도를 배경소음도로 한다.

〈22승진〉

4. 측정소음도가 배경소음도보다 10dB 이상 크면 배경소음의 보정 없이 측정소음도를 대상소음도로 하고, 측정소음도가 배경소음도보다 3.0 ~ 9.9dB 차이로 크면 아래 표의 보정치에 따라 측정소음도에서 배경소음을 보정한 소음도를 대상소음도로 하며, 측정소음도가 배경소음도보다 3dB 미만으로 크면 다시 한 번 측정소음도를 측정하고, 다시 측정하여도 3dB 미만으로 크면 확성기 등의 소음으로 보지 아니한다.

5. 등가소음도는 10분간(소음 발생 시간이 10분 이내인 경우에는 그 발생 시간 동안을 말한다) 측정한다. 다만, 다음 각 목에 해당하는 대상 지역의 경우에는 등가소음도를 5분간(소음 발생 시간이 5분 이내인 경우에는 그 발생 시간 동안을 말한다) 측정한다.
   가. 주거지역, 학교, 종합병원
   나. 공공도서관

6. 최고소음도는 확성기등의 대상소음에 대해 매 측정 시 발생된 소음도 중 가장 높은 소음도를 측정하며, 동일한 집회·시위에서 측정된 최고소음도가 1시간 내에 3회 이상 위 표의 최고소음도 기준을 초과한 경우 소음기준을 위반한 것으로 본다. 다만, 다음 각 목에 해당하는 대상 지역의 경우에는 1시간 내에 2회 이상 위 표의 최고소음도 기준을 초과한 경우 소음기준을 위반한 것으로 본다.
   가. 주거지역, 학교, 종합병원
   나. 공공도서관

7. 다음 각 목에 해당하는 행사(중앙행정기관이 개최하는 행사만 해당한다)의 진행에 영향을 미치는 소음에 대해서는 그 행사의 개최시간에 한정하여 위 표의 주거지역(그 밖의 지역 ×)의 소음기준을 적용한다.

〈22승진〉

   가. 「국경일에 관한 법률」 제2조에 따른 국경일의 행사
   나. 「각종 기념일 등에 관한 규정」 별표에 따른 각종 기념일 중 주관 부처가 국가보훈처인 기념일의 행사

8. 그 밖에 소음의 측정방법 등에 관한 사항은 「환경분야 시험·검사 등에 관한 법률」 제6조 제1항 제2호에 따른 소음 및 진동 분야 환경오염공정시험기준 중 생활소음 기준에 따른다.

● 정리하기

확성기 등 소음기준

측정	측정소음도	대상소음이 있을 때 측정	
	배경소음도	대상소음이 없을 때 5분간 측정	
	등가소음도	5분간 측정	주·학·종·도
		10분간 측정	그 밖의 지역
	최고소음도	1시간에 2회 위반	주·학·종·도
		1시간에 3회 위반	그 밖의 지역
보정	차이가 10dB 이상	측정소음도를 대상소음도로 한다.	
	차이가 3~9.9dB	보정소음도를 대상소음도로 한다.	
	차이가 3dB 미만	확성기 등의 소음으로 보지 아니한다.	

(3) 확성기 등 소음기준 규제 및 처벌
① 1인 시위는 집회, 시위로 보지 않으므로 확성기 제한도 **적용되지 않는다.** 〈21채용〉
② 미신고집회 가능한 **학문, 예술, 종교** 등의 집회도 확성기 제한은 **적용된다.**
③ 친고죄 규정은 없다. 다만 구성요건에 '타인에게 심각한 피해를 주는 소음'으로 규정되어 있으므로 피해사실을 특정하기 위해서 피해자 신고에 의하여 측정하는 것이 바람직
④ 소음기준 초과 시 규제는 기준이하 소음유지 명령, 확성기 등의 사용중지 명령, 확성기 등의 일시보관 등 필요한 조치를 할 수 있으며(제14조②), 반드시 이 순서대로 규제해야 하는 것은 아니다. 〈22승진, 21채용〉
⑤ 경찰 조치를 거부하거나 방해하는 경우 6개월 이하 징역 또는 50만원 벌금, 구류, 과료

● 정리하기

구분	확성기 소음기준	질서 유지선
1인 시위	×	×
미신고 집회·시위	○	×

제4절 대화경찰과 채증

대화경찰	① 집회·시위에 대한 관점을 관리·통제에서 인권존중·소통으로 근본적으로 바꾸기 위해 스웨덴 집회·시위관리 정책을 벤치마킹한 '대화경찰관제'를 도입·시행하고 있다. 〈22채용〉 ② 대화경찰은 집회시위 참가자들과 경찰·시민들 간의 소통창구이다. 그동안 정보경찰이 비공개적으로 수행했던 소통, 갈등완화 활동을 공개적 업무로 전환한 것이다. ③ 대화경찰은 인근 주민, 상인들의 불만이나 요구도 청취하여 이들의 기본권과 집회의 자유가 조화를 이루도록 해결방안을 모색한다. ④ 친절한 설명보다는 적극적 경청에 집중하고, 집회종료 후 안전 귀가를 위한 안내자 역할, 안전사고 예방활동도 병행한다.
채증활동	① 근거법: **경찰법·경직법, 형소법 제216조**(영장에 의하지 아니한 강제처분) (**집시법 ×**) ② 출동 전에 채증 수단 및 방향을 결정하고 지역에 대한 지형지물을 파악하여 만약의 사태에 대비하며, 현장 활동시에는 유리한 위치를 선점하며 피랍이나 폭행 당하지 않도록 유의한다.

CHAPTER 06 안보경찰

제1절 안보경찰의 의의와 특색

1 안보경찰의 임무(경찰청과 그 소속기관 직제)

안보수사국장은 다음 사항을 분장한다.
1. 안보수사경찰업무에 관한 기획 및 교육
2. **보안관찰 및 경호안전대책 업무에 관한 사항(경비국장 X)** ⟨22경간⟩
3. 북한이탈주민 신변보호
4. 국가안보와 국익에 반하는 범죄에 대한 수사의 지휘·감독
5. 안보범죄정보 및 보안정보의 수집·분석 및 관리
6. 국내외 유관기관과의 안보범죄정보 협력에 관한 사항
7. 남북교류와 관련되는 안보수사경찰업무
8. 국가안보와 국익에 반하는 중요 범죄에 대한 수사
9. 외사보안업무의 지도·조정
10. 공항 및 항만의 안보활동에 관한 계획 및 지도

2 안보경찰의 특징

성질상 특징	① 안보경찰의 1차적 목적은 국가의 안전보장이다. ② 안보경찰의 활동은 **사전·예방적** 성격이다. 국가 안전보장에 대한 사후 진압적 활동은 이미 안보경찰의 목표를 달성할 수 없게 한다. ③ 안보경찰은 위태성 범죄를 대상으로 한다. 일반범죄는 침해적 성격을 갖지만 보안경찰의 사전예방적 활동은 법익이 현실적으로 침해됨을 요하는 범죄를 대상으로 삼을 수 없다. ④ 안보경찰의 **보호법익은 국가적 법익**이다.
수단상 특징	① 비공개성: 활동수단의 비공개 ② 비노출성: 임무수행의 성질상 신분 비노출

제2절 방첩활동

1 방첩 개관

의의		기밀유지 또는 보안유지라고 하며, 상대로 하여금 우리 측의 의도를 간파하지 못하게 하고 우리 측의 어떤 상황도 상대방에게 전파되어서는 안 된다는 것을 의미한다.
기본 원칙	완전협조 원칙	일반 국민의 적극적인 협조 필요
	치밀 원칙	치밀한 계획과 준비로 방첩활동 수행
	계속접촉 원칙 〈14경간〉	① 간첩 발견 시 즉시 검거하지 않고 전체 파악할 때까지 계속 접촉 유지 ② 탐지 ⇨ 판명 ⇨ 주시 ⇨ 이용 ⇨ 검거
수단	적극적 수단	적의 공작망에 대한 공격적인 수단으로서 첩보수집, 대상인물 감시, 침투공작, 간첩신문, **역용 공작**(기만적 x), 첩보공작 분석 등
	소극적 수단	보안기능으로서 정보 및 자체보안, 인원 및 시설보안, 보안업무 규정화, 입법사항 건의 등
	기만적 수단 〈14경간〉	적이 오인하도록 방해하는 수단으로서 허위정보 유포, 유언비어 유포, 양동간계시위 등

2 방첩 대상: 간첩 – 태업(테러 ×) – 전복 ※ 방첩 대상과 수단 구별

간첩	의의	기밀을 수집하거나 태업, 전복 활동을 하는 모든 조직적 구성 분자	
	연락수단	① **난수표**: 지령이나 보고 내용을 은닉, 보호하기 위해 약정한 암호 문건 ② **A-3 방송**: 북한이 남파 간첩에게 지령을 하달하는 방송	
	포섭방법	직파간첩 김동식, 부부간첩 최정남은 자신의 **신분을 노출하고 포섭하는 방법을 사용**하였으며, 돈이나 명예, 이성을 활용한 포섭, 월북자 가족의 안부나 안전을 매개로 하는 포섭, 강압이나 기만적인 방법을 통합 포섭이 있다.	
	임무별 분류	① **일반간첩**: 전형적 형태 간첩 ② **무장간첩**: 요인암살, 일반간첩 호송 ③ **보급간첩**: 공작금, 장비 등 활동자재 보급 ⇨ **물건 중심** 〈13승진〉 ④ **증원간첩**: 이미 구성된 간첩망 보강 또는 간첩 양성을 위한 양민 납치, 월북 등 　⇨ **사람 중심** 〈13승진〉	
	활동별 분류	① **고정간첩**: 일정지역에서 영구적 간첩임무, 합법 신분 취득 ② **공행간첩**: 외교관 등 합법적 신분 보유 ③ **배회간첩**: 일정 주거 없이 전국 배회	
	간첩망	단일형	① 단독활동 ② 간첩 상호 간에 종·횡적 연락을 일체 회피, 대남간첩의 가장 많은 유형으로서 **활동범위 좁고 공작성과 낮음** 〈17승진, 18경간, 17채용〉
		삼각형	① 지하당 구축에 이용 ② **3명 한도**에서 공작원 지휘, **횡적 연락 차단**으로 일망타진 가능성 낮으나, 검거 시 간첩 정체가 쉽게 노출되고 활동범위가 **좁음** 〈17채용〉
		서클형	① 합법적 신분 이용 ② 자유롭고 대중적 조직과 동원이 가능하나, 발각 시 외교적 문제 야기 우려(제3국을 통한 신분세탁을 하는 경우) 〈16승진, 18경간〉

	피라미드형	간첩 밑에 주공작원 2~3명, 그 아래 행동공작원 2~3명을 두며, 활동 범위가 넓은 반면 노출이 쉽고 일망타진 가능성 높으며 조직구성에 장시간 소요 〈17승진, 18경간, 17채용〉
	레포형	피라미드형에서 상호 간 연락원을 두고 종횡으로 연결하는 방식 〈17승진, 17채용〉
태업		① 기계를 파괴하여 생산능력 약화시키는 노동쟁의처럼 설비 등을 파괴하여 전쟁수행 능력, 방위력 약화시키는 행위 ② 전략·전술적 가치가 있고, 일단 파괴되면 대체가 어려운 것을 대상 ③ 물리적 태업과 심리적 태업(유언비어 유포 등 **선전태업**, 경제혼란을 초래하는 **경제태업**, 정치갈등을 조장하는 **정치태업**)이 있다.
전복		① **국가 전복**: 피지배자가 지배자를 타도하여 정권 탈취 ② **정부 전복**: 지배계급 내의 일부세력이 권력 차지 ③ **수단**: 전위당 조직, 통일전선 구성, 선전·선동, 테러, 파업과 폭동, 게릴라 전술

3 공작의 4대 요소 〈16승진〉

주관자		공작의 책임자로서 상부로부터 하달된 지령을 계획하고 수행, 공작관이 된다. ※ 집회·시위 책임자: 주최자
공작목표		목표는 공작진행에 따라 구체화, 세분화된다(처음부터 세부적 ×).
공작원	주공작원	공작망 책임자로서 공작관의 명령에 자기 공작망 산하 공작원 조종
	행동공작원	주공작원의 조종을 받아 임무 수행 (보조공작원 ×)
	지원공작원	주공작원의 조종을 받아 공작에 필요한 기술, 물자, 기타 자원을 제공
공작금		비공개활동이므로 막대한 자금 필요

4 심리전

(1) 심리전의 분류 〈17경간〉

주체	공연성(백색)	출처를 명시하는 심리전으로 방송, 출판물, 전단 등
	비공연성 (흑색·회색)	출처를 밝히지 않거나 위장, 도용하여 모략, 비방하여 내부혼란 조장
운용	전략	광범위하고 장기적, 전국민 대상 심리전이며 **대공산권 방송** 등
	전술	단기적 목표로 즉각적 효과 기대, 간첩 체포시 공개하는 것 등
목적	선무	우리측 사기 앙양 또는 수복지역 주민 협조 목적. '**타협심리전**'이라고도 함 ※ 베풀 선(宣), 어루만질 무(撫)
	공격적	적에 대해 특정 목적 달성 위하여 공격적으로 행하는 심리전
	방어적	적의 공격에 방어적으로 행하는 심리전

(2) 심리전의 수단

선전	백색	① 출처 공개 ② 신뢰도가 높음
	흑색	① 출처 위장 ② 적국 내에서도 가능하며 즉각적·집중적 효과 있으나 **노출 위험**이 있음
	회색	① 출처 비공개 〈16승진〉 ② 출처를 밝히지 않아 선전이라는 선입견을 주지 않고도 효과를 거둘 수 있지만 적이 역선전을 할 경우 대응 곤란
선동	대중의 심리를 자극하여 **감정을 폭발시켜 폭력 유발** ※ 선전: 대중에게 어떤 사상, 판단, 감정 등을 일방적으로 표시하여 그들 태도에 일정한 방향을 부여하는 것	
유언비어	① 인위적으로 조작하여 전파되거나 자연 발생 ② **사회가 불안(안정 ×)할 때** 불안, 공포, 희망 등과 맞물려 발생되거나 조작	
모략	상대측에 누명을 씌워 사회적 매장을 시키거나 상대 세력의 단결력을 파괴시킴.	
불온선전물	북한이 **직접(이적단체구성원 ×)** 사회교란 목적으로 살포하는 전단 등의 선전물	

※ 하이덴하이머의 부패유형
- 백색 부패: 관례화된 부패
- 흑색 부패: 처벌을 원하는 심각한 부패(대가성 있는 뇌물수수)
- 회색 부패: 흑색부패로 발전할 잠재성(정치인 후원금, 떡값)

5 대공상황 분석·판단

(1) 대공상황 보고 및 전파는 적시성, 정확성, 간결성, 보안성이 고려되어야 한다. 〈20경간〉
(2) 우선 개요를 보고한 후 2보, 3보순으로 연속 보고한다. 〈20경간〉
(3) 일반 형사사건과 동일하게 현장조사가 매우 중요하다. 〈15승진〉
(4) 간첩의 해상침투 적기는 무월광기에 파고가 1.5m 이내의 잔잔한 때이고, 장소는 해안이 인가와 근접하여 위장침투가 가능하고 내륙과 교통수단 연계가 잘 되어 있는 장소이다.
(5) 주어진 상황과 결론이 일치하여야 한다.
(6) **출동조치와 병행(출동 전 ×, 사실확인 후 ×)**하여 군·보안부대 등 유관기관에 통보되어야 한다. 〈20경간〉
(7) **합신조(합동조사) 운용**: 통합방위법(제9조의2)에 근거하여 국정원, 군부대, 경찰 등이 합동으로 현지상황 분석하여 대공용의점 도출

제3절 안보 수사

1 개관

의의	① 「정보 및 보안업무기획·조정규정(대통령령)」에서 국가보안법 등 위반자를 '정보사범'으로 정의 ② 정보사범을 인지, 색출, 검거, 신문하는 일련의 활동을 '안보수사'라고 한다.
특성	① 확신범, ② 보안성, ③ **비노출적 범행**, ④ 조직적 범행(지하당 등), ⑤ 비인도적 범행(목적을 위해 살인, 방화 등 수단을 가리지 않음), ⑥ 동족 간의 범행 등
업무이관	2020년 12월 「국가정보원법」 개정에 따라 국가정보원의 국가 안보 관련 수사업무가 경찰로 이관(2024.1.1.)될 예정이다. 〈22채용〉

2 국가보안법 개관

(1) 국가보안법의 특징
① 고의범만 처벌(과실범 처벌규정 없음) 〈17경간〉
② 예비·음모·미수가 원칙적으로 적용되고 일부 죄만 적용되지 않는다.
③ 편의를 제공한 자는 종범이 아닌 정범(편의제공죄)으로 처벌된다.
④ 범죄를 선동, 선전, 권유한 자는 교사나 방조범이 아닌 정범으로 처벌된다.
⑤ 특정인이 아닌 모든 국민에게 범죄에 대한 고지의무를 부과하고 있다.
⑥ 유기징역형을 선고할 때는 그 형의 장기 이하의 자격정지를 병과할 수 있다(임의적).

(2) 구별 개념

이적지정 (利敵知情)	① '국가의 존립·안전이나 자유민주적 기본질서를 위태롭게 한다'는 사실을 인식 ② 인식은 확정적일 필요는 없고 미필적 인식으로도 충분
이적성	**표현물**에 '국가의 존립·안전이나 자유민주적 기본질서를 위태롭게 하는 내용' 또는 '사회질서의 혼란을 조성할 우려가 있는 사항' 등이 포함되어 있는지에 대한 판단
이적목적성	반국가 단체를 이롭게 할 수 있다는 정을 알면서도 제7조의 행위(찬양, 고무, 선전, 동조, 국가변란 선전, 선동, 이적단체 구성, 가입, 허위사실 날조, 유포 등)를 실현시킬 목적을 의미(이적지정 + 목적)

(3) 주요 내용
① 주체에 제한이 있는 범죄
  ㉠ 목적수행죄: 반국가단체 구성원, 그 지령 받은 자
  ㉡ 자진지원죄: 반국가단체 구성원, 그 지령 받은 자 이외의 자
  ㉢ 직권남용무고·날조죄(제12조②): 정보·수사 공무원, 그 보조·지휘자
  ㉣ 특수직무유기죄: 정보·수사 공무원
  ㉤ 허위사실날조·유포죄(제7조④): 이적단체 구성원
② 목적범
  ㉠ 무고·날조죄: 형사처벌 받게 할 목적
  ㉡ 반국가단체 구성: 정부참칭·국가변란 목적

ⓒ 이적단체 구성·가입/표현물 제작, 취득 등: 찬양·고무 등 목적
　※ 목적은 추정되는 것이 아니고 증거로 증명되어야 함
ⓓ 특수 잠입·탈출: 지령을 받거나 목적수행 협의 목적
ⓔ 자진지원죄: (반·지 이외의 자가) 반·지를 지원할 목적으로 지원

③ 이적지정이 필요한 범죄
ⓐ 금품수수죄
ⓑ 단순 잠입·탈출죄
ⓒ 찬양·고무 등 죄(제7조 이적단체구성죄, 허위사실날조유포죄, 이적표현물제작등 포함)
ⓓ 회합·통신죄

④ 불고지죄
ⓐ '반국가단체 구성·가입죄(가입권유 ○), 목적수행, 자진지원' 불신고 시 처벌
ⓑ 불고지죄에서 본범과 친족 관계 시 필요적 감면
ⓒ 구속기간 연장불가: 특수직무유기죄, 무고날조죄, 찬양고무죄, 불고지죄
ⓓ 불고지죄만 유일하게 벌금형(5년⬇ 징역, 200만원⬇ 벌금) 규정 있음 〈17승진〉

⑤ 특별 절차

필요적 감면사유 (감경 ×)	불고지죄에서 본범과 친족 관계시
	타인의 죄를 고발, 자수, 타인의 죄를 방해한 경우 〈17·19승진〉
재범가중	국가보안법·군형법·형법에 규정된 반국가적 범죄로 금고 이상 형을 받고 5년 내 특정범죄 재범시 최고법정형이 사형
참고인 구인	참고인 2회(3회 ×) 소환 불응 시 구속영장으로 구인 가능 〈14·15승진, 22경간〉 ※ 언론중재위: 2회 출석 불응 시 취소 또는 합의 간주
구속기간 연장	① 경찰은 1차 연장(최대 20일), 검사는 2차 연장(최대 30일), 총 50일 구속수사 가능 ② 연장불가: 특수직무유기죄, 무고날조죄, 찬양고무죄, 불고지죄 　※ 특수직무유기죄, 무고날조죄는 법조문상 연장이 불가하고, 찬양고무죄와 불고지죄는 위헌(헌재 90헌마82)으로 연장이 불가하다.
공소보류	① 2년간 공소 보류, 기간 경과 시 소추 불가 〈14승진〉 ② 공소보류 취소 시 동일 범죄로 재구속 가능 〈19승진〉

⑥ 상금·보로금 등

상금	① 범인 신고, 체포한 자에게 상금 지급한다(필수적). 〈18채용〉 ② 범인을 체포한 수사기관 또는 정보기관에 종사하는 자에 대하여도 같다. ③ 체포과정에서 살해하거나 자살하게 한 경우에도 상금을 지급할 수 있다.
보로금	① 압수물이 있는 때에는 상금을 지급하는 경우에 한하여, 압수물 가액의 1/2 범위 안에서 보로금을 지급할 수 있다. 〈18채용〉 ② 반·지로부터 금품을 취득하여 수사·정보기관에 제공한 자에게는 그 가액의 1/2 범위 안에서 보로금을 지급할 수 있다(해야한다 ×). 반·지가 직접 제공한 때에도 같다. 〈18채용〉 ③ 보로금의 청구 및 지급에 관하여 필요한 사항은 대통령령으로 정한다. 〈18채용〉

보상	범인 신고, 체포 관련 사상을 입은 자에 대한 보상할 수 있다. 【상금: 지급해야 한다, 보로금·보상금: 할 수 있다】 ※ 경직법 손실보상: 정당한 보상을 해야한다. 　경직법 범인검거 공로자 보상금: 지급할 수 있다.
위원회	이 법에 의한 상금, 보로금의 지급, 보상 대상자(범인 신고·체포 관련 사상을 입은 자)를 심의·결정하기 위하여 법무부장관 소속하에 국가보안유공자 심사위원회를 둔다. 〈18채용, 22경간〉
몰수	국가보안법위반의 죄를 범하고 그 보수를 받은 때에는 이를 몰수한다(필수적).

3 국가보안법 개별 범죄

(1) 반국가단체 관련 범죄

> 제2조(정의) ① 이 법에서 "반국가단체"라 함은 정부를 참칭하거나 국가를 변란할 것을 목적으로 하는 국내외의 결사 또는 집단으로서 지휘통솔체제를 갖춘 단체를 말한다.
> 제3조(반국가단체의 구성등) ① 반국가단체를 구성하거나 이에 가입한 자는 다음의 구별에 따라 처벌한다.
> 　1. 수괴의 임무에 종사한 자는 사형 또는 무기징역에 처한다.
> 　2. 간부 기타 지도적 임무에 종사한 자는 사형·무기 또는 5년 이상의 징역에 처한다.
> 　3. 그 이외의 자는 2년 이상의 유기징역에 처한다.
> ② 타인에게 반국가단체에 가입할 것을 권유한 자는 2년 이상의 유기징역에 처한다.

① "반국가단체"라 함은 정부를 참칭하거나 국가를 변란할 것을 목적으로 하는 국내외의 결사 또는 집단으로서 지휘통솔체제를 갖춘 단체를 말한다(제2조). 〈14·16승진, 22경위〉
　※ 이적단체: 반국가 단체를 찬양, 고무, 선전, 동조
② **정부참칭**은 반드시 정부와 동일한 명칭을 사용할 필요는 없고, 일반인이 정부로 오인할 정도이면 충분하다.
③ **정부전복**이란 정부를 구성하고 있는 자연인의 사임이나 교체만으로는 부족하고 정부 조직이나 제도 자체를 파괴하는 것이다.
④ 형법 제91조의 '**국헌문란**'은 헌법기관 중 일부를 파괴 또는 변혁하는 경우를 포함하므로 '**국가변란**'보다 넓은 개념이다.
　※ 국헌문란(형법) > 국가변란(국가보안법)
⑤ 목적이 정부참칭이라고 하더라도 스터디 그룹은 위계·분담 체계나 지휘통솔체계가 없으므로 반국가단체에 해당하지 않는다.
⑥ 행위자의 지위와 역할에 따라 법정형에 차등이 있다(수괴는 사형·무기징역, 간부는 사형·무기 또는 5년이상 징역).
　※ 이적단체구성·가입죄는 반국가단체구성·가입죄와 달리 행위자의 지위와 역할에 따른 법정형의 차이가 없다.

(2) 목적수행죄

> 제4조(목적수행) ① 반국가단체의 구성원 또는 그 지령을 받은 자가 그 목적수행을 위한 행위를 한 때에는 다음의 구별에 따라 처벌한다(이하 생략).

① 반국가단체의 구성원 또는 그 지령을 받은 자가 그 결사·집단의 목적수행을 위하여 간첩, 인명살상, 시설파괴행위 등을 함으로써 성립된다.
② 지령을 받은 자는 직접 지령을 받은 자와 재차 지령을 받은 자를 포함한다.
③ 구성원은 간부 등 **지도적** 업무에 종사하는 자와 일반 **구성원**을 포함한다.
④ 지령은 구체적일 필요는 없고 어떤 지령이 있었다고 인정할 수 있는 정도
⑤ 기밀은 비공지성과 실질비성을 요건으로 한다. 한정된 사람만이 참관할 수 있는 세미나, 국방산업 박람회, 일반인이 쉽게 구할 수 없는 대학가 유인물 등은 비공지성과 실질비성이 인정되고, 신문이나 라디오에 보도된 것은 공지의 사실로 보았다(판례).
⑥ 휴전선 부근의 지리상황, 군사평론과 같은 잡지를 군사상 기밀로 인정(판례)

실행의 착수	① 북한에서 남파된 간첩: 간첩목적으로 대한민국에 잠입할 때 ② 국내에서 지령을 받은 경우: 기밀탐지·수집하는 행위를 할 때 ③ 무인포스트를 설정하는 것만으로는 실행의 착수로 볼 수 없다(판례).
기수	① 기밀을 탐지·수집한 때 ② 특정된 지령과 목적 수행의 내용이 어느 정도 합치되어야 한다.

(3) 자진지원죄

> 제5조(자진지원·금품수수) ① 반국가단체나 그 구성원 또는 그 지령을 받은 자를 지원할 목적으로 자진하여 제4조 제1항(목적수행) 각호에 규정된 행위를 한 자는 제4조 제1항의 예에 의하여 처벌한다.

반국가단체의 구성원 또는 그 지령을 받은 자 이외의 자가 반국가단체 구성원 또는 그 지령을 받은 자를 지원할 목적으로 자진하여 행위를 한 경우 성립

(4) 금품수수죄

> 제5조(자진지원·금품수수) ② 국가의 존립·안전이나 자유민주적 기본질서를 위태롭게 한다는 정을 알면서 반국가단체의 구성원 또는 그 지령을 받은 자로부터 금품을 수수한 자는 7년 이하의 징역에 처한다.

① "국가의 존립·안전이나 자유민주적 기본질서를 위태롭게 한다는 정을 알면서 반국가단체의 구성원 또는 그 지령을 받은 자로부터 금품을 수수한 경우"에 성립 <17승진>
② 주체에 제한이 없으므로 반국가단체 구성원도 가능하며, 금품은 반드시 환금성이나 경제적 가치가 있어야 하는 것은 아니다. 반국가단체로부터 무기나 무전기를 수령하는 것, 음식물 접대 등 향응을 수수하는 것도 금품에 해당한다.

(5) 잠입·탈출죄

> 제6조(잠입·탈출) ① 국가의 존립·안전이나 자유민주적 기본질서를 위태롭게 한다는 정을 알면서 반국가단체의 지배하에 있는 지역으로부터 잠입하거나 그 지역으로 탈출한 자는 10년 이하의 징역에 처한다.
> ② 반국가단체나 그 구성원의 지령을 받거나 받기 위하여 또는 그 목적수행을 협의하거나 협의하기 위하여 잠입하거나 탈출한 자는 사형·무기 또는 5년 이상의 징역에 처한다.

① 잠입죄는 반국가단체 지역으로부터 한국으로 들어올 때 성립하고, 탈출죄는 반국가단체 지역으로 들어갈 때(한국에서 나갈 때 ×) 성립한다.

② 외국인이 외국에서 반국가단체로 들어가는 행위는 탈출죄가 성립하지 않는다.
③ '반국가단체 지역'이란 외국의 북한공관, 공작원 교육용 안전가옥 등 반국가단체가 사실상 지배하고 있는 모든 지역을 말한다.
④ 특수잠입·탈출죄는 지령을 받거나 목적수행 협의 목적으로 잠입하거나 탈출한 경우이다. 이 경우는 반국가단체 지역이 아니어도 무방하다.
⑤ 간첩 목적으로 잠입하였다면 잠입 즉시 **특수잠입죄의 기수**가 되고, 목적수행죄의 미수죄가 성립되며, 두 범죄는 **상상적 경합** 관계이다.

(6) 찬양·고무등

> 제7조(찬양·고무등) ① 국가의 존립·안전이나 자유민주적 기본질서를 위태롭게 한다는 정을 알면서 반국가단체나 그 구성원 또는 그 지령을 받은 자의 활동을 찬양·고무·선전 또는 이에 동조하거나 국가변란을 선전·선동한 자는 7년 이하의 징역에 처한다.
> ② 삭제
> ③ 제1항의 행위를 목적으로 하는 단체를 구성하거나 이에 가입한 자는 1년 이상의 유기징역에 처한다.
> ④ 제3항에 규정된 단체의 구성원으로서 사회질서의 혼란을 조성할 우려가 있는 사항에 관하여 허위사실을 날조하거나 유포한 자는 2년 이상의 유기징역에 처한다.
> ⑤ 제1항·제3항 또는 제4항의 행위를 할 목적으로 문서·도화 기타의 표현물을 제작·수입·복사·소지·운반·반포·판매 또는 취득한 자는 그 각항에 정한 형에 처한다.

① '이적단체'란 국가의 존립·안전이나 자유민주적 기본질서를 위태롭게 한다는 정을 알면서(개연성 x) 반국가단체 등의 활동을 찬양·고무·선전·동조하거나 국가변란을 선전·선동하는 행위를 하는 것을 **목적으로 한다**(이적지정 + 목적).
② '동조'란 반국가단체의 활동과 동일한 내용을 주장하거나 합치된 행위하는 것
③ 이적단체 구성죄는 통솔체제를 갖춘 결합체를 결성한 시기에 성립(이적성 표출한 때 x)하며, 기존 이적단체원들이 별도 이적단체를 구성해도 새로 범죄가 성립한다. 반국가단체 구성·가입죄와 달리 행위자의 지위·역할에 따른 법정형 차이 없다.
④ 이적 표현물은 그 내용이 대한민국의 존립·안전과 자유민주주의 체제를 위협하는 적극적이고 공격적인 것이어야 한다. 이적 표현물의 이적성을 인식한 것만으로는 부족하고 이적행위를 할 목적이 증명되어야 한다(대판 2010도1189).

(7) 회합·통신

> 제8조(회합·통신) ① 국가의 존립·안전이나 자유민주적 기본질서를 위태롭게 한다는 정을 알면서 반국가단체의 구성원 또는 그 지령을 받은 자와 회합·통신 기타의 방법으로 연락을 한 자는 10년 이하의 징역에 처한다(이하 생략).

① 이적지정이 필요하므로 상대방이 단순히 북한 거주민이라거나 단순한 신년인사나 안부편지는 본죄를 구성하지 아니한다.
② 상대방이 반국가단체의 구성원 또는 그 지령을 받은 자라는 인식이 있어야 한다.
③ 잡지·기자회견 등을 통한 언론보도로 연락하는 것도 적용된다.
④ 회합 목적으로 사전 통신하였다면 통신과 회합은 **실체적 경합** 관계이다.
⑤ 군인이 군사분계선 밖에서 북한군과 회합하였더라도 그들의 선전적 주장을 공박·봉쇄하고 대한민국의 우위를 역설한 경우에는 이적지정이 인정되지 않는다.

(8) 편의제공

> 제9조(편의제공) ① 이 법 제3조 내지 제8조의 죄를 범하거나 범하려는 자라는 정을 알면서 총포·탄약·화약 기타 무기를 제공한 자는 5년 이상의 유기징역에 처한다.
> ② 이 법 제3조 내지 제8조의 죄를 범하거나 범하려는 자라는 정을 알면서 금품 기타 재산상의 이익을 제공하거나 잠복·회합·통신·연락을 위한 장소를 제공하거나 기타의 방법으로 편의를 제공한 자는 10년 이하의 징역에 처한다. 다만, 본범과 친족관계가 있는 때에는 그 형을 감경 또는 면제할 수 있다.

① 주체에 제한이 없으므로 반국가단체 구성원 상호 간에도 가능하다.
② 본죄의 대상은 국가보안법 제3조부터 제8조까지의 범죄이다.
③ 금품 제공 시 유상제공이라도 편의제공 결과가 발생하면 처벌 가능하다.
④ '제공'은 적극적인 행위를 요하므로 부작위는 해당하지 않는다.

(9) 불고지죄

> 제10조(불고지) 제3조, 제4조, 제5조 제1항·제3항(제1항의 미수범에 한한다)·제4항의 죄를 범한 자라는 정을 알면서 수사기관 또는 정보기관에 고지하지 아니한 자는 5년 이하의 징역 또는 200만원 이하의 벌금에 처한다. 다만, 본범과 친족관계가 있는 때에는 그 형을 감경 또는 면제한다.

(10) 특수직무유기죄

> 제11조(특수직무유기) 범죄수사 또는 정보의 직무에 종사하는 공무원이 이 법의 죄를 범한 자라는 정을 알면서 그 직무를 유기한 때에는 10년 이하의 징역에 처한다. 다만, 본범과 친족관계가 있는 때에는 그 형을 감경 또는 면제할 수 있다.

(11) 무고날조죄

> 제12조(무고, 날조) ① 타인으로 하여금 형사처분을 받게 할 목적으로 이 법의 죄에 대하여 무고 또는 위증을 하거나 증거를 날조·인멸·은닉한 자는 그 각조에 정한 형에 처한다.
> ② 범죄수사 또는 정보의 직무에 종사하는 공무원이나 이를 보조하는 자 또는 이를 지휘하는 자가 직권을 남용하여 제1항의 행위를 한 때에도 제1항의 형과 같다. 다만, 그 법정형의 최저가 2년 미만일 때에는 이를 2년으로 한다.

제4절 보안관찰

1 보안관찰 일반

(1) 개관
① 보안관찰은 사회방위와 행위자의 사회복귀를 위한 특별예방적 목적처분이다.
② 보안관찰은 형벌과 다른 목적의 처분이므로 병과하여도 일사부재리 원칙에 위배되지 않는다.

③ 보안관찰은 재범 방지를 위한 것으로서 양심의 자유를 보장한 헌법에 위반되지 않는다.
④ 보안관찰처분 결정은 보안관찰처분심의위원회 의결을 거쳐 법무부장관이 한다.
⑤ 경찰서장(안보과장 ×)은 피보안관찰자의 동태 관찰, 사회복귀 선도, 재범 예방을 하여야 한다.

(2) 보호관찰과 구별

구분	보안관찰	보호관찰
근거	「보안관찰법」	「보호관찰 등에 관한 법률」
목적	출소한 사람의 재범 방지 및 동태 관찰	교도소 수용 대신 보호관찰관의 감독, 수강명령·이수명령집행 등
결정시기	출소 후	유죄 판결 시
결정권자	법무부장관	판사
대상범죄	국가 안전에 관한 범죄	가정폭력범죄, 성범죄, 소년범죄 등 다양
공통점	① 보안처분(장래 위험 방지)의 일종이다. ② 형벌(응보 목적)과는 본질을 달리하여 죄형법정주의, 일사부재리, 법률불소급의 원칙은 그대로 적용되지 않는다(대판 88초60).	

2 보안관찰 대상범죄

해당 범죄	형법 〈20승진〉	외환유치죄, 여적죄, 간첩죄, 내란목적살인죄(내란죄 ×), (모병·시설제공·시설파괴·물건제공)이적죄 (일반이적죄 ×) ※ "특수이적죄"는 암기 편의상 만든 죄명임
	군형법	반란죄, 반란목적군용물탈취죄, 군대 및 군용시설제공죄, 군용시설 파괴죄, 간첩죄, 이적목적반란불보고죄, 일반이적죄
	국가 보안법	목적수행죄, 자진지원죄, 잠입·탈출죄, 금품수수죄, 무기 등 편의제공죄 〈13·17·20승진〉
해당 범죄 아닌 것	형법	내란죄, 일반이적죄, 전시군수계약불이행죄 등 〈18승진〉
	군형법	단순반란불보고죄 등 〈17승진〉

3 보안관찰처분 주요절차

(1) 보안관찰처분의 흐름도

보안관찰 대상자 신고 ⇨ 사안의 조사 ⇨ 사안 송치 ⇨ 보안관찰 청구(검사) ⇨ 보안관찰 의결(보안관찰처분심의위원회) ⇨ 보안관찰 결정(법무부장관) ⇨ 불복(서울고등법원)

(2) 개념 구별 〈17·19승진, 17·18·23채용〉

보안관찰처분 대상자	보안관찰 해당범죄로 합계 금고 3년 이상을 받고 형의 일부라도 집행(실형)을 받고 보안관찰처분 대상이 되는 자로서 아직 보안관찰처분 결정을 받지 않은 자 ※ **성폭력처벌법**의 '신상정보 등록대상자': 신상정보 등록을 대상자로 결정된 자이고, 북한이탈주민법의 '**보호대상자**'도 보호 및 지원을 받도록 결정된 자(받으려는 ×)를 의미한다.
피보안관찰자	법무부장관의 보안관찰처분 결정을 받은 자로서, 처분의 기간은 2년이며 2년마다 갱신(횟수 무제한)

(3) 신고사항 〈17·18채용, 20승진〉

대상자 신고		피보안관찰자 신고	
교도소 신고	**출소 2개월 전**	최초 신고	결정고지 후 7일 내
출소 후 신고	출소 후 7일 내	정기 신고	**매 3월 말일까지**
변동 신고	신고사항 변동 시 7일 내	여행 신고	해외여행 또는 국내 10일 이상
		변동 신고	신고사항 변동 시 7일 내

※ **신고방법**: 교도소 신고는 교도소장을 거쳐서 신고하고, 피보안관찰자 신분이 된 이후는 항상 지구대·파출소장을 거쳐 관할 경찰서장에게 신고해야 함
※ 보안관찰처분대상자의 변동신고 의무는 헌법불합치 결정(2017헌바479)으로 2023. 6. 30.까지만 유효(개정시한)
※ 성범죄 신상정보 등록대상자는 6개월 이상 국외에 체류시 관할경찰관서의 장에 신고

(4) 사안의 조사(보안관찰법 시행규칙)

사안	보안관찰처분청구, 보안관찰처분취소청구, **보안관찰처분기간갱신청구** 〈22승진〉, 보안관찰처분면제결정청구, 보안관찰처분면제결정취소청구 및 보안관찰처분면제결정신청(대상자가 신청)에 관한 사안
사안 인지	① 검사는 보안관찰처분대상자가 보안관찰해당범죄를 다시 범할 위험성이 있다고 의심하여 조사에 착수하는 때에는 사안인지서를 작성하여야 한다. ② **사법경찰관**이 조사에 착수하고자 하는 때에는 사안인지승인신청서를 작성하여 검사의 승인을 얻어야 한다(제17조②).
사안 조사	① 형사법상 피의자가 아니라 보안관찰법상의 '**용의자**'로서 강제수사는 불가하고 대상자의 협조로 진행 ② 조사의 공정성을 잃을 염려가 있을 경우 소속관서장(검사 ×)의 허가를 받아 회피하여야 한다.
사안 송치	① 송치서류는 형사기록과 같은 요령으로 작성하고 의견서는 사법경찰관 명의로 작성 ② 사법경찰관리는 조사를 종결한 때에는 지체없이 소속관서의 장의 명의로 사안을 관할검사장에게 송치하여야 한다(제27조).

(5) 검사 및 사법경찰관리의 직무

지도	피보안관찰자의 재범방지를 위하여 다음 조치를 할 수 있다. ① 보안관찰해당범죄를 범한 자와의 회합·통신을 금지하는 것 ② 집단적인 폭행, 협박, 손괴, 방화 등으로 공공의 안녕질서에 직접적인 위협을 가할 것이 명백한 집회 또는 시위장소에의 출입을 금지하는 것 ③ 피보안관찰자의 보호 또는 조사를 위하여 특정장소에의 출석을 요구하는 것
보호	피보안관찰자가 자조의 노력을 함에 있어, 그의 개선과 자위를 위하여 주거 또는 취업을 알선하는 것, 직업훈련의 기회를 제공하는 것, 환경을 개선하는 것, 기타 본인의 건전한 사회복귀를 위하여 필요한 원조를 하는 것 등 적절한 보호를 할 수 있다.
응급 구호	피보안관찰자에게 부상·질병 기타 긴급한 사유가 발생하였을 때에는 대통령령이 정하는 바에 따라 필요한 구호를 할 수 있다.
경고	피보안관찰자가 의무를 위반하였거나 위반할 위험성이 있다고 의심할 상당한 이유가 있는 때에는 그 이행을 촉구하고 형사처벌등 불이익한 처분을 받을 수 있음을 경고할 수 있다.

(6) 법무부장관의 보호

법무부장관은 보안관찰처분대상자 또는 피보안관찰자 중 국내에 가족이 없거나 가족이 있어도 인수를 거절하는 자에 대하여는 대통령령이 정하는 바에 의하여 거소를 제공할 수 있다. 〈22승진〉

(7) 집행 중지

① 피보안관찰자가 도주하거나 1개월 이상 소재불명 시 〈17승진〉

※ 직권휴직: 공무원이 천재지변이나 전시·사변, 그 밖의 사유로 생사 또는 소재가 불명확하게 된 때에는 휴직기간을 3개월 이내로 명하여야 한다(국가공무원법 제71조). 다만, 경찰공무원은 이 경우에도 실종선고 받는 날까지로 한다(경찰공무원법 제29조①).

② 경찰서장이 검사에게 신청하고, 검사는 집행중지 결정 후 법무부 장관에게 보고 〈12승진〉
③ 집행 중지되면 보호관찰 기간이 정지되며, 집행 중지사유 소멸 시 지체없이 취소하여야 함

(8) 면제

① 법무부 장관은 보안관찰처분대상자 중 다음 요건을 갖춘 자에 대하여는 보안관찰처분을 하지 아니하는 면제결정을 할 수 있다.
  ㉠ 준법정신이 확립되어 있을 것
  ㉡ 일정한 주거와 생업이 있을 것
  ㉢ 2명 이상의 신원보증이 있을 것
② 법무부장관은 위 면제요건을 갖춘 보안관찰처분대상자의 신청이 있을 때에는 부득이한 사유가 있는 경우를 제외하고는 3월 내에 보안관찰처분면제여부를 결정하여야 한다.

(9) 결정

① 보안관찰처분결정은 위원회의 의결을 거쳐 법무부장관이 행한다.
② 법무부장관은 위원회의 의결과 다른 결정을 할 수 없다. 다만, 보안관찰처분대상자에 대하여 위원회의 의결보다 유리한 결정을 하는 때에는 그러하지 아니하다. 〈21경간〉

(10) 불복

면제 신청 기각을 받은 자는 기각결정이 있은 날부터 60일 내 서울고등법원에 행정소송 제기 가능(행정심판은 불가)

4 보안관찰처분심의위원회

소속/성격	법무부 소속, 심의·의결기관
구성	7인(위원장 포함) 〈20승진〉
위원장	법무부 차관(장관 ×) 〈13승진〉
민간위원	① 위원은 법무부 장관(차관 ×)이 제청, 대통령 임명 또는 위촉 ② 위원의 과반수는 변호사 자격있는 자 　※ 손보위: 위원의 과반수 이상은 비경찰 ③ 임기 2년
의결정족수	재과출, 출과찬
심의사항	보안관찰 처분, 기각, 면제, 취소, 기간의 갱신 등 결정

제5절 남북교류협력(남북교류협력에 관한 법률)

1 용어의 정의

출입장소	북한으로 가거나 북한으로부터 들어올 수 있는 남한의 항구, 비행장, 그 밖의 장소로서 대통령령으로 정하는 곳
교역	남한과 북한 간의 물품, 대통령령으로 정하는 용역 및 전자적 형태의 무체물(이하 "물품 등"이라 한다)의 반출·반입
반출·반입	매매, 교환, 임대차, 사용대차, 증여, 사용 등을 목적으로 하는 남한과 북한 간의 물품 등의 이동(단순히 제3국을 거치는 물품등의 이동 포함) 〈19채용〉
협력사업	남한과 북한의 주민(법인·단체를 포함한다)이 공동으로 하는 모든 활동

2 남북한의 교류·협력

남북한 방문	① 남한의 주민이 북한을 방문하거나 북한의 주민이 남한을 방문하려면 통일부장관의 방문승인(방문증명서)을 받아야 한다. 〈19채용〉 ② 방문증명서 없이 방북하면 3년 이하 징역 또는 3천만원 이하 벌금 〈19승진〉 ③ 북한 방문승인을 받으려는 자는 방문 7일 전까지 방문승인 신청서를 통일부장관에게 제출하여야 한다. 〈19·20승진〉 ④ 통일부장관은 거짓이나 부정한 방법으로 방문승인을 받은 경우에는 승인을 취소하여야 한다. 〈20승진〉 ⑤ 재외국민(영주권자, 장기체류허가자, 외국소재 외국법인 취업자)이 외국에서 북한을 왕래할 때에는 통일부장관이나 재외공관(在外公館)의 장에게 신고(승인 ×)하여야 한다. 다만, 외국을 거치지 아니하고 남한과 북한을 직접 왕래할 때에는 방문증명서를 소지하여야 한다.

남북한 주민접촉	① 남한의 주민이 북한의 주민과 회합·통신, 그 밖의 방법으로 **접촉하려면 통일부장관에게 미리 신고(승인 ×)하여야** 한다. 다만 대통령령으로 정하는 **부득이한 경우 사후신고 가능** 〈19채용〉 ② 방문증명서를 발급받은 사람이 그 방문 목적의 범위에서 당연히 인정되는 접촉을 하는 경우 등에는 접촉신고를 한 것으로 본다. ③ 통일부장관은 남북교류·협력을 해칠 명백한 우려가 있거나 국가안전보장, 질서유지 또는 공공복리를 해칠 명백한 우려가 있는 경우에만 신고의 수리를 거부할 수 있다.
남북한 거래원칙	남북한 간의 거래는 국가 간의 거래가 아닌 민족내부의 거래로 본다. 〈19채용〉
반출·반입 승인	물품 등을 반출·반입하려는 자는 그 물품 등의 품목, 거래형태 및 대금결제 방법 등에 관하여 **통일부장관의 승인**을 받아야 한다.
협력사업 승인	협력사업을 하려는 자는 협력사업마다 **통일부장관의 승인**을 받아야 한다.
물품 반출·입	북한주민 접촉신고 ⇨ 거래를 위한 접촉 및 협의 ⇨ 계약체결 및 승인 대상 여부 확인 ⇨ 반출·입 승인신청 ⇨ 관련 서류 구비 및 통관 ⇨ 교역 보고
다른 법률과 관계	① 남북 간 왕래 및 교역 등에 대해서는 국가보안법, 여권법, 대외무역법 등 관련 법률보다 남북교류협력에 관한 법률이 우선 적용되므로 이 법이 국가보안법에 대한 **특별법**이다. ② 승인없이 금품을 수수한 경우 정당성이 인정되지 않으면(대한민국의 존립·안전이나 자유민주적 기본질서를 위태롭게 한다는 정을 알면서 금품수수하였다면), 국가보안법이 적용된다. 〈12·19승진〉
관련 판례	① 남북교류와 협력을 목적으로 하는 행위에 관하여 정당하다고 인정되는 범위 안에서 다른 법률에 우선하여 적용된다(**국보법보다 우선 적용**). 〈12·20승진〉 ② 남북 사이의 화해와 불가침 및 교류협력에 관한 합의서가 체결 발효되었다고 하여도 국가보안법의 규범력이 상실한 것으로 볼 수 없다.

❖ **신고 및 승인**

북한 방문	남한 주민	승인	통일부장관
	재외 국민	신고(외국에서 방문 시)	통일부장관 or 재외공관장
북한주민 접촉(회합, 통신)		신고	통일부장관
물품 등 반출·반입		승인	통일부장관
협력사업		승인(소액투자는 신고)	통일부장관

제6절 북한이탈주민 보호(북한이탈주민의 보호 및 정착지원에 관한 법률)

1 용어의 정의

북한이탈주민	북한에 주소, 직계가족, 배우자, 직장 등을 두고 있는 사람으로서 북한을 벗어난 후 외국 국적을 취득하지 아니한 사람 〈19·21승진, 19채용, 20경간〉 ※ 중국여권을 소지한 탈북자 사건에서, 다른 나라의 여권을 소지한 사실 자체만으로는 그 나라의 국적을 취득하였다거나 대한민국의 국적을 상실한 것으로 추정·의제되는 것은 아니다(대판 96누1221).
보호대상자	① 이 법에 따라 보호 및 지원을 받는(받으려는 ×) 북한이탈주민 〈18경간〉 ② 관리대상자가 아닌 보호대상자이다. 〈18경간〉
정착지원시설	보호대상자의 보호 및 정착지원을 위하여 운영하는 시설
보호금품 (구호물품 ×)	ㄱ보호대상자에게 지급하거나 빌려주는 금전 또는 물품 〈21승진, 18경간〉

2 북한이탈주민의 개념 〈18승진〉

(1) 유사개념과 비교

구분	북한이탈주민	중국동포(조선족)	북한국적 중국동포(조교)
요건	북한에 주소, 가족 등 실존하면서 외국국적 미취득	중국 국적자	중국 거주 북한 국적자로서 해외공민증(북한), 외국인 거류증(중국) 소지자
국내 입국 시 처리	합동정보조사 (북한이탈주민 보호센터)	밀입국 지역합동조사 (출입국관리사무소 인계)	관할 지역합동조사 법무부 국적판정 신청
적용법	북한이탈주민의 보호 및 정착지원에 관한 법률	출입국 관리법	국적법

(2) 조교(朝僑)
  ① 중국에 장기간 거주한 사람들로서 때로는 대를 이어 체류하며 북한 내에 호적이나 연고가 없다.
  ② 동북3성을 중심으로 수천 명에 이르며, 중국 국적을 받지 못한 북한 국적자이다.
  ③ 중국에서는 '거류증'을 발급하고, 북한에게는 '해외공민증(북한 신분증)'을 발급한다.
  ④ 북한이탈주민보호법에 의한 지원을 받을 수 없다.

3 기본원칙

(1) 대한민국은 보호대상자를 **인도주의**(상호주의 ×)에 입각하여 특별히 보호한다. 〈21경간〉
(2) 대한민국은 외국에 체류하고 있는 북한이탈주민의 보호 및 지원 등을 위하여 **외교적 노력**을 다하여야 한다.
(3) 보호대상자는 대한민국의 자유민주적 법질서에 적응하여 건강하고 문화적인 생활을 할 수 있도록 **노력하여야 한다**.

(4) 통일부장관은 북한이탈주민에 대한 보호 및 지원 등을 위하여 북한이탈주민의 실태를 파악하고, 그 결과를 정책에 반영하여야 한다. 〈18경간〉

4 주요내용

보호주체	국가뿐만 아니라 지방자치단체도 보호의 주체로 규정함(21.7.6. 시행).
보호기간 등	① 정착지원시설 보호기간은 1년 이내로 하고, 거주지 보호기간은 5년으로 한다. 특별한 경우에는 북한이탈주민 보호 및 정착 지원협의회(협의회)의 심의를 거쳐 기간을 단축하거나 연장할 수 있다. 〈20채용〉 ※ 신변보호기간: 5년 ② 보호 및 정착지원은 개인을 단위로 하되, 필요하다고 인정하는 경우에는 대통령령으로 정하는 바에 따라 세대를 단위로 할 수 있다. 〈20채용〉
북한이탈주민 보호 및 정착 지원협의회	북한이탈주민에 관한 정책을 협의·조정, 보호 및 정착지원을 심의하기 위하여 통일부(국정원 x)에 둔다. 〈21승진〉
기본·시행계획	① 통일부장관은 협의회의 심의를 거쳐 보호대상자의 보호 및 정착지원에 관한 기본계획을 3년마다 수립·시행하여야 한다. 〈18채용〉 ② 통일부장관은 관계 중앙행정기관의 장과 협의하여 기본계획에 따른 연도별 시행계획을 수립·시행하여야 한다.
정착지원시설	① 통일부장관은 정착지원시설을 설치·운영한다. 다만, 국가정보원장이 보호하기로 결정한 사람을 위하여는 국가정보원장이 별도의 정착지원시설을 설치·운영할 수 있다. ② 정착지원시설을 설치·운영하는 기관의 장은 보호대상자가 거주지로 전출할 때까지 정착지원시설에서 보호하여야 한다.
학력·자격 인정	보호대상자는 북한의 학력이나 자격을 자격을 인정받을 수 있다.
취업 보호	통일부장관은 3년간 취업보호, 1년의 범위에서 연장할 수 있다.
창업 지원	통일부장관은 창업을 위한 행정적·재정적 지원을 할 수 있다.
특별임용	① 북한에서의 자격·경력 등을 고려하여 국가공무원 또는 지방공무원으로 특별임용할 수 있다. ② 북한의 군인이었던 자는 북한에서의 계급, 직책 및 경력 등을 고려하여 국군으로 특별임용할 수 있다. 〈18채용〉
주거 지원	통일부장관은 보호대상자의 거주지가 노출되어 생명·신체에 중대한 위해를 입었거나 입을 우려가 명백한 경우에는 주거 이전에 필요한 지원을 할 수 있다.

5 보호신청 및 보호결정

(1) 보호신청

① 북한이탈주민으로서 이 법에 따른 보호를 받으려는 사람은 재외공관이나 그 밖의 행정기관의 장(각급 군부대의 장을 포함)에게 보호를 직접 신청하여야 한다. 다만, 보호를 직접 신청하지 아니할 수 있는 대통령령으로 정하는 사유가 있는 경우에는 그러하지 아니하다. 〈21채용〉

② 보호신청을 받은 재외공관장 등은 지체 없이 그 사실을 소속 중앙행정기관의 장을 거쳐 통일부장관과 국가정보원장에게 통보하여야 한다. 〈21채용〉

③ 통보를 받은 국가정보원장(경찰청장 ×)은 보호신청자에 대하여 보호결정 등을 위하여 필요한 조사 및 일시적인 신변안전조치 등 **임시보호조치**를 한 후 지체 없이 그 결과를 통일부장관에게 통보하여야 한다. 〈21채용〉

④ 국가정보원장은 임시보호조치를 하기 위한 시설을 설치·운영하여야 한다.

(2) 보호결정

① **통일부장관**은 통보를 받으면 **협의회의 심의**를 거쳐 보호 여부를 결정한다. 다만, 국가안전보장에 현저한 영향을 줄 우려가 있는 사람에 대하여는 **국가정보원장**이 보호여부를 결정하고(국정원장은 협의회 심의를 거치지 않음), 결과를 지체 없이 통일부장관과 보호신청자에게 통보하여야 한다.

② 보호 여부를 결정한 통일부장관은 그 결과를 지체 없이 관련 중앙행정기관의 장을 거쳐 재외공관장 등에게 통보해야 하고, 재외공관장 등은 이를 보호신청자에게 즉시 알려야 한다.

(3) 보호결정의 기준 〈20·21승진〉

① 보호대상자로 결정하지 **아니할 수 있는 경우**(아니한다 ×) 〈21채용〉
　㉠ 항공기 납치, 마약거래, 테러, 집단살해 등 **국제형사범죄자** 〈18승진〉
　㉡ 살인 등 중대한 비정치적 범죄자
　㉢ 위장탈출 혐의자
　㉣ 국내 입국 후 3년이 지나서 보호 신청한 사람 〈18승진, 21채용〉
　㉤ 그 밖에 국가안전보장·질서 유지·공공복리에 대한 중대한 위해 발생 우려, 보호신청자의 **경제적 능력 및 해외체류 여건** 등을 고려하여 보호대상자로 정하는 것이 부적당하거나 보호 필요성이 현저히 부족하다고 대통령령으로 정하는 사람

② 북한이탈주민이 중국에서 체류하는 경우, 정보를 얻지 못하여 지체되는 경우가 많고, 정주 여건이 열악하여 10년 이상 체류하였더라도 경제적 안정을 얻지 못하는 경우가 많으므로 외국에서 장기체류한 사람도 보호대상자가 될 수 있도록 하되, 보호신청자의 경제적 능력 및 해외체류 여건상 보호 필요성이 현저히 부족하다고 보이는 자는 보호대상자에서 제외할 수 있도록 하였다(21.6.9. 시행).

③ '국내 입국 후 3년이 지나서 보호 신청한 사람'의 경우 북한이탈주민에게 대통령령으로 정하는 부득이한 사정이 있는 경우에는 그러하지 아니하다(제9조②).
　※ 대통령령(제16조②): 외부와 차단된 시설에 거주하거나 질병 등의 사유로 자유로운 활동이 불가능했다고 인정되거나 이에 준하는 사정으로 통일부장관이 인정하는 경우

④ 통일부장관은 북한이탈주민으로서 위 사유에 해당하여 **보호대상자로 결정되지 아니한 사람**에게도 정착시설에서의 보호, 학력·경력 인정, 주거지원, 거주지 보호 등은 지원할 수 있다.

⑤ 통일부장관은 국가안전보장·질서유지 등을 위하여 필요한 경우에는 협의회의 심의를 거쳐 국제형사범죄자 또는 살인 등 중대한 비정치적 범죄자에 해당하는 사람을 관할 수사기관에 수사의뢰하거나 그 밖의 필요한 조치를 할 수 있다(제9조③).

> ● 정리하기
>
> **진행 과정**
> 보호신청(대상자가 직접) ⇨ 통일부장관과 국정원장에 통보 ⇨ 임시보호시설 운영(국정원장) ⇨ 협의회의 심의를 거쳐 보호여부 결정(통일부장관). 다만, 국가안전보장 우려자는 국정원장이 결정 ⇨ 정착지원시설(통일부장관) or 별도의 정착지원시설(국정원장) ⇨ 거주지 보호, 신변보호

(4) 거주지 신변보호
① 통일부장관은 보호대상자가 거주지로 전입한 후 그의 신변안전을 위하여 국방부장관이나 경찰청장(국정원장 ×)에게 협조를 요청할 수 있다. 〈19채용, 20경간〉
② 신변보호에 필요한 사항은 통일부장관이 국방부장관, 국가정보원장 및 경찰청장과 협의하여 정한다. 이 경우 해외여행에 따른 신변보호에 관한 사항은 외교부장관과 법무부장관의 의견을 들을 수 있다.
③ 신변보호기간은 5년으로 한다. 다만, 통일부장관은 보호대상자의 의사, 신변보호의 지속 필요성 등을 고려하여 협의회 심의를 거쳐 그 기간을 연장할 수 있다.

> ● 정리하기
>
> **주요 연도 정리**
> • 통일부장관 기본계획: 3년마다 수립시행
>   ※ 경찰청장의 인권교육계획 3년마다 수립, 각기관장은 매년 수립
> • 보호대상자
>   - 정착지원시설: 1년 이내
>   - 거주지 보호: 5년(단축, 연장 가능)
>   - 신변 보호: 5년(연장 가능)
>   - 취업 보호: 3년(취업한 날부터) + 1년

07 외사경찰

제1절 외사일반

1 외사경찰의 업무

대상	외사경찰은 외국인과 관련된 범죄와 내국인의 외국관련 범죄를 대상으로 한다.
외사기획정보과	• 외사대테러·방첩업무의 지도·조정, 관련 정보 수집·관리 • 국제공항 및 국제해항의 보안활동에 관한 계획 및 지도
인터폴국제공조과	인터폴 업무, 국외도피범죄인 송환, 한국경찰 연락사무소(코리안데스크) 등의 활동
국제협력과	• 외국 기관과의 경찰공조, 상호방문, 교육파견, 국제회의 등 주관 • 치안한류(K-Police Wave) 프로그램: 2017년에 국제협력과를 신설, 한국국제협력단(KOICA)와 공공협력 방식으로 '중미 3개국 치안역량 강화사업', '필리핀 경찰 수사역량 강화사업' 진행 〈22채용〉

2 다자협상 〈17경간〉

노동 라운드	열악한 노동환경과 저임금에 의한 사회적 덤핑 규제
기술 라운드	개도국의 기술경쟁력 저지를 위한 **선진국** 연대로 '지적재산권' 보호에 중점
경쟁 라운드	각국의 국내규제 차이가 무역장애로 등장하여 **개방과 내국인 대우를 통한 경제조건 평균화** 추진
환경 라운드	엄격한 환경기준을 가진 **선진국**들이 자국의 통상입법으로 생태적 덤핑을 규제하는 것, 일방적 무역제한 조치로 통상분쟁 초래

3 테러리즘과 국제범죄조직

(1) 테러리즘은 사람이나 건물 등 대상에 제한이 없으며 조직적이고 계획적인 경향
(2) 국제범죄조직은 비이념적, 비정치적 성격을 띠며 **영속성을 가진 집단의 형태** 〈15승진〉
(3) 국제테러리즘과 인종혐오범죄로 인한 피해가 증가하고 있음
(4) 정부나 국가에 대한 개인적 반감을 이유로 외로운 늑대형 테러가 새로운 위협

4 다문화 사회 접근유형 〈16경간, 19승진, 19경채, 20채용〉

자유주의적 (동화주의)	① 차별 금지, **기회평등** 보장, 문화적 다양성 인정 ② 주류사회의 문화·언어·관습에 따를 것을 요구	기회평등 (출발)
급진적	① 다문화주의를 '차이에 대한 권리'로 해석 ② 자결의 원칙으로 소수집단만의 **공동체** 건설 지향 ③ 주류사회의 양식을 부정하고 독자적인 생활방식 추구	⇩
조합주의적 (다원주의)	① 자유주의와 급진주의를 절충 ② **결과평등** 보장 ③ 소수집단의 사회참가를 촉진하는 **재정적, 법적 원조**	결과평등 (결과)

5 통역의 종류 〈18경간〉

동시통역	통역부스 안에서 헤드폰으로 동시에 통역
순차통역	연사의 발언을 **노트테이킹**(note-taking) 하다가 **발언이 끝나면** 통역
릴레이통역	3개 국어 이상의 언어를 통역
생동시통역	통역장비 없이 동시통역하는 것으로 정상끼리 대담 등에서 사용하며, 말하는 소리와 통역 소리가 섞이는 단점이 있다.
위스퍼링	통역장비 없이 소곤소곤 동시통역하는 것으로 의전대상에게만 통역 제공
방송통역	TV화면과 함께 음성을 동시통역하는 것, **걸프전 통역** 등
화상회의통역	화상회의할 때 사용하는 통역으로 고도의 기술과 장비 필요

6 국적법

(1) 일반

① 대한민국 국민이 자진하여 외국국적을 취득하면(이민) 그 때에 대한민국 국적을 상실한다(제15조). 다만, 복수국적자가 된 사람(출생, 혼인)은 국적을 선택해야 한다(제12조).

만 20세 전에 복수국적자가 된 자	만 22세 전까지 국적을 선택해야 한다.
만 20세 후에 복수국적자가 된 자	그 때부터 2년내에 국적을 선택해야 한다.

※ 후천적 비자발적 복수국적자: 제15조 제2항의 사유(혼인, 입양, 인지 등)로 복수국적자가 된 사람을 의미하며, 6개월 내에 한국 국적을 보유할 의사가 있다는 뜻을 신고하면 위 기간 내에 국적선택을 할 수 있고, 우리나라 국적 선택 시 "외국국적 불행사 서약서"를 제출하면 복수국적도 허용된다.

② 대한민국 국적을 취득한 사실이 없는 외국인은 법무부장관의 귀화허가를 받아 대한민국 국적을 취득할 수 있고, 대한민국 국민이었던 외국인은 법무부장관의 국적회복 허가를 받아야 한다.

> 법무부장관이 국적회복 허가를 하지 아니하는 경우
> • 국가나 사회에 위해(危害)를 끼친 사실이 있는 사람
> • 품행이 단정하지 못한 사람
> • 병역을 기피할 목적으로 대한민국 국적을 상실하였거나 이탈하였던 사람
> • 국가안전보장·질서 유지 또는 공공복리를 위하여 법무부장관이 국적회복을 허가하는 것이 적당하지 아니하다고 인정하는 사람

③ 대한민국 국적을 취득한 외국인은 1년 내에 그 외국 국적을 포기해야 한다.
④ 중앙행정기관의 장이 복수국적자를 외국인과 동일하게 처우하는 내용으로 법령을 제·개정하려는 경우에는 미리 법무부장관과 협의하여야 한다.

(2) 일반 귀화 〈17승진, 19채용〉
① 5년 이상 계속하여 대한민국에 주소가 있을 것
② 대한민국에서 **영주할 수 있는 체류자격**을 가지고 있을 것
③ 대한민국의 「민법」상 성년일 것
④ 법령을 준수하는 등 **법무부령**(대통령령 ×)으로 정하는 품행 단정의 요건을 갖출 것
  ※ 국적법 시행규칙(법무부령): 형사처벌(벌금 포함)이나 추방 경력 등을 고려
⑤ 자신의 자산(資産)이나 기능(技能)에 의하거나 생계를 같이하는 가족에 의존하여 **생계를 유지할 능력**이 있을 것
⑥ 국어나 풍습 등 대한민국 국민으로서의 **기본 소양**(素養)을 갖추고 있을 것
⑦ 국가안전보장·질서 유지 또는 공공복리를 해치지 아니한다고 법무부장관이 인정할 것

> **참고**

간이 귀화	일반귀화 요건이 없어도 간이귀화를 받을 수 있는 경우
	① 3년 이상 계속하여 대한민국에 주소가 있는 사람 중에서
	  ㉠ 부 또는 모가 대한민국 국민이었던 자
	  ㉡ 대한민국에서 출생한 사람으로서 부 또는 모가 대한민국에서 출생한 사람
	  ㉢ 대한민국 국민의 양자로서 입양 당시 민법상 성년이었던 사람(성년 양자)
	② 배우자가 대한민국 국민의 외국인으로서,
	  ㉠ 혼인한 상태로 대한민국에서 2년 이상 계속하여 주소가 있는 사람
	  ㉡ 혼인한 후 3년이 지나고 혼인 상태로 대한민국에 1년 이상 계속하여 주소가 있는 사람

특별 귀화	일반귀화 또는 간이귀화 요건이 없어도 귀화를 받을 수 있는 경우 ① 대한민국에 **특별한 공로**가 있는 사람 ② **우수 능력**(문화, 과학, 경제, 체육 등에서) 보유자로서 대한민국 국익에 기여할 사람 ③ 부 또는 모가 대한민국의 국민인 자, 다만, 양자로서 대한민국의 민법상 성년이 된 후에 입양된 사람은 제외한다(미성년 양자).

7 여권

(1) 여권 일반
① 여권은 국외여행을 인정하는 본국의 일방적 증명서이다.
② 외교부장관이 발급하며, 영사나 지방자치단체장에게 대행하게 할 수 있다.
③ 영사는 외국에서 일반여권이나 여행증명서를 발급할 수 있으나, **외교관여권**은 신청과 교부만 대행하고 발급은 외교부에서만 가능하다.
④ 여권 발급 후 6개월이 지날 때까지 그 여권을 받아가지 아니하면 효력을 상실한다.

(2) 여권의 종류

목적에 의한 분류	일반여권	유효기간 10년(18세 미만 5년), 단수 또는 복수여권
	관용여권	유효기간 5년, 단수 또는 복수여권
	외교관여권	유효기간 5년, 단수 또는 복수여권
	긴급여권	일반·관용·외교관여권을 발급받거나 재발급 받을 시간적 여유가 없는 경우로서 여권의 긴급한 발급이 필요하다고 인정되어 발급하는 단수여권
횟수에 의한 분류	단수여권	1년 이내의 유효기간 동안 1회에 한정하여 외국여행을 할 수 있는 여권
	복수여권	유효기간 만료일까지 횟수에 제한 없이 외국여행을 할 수 있는 여권

(3) 관용여권 발급대상자
① 공무원, 한국은행 등 공공기관 직원과 동반하는 **27세 미만의 미혼자녀**, 27세 이상의 경우는 미혼이면서 정신·육체적 장애가 있거나 생활능력 없는 부모
② 정부파견 의료요원, 태권도 사범, 재외동포 교육을 위한 교사와 배우자, **27세 미만 미혼자녀** 〈12승진〉
③ 재외공관 행정직원(배우자, 27세미만 자녀 등), 가사보조자 등
④ 그 밖에 원활한 공무수행을 위하여 특별히 관용여권을 소지할 필요가 있다고 외교부장관이 인정하는 사람들로서, 이상 위 사람들에게 반드시 관용여권을 발급해야 하는 것은 아니고 할 수 있다는 의미

(4) 여권 발급 거부
① 장기 2년 이상의 형(刑)에 해당하는 죄로 인하여 **기소(起訴)**되어 있는 사람(**국내·외**) 또는 장기 3년 이상의 형에 해당하는 죄로 인하여 **기소중지** 또는 수사중지(피의자중지로 한정) 되거나 **체포영장·구속영장**이 발부된 사람 중 국외에 있는 사람 〈16경간〉
※ 기소가 된 경우는 국내외를 불문하고, 기소중지(수사중지) 된 경우는 국외에 있는 사람에 한하여 여권 발급이 거부된다. 여권 발급이 거부된 사람은 한국으로만 여행할 수 있는 여행증명서를 발급하여 한국으로 송환한다.
② 여권법 위반으로 형 선고받고 집행 중이거나 집행받지 아니하기로 확정되지 아니한 자
③ 여권법 외의 범죄로 **금고(자격정지 ×) 이상 집행** 중이거나 집행받지 아니하기로 확정되지 아니한 자
④ 국외에서 대한민국의 안전보장·질서 유지나 통일·외교정책에 중대한 침해를 야기할 우려가 있는 경우로서
  ㉠ 출국할 경우 테러 등으로 생명이나 신체의 안전이 침해될 위험이 큰 사람
  ㉡ 「보안관찰법」 제4조에 따라 **보안관찰** 처분을 받고 그 기간 중에 있으면서 같은 법 제22조에 따라 **경고**를 받은 사람

(5) 여권을 갈음하는 증명서(여행증명서)
① 외교부장관은 국외에 체류하거나 거주하고 있는 사람으로서 여권의 발급·재발급이 거부 또는 제한되었거나 외국에서 강제 퇴거된 사람 등 대통령령으로 정하는 사람

에게 여행목적지가 기재된 서류로서 여권을 갈음하는 증명서(여행증명서)를 발급할 수 있다.
② 여행증명서의 유효기간은 1년 이내로 하되, 그 여행증명서의 발급 목적을 이루면 그 효력을 잃는다.

> **여권법 시행령(대통령령)**
> 제16조(여행증명서의 발급대상자) 외교부장관은 법 제14조에 따라 다음 각 호의 어느 하나에 해당하는 사람에게 여행증명서를 발급할 수 있다.
> 1. 출국하는 무국적자(無國籍者)
> 2.~3. (삭제)
> 4. 해외 입양자
> 5. 「남북교류협력에 관한 법률」 제10조에 따라 여행증명서를 소지하여야 하는 사람으로서 여행증명서를 발급할 필요가 있다고 외교부장관(법무부장관 ×)이 인정하는 사람
>   ※ 제10조(외국 거주 동포의 출입 보장) 외국 국적을 보유하지 아니하고 대한민국의 여권(旅券)을 소지하지 아니한 외국 거주 동포가 남한을 왕래하려면 「여권법」 제14조 제1항에 따른 여행증명서를 소지하여야 한다.
> 5의2. 국외에 체류하거나 거주하고 있는 사람으로서 여권의 발급·재발급이 거부 또는 제한되었거나 외국에서 강제 퇴거된 경우에 귀국을 위하여 여행증명서의 발급이 필요한 사람
> 6. 「출입국관리법」 제46조에 따라 대한민국 밖으로 강제퇴거되는 외국인으로서 그가 국적을 가지는 국가의 여권 또는 여권을 갈음하는 증명서를 발급받을 수 없는 사람
> 7. 제1호부터 제5호까지, 제5호의2 및 제6호에 준하는 사람으로서 긴급하게 여행증명서를 발급할 필요가 있다고 외교부장관이 인정하는 사람

(6) 난민여행증명서
① 법무부장관은 「난민법」에 따른 난민 인정자가 출국하려고 할 때에는 그의 신청에 의하여 대통령령으로 정하는 바에 따라 난민여행증명서를 발급하여야 한다. ⟨21경채⟩
② 난민여행증명서의 유효기간은 3년으로 한다. ⟨21경채⟩
③ 난민여행증명서를 발급받은 사람은 그 증명서의 유효기간 만료일까지 횟수에 제한 없이 대한민국에서 출국하거나 대한민국으로 입국할 수 있다. 이 경우 입국할 때에는 제30조에 따른 재입국허가를 받지 아니하여도 된다.

8 여행경보제도(외교부 훈령)

구분	단계	해외체류자	해외여행 예정자
단계별 여행경보	1단계 남색경보(여행유의)	신변안전 위험요인 숙지·대비	
	2단계 황색경보(여행자제)	신변안전 특별 유의	불필요한 여행 자제 ⟨21승진⟩
	3단계 적색경보(출국권고)	긴급용무 아닌 한 출국	여행 취소, 연기
	4단계 흑색경보(여행금지)	즉시 대피·철수	여행 금지 준수
특별여행 주의보	① 단기적으로 긴급한 위험이 있는 국가(지역)에 발령 ※ 발령일로부터 90일을 초과하지 않는 범위 내에서 자동 해제 일자를 설정하고, 기존에 발령 중인 여행경보는 특별여행주의보 발령기간 동안 그 효력이 일시 정지된다. ② 행동요령은 여행경보 2단계 이상 3단계 이하에 준함(3단계~4단계 ×).		

※ 여행 유의단계와 자제단계 구별: '자제'는 유의를 포함하는 개념이므로 자제단계에서는 "유의 + 자제"의 용어가 나올 수 있으며, 낮은 유의단계에서는 '자제'라는 말이 나올 수 없다.
※ 철수권고 단계에서 "즉시 대피·철수" 아님

제2절 외국인의 입·출국

1 외국인의 입국

(1) 무사증 입국사유
① 재입국허가를 받은 사람으로서 재입국허가 기간이 끝나기 전에 입국하는 사람
② 사증면제협정으로 면제대상이 되는 사람
③ 국제친선, 관광 또는 대한민국의 이익 등을 위하여 따로 대통령령에 따라 입국허가를 받은 사람
  ㉠ 외국정부 또는 국제기구 수행자가 부득이한 사유로 사증 없이 입국하는 경우
  ㉡ 법무부장관이 정하는 국가의 국민으로서 관광통과(B-2) 체류자격을 가진 사람이 30일 이내에서 관광이나 통과 목적으로 입국하는 경우
  ㉢ 그 밖에 법무부장관이 대한민국의 이익 등을 위하여 인정하는 경우
④ 난민여행증명서를 받고 출국한 후 그 유효기간이 끝나기 전에 입국하는 사람

(2) 입국금지
① 외국인이 한국에 도착한 후 자신이 입국금지되었다는 사실을 알게 되었다고 하더라도 이에 대한 이의신청 절차는 없으며 입국금지로 인한 항공료 등 비용은 자비부담
② 입국금지 사유

> • 감염병환자, 마약류중독자, 공중위생상 위해를 끼칠 염려가 있는 사람 〈23경위〉
> • 총포·도검·화약류 등을 위법하게 가지고 입국하려는 사람
> • 대한민국의 이익이나 공공의 안전을 해치는 행동을 할 염려가 있는 사람
> • 경제질서, 사회질서, 선량한 풍속을 해치는 행동을 할 염려가 있는 사람
> • 사리 분별력이 없고 국내에서 체류활동을 보조할 사람이 없는 정신장애인, 국내체류비용을 부담할 능력이 없는 사람, 그 밖에 구호(救護)가 필요한 사람
> • 강제퇴거명령을 받고 출국한 후 5년이 지나지 아니한 사람 등 〈20승진, 17채용, 21경채, 23경위〉
> • 일제강점기(1910.8.29.~1945.8.15.)의 일본정부 등과 관련하여 학살·학대에 관여한 사람
> • 이에 준하는 자로서 법무부장관이 그 입국이 적당하지 아니하다고 인정하는 사람

(3) 입국 시 생체정보 제공
① 입국하려는 외국인은 입국심사를 받을 때 법무부령으로 정하는 방법으로 생체정보를 제공하고 본인임을 확인하는 절차에 응하여야 한다.
  ※ 생체정보: 사람의 지문·얼굴·홍채 및 손바닥 정맥 등의 개인정보
② 17세 미만, 외국정부·국제기구 업무 목적 입국자와 그 가족, 외국과 우호 및 문화교류 증진, 경제활동 촉진 또는 대한민국 이익 등을 고려하여 대통령령으로 정하는 사람에 대하여는 생체정보 제공의무가 면제
③ 생체정보를 제공하지 아니하는 경우에는 입국을 허가하지 아니할 수 있다.

④ 법무부장관은 입국심사에 필요한 경우에는 관계 행정기관이 보유하고 있는 외국인의 생체정보의 제출을 **요청할 수 있다**(요구하여야 한다 ×). ⟨20승진⟩

(4) 외국인의 여권휴대 의무
① 국내에 체류하는 **17세 이상** 외국인은 항상 여권 등 신분증을 휴대 및 제시해야 하며, 위반 시 **100만원 이하 벌금**(과태료 ×) ⟨16경간, 17승진⟩
※ 집시법에서 철회 24시간 전 미신고: **100만원 이하 과태료**
② '여권 등': 여권, 선원신분증명서, 외국인입국허가서, 외국인등록증, 상륙허가서
③ 여권에 갈음하는 증명서: 여행증명서, 난민여행증명서, 국제연합통행증

2 외국인의 체류

(1) 사증(VISA) 일반
① 우리나라를 입국하려는 외국인에게 **법무부장관**(재외공관장에게 위임 가능)이 발급하며 여권에 도장을 찍거나 사증을 붙이는 방법으로 표시한다.
② 단수사증은 1회 입국이 가능하고 유효기간은 3월, 복수사증은 2회 이상 입국이 가능하다.

(2) 체류자격(출입국관리법 시행령 별표1, 1의2) ⟨17·18승진⟩

외교관 등(가족 포함)	외교(A-1)
외국정부, 국제기구의 공무수행(가족 포함)	공무(A-2)
협정에 따라 외국인 등록이 면제되는 사람	협정(A-3)
관광·통과 목적 무사증 입국하려는 사람	관광·통과(B-2)
전문대학 이상에서 교육, 연구	유학(D-2)
전문대학 이상에서 교수	교수(E-1)
외국어 회화 지도	회화지도(E-2)
변호사, 공인회계사, 의사 등[교수(E-1) 제외]	전문직업(E-5)
수익 목적 음악, 미술, 연예, 운동, 모델 활동	예술흥행(E-6)
농작물 재배수확, 수산물 원시가공	계절근로(E-8)
자격이나 경력이 필요한 직종이 아닌 곳에 취업	비전문취업(E-9)
한국 정부 수립 전 이주한 동포나 그 후손 등	재외동포(F-4)
우리 국민의 배우자(사실혼 포함)	결혼이민(F-6)

(3) 상륙 허가 ⟨17·18·20승진⟩

승무원 상륙	외국인 승무원이 휴양 또는 다른 선박 등으로 옮겨 탈 목적으로 상륙	15일 이내
관광 상륙	외국인 승객이 관광 목적으로 상륙(크루즈 관광)	3일 이내
재난 상륙	조난당한 선박 등에 타고 있던 외국인을 긴급히 구조	30일 이내
긴급 상륙	외국인이 질병, 사고로 긴급히 상륙	
난민 임시상륙	외국인이 난민 신청 사유에 해당할 때 법무부 장관은 외교부 장관과 **협의하여**(승인을 얻어 ×) 승인 ⟨21법학⟩	90일 이내

※ "선박 등": 선박, 항공기, 기차, 자동차, 그 밖의 교통기관
※ 각각의 허가 기간만큼 연장 가능(법 제14조⑤)

(4) 외국인 등록

외국인	"외국인"이란 대한민국의 국적을 가지지 아니한 사람을 말하는 것으로 무국적자와 외국국적자 모두 포함된다. 대한민국 국적을 가진 복수국적자는 외국인이 아니다.
대상자	입국한 날부터 90일 초과 체류 시 입국한 날부터 90일 이내
제외 대상	① 주한 외국공관과 국제기구 직원과 가족 ② 외교관 등 특권 및 면제를 누리는 사람과 가족 ③ 대한민국 정부 초청 등 법무부장관이 정한 사람
등록증 발급	① 17세 미만 외국인에게는 외국인등록증을 발급하지 아니할 수 있다. 〈18경채〉 ② 17세가 된 때에는 90일 이내에 외국인등록증 발급신청해야 한다. 〈18경채〉
체류 자격	① 제23조에 따라 체류자격을 받는 사람으로서 그 날부터 90일을 초과하여 체류하게 되는 사람은 **체류자격을 받는 때**에 외국인등록을 하여야 한다(제31조③). 　제23조(체류자격 부여) ① 다음 각 호의 어느 하나에 해당하는 외국인이 제10조에 따른 체류자격을 가지지 못하고 대한민국에 체류하게 되는 경우에는 다음 각호의 구분에 따른 기간 이내에 대통령령으로 정하는 바에 따라 체류자격을 받아야 한다. 　　1. 대한민국에서 출생한 외국인: **출생한 날부터 90일** 　　2. 대한민국에서 체류 중 대한민국의 **국적을 상실하거나 이탈하는 등** 그 밖의 사유가 발생한 외국인: 그 사유가 발생한 날부터 **60일** ② 제24조에 따라 체류자격 변경허가를 받는 사람으로서 입국한 날부터 90일을 초과하여 체류하게 되는 사람은 제1항 각 호 외의 부분 본문에도 불구하고 **체류자격 변경허가를 받는 때**에 외국인등록을 하여야 한다(제31조④). 　제24조(체류자격 변경허가) ① 대한민국에 체류하는 외국인이 그 체류자격과 다른 체류자격에 해당하는 활동을 하려면 대통령령으로 정하는 바에 따라 미리 법무부장관의 체류자격 변경허가를 받아야 한다.

● **정리하기**

체류자격과 외국인등록

대상		체류조건	등록시기
체류자격 부여	출생 이후 90일 초과 체류 예정자	출생한 날부터 90일 내 체류자격 취득	체류자격 취득 시 또는 변경 시
	국적상실(이탈) 이후 90일 초과 체류예정자	국적상실(이탈) 시 60일 내 체류자격 취득	
체류자격 변경허가	입국 이후 90일 초과 체류 예정자 (체류자격 변경 이후 ×)	체류자격과 다른 활동 원할 시 미리 체류자격 변경허가 취득	

3 외국인 강제퇴거(추방)

(1) 의의

강제퇴거는 외국인에게 체류국 밖으로 퇴거를 명하는 행정행위로서, 강제퇴거 사유가 동시에 형사처분 사유가 되는 경우에도 병행 처벌할 수 있다.

(2) 주요 대상

> 1. **입국할 때 유효한 여권과 사증을 가지고 있지 아니한 사람**
> 2. **허위초청 등의 금지 규정을 위반한 외국인** 또는 허위초청 등의 행위로 입국한 외국인
> 3. **입국금지 해당사유가 입국 후에 발견되거나 발생한 사람**
> 4. 입국심사 또는 선박 등의 제공 금지 규정을 위반한 사람
> 5. 지방출입국·외국인관서의 장이 붙인 **조건부 입국 허가조건을 위반한 사람** 〈21채용〉
> 6. **상륙허가를 받지 아니하고 상륙한 사람**
> 7. **상륙 허가조건을 위반한 사람**
> 8. 체류자격 외의 활동 등 체류 조건 규정을 위반한 사람
> 9. 허가 없이 **근무처를 변경·추가**하거나 허가를 받지 아니한 외국인을 고용·알선한 사람
> 10. 법무부장관이 정한 거소 또는 활동범위의 제한이나 그 밖의 준수사항을 위반한 사람 〈21채용〉
> 11. 허위서류 제출 등의 금지규정을 위반한 외국인
> 12. **출국심사 규정을 위반하여 출국**하려고 한 사람 〈17승진〉
> 13. 외국인등록 의무를 위반한 사람
> 14. 외국인등록증 등의 채무이행 확보수단 제공 등의 금지의무를 위반한 사람
> 15. **금고 이상의 형을 선고받고 석방된 사람** 〈17승진, 21채용〉
> 16. 그 밖의 법무부령으로 정하는 사람
> 17. 영주자격을 가진 사람은 위 1.~16.에 불구하고 강제퇴거되지 아니한다. 다만, 다음의 경우는 그러하지 아니하다.
>   ① 「형법」 내란의 죄 또는 외환의 죄
>   ② 5년 이상의 징역 또는 금고의 형을 선고받고 석방된 사람 중 법무부령으로 정하는 사람
>   ③ 밀입국을 위한 선박등의 제공금지를 위반하거나 교사·방조한 사람

(3) 절차

① 출입국관리공무원은 강제퇴거 대상자로 의심되는 외국인을 사실조사할 수 있다.
〈14승진〉

② **도주 우려 있으면 외국인 보호: 10 + 10(연장)** 〈14승진〉

③ 강제출국 조치된 자가 출국을 거부하거나 출국 후 재입국할 때에는 이를 체포·처벌할 수 있다.

④ 심사결과 강제퇴거 대상자에 해당한다고 인정하면 강제퇴거명령서를 발급한다.

⑤ 강제퇴거명령서는 출입국관리공무원이 집행하며, 사법경찰관리에게 집행을 의뢰할 수 있다. 〈14승진〉

⑥ 지방출입국·외국인관서의 장은 **강제퇴거명령을 받은 사람**을 여권 미소지 또는 교통편 미확보 등의 사유로 즉시 대한민국 밖으로 송환할 수 없으면 **송환할 수 있을 때까지 그를 보호시설에 보호할 수 있다**(제63조①).

⑦ 지방출입국·외국인관서의 장은 **강제퇴거명령을 받은 사람을 보호할 때 그 기간이 3개월을 넘는 경우에는 3개월마다 미리 법무부장관의 승인을 받아야 한다**(제63조②).
〈23승진〉

4 수사상 유의사항

(1) 출입국사범 입건 시

① 출입국사범 사건은 지방출입국·외국인관서장의 고발이 없으면 공소를 제기할 수 없다. 출입국관리공무원 외의 수사기관이 출입국사범을 입건하였을 때에는 지체없이 관할 지방출입국·외국인관서장에게 인계하여야 한다(고발을 받아 수사한다 ×)(출입국관리법 제101조). 〈20승진, 23경위〉

② 경찰이나 국가인권위원회의 피해자 구조, 인권침해(차별행위 포함) 구제 등을 수행하는 과정에서 해당 외국인의 피해구제가 우선적으로 필요하다고 인정하는 경우에는 외국인의 인적사항을 지방출입국·외국인관서장에게 통보해야 하는 의무가 면제된다(출입국관리법 제84조).

③ 통보의무 면제 대상 범죄는 형법 및 특별법상 생명, 신체, 재산 등 개인적 법익에 관한 죄이다. 불법체류 여성이 폭행, 감금, 협박 등에 의한 '성매매 피해자'임이 확인될 경우 통보를 면제한다.

(2) 외국인 수사

> **범죄수사규칙**
>
> 제208조(외국인 등 관련범죄수사의 착수) 경찰관은 외국인 등 관련 범죄 중 중요한 범죄에 관하여는 미리 국가수사본부장(경찰청장 ×)에게 보고하여 그 지시를 받아 수사에 착수하여야 한다. 다만, 급속을 요하는 경우에는 필요한 처분을 한 후 신속히 국가수사본부장의 지시를 받아야 한다. 〈23승진〉
>
> 제209조(대·공사 등에 관한 특칙) ① 경찰관은 외국인 등 관련범죄를 수사함에 있어서는 다음 각 호의 어느 하나에 해당하는 사람의 외교 특권을 침해하는 일이 없도록 주의하여야 한다.
> 1. 외교관 또는 외교관의 가족
> 2. 그 밖의 외교의 특권을 가진 사람
>
> ② 경찰관은 제1항에 규정된 사람의 사용인을 체포하거나 조사할 필요가 있다고 인정될 때에는 현행범인의 체포 그 밖의 긴급 부득이한 경우를 제외하고는 미리 국가수사본부장에게 보고하여 그 지시를 받아야 한다.
>
> ③ 경찰관은 피의자가 외교 특권을 가진 사람인지 여부가 의심스러운 경우에는 신속히 국가수사본부장에게 보고하여 그 지시를 받아야 한다(받을 수 있다 ×). 〈23승진〉
>
> 제217조(통역인의 참여) ① 경찰관은 외국인인 피의자 및 그 밖의 관계자가 한국어에 능통하지 않는 경우에는 통역인으로 하여금 통역하게 하여 한국어로 피의자신문조서나 진술조서를 작성하여야 하며 특히 필요한 때에는 외국어(한국어 ×)의 진술서를 작성하게 하거나 외국어(한국어 ×)의 진술서를 제출하게 하여야 한다. 〈23승진〉
>
> ② 경찰관은 외국인이 구술로써 고소·고발이나 자수를 하려 하는 경우에 한국어에 능통하지 않을 때의 고소·고발 또는 자수인 진술조서는 제1항의 규정에 준하여 작성하여야 한다.
>
> 제218조(번역문의 첨부) 경찰관은 다음 각 호의 경우 번역문을 첨부하여야 한다.
> 1. 외국인에 대하여 구속영장 그 밖의 영장을 집행하는 경우 〈23승진〉
> 2. 외국인으로부터 압수한 물건에 관하여 압수목록교부서를 교부하는 경우 〈23승진〉

(3) 외국군함에 출입

> 범죄수사규칙 제211조(외국군함에의 출입) ① 경찰관은 외국군함에 관하여는 해당 군함의 함장의 청구가 있는 경우 외에는 이에 출입해서는 아니 된다.
> ② 경찰관은 중대한 범죄를 범한 사람이 도주하여 대한민국의 영해에 있는 외국군함으로 들어갔을 때에는 신속히 국가수사본부장에게 보고하여 그 지시를 받아야 한다. 다만, 급속을 요할 때에는 해당 군함의 함장에게 범죄자의 임의 인도를 요구할 수 있다(급속을 요할 경우 신분을 밝히고 출입할 수 있다 ×).

① 외국 군함은 외국영토로 인정되어 국제법상 특권·면제가 인정되므로, 함장의 청구가 있는 경우 외에는 급속을 요하는 경우에도 출입할 수 없다.
② 다만, **범죄인에 대한 비호권은 없으므로**, 범인이 도주하여 함정으로 들어간 경우 인도를 요청하며 인도요청을 거부할 경우 자국 영해에서 퇴거를 요구할 수 있다.

참고

C I Q
① Customs(통관): 세관 공무원의 세관 검열
② Immigration(출입국): 출입국관리 공무원의 출입국 심사
③ Quarantine(검역조사): 검역관리 공무원의 검역조사

제3절 출국금지 및 출국정지

1 출국금지(정지) 의의 및 절차

(1) 중앙행정기관의 장은 소관 업무와 관련하여 출국금지 사유에 해당하는 사람이 있다고 인정할 때에는 법무부장관에게 출국금지를 요청할 수 있다(하여야 한다 ×)(출입국관리법 제4조③). 〈19승진〉
(2) 외국인의 출국은 자유이며 원칙적으로 금지할 수 없다. 외국인에 대해서는 정지만 가능하다.

2 내국인 출국금지, 외국인 출국정지(출입국관리법 제4조, 제29조) 〈19승진, 17경간, 21채용〉

금지(정지) 사유	금지(정지) 기간
수사 목적	1월
도주·기소중지·수사중지(피의자중지로 한정)	3월 또는 영장(체포·구속)유효기간
수사 이외 사유 ① 형사재판 계속 중 ② 징역·금고 집행중 ③ 세금·벌금 미납자 〈23승진〉 　- 벌금 1천만 이상 　- 추징금 2천만 이상 　- 지방세 3천만 이상 　- 국세·관세 5천만 이상 ④ 양육비 채무자	① 내국인 출국금지: 6월 ② 외국인 출국정지: 3월 ※ 이 경우만 출국금지와 출국정지가 다르고 대체로 동일

※ 외국인의 조세·공과금 체납 사유는 강제퇴거 사유가 아닌 출국정지 사유이다. 〈21채용〉

3 출국금지 기간의 연장(출국정지도 동일)

출국금지·정지 요청 기관장은 출국금지·정지 기간 만료 3일 전까지 법무부장관에게 기간 연장을 요청하여야 한다.

4 출국금지 이의신청(출국정지도 동일)

출국금지 또는 그 기간이 연장된 사람은 통지를 받은 날 또는 그 사실을 안 날부터 10일 이내에 법무부 장관에게 이의를 신청할 수 있다(제4조의5①).

> **이의신청**
> 1. 집회금지 통고받고 10일 내 상급부서 이의신청
> 2. 감찰결과 통지받고 감찰 주관 경찰기관의 장에게 10일 내 이의신청
> 3. 출국금지(정지) 통지받은 날부터 10일 내 법무부장관에게 이의신청
> 4. 과태료 부과 후 10일 내 의견제출, 60일 내 이의제기
> 5. 정보 공개 이의신청: 20일 내 미결정 시, 30일 내 이의신청, 7 + 7일 내 결정
> 6. 제3자 비공개 이의신청: 3일 내 비공개 신청 후 7일 내 이의신청, 예외적으로 36시간(긴급통신제한 착수 후 법원허가)】

5 긴급출국 금지(출국정지도 동일)

(1) 수사기관은 피의자(용의자 ×)로서 사형·무기 또는 장기 3년 이상의 범죄 의심자에 대하여 증거인멸·도망우려·긴급할 때 출입국관리공무원에게 출국금지를 요청할 수 있다.

(2) 요청을 받은 출입국관리공무원은 출국시켜서는 아니 된다.

(3) 수사기관은 긴급출국금지를 요청한 때로부터 6시간 이내에 법무부장관에게 긴급출국금지 승인을 요청하여야 한다. 이 경우 검사의 검토의견서 및 범죄사실의 요지, 긴급출국금지의 사유 등을 기재한 긴급출국금지보고서를 첨부하여야 한다. 〈21경간〉

(4) 법무부장관은 수사기관이 긴급출국금지 승인 요청을 하지 아니한 때에는 수사기관이 요청한 출국금지를 해제하여야 한다. 수사기관이 긴급출국금지 승인을 요청한 때로부터 12시간 이내에 승인을 받지 못한 경우에도 또한 같다. 〈21채용〉

※ 36시간: 긴급통신제한 착수 후 법원허가

(5) 관련 판례

> 국세청장 등의 출국금지 요청이 있는 경우에도 법무부장관은 이에 구속되지 않고 출국금지의 요건이 갖추어졌는지를 따져서 처분 여부를 결정할 수 있다. 따라서 국세청장 등의 출국금지 요청이 요건을 구비하지 못하였다는 사유만으로 출국금지 처분이 당연히 위법하게 되는 것은 아니다(대판 2012두18363)

제4절 주한미군지위협정(SOFA)

1 SOFA 개념

(1) SOFA(Status of Forces Agreement)란 1966.7.9. 체결된 한국에서 미군의 지위에 관한 협정이다.
(2) 국회의 동의를 거친 조약으로서 **국내법과 동일한 효력**을 가진다.
(3) SOFA는 영토주권의 원칙에 의하여 '접수국 법령 존중의 원칙'을 규정하고 있다.

2 협정의 적용대상자

미국 군대의 구성원	① 대한민국의 영역 안에 주둔하는 미국 군대에 속하는 현역 군인 ② 제외: 주한미대사관에 부속된 미군, 주한미대사관 근무 무관, 주한미군사고문단원 ※ 이들은 준외교관으로서 별도의 특권이 인정된다.
군속	① 미국적 또는 대한민국 외의 국적을 가진 **민간인**이 미군에 고용, 근무, 동반하는 자 ② 제외자: 미8군에 근무하는 한국인 근로자
가족 〈20승진〉	① 미국 군대의 구성원 또는 군속의 배우자 및 21세 미만의 자녀 ② 생계비의 반액 이상을 미군이나 군속에 의존하는 부모, 21세 이상의 자녀, 친척
초청 계약자	미국 법률에 따라 조직된 법인 등의 고용원이나 그 가족으로서 주한 미군을 위하여 미국정부의 지정에 의한 계약을 맺고 대한민국에서 근무하는 자 〈21경간〉

3 형사 재판권

재판관할권		대한민국과 미군 모두 재판권 행사의 주체임
전속 재판권	미국 전속	① 미국의 안전에 관한 범죄, ② **미국법으로만** 처벌 가능한 범죄
	한국 전속	① 한국의 안전에 관한 범죄, ② **한국법으로만** 처벌 가능한 범죄
경합 재판권 (1차 재판권)	미국	① 오로지 미국의 재산이나 안전에 관한 범죄(부대내 절도, 부대시설 파괴) ② 오로지 미국 군대의 타구성원이나 군속 또는 그들 가족의 신체나 재산에 대한 범죄(미군 상호 간 폭행, 미군과 카투사 간의 폭행 포함) ③ **공무집행 중의 작위·부작위 범죄(공무수행 부수 행위 포함)** 〈20·22승진〉 ※ 전속재판권은 한 국가에게만 위법한 경우이고, 경합은 양 국가에 위법하지만 미국이 1차 재판권을 갖는 경우임
	한국	원칙적으로 대한민국이 제1차 재판권을 보유하며 예외적으로 미군 당국이 제1차 재판권을 보유한다(협정 제22조 제3강 (가)).
재판권 포기		1차 재판권이 있는 국가는 타방국가로부터 **권리포기의 요청**이 있으면, 재판권 행사가 특히 중요하다고 결정한 경우를 제외하고는 그 요청을 **호의적으로 고려해야 함**

4 피해자 손해배상절차

공무 중 발생	① 우리 정부가 우선 배상하고 미군 측을 상대로 구상권 행사 ② 피해가 전적으로 미군 측 책임이면 미군이 75%, 한국이 25%를 부담하고, 양측의 공동책임 또는 책임한계 불분명 시에는 균등분담(50%-50%) 배상 〈20승진〉 ③ 배상신청의 기한은 피해가 있던 날로부터 5년 이내(국가재정법)이며, 배상신청과 별도로 국가를 상대로 손해배상소송이 가능하다. ※ 2, 5와 관련: 한국이 25%부담, 2년(비공무), 5년(공무)
비공무 중 발생	① 국가배상 청구절차에 따라 우리 정부가 손해배상액을 사정한 후, 주한미군 측이 배상금 지급여부 및 배상액을 최종 결정하여 직접 배상한다. ② 배상신청 기한은 2년 이내(미육군규정)이며, 배상신청과 별도로 미군 개인을 상대로 손해배상소송이 가능하다.

5 SOFA 사건 처리(경찰수사규칙)

> 제92조(한미행정협정사건의 통보) ① 사법경찰관은 주한 미합중국 군대의 구성원·외국인군무원 및 그 가족이나 초청계약자의 범죄 관련 사건을 인지하거나 고소·고발 등을 수리한 때에는 7일 이내에 별지 제95호서식의 한미행정협정사건 통보서를 검사에게 통보해야 한다.
> ② 사법경찰관은 주한 미합중국 군당국으로부터 공무증명서를 제출받은 경우 지체 없이 공무증명서의 사본을 검사에게 송부해야 한다. 〈23승진〉
> ③ 사법경찰관은 검사로부터 주한 미합중국 군당국의 재판권포기 요청 사실을 통보받은 날부터 14일 이내에 검사에게 사건을 송치 또는 송부해야 한다. 다만, 검사의 동의를 받아 그 기간을 연장할 수 있다.

제5절 외교사절

1 외교사절 파견

파견 및 접수	아그레망	① 외교사절 파견국에서 접수국에게 특정인의 임명에 관해 이의 유무를 문의하는 것을 '아그레망(Agrément, 불어)의 요청'이라고 한다. ② 접수국이 파견국의 아그레망 요청에 이의가 없으면 아그레망을 부여한다.
	신임장	아그레망을 얻으면 신임장을 주어 접수국에 파견한다.
	위임장	영사는 신임장이 아닌 위임장(Consular Commission)을 교부하여 파견
직무개시		① 외교사절 특권: 주재국에 신임장을 휴대하고 입국하는 때부터 인정 ② 직무: 접수국 외무부에 신임장을 제출하는 때부터 할 수 있음

2 외교사절 특권

(1) 불가침권

신체 불가침	① 외교관은 어떠한 형태의 체포 또는 구금을 당하지 않음 ② 한국에 파견된 **외국사절**에 대한 폭행, 협박 등은 가중 처벌(형법 제108조)
관사 불가침	① 공관뿐만 아니라 개인 **주택**도 불가침 대상이다. 소유나 임차를 불문하며 부속건물, 정원, 차고 등도 포함된다. 승용차, 보트, 비행기 등 **교통수단도 포함**된다. ② 외교사절 동의가 없으면 접수국 관헌은 직무수행을 위해서도 공관에 들어갈 수 없다. ③ 화재나 감염병 등 긴급한 경우, 국제적 관습(국제법 ×)에 따라 동의 없이 출입 가능 ④ **범죄인 비호권은 불인정** 되므로 관사 내에 있는 도망자나 범죄인을 인도하거나 관사 밖으로 추방하여야 한다. ⑤ 외교사절이 자국 범죄인을 본국 송환 목적으로 관사 내에 일시 감금할 수 없다.
문서 불가침	① 외교공관의 문서는 불가침이며, 수색, 검열, 압수되지 않는다. 〈23승진〉 ② 외교단절의 경우에도 접수국은 문서의 불가침권을 존중하고 보호해야 한다. ③ 문서가 **간첩행위의 서증**이 되는 경우에는 불가침성을 상실한다.

(2) 치외법권

경찰권 면제	① 접수국 경찰의 명령이나 규칙은 **외교사절을 구속하지 않는다.** ② 경찰권 면제는 경찰권으로부터 자유로이 행동할 특권을 부여하는 것은 아니므로 안전과 질서 유지에 필요한 것은 **자진하여 준수할 것이 기대**된다.
형사 재판권	① 외교사절은 형사재판관할권으로부터 면제되므로 체포, 구금, 소추 또는 처벌되지 않는다. 공무수행 중이거나 개인자격으로 행한 행위에 대해서도 인정된다. ② 다만, 소환요구나 추방은 가능하고 긴급시 일시적으로 신체자유 구속은 가능하다. ③ 주한미군은 형사재판권이 면제되지 않고 SOFA 절차에 따라 처벌이 가능하다.
재판권 면제	① 외교사절은 원칙적으로 접수국의 민사, 행정재판관할권으로부터 면제된다. ② 외교사절은 민·형사 또는 행정재판에 출석하여 증언할 의무가 없다.
과세권 면제	원칙적으로 과세권이 면제되므로 조세로부터 면제된다.

3 외국인 관련 사건의 통지 및 보고

(1) 영사관계에 관한 비엔나협약

① 외국인을 체포·구속하였을 때에는 그 외국인의 영사기관에 체포·구속 사실의 통보와 영사관원과 접견·교통 요청할 수 있음을 고지하여야 한다. 〈23승진〉
② 피의자가 영사기관 통보 및 접견을 요청한 경우에는 영사기관에 통보한다.

(2) 별도의 영사협약에 따른 통지
① 한·러 영사협약에 의하여 러시아인을 체포·구속한 때에는 본인 희망여부와 상관없이 지체없이 러시아 영사기관에 통보한다. 〈19·22승진〉
② 한·중 영사협약에 의하여 중국인을 체포·구속한 때에는 본인 희망여부와 상관없이 4일(7일 ×) 이내에 중국 영사기관에 통보한다. 〈20·23승진〉

제6절 국제경찰공조

1 국제형사경찰기구(인터폴, ICPO)

의의		국제범죄의 예방과 진압을 위하여 각 회원국의 국내법이 허용하는 한도 내에서 상호 협력하는 정부 간 국제기구
발전과정 〈20승진, 22경간, 18채용〉		① 1914년 모나코에서 1차 국제형사경찰회의(ICPC) ② 1923년 비엔나(헤이그 ×)에서 19개국 경찰기관장이 참석한 2차 국제형사경찰회의를 개최하여 '국제형사경찰위원회(ICPC)' 창설, 당시는 유럽대륙 위주의 기구였다는 지역적 한계(세계적인 경찰협력기구 ×). ③ 1956년 비엔나, ICPC총회에서 국제형사경찰기구(ICPO) 발족(당시 파리에 사무총국을 둠, 현재는 리옹에 있음) ④ 2015년 싱가포르에 '인터폴 글로벌혁신단지' 개소
조직	총회	① 인터폴의 최고 의결기관, 1년에 한 번 개최 ② 총재는 4년 임기
	집행위원회	① 총회에서 선출되는 13명의 위원으로 구성 ② 헌장 등의 개정을 제안하고 재정분담금 연체국에 대한 제재방안 등 결정
	사무총국	각 회원국과 협조관계를 유지하는 총본부이자 추진체로서, 국제수배서 발행
	국가중앙 사무국	① 사무총국과 회원국들의 협력을 위해 모든 회원국에 설치되는 상설기관 ② 우리나라 국장은 국제협력관(담당: 인터폴국제공조과)〈12승진〉
인터폴 공조		① 24시간 운영하는 인터폴 전용통신망으로 국제경찰공조 ② 행안부장관(법무부 ×)은 국제형사경찰기구로부터 요청을 받거나 요청을 하는 경우에 다음 조치를 취할 수 있다(국제형사사법공조법 제38조). 〈20·22승진〉 　• 국제범죄의 동일 증명 및 전과조회 　• 국제범죄에 관한 사실 확인·조사 　• 국제범죄의 정보·자료 교환 ③ 국제형사경찰기구 대한민국 국가중앙사무국 운영규칙(경찰청훈령)은 국가중앙사무국의 기능으로 위 3가지 외에도 국외도피사범 검거 업무를 규정함 ④ 인터폴은 형사범을 직접 체포할 수 있는 인력이나 권한은 없다. 인터폴은 수사권을 가진 수사기관이 아니다.
공용어		영어, 불어, 스페인어, 아랍어 〈18경채〉

코비비 CO

2 인터폴 회원국 간의 협력의 기본원칙 〈20승진〉

주권 존중	협력은 각 회원국 경찰기관이 자국의 법에 의해서 취할 수 있는 조치들에 기초함	
일반법의 집행	인터폴은 일반 범죄의 예방과 진압에 국한하고 정치, 군사, 종교, 인종적 사항에 관해서는 어떠한 관여나 활동도 배제함	
보편성	모든 회원국은 다른 회원국과 협력하며, 지리·언어적 요소에 방해받지 않음	구별
평등성	모든 회원국은 재정분담금의 규모와 관계없이 동일한 혜택과 권리를 향유함	
타기관과 협력	각국 국가중앙사무국을 통하여 일반범죄의 예방과 진압에 관계되는 다른 국가기관과도 협력할 수 있음	
업무방법의 유연성	업무방법은 위 원칙들에 의해 기속되지만, 각국의 다양한 경찰 조직구조와 상황을 충분히 고려하여 유연하게 행해져야 함	

3 국제수배서

(1) 국제수배서 종류 〈18·20승진, 16경간〉

황색(Yellow)	가출인(실종) 소재파악, 기억상실자 신원 파악
청색(Blue)	국제정보조회 수배서, 수배자(실종자 ×) 소재·신원 파악
적색(Red)	국제 체포 수배서, 범인인도 목적
녹색(Green)	상습국제범죄자, 우범자 동향 파악
보라색(Purple)	신종 수법 공유
흑색(Black)	사망자(변사자) 신원확인
오렌지(Orange)	폭탄 테러범에 대한 보안 경보
장물수배서	도난, 불법취득 물건, 문화재 등에 대한 수배
INTERPOL – UN 특별수배서	인터폴과 UN안보리의 협의사항에 따라 발부

(2) 인터폴 적색수배 요청기준

장기 2년 이상 징역·금고에 해당하는 죄로 **체포**영장·구속영장이 발부된 자 중에서,
① 살인, 강도, 강간 등 강력범죄 관련 사범
② 조직폭력, 전화금융사기 등 조직범죄 관련 사범
③ 다액(5억원 이상) 경제사범
④ 사회적 파장과 중대성을 고려하여 수사관서에서 특별히 적색수배 요청한 사범

4 조약의 유형 〈14승진〉

조약	가장 격식을 갖춘 정식문서, 당사자 간의 정치적·외교적 기본관계나 지위에 관한 포괄적 합의 시 사용 ※ 신사협정은 정치협정에 불과하여 조약이 아님.
협정(Agreement)	정치적 요소가 포함되지 않은 전문·기술적 주제를 다룸으로써 조정하기 어렵지 아니한 사안에 대한 합의
협약(Conventon)	특정분야·기술적 사항에 대한 입법적 성격의 합의
의정서(Protocol)	기본 문서에 대한 개정이나 보충적 성격

※ 일반적으로 승인된 국제법규: 국회 동의 없이도 국내법과 동일한 효력이 있다.
  예 집단학살 금지협정, 포로에 관한 제네바 협정, 부전조약 등

제7절 국제형사사법공조

의의		형사사건의 수사, 기소, 재판 절차와 관련하여 다른 국가와 협력, 공조하는 것
원칙	상호주의	외국이 사법공조를 해주는 만큼 동일한 정도로 공조에 응하는 원칙
	쌍방가벌성	공조대상 범죄는 양 국가 모두의 법률로 처벌 가능한 범죄이어야 함
	특정성	공조에 의하여 취득한 증거는 공조대상 범죄에만 사용해야 한다는 원칙
공조 조약과의 관계		① 공조조약과 국제형사사법공조법의 규정이 상충하면 **공조조약**이 우선함 〈19채용〉 ② **조약**을 체결하면 공조법에 포함되지 않은 사항을 공조대상으로 규정할 수 있으므로 일반적으로 **공조범위가 확대된다**(축소 ×). ③ 조약을 체결하면 국제적 협력이 강화된다. ④ 우리나라는 1992년 **호주**와 **최초**로 형사사법공조조약을 체결하였다.
수사공조 절차	외국의 요청	① 공조요청 접수 및 자료의 송부는 **외교부장관**이 한다. 긴급·특별한 경우, 법무부장관이 외교부장관의 동의를 받아 이를 할 수 있다(제11조). 〈21경간〉 ② 요청국에 대한 공조는 대한민국의 **법률**에서 정하는 방식으로 한다. 다만, 요청국의 공조 방식이 대한민국의 법률에 저촉되지 아니하는 경우에는 그 방식으로 할 수 있다(제13조).
	외국에 요청	사법경찰관 ⇨ 검사 ⇨ 법무부장관 ⇨ 외교부장관 ※ 긴급·특별한 경우 법무부장관은 외교부장관의 동의를 받아 공조요청서를 직접 외국에 송부할 수 있다.
공조 범위		① 사람 또는 물건의 소재 수사 〈20승진〉 ② 서류·기록의 제공 ③ 서류 등의 송달 ④ 증거 수집, 압수·수색 또는 검증 〈20승진〉 ⑤ 증거물 등 물건의 인도 　※ 증거물이 법원에 제출된 경우, 법원의 인도허가 결정을 받아야 한다. 〈20경간〉 ⑥ 진술 청취, 그밖에 요청국에서 증언하게 하거나 수사에 협조하게 하는 조치 　※ 인터폴 공조는 신속하게 정보 교환이나 사실을 확인하는 것으로 공조로 얻은 자료를 재판에서 증거로 사용하기 어려우므로 중요한 진술이나 증거물 등은 피요청국의 공신력이 부여되는 형사사법공조에 의하여 이루어진다.
임의적 거절사유 〈19승진· 채용·경간〉		① 대한민국의 주권, 국가안전보장, 안녕질서 또는 미풍양속을 해할 우려가 있는 경우 (재산 ×) ② 공조범죄가 정치적 성격을 지닌 다른 범죄에 대한 수사 또는 재판 목적이라고 인정되는 경우 ③ 인종·국적·성별·사회적 신분 또는 특정 사회단체에 속한다는 사실이나 정치적 견해를 달리한다는 이유로 처벌받을 우려 있는 경우(차별 우려) ④ 대한민국의 법률에 의하여 범죄를 구성하지 아니하거나 공소를 제기할 수 없는 범죄(양벌성) ⑤ 요청국의 보증이 없는 경우
공조 연기		공조범죄가 한국에서 재판 또는 수사중인 경우는 종료될 때까지 연기할 수 있다. 〈19채용, 19·20경간〉

제8절 범죄인 인도법

1 원칙

정치범 불인도 원칙	① 우리나라는 정치범불인도 원칙을 명문으로 규정하고 있지만 어떠한 행위가 정치범에 해당하는지에 대한 구체적인 열거는 없다. 정치범죄는 **국제법상 불확정적인 개념**으로서 이에 대한 판단은 전적으로 피청구국에 의존한다. 이는 정치적 분쟁상황에서 탄력적으로 대응하기 위함이다. ② 정치범이라도 인도할 수 있는 예외 〈20승진〉 • 국가원수·정부수반 또는 그 가족의 생명·신체를 침해하거나 위협하는 범죄 • 다자간 조약에 따라 한국이 재판권을 행사하거나 범죄인을 인도할 의무를 부담하고 있는 범죄 • 여러 사람의 생명·신체를 침해·위협하거나 위험을 발생시킨 범죄 　예 항공기 불법납치, 집단학살, 전쟁범죄, 야만·약탈행위 등
군사범 불인도 원칙	탈영, 항명 등의 군사범죄는 인도하지 않는다는 원칙 ※ 우리나라는 **명문규정이 없다.** 〈12승진〉
최소 중요성	어느 정도 중요한 범죄인만 인도한다는 원칙 ※ 우리나라는 사·무·장 **1년 이상** 범죄에 한함 〈20·21승진, 22경간〉
쌍방 가벌성	양국의 법률에 의하여 범죄를 구성할 때에만 인도청구에 응한다는 원칙 〈16·21승진〉
특정성 원칙	인도 요청된 범죄로만 처벌하고 제3국에 인도되지 아니한다는 원칙 〈16·21승진〉
자국민 불인도 원칙	자국민은 인도하지 않는다는 원칙으로 **한국은 임의적 거절사유** 〈16·21승진〉 ※ **대륙법계**: 속인주의를 채택하여 자국민을 인도하지 않는다는 원칙 채택 　**영미법계**: 속지주의를 채택하여 자국민불인도 원칙을 규정하지 않음
상호주의	인도조약 미체결국이라도 향후 유사 범죄에 대한 한국의 인도청구에 응한다는 보증을 하면 인도한다는 원칙 〈17채용〉
조약 우선	인도조약에 범죄인 인도법과 다른 규정이 있는 경우 그 규정에 따른다. ✔ 국제형사사법공조법과 범죄인 인도법 모두 상호주의 원칙과 조약우선주의를 명문으로 규정하고 있다. 〈21경간〉
유용성 원칙	범죄인 인도가 범인 처벌에 유용해야 한다는 원칙 〈15경간〉 ※ 시효 소멸 또는 사면을 한 경우에는 인도 대상에서 제외

2 인도거절사유 〈17·20·21승진〉

절대적 사유	① 인종, 종교, 국적, 성별, 정치적 신념 등의 이유로 처벌될 우려 시(차별 우려) 〈18·22채용, 19경간〉 ② 인도범죄를 범하였다고 볼 상당한 이유가 없는 경우. 다만 인도범죄에 관하여 청구국에서 유죄의 재판이 있는 경우는 제외 ③ 인도범죄에 관하여 한국 법원에서 재판 중이거나 확정된 경우 〈22채용〉 ④ 한국 또는 청구국의 법률에 인도범죄에 관한 공소시효 또는 형의 시효가 완성된 경우 〈18·22채용, 19경간〉
임의적 사유	① 인도범죄의 전부 또는 일부가 한국 영역에서 범한 것인 경우 ② 범죄인이 한국 국민인 경우 〈21승진〉 ③ 인도범죄 외의 범죄가 한국 법원에 재판 중 또는 집행이 끝나지 아니하거나 면제되지 아니한 경우 ④ 인도범죄에 관하여 제3국(청구국이 아닌 외국)에서 재판 받고 처벌되었거나 처벌받지 않기로 확정된 경우 ⑤ 인도범죄의 성격과 범죄인의 환경 등 고려하여 인도가 비인도적이라고 인정되는 경우 〈22채용〉

3 외국의 인도 청구 시 처리절차

절차 개요: 외교부장관 ⇨ 법무부장관 ⇨ 서울고등검찰청 ⇨ 서울고등법원(전속관할)

(1) 인도조약에 인도법과 다른 규정이 있는 경우 조약의 규정에 따름(조약 우선적 효력).
(2) 범죄인의 인도심사 및 그 청구와 관련된 사건은 **서울고등법원과 서울고등검찰청의 전속관할**로 한다(제3조)
(3) 외교부장관은 청구국으로부터 범죄인의 인도청구(긴급인도구속청구)를 받았을 때에는 인도청구서(긴급인도구속청구서)와 관련 자료를 **법무부장관에게 송부하여야 한다**(제11조, 제24조). 〈19승진, 22경위〉
(4) **법무부장관은** 인도조약이나 인도법에 따라 범죄인을 인도할 수 없거나 인도하지 아니하는 것이 타당하다고 인정하는 경우(법무부 장관이 1차적으로 인도거절 타당성 심사), 인도심사청구명령을 하지 아니하고 그 사실을 외교부장관에게 통지한다(제12조). 〈19승진〉
(5) **법무부장관은** 인도여부 심사를 위하여 서울고등검찰청 검사에게 인도심사 청구할 것을 명령하고(인도심사청구명령), 검사는 **서울고등법원(전속 관할)에 인도심사를 청구한다.** 다만, 범죄인의 소재(所在)를 알 수 없는 경우에는 그러하지 아니하다(제13조).
〈20승진, 22경위〉

   ※ 보안관찰 면제신청 기각 받은 자는 60일 내에 서울고등법원에 행정소송 제기
   통신비밀보호법에서 국가안보목적 통신제한조치는 고등법원 수석판사의 허가 필요

(6) 검사는 법무부장관의 인도심사청구명령이 있을 때에는 인도구속영장에 의하여 범죄인을 **구속하여야 한다.** 다만, 범죄인이 주거가 일정하고 도망할 염려가 없다고 인정되는 경우에는 그러하지 아니하다(제19조①).

(7) 범죄인이 인도구속영장에 의하여 구속된 때에, 검사는 구속된 날부터 3일 이내에 인도심사를 청구하여야 하고, 법원은 2개월 이내에 인도심사에 관한 결정을 하여야 한다(제13조, 제14조). 〈22승진〉

(8) 범죄인은 인도심사에 관하여 변호인의 도움을 받을 수 있다(제14조). 인도구속영장에 의하여 구속된 범죄인 또는 그 변호인, 법정대리인, 배우자, 직계친족, 형제자매, 가족이나 동거인 또는 고용주는 법원에 **구속의 적부심사(適否審査)**를 청구할 수 있다(제22조).

(9) 범죄인 인도법에 따라 법무부장관이 검사장 등에게 하는 명령과 검사장·지청장 또는 검사가 법무부장관에게 하는 건의·보고 또는 서류 송부는 검찰총장을 거쳐야 한다. 다만, 고위공직자범죄수사처장 또는 그 소속 검사의 경우에는 그러하지 아니하다(제47조).
〈22경간〉

(10) 서울고등법원의 범죄인 인도에 관한 결정에 대하여는 불복신청이 인정되지 않는다.

> 범죄인인도법이 범죄인의 인도심사청구에 관한 심판을 서울고등법원의 전속관할로 하고 인도허가결정에 대하여 불복을 허용하는 규정을 두고 있지 않다고 하더라도 헌법에 위반된다고 할 수 없다(대판 2001초532).

MEMO

CHAPTER 01 위원회 종합

CHAPTER 02 경찰청과 그 소속기관 직제

CHAPTER 03 유사개념

CHAPTER 04 처벌규정

CHAPTER 05 '할 수 있다', '해야 한다' 종합

CHAPTER 06 숫자 종합

CHAPTER 01 위원회 종합

성격	자문기관	고충위, 인사위, 인권위	
	행정관청	소청위, 시경위	
	의결기관	나머지	
인원	5인 이내	보상금위	
	5인	공정수사위	
	7인	경찰위(국경위·시경위), 보관위	
	11인	정공위	
	5~7인	대부분 ※ 소청위: 5~7인 상임 + 상임의 1/2 이상 비상임	
	7~11인	공개수배위	
	7~13인	경찰청(시·도청) 인권위	
	7~15인	고충위(회의 시: 위원장 + 위원장 지정 5~7인)	
	11~51인	경찰 보통·중앙 징계위원회 (회의 시: 위원장 + 기관장 지정 4~6인)	
	17~33인	국무총리 소속 중앙징계위	
	40~90인	언론중재위원회(중재시 5인 이내 중재부)	
위원장	호선	국경위, 인권위, 언론위, 손보위	
	지정(임명)	시경위, 보관위(법무부차관),	
정무직		국경위 상임위원, 시경위 상임위원·위원장, 소청위 위원장	
임기	3년, 연임 ×	경찰위(국경위·시경위)	
	3년, 1차 연임	언론위, 소청위(상임 3년, 비상임 2년)	
	2년, 연임 ○	나머지 대부분 ※ 인권위: 위원장 연임 ×, 위원 2회 연임	
민간 위원	고충위	위원장 제외한 위원수의 1/2 이상	
	국무총리 징계위	위원장 제외한 위원수의 1/2 이상	
	경찰 징계위	위원장 포함한 위원수의 1/2 이상	
	정공위	위원장 포함 7명	
	정공심	위원장 포함한 위원수의 2/3, 범죄 예방·수사 등 기관은 1/3 이상	
	보관위	변호사 과반수 이상	
	손보위	비경찰 과반수 이상	

민간
위원
자격
	정교수	경찰청 중앙징계위	※ 경찰청 중앙징계위
			- 총경 이상 퇴직자
			- 정교수
			- 법·검·변 10년
			  이상 경력
			- 민간 인사·감사
			  임원급

	부교수	나머지	
	조교수	경찰청 고충심사위, 시경위, 국수본부장	
	퇴직 경찰	**총경 이상**: 중앙징계위, 국수본부장 **20년 이상**: 보통징계위, 고충위	
회의		국경위(월 2회), 시경위(월 1회 이상), 인권위(경찰청 월 1회, 시·도청 분기 1회)	
의결 정족수	재과출, 출과찬	대부분	
	재과찬	승진위, 보상금위, 인사위	
	재2/3출, 출과찬	소청위, 정규위	
	재과출, 출2/3찬	시경위 재의결 확정	
	재2/3출, 출2/3찬	소청위 중징계 취소·변경 등	
	5인이상 출석, 출과찬	공개수배위, 경찰 고충위	

※ **위원회 종류**: 국가경찰위원회(국경위), 시·도자치경찰위원회(시경위), 경찰위원회(국경위·시경위), 시·도자치경찰위원회 위원추천위원회(위추위), 경찰공무원 인사위원회(인사위), 손실보상심의위원회(손보위), 보상금심사위원회(보상금위), 소청심사위원회(소청위), 중앙징계위원회(중앙중계위), 보통징계위원회(보통징계위), 보안관찰처분심의위원회(보관위), 정보공개위원회(정공위), 정보공개심의회(정공심), 언론중재위원회(언론위), 정규임용심사위원회(정규위), 경찰청(시·도청) 인권위원회(인권위), 경찰공무원 고충심사위원회(고충위), 공개수배위원회, 공정수사위원회, 승진심사위원회(승진위)

※ 경찰청과 시·도청에만 있는 위원회(경찰서 ×): 손보위, 인권위
※ 경찰청에만 있는 위원회: 인사위

1 경찰청 인권위원회

소속/성격	자문기구로서 경찰청, 시·도경찰청에 설치(경찰서 ×)
구성	7~13인(특정 성별은 6/10 초과 금지) 〈18·19채용〉
위원장	위원장 호선
공무원 위원	당연직으로 경찰청은 감사관, 시·도경찰청은 청문감사인권담당관
임기	① 위원장 2년(호선, 연임불가), 위원 2년(2회 연임 가능) 〈18·19채용〉 ② 결원으로 새로 위촉하는 위원의 임기는 위촉된 날부터 기산한다. 〈18채용〉
회의	① 정기회의는 **경찰청은 월 1회, 시·도경찰청은 분기 1회** 개최 〈18채용〉 ② 임시회의는 위원장이 필요하다고 인정하거나 청장 또는 재적위원 1/3 이상이 소집을 요구하는 경우 위원장이 소집 ③ 재적 과반수 출석, 출석 과반수 찬성으로 의결
업무	위원회는 다음 각 호의 사항에 대한 **권고 또는 의견표명**을 할 수 있다. ① 인권과 관련된 **경찰의 제도·정책·관행의 개선** ② **경찰의 인권침해 행위의 시정** ③ **국가인권위원회**·국제인권규약 감독 기구·국가별 정례인권검토의 권고안 및 국가 인권정책기본계획의 이행 ④ 인권영향평가 및 인권침해 사건 진상조사단에 관한 사항

2 진상조사단(경찰 인권보호 규칙)

진상조사단 구성	① 경찰청장은 경찰의 법 집행 과정에서 사람의 **사망** 또는 **중상해** 그 밖에 사유로 인하여 중대한 인권침해의 의심이 있는 **경우** 이를 조사하기 위하여 진상조사단을 구성할 수 있다. ② 경찰청 인권위원회는 진상조사단 구성에 대하여 권고 또는 의견표명을 할 수 있다. ③ 진상조사단은 **경찰청 차장 직속**으로 두고 진상조사팀, 실무지원팀, 민간조사자문단으로 구성하여 운영한다. ④ 단장은 경찰청 소속 경무관급 공무원 중에서 경찰위원회의 추천을 받아 경찰청장이 임명한다.
진상조사팀	① 팀장은 경찰청 소속 총경급 중에서 단장 의견을 들어 경찰청장이 임명한다. ② 팀원은 인권·감찰·감사·수사 등의 분야에서 조사경험이 있는 **경찰관과 국민권익위원회** 등에서 파견 받은 조사관으로 구성한다.
실무지원팀	① 팀장은 경찰청 인권보호담당관 ② 팀원은 경찰청 인권보호담당관실 소속 직원
민간조사 자문단	① '인권분야 전문가 인력풀'에 포함된 사람 중에서 경찰청 인권위원회의 심의를 거쳐 경찰청장이 위촉한다. ② 인권분야 전문가 인력풀 • 사회학·법학 등 인권분야에 관한 박사학위를 가진 사람 • 판사·검사 또는 변호사로 3년 이상의 경력이 있는 사람 • 그 밖에 조사대상 사건에 대해 전문성이 있다고 인정되는 사람 ③ 민간조사자문단은 **조사팀의 조사현장에 참여할 수 있으며**, 조사과정을 모니터링하고 조사팀의 조사활동 및 그 결과에 대하여 **의견을 제시할 수 있다.**
운영	① 진상조사단은 원칙적으로 **2개월** 내에 **조사 완료**하여야 하며, 경찰청장의 승인을 받은 후 기간을 연장할 수 있다. ② 단장은 진상조사 결과 발표 전 조사결과에 대해 경찰위원회와 경찰청 인권위원회에 보고하고 그 의견을 들어야 한다.

3 언론중재위원회

소속/성격	독립적, 준사법적
구성	40~90인 (중재 시 5인 이내 중재부 구성)
위원장	위원장 1명, 부위원장 2명 이내, 감사 2명 이내, 각각 호선 〈17승진〉
위원	① 위원장·부위원장·감사·중재위원 모두 임기 3년(1차 연임만 가능) ② 문화체육관광부장관이 위촉
의결정족수	재과출, 출과찬
심의사항	보도 또는 매개로 인한 분쟁의 조정·중재, 침해사항 심의
조정 신청	① 신청은 보도가 있음을 안 날부터 3월, 발생한 지 6월 내 **구술**, 서면, 전자문서로 함 ② 피해자가 먼저 언론사등에 정정보도청구등을 한 경우에는 협의가 불성립된 날(언론사 등이 청구를 거부한다는 문서를 피해자가 받은 날)부터 14일 이내에 하여야 한다.

조정절차	① 조정은 관할 중재부에서 한다. ② 신청 접수일부터 14일 이내에 조정하여야 한다. ✔ 협의 불성립일부터 14일 내 신청, 신청 접수일부터 14일 내 결정 ③ 신청인 2회(3회 ×) 불출석 시 취하간주, 언론사 2회(3회 ×) 불출석 시 합의간주 ④ 중재위원은 사실관계와 법률관계를 설명, 조언하거나 절충안을 제시, 합의 권유 가능 ⑤ 조정은 비공개 원칙 ⑥ 조정신청 접수일부터 21일 이내에 직권조정결정을 할 수 있다. 7일 이내에 이의신청 할 수 있으며 이 경우 그 결정은 효력을 상실한다. ⑦ 조정에 의한 합의는 재판상 화해와 동일한 효력

4 정보공개위원회 및 정보공개심의회

구분	정보공개위원회(정공위)	정보공개심의회(정공심)
소속/성격	행정안전부장관	각 국가기관, 자치단체
구성	11명	5~7명
공무원	차관급 또는 고공단 일반직	위원장 ① 경찰청(시·도청) - 차장 ② 경찰서 - 경무과장
민간위원	① 정보공개에 학식 경험 풍부한 사람으로 행정안전부장관이 위촉한 사람 ② 시민단체 추천한 사람으로 행정안전부장관이 위촉한 사람 ③ 7명(위원장 포함) ④ 임기 2년, 연임	① 전체 위원 수의 2/3 ② 다만, 범죄의 예방, 수사, 공소의 제기 및 유지, 형의 집행, 교정, 보안처분에 관한 사항에 해당하는 업무를 주로 하는 국가기관은 1/3 이상
의결	① 정보공개 정책, 제도, 기준 수립 ② 공공기관(국회, 법원, 헌재, 선관위 제외)의 정보공개 운영실태 평가	① 정보공개 이의신청 사안 심의 ② 위원의 제척, 기피, 회피제도 도입

5 국가경찰위원회와 시·도자치경찰위원회 비교

구분	국가경찰위원회	시·도자치경찰위원회
소속	행정안전부	시·도지사
성질	의결기관	합의제 행정기관
구성	7인	7인 〈21채용〉
임기	• 3년, 연임불가 • 보궐위원은 전임자의 잔여임기	• 3년, 연임불가 • 보궐위원은 전임자의 잔여임기로 하되 1년 미만인 경우는 1회 연임 가능
위원장	호선	시·도지사 임명 〈21채용〉
직무대리	상임위원, 위원 중 연장자순	
위원	• 신분: 상임위원은 정무직 • 2명은 법관 자격자(의무적) • 특정 성별 6/10 초과 금지 노력	• 신분: 위원장, 상임위원은 정무직(지방) • 1명은 인권 전문가 임명되도록 노력 • 특정 성별 6/10 초과 금지 노력

자격	없음	① 판·검·변·경찰 5년 이상 ② 국가기관 등에서 법률에 관한 사무에 5년 이상 종사한 변호사 자격자 ③ 법률학·행정학·경찰학 분야 조교수 5년 이상 ④ 그 밖에 관할 지역주민 중에서 경험이 풍부하고 학식과 덕망을 갖춘 사람
결격	경찰/검사/국정원/군인/당적/선거직/퇴직 후 3년 미경과자	경찰/검사/국정원/군인/당적/선거직/공무원 퇴직 후 3년 미경과자
회의	① 정기회: 월 2회 ② 임시회: 위원장 필요시, 행안부장관·위원 3인 이상·경찰청장은 위원장에 소집요구 ③ 재과출/출과찬	① 정기회: 월 1회 이상 ② 임시회: 위원장·시도지사 필요시, 위원 2인 이상 소집요구 (시·도청장 요구 ×) ③ 재과출/출과찬
재의 요구	행안부 장관이 10일 내 요구 ⇨ 위원회는 7일 내 재의결	① 시·도지사가 요구(기간 제한 ×) ⇨ 위원회는 7일 내 재의결 ※ 행안부장관과 청장은 시·도지사에게 요구 ② 재적위원 과반수 출석, 출석위원 2/3 이상의 찬성으로 동일한 의결을 할 경우 확정됨
신분 보장	중대한 신체상, 정신상 장애로 직무를 수행할 수 없게 된 경우를 제외하고는 그 의사에 반하여 면직되지 아니한다. ※ 소청심사위원회: '금고 이상의 형벌이나 장기의 심신 쇠약' 사유	

6 경찰공무원 인사위원회(경찰공무원 임용령)

구분	내용
성격	경찰청 소속 자문기관 ※ 고충위, 인사위, 인권위
구성	5~7인(위원장 포함)
위원장	경찰청 인사담당국장(경무인사기획관)이 되며, 부득이한 경우 위원 중 최상위계급 또는 선임의 경찰공무원이 그 직무를 대행한다.
위원	경찰청장(위원장 ×)이 경찰청 소속 총경(경정 ×) 이상 중 임명
의결정족수	재적 과반수 찬성 〈19경간〉

7 정규임용심사위원회(경찰공무원 임용령 시행규칙 제9조)

소속/성격	임용권자 또는 임용제청권자 소속
구성	5~7인
위원장	가장 계급이 높은 경찰공무원
위원	① 경감 이상 중에서 위원회가 설치된 기관장이 임명 ② 심사대상자보다 상위 계급자 ※ 징계위원회의 공무원 위원은 징계대상자보다 상위계급인 **경위 이상** 또는 6급 이상 공무원 중에서 임명
의결정족수	재적 2/3 출석, 출석 과반수 찬성
심의사항	① 시보임용경찰공무원을 정규 경찰공무원으로 임용 시 적부심사 ② 시보임용경찰공무원의 면직 또는 면직제청에 따른 동의의 절차는 해당 징계위원회의 **파면(해임 ×)** 의결에 관한 절차를 준용한다.

8 승진심사위원회(경찰공무원 승진임용 규정 제15조, 제16조)

종류	① **중앙**승진심사위원회(경찰청): 경무관, 총경으로의 승진 심사 ② **보통**승진심사위원회(경찰청, 소속기관 등): 경정 이하로의 승진 심사
소속/성격	심의·의결 기구
구성	5~7명(위원장 포함)
위원장	최상위 계급 또는 선임
위원	① 승진대상자보다 상위계급인 경위 이상 중에서 소속 경찰기관장이 임명 ② 시·도경찰청 및 경찰서에 두는 보통승진심사위원회의 위원 중 2명은 시·도자치경찰위원회의 추천을 받아 임명한다(제16조④).
의결정족수	재적 과반수 찬성

9 징계위원회

구분	경찰 보통징계위원회	경찰 중앙징계위원회	(국무총리 소속) 중앙징계위원회
근거	경찰공무원 징계령		공무원 징계령
소속	경찰청, 소속기관	경찰청	국무총리
관할	① 경찰청, 시·도청: 경감 이하 ② 경찰서: 경위 이하 ③ 의경부대 등: 경사 이하	총경, 경정	경무관 이상
구성	11~51인(회의 시 위원장 포함 5~7명, 성별 고려 구성) 〈17승진〉 ※ 회의 시 위원장과 **경찰기관장이 지정하는 4~6명의 위원**		17~33인
위원장	최상위계급 또는 최상위계급에 먼저 임용된 자		인사혁신처장
공무원 위원	대상자보다 상급자로서 경위 이상 또는 6급 이상		
민간위원	① 변호사 5년 이상 ② 부교수 이상 ③ 20년이상 근속 퇴직공무원 ④ 민간부문 인사·감사 임원급	① 총경 또는 4급 이상 퇴직 공무원 ② 정교수 이상 ③ 법·검·변 10년 이상 ④ 민간부문 인사·감사 임원급	(생략)
	위원장 포함 전체위원 수의 1/2 이상 민간인 (회의 시에도 동일) ※ 퇴직 공무원: 퇴직 전 5년부터 퇴직할 때까지 근무했던 적이 있는 경찰기관의 경우 퇴직일부터 3년이 경과한 사람		위원장 **제외** 전체 위원 수의 1/2 이상 민간인
의결	① 위원장도 표결권 있음 ② 과반수 출석, 출석 과반수 찬성으로 의결하되, 의견이 나뉘어 과반수 불가 시 과반수가 될 때까지 가장 불리한 의견을 제시한 위원의 수를 그 다음으로 불리한 의견(유리한 의견)을 제시한 위원의 수에 차례로 더하여 그 의견을 합의된 의견으로 본다. 〈21채용〉 예 징계위원 7명일 때: 파면 1명, 해임 1명, 강등 2명, 정직 3명으로 투표하였으면, 과반수는 4명이므로 '1 + 1 + 2'가 되는 강등에서 과반수에 도달함. 강등으로 결정		

10 고충 처리

(1) 국가공무원법 제76조의2(고충 처리)

의의	① 공무원은 인사·조직·처우 등 각종 직무 조건과 그 밖에 신상 문제와 관련한 고충에 대하여 상담을 신청하거나 심사를 청구할 수 있으며, 누구나 기관 내 성폭력 범죄 또는 성희롱 발생 사실을 알게 된 경우 이를 신고할 수 있다.〈22승진〉 ② 고충처리는 고충상담, 고충심사, 성폭력범죄·성희롱 신고 처리로 구분한다(공무원고충처리규정 제2조의2).	
종류	상담 신청	소속 공무원을 지정하여 상담하게 하여야 한다.
	심사 청구	관할 고충심사위원회에 부쳐 심사하도록 하여야 한다.
	성폭력·성희롱 신고	① 중앙인사관장기관의 장, 임용권자 또는 임용제청권자는 지체 없이 사실 확인을 위한 조사를 하고 그에 따라 필요한 조치를 하여야 한다(할 수 있다 ×). 〈22승진〉 ② 성폭력범죄, 성희롱 발생 사실은 인사혁신처장 및 임용권자등에게 신고할 수 있으며, 인사혁신처장은 지체 없이 신고 내용을 확인하고 해당 임용권자등이 조사를 실시했는지 여부를 확인하여 조사를 실시하지 않은 경우에는 조사 실시 및 그 결과 제출을 요구할 수 있다(공무원고충처리규정 제15조①②).
관할	보통고충심사위원회	① 경찰청, 시·도경찰위, 시·도경찰청, 대통령령으로 정하는 기관에 경찰공무원 고충심사위원회를 둔다(경찰공무원법 제31조). ② "대통령령이 정하는 경찰기관"이라 함은 경찰대학·경찰인재개발원·중앙경찰학교·경찰수사연수원·경찰서·경찰기동대·경비함정 기타 경감(경정 ×) 이상의 경찰공무원을 장으로 하는 기관 중 행정안전부장관 또는 해양수산부장관이 지정하는 경찰기관을 말한다(공무원고충처리규정). 〈22경간〉

	중앙고충심사위원회	① 중앙고충위 기능은 소청심사위원회에서 관장한다.
		② 심사 대상 〈22승진〉
		  ㉠ 경찰공무원 고충심사위원회의 심사를 거친 재심청구(경공법 제31조)
		  ㉡ 경정 이상의 경찰공무원의 인사상담 및 고충심사(경공법 제31조)
		  ㉢ 임용권자를 달리하는 둘 이상의 기관에 관련된 경우(국가공무원법)
		  ㉣ 6급 이하 공무원의 고충으로서 보통고충위에서 심사하는 것이 부적당한 사안(공무원고충처리규정 제3조의6⑤)
		    • 성폭력범죄 또는 성희롱 사실에 관한 고충
		    • 성별·종교·연령 등을 이유로 하는 불합리한 차별로 인한 고충 〈22경간〉
		    • 「공무원 행동강령」 제13조의3(갑질행위)에 따른 부당한 행위로 인한 고충

(2) 경찰공무원 고충심사위원회(공무원고충처리규정 제3조의2)

성격	자문기관
구성	① 7~15명(민간위원은 위원장 제외한 위원 수의 1/2 이상) ⟨22경간⟩ ② 회의 시, 위원장 + 위원장 지정 5~7명, 성별 고려 구성, 민간위원 1/3 이상
위원장	인사, 감사 담당 과장 ⟨22경간⟩
심사	① 고충심사 결정은 30일 이내에 하며 30일 연장 가능 ⟨22승진⟩ ② 심사일 5일 전까지 청구인 및 처분청에 심사일시 및 장소 통지 ※ 징계위원회의 출석통지 및 의결기간과 동일
의결	5인 이상 출석, 출석 과반수 찬성 ※ 공개수배위원회도 동일

11 소청심사위원회

설치	① 행정기관 공무원의 징계처분, 그 밖에 그 의사에 반하는 불리한 처분이나 부작위에 대한 소청을 심사·결정하게 하기 위하여 인사혁신처에 둔다. ② 국회사무처, 법원행정처, 헌법재판소사무처 및 중앙선거관리위원회사무처에 각각 해당 소청심사위원회를 둔다.
소속/성격	인사혁신처에 설치, 합의제 행정관청
구성	5~7인 상임위원(위원장 포함) + 상임위원의 1/2 이상 비상임위원 ※ 국회, 법원, 헌재, 선관위 등에 설치된 소청위는 5~7명의 비상임으로만 구성
위원장	정무직, 대통령 임명
위원	① 처장 제청 ⇨ (총리) ⇨ 대통령 임명 ⟨16경간⟩ ② 3급이상 또는 고위공무원단 3년 이상 근무한 자(상임) ⟨19승진⟩ ③ 행정학, 정치학, 법률학 전공 부교수 5년 이상(비상임) ⟨16승진, 18채용, 16경간⟩ ④ 법관, 검사, 변호사 자격 5년 이상(비상임) ⑤ 임기: 상임위원은 3년(1차에 한하여 연임), 비상임위원은 2년 ⑥ 상임위원은 다른 직무 겸직 금지 ⑦ 금고(벌금 ×) 이상 형벌, 장기 심신쇠약 등을 제외하고 면직불가 ⟨16·19승진, 16경간⟩
심사	① 심사청구는 징계처분 설명서를 받은 날 또는 의사에 반한 불리한 처분이 있은 것을 안 날부터 30일 이내 해야 한다(기간 도과 시 행정소송 불가). ② 소청을 접수하면 심사는 지체 없이 결정은 60일 + 30일(연장) ③ 검증·감정·사실조사·증인소환 등을 할 수 있으며, 관계기관의 공무원을 증인으로 소환하면 해당 기관장은 이에 따라야 한다. ⟨19승진⟩
의결 정족수	① 재적 2/3 출석, 출석 과반수 ⟨14·16승진⟩ ② 의견이 나뉠 경우에는 과반수에 이를 때까지 가장 불리한 의견에 차례로 유리한 의견을 더하여 그 중 가장 유리한 의견을 합의된 의견으로 본다. ⟨14승진⟩ ③ 다만, 중징계에 대한 취소·변경, 효력·존재여부 확인은 재적 2/3 출석, 출석 2/3 찬성으로 한다(이 경우에도 구체적인 결정의 내용은 출석 위원 과반수의 합의에 따르되, 의견이 나뉜 경우에는 가장 불리한 의견에 차례로 유리한 의견을 더하여 그 중 가장 유리한 의견을 합의된 의견으로 본다).

결정	① 직접 처분을 취소·변경하거나 처분 행정청에 취소·변경을 명령 ② 소청위의 **취소·변경 명령**은 그에 따른 행정청의 징계나 처분이 있을 때까지는 종전에 행한 징계(징계부가금) 처분에 영향 없음 〈19승진〉 ③ 소청위의 결정은 처분 행정청을 기속한다. ④ 원징계 처분보다 중한 징계(징계부가금)를 결정할 수 없다. 　(다른 비위사실이 발견되지 않는 한 중한 징계를 부과할 수 없다 ×) 〈18승진〉
불복	① 인사혁신처장의 재심청구 불가 ② 행정소송은 소청위 결정을 반드시 거친 후 가능(행정심판 전치주의) 〈14승진〉 ③ 행정소송의 피고: 징계, 휴직, 면직, 그 밖에 불리한 처분에 대한 피고는 **경찰청장** (임용권 위임시 피위임자인 수임관청) (소속기관장 ×) (경공법 제34조) 　※ 국가배상소송의 피고는 국가 또는 지방자치단체

12 손실보상심의위원회와 보상금심사위원회 비교

구분	손실보상심의위원회	(공로)보상금심사위원회
소속	경찰청, 시·도청(경찰서 ×)	경찰청, 시·도청, 경찰서
구성	5~7인 〈17·18·20승진〉	5인 이내 〈19승진〉
위원장	호선 〈18·20승진〉	경찰청장/시·도청장/경찰서장이 소속 과장급 이상 경찰공무원 중에서 임명 〈17승진〉
위원	① 판·검·변 5년 이상 ② 법학·행정학 부교수 5년 이상 ③ 경찰업무와 손실보상에 학식·경험자 ④ 경찰공무원 아닌 자 과반수 이상 ⑤ 임기 2년	경찰청장/시·도청장/경찰서장이 소속 경찰공무원 중에서 임명(민간위원 없이 경찰관 위원으로만 구성)
의결	재적 과반수 출석, 출과찬 〈18승진〉	재적 과반수 찬성

13 보안관찰처분심의위원회

소속/성격	법무부 소속, 심의·의결기관
구성	7인(위원장 포함) 〈20승진〉
위원장	법무부 차관(장관 ×)
민간위원	① 위원은 **법무부 장관**(차관 ×)이 제청, 대통령 임명 또는 위촉 ② 위원의 과반수는 변호사 자격있는 자 　※ 손보위: 위원의 과반수 이상은 비경찰 ③ 임기 2년
의결정족수	재과출, 출과찬
심의사항	보안관찰 처분, 기각, 면제, 취소, 기간의 갱신 등 결정

CHAPTER 02 경찰청과 그 소속기관 직제

제6조(감사관) ② 감사관은 다음 사항에 관하여 경찰청장을 보좌한다.
1. ~ 4. (생략)
5. 민원업무의 운영 및 지도
6. 경찰 직무수행 과정상의 인권보호 및 개선에 관한 사항
7. ~ 8. (생략)

제9조(국제협력관) ② 국제협력관은 다음 사항에 관하여 경찰청 차장을 보좌한다.
1. 치안 분야 국제협력 정책의 수립·총괄·조정
2. 외국경찰기관과의 교류·협력
3. 국제형사경찰기구에 관련되는 업무

제10조의3(범죄예방대응국) ③ 국장은 다음 사항을 분장한다.
1. 범죄예방에 관한 기획·조정·연구 등 예방적 경찰활동 총괄
2. 범죄예방진단 및 범죄예방순찰 기획·운영
3. 경비업에 관한 연구 및 지도 〈22채용〉
4. 풍속 및 성매매(아동·청소년 대상 성매매는 제외한다) 사범에 대한 지도 및 단속
5. 총포·도검·화약류 등의 지도·단속
6. 즉결심판청구업무의 지도
7. 각종 안전사고의 예방에 관한 사항 〈22채용〉
8. 지구대·파출소 운영체계의 기획 및 관리
9. 지구대·파출소의 외근활동 기획 및 운영
10. 지구대·파출소의 근무자에 대한 교육
11. 112신고제도의 기획·운영 및 112치안종합상황실 운영 총괄
12. 치안 상황의 접수·상황판단, 전파 및 초동조치 등에 관한 사항
13. 치안상황실 운영에 관한 사항

제11조(생활안전교통국) ③ 국장은 다음 사항을 분장한다.
1. ~ 4. 자치경찰제도 관련 기획 및 조정, 법령 사무 총괄, 예산의 편성과 조정 및 결산에 관한 사항, 시·도 및 시·도자치경찰위원회와의 협력에 관한 사항
5. 소년비행 방지에 관한 업무
6. 소년 대상 범죄의 예방에 관한 업무
7. 아동학대의 예방 및 피해자 보호에 관한 업무 〈22채용〉
8. 가출인 및 「실종아동등의 보호 및 지원에 관한 법률」 제2조제2호에 따른 실종아동등(이하 "실종아동등"이라 한다)과 관련된 업무
9. 실종아동등 찾기를 위한 신고체계 운영
10. 여성 대상 범죄와 관련된 주요 정책의 총괄 수립·조정
11. 여성 대상 범죄 유관기관과의 협력 업무
12. 성폭력 및 가정폭력 예방 및 피해자 보호에 관한 업무
13. 스토킹·성매매 예방 및 피해자 보호에 관한 업무
14. 경찰 수사 과정상의 범죄피해자 보호 및 지원에 관한 업무 (감사관 X, 국수본 X)
15. 도로교통에 관련되는 종합기획 및 심사분석

16. 도로교통에 관련되는 법령의 정비 및 행정제도의 연구
17. 교통경찰공무원에 대한 교육 및 지도
18. 교통안전시설의 관리
19. 자동차운전면허의 관리
20. 도로교통사고의 예방을 위한 홍보·지도 및 단속
21. 고속도로순찰대의 운영 및 지도

제13조(경비국) ③ 국장은 다음 사항을 분장한다.
1. 경비에 관한 계획의 수립 및 지도
2. 경찰부대의 운영·지도 및 감독
3. 청원경찰의 운영 및 지도 〈22채용〉
4. 민방위업무의 협조에 관한 사항
5. 경찰작전·경찰전시훈련 및 비상계획에 관한 계획의 수립·지도
6. 중요시설의 방호 및 지도
7. 예비군의 무기 및 탄약 관리의 지도 〈22경간〉
8. 대테러 예방 및 진압대책의 수립·지도
8의2. 안전관리·재난상황 및 위기상황 관리기관과의 연계체계 구축·운영
9. 의무경찰의 복무 및 교육훈련
10. 의무경찰의 인사 및 정원의 관리
11. 경호 및 주요 인사 보호 계획의 수립·지도
12. 경찰항공기의 관리·운영 및 항공요원의 교육훈련
13. 경찰업무수행과 관련된 항공지원업무

제14조(치안정보국) ③ 국장은 다음 사항을 분장한다.
1. 공공안녕에 대한 위험의 예방과 대응을 위한 정보업무 기획·지도 및 조정
2. 국민안전과 국가안보를 저해하는 위험 요인에 관한 정보활동
3. 국가중요시설 및 주요 인사의 안전·보호에 관한 정보활동
4. 집회·시위 등 공공갈등과 다중운집에 따른 질서 및 안전 유지에 관한 정보활동 〈22경간〉
5. 국민의 생명·신체의 안전이나 재산의 보호 등 생활의 평온과 관련된 정책에 관한 정보활동
6. 국가기관·지방자치단체·공공기관의 장이 요청한 신원조사 및 사실확인에 관한 정보활동
7. 외사정보의 수집·분석 및 관리
8. 그 밖에 범죄·재난·공공갈등 등 공공안녕에 대한 위험의 예방과 대응을 위한 정보활동으로서 제2호부터 제6호까지에 준하는 정보활동

제16조(국가수사본부) ① 국가수사본부는 경찰수사 관련 정책의 수립·총괄·조정, 경찰수사 및 수사 지휘·감독 기능을 수행한다.
② 국가수사본부에 수사국, 형사국 및 안보수사국을 둔다.
③ 국가수사본부장 밑에 수사기획조정관 1명을 둔다.

제19조(수사국) ③ 국장은 다음 사항을 분장한다.
1. 부패범죄, 공공범죄, 경제범죄 및 금융범죄에 관한 수사 지휘·감독
2. 제1호의 범죄 수사에 관한 기획, 정책·수사지침 수립·연구·분석 및 수사기법 개발
3. 제1호의 범죄에 대한 통계 및 수사자료 분석
4. 국가수사본부장이 지정하는 중요 범죄에 대한 정보수집 및 수사
5. 중요 범죄정보의 수집 및 분석에 관한 사항
6. 사이버공간에서의 범죄(이하 "사이버범죄"라 한다) 정보의 수집·분석
7. 사이버범죄 신고·상담
8. 사이버범죄 예방에 관한 사항
9. 사이버범죄 수사에 관한 사항

10. 사이버수사에 관한 기법 연구
11. 사이버수사 관련 국제공조에 관한 사항(국제협력관X)
12. 디지털포렌식에 관한 사항

제20조(형사국) ③ 국장은 다음 사항을 분장한다.
1. 강력범죄, 폭력범죄 및 교통사고·교통범죄에 관한 수사 지휘·감독 〈22경간, 22채용〉
2. 마약류 범죄 및 조직범죄에 관한 수사 지휘·감독
3. 성폭력범죄, 아동·청소년 대상 성매매, 가정폭력, 아동학대, 학교폭력 및 실종사건에 관한 수사 지휘·감독 및 아동·청소년 대상 성매매 단속 〈22채용〉
4. 제1호부터 제3호까지의 규정에서 정한 범죄 및 외국인 관련 범죄 수사에 관한 기획, 정책·수사지침 수립·연구·분석 및 수사기법 개발
5. 제1호부터 제3호까지의 규정에서 정한 범죄 및 외국인 관련 범죄에 대한 통계 및 수사자료 분석 〈22경간〉
6. 과학수사의 기획 및 지도
7. 범죄감식 및 증거분석
8. 범죄기록 및 주민등록지문의 수집·관리

제22조(안보수사국) ③ 국장은 다음 사항을 분장한다.
1. 안보수사경찰업무에 관한 기획 및 교육
2. 보안관찰 및 경호안전대책 업무에 관한 사항(경비국장 X) 〈22경간〉
3. 북한이탈주민 신변보호
4. 국가안보와 국익에 반하는 범죄에 대한 수사의 지휘·감독
5. 안보범죄정보 및 보안정보의 수집·분석 및 관리
6. 국내외 유관기관과의 안보범죄정보 협력에 관한 사항
7. 남북교류와 관련되는 안보수사경찰업무
8. 국가안보와 국익에 반하는 중요 범죄에 대한 수사
9. 외사보안업무의 지도·조정
10. 공항 및 항만의 안보활동에 관한 계획 및 지도

CHAPTER 03 유사개념

📝 법률이 대통령령이 아닌 부령에 위임하는 경우

- 경찰 제복 관련 규정(경찰공무원법 ⇨ 행안부령 경찰복제에 관한 규칙)
- 지구대·파출소 설치 기준(경찰법 ⇨ 행안부령 경찰청과 그 소속기관직제 시행규칙)
  ※ 경찰서장 소속하에 지구대를 두되 4가지의 경우 파출소를 둘 수 있다.
    ① 산간 오지 등 원격지, ② 국가중요시설 등 특별 경계 요구, ③ 휴전선 인근 등 보안상 취약지역,
    ④ 기타 치안수요가 특수한 곳
- 집단민원현장에 경비원 배치 시 경비지도사를 선임·배치하고 행정안전부령으로 정하는 바에 따라 경비원을 지도·감독(경비업법 ⇨ 행안부령)
- 일반귀화의 품행단정 요건(국적법 ⇨ 법무부령)
- 화약류 발파 장소 관할 서장이 허가(총포화약법 ⇨ 행안부령)
  화약류 운반 시 발송지 관할서장에 운반개시 1시간 전까지 신고(총포화약법 ⇨ 행안부령)
- 외국인 입국시 **법무부령**으로 정하는 방법으로 생체정보(지문·얼굴 정보)를 **제공하여야** 한다. 다만, 17세 미만, **대통령령**으로 정하는 사람 등은 생체정보(지문·얼굴 정보) 제공을 면제한다.

📝 이의신청 등

- 정보 공개 이의신청: 20일 내 미결정 시, 30일 내 신청, 7 + 7일 내 결정
- 제3자 비공개 이의신청: 3일 내 비공개 신청 후 7일 내 이의신청
- 집회금지 통고받고 10일 내 상급부서 이의신청
- 출국금지 통보(연장) 받고 10일 내 이의신청
- 감찰결과 통지받고 감찰 주관 경찰기관의 장에게 10일 내 이의신청
- 과태료 부과 후 10일 내 의견제출, 60일 내 이의제기 ⇨ 14일 내 법원 통보
- 즉결 정식재판 청구: 7일 내

📝 소멸시효

- 징계시효: 일반사유 3년, 공금 횡령 등 징계부가금 사유 5년
  성 관련 비위는 10년
- 보수·연금 청구권: 보수는 민법으로 3년(판례), 연금은 장·단기 모두 5년
- 보상 청구권(공무원재해보상법): 요양급여, 부조급여, 재활급여, 간병급여는 3년, 그 외는 5년

- 손실보상청구권: 안날 3년, 발생한 날 5년
- 과태료: 행위 종료후 5년 경과시 또는 과태료 확정 후 5년간 미징수
- SOFA 손해배상: 비공무 2년, 공무 5년
  ※ 미군 책임이라도 한국 25% 부담

📝 공시송달

- 공고문서는 5일 경과한 때 효력발생
- 공시송달: 공고일부터 14일 후 효력
- 징계 출석요구 관보게재: 게재일부터 10일 후 효력

📝 서면과 구술

국민권익위 신고	정보공개청구	언론중재
기명의 문서 (비실명 대리신고 가능)	• 공개청구: 구술, (전자)문서 • 이의신청: 문서	• 정정보도청구: 문서 • 조정신청: 구술, (전자)문서

📝 임용 등 절차 정리(경찰법, 경공법)

※ 거치는 절차는 ( )로 표시, 청장은 경찰청장, 장관은 행안부장관
- 국가경찰위원 임명: 장관 제청 ⇨ (총리) ⇨ 대통령 임명
  ※ 소청위원 임명: 인사혁신처장(행안부장관 ×) 제청 ⇨ (총리) ⇨ 대통령
- 경찰청장 임명: 국가경찰위원회 동의 ⇨ 장관 제청 ⇨ (총리) ⇨ 대통령
- 비상시 계급정년 연장
  - 경무관 이상: 청장 ⇨ (장관·총리) ⇨ 대통령 승인
  - 총경·경정: 청장 ⇨ (총리) ⇨ 대통령 승인
- 총경 이상 임용: 청장 추천 ⇨ 장관 제청 ⇨ (총리) ⇨ 대통령
- 시·도경찰청장 임용: 시·도경찰위원회와 협의하여 청장 추천 ⇨ 장관 제청 ⇨ (총리) ⇨ 대통령
- 경무관 이상의 중징계, 총·경의 파·해: 청장 제청 ⇨ (장관·총리) ⇨ 대통령
- 경정 신승면: 청장 제청 ⇨ (총리) ⇨ 대통령

CHAPTER 04 처벌규정

경찰공무원법

채용시험·승진·임용, 인사기록 등에 관한 부정행위 금지	1년⇩ 징역, 100만원⇩
집단행위금지	2년⇩ 징역, 200만원⇩
정치관여금지	5년⇩ 징역 + 5년⇩ 자격정지
전시·사변·비상사태에서 지휘권남용, 직무유기등 금지	3년⇧ 징역

청소년보호법 유해행위

1~10년 징역	영리목적으로 접촉, 노출 등 성적 접대시키거나 알선·매개
10년 이하	• 노래, 춤 등으로 유흥을 돋우는 접객행위시키거나 알선매개 • 영리 흥행 목적으로 음란행위시키는 행위 〈19경간〉
5년 이하	• 장애·기형 등을 관람시키는 행위 • 구걸시키거나 청소년을 이용하여 구걸하는 행위 • 청소년 학대
3년 이하	• 거리에서 손님을 유인하게 하는 행위(호객) • 청소년을 혼숙하게 하는 영업행위 또는 장소제공 • 영업장을 벗어나(영업장 내에서 x) 차 배달시키는 행위(티켓다방 배달)

아동·청소년 성보호에 관한 법률

무기· 5년 이상	• 아청 성착취물 제작·수입·수출(판매·대여 x) 〈20승진〉 • 강간죄(유사강간, 준강간, 강제추행 등도 무기·5년 이상에 해당하는 죄는 아니지만 미수범으로 처벌) • 인신매매, 국내외 이송 〈15경간〉	미 수 처 벌
5년 이상	아·청에게 폭행, 협박, 선불금, 위계·위력, 고용, 보호, 영업 등으로 성을 팔도록 강요(합의강요 x, 유인·권유 x) 〈20경간〉 ※ 아·청에게 성을 팔도록 권유(3년⇩ 3천만원⇩) 〈21승진〉	

📝 음주운전 처벌

구분	음주 단속	처 벌	
면허정지	0.03 이상~0.08 미만	1년 이하 징역 ⟨21경채⟩	500만원 이하 벌금
면허취소	0.08 이상~0.2 미만	1년~2년 이하 징역 ⟨20승진⟩	500만원~1천만원 벌금
	0.2 이상	2년~5년 이하 징역	1천만원~2천만원 벌금
	2회 이상(측정거부)		
	최초 측정거부	1년~5년 이하 징역 ⟨21승진⟩	500만원~2천만원 벌금

※ 헌재 위헌결정(21.11.25.)에 따라 음주운전은 횟수와 상관없이 동일하게 처벌한다. 다만, '음주운전 + 측정거부', '측정거부 + 음주운전', '측정거부 + 측정거부'에 대해서는 종전과 동일하게 가중 처벌한다.

📝 특정범죄 가중처벌 등에 관한 법률(특가법)

음주치상	1년~15년 징역, 1천만원~3천만원 벌금
음주치사	무기, 3년 이상, 벌금형 없음
어린이 보호구역	• 스쿨존 어린이 상해: 1년~15년 징역, 500만원~3천만원 벌금 • 스쿨존 어린이 사망: 무기 또는 3년 이상 징역
인피 도주	• 치사도주: 무기, 5년 이상 • 치상도주: 2년 이상 또는 500만원~3천만원 벌금 ※ 제5조의3(인피도주)이 5조의11(음주치사상)보다 더 중하게 처벌

📝 기타

과태료	「집시법」 집회 철회신고 위반(100만원⇩)
벌금	「출입국관리법」 외국인 여권 미휴대(100만원⇩)
6월 이하	「집시법」 질서 유지선 침범 등, 확성기 등 사용제한 위반 (6개월⇩, 50만원⇩)
1년 이하	「경직법」 경찰관 직권남용(1년⇩)
3년 이하	「응급의료법」 응급의료 거부한 응급의료 종사자(3년⇩, 3천만원⇩) 「남북교류협력법」 방문승인(방문증명서) 없이 북한 방문 (3년⇩, 3천만원⇩) 「집시법」 일반인의 집회시위 방해(3년⇩, 300만원⇩)
5년 이하	「집시법」 군인·검사·경찰관의 집회시위 방해(5년⇩)
10년 이하	「통신비밀보호법」 통신제한조치허가서 또는 긴급감청서 등의 표지사본 교부 없이 통신제한조치 위탁(요청)하거나 표지사본 받지 않고 협조(10년⇩)
5년 이상	「테러방지법」 외국인테러전투원 가입(5년⇧) ※ 숫자법으로 5

CHAPTER 05 '할 수 있다', '해야 한다' 종합

① 할 수 있다. ② 해야 한다.	정답
제3장 경찰조직법	
행정권한의 위임 및 위탁에 관한 규정 제3조(위임 및 위탁의 기준 등) ② 행정기관의 장은 행정권한을 위임 및 위탁할 때에는 위임 및 위탁하기 전에 수임기관의 수임능력 여부를 점검하고, 필요한 인력 및 예산을 이관( ). 〈19·21승진, 20경간〉	②
제6조(지휘·감독) 위임 및 위탁기관은 수임 및 수탁기관의 수임 및 수탁사무 처리에 대하여 지휘·감독하고, 그 처리가 위법하거나 부당하다고 인정될 때에는 이를 취소하거나 정지( ). 〈21승진, 20경간, 18·21채용〉	①
제9조(권한의 위임 및 위탁에 따른 감사) 위임 및 위탁기관은 위임 및 위탁사무 처리의 적정성을 확보하기 위하여 필요한 경우에는 수임 및 수탁기관의 수임 및 수탁사무 처리 상황을 수시로 감사( ). 〈20경간, 18채용〉	①
제4장 경찰공무원과 법	
경찰공무원법 제7조(임용권자) ③ 경찰청장은 대통령령으로 정하는 바에 따라 경찰공무원의 임용에 관한 권한의 일부를 특별시장·광역시장·도지사·특별자치시장 또는 특별자치도지사(이하 "시·도지사"라 한다), 국가수사본부장, 소속 기관의 장, 시·도경찰청장에게 위임( ). 〈17승진, 19·20채용〉	①
이 경우 시·도지사는 위임받은 권한의 일부를 대통령령으로 정하는 바에 따라 「국가경찰과 자치경찰의 조직 및 운영에 관한 법률」 제18조에 따른 시·도자치경찰위원회(이하 "시·도자치경찰위원회"라 한다), 시·도경찰청장에게 다시 위임( ).	①
경찰공무원 임용령 제4조(임용권의 위임 등) ① 경찰청장은 법 제7조 제3항 전단에 따라 특별시장·광역시장·특별자치시장·도지사 또는 특별자치도지사(이하 "시·도지사"라 한다)에게 해당 특별시·광역시·특별자치시·도 또는 특별자치도(이하 "시·도"라 한다)의 자치경찰사무를 담당하는 경찰공무원[「국가경찰과 자치경찰의 조직 및 운영에 관한 법률」 제18조 제1항에 따른 시·도자치경찰위원회(이하 "시·도자치경찰위원회"라 한다), 시·도경찰청 및 경찰서(지구대 및 파출소는 제외한다)에서 근무하는 경찰공무원을 말한다] 중 경정의 전보·파견·휴직·직위해제 및 복직에 관한 권한과 경감 이하의 임용권(신규채용 및 면직에 관한 권한은 제외한다)을 위임( )	②
② 경찰청장은 법 제7조 제3항 전단에 따라 국가수사본부장에게 국가수사본부 안에서의 경정 이하에 대한 전보권을 위임( ).	②
③ 경찰청장은 법 제7조 제3항 전단에 따라 경찰대학·경찰인재개발원·중앙경찰학교·경찰수사연수원·경찰병원 및 시·도경찰청(이하 "소속기관등"이라 한다)의 장에게 그 소속 경찰공무원 중 경정의 전보·파견·휴직·직위해제 및 복직에 관한 권한과 경감 이하의 임용권을 위임( ). 〈19경간, 20채용〉	②
④ 제1항에 따라 임용권을 위임받은 시·도지사는 법 제7조 제3항 후단에 따라 경감 또는 경위로의 승진임용에 관한 권한을 제외한 임용권을 시·도자치경찰위원회에 다시 위임( ).	②

⑤ 제4항에 따라 임용권을 위임받은 시·도자치경찰위원회는 시·도지사와 시·도경찰청장의 의견을 들어 그 권한의 일부를 시·도경찰청장에게 다시 위임( ).	①
⑥ 제3항 및 제5항에 따라 임용권을 위임받은 시·도경찰청장은 소속 경감 이하 경찰공무원에 대한 해당 경찰서 안에서의 전보권을 경찰서장에게 다시 위임( ). 〈20채용〉	①
⑦ 경찰청장은 수사부서에서 총경을 보직하는 경우에는 국가수사본부장의 추천을 받( ).	②
⑧ 시·도자치경찰위원회는 임용권을 행사하는 경우에는 시·도경찰청장의 추천을 받( ).	②
⑨ 시·도경찰청장 및 경찰서장은 지구대장 및 파출소장을 보직하는 경우에는 시·도자치경찰위원회의 의견을 사전에 들( ).	②
⑩ 소속기관등의 장은 경감 또는 경위를 신규채용하거나 경위 또는 경사를 승진시키려면 미리 경찰청장의 승인을 받( ). 〈21경간〉	②
⑪ 제1항부터 제6항까지의 규정에도 불구하고 경찰청장은 경찰공무원의 정원 조정, 승진임용, 인사교류 또는 파견을 위하여 필요한 경우에는 임용권을 행사( ). 〈20채용〉	①
경찰공무원법 제13조(시보임용) ③ 시보임용기간 중에 있는 경찰공무원이 근무성적 또는 교육훈련성적이 불량할 때에는 「국가공무원법」 제68조 및 이 법 제28조에도 불구하고 면직시키거나 면직을 제청( ). 〈16채용〉	①
국가공무원법 제12조(소청심사위원회의 심사) ③ 소청심사위원회가 소청 사건을 심사하기 위하여 징계 요구 기관이나 관계 기관의 소속 공무원을 증인으로 소환하면 해당 기관의 장은 이에 따( ).	②
제83조(감사원의 조사와의 관계 등) ① 감사원에서 조사 중인 사건에 대하여는 제3항에 따른 조사개시 통보를 받은 날부터 징계 의결의 요구나 그 밖의 징계 절차를 진행하지 아니( ).	②
② 검찰·경찰, 그 밖의 수사기관에서 수사 중인 사건에 대하여는 제3항에 따른 수사개시 통보를 받은 날부터 징계 의결의 요구나 그 밖의 징계 절차를 진행하지 아니( ).	①
제59조의2(종교중립의 의무) ② 공무원은 소속 상관이 종교중립의 의무에 위배되는 직무상 명령을 한 경우에는 이에 따르지 아니( ). 〈18경채〉	①
경찰공무원 징계령 제9조(징계등 의결의 요구) ① 경찰기관의 장은 소속 경찰공무원이 다음 각 호의 어느 하나에 해당할 때에는 지체 없이 관할 징계위원회를 구성하여 징계등 의결을 요구( ).	②
④ 경찰기관의 장이 징계등 의결 요구 또는 그 신청을 할 때에는 중징계 또는 경징계로 구분하여 요구하거나 신청( ). 다만, 「감사원법」 제32조 제1항 및 제10항에 따라 감사원장이 「국가공무원법」 제79조에 따른 징계의 종류를 구체적으로 지정하여 징계요구를 한 경우에는 그러하지 아니하다.	②
제16조(징계등의 정도) 징계위원회는 징계등 사건을 의결할 때에는 징계등 심의 대상자의 평소 행실, 근무 성적, 공적, 뉘우치는 정도와 징계등 의결을 요구한 자의 의견을 고려( ). 〈17·21채용〉	②
성희롱·성폭력 근절을 위한 공무원 인사관리규정(대통령령) 제3조(성희롱·성폭력 발생 사실의 신고) 행정부 소속 국가공무원(이하 "공무원"이라 한다)은 누구나 공직 내 성희롱 또는 성폭력 발생 사실을 알게 된 경우 그 사실을 임용권자 또는 임용제청권자(이하 "임용권자등"이라 한다)에게 신고( ). 〈21승진〉	①

제4조(사실 확인을 위한 조사) ① 임용권자등은 제3조에 따른 신고를 받거나 공직 내 성희롱 또는 성폭력 발생 사실을 알게 된 경우에는 지체 없이 그 사실 확인을 위한 조사를 (　　), ②
수사의 필요성이 있다고 인정하는 경우 수사기관에 통보(　　). 〈21승진〉

③ 임용권자등은 제1항에 따른 조사 기간 동안 피해자등이 요청한 경우로서 피해자등을 보호하기 위하여 필요하다고 인정하는 경우 그 피해자등이나 성희롱 또는 성폭력과 관련하여 가해 행위를 했다고 신고된 사람에 대하여 근무 장소의 변경, 휴가 사용 권고 등 적절한 조치를 (　　). 〈21승진〉 ②

제5조(피해자 또는 신고자의 보호) ② 임용권자등은 성희롱 또는 성폭력 발생 사실을 신고한 사람(이하 "신고자"라 한다)이 그 신고를 이유로 집단 따돌림, 폭행 또는 폭언으로 인한 정신적·신체적 피해를 호소하는 경우에는 제1항 각 호의 어느 하나에 해당하는 조치를 (　　). 다만, 임용권자등은 신고자의 의사에 반하여 조치를 하여서는 아니 된다. 〈21승진〉 ①

제6장 경찰관직무집행법

경찰관 직무집행법

제3조(불심검문) ③ 경찰관은 제1항 각 호의 어느 하나에 해당하는 사람에게 질문을 할 때에 그 사람이 흉기를 가지고 있는지를 조사(　　). ①

제4조(보호조치 등) ① 경찰관은 수상한 행동이나 그 밖의 주위 사정을 합리적으로 판단해 볼 때 다음 각 호의 어느 하나에 해당하는 것이 명백하고 응급구호가 필요하다고 믿을 만한 상당한 이유가 있는 사람(이하 "구호대상자"라 한다)을 발견하였을 때에는 보건의료기관이나 공공구호기관에 긴급구호를 요청하거나 경찰서에 보호하는 등 적절한 조치를 (　　). 〈21승진, 20경간, 20채용〉 ①

③ 경찰관은 제1항의 조치를 하는 경우에 구호대상자가 휴대하고 있는 무기·흉기 등 위험을 일으킬 수 있는 것으로 인정되는 물건을 경찰관서에 임시로 영치(　　). ①
〈20경간, 20채용〉

④ 경찰관은 제1항의 조치를 하였을 때에는 지체 없이 구호대상자의 가족, 친지 또는 그 밖의 연고자에게 그 사실을 알려야 하며, 연고자가 발견되지 아니할 때에는 구호대상자를 적당한 공공보건의료기관이나 공공구호기관에 즉시 인계(　　). 〈19승진, 20경간〉 ②

제6조(범죄의 예방과 제지) 경찰관은 범죄행위가 목전(目前)에 행하여지려고 하고 있다고 인정될 때에는 이를 예방하기 위하여 관계인에게 필요한 경고를 하고, 그 행위로 인하여 사람의 생명·신체에 위해를 끼치거나 재산에 중대한 손해를 끼칠 우려가 있는 긴급한 경우에는 그 행위를 제지(　　). 〈19승진〉 ①

제9조(유치장) 법률에서 정한 절차에 따라 체포·구속된 사람 또는 신체의 자유를 제한하는 판결이나 처분을 받은 사람을 수용하기 위하여 경찰서와 해양경찰서에 유치장을 (　　). ②
〈18채용〉

제10조(경찰장비의 사용 등) ⑤ 경찰청장은 위해성 경찰장비를 새로 도입하려는 경우에는 대통령령으로 정하는 바에 따라 안전성 검사를 실시하여 그 안전성 검사의 결과보고서를 국회 소관 상임위원회에 제출하여야 한다. 이 경우 안전성 검사에는 외부 전문가를 참여(　　). 〈16·18채용〉 ②

제11조의2(손실보상) ① 국가는 경찰관의 적법한 직무집행으로 인하여 다음 각 호의 어느 하나에 해당하는 손실을 입은 자에 대하여 정당한 보상을 (　　). 〈20승진, 19·20경간, 20경채, 21채용〉 ②

④ 경찰청장 또는 시·도경찰청장은 제3항의 손실보상심의위원회의 심의·의결에 따라 보상금을 지급하고, 거짓 또는 부정한 방법으로 보상금을 받은 사람에 대하여는 해당 보상금을 환수(　　). 〈21채용〉 ②

⑥ 경찰청장 또는 시·도경찰청장은 제4항에 따라 보상금을 반환하여야 할 사람이 대통령령으로 정한 기한까지 그 금액을 납부하지 아니한 때에는 국세 체납처분의 예에 따라 징수( ). 〈20경채〉	①
제11조의3(범인검거 등 공로자 보상) ① 경찰청장, 시·도경찰청장 또는 경찰서장은 다음 각 호의 어느 하나에 해당하는 사람에게 보상금을 지급( ). 〈18·19승진〉	①
⑤ 경찰청장, 시·도경찰청장 또는 경찰서장은 제2항에 따른 보상금심사위원회의 심사·의결에 따라 보상금을 지급하고, 거짓 또는 부정한 방법으로 보상금을 받은 사람에 대하여는 해당 보상금을 환수( ).	②
⑥ 경찰청장, 시·도경찰청장 또는 경찰서장은 제5항에 따라 보상금을 반환하여야 할 사람이 대통령령으로 정한 기한까지 그 금액을 납부하지 아니한 때에는 국세 체납처분의 예에 따라 징수( ).	①
경찰관의 정보수집 및 처리 등에 관한 규정	
제8조(위법한 지시의 금지 및 거부) ② 경찰관은 명백히 위법한 지시라고 판단되는 경우에는 그 집행을 거부( ).	①
제7장 경찰관리	
경찰공무원 승진임용 규정	
제7조(근무성적 평정) ① 총경 이하의 경찰공무원에 대해서는 매년 근무성적을 평정하여야 하며, 근무성적 평정의 결과는 승진 등 인사관리에 반영( ).	②
경찰장비관리규칙	
제115조(무기고 및 탄약고 설치) ② 무기고와 탄약고는 견고하게 만들고 환기·방습장치와 방화시설 및 총가시설 등을 완비( ).	②
③ 탄약고는 무기고와 분리되어야 하며 가능한 본 청사와 격리된 독립 건물로 ( ). 〈17승진〉	②
⑤ 무기·탄약고 비상벨은 상황실과 숙직실 등 초동조치 가능장소와 연결하고, 외곽에는 철조망장치와 조명등 및 순찰함을 설치( ). 〈17승진〉	②
⑥ 간이무기고는 근무자가 24시간 상주하는 지구대, 파출소, 상황실 및 112타격대(이하 "지구대 및 상황실 등"이라 한다) 등 경찰기관의 장이 필요하다고 인정하는 상당한 이유가 있는 장소에 설치( ). 〈17승진〉	①
⑦ 탄약고 내에는 전기시설을 하여서는 아니되며, 조명은 건전지 등으로 하고 방화시설을 완비하여야 한다. 단, 방폭설비를 갖춘 경우 전기시설을 설치( ).	①
보안업무규정 시행 세부규칙	
제11조(Ⅱ급 및 Ⅲ급 비밀취급인가) ② 시·도경찰청장은 규정 제7조 제2항 제5호에 따라 경찰서장, 기동대장에게, Ⅱ급 및 Ⅲ급 비밀취급인가권을 위임( ). 이 경우 경정 이상의 경찰공무원을 장으로 하는 경찰기관의 장에게도 Ⅱ급 및 Ⅲ급 비밀취급인가권을 위임( ).	② / ①
③ 제1항 및 제2항의 규정에 따라 Ⅱ급 및 Ⅲ급 비밀취급인가권을 위임받은 기관의 장은 이를 다시 위임할 수 없다.	
제8장 경찰통제	
부패방지 및 국민권익위원회의 설치와 운영에 관한 법률	
제55조(부패행위의 신고) 누구든지 부패행위를 알게 된 때에는 이를 위원회에 신고( ).	①
제56조(공직자의 부패행위 신고의무) 공직자는 그 직무를 행함에 있어 다른 공직자가 부패행위를 한 사실을 알게 되었거나 부패행위를 강요 또는 제의받은 경우에는 지체 없이 이를 수사기관·감사원 또는 위원회에 신고( ).	②
제58조(신고의 방법) 신고를 하려는 자는 본인의 인적사항과 신고취지 및 이유를 기재한 기명의 문서로써 ( ), 신고대상과 부패행위의 증거 등을 함께 제시( ). 〈20경간〉	② / ②

제59조(신고의 처리) ④ 위원회에 신고가 접수된 당해 부패행위의 혐의대상자가 다음 각 호에 해당하는 **고위공직자로서 부패혐의**의 내용이 형사처벌을 위한 수사 및 공소제기의 필요성이 있는 경우에는 위원회의 명의로 검찰, 수사처, 경찰 등 관할 **수사기관에 고발을** ( ). 〈20경간〉	②
공공기관의 정보공개에 관한 법률 제3조(정보공개의 원칙) 공공기관이 보유·관리하는 정보는 국민의 알권리 보장 등을 위하여 이 법에서 정하는 바에 따라 적극적으로 공개( ). 〈17·21승진, 17경간, 17채용, 18경채〉	②
제9조(비공개 대상 정보) ① 공공기관이 보유·관리하는 정보는 공개 대상이 된다. 다만, 다음 각 호의 어느 하나에 해당하는 정보는 공개하지 아니( ). 3. 공개될 경우 국민의 생명·신체 및 재산의 보호에 현저한 지장을 초래할 우려가 있다고 인정되는 정보 〈19승진〉 4. 진행 중인 재판에 관련된 정보와 범죄의 예방, 수사, 공소의 제기 및 유지, 형의 집행, 교정(矯正), 보안처분에 관한 사항으로서 공개될 경우 그 직무수행을 현저히 곤란하게 하거나 형사피고인의 공정한 재판을 받을 권리를 침해한다고 인정할 만한 상당한 이유가 있는 정보(폭력단체현황 정보)	①
② 공공기관은 제1항 각 호의 어느 하나에 해당하는 정보가 기간의 경과 등으로 인하여 비공개의 필요성이 없어진 경우에는 그 정보를 공개 대상으로 ( ). 〈21승진〉	②
제11조(정보공개 여부의 결정) ③ 공공기관은 공개 청구된 공개 대상 정보의 전부 또는 일부가 제3자와 관련이 있다고 인정할 때에는 그 사실을 제3자에게 지체 없이 통지( ), 필요한 경우에는 그의 의견을 들을 수/들어야( ). 〈19승진, 17경간〉	② ①
행정절차법 제22조(의견청취) ③ 행정청이 당사자에게 의무를 부과하거나 권익을 제한하는 처분을 할 때 청문을 실시하거나 공청회를 개최하는 경우 외에는 당사자등에게 의견제출의 기회를 줄 수/주어야 ( ). 〈18경간〉	②
제30조(청문의 공개) 청문은 당사자가 공개를 신청하거나 청문 주재자가 필요하다고 인정하는 경우 공개( ). 다만, 공익 또는 제3자의 정당한 이익을 현저히 해칠 우려가 있는 경우에는 공개하여서는 아니 된다.	①

경찰 감찰 규칙
제28조(조사 참여) ① 감찰관은 조사대상자가 다음 각 호의 사항을 신청할 경우 이에 해당하는 사람을 **참여하게 하거나 동석하도록** 하여야 ( ).
1. 다음 각 목의 사람의 참여
  가. 다른 감찰관
  나. 변호인
2. 다음 각 목의 사람의 동석
  가. 조사대상자의 **동료**공무원
  나. 조사대상자의 직계친족, 배우자, 가족 등 조사대상자의 심리적 안정과 원활한 의사소통에 도움을 줄 수 있는 자
	②

제31조(조사시 유의사항) ⑤ 감찰부서장은 성폭력·성희롱 피해 **여성에 대하여는** 피해자의 의사에 반하지 않는 한 **여성 경찰공무원이 조사하도록** ( ), 조사 과정에서 피해자의 인격이나 명예가 손상되거나 사적인 비밀이 침해되지 않도록 하여야 한다.	②
제36조(기관통보사건의 처리) ② 감찰관은 검찰·경찰, 그 밖의 수사기관으로부터 수사개시 통보를 받은 경우에는 징계의결요구권자의 결재를 받아 해당 기관으로부터 수사결과의 통보를 받을 때까지 감찰조사, 징계의결요구 등의 **절차를 진행하지 아니** ( ). 〈19승진, 17채용〉	①
제40조(감찰관에 대한 징계 등) ② 감찰관의 의무위반행위에 대해서는 「경찰공무원 징계령 세부 시행규칙」의 징계양정에 정한 기준보다 **가중하여 징계조치** ( ). 〈18승진〉	②

경찰 인권보호 규칙

제32조(물건 등의 보관 등) ④ 조사담당자는 제출자가 보관 중인 물건의 반환을 요구하는 경우에는 반환(   ), 다음 각 호의 어느 하나에 해당하는 경우에는 제출자가 요구하지 않더라도 반환(   ). 〈21승진〉 ②①

제34조(수사 개시로 인한 조사중단) 조사담당자는 사건을 조사하는 과정에서 동일한 사건에 대하여 경찰·검찰 등의 수사가 시작된 경우에는 사건 조사를 즉시 중단하고 종결하거나 해당 기관에 이첩(   ). 다만, 확인된 인권침해 사실에 대한 구제 절차는 계속하여 이행(   ). 〈21승진〉 ①①

경찰청공무원행동강령

제4조(공정한 직무수행을 해치는 지시에 대한 처리) ① 공무원은 상급자가 자기 또는 타인의 부당한 이익을 위하여 공정한 직무수행을 현저하게 해치는 지시를 하였을 때에는 별지 제1호 서식 또는 전자우편 등의 방법으로 그 사유를 상급자에게 소명하고 지시에 따르지 아니하거나, 별지 제2호 서식 또는 전자우편 등의 방법으로 제23조에 따라 지정된 행동강령에 관한 업무를 담당하는 공무원(이하 "행동강령책임관"이라 한다)과 상담(   ). ①
〈20경위, 17·18채용〉

② 제1항에 따라 지시를 이행하지 아니하였는데도 같은 지시가 반복될 때에는 즉시 행동강령책임관과 상담(   ). 〈20경위〉 ②

③ 제1항이나 제2항에 따라 상담 요청을 받은 행동강령책임관은 지시 내용을 확인하여 지시를 취소하거나 변경할 필요가 있다고 인정되면 소속 기관의 장에게 보고(   ). ②

다만, 지시 내용을 확인하는 과정에서 부당한 지시를 한 상급자가 스스로 그 지시를 취소하거나 변경하였을 때에는 소속 기관의 장에게 보고하지 아니(   ). 〈20경위〉 ①

④ 제3항에 따른 보고를 받은 소속 기관의 장은 필요하다고 인정되면 지시를 취소·변경하는 등 적절한 조치를(   ). ②

이 경우 공정한 직무수행을 해치는 지시를 제1항에 따라 이행하지 아니하였는데도 같은 지시를 반복한 상급자에게는 징계 등 필요한 조치를(   ). ①

제8조(정치인 등의 부당한 요구에 대한 처리) ① 공무원은 정치인이나 정당 등으로부터 부당한 직무수행을 강요받거나 청탁을 받은 경우에는 별지 제9호 서식 또는 전자우편 등의 방법으로 소속 기관의 장에게 보고하거나 행동강령책임관과 상담(   ). 〈17경위, 17·18채용〉 ②

② 제1항에 따라 보고를 받은 소속 기관의 장이나 상담을 한 행동강령책임관은 그 공무원이 공정한 직무수행을 할 수 있도록 적절한 조치를(   ). ②

제4조의2(부당한 수사지휘에 대한 이의제기) ① 공무원은 「범죄수사규칙」 제30조에 따른 경찰관서 내 수사 지휘에 대한 이의제기와 관련하여 행동강령책임관에게 상담을 요청(   ). ①

② 제1항의 상담요청을 받은 행동강령책임관은 해당 지휘의 취소·변경이 필요하다고 인정되면 소속기관장에게 보고(   ). ②

국가경찰과 자치경찰의 조직 및 운영에 관한 법률

제6조(직무수행) ② 경찰공무원은 구체적 사건수사와 관련된 제1항의 지휘·감독의 적법성 또는 정당성에 대하여 이견이 있을 때에는 이의를 제기(   ). 〈19승진, 18경채, 18채용〉 ①

범죄수사규칙

제30조(경찰관서 내 이의제기) ① 경찰관은 구체적 수사와 관련된 소속 수사부서장의 지휘·감독의 적법성 또는 정당성에 이견이 있는 경우에는 해당 상관에게 별지 제6호서식의 수사지휘에 대한 이의제기서를 작성하여 이의를 제기(   ). 〈18채용〉 ①

06 숫자 종합

📝 2회

- 국가경찰위원회 정기회는 매월 2회 위원장이 소집
- 시·도경찰청장은 소속 지방경찰청의 지역경찰 정원 충원 현황을 연 2회 이상 점검
- 언론중재위원회에 신청인 2회(3회 ×) 불출석시 취하간주, 언론사 2회(3회 ×) 불출석 시 합의간주
- 국가보안법에서 참고인 2회 소환 불응 시 구속영장으로 구인 가능

📝 3회

- 경비에서 불법 집회시위 해산 시 3회 해산명령(자진해산 요청은 1번)
- 음주측정기는 연 3회, 음주감지기는 연 2회 검·교정
- 100Km 초과 속도위반 3회 이상 시 면허취소, 1년 이하 징역 또는 500만원 이하 벌금
- 1시간 내에 3회 이상 최고소음도 기준 초과 시 소음기준을 위반한 것으로 본다.

📝 1시간

- 화약류 운반시 출발 1시간 전까지 발송지 관할 경찰서장에 신고
- 지휘관의 지휘선상 근무는 1시간 이내 지휘·현장 근무 가능한 장소 위치
- 필수요원은 비상소집 시 1시간 내 응소 ※ 일반요원은 2시간 내
- 교통안전교육은 운전면허 학과시험 전에 받는 1시간 안전교육
- 상반되는 집회가 중복된 경우 먼저 접수한 주최자는 집회 시작 1시간 전에 관할서장에게 통지
- SOFA 규정에 따라 미정부대표는 출석요구를 받은 때부터 1시간 내로 출석

📝 2시간

- 휴무일 등에 2시간 내 직무 복귀 어려운 지역으로 여행 시 소속 기관장에게 신고
- 감찰조사를 받는 대상자에게 2시간마다 10분 이상 휴식 보장

6시간

- 임의동행 시 경찰관서에 머물 수 있는 시간
- 긴급출국금지 요청 후 6시간 이내 법무부장관에게 승인 요청 ⇨ 12시간 이내 미승인 시 해제

12시간

- 시체현상 초기에 각막은 12시간 후 흐려진다. ※ 24시간: 현저히 흐려짐, 48시간: 불투명
- 시체 굳음은 사후 2~3시간부터 시작하여 12시간 정도면 전신 경직
- 집회시위 신고서 보완은 접수증 교부한 때부터 12시간 내에 24시간 기한으로 요청
- 긴급출국금지 승인요청한 때부터 12시간 이내 법무부장관 미승인 시 출국금지 해제

24시간

- 보호조치
- 총포, 도검류 등 습득 시 24시간 내 경찰관서 신고
- 긴급체포된 자의 물건에 대하여 24시간 내 영장 없이 압수·수색·검증 가능
- 체포·구속 통지는 체포·구속한 때로부터 24시간 내
- 호송중인 유치인 발병 시 24시간 내 치유가능 진단 있으면 치료 후 호송관서에서 계속 호송
- 행사장에 자체 경비원 배치 불가 시 행사 24시간 전에 시도청장에게 통지 요청
- 차를 견인한 때부터 24시간 경과 시까지 인수하지 아니하는 때에는 운전자에게 등기우편 통지
- 집회시위 보완신고, 이의신청 재결서 발송, 시기를 놓친 경우 집회 신고, 철회신고
- 긴급신원조사: 경호실에서 보안기능에 대상자 신원조회 의뢰하는 것으로 24시간 내 결과 보고

36시간

- 긴급통신제한 착수 후 36시간 내 법원 허가받지 못하면 즉시 중지

48시간

- 장기실종 아동: 신고 후 48시간 경과
- 가정폭력 및 아동학대 사건에서 긴급임시조치 후 검사는 48시간 내 법원에 임시조치 청구

- 체포·구속 현장에서 압수·수색·검증한 경우에는 48시간 내 사후 영장을 청구
- 집회시위 신고서는 720시간 전~48시간 전 제출, 금지통고는 접수후 48시간 이내

📝 72시간

- 아동학대 사건에서 응급조치 시간 ※ 임시조치 결정시까지 연장 가능
- 아동학대 사건에서 검사의 임시조치 청구시한은 응급조치는 72시간 내, 긴급임시조치는 48시간 내

📝 200시간

가정폭력사건, 아동학대사건, 스토킹사건에서 유죄판결 시 200시간 이내 수강·이수명령을 병과할 수 있다.

📝 500시간

아동청소년성범죄, 성폭력처벌법 위반 사건에서 유죄판결 시 500시간 이내 수강·이수명령을 병과하여야 한다.

📝 2일

초과사례금 받은 경우 안 날부터 2일 내 신고, 7일 내 반환 액수 공무원에 통지

📝 3일

- 감찰조사 출석통지서는 3일 전까지 도달(징계위원회 출석통지는 5일)
- 정정보도 청구 시 언론사 대표자는 3일 내 수용여부를 결정·통지
- 피의자 등이 수사관을 기피신청한 경우 3일 내 기피사유를 서면으로 소명
- 교통안전시설을 훼손한 도로공사 시행자는 공사가 끝난 후 3일 내 원상복구 후 경찰서장에게 신고
- 외국인 승객이 관광 목적 상륙시 상륙허가 기간
- 범죄인 인도심사 시 범죄인이 구속된 경우 검사는 3일 내 인도심사 청구, 법원은 2개월 내 인도심사

5일

- 즉결심판 구류 선고 시, 주소불명 도주 우려 있으면 5일 이내 경찰서 유치장 유치명령
- **범칙금 납부**: 천재지변으로 납부 불가시 사후 5일 이내 납부
- **공고문서 효력발생 시기**: 고시나 공고한 날부터 5일 경과

6일

국회의원과 지자체 의원 및 장 선거기간(14일): 후보자 등록 마감일 후 6일~선거일

7일

- 권익위가 수사기관에 재조사 요구한 경우 수사기관은 재조사 후 7일 내 통보
- 정정보도 청구를 수용하면 청구받은 날부터 7일 내 정정보도 게재
- 유실물 습득 후 7일 내 반환 or 신고
- 공연장 외 1천명 예상 시, 공연 14일 전까지 재해대처계획을 지자체 신고(변경 시 7일 전까지)
- 운전면허증은 정지, 취소 등의 사유가 있을 시 사유 발생한 날로부터 7일 내 반납
- 보안관찰 대상자는 출소 후 7일 내에 서장에게 신고
- 북한 방문 7일 전까지 남북교류협력시스템을 통해 '북한 방문승인 신청서'를 제출

10일

- 감사원/수사기관에서 조사개시 및 종료 시 10일 이내에 소속 기관장에 통보
- 정보공개 신청 ⇨ 정보공개는 10일 내 결정
- 청문 10일 전 통지
- 국가경찰위원회 의결 후 행안부 장관은 10일 내 재의요구 ⇨ 7일 내 재의결 통보
- 포상휴가 1회에 10일 이내
- **징계 출석요구 관보게재**: 게재일부터 10일 후 효력
- 임시영치
- 사례금 받는 외부강의는 사후 10일 내 신고(청탁금지법)
- 경범·교통 범칙금 1차 납부기한(2차 - 20일 추가 - 20% 추가)
- 피보안관찰자가 해외여행 또는 10일 이상 국내여행 시 신고
- 외국인 강제퇴거(추방) 10일 이내 보호(1차에 한하여 10일 연장)
- 경찰의 구속 기간 및 1차 연장기간
- 정비상태 불량차에 대하여 10일 내 정비기간을 정하여 사용 정지

14일

- 공시송달: 공고일부터 14일 지난 때에 효력 발생
- 정정보도 협의 불성립 시 14일 이내에 조정신청, 14일 이내 조정 결정
- 국회의원과 지자체 의원 및 장 선거기간 14일 대통령은 23일

15일

징계 집행

20일

- 법령(법률, 대통령령 등)은 공포한 날부터 20일 경과 후 효력발생
- 정보공개 청구 후 20일 경과 시까지 결정이 없는 경우 이의신청/행정심판/행정소송을 제기 가능
- 임시운전증명서 유효 20일(정지·취소 시 40일), 경찰서장은 1회 한하여 20일 연장

30일

- 국민의 권리제한·의무부과 관련 법령은 공포 30일 후 시행되도록 해야 한다(법령 등 공포에 관한 법률).
- 휴직 사유가 없어지면 30일 내 신고하고, 임용권자는 지체없이 복직 명령
- 부정청탁금지법에서 수사기관 결과 통보 시 권익위는 30일 내 재조사 요구
- 다른 기관으로부터 통지를 받으면 30일 내 징계 요구(소속 경찰관이면 지체없이 요구)
- **징계 의결 기간**: 30 + 30, **소청 의결기간**: 60 + 30, **고충심사**: 30 + 30
- 신규도입 장비 안전성 검사 시 외부 전문가는 검사 종료 후 30일 내 경찰청장에 의견 제출
- 국회의 예산안 의결기한은 회계연도 개시 30일 전까지
- 제3자의 정보 비공개신청에도 공개 결정할 때에는 결정일과 실시일 사이에 30일 간격 유지
- 인권침해 가능성 높은 집회·시위 종료일로부터 30일 내 인권영향평가 실시
- 재난상륙(조난), 긴급상륙(질병)은 30일간 상륙허가
  ※ 의무위반 민원 접수 시 2개월, 타기관으로부터 통보 받으면 1개월 내 감찰조사 처리

40일

행정상 입법예고: 40일 이상, 자치법규 입법예고 및 행정예고: 20일 이상

📝 60일

- 소청 심사는 지체 없이, 의결은 60일
- 국민권익위원회로부터 사건 이첩 받은 감사원, 수사기관은 60일 내 조사 종결, 연장 시 위원회 통보
- 제·개정하려는 법령 및 행정규칙을 경찰위원회 상정 60일 전 인권영향평가 실시
- 보안관찰 결정에 불복 시 60일 내 서울고등법원에 행정소송
- 과태료 부과 시 60일 내 이의제기

📝 90일

- 관계기관의 장은 외국인테러전투원으로 출국하려는 자에 대하여 90일간 출국금지 요청
- 외국인은 입국한 날부터 90일 초과 체류 시 외국인등록
- 한국에서 출생 시 출생 일부터 90일 이내에 체류자격 받아야 한다.
- 난민 임시상륙은 90일간 허가

📝 120일

예산안은 기재부장관이 대통령 승인받아 120일 전에 국회 제출

📝 1월

- 공직자윤리위원회는 신고기간 만료 후 1개월 내 관보·공보 게재하여 공개
- 감독자 부임기간이 1개월 미만인 경우는 징계 시 감독자 책임 참작
- 피보안관찰자 도주, 1개월 이상 소재 불명 시 집행중지
- 외국 정부기관 방문 등 재외공관 협조가 필요한 때에는 1개월 전 외사국 경유 외교부에 협조 요청

📝 2월

- 재산 등록의무자가 된 날부터 2개월이 되는 날이 속하는 달의 말일까지 재산등록
- 범죄수사목적 통신제한 기간은 2월(기본) + 2월(연장), 연장 총 1년(내란·외환죄 등은 총 3년)

✏️ 3월

- 전시·사변에서 공무원 생사·소재 불명 시 3개월 기간 이내 직권휴직
- 강등은 3개월, 정직은 1~3개월 동안 보수 전액 감액, 감봉은 1~3개월 동안 보수의 1/3 감액
- 능력/성적 부족으로 직위해제 시 3개월 이후에도 개선 불가 시 징계위원회 동의 얻어 직권면직
- **정정보도 청구, 조정 신청**: 보도를 안 날부터 3월, 발생한 지 6월 이내
- 경찰청장은 신규도입 장비 안전성 검사 후 3개월 내 국회 소관 상임위에 결과보고서 제출
- 유실물 공고 6개월 후 소유권 취득, 3개월 내 그 물건 미수령 시 소유권 상실
- 집단민원현장에 20명 이상 경비원 배치 시 발생 3개월 전까지 고용한 경우 외에는 경비업자에 도급
- 피보안관찰자는 3개월마다 정기신고

✏️ 4월

국가안보목적 통신제한 기간은 4월(기본) + 4월(연장)

✏️ 6월

- 승진·승급 제한: 강정 18월, 감봉 12월, 견책 6월, + 금성소음 6월 추가
- 성범죄 등록자는 6개월 이상 해외 체류 예정 시 미리 경찰에 신고
- 청원경찰의 직권남용은 청원경찰법에 의하여 6개월 이하의 징역이나 금고
- 집회시위 소음규제 관련 경찰 조치를 거부, 방해한 경우 6개월 이하 징역 또는 50만원 벌·구·과
- **질서 유지선 침범, 손괴 등**: 6개월 이하 징역 또는 50만원 벌, 구, 과
- 여권 발급 후 6개월이 지날 때까지 그 여권 미수령 시 여권 효력 상실

✏️ 1년

- 과태료 징수유예는 1년의 범위에서 가능(법), 시행령에서는 9개월 이내, 3개월 연장으로 규정
- 1년 이내 전보 제한이 기본, 감사·감찰관은 2년, 전문직위는 3년 내 전보 제한
- 병(장애)으로 장기요양 사유 직권휴직은 1년 + 1년(연장)
- **경찰관 직권남용**: 1년 이하의 징역이나 금고(경직법)
- 총포도검화약류 제조업자, 판매업자, 화약류저장소설치자는 허가 받은 날부터 1년 이내에 검사
- 학교폭력 관련 가해·피해학생, 신고자·고발자와 관련된 자료 누설 시 1년⇩, 1천만원

⇩
- 외국발행 국제운전면허증은 입국한 날부터(발행한 날 ×) 1년간 유효
- 연습운전면허는 시도청장이 발급하며 1년간 효력(운전 지도는 2년 이상 경력자)
- 대한민국 국적을 취득한 외국인은 1년 내에 그 외국 국적을 포기해야 함
- 범죄인 인도법의 인도대상 범죄는 사·무·장 1년 이상 범죄에 한함

2년

- 경찰청장·국수본부장 임기는 2년, 중임 불가
- 수사경과: 2년간 연속 수사부서 전입 기피 시 임의적 해제사유
- 임용 결격: 한복 후파 자선파, 공무원 영삼이(횡령, 300만, 2년) 미성년, 성백만세(성, 100만, 3년)
- 계급정년은 전시·사변, 비상사태에서 2년 범위 내 연장(특수 총·경은 4년)
- 채용후보자 명부는 2년 유효, 1년 연장 가능(경찰공무원법)
- 2년간 공소 보류
- 보안관찰 처분은 2년마다 갱신(횟수 무제한)
- 여권발급거부자: 장기 2년 이상의 죄로 인하여 기소된 자
- 미군의 비공무 손해배상신청 기한은 2년, 공무는 5년(전적 미국책임시 한국 25%)
- 인터폴 적색수배 대상: 장기 2년 이상 징역·금고에 해당하는 죄

3년

- 국가경찰위원회: 경찰/검사/국정원/군인/당적이탈/선거직 퇴직 후 3년, 임기 3년 연임불가
- 자치경찰위원회: 경찰/검사/국정원/군인/당적/선거직/공무원 퇴직 후 3년, 임기 3년 연임불가
- 국가수사본부장: 【국공판검 열(10년)변조 자격】 【당선 (퇴직) 3년, 국공판검 (퇴직) 1년 경과자】
- 직권휴직: 공무상 질병·부상은 3년 + 2년
- 의원휴직 중 돌봄 휴직은 1년 단위씩, 재직 중 총 3년 가능
- 요양급여, 부조급여, 재활급여, 간병급여는 3년, 그 외는 5년 소멸시효
- 경직법에서 살수차, 분사·최루탄, 무기 사용 기록부 3년 보관
- 손실보상 소멸시효: 안 날 3년, 발생 5년
- 징계 소멸시효: 발생 3년, 금품 관련 5년
- 보수·연금 소멸시효: 보수는 3년, 연금은 5년
- 재산 등록의무자는 퇴직일부터 3년간 퇴직 전 5년간 소속한 부서의 밀접 관련 기관 취업 금지
- 경찰청장은 3년 단위로 인권교육종합계획을 수립, 각 경찰관서장은 이를 반영하여 매년 수립
- 통신제한조치 집행자, 위탁·협조자는 관련 대장을 3년 비치

- 운전면허 갱신: 65세~75세 미만인 사람은 5년마다, 75세 이상은 3년마다 갱신
- 음주운전 처분 감경: 모범운전자로서 처분 당시 3년 이상 교통봉사 활동에 종사하는 경우
- 음주치사(스쿨존 어린이 치사) 처벌: 무기, 3년 이상, 벌금형 없음
- 보안관찰 대상자: 보안관찰 해당범죄로 합계 금고 3년 이상, 일부라도 실형받은 자
- 북한이탈주민 국내 3년 경과자는 보호대상자 제외 가능

4년

수사·정보·외사·보안·자치경찰 등 특수부문의 총경·경정은 4년 범위에서 계급정년 연장 가능

5년

- 수사경과 유효기간 5년, 5년간 연속 비수사부서 근무 시 필수적 해제사유
- 위원회 변호사 경력은 대부분 5년 이상, 경찰청(시·도청) 인권위 3년 이상, 중앙징계위 10년 이상
- 채용시험 등에서 부정행위한 자는 5년간 시험응시 자격 정지
- 소청위 자격: 3급 이상 또는 고공단 3년 이상, 부·법·검·변 5년 이상
- 중기사업계획서: 5년 이상 신규 사업을 대상으로 함
- 비밀접수증, 비밀열람기록전, 배부처는 비밀 보호기간이 만료되면 비밀에서 분리하여 5년간 보관
- 경비업법 허가 유효기간: 5년
- 과태료 미부과, 미징수 소멸시효: 5년
- 대통령과 그 가족은 당선인부터 퇴임 10년까지(5년 더 연장 가능) 경호처 담당
- 음주운전 감경 제외사유: 5년 내 인피사고 3회 또는 음주운전
- 북한이탈주민 정착지원시설은 1년 이내, 거주지 및 신변보호는 5년

7년

- 영업으로 성매매 알선 등 행위자(포주) 7년 이하 징역 또는 7천만원 이하 벌금
- 아동청소년 성매매 대가를 받거나 업으로 성매매 장소를 제공하는 포주는 7년 이상 징역
- 아청법에서 피해자, 보호자에 대한 합의 강요는 7년 이하 징역
- 백골화에 걸리는 기간: 성인은 7~10년, 소아는 4~5년

📝 10년

- 정치운동 금지 위반의 공소시효는 형사소송법에 불구하고 10년으로 한다(경찰공무원법).
- 특정 성폭력 범죄의 공소시효 10년 연장: DNA 등 과학적인 증거가 있을 때
- 퇴임 후 10년 경과 대통령은 을호 경호대상으로 경찰 관리
- 피해통보표 삭제: 피의자 검거·사망, 전산입력 후 10년 경과

📝 기타

- 근속승진: 4, 5, 6.5, 10
- 승진최저연수: 1(순경, 경장), 2(경사, 경위), 3(경감, 경정), 4(총경)
- 계급정년: 치안감 – 4년, 경무관 – 6년, 총경 – 11년, 경정 – 14년

📝 금액

- 금품수수 제한: 직무 무관 1회 100만원, 매 회계연도 300만원 초과 시
- 외부강의: 강의 1시간당 40만원, 초과 시 150%인 60만원이 상한
- 「공연법」상 재해대처계획 미신고자에 2,000만원 이하 과태료 부과

📝 나이 정리

9~24세 이하	청소년기본법	※ 기본법이므로 나이 범위가 가장 넓다
13세 미만	도교법, 교특법	어린이
10~14세 미만	촉법소년	우범소년: 10세~19세 미만, 범죄소년: 14세~19세 미만
15세 이상	근로기준법	근로 사용가능
16세 이상	도로교통법	원동기장치자전거 면허
18세 미만	소년법	소년법에 의한 소년은 19세 미만이지만 형벌과 관련한 특례는 18세 미만에만 적용
	• 영화비디오진흥법 • 게임산업진흥법 • 음악산업진흥법	청소년
	• 실종아동보호법 • 아동복지법 • 가정폭력법	• 실종아동(실종 당시 18세 미만), 학대아동 • 장기 실종아동(신고 기준 48시간 경과)
	공연법	연소자
	직업안정법	청소년유해업소 소개금지, 고용시 연령증명서 + 동의서

18세 이상	모든 형사 처벌	사형, 무기 선고, 노역장 유치, 경범 통고처분 가능 ※ 과태료: 14세 이상		
	실종·가출인규칙	가출인(신고 당시 18세 이상)		
	집시법	질서유지인		
	국민감사청구	300명 이상의 연서로 감사원에 감사 청구		
	공직선거법	대통령, 국회의원 선거권		
	청원경찰법	청원 경찰		
	경비원법	경비원, 경비지도사		
	도로교통법	보통(1·2종) 운전면허		
19세 이상	도로교통법	특수, 대형 운전면허	만19세	
	• 청소년 보호법 • 아청성 보호법	성인	연19세	
	식품위생법	유흥접객원 가능		
65세 이상	도교법	65세 이상 면허증 5년 갱신(75세 이상은 3년)		
	북한이탈주민법	연장자(65세 이상), 연소자(15세 이하) 신변보호 해제		

📝 외사경찰 나이 정리

외국인 등록증	17세 이상 발급
외국인 여권휴대	17세 이상 의무, 위반 시 100만원 이하 벌금
외국인 지문제공	17세 이상
한국인 여권	27세 미만 미혼 자녀: 관용 여권 동반자 가능
일반 귀화	5년 이상 거주 성년(19세 이상)
외국인 선거권	• 영주자격 취득 후 3년 경과한 18세 이상 • 지자체장/의원 선거권 있음(국회의원·대통령 ×)
SOFA 대상자 가족의 범위	배우자, 21세 미만 자녀, 21세 이상 자녀라도 생계비의 반액 이상을 군인, 군속에 의존하는 자
다문화가족지원법	'아동·청소년'이란 24세 이하

MEMO

저자 소개

김규대 교수님

연세대학교 사회학과 졸업
연세대학교 행정대학원 석사 졸업

주요약력
現 경단기 경찰학 대표강사

주요저서

- 김규대 폴리 경찰학 기본서
- 김규대 폴리 경찰학 단원별 기출문제집
- 김규대 폴리 경찰학 필기노트
- 김규대 폴리합시다

- 오프라인 강의 경단기경찰학원
- 온라인 까페 https://cafe.naver.com/kimgyudaepolice

김규대 폴리 경찰학
폴리 경찰학

초판 1쇄 발행 2023년 5월 8일
    2쇄 발행 2023년 9월 5일
2판 1쇄 발행 2024년 9월 9일

집　　필　김규대, 김규대경찰학연구실
발 행 처　(주)K&P Traders
E-mail　kptraders@naver.com
ISBN　　979-11-93503-05-8

값　　43,000원

본 교재에 대한 저작권은 (주)K&P Traders에 있습니다.
(주)K&P Traders의 동의 없이 본 교재를 복사·변형하여 판매·배포·전송하는 일체의 행위를 금합니다.